●収録内容一覧

■2025年度中学受験用

城北中学校

4年間(＋3年間HP掲載)スーパー過去問

入試問題と解説・解答の収録内容

2024年度　1回	算数・社会・理科・国語	実物解答用紙DL
2024年度　2回	算数・社会・理科・国語	実物解答用紙DL
2023年度　1回	算数・社会・理科・国語	実物解答用紙DL
2023年度　2回	算数・社会・理科・国語	実物解答用紙DL
2022年度　1回	算数・社会・理科・国語	実物解答用紙DL
2022年度　2回	算数・社会・理科・国語	実物解答用紙DL
2021年度　1回	算数・社会・理科・国語	
2021年度　2回	算数・社会・理科・国語	

2020～2018年度(HP掲載)

問題・解答用紙・解説解答DL

「カコ過去問」
(ユーザー名) koe
(パスワード) w8ga5a1o

◇著作権の都合により国語と一部の問題を削除しております。
◇一部解答のみ（解説なし）となります。
◇９月下旬までに全校アップロード予定です。
◇掲載期限以降は予告なく削除される場合があります。

～本書ご利用上の注意～　以下の点について，あらかじめご了承ください。

★別冊解答用紙は巻末にございます。実物解答用紙は，弊社サイトの各校商品情報ページより，一部または全部をダウンロードできます。
★編集の都合上，学校実施のすべての試験を掲載していない場合がございます。
★当問題集のバックナンバーは，弊社には在庫がございません（ネット書店などに一部在庫あり）。

合格を勝ち取るための
『スーパー過去問』の使い方

本書に掲載されている過去問をご覧になって，「難しそう」と感じたかもしれません。でも，多くの受験生が同じように感じているはずです。なぜなら，中学入試で出題される問題は，小学校で習う内容よりも高度なものが多く，たくさんの知識や解き方のコツを身につけることも必要だからです。ですから，初めて本書に取り組むさいには，点数を気にしすぎないようにしましょう。本番でしっかり点数を取れることが大事なのです。

過去問で重要なのは「まちがえること」です。自分の弱点を知るために，過去問に取り組むのです。当然，まちがえた問題をそのままにしておいては意味がありません。

本書には，長年にわたって中学入試にたずさわっているスタッフによるていねいな解説がついています。まちがえた問題はしっかりと解説を読み，できるようになるまで何度も解き直しをしてください。理解できていないと感じた分野については，参考書や資料集などを活用し，改めて整理しておきましょう。

このページも参考にしてみましょう！

◆どの年度から解こうかな　「入試問題と解説・解答の収録内容一覧」

本書のはじめには収録内容が掲載されていますので，収録年度や収録されている入試回などを確認できます。

※著作権上の都合によって掲載できない問題が収録されている場合は，最新年度の問題の前に，ピンク色の紙を差しこんでご案内しています。

◆学校の情報を知ろう!!「学校紹介ページ」

このページのあとに，各学校の基本情報などを掲載しています。問題を解くのに疲れたら息ぬきに読んで，志望校合格への気持ちを新たにし，再び過去問に挑戦してみるのもよいでしょう。なお，最新の情報につきましては，学校のホームページなどでご確認ください。

◆入試に向けてどんな対策をしよう？「出題傾向＆対策」

「学校紹介ページ」に続いて，「出題傾向＆対策」ページがあります。過去にどのような分野の問題が出題され，どのように対策すればよいかをアドバイスしていますので，参考にしてください。

◇別冊「入試問題解答用紙編」

本書の巻末には，ぬき取って使える別冊の解答用紙が収録してあります。解答用紙が非公表の場合などを除き，（注）が記載されたページの指定倍率にしたがって拡大コピーをとれば，実際の入試問題とほぼ同じ解答欄の大きさで，何度でも過去問に取り組むことができます。このように，入試本番に近い条件で練習できるのも，本書の強みです。また，データが公表されている学校は別冊の１ページ目に過去の「入試結果表」を掲載しています。合格に必要な得点の目安として活用してください。

本書がみなさんの志望校合格の助けとなることを，心より願っています。

株式会社　声の教育社　編集部

城北中学校

所在地	〒174-8711 東京都板橋区東新町2-28-1
電　話	03-3956-3157
ホームページ	https://www.johoku.ac.jp
交通案内	東武東上線「上板橋駅」南口より徒歩10分 東京メトロ有楽町線・副都心線「小竹向原駅」1番出口より徒歩20分

くわしい情報は
ホームページへ

トピックス

★各線赤羽駅・高円寺駅からバス「小茂根」下車でもアクセス可。
★帰国生と複数回受験生の優遇があります（参考：昨年度）。

創立年 昭和16年　　男子校　　高校募集あり

応募状況

年度		募集数	応募数	受験数	合格数	倍率
2024	①	約115名	431名	407名	138名	2.9倍
	②	約125名	715名	561名	297名	1.9倍
	③	約 30名	382名	255名	54名	4.7倍
2023	①	約115名	425名	390名	139名	2.8倍
	②	約125名	810名	645名	295名	2.2倍
	③	約 30名	428名	299名	50名	6.0倍
2022	①	約115名	389名	359名	135名	2.7倍
	②	約125名	746名	582名	305名	1.9倍
	③	約 30名	388名	270名	31名	8.7倍
2021	①	約115名	436名	403名	134名	3.0倍
	②	約125名	723名	572名	311名	1.8倍
	③	約 30名	433名	270名	36名	7.5倍

2024年春の主な大学合格実績

＜国公立大学・大学校＞

東京大，京都大，東京工業大，一橋大，東北大，北海道大，筑波大，東京外国語大，千葉大，横浜国立大，東京農工大，防衛医科大，東京都立大

＜私立大学＞

慶應義塾大，早稲田大，上智大，国際基督教大，東京理科大，明治大，青山学院大，立教大，中央大，法政大，学習院大，成蹊大，成城大，明治学院大，順天堂大，昭和大

2024年度学校説明会等日程

【来場型学校説明会】要予約

６月15日／６月29日／７月６日／７月28日／８月24日／９月７日／10月12日／11月２日

＊教育理念・学校生活・在校生の様子・入試の概要などに関する説明会です。終了後，ルート校舎見学が可能です。

【入試説明会】要予約　※小６生対象

11月23日／11月24日

＊中学入試の出願・各教科の出題方針などに限定した説明会です。終了後，ルート校舎見学が可能です。

11月23日～１月30日

＊YouTubeで配信します。

【文化祭】要予約

９月28日／９月29日　時間未定

＊詳細が決まり次第HPでお知らせします。

【少人数制ショート学校説明会】要予約

７月20日／９月21日／10月26日／11月30日／12月14日／１月18日

＊案内付き校舎見学も実施します。

入試情報（参考：昨年度）

〔第１回〕2024年２月１日
〔第２回〕2024年２月２日
〔第３回〕2024年２月４日

＊各回とも午前入試，４科目試験。

＊合格発表は試験当日の夜，合格発表専用サイトにて。

編集部注―本書の内容は2024年5月現在のものであり，変更されている場合があります。正式な情報は，学校のホームページ等で必ずご確認ください。

算数　出題傾向＆対策

◆基本データ(2024年度1回)

試験時間／満点	50分／100点
問題構成	・大問数…5題 計算1題(2問)／応用小問1題(5問)／応用問題3題 ・小問数…16問
解答形式	答えのみを記入する形式になっている。また，必要な単位などはあらかじめ印刷されている。
実際の問題用紙	B5サイズ，小冊子形式
実際の解答用紙	B4サイズ

◆過去4年間の出題率トップ5

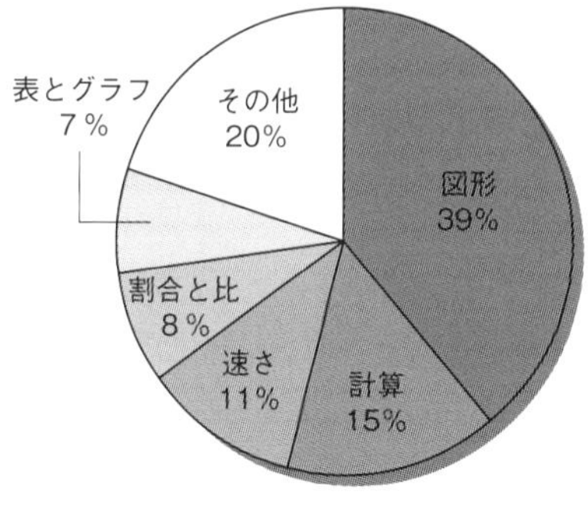

※　配点(推定ふくむ)をもとに算出

◆近年の出題内容

【2024年度1回】			【2023年度1回】		
大問	1	四則計算，逆算	大問	1	四則計算，逆算
	2	角度，濃度，場合の数，面積，ニュートン算		2	濃度，角度，図形の移動，長さ，ニュートン算，相似，辺の比と面積の比
	3	グラフ－流水算，旅人算，速さと比		3	グラフ－旅人算，速さと比
	4	立体図形－分割，体積，相似		4	立体図形－展開図，長さ，分割，体積
	5	数列，計算のくふう		5	調べ

◆出題傾向と内容

全体として**問題のレベルは高く，応用力を見るもの**となっています。また，全問題を最後までひと通り解くためには，時間配分に気をつけなければなりません。

●**計算問題**…分数計算や四則混合計算，□を求める計算などで，問題数は少ないのですが，比較的レベルの高い問題が目につきます。

●**応用小問・応用問題**…数の性質は，倍数・約数，数列(規則性)などがよく出題されています。場合の数は，順列や組み合わせだけではなく，樹形図などを使って解くものもあります。割合は，基本三用法や売買の問題，あるいは食塩水の濃度などが出題率の高いところです。比は，連比や比例式などの基本用法のほかに，面積比や速さの比として応用問題の形式で出題されています。図形は，もっとも出題率が高く，面積，図形の移動，面積比，相似，円すいなどの展開図，容積などが多いのですが，これらの複合問題もあります。速さは，図形と並んで出題率が高く，旅人算，時計算などから取り上げられています。特殊算は，相当算，平均算，流水算，仕事算，つるかめ算，差集め算などが出されています。

◆対策～合格点を取るには？～

計算力をつけることと苦手分野を克服することが，本校入試突破のカギといえます。計算練習は当然として，これまでにやったテストの答案をそのままにせず，**まちがえた部分を調べて，自分の弱点を発見する**ことが大切です。そして，**類題にあたって練習をくり返す**のです。

また，**難問奇問はさけ，基本公式で解法を見出せる問題を数多く解く**ことです。どんなに難しい問題にも必ず解法があり，それをすばやく見ぬく力は，どれだけ多くの問題を解いて解法を身につけてきたかで決まります。1日がかりで難問奇問を解くより，1時間で3問，3つの基本公式を使って解くほうが，ずっと合理的であり効果が上がります。まず，教科書にある基本公式や解法を整理しましょう。そして，制限時間を決めて問題を解いてください。

算数　出題分野分析表

分野 ＼ 年度		2024		2023		2022		2021	
		1回	2回	1回	2回	1回	2回	1回	2回
計算	四則計算・逆算	◎	○	◎	○	◎	◎	◎	○
	計算のくふう	○	○		○				○
	単位の計算								
和と差	和差算・分配算								
	消去算								○
	つるかめ算								
	平均とのべ					○	○	○	○
	過不足算・差集め算		○		○				
	集まり								
	年齢算								
割合と比	割合と比								
	正比例と反比例								
	還元算・相当算					○			○
	比の性質								
	倍数算				○				
	売買損益								
	濃度	○	○	○					
	仕事算						○		
	ニュートン算	○		○					
速さ	速さ								
	旅人算	○		○	○	○	○	○	
	通過算		○						
	流水算	○							
	時計算								○
	速さと比	○		○			○		
図形	角度・面積・長さ	◎	●	●	◎	●	○	●	●
	辺の比と面積の比・相似	○	○	○	◎	○	○		◎
	体積・表面積	○		○				○	
	水の深さと体積				○				
	展開図			○					○
	構成・分割	○	○	○			○	○	
	図形・点の移動			○				◎	○
表とグラフ		○	○	○	○	○	○	○	○
数の性質	約数と倍数								
	N進数								
	約束記号・文字式						○		
	整数・小数・分数の性質					○			◎
規則性	植木算								
	周期算						○		
	数列	○			○		○	○	
	方陣算								
	図形と規則								
場合の数		○	○		○	○	○		
調べ・推理・条件の整理			○	○					
その他									

※ ○印はその分野の問題が１題，◎印は２題，●印は３題以上出題されたことをしめします。

社会 出題傾向＆対策

◆基本データ(2024年度１回)

試験時間／満点	40分／70点
問題構成	・大問数…３題 ・小問数…39問
解答形式	記号の選択と用語の記入のみの出題となっている。記号の選択はすべて択一式。用語の記入については，漢字で書くように指定されているものも数多く見られる。
実際の問題用紙	Ｂ５サイズ，小冊子形式
実際の解答用紙	Ｂ４サイズ

◆過去４年間の分野別出題率

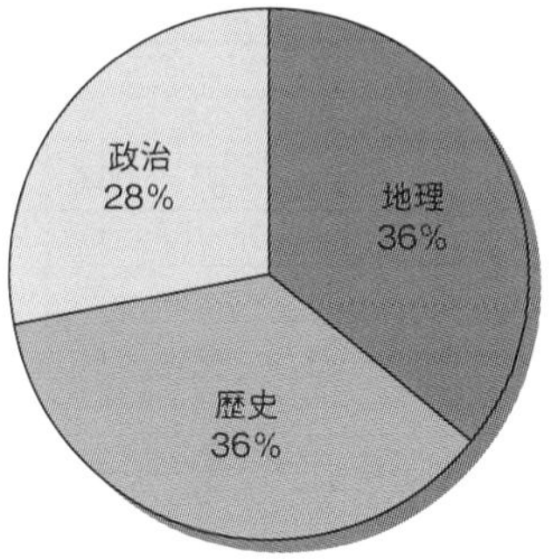

※　配点(推定ふくむ)をもとに算出

◆近年の出題内容

【 2024年度１回 】			【 2023年度１回 】		
大問	1	〔**地理**〕夏合宿を題材とした問題	大問	1	〔**地理**〕研修旅行を題材とした問題
	2	〔**歴史**〕各時代の歴史的なことがら		2	〔**歴史**〕各時代の歴史的なことがら
	3	〔**政治**〕憲法と基本的人権		3	〔**政治**〕憲法と基本的人権

◆出題傾向と内容

本校の社会は，大問が地理，歴史，政治の３つに分かれており，**地理と歴史にやや重点がおかれているといえます**。

●**地理**…たとえば，農産物や資源といったように，テーマを持った問題が多いのが特ちょうです。日本地理が中心ですが，世界地理についての知識もある程度は必要です。

●**歴史**…範囲は縄文，弥生のころから近代までで，内容的には政治史を中心としているといえるでしょう。全体的にレベルが高く，たまに人名などで難しいものが出されることもあります。なお，文化についての設問もいくつか見られます。

●**政治**…憲法や三権のしくみといった基本的なことがらから，経済のようす，国際社会，時事問題，環境問題にいたるまで，さまざまな内容が取り上げられています。

◆対策～合格点を取るには？～

地理では，**地図とグラフが欠かせません**。つねに地図帳を活用することと，教科書や資料集にある統計を頭に入れることが大切です。また，白地図に，地形と気候，資源と産業，交通のようすを順にまとめていきましょう。地名や産業などは漢字で覚え，歴史的背景や政治との関連にも注意しながら進めてください。また，地形図の読み取りも忘れずに練習すること。

歴史では，通りいっぺんに教科書や参考書を読むだけでなく，**ノートに年表をつくる**と効果的に覚えられるでしょう。特に，できごとに関わる年代・人物・影響などについて，よく調べたうえでかきこむようにします。それぞれの分野ごと(政治・文化・外交など)にまとめるくふうも大切です。また，史料集などで写真や絵画・歴史地図などに親しんでおきましょう。

政治では，**日本国憲法の基本的な内容をしっかりおさえる**ことが大切です。憲法の条文を暗記する必要はありませんが，どう定められているのかをまとめておく必要があり，特に基本的人権，三権のしくみは重要です。また，国際政治では，日本と関係の深い国について，ひと通りまとめておきましょう。さらに，時事的なことがらもおさえておく必要があります。日ごろから新聞・テレビなどを見て，できごとの内容，影響，問題点などをまとめておきましょう。時事問題集に取り組むのも効果的です。

社会　出題分野分析表

分野		年度	2024		2023		2022		2021	
			1回	2回	1回	2回	1回	2回	1回	2回
日本の地理		地図の見方	○		○				○	○
		国土・自然・気候	○	○	○	○	○	○	○	○
		資源			○	○	○		○	○
		農林水産業	○	○	○	○	○	○	○	○
		工業			○		○		○	○
		交通・通信・貿易			○	○	○	○		○
		人口・生活・文化	○	○	○	○	○	○		○
		各地方の特色			○	○	○			
		地理総合	★	★	★	★	★	★	★	★
世界の地理						○		○		○
日本の歴史	時代	原始～古代	○	○	○	○	○	○	○	○
		中世～近世	○	○	○	○	○	○	○	○
		近代～現代	○	○	○	○	○	○	○	○
	テーマ	政治・法律史								
		産業・経済史								
		文化・宗教史								
		外交・戦争史								
		歴史総合	★	★	★	★	★	★	★	★
世界の歴史										
政治		憲法	○		★	○	○	○	○	
		国会・内閣・裁判所	○	○		○	○	○	○	○
		地方自治	○	○					○	
		経済				○				
		生活と福祉	○	○					○	
		国際関係・国際政治	○	○		○			○	○
		政治総合	★	★		★	★	★	★	★
環境問題					○					○
時事問題						○	○	○	○	
世界遺産										
複数分野総合										

※ 原始～古代…平安時代以前，中世～近世…鎌倉時代～江戸時代，近代～現代…明治時代以降
※ ★印は大問の中心となる分野をしめします。

理科 出題傾向&対策

◆基本データ(2024年度1回)

試験時間／満点	40分／70点
問　題　構　成	・大問数…６題 ・小問数…21問
解　答　形　式	記号選択と用語・計算結果などの記入が大半をしめる。計算で必要な単位などはあらかじめ印刷されている。そのほかに，作図や20字程度の記述も見られる。
実際の問題用紙	Ｂ５サイズ，小冊子形式
実際の解答用紙	Ｂ４サイズ

◆過去４年間の分野別出題率

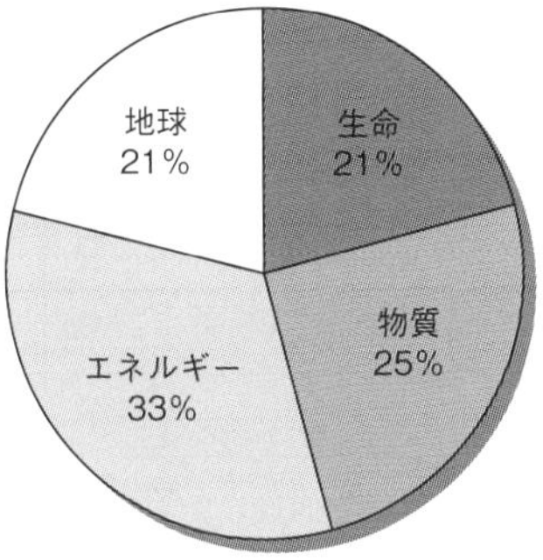

※　配点(推定ふくむ)をもとに算出

◆近年の出題内容

	【 2024年度１回 】		【 2023年度１回 】
大問	1〔エネルギー〕物体の運動と見え方	大問	1〔エネルギー〕ばね
	2〔エネルギー〕ドップラー効果		2〔物質〕炭酸水素ナトリウムの分解
	3〔エネルギー〕水と油のあたたまりやすさ		3〔生命〕血液循環
	4〔エネルギー〕密度と浮き沈み		4〔地球〕金星の満ち欠け
	5〔生命〕植物と蒸散		
	6〔地球〕自然現象		

◆出題傾向と内容

内容的には「生命」「物質」「エネルギー」「地球」の各分野からバランスよく出題されていますが，出題の順番に特ちょうがあります。**はじめに「エネルギー」「物質」**からの出題があり，**そのあとに「生命」「地球」**からの出題が続くというパターンです。前半の計算問題に時間をかけすぎないようにするなど，時間配分に注意が必要です。

●**生命**…酵素のはたらき，植物のつくりとはたらき，ヒトの血液循環などが取り上げられています。

●**物質**…気体の性質や水溶液の中和の計算をさせるものなどが見られます。実験器具の使い方に関する問題などもあります。

●**エネルギー**…ばね・てんびん・滑車を組み合わせた力のつりあいの問題や，実験の結果から考える問題など，かなり高度な知識と考察力が必要とされます。

●**地球**…天体の動きについての問題にやや難しめのものがあったり，火山や地層の問題でもかなり高度な知識が要求されたりしています。また，地震についての計算問題も見られます。

◆対策～合格点を取るには？～

各分野からまんべんなく出題されていますから，**基礎的な知識を早いうちに身につけ，そのうえで問題集で演習をくり返しながら実力アップをめざしましょう**。「生命」は，身につけなければならない基本知識の多い分野ですが，楽しみながら確実に学習する心がけが大切です。「物質」では，気体や水溶液，金属などの性質に重点をおいて学習してください。「エネルギー」は，かん電池のつなぎ方や方位磁針のふれ方，磁力の強さなどの出題が予想される単元ですから，学習計画から外すことのないようにしましょう。「地球」では，太陽・月・地球の動き，季節と星座の動き，天気と気温・湿度の変化，地層のでき方などが重要なポイントです。なお，環境問題や身近な自然現象にはつねに深い関心を持つように日ごろから心がけましょう。テレビの科学番組，新聞・雑誌の科学に関する記事，読書などを通じて多くのことを知るのも大切です。

理科 出題分野分析表

分野 ＼ 年度		2024		2023		2022		2021	
		1回	2回	1回	2回	1回	2回	1回	2回
生命	植物	★	★		★	○	★	★	★
	動物							○	○
	人体			★		○		★	
	生物と環境								
	季節と生物								
	生命総合					★			★
物質	物質のすがた						★		
	気体の性質		★	★		★		★	★
	水溶液の性質				★		★		
	ものの溶け方								
	金属の性質								
	ものの燃え方								
	物質総合								
エネルギー	てこ・滑車・輪軸						★	★	
	ばねののび方			★					
	ふりこ・物体の運動	★							
	浮力と密度・圧力	★				★			★
	光の進み方								★
	ものの温まり方	★							
	音の伝わり方	★						★	
	電気回路				★		★		
	磁石・電磁石		★						
	エネルギー総合		★						
地球	地球・月・太陽系	○	★	★	★				
	星と星座							★	
	風・雲と天候	○							★
	気温・地温・湿度						★		
	流水のはたらき・地層と岩石								★
	火山・地震	○				★		★	
	地球総合	★							
実験器具			○					○	★
観察									
環境問題									
時事問題									
複数分野総合									

※ ★印は大問の中心となる分野をしめします。

国語 出題傾向＆対策

◆基本データ（2024年度１回）

試験時間／満点	50分／100点
問題構成	・大問数…２題 文章読解題１題／知識問題１題 ・小問数…21問
解答形式	記号選択と記述問題で構成されている。記述問題は自分のことばで書くものが多く字数制限がある。
実際の問題用紙	Ｂ５サイズ，小冊子形式
実際の解答用紙	Ｂ４サイズ

◆過去４年間の分野別出題率

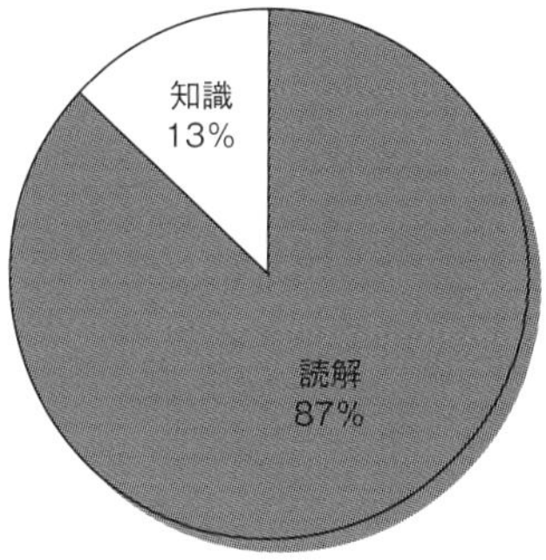

※　配点（推定ふくむ）をもとに算出

◆近年の出題内容

【 2024年度１回 】			【 2023年度１回 】		
大問	一	〔小説〕上野歩『お菓子の船』（約7200字）	大問	一	〔小説〕青山美智子『月曜日の抹茶カフェ』所収の「拍子木を鳴らして」（約6100字）
	二	〔知識〕漢字の書き取り		二	〔知識〕漢字の書き取り

◆出題傾向と内容

本校の国語は，**文章の内容が的確に読み取れるかどうかを，表現力もためしながらあわせて見ようとする問題**だといえます。

●**文章読解題**…近年は小説・物語文が１題のみの出題となっています。少年少女を主人公としたものが多く，たまに，おとな向けのやや高度な作品が取り上げられることもあります。

設問数はそれほど多くありませんが，小説や物語文などを読みこむ力，読み取った内容を表現する力に重点がおかれています。「…からどのような様子が読み取れるか」「…とはどのようなことか」と問い，登場人物の心情や言動について考えさせる問題が多くをしめています。選択肢の文章が長めなことも特ちょうです。

総じていえることは，本格的な国語力，つまり，一定のまとまりのある分量の文章を読みこなし，その結果を自分なりに記述する力が求められているということです。

●**知識問題**…漢字の書き取りが毎年出題されています。それ以外に，やや難しめの語句の意味を問うものや，慣用句・ことわざの完成，四字熟語の知識，熟語の組み立て，敬語の知識なども見られます。

◆対策～合格点を取るには？～

本校の国語は**長文の読解問題がメイン**です。読解力を養成するためには，できるだけ多くの文章に接する必要がありますが，長い作品よりも短編のほうが主題を読み取りやすいので，特に国語の苦手な人は短編から入るのがおすすめです。新聞のコラムや社説を毎日読むようにするのもよいでしょう。また，自分なりに要点をまとめてみたり，意見や感想を書いてみたりすることも効果的な方法です。

次に，**ことばのきまり・知識に関しては，うすめの参考書を１冊仕上げましょう**。ことわざ・慣用句は，体の一部を用いたもの，動物の名前を用いたものなどに分類して覚えるとよいでしょう。ことばのきまりは，ことばのかかり受け，品詞の識別などを中心に学習を進めます。また，漢字や熟語については，読み書きのほか，同音（訓）異義語，その意味についても辞書で調べておきましょう。

国語 出題分野分析表

分野 ＼ 年度			2024		2023		2022		2021	
			1回	2回	1回	2回	1回	2回	1回	2回
読解	文章の種類	説明文・論説文								
		小説・物語・伝記	★	★	★	★	★	★	★	★
		随筆・紀行・日記								
		会話・戯曲								
		詩								
		短歌・俳句								
	内容の分類	主題・要旨								○
		内容理解	○	○	○	○	○	○	○	○
		文脈・段落構成								
		指示語・接続語			○	○	○			
		その他			○	○				
知識	漢字	漢字の読み								
		漢字の書き取り	★	★	★	★	★	★	★	★
		部首・画数・筆順								
	語句	語句の意味	○			○		○		○
		かなづかい								
		熟語								
		慣用句・ことわざ		○		○	○		○	
	文法	文の組み立て								
		品詞・用法								
		敬語								
	形式・技法									
	文学作品の知識									
	その他									
	知識総合									
表現	作文									
	短文記述									
	その他									
放送問題										

※ ★印は大問の中心となる分野をしめします。

カコを追いかけ
ミライをつかめ
「今の説明、もう一回」を何度でも
web過去問
ストリーミング配信による入試問題の解説動画
もっと古いカコモンないの？
カコ過去問
「さらにカコの」過去問をHPに掲載（DL）
声の教育社
詳しくはこちらから

2024年度　城北中学校

【算　数】〈第１回試験〉（50分）〈満点：100点〉

注意　１．円周率が必要な場合には，3.14として計算しなさい。

２．比はもっとも簡単な整数の比で答えなさい。

３．コンパス・定規・分度器を使ってはいけません。

1　次の□にあてはまる数を求めなさい。

(1)　$\frac{65}{28}-\left(3-3\frac{4}{7}\times 0.4\right)\div 4\frac{8}{9}=\square$

(2)　$\frac{1}{12}\div\left\{\left(0.25+\frac{1}{6}\right)\times\square-0.125\right\}=1\frac{1}{3}$

2　次の□にあてはまる数を求めなさい。

(1)　右の図において，印のついたすべての角の大きさの和は□度です。

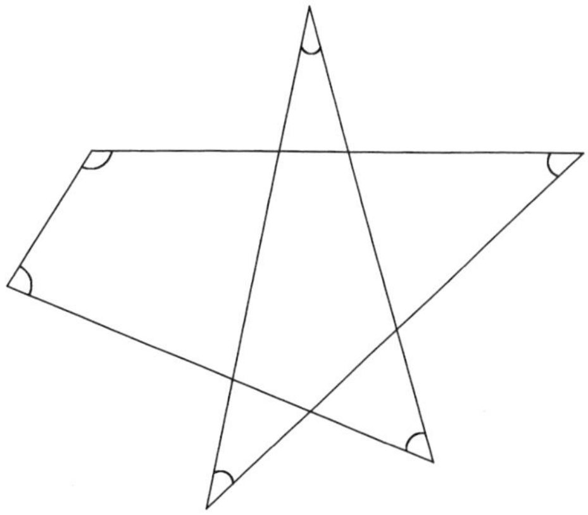

(2)　食塩水Ａと食塩水Ｂがあり，ＡとＢを同じ量ずつ混ぜると８％の食塩水ができ，Ａを100ｇとＢを200ｇ混ぜると９％の食塩水ができます。このとき，食塩水Ａの濃度《のうど》は□％です。

(3)　箱の中に５枚のカード[1]，[2]，[3]，[4]，[5]があります。箱の中からカードを１枚引いて，そのカードを左から順に並べる操作をくり返し，３枚のカードを並べたところで操作を終えます。ただし，[4]を並べたときは，その時点で操作を終えます。カードの並べ方は全部で□通りあります。

(4)　右の図のように円周を８等分する点があります。AB＝２cm のとき，斜線《しゃせん》部分の面積は□cm^2です。

(5)　水が入った水そうに，一定の量で水を入れると同時にポンプを使って水をくみ出します。水そうを空にするには，５台のポンプでは60分かかり，７台のポンプでは30分かかります。14分以内に水そうを空にするには，最も少ない場合で□台のポンプが必要です。

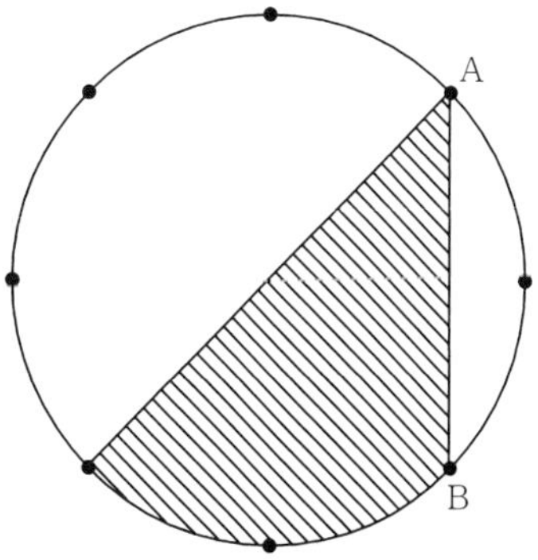

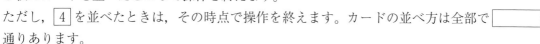

3 一定の速さで流れる川を兄と弟がボートで往復します。静水時の兄のボートの速さは，弟のボートの速さより分速24mだけ速いです。

8時15分に弟が川の下流にあるＡ地点から上流にあるＢ地点に向けて出発しました。その6分後に兄がＡ地点からＢ地点よりさらに上流にあるＣ地点に向けて出発しました。8時30分に兄は弟を追いこし，2人は同じ時刻にそれぞれの目的地に到着《とうちゃく》しました。その後すぐに，2人ともＡ地点に向けて折り返し，10時にＡ地点に戻《もど》ってきました。

下のグラフは時刻と2人の位置を表したものです。ただし，2人のボートの速さは一定とします。

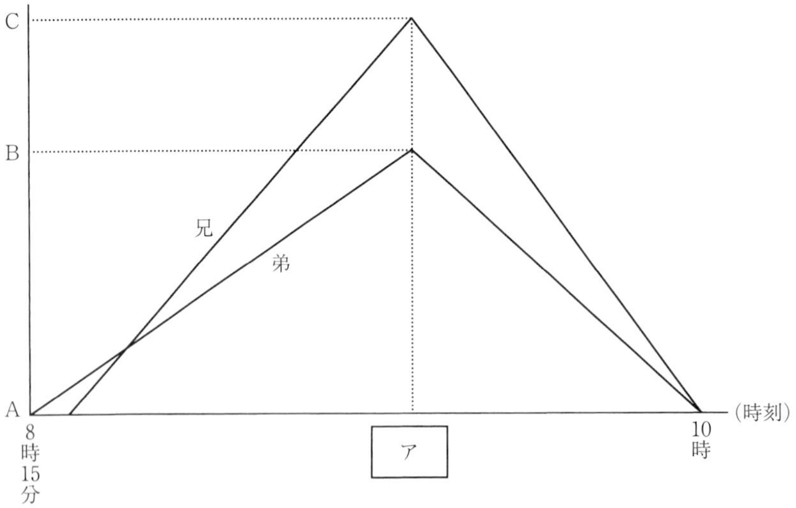

次の問いに答えなさい。

(1) グラフの ア にあてはまる時刻を求めなさい。

(2) 弟が川を上る速さは分速何mですか。

(3) Ｂ地点とＣ地点は何m離《はな》れていますか。

(4) 兄の静水時の速さは分速何mですか。

4 右の図のような底面が直角二等辺三角形の三角柱があります。辺BE上の点ＰはBP：PE＝1：3となる点で，点Ｑは辺CF上の点です。

5点Ｄ，Ｅ，Ｆ，Ｑ，Ｐを頂点とする立体をＶとし，立体Ｖの体積が$15cm^3$であるとき，次の問いに答えなさい。

(1) 四角形EFQPの面積を求めなさい。

(2) FQの長さを求めなさい。

(3) 立体Ｖを3点Ａ，Ｅ，Ｆを通る平面で切断したときの切り口をＴとします。三角形AEFと切り口Ｔの面積の比を求めなさい。

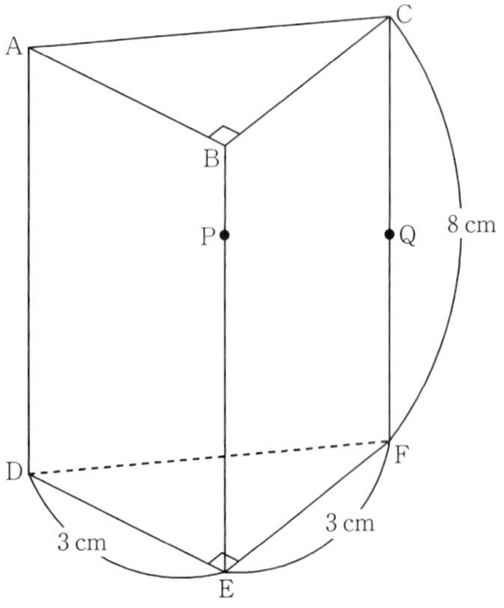

5　次の □ にあてはまる数を答えなさい。

(1)　1＋2＋3＋…＋100 を次のように工夫して計算します。

1＋2＋3＋…＋98＋99＋100

⇩

100＋99＋98＋…＋3＋2＋1

上の図のようにもとの式と数字の順番を入れかえた式を考えます。２つの式を左から見ていくと，同じ順番にある数字は１と100，２と99，３と98，…となっています。

このことをいかして計算すると，

1＋2＋3＋…＋100＝□

です。

(2)　1×1＋2×2＋3×3＋…＋100×100 を次のように工夫して計算します。

1×1＋2×2＋3×3＋…＋100×100 は 1＋(2＋2)＋(3＋3＋3)＋…＋(100＋100＋…＋100) なので，下の図１のように並べた正方形の中に入れた数字の合計と考えられます。

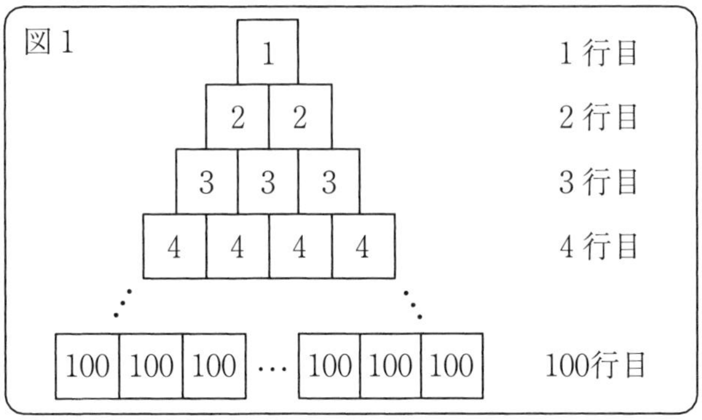

図１

図１から数字の入れる位置を時計回りに120度回転させた図２を考えます。

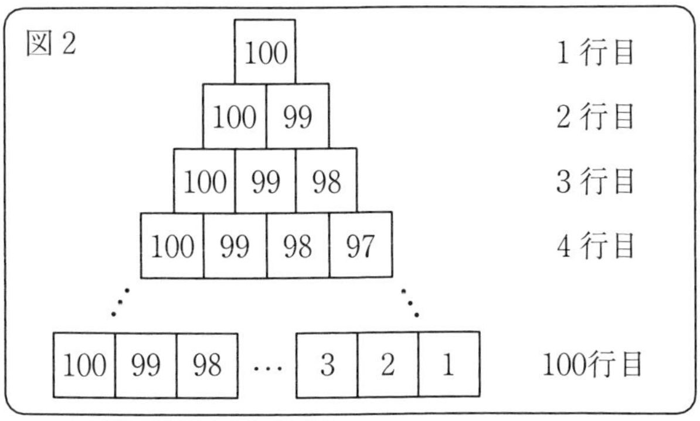

図２

図２から数字の入れる位置を時計回りに120度回転させた図３を考えます。

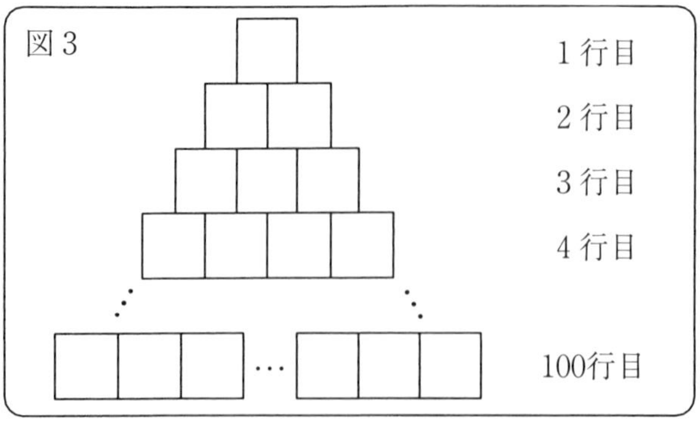

【必要であれば，数字を入れてください】

図１から図３の３つの図で，同じ位置にある正方形の中の数字をいくつか取り出して調べると下の表のようになりました。

	図１	図２	図３
３行目の左から２番目	3	99	ア
６行目の左から３番目	イ	ウ	エ
99行目の左から99番目	99	2	オ

表から推測できることと，正方形の個数を使って計算すると，

$1\times1+2\times2+3\times3+\cdots+100\times100=$ カ

です。

【社　会】〈第１回試験〉（40分）〈満点：70点〉

1　次の文章は，城北中学野球部の新中学１年生ユウ君が，中学２年生のシュン君とヒロ君にクラブ活動について質問している夏合宿前(７月頃)の会話です。この会話文をよく読み，後の地図を参考にして，下記の設問に答えなさい。

ユ　ウ「今週の公式戦は，どこで行うのですか？」

ヒ　ロ「(　あ　)川の河川敷《かせんしき》だって。河川敷は暑いんだよな～。日光をさえぎるものがないんだよ。ユウ君，心しておいてね。」

シュン「(　あ　)川は埼玉県戸田市と東京都板橋区の境界線だと，数年前の城北中学の入試でも出題されていたね。それはさておき，来週の公式戦は(　い　)川の河川敷だよ。」

ユ　ウ「(　い　)川ですか?!　城北からは，ずいぶん遠いですね。」

ヒ　ロ「(　い　)川は，東京都から見ると対岸が千葉県だからね。(　い　)川沿いは，たくさん野球場があって，公式戦が行われることが多いんだよ。」

シュン「そういえば，(　い　)川区の(1)水害ハザードマップのインパクトが強いと話題になっていたな。『ここ(区内)にいてはダメです』と表紙に書いてあるとか。」

ヒ　ロ「へぇ～。確かに(　い　)川区は(　あ　)川，(　い　)川，東京湾の三方に囲まれているし，標高も低いのかな？」

シュン「(　い　)川区は，区内の７割が満潮時の水面より低い「海抜(　う　)地帯」らしいし，想定される最大規模の浸水がおこるとマンションの３～４階くらいまで水がくるんだって。水深10ｍくらいになるのかな。」

ユ　ウ「10ｍか～。ところで，これまで行った試合会場で遠いところはどこですか？」

ヒ　ロ「そうだな～。練習試合だったら，千葉県の船橋市，埼玉県の川越市，横浜市や川崎市とともに神奈川県の政令指定都市である(　え　)市などにも出かけたと顧問の先生方が言っていたな。全国大会出場校，関東大会出場校，都大会常連校などに胸を借りてきたんだって。」

ユ　ウ「(2)千葉県に，埼玉県に，神奈川県ですか…。強いチームと対戦するために遠くまで行くのですね。公式戦は(　あ　)川や(　い　)川の河川敷で毎回試合を行うのですか？　あと，合宿も遠くへ出かけるのですか？」

シュン「板橋区の大会なら板橋区内で行うし，東京都の大会になると，そうだな，先日は，あきる野市まで行ったかな～。(3)この20年間，合宿は学校で行ってきたから心配しないでね。」

ヒ　ロ「あきる野市へはこれまでも何度も行ったらしいね。あきる野市の南に隣接する(4)八王子市で行うこともあれば，調布市の野球場へもよく出かけているよ。また，シュン君は合宿は学校だと言うけど，これまでには(　お　)県や長野県でも合宿を行ったことがあるんだよ。(　お　)県と言っても県庁所在地の宇都宮市じゃないし，長野県と言っても県庁所在地の長野市じゃないよ！　将来的には，もしかすると(5)新潟県で合宿をするかもしれないね。」

ユ　ウ「あきる野！　八王子!!　これらの地域になると，(　あ　)川流域でもなく，(　い　)川流域でもなく，(　か　)川流域じゃないですか!!　合宿の件もありがとうございます。ぼくは新潟に行ってみたいな～。」

シュン「思い返してみると，東京都北端の(　あ　)川，東端の(　い　)川そして南～南西端の(　か　)川と，東京都の色々な所に出かけてきたんだね。」

ヒ　ロ「20年前の城北中学野球部は，今よりも強くなくて，ここまで遠くには出かけてなかったらしいよ。遠くまで行くのは，強くなった証拠でもあるんだね！」

シュン「よし，ユウ君も一緒に，(6)板橋区そして東京都優勝を目指していこう‼」

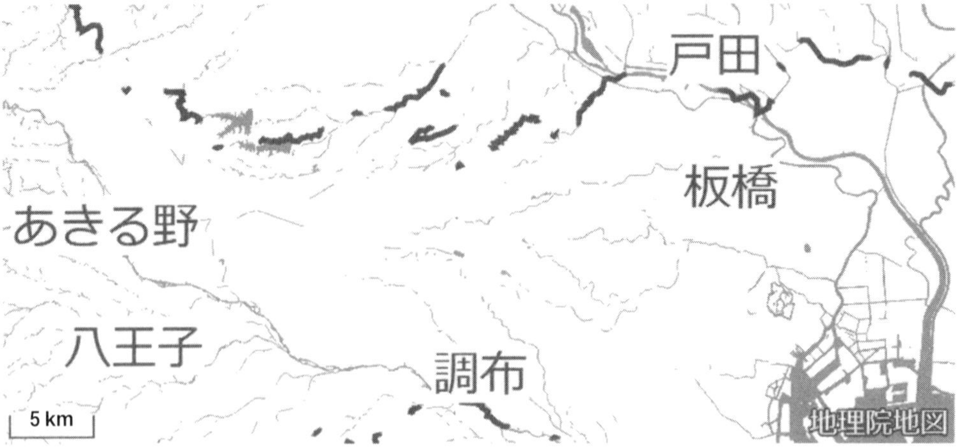

(『地理院タイル』より作成)

【注】 上図は，「都道府県の境界」，「水部」および会話文で登場する地名のいくつかが記されている。「水部」とは，河川，湖や海など水がある場所のこと。上記会話文の（ あ ）川と（ か ）川は一部が記されているが，（ い ）川は記されていない。

問１　文中の空欄(あ)・(い)，(え)～(か)にあてはまる正しい語句を，**漢字**で答えなさい。

問２　文中の空欄(う)にあてはまる正しい語句を，**カタカナ**で答えなさい。

問３　下線部(1)について説明した文として**誤っているもの**を，次のア～エから一つ選び，記号で答えなさい。

ア．集中豪雨などによって，石や土砂が一気に押し流される現象を土石流といいます。

イ．一般的に，河川から水があふれ氾濫《はんらん》することを洪水といいます。

ウ．大雨などで排水能力を超え，住宅や農地に水が浸《つ》かることを浸水といいます。

エ．台風や発達した低気圧の影響で，海面が異常に高くなることを津波といいます。

問４　下線部(2)について，次の表は千葉県，埼玉県，神奈川県の人口第１位～第３位の各都市の人口を示したものになります。表中のＡ～Ｃの組み合わせとして正しいものを，下のア～カから一つ選び，記号で答えなさい。

(単位：人)

県名	第１位の都市の人口	第２位の都市の人口	第３位の都市の人口
A	1,339,333	604,715	353,183
B	977,016	647,037	497,120
C	3,753,645	1,524,026	719,118

(総務省『令和５年１月１日住民基本台帳人口・世帯数，令和４年人口動態(市区町村別)』より作成)

ア．Ａ－千葉県　　Ｂ－埼玉県　　Ｃ－神奈川県

イ．Ａ－千葉県　　Ｂ－神奈川県　Ｃ－埼玉県

ウ．Ａ－埼玉県　　Ｂ－千葉県　　Ｃ－神奈川県

エ．Ａ－埼玉県　　Ｂ－神奈川県　Ｃ－千葉県

オ．Ａ－神奈川県　Ｂ－千葉県　　Ｃ－埼玉県

カ．Ａ－神奈川県　Ｂ－埼玉県　　Ｃ－千葉県

問５　下線部(2)について，右の表は千葉県，埼玉県，神奈川県の収穫量上位の野菜類を示しています。表中のＡ～Ｃの組み合わせとして正しいものを，問４のア～カから一つ選び，記号で答えなさい。

（表中の丸数字は収穫量の全国順位）

県名	野菜の品目名
A	大根⑤
B	白菜④，ほうれん草①，ねぎ①，きゅうり④
C	大根①，にんじん②，ほうれん草③，ねぎ②，きゅうり⑤

（農林水産省『作物統計調査 作況調査(野菜)確報
令和３年産野菜生産出荷統計』より作成）

問６　下線部(3)に関連して，城北中学野球部では合宿中は，練習後に近隣の銭湯《せんとう》を使わせてもらっています。ところが，近年，城北周辺の銭湯の数が減少しています。全国的に銭湯の数が減少している理由として**誤っているもの**を，次のア～エから一つ選び，記号で答えなさい。

ア．銭湯設備の老朽化《ろうきゅうか》が進み，設備を新しくする費用がまかなえないため。

イ．少子化の影響で中心客層である若年層が減り，銭湯の廃業《はいぎょう》が進んだため。

ウ．立地の良さや敷地《しきち》の広さなどを生かして，他業種への転換《てんかん》が進んだため。

エ．経営者の高齢化と後継者不足などで，やむを得ず店を閉じることになったため。

問７　下線部(4)に関連して，八王子市に興味を持ったユウ君は，図書館で八王子市について調べてみました。すると，次のような記述を見つけました。

「八王子市は東京都心から西へ約40km，神奈川県との都県境，関東平野と関東山地との境界部に位置しています。」

（出典：八王子市教育委員会(2020)『八王子の歴史文化　百年の計～はちおうじ物語～』）

この記述内容と６ページの地図を参考に，八王子市に**存在しない**と考えられる地図記号を，次のア～エから一つ選び，記号で答えなさい。

ア．

イ．

ウ．

エ．

問８　下線部(5)に関連して，次の４つの雨温図は新潟市，札幌市，仙台市，東京の雨温図を示しています。新潟市の雨温図として正しいものを，次のア～エから一つ選び，記号で答えなさい。

ア
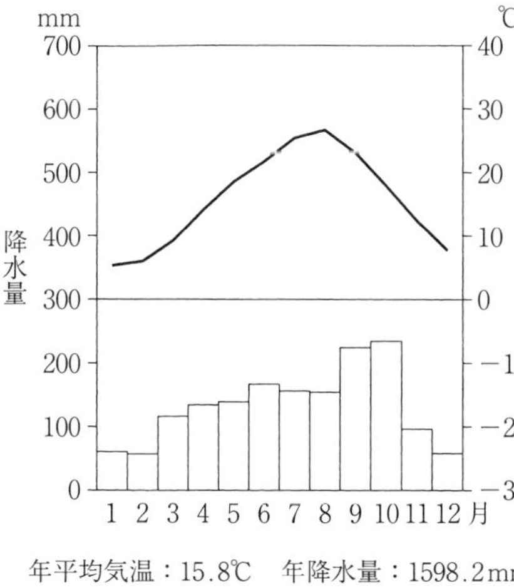

年平均気温：15.8℃　年降水量：1598.2mm

イ
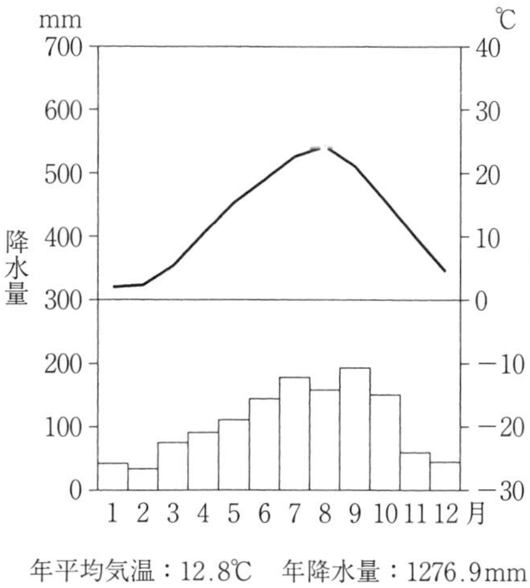

年平均気温：12.8℃　年降水量：1276.9mm

ウ

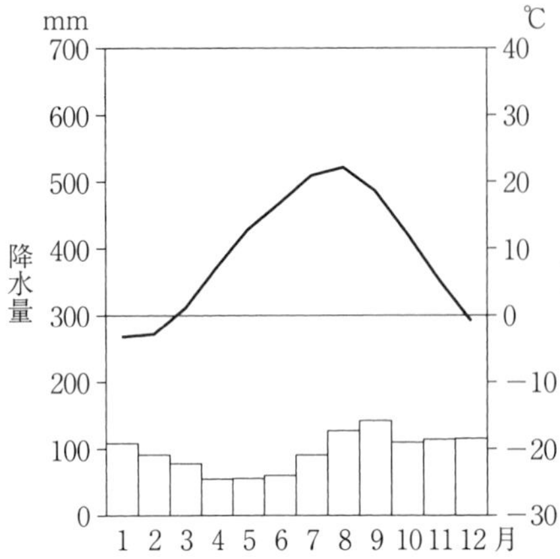

年平均気温：9.2℃　年降水量：1146.3mm

エ

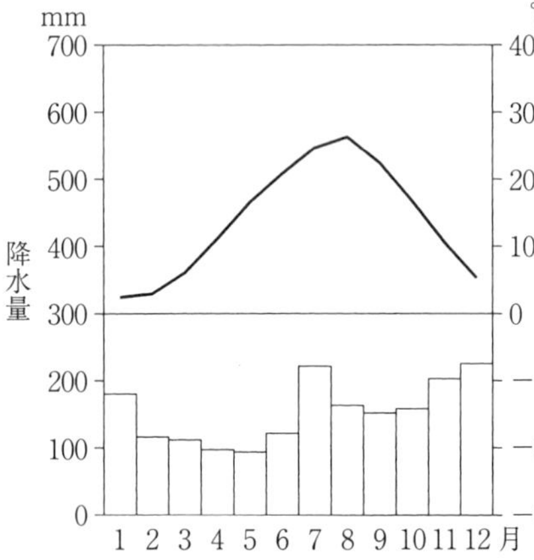

年平均気温：13.9℃　年降水量：1846.1mm

（国立天文台 編『理科年表 2023』より作成）

問９　下線部(6)に関連して，八王子市に続いて板橋区にも興味を持ったユウ君は，図書館で板橋区について調べてみました。すると，板橋区には多数の外国人の方々が居住していることがわかりました。次の表は，板橋区の国籍別外国人住民数を示しています。表中のＡにあてはまる国名を，下のア～エから一つ選び，記号で答えなさい。

（単位：人）

国籍	令和２年	令和３年	令和４年
A	15,367	14,436	13,188
韓国・朝鮮	3,724	3,448	3,289
ベトナム	1,754	1,731	1,658
フィリピン	1,618	1,563	1,502
ネパール	1,259	1,261	1,334
総数	28,782	27,254	25,663

（出典：板橋区(2023)『令和４年度版区政概要』）

ア．アメリカ合衆国
イ．ブラジル
ウ．中国
エ．ミャンマー

問10　下線部(6)に関連して，板橋区の人口が今後減少していく予測があることに驚いたユウ君は，板橋区の合計特殊出生率を調べてみました。すると，0.99でした。合計特殊出生率について述べた文として**誤っているもの**を，次のア～エから一つ選び，記号で答えなさい。

ア．合計特殊出生率は，１人の女性が一生の間に生む子どもの数に相当します。
イ．板橋区の合計特殊出生率は，日本の合計特殊出生率よりも低くなっています。
ウ．合計特殊出生率が高い都道府県は，沖縄県など西日本に多く分布しています。
エ．平均初婚年齢の低下が，合計特殊出生率の低下を招いています。

問11　先の会話文をすべて読むと，登場していない関東地方の県が２つあります。この２つの県のうち，東に位置する県名を，**漢字**で答えなさい。

2　次の天皇家に関する文章を読んで，下記の設問に答えなさい。

現在の天皇は，神武天皇から数えて126代目となります。神武天皇が即位をしたのは紀元前660年の(1)2月11日とされています。この頃の日本は，縄文文化が長く続いていましたが，やがて朝鮮半島から米づくりが伝わり，(2)水稲耕作を基礎とする農耕文化が広がりを見せていました。その後，畿内に(3)ヤマト政権が誕生し，勢力範囲を拡大していきました。このヤマト政権の大王が天皇家の祖先と考えられています。

６世紀末に即位した推古天皇は最初の女性天皇でした。推古天皇は蘇我馬子や，おいの厩戸皇子と協力して，(4)国内外の政治や外交を行いました。

７世紀末，(5)大きな内乱に勝利した天武天皇の時代に天皇の神格化が進み，天皇の権威が高まりました。そして，(6)奈良時代には天武天皇の子孫が皇位を継承しました。

平安時代になると，(7)桓武天皇や嵯峨天皇は天皇中心の政治を進めましたが，その後は幼少の天皇を藤原氏が補佐し，天皇が成人してからも後見するという(8)摂関政治の時代になりました。

10世紀以降，律令制がゆるみ，中央・地方の治安が悪化していくなかで，台頭したのが武士団でした。武士団は次第に勢力を拡大し，(9)朝廷に加えて，西国の平氏，東国の源氏，奥州の藤原氏といくつかの勢力が割拠《かっきょ》しました。

そして，源頼朝が(10)鎌倉幕府をつくると，朝廷と幕府が協力して支配する体制がとられました。しかし，(11)後鳥羽上皇が挙兵し敗れると，鎌倉幕府の支配領域が西国まで及び，鎌倉幕府は朝廷の監視や皇位の継承にも干渉するようになりました。

14世紀前半，後醍醐天皇は(　あ　)鎌倉幕府打倒のために挙兵しました。その後，足利尊氏によって京都に(12)室町幕府がつくられ，再び武家政権の時代となりました。

戦国時代に(13)織田信長や豊臣秀吉，徳川家康が登場しますが，彼らは共通して天皇の権威を利用します。特に徳川家康は，(14)江戸幕府を開く一方で，天皇が他の大名に政治利用されないように，(15)厳しく統制しました。

(16)明治天皇は1889年に(17)大日本帝国憲法を発布し，立憲君主となりました。明治時代には，富国強兵や(18)産業革命が進みました。

大正天皇の時代に，ヨーロッパでは(19)第一次世界大戦が勃発《ぼっぱつ》しました。これに参戦した日本は，戦勝国としてパリ講和会議に参加し，五大国の一員となりました。

昭和天皇は1926年に即位し，1989年に崩御《ほうぎょ》するまで，激動の人生を歩みました。(20)長かった戦争に敗れた日本は，憲法を改正し，新憲法で天皇は象徴となり，主権者は国民となりました。そして2019年，現在の上皇は憲政史上はじめて生前退位しました。今まで見てきたように天皇は私たちの歴史において重要な役割を果たしてきたと言えるでしょう。

問１　下線部(1)は現在，国民の祝日となっています。この名称として正しいものを，次のア～エから一つ選び，記号で答えなさい。

ア．天皇誕生日　　イ．勤労感謝の日　　ウ．建国記念の日　　エ．春分の日

問２　下線部(2)について述べた文として**誤っているもの**を，次のア～エから一つ選び，記号で答えなさい。

ア．稲作が伝わると，竪穴式住居での定住生活が始まりました。

イ．稲を刈り取るのに，石包丁が使われました。

ウ．刈り取った稲は，高床倉庫に保管されました。

エ．稲作の様子を伝える遺跡に，静岡県の登呂遺跡があります。

問３　下線部(3)に朝鮮半島の国から養蚕・機織《はたお》りの技術や漢字や仏教が伝えられました。この国として正しいものを，次のア～エから一つ選び，記号で答えなさい。

ア．高句麗　　イ．高麗

ウ．百済　　　エ．新羅

問４　下線部(4)について，604年に十七条の憲法が制定されましたが，その内容として**誤っているもの**を，次のア～エから一つ選び，記号で答えなさい。

ア．和を尊び，争うことをやめなさい。

イ．仏教を信仰しなさい。

ウ．天皇の命令に必ず従いなさい。

エ．戸籍を作成し，戸籍に基づき人びとに土地を貸し与えなさい。

問５　下線部(5)について，壬申の乱の際，大海人皇子が戦勝祈願をした神社があります。これは天皇家の皇祖神を祀《まつ》る神社として，天武天皇によって整備されました。神社の名称として正しいものを，次のア～エから一つ選び，記号で答えなさい。

ア．伊勢神宮　　イ．住吉大社

ウ．出雲大社　　エ．宇佐八幡宮

問６　下線部(6)について，この子孫に聖武天皇がいますが，聖武天皇の政策として正しいものを，次のア～エから一つ選び，記号で答えなさい。

ア．新しい都づくりを命じ，奈良盆地の北部に平城京をつくりました。

イ．凶作や疫病が流行する中，仏教の力で世の中を安定させようとしました。

ウ．武蔵国から銅が届き，和同開珎を発行して，貨幣の流通を促しました。

エ．僧の鑑真に命じて，奈良の東大寺に大仏を造立させました。

問７　下線部(7)の政策として**誤っているもの**を，次のア～エから一つ選び，記号で答えなさい。

ア．勘解由使《かげゆし》をおいて国司の不正を厳しく取り締まりました。

イ．遷都《せんと》にともない，平城京から寺院の多くを平安京に移転させました。

ウ．農民の負担を軽減するため，郡司の子弟などから兵士をとる制度をつくりました。

エ．坂上田村麻呂を征夷大将軍に任命し，蝦夷《えみし》平定を進めさせました。

問８　下線部(8)に関連して，次の歌とその説明を読んで，下記の設問に答えなさい。

こちふかば　におひおこせよ　梅の花　あるじなしとて　春を忘るな

（東風が吹いたら，匂いを大宰府の私のもとまでよこしてくれ，梅の花よ。主人がいないからといって，春であることを忘れるなよ。）

この歌は，901年，ある人物が藤原氏の陰謀《いんぼう》で大宰府に流される際，京都の家を出発する時に歌ったものとして伝えられています。この人物として正しいものを，次のア～エから一人選び，記号で答えなさい。

ア．菅原道真　　イ．山上憶良

ウ．紀貫之　　　エ．阿倍仲麻呂

問９　下線部(9)について，次の写真と関係する勢力として正しいものを，下のア～エから一つ選び，記号で答えなさい。

（山川出版社『詳説日本史図録』第10版）

ア．朝廷　　イ．西国の平氏　　ウ．東国の源氏　　エ．奥州の藤原氏

問10　下線部⑽に関連して，鎌倉時代におきた次の出来事を年代順に古い方から並べ替えると，どのような順番になりますか。正しいものを，下のア～カから一つ選び，記号で答えなさい。

１．北条泰時が御成敗式目を制定しました。

２．元のフビライ＝ハンが日本に使者を派遣しました。

３．京都に六波羅探題を設置しました。

ア．１→２→３　　イ．１→３→２　　ウ．２→１→３

エ．２→３→１　　オ．３→１→２　　カ．３→２→１

問11　下線部⑾の命令で藤原定家らが編纂《へんさん》した和歌集を何といいますか。**漢字**で答えなさい。

問12　文中の空欄（あ）にあてはまる正しい文を，次のア～エから一つ選び，記号で答えなさい。

ア．将軍家の直系が断絶し，後継者争いが激しくなったのに乗じて，

イ．幕府を支えてきた有力守護大名同士の権力争いが激しくなったのに乗じて，

ウ．元寇の恩賞が不十分であり，御家人の幕府に対する不満が高まったのに乗じて，

エ．尊王攘夷を主張し，天皇親政を目指す反幕府勢力が全国に拡大したのに乗じて，

問13　下線部⑿に関連して，室町時代について述べた文として**誤っているもの**を，次のア～エから一つ選び，記号で答えなさい。

ア．３代将軍足利義満は，明と正式に国交を結び，日明貿易を開始しました。この貿易は勘合という合札を用いたため，勘合貿易とも呼ばれています。

イ．畿内やその周辺では，有力な農民の指導のもとで，寄合が開かれ，自治が行われました。村人自らが掟を定め，掟の違反者に対しては罰則を設けました。

ウ．1428年に近江の馬借が蜂起したのを契機に，人々が徳政を要求して酒屋や土倉などを襲《おそ》いました。これは山城国から畿内に広がったので，山城の国一揆といいます。

エ．琉球王国が成立し，その地理的条件を生かして明との朝貢貿易以外に，日本・朝鮮・東南アジアの国々とも盛んに中継貿易を行いました。

問14　下線部⒀について述べた文として正しいものを，次のア～エから一つ選び，記号で答えなさい。

ア．織田信長は宗教勢力と対立し，比叡山延暦寺を焼き打ちし，一向一揆やキリスト教を弾圧しました。

イ．豊臣秀吉は，太閤検地を行い，農民を年貢負担者として検地帳に記入しました。また，

刀狩令を出して，兵農分離を進めました。

ウ．織田信長と同盟関係にあった徳川家康は，関ヶ原の戦いで豊臣秀吉を破りました。そして1603年に征夷大将軍に任命されました。

エ．この３人の中で，関白と太政大臣に任官しているのは織田信長と豊臣秀吉です。

問15　下線部(14)について，次の図は江戸幕府のしくみです。これに関して下記の設問に答えなさい。

【江戸幕府のしくみ】

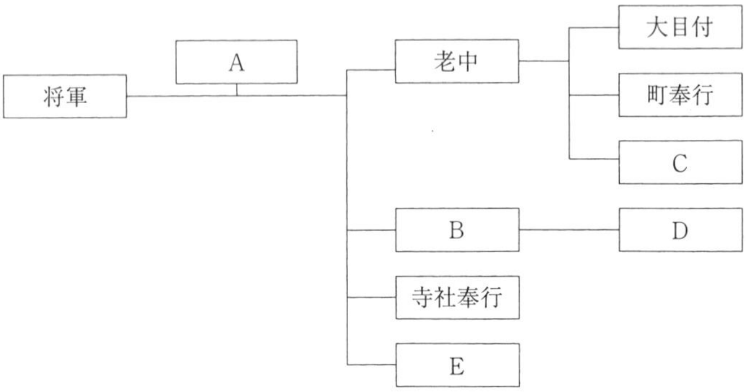

［１］　図中のＡ～Ｄについて述べた文として正しいものを，次のア～エから一つ選び，記号で答えなさい。

ア．Ａには大老が入ります。常に１名が任命される最高職でした。

イ．Ｂには若年寄が入ります。老中の補佐をする役割でした。

ウ．Ｃには目付が入ります。旗本や御家人の監視をしました。

エ．Ｄには勘定奉行が入ります。幕府の財政を担っていました。

［２］　図中のＥには京都の治安を維持し，朝廷や公家を監視するために設置された機関名が入ります。この機関を**漢字５文字**で答えなさい。

問16　下線部(15)に関連して，江戸幕府の対外政策を鎖国と呼ぶことがありますが，実際には対外関係をもっていました。このことについて述べた文として**誤っているもの**を，次のア～エから一つ選び，記号で答えなさい。

ア．宗氏の尽力で朝鮮との国交が回復し，宗氏は朝鮮との貿易独占権を獲得しました。

イ．琉球王国は島津氏によって征服されましたが，中国への朝貢貿易を続けました。

ウ．幕府は松前藩にアイヌとの交易独占権を認めました。和人とアイヌの交易がアイヌに不利になると，アイヌの族長シャクシャインらが戦いをおこしました。

エ．長崎ではオランダと中国と貿易を行っていましたが，明が滅亡すると中国商人との貿易は途絶えました。

問17　下線部(16)が即位をした1867年は激動の１年でした。下記の文章を読み，文中の空欄(い)・(う)にあてはまる語句の組み合わせとして正しいものを，下のア～カから一つ選び，記号で答えなさい。

討幕運動に直面した徳川幕府は，みずから朝廷に政権を返上して新政府での徳川家の地位を確保しようと，1867年10月(　い　)を朝廷に申し出ました。ところが薩摩・長州両藩は，12月に(　う　)を発して，幕府の廃止や新政府樹立を宣言し，その直後に徳川慶喜に官位や領地の返上を命じました。

ア．い－公武合体　う－攘夷の決行

イ．い－大政奉還　う－攘夷の決行

ウ．い－公武合体　う－五か条の御誓文

エ．い－大政奉還　う－五か条の御誓文

オ．い－公武合体　う－王政復古の大号令

カ．い－大政奉還　う－王政復古の大号令

問18　下線部(17)が発布された時の首相は誰ですか。氏名を**漢字**で答えなさい。

問19　下線部(18)に関連して，次の表は1885年と1899年における日本の輸出入品目の第１位から第３位を示しています。表中のＦとＧにあてはまる品目をそれぞれ**漢字**で答えなさい。

	輸出品(1885年)
第１位	F
第２位	緑茶
第３位	水産物

	輸入品(1885年)
第１位	G
第２位	砂糖
第３位	綿織物

	輸出品(1899年)
第１位	F
第２位	G
第３位	絹織物

	輸入品(1899年)
第１位	綿花
第２位	砂糖
第３位	機械類

(東洋経済新報『日本貿易精覧』より作成)

問20　下線部(19)について述べた文として**誤っているもの**を，次のア～エから一つ選び，記号で答えなさい。

ア．ドイツがポーランドに侵攻を開始したために，この大戦がはじまりました。

イ．戦車・飛行機・潜水艦・毒ガスなど新兵器が使用され，死傷者が増大しました。

ウ．大戦中に日本は，中国に対して二十一か条の要求を出しました。

エ．大戦中にロシア革命がおこり，レーニンが率いるソビエト政府が成立しました。

問21　下線部(20)に関連して，昭和時代におきた次の出来事を年代順に古い方から並べ替えると，どのような順番になりますか。正しいものを，下のア～カから一つ選び，記号で答えなさい。

１．太平洋戦争　　２．満洲(州)事変　　３．盧溝橋事件

ア．１→２→３　　イ．１→３→２　　ウ．２→１→３

エ．２→３→１　　オ．３→１→２　　カ．３→２→１

3

次の文章を読んで，下記の設問に答えなさい。

私たちが人間らしい暮らしを日々営んでいくためには，(1)暴力の危険や(2)差別にさらされていたり，自由な言動が制限されていたりしてはいけません。こうした事態を避《さ》けるべく，(3)現代の国際社会で採用されている考え方が，（　あ　）の尊重です。（　あ　）とは，人間が生まれながらにして持っている権利のことです。(4)日本国憲法で（　あ　）は，自由権，平等権，(5)社会権などに分けられ，これらは国民の（　い　）の努力によって保持していかなければならないと記されています。これは，(6)国民自身が政治に参加する必要があるということであり，そのための仕組みが整えられています。

問１　文中の空欄(あ)・(い)にあてはまる正しい語句を，それぞれ答えなさい。なお，(あ)は**漢字５文字**で，(い)は**漢字２文字**で答えなさい。

問２　下線部(1)に関連して，現在，世界ではウクライナ戦争をはじめ，各地で戦争や紛争が起こっています。戦争や紛争などによって，国を追われた人々のことを難民と言います。難民に関連する，以下の設問に答えなさい。

［１］　難民の保護と救済《きゅうさい》を目的に設置された国際連合の機関の略称《りゃくしょう》として正しいものを，次のア～エから一つ選び，記号で答えなさい。

ア．UNHCR　　イ．ILO　　ウ．UNICEF　　エ．UNCTAD

［２］　次のグラフは，日本へ難民の認定を求めた人の数(難民申請者数)と実際に難民と認められた人の数(難民認定数)を表しています。このグラフから読みとれることについて述べた文として正しいものを，下のア～エから一つ選び，記号で答えなさい。

日本の難民申請者数と難民認定数

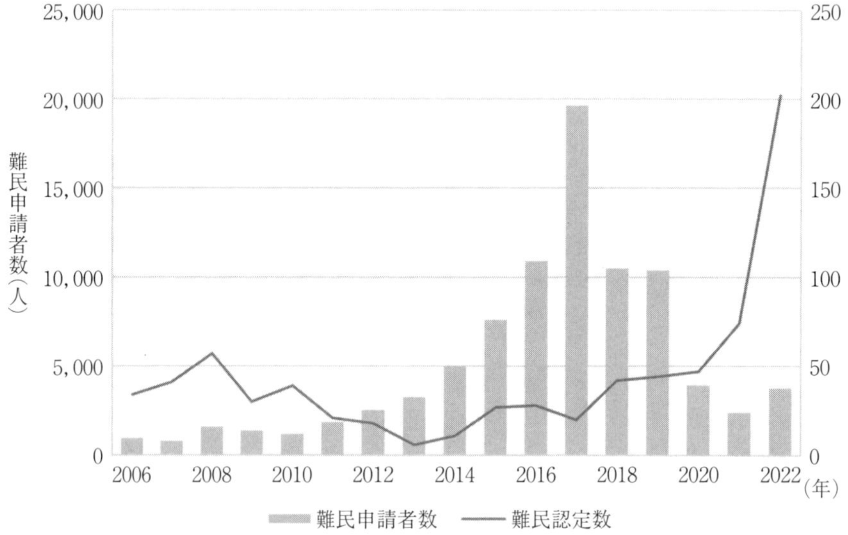

（第一学習社『最新政治・経済資料集』，法務省資料より作成）

（注）　難民認定数には，不服申立てにより認定されたものを含みます。

ア．難民申請者数は2006年から2017年まで，毎年増加しています。

イ．2022年の難民認定数は前年と比べて大きく増加し，この年の難民申請者数の半数以上が難民として認定されています。

ウ．難民申請者数がはじめて１万人を超えたのは，東日本大震災の翌年の2012年です。

エ．新型コロナウイルス感染症の流行が起こった2020年以降，難民申請者数は大きく減っています。

問３　下線部(2)について述べた文として**誤っているもの**を，次のア～エから一つ選び，記号で答えなさい。

ア．世界人権宣言は，第二次世界大戦への反省から，国際的な人権保障と人種，性別，宗教などによる差別のない世界を目指し，1948年の国連総会で採択されました。

イ．日本国憲法では，すべて国民は法の下に自由であり，政治的，経済的又は社会的関係において，差別されないとする自由権が保障されています。

ウ．日本では1985年に男女雇用機会均等法が制定されましたが，生涯年収や管理職の男女比率など様々な面において，男女間の格差はいまだに解消されていません。

エ．特定の民族や国籍など，少数派や弱い立場の人々を激しく差別する言動を行うヘイトスピーチが一部の団体によって行われており，社会問題になっています。

問４　下線部(3)に関連して，以下の設問に答えなさい。

［１］　第二次世界大戦後の国際社会について述べた次の文章を読み，空欄(う)～(お)にあてはまる正しい語句を，それぞれ答えなさい。なお，(う)・(え)は**漢字２文字**で，(お)は**漢字１文字**で答えなさい。

第二次世界大戦後の国際社会は，アメリカを中心とした資本主義諸国とソ連を中心とした社会主義諸国に二分されました。この対立は，直接米ソが戦争することはなかったため，(　う　)と呼ばれましたが，代理戦争という形で戦争になった地域がありました。1950年に始まった(　え　)戦争が代表的です。日本では，この戦争の勃発を機に，GHQによって再軍備を求められ，政府は警察予備隊を創設しました。

また，戦後，植民地支配されていた国々が多く独立しました。こうした国々はこれまでの資本主義諸国の勢力と社会主義諸国の勢力のどちらにも属さない意思を示したため，第(　お　)世界と呼ばれました。

［２］　国際連合について述べた文として正しいものを，次のア～エから一つ選び，記号で答えなさい。

ア．総会では，１国につき１票が与えられており，重要案件の議決に関しては全会一致を原則としています。

イ．発展途上国の支援を行うために，信託統治理事会の指導の下，先進国によって政府開発援助が行われています。

ウ．安全保障理事会の常任理事国はアメリカ・ロシア・イギリス・フランス・中国であり，これら５か国は核兵器を保有しています。

エ．国際連合の活動資金である分担金は，日本が最も多く負担しています。

［３］　現代の国際社会が抱えている問題とそれに対する取り組みについて述べた文として**誤っているもの**を，次のア～エから一つ選び，記号で答えなさい。

ア．環境問題に対処《たいしょ》していくために1992年にリオデジャネイロで開かれた地球サミットでは，「かけがえのない地球」というスローガンが掲《かか》げられました。

イ．発展途上国の多くは長年の植民地支配の影響で工業化が遅れたため貧しく，現在でも先進国との間に格差が残っています。

ウ．世界各地での紛争や戦争に対処するため，国連平和維持活動(PKO)が活動しており，自衛隊もPKO協力法に基づいて参加しています。

エ．誰一人取り残さない持続可能な国際社会をすべての国が共に作っていくために，2015年９月の国連総会で，SDGs(持続可能な開発目標)が採択されました。

問５　下線部(4)の改正について述べた文として正しいものを，次のア～エから一つ選び，記号で答えなさい。

ア．憲法改正案は，公聴会で審議《しんぎ》してから，衆議院，参議院それぞれの本会議で話し合います。

イ．憲法改正案は，各議院で総議員の３分の２以上の賛成を得ると可決され，発議されます。

ウ．国会で発議された憲法改正案は，国民投票で３分の２以上の賛成を得る必要があります。

エ．改正された憲法は，国民の名で，内閣総理大臣によって公布されます。

問６　下線部(5)に関連して，次の文章は労働基準法の一部を抜き出したものです。この文章を読んで，労働基準法に違反した扱《あつか》いを受けているとわかる発言として正しいものを，下のア～エから一つ選び，記号で答えなさい。

第32条

①使用者（雇《やと》い主《ぬし》）は，労働者に，休憩《きゅうけい》時間を除き１週間に40時間を超えて，労働させてはならない。

②使用者は，労働者に，休憩時間を除き１日に８時間を超えて，労働させてはならない。

第37条

使用者が，午後10時から午前５時までの間に労働させた場合，その時間の労働には，通常の労働時間の賃金に２割５分以上を上乗《うわの》せした金額を支払わなければならない。

第61条

使用者は，18才未満の者を午後10時から午前５時までの間，使用してはならない。

第68条

使用者は，生理日の体調不良により働くことが著《いちじる》しく難しい女性が休暇《きゅうか》を請求したときは，その者に生理休暇を与えなければならない。

（注）　一部，簡易な表現に改めています。

ア．私は，月曜日から金曜日の午前９時から午後６時まで働いています。休憩時間は１日に１時間です。

イ．私は，大学入学後，コンビニでアルバイトをしています。通常の時給は1200円ですが，午後10時から午前５時までの深夜の時給は1500円です。

ウ．私は芸能事務所で働いています。午後10時になったので，生放送の番組に出演中の13歳の子役は帰宅させました。

エ．今日は生理による腹痛と頭痛がひどく会社を休みましたが，病気ではないため生理休暇は認められませんでした。

問７　下線部(6)に関連して，以下の設問に答えなさい。

［１］　下線部(6)として，国民には政治に参加する権利が認められています。この権利のことを何といいますか。**漢字**で答えなさい。

［２］　国会について述べた文として正しいものを，次のア～エから一つ選び，記号で答えなさい。

ア．国会は国の唯一の行政機関です。

イ．予算は衆議院から審議することも，参議院から審議することも可能です。

ウ．内閣総理大臣を衆議院が指名してから10日以内に参議院が指名しない場合，衆議院の議決が国会の議決となります。

エ．衆議院解散中に緊急の必要がある場合，参議院で臨時国会が開かれます。

［３］　私たちの意見がより速やかに政治に反映されるのが，地方自治です。地方自治につい

て述べた文として正しいものを，次のア～エから一つ選び，記号で答えなさい。

ア．地方公共団体の財源は，国に納められた税金が各自治体に配分される仕組みであり，各自治体が自主的に財源を確保することはできません。

イ．地方公共団体の首長や議員は，有権者が直接選挙で選びます。

ウ．条例の制定や改廃《かいはい》を有権者が請求することをリコールと言います。

エ．地方自治は，民主主義の根幹に立ち返ることができるという意味で，「民主主義の故郷」と言われます。

【理　科】〈第１回試験〉（40分）〈満点：70点〉

1　図のように，Ａ君とＢ君が東西にのびる同じ直線上を移動しています。Ａ君は５秒に10ｍ進む速さで東向きに動いています。Ｂ君は必ずＡ君の東側にいるものとします。つぎの問いに答えなさい。

問１　Ａ君は１秒間に何ｍ進みますか。

問２　Ｂ君が止まっているとき，Ａ君から見たＢ君の動きについてあてはまるものを，後の枠《わく》内のア～ケから１つ選び，記号で答えなさい。

問３　Ａ君から見たＢ君がどちら向きに動いているかはわかりませんが，Ａ君から見てＢ君は１秒間に１ｍの速さで動いているように見えました。Ｂ君の動きについて，あてはまるものを，後の枠内のア～ケからすべて選び，記号で答えなさい。

問４　Ａ君から見たＢ君の動きについて，つぎの文章の[①]，[②]にあてはまるものを，後の枠内のア～ケから１つずつ選び，記号で答えなさい。

はじめは東向きに１秒間に１ｍの速さで動いているように見えたが，その速さが変化していって，西向きに１秒間に２ｍの速さで動いているように見えるようになった。これは，Ｂ君がはじめは[　①　]が，減速していったので，やがて[　②　]からである。

ア．東向きに１秒間に１ｍの速さで動いていた
イ．西向きに１秒間に１ｍの速さで動いていた
ウ．東向きに１秒間に２ｍの速さで動いていた
エ．西向きに１秒間に２ｍの速さで動いていた
オ．東向きに１秒間に３ｍの速さで動いていた
カ．西向きに１秒間に３ｍの速さで動いていた
キ．東向きに１秒間に４ｍの速さで動いていた
ク．西向きに１秒間に４ｍの速さで動いていた
ケ．止まっていた

2　救急車のサイレンを聞いていると，救急車が近づいてくるときには，もとの音よりも高い音に聞こえますが，通過して遠ざかっていくときにはもとの音より低い音に聞こえます。電車に乗って踏切《ふみきり》を通過するときには，踏切の音が，踏切に近づくときにはもとの音より高い音に，通過して遠ざかるときにはもとの音より低い音に聞こえます。このように，音の高さが変化して聞こえることがあります。このような音の高さの変化について，つぎの問いに答えなさい。

問１　音の高さの変化について説明したつぎの文章の[①]，[②]にあてはまることばを，ア～ウから１つずつ選び，記号で答えなさい。

音を出している物体が動いているときも，聞いている人が動いているときも，どちらもおたがいの距離が[①]ときに音がもとの音より高く聞こえ，反対のときにはもとの音より低く聞こえる。したがって，おたがいの距離が[②]ときには，音の高さも変化しない。

ア．近づく　　イ．遠ざかる　　ウ．変わらない

問2　動きながら音を出しているBと，その音を聞いているAがいます。Bが(1)，(2)のように動いているとき，Aに聞こえた音の高さはどのように変化しますか。それぞれア～ケから1つ選び，記号で答えなさい。ただし，グラフのFはBが出していた音の高さで，グラフのたて軸《じく》は，上の方がより高い音を，下の方がより低い音をあらわしています。

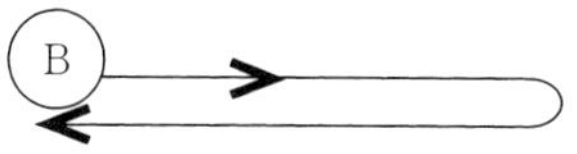

図1

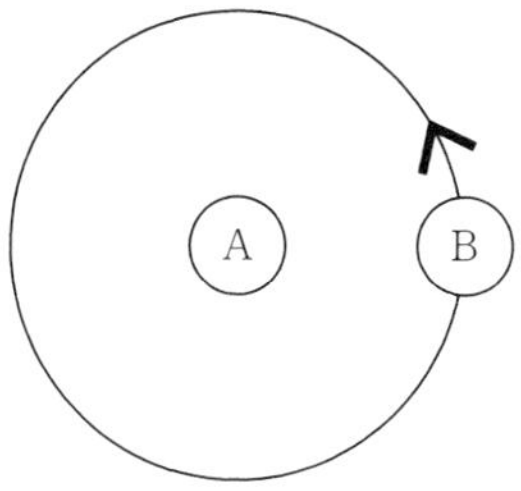

図2

(1)　図1のように，BはAにまっすぐに近づいた後，すぐに向きを変えて同じ速さで遠ざかった。

(2)　図2のように，BはAを中心として円をえがくように動いていた。

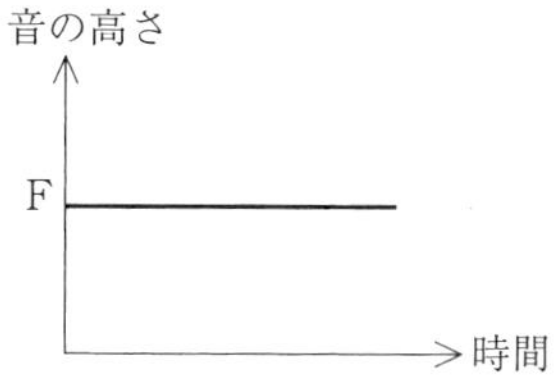

ア

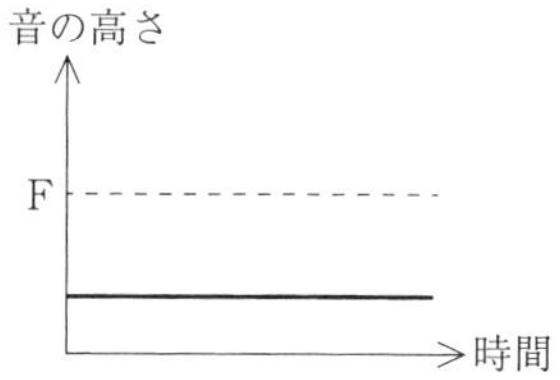

イ

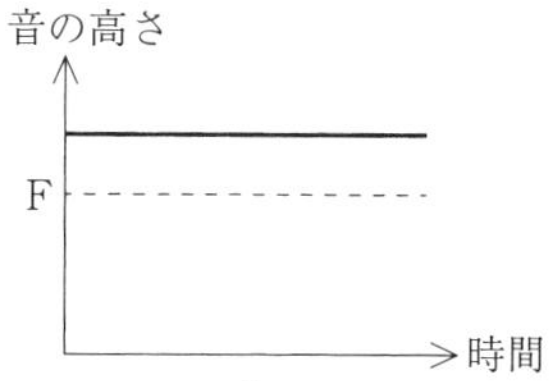

ウ

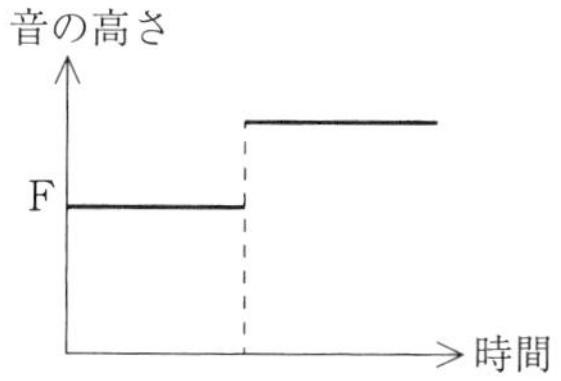

エ

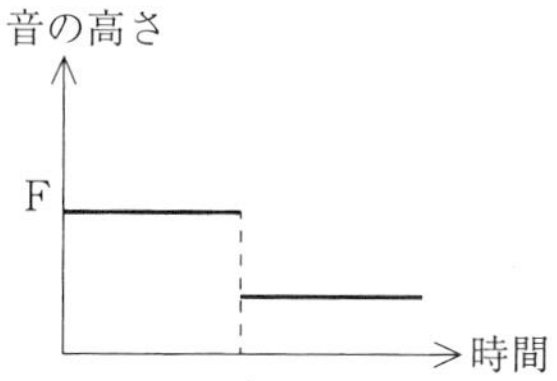

オ

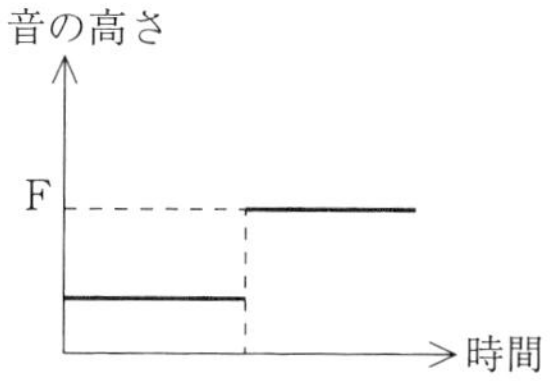

カ

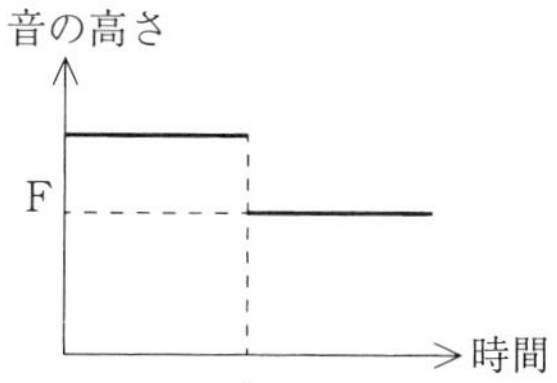

キ

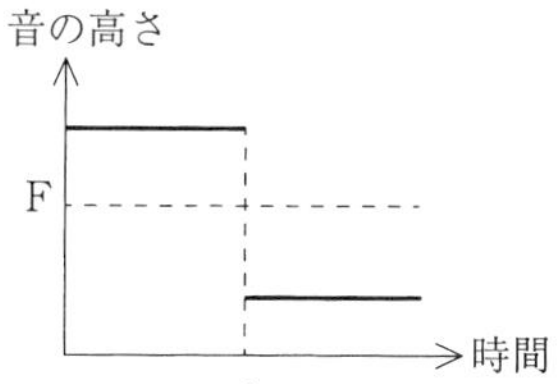

ク

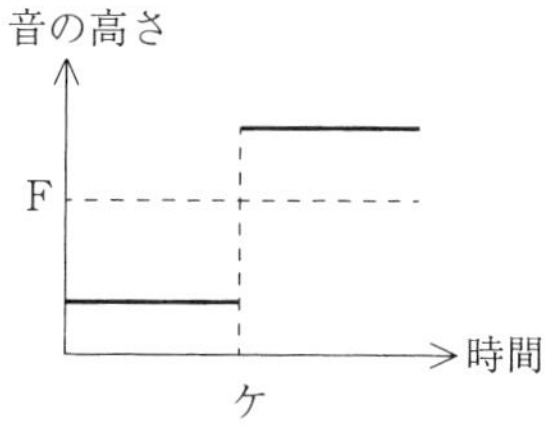

ケ

問3　Aに聞こえた音の高さが図3のように変化しました。Bはどのように動きましたか。ア～キから1つ選び，記号で答えなさい。ただし，グラフのFはBが出していた音の高さで，グラフのたて軸は，上の方がより高い音を，下の方がより低い音をあらわしています。また，Bは矢印の向きに同じ速さで止まらずに動き続けるものとします。

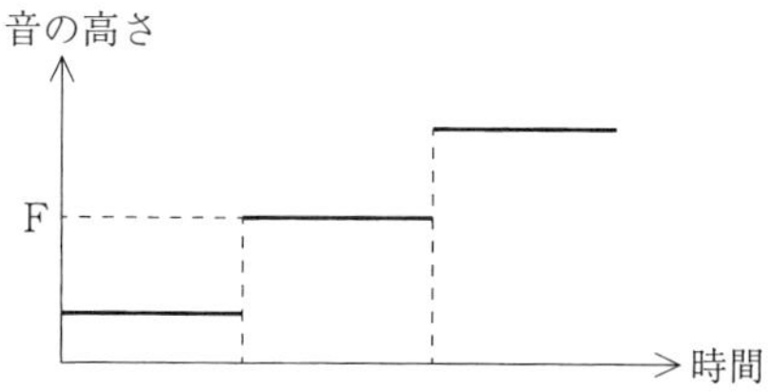

図3

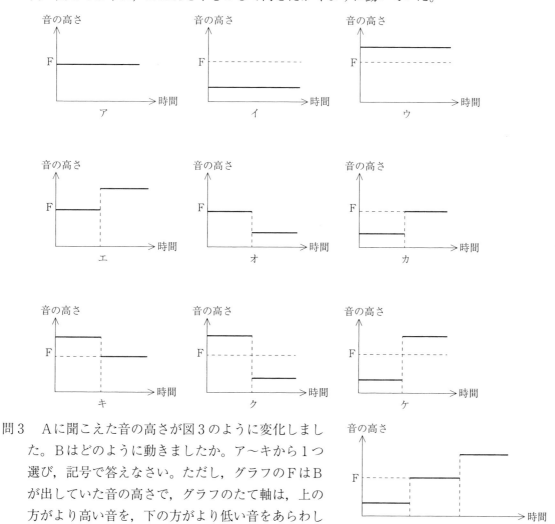

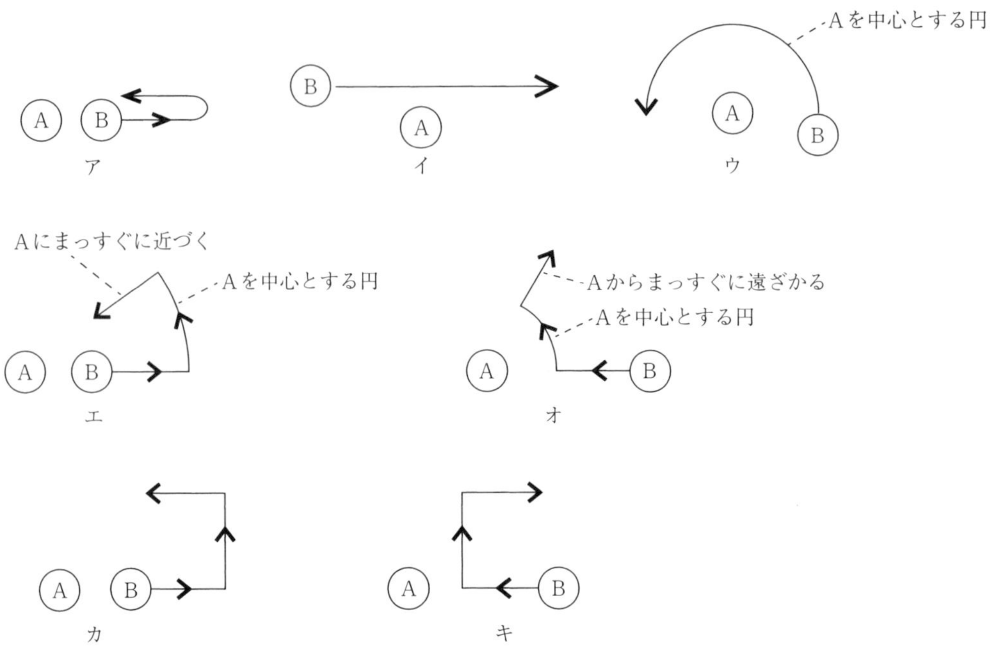

3　水と油のあたたまりやすさの違《ちが》いを調べるため，０℃の水100gと０℃の油100gをそれぞれ別のビーカーに入れ，同じように加熱したときの温度の変化を調べました。その結果は右のグラフのようになりました。このグラフを見て，つぎの問いに答えなさい。

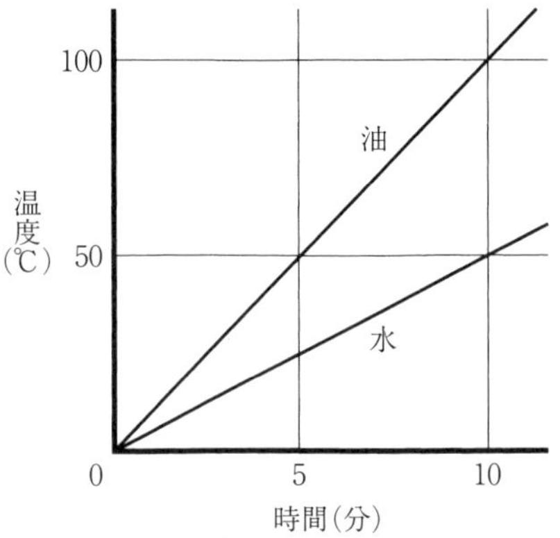

問１　水100gと油100gでは，どちらがあたたまりやすいですか。

問２　20℃の油200gと20℃の水100gをそれぞれ別のビーカーに入れ，同時に同じように加熱を始めました。油の温度が60℃になったときの，水の温度は何℃ですか。

問３　油の入ったビーカーの端《はし》を加熱したとき，ビーカーの中の油の動く様子《ようす》はどのようになりますか。あてはまるものを，つぎのア～エから１つ選び，記号で答えなさい。

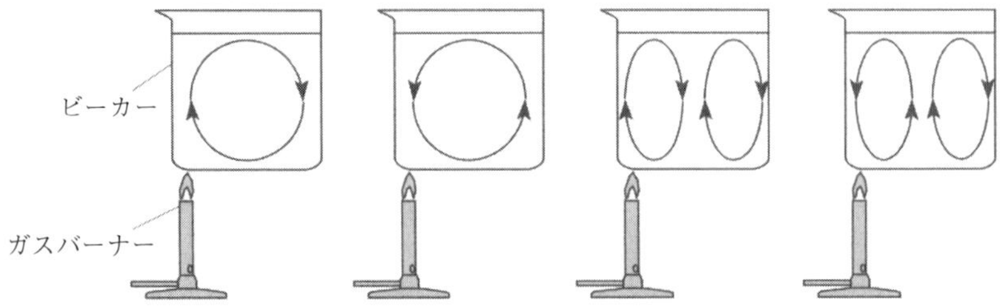

問４　図のように，80℃の水の中に，氷の入った試験管を入れました。このとき，水の動く様子はどのようになりますか。あてはまるものを，つぎのア～エから１つ選び，記号で答えなさい。

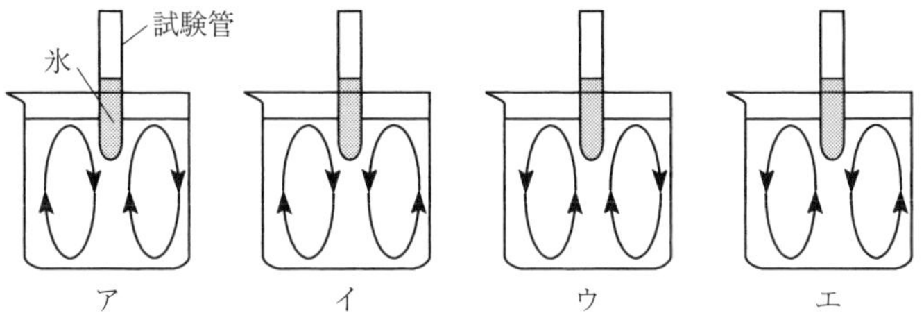

4　つぎの文章を読んで下の問いに答えなさい。

水は１cm^{3}あたりの重さが１gありますが，水が氷になると体積が1.1倍になることが知られています。氷１gあたりの体積は[　①　]cm^{3}のため，氷は水に浮《う》きます。氷だけでなく，１gあたりの体積が水よりも大きいものは水に浮きます。

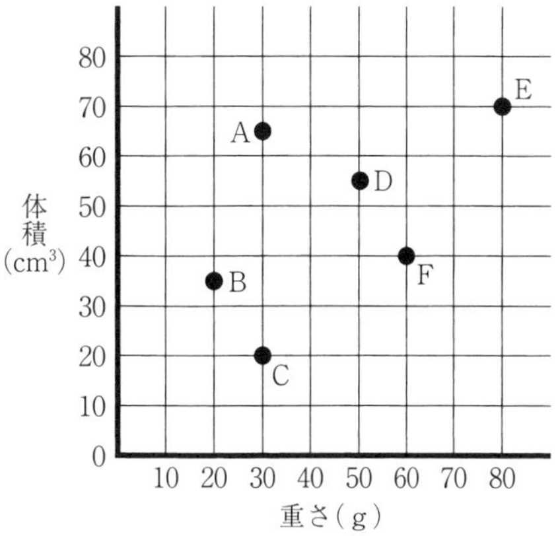

図１

問１　[①]に入る値を求めなさい。ただし，答えが割り切れないときは，小数第２位を四捨五入して小数第１位まで求めなさい。

問２　図１は，物体Ａ～Ｆの重さと体積の関係をそれぞれ表したものです。水に沈《しず》むものをＡ～Ｆからすべて選び，記号で答えなさい。

同じ液体でも，ガソリンや食塩水は１gあたりの体積が異なります。これらの液体を用いた場合，ものの浮き沈みはどのように変わるか考えてみましょう。ガソリン5.3gの体積をはかると6.8cm^{3}だったので，１gあたりの体積は[　②　]cm^{3}です。また，水100cm^{3}に食塩30gを溶《と》かすと食塩水の体積が105cm^{3}になったので，この食塩水の１gあたりの体積は[　③　]cm^{3}です。水の場合と同じように，１gあたりの体積がガソリンや食塩水より大きいものは，それぞれの液体に浮きます。

問３　[②]，[③]に入る値を求めなさい。ただし，答えが割り切れないときは，小数第３位を四捨五入して小数第２位まで求めなさい。

問４　物体Ａ～Ｆのなかで，１gあたりの体積が[③]cm^{3}の食塩水には浮くが，水には沈むものを，Ａ～Ｆから１つ選び，記号で答えなさい。

ガソリンと水を混《ま》ぜ合わせた場合を考えてみましょう。ガソリンと水は溶けあわないで，この場合も同じように１gあたりの体積が，より大きいほうが浮きます。

問５　ガソリンと水を同じ体積だけ混ぜ，物体Ｄを入れました。しばらく経《た》ったときの様子《ようす》に近い図を，つぎのア～カから１つ選び，記号で答えなさい。

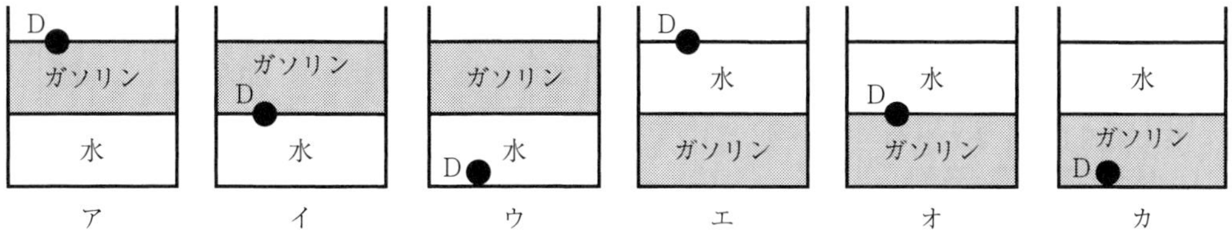

5 植物は，根から水を吸い上げ［ ① ］を通って気孔《きこう》から気体の形で放出します。この気孔から水が放出される現象を(あ)蒸散《じょうさん》とよびます。(い)気孔の開き方は，［ ② ］という向かい合う２つの細胞によって，調節されています。これによって蒸散量を変化させています。

問１　［①］，［②］にあてはまることばを答えなさい。

問２　下線部(あ)について，つぎのような実験を行いました。同じ大きさの４本のメスシリンダーを用意し，その中に水を100mLずつ入れました。さらに，同じ枚数，同じ大きさの葉がついた植物の枝を４本用意し，下図のようにしてしばらく置きました。そして，それぞれのメスシリンダーに入っている水の量を測りました。

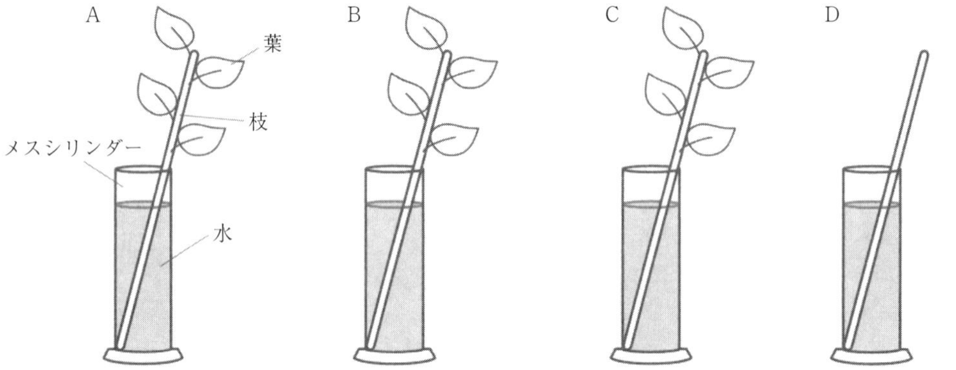

何もしない　　葉の表側にワセリンをぬる　　葉の裏側にワセリンをぬる　　葉をすべて取り，枝のみにする

操作	A	B	C	D
実験前の水の量(mL)	100	100	100	100
実験後の水の量(mL)	76	82	92	98

(1)　Cは，つぎのア～エのどこから水が減少しますか。すべて選び，記号で答えなさい。

ア．葉の表からの蒸散

イ．葉の裏からの蒸散

ウ．枝からの蒸散

エ．水面からの蒸発

(2)　葉の裏からの蒸散量は何mLですか。

問３　下線部(い)について，下の表は，さまざまな植物について，「葉の裏側１mm^{2}あたりの気孔の数」，「葉の表側１mm^{2}あたりの気孔の数」を数えたものと，「葉の表側１mm^{2}あたりの気孔の数を葉の裏側１mm^{2}あたりの気孔の数で割った値」をしめしたものです。

	植物名				
	ススキ	メヒシバ	ケイヌヒエ	クサヨシ	イヌムギ
葉の裏側１mm^{2}あたりの気孔の数	450	［ ④ ］	170	100	50
葉の表側１mm^{2}あたりの気孔の数	［ ③ ］	20	153	100	100
葉の表側１mm^{2}あたりの気孔の数を葉の裏側１mm^{2}あたりの気孔の数で割った値	0.08	0.16	0.9	1	［ ⑤ ］

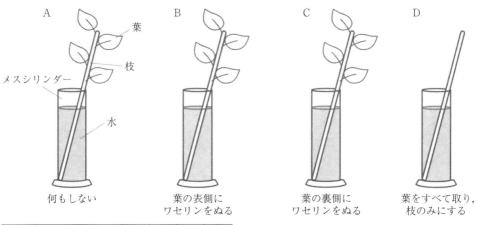

(1) 表の[③]～[⑤]にあてはまる値を求めなさい。ただし，答えが割り切れないときは，小数第１位を四捨五入して整数で求めなさい。

(2) この表から考えられることについて正しいものを，ア～カからすべて選び，記号で答えなさい。

ア．葉にある気孔は，葉の裏側の方が必ず多い。

イ．葉にある気孔は，葉の表側の方が必ず多い。

ウ．この表の中の植物のうち，「葉の裏側 1 mm^2 あたりの気孔」と「葉の表側 1 mm^2 あたりの気孔」の総数が最も少ないのはメヒシバである。

エ．「葉の表側 5 mm^2 あたりの気孔の数を葉の裏側 5 mm^2 あたりの気孔の数で割った値」を計算しても，どの植物でも「葉の表側 1 mm^2 あたりの気孔の数を葉の裏側 1 mm^2 あたりの気孔の数で割った値」と同じ値になる。

オ．「葉の表側 1 mm^2 あたりの気孔の数を葉の裏側 1 mm^2 あたりの気孔の数で割った値」が大きいほど，1 mm^2 あたりの葉の表側の気孔の数は少なくなる。

カ．「葉の表側 1 mm^2 あたりの気孔の数を葉の裏側 1 mm^2 あたりの気孔の数で割った値」が小さいほど，1 mm^2 あたりの葉の表側の気孔の数は少なくなる。

6 自然界にはさまざまな現象があり，その現象が影響を与える範囲《はんい》と，その現象が続く時間の長さは，現象によって異なります。下図は，横軸《じく》は「現象が続く時間の長さ」，たて軸は「現象が影響を与える範囲」をそれぞれ表し，これらのさまざまな現象をグラフにまとめたものです。ただし，このグラフのたて軸は上へ１目盛りあたり100倍，横軸は右へ１目盛りあたり100倍にそれぞれ増えていきます。

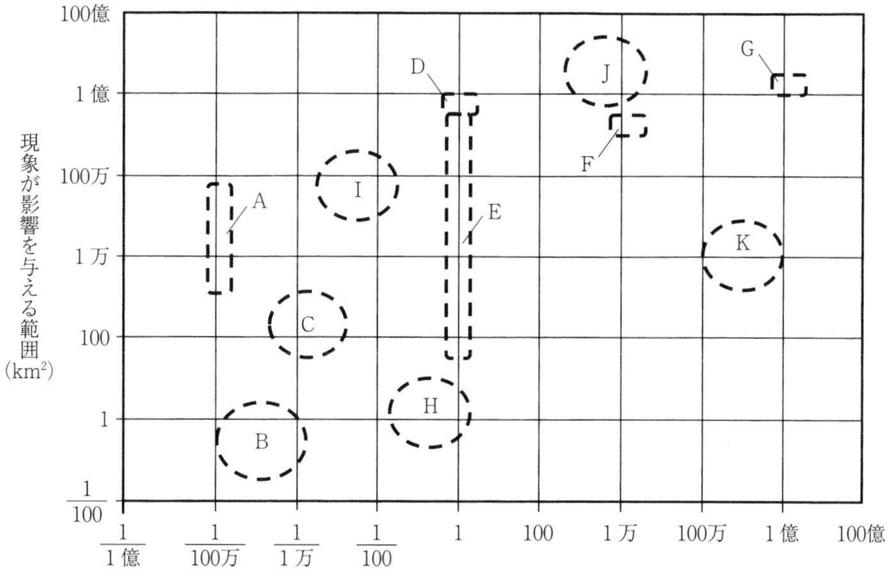

グラフ中のＡ～Ｇの現象について

Ａ：地震《じしん》の揺《ゆ》れ

Ｂ：竜巻

Ｃ：集中豪雨

Ｄ：季節の変化

Ｅ：火山の噴火《ふんか》

Ｆ：南極の氷河の増減

Ｇ：大陸の合体と分裂《ぶんれつ》

グラフの横軸の文字は，以下の値を意味します

$\frac{1}{1万}=\frac{1}{10000}$

$\frac{1}{100万}=\frac{1}{1000000}$

$\frac{1}{1億}=\frac{1}{100000000}$

問１　現象が続く時間の長さが人間の寿命《じゅみょう》よりも長いものを，Ａ～Ｇからすべて選び，記号で答えなさい。

問２　Ａについて，地震の揺れにともなうことがらとして正しいものを，つぎのア～オから１つ選び，記号で答えなさい。

ア．地震波には初期微動《びどう》を引き起こすＳ波や，主要動を引き起こすＰ波などがある。

イ．地震の揺れの大きさは，マグニチュードで表される。

ウ．地震の揺れによって，津波が引き起こされることがある。

エ．液状化現象は，主に山の近くで起こりやすい。

オ．緊急地震速報《きんきゅうじしんそくほう》は，地震が発生してから発信しているため，間に合わないことがある。

問３　Ｄについて，日本では４つの気団の影響によって，季節が変化します。梅雨の時期に発生する梅雨前線は，２つの気団の境目で発生します。それらの気団の名まえを答えなさい。

問４　グラフを参考に，Ａ～Ｇの説明として正しいものをつぎのア～キから１つ選び，記号で答えなさい。

ア．Ａの地震の揺れは，１日以上続くことがある。

イ．Ｂの竜巻は，関東地方をおおうくらい大きくなることがある。

ウ．Ｃの集中豪雨は，$\frac{1}{100}$年に１回は必ず起こる。

エ．Ｄの季節の変化は，Ｆの南極の氷河の増減より続く時間が長いことがある。

オ．Ｅの火山の噴火は，Ａの地震の揺れよりも影響する範囲が広いことがある。

カ．Ｆの南極の氷河の増減は，１年くらい氷河の大きさを測定することで，調べることができる。

キ．Ｇの大陸の合体と分裂は，日本列島の動きを測定することで，調べることができる。

問５　地球の内部の動きによって引き起こされる現象を，グラフのＡ～Ｇから３つ選び，記号で答えなさい。

問６　台風を表すグラフとして近いものを，グラフのＨ，Ｉ，Ｊ，Ｋから１つ選び，記号で答えなさい。

なことを小原に伝えようとしたのですか。その説明として最もふさわしいものを次の中から選び、記号で答えなさい。

ア　誠実にお菓子作りに向き合わず、コネに甘えるような人間を採用してしまった自分の行いを後悔しているということ。

イ　コネで採用したのではなく、自分が見込んで採用したのだから、それに見合う働きができるように努力するべきだということ。

ウ　社長と懇意《こんい》にしている者の息子《むすこ》でも、採用を決めたのは工場長である自分なのだから、自分の指示には従うべきだということ。

エ　社長とコネがあることに負い目を感じることなく、才能を見いだして採用した自分の前で自信を持って働けということ。

問10　――⑨「笑い続けている彼の目尻に涙が滲んでいた」とありますが、このときの小原の気持ちを80字以内で説明しなさい。

問11　次の文章は、とある中学校の生徒たちが本文末尾《まつび》の太線部について話し合っているものである。読んで、空欄《くうらん》◆に入る言葉を自分で考えて50字以内で書きなさい。

生徒A：ワコが作ったじょうよ饅頭は結局廃棄されてしまったけれど、自分で作ったお菓子を誰かに食べてもらえるうれしさはワコの心に残ったみたいだね。

生徒B：問題文はそこで終わっているけれど、この先ワコはどうなっていくんだろう？

生徒C：文章の途中《とちゅう》で、「生地をつくり、包餡しただけだ。なのに、こんなにも嬉しくて仕方がない。だったら、すべて自分でつくったお菓子を食べてもらうって、いったいどんな気分なんだろう？」（31ページ89行目～92行目）とワコは考えていたよね。このことから考えると、ワコはこれから［　◆　］と予想できるよ。

二　次の――線部のカタカナを、漢字に直しなさい。

1　秘境をタンボウする。
2　運動をして肩がイタくなる。
3　季節ごとの電力負荷《ふか》をヘイジュン化する。
4　今聞いた話はナイミツにしてほしい。
5　ダンチョウの思いで別れを告げる。
6　タグいまれな素質を持つ。
7　新しい校舎をケンセツする。
8　エンソウ会を開催《かいさい》する。
9　先生は彼にアツい信頼《しんらい》を寄せている。
10　毎月ザッシを購入《こうにゅう》する。

エ　無関係の浅野にまで責任を負わせる鶴ヶ島に憤《いきどお》りを感じ、必ず饅頭を売り切って浅野の立場を守ろうという気持ち。

問３　――②「幸福ないそがしさ」とありますが、どのような点が「幸福」なのですか。30字以内で説明しなさい。

問４　――③「なにを訊かれてもだんまりを決め込んだ」とありますが、それはなぜですか。その説明として最もふさわしいものを次の中から選び、記号で答えなさい。

ア　警官に連行されて店に迷惑をかけてしまうことに動揺《どうよう》しているから。

イ　この状況をどうにかして打破しようと必死で考えているから。

ウ　黙って待っていればそのうち浅野が来てくれると思っているから。

エ　奥山堂で働いていることを知られないように意識しているから。

問５　――④「肩を震わせながら」とありますが、「肩を震わせ」るという様子から、ワコがどのように思っていることが読みとれますか。その説明として最もふさわしいものを次の中から選び、記号で答えなさい。

ア　だまされた自分は悪くないのに理不尽に叱責《しっせき》する曽我に対して憤るとともに、上司に逆らって作業場で泣いている自分を情けなく思っていること。

イ　作業場で駄々をこねて泣きわめいたことを後悔《こうかい》するとともに、そんな自分を慰《なぐさ》めようと気遣《きづか》う鶴ヶ島の昔語りが胸に響《ひび》きありがたく思っていること。

ウ　自分が製作に関わった饅頭を捨てるように言われて悔しがるとともに、どうしたらよいかわからず泣くことしかできない自分をふがいなく思っていること。

エ　お客様においしいと言われたお菓子を捨てるように言われて落胆《らくたん》するとともに、追い打ちをかけるような鶴ヶ島の語りで孤《こ》独《どく》を感じ寂《さび》しく思っていること。

問６　――⑤「あえて憎まれ役になってくれた」とありますが、これは鶴ヶ島がどうしたことについて述べているのですか。50字以内で説明しなさい。

問７　――⑥「おまえの考え方は、あまりにも青く、ひとりよがりだ」とありますが、ワコの考え方のどのような点が「青く、ひとりよがり」なのですか。その説明として最もふさわしいものを次の中から選び、記号で答えなさい。

ア　常に最大限よい商品を提供するという職人の本分よりも、客においしいと言ってもらえたことへのよろこびを優先して考えてしまう点。

イ　外で売ることで饅頭の品質が落ちることに気づかなかった落ち度も、客においしいと言われたことで帳消しになると考えてしまう点。

ウ　店の評判を落としかねないお菓子であっても、自分が作ったものである以上は最後まで大切に扱うのが職人だと考えてしまう点。

エ　店を守るという使命にもとづいた曽我の言葉を無視して、自分の立場を危うくしてでも、お菓子を守りたいと考えてしまう点。

問８　――⑦「ワコははっとする」とありますが、ここからワコのどのような様子を読みとることができますか。40字以内で説明しなさい。

問９　――⑧「おまえの採用を決めたのは私だ。コネでおまえを預かったつもりはないぞ」とありますが、この言葉で曽我はどのよう

「俺には兄貴がいた」
「い、た？」
と訊くと、「交通事故で死んじまったんだ」と応える。
「出来のいい兄貴で、みんなが店を継《つ》ぐもんだと思ってた。ところが俺にお鉢《はち》が回ってくると、〝あいつなんかに……〟って陰口《かげぐち》が聞こえてきてな」
「それですねてるんだ」
「うんざりなんだよ、兄貴と比べられるのが！」
怒鳴ったあとで彼が黙《だま》り込《こ》んだ。そうして再び口を開く。
「俺の嘘の伝令はワコが黙ってくれてても、みんなには分かってたんだな」
それには応えず、ワコは言った。
「小原君て、やっぱりお菓子が好きなんだよね」
意外そうに彼がこちらを見る。
「さっき、お饅頭が床に落ちたら、手で汚れを払いながら拾ってたでしょ。これから捨てにいくはずのお饅頭なのに」
小原は無意識に自身がしたことに、今になって驚いていた。
「そういやあ、そうだな」
小原が声を上げて笑い出す。
「なにやってんだ、俺……」
⑨笑い続けている彼の目尻《めじり》に涙が滲《にじ》んでいた。
お菓子は廃棄《はいき》されてしまった。けれど、お客に食べてもらえるのがあんなに嬉しいなんて。それがワコの中に強く残った。

（上野《うえの》　歩《あゆむ》『お菓子の船』より）

注1　「浜畑」…奥山堂で包餡された饅頭を蒸す、蒸し方という作業を任されている職人。
注2　「浅野」…奥山堂でワコに包餡のアドバイスなどをしてくれている先輩《せんぱい》。
注3　「曽我」…奥山堂の工場長。
注4　「赤ちょうちん」…居酒屋のこと。居酒屋の軒先《のきさき》に赤いちょうちんがつるされていることからこう呼ばれる。

問1　〰ⓐ〜ⓒの本文中での意味として最もふさわしいものを後の中からそれぞれ選び、記号で答えなさい。

ⓐ「淡い」
ア　かすかな　　イ　弱気な
ウ　根拠《こんきょ》のない　　エ　鮮《あざ》やかな

ⓑ「たしなめる」
ア　厳しくしかる　　イ　ひどく困惑する
ウ　穏《おだ》やかに注意する　　エ　即座《そくざ》に尋《たず》ねる

ⓒ「無粋な」
ア　人の気持ちがわからない
イ　正しいけれども不愉快《ふゆかい》な
ウ　周りの状況《じょうきょう》を無視した
エ　頑固《がんこ》で融通《ゆうずう》がきかない

問2　――①「ワコは心を奮い立たせる」とありますが、このときのワコの気持ちの説明として最もふさわしいものを次の中から選び、記号で答えなさい。

ア　自分の失態により鶴ヶ島を失望させてしまったので、饅頭を売り切ってお菓子職人として認めてもらおうという気持ち。
イ　ミスをしたことに責任を感じており、店に迷惑をかけないために何としてでも饅頭を売り切って誠意を見せようという気持ち。
ウ　鶴ヶ島に差別的な発言をされたことを思い出して悔しくなり、饅頭をすべて売り切って見返してやろうという気持ち。

鶴ヶ島が曽我に顔を向けた。

「工場長、あんたもそのひとりだ」

曽我はなにも言わなかった。

「工場長が俺に教えようとしているのは、職人たちの扱い方だ。組織をどうまとめるかってことだ。今話したとおり、俺は自分の腕を磨くことだけを考えて生きてきたからな。そういう意味では、いろいろ学ばせてもらったよ。おかげで——」と鶴ヶ島が、しゃがんだままの小原を見やる。「性根《しょうね》の曲がったやつを目覚めさせるため、ひと芝居《しばい》打つことになったり。もっとも、やり方が荒《あら》っぽくて、ワコにはかわいそうな役を振っちまったが」

どういうこと？　それじゃ、今度のことは、浅野さんが言ってたとおりだったの？——

「もしかしたら、ツルさんは、ワコに対して理不尽な仕打ちをすることで、小原の目を覚まさせようとしたのかも」

鶴ヶ島が珍《めずら》しく優しげな表情をワコに向ける。

「悪かったな」

ワコは戸惑《とまど》いながら、もはや涙が消えていた。

「ツル」と曽我が声をかける。「おまえが⑤あえて憎《にく》まれ役《やく》になってくれたのを知りながら、怒鳴りつけてすまなかった」

鶴ヶ島が、曽我のほうを向いた。

「奥山堂の菓子をなにより大事にしているあんたは、ワコに菓子を捨てろと言うに違いない、と俺は考えた。修業を始めて九ヶ月ほどであんなじょうよ饅頭をつくっちまう娘《むすめ》が、あんたに菓子を捨てろと言われ、どんな反応をするのか？　実は興味があった」

今度は彼が、ワコに視線を寄越《よこ》す。

「俺なら、売れ残った菓子、汚《よご》れた菓子は迷わず捨てる。ところがワコは、菓子を捨てるのが嫌だと泣いた」

ワコは泣いたことが恥ずかしくて、またうつむいてしまう。

「俺は今さっき〝悪かったな〟と、確かにおまえに謝った。一方でこうも思う。⑥おまえの考え方は、あまりにも青く、ひとりよがりだ。それに作業場で、絶対に涙を見せるべきではない」

彼が相変わらずこちらを眺《なが》めていた。

「小僧の俺も、作業場では泣かなかったぞ。それが職人だ」

⑦ワコははっとする。職人——ツルさんが、そう言ってくれた。

鶴ヶ島が、ゆっくりと足もとのほうを見やった。そこでは、まだ小原がしゃがみ込んでいる。

「おまえはどうなんだ小原？　おまえはこれから、菓子とどうやって付き合っていくつもりだ？」

小原が、くずおれるようにがくりと両手を床についた。

今度は、曽我が小原に向けて告げる。

「⑧おまえの採用を決めたのは私だ。コネでおまえを預かったつもりはないぞ」

仕事を終え店の裏口を出ると、外に小原が立っていた。

「みんなの前で泣いちゃって、カッコ悪い」

ワコは照《て》れ隠《かく》しに舌を覗かせると、彼の横を通り過ぎようとした。

「どうして饅頭の数で俺が嘘の伝令したことを、工場長に言いつけなかったんだ？」

小原が言う。

「そうやってクビになって、実家のお店に帰りたかった？」

ワコが言葉を返すと、彼が鼻で笑った。

「実家に帰ったって、俺の居場所なんてあるもんかよ」

小原がちょっと考えてから言葉を続けた。

その言葉に反発するように、鶴ヶ島が勢いよく曽我を見る。しかし、やはり黙ったままでいた。

今度は曽我がワコに顔を向けた。こんなに恐《おそ》ろしい表情の曽我を見たことがなかった。いまだにボックスを駅弁売りのように首から下げたままのワコは、ぽかんとするばかりだ。

「すぐにその饅頭を捨ててこい！」

ワコはなにを言われたのか理解できないでいた。

「外気に当てて乾燥《かんそう》し、路上の埃《ほこり》を被《かぶ》ったお菓子を売りつけるなんて、おまえは奥山堂の信用を傷つけかねないことをしたんだぞ！　そんなものさっさと捨ててしまえ！」

曽我の言うことはもっともだ。しかし……。

「嫌です」

とワコは言い返した。

「なんだと？」

さらに怒気《どき》を帯びた曽我の声は低くなった。

「お菓子を捨てるなんて嫌です！」

さらにワコは言う。

「〝おいしい〟って……お客さまから……、〝おいしい〟って言っていただいたお饅頭なんです」

ワコの頬《ほお》を涙《なみだ》が伝う。悔《くや》しかった。

曽我が背後を振り返って、「小原、おまえが捨ててこい！」と命令した。小原が、びくりと身体を震《ふる》わせてから、「はい」と聞こえるか聞こえないかの声で返事し、ワコのほうにやってくる。

小原がボックスを奪《うば》おうとすると、「イヤ！」ワコは身体を反転させた。小原と揉《も》み合《あ》う形になり、床《ゆか》にじょうよ饅頭がこぼれ落ちた。

「嫌です……捨てるなんて嫌です……」

ワコは泣いていた。小原がおろおろしながら饅頭を拾い集めている。ワコは、作業場で泣いている自分が情けなくて仕方がない。捨てたくないなら、どうしたい？　また戻って売りたい？　自分で食べたい？　駄々《だだ》をこねているのは分かっていた。それでも、突《つ》っ立ったまま泣きやむことができない。

ふいに鶴ヶ島が、誰に向けてでもなく語り始めた。とても静かな口調だった。

「生まれた家が貧しくてな、俺は中学を出ると働かなきゃならなかった。甘《あま》いもんが食べられるだろうって、それだけで金沢《かなざわ》の菓子屋に住み込みで勤めたんだ。その店は流れ職人が入れ代わり立ち代わりやってきて、小僧《こぞう》の頃は泣かない日がないくらい厳しい扱《あつか》いを受けた。なにしろ入れ代わりが激しいもんだから、誰に付けばいいのかも分からない。俺は泣きながらも、必ず一人前になってやるんだって決心した。そのためには、仕事はとにかく自分で覚えていくしかない。目で盗《ぬす》むのはもちろん、少ない給料をやり繰《く》りしながら職人が酒を飲むのに付き合ったり、酔《よ》った職人を介抱《かいほう》することで親しくなって、つくり方や配合を教えてもらった。だから俺は、酒が飲めない頃から**注4**赤ちょうちんに出入りしてた。そうした店の焼き鳥やおでんが晩飯だった」

いつの間にか作業場のみんなが鶴ヶ島の話に耳を傾《かたむ》けているようだ。ワコも④肩《かた》を震わせながら聞いていた。

「勤め始めて四年もすると、すっかり仕事に慣れ、俺は次なる店の門を叩《たた》いていた。そうやって北陸だけでなく関西、関東と渡《わた》り歩《ある》いた。菓子は地域によってずいぶんと違う。東と西では甘さだって異なる。京の菓子は雅《みやび》な味だ。俺の師匠《ししょう》は、そんな中で出会った職人たちだ。誰というのではない、名もなく腕のよい職人とその菓子に接することで自分の技術を磨《みが》いてきた」

すると浅野がなにか思いついたような顔になり、「新人が度胸をつけるための研修なんです」と、出任せの言い訳をした。
「この並びにある奥山堂の者です。本当に申し訳ありません」
老舗《しにせ》の名店の者であることは、浅野の作務衣の胸に入ったネームで証明され、ふたりは目こぼししてもらった。「あそこで商売するには、道路使用許可の申請《しんせい》手続きが必要なんだからね」と再び念を押《お》されてから。
「なあワコ、じょうよ饅頭が三百って、ほんとは小原から嘘を伝えられたんだろ?」
店に向かって歩きながら浅野が言う。首からボックスを下げたワコは、はっとして大柄《おおがら》な浅野を見上げた。
「みんな薄々《うすうす》気づいてるよ。小原を締《し》め上《あ》げて吐《は》かせ、クビにすれば簡単だ。けどな、小原の親父《おやじ》、小原菓寮《かりょう》の社長とうちの高垣《たかがき》社長はゴルフ仲間でな。自分のせがれを仕込んでくれって頼《たの》まれてんだ。いわば預りもんなんだよ、あいつは。だからそうもいかないんだ」
浅野は小さく息をついてから、「小原のやつ、自分で変わろうとしないと、一生ダメなまんまだろうな」とため息のように呟《つぶや》く。
ふたりでしばらく無言のまま歩いた。浅野がふと、ボックスに並んだ饅頭を見やって、「きれいにできたな」と優《やさ》しく言ってくれる。
「じょうよ饅頭ってな、基本を問われるお菓子だ。簡素だけど、いや、簡素だからこそつくった者の技量が問われる。山の芋の処理の仕方、粉との混ざり具合、そうした総合的な技術の集積から成る饅頭だ」
彼が笑った。
「——って、工場長からそう言われたよ、新入りの頃にな。俺が初めて生地からつくったじょうよ饅頭をハマさんところに持っていったら、蒸してくれなかったんだぜ」
目の下のまつ毛が長い浜畑の顔を、ワコは思い浮かべた。
「ハマさんは、俺よかひとつ上なだけだが、腕《うで》が認められて早くから蒸し方《かた》、焼き方を任せられてる。だから、プライドが高い」
浅野さんは、あたしを励《はげ》まそうとしてくれてるんだ。
「生地の具合を見、粉の加え方を塩梅《あんばい》し、空気を抱《だ》かせて、抱かせて混ぜる。すると、蒸した時、饅頭はふっくらと膨《ふく》らむ。皮が破れる寸前までな。ワコのつくったのは、そんなじょうよ饅頭だ。もちろん、ツルさんにも分かったはずだ。だからハマさんに蒸せって命じたし、外で売ってこいって無茶《むちゃ》なことも言ったんだろう。商品に成り得るものだって認めたから。それに、もしかしたら……」
と浅野が少し考えてから口を開く。
「……もしかしたら、ツルさんは、ワコに対して理不尽《りふじん》な仕打ちをすることで、小原の目を覚まさせようとしたのかも」
あのツルさんが……。
「ひとつもらおう」
浅野がボックスから饅頭を摘《つ》まみ上《あ》げる。
「おっと、カネはあとでちゃんと払うからな」
彼はひと口食べるごとに、「うまい、うまい」と言ってくれた。
店の作業場では、**注3** 曽我《そが》が待っていた。どうやら、交番から確認の電話があったらしい。
「おまえたちはいったいなにをやっているんだ⁉」
鬼《おに》の形相で怒鳴《どな》る。
「おい、ツル！　おまえ、どういうつもりで、こんなことをさせた⁉」
鶴ヶ島が無言で目を背《そむ》けている。
「おまえは奥山堂のお菓子をなんだと思っているんだ⁉」

頭をぱくつく女性の姿を一心に見つめていた。この饅頭は自分が蒸したわけではない。餡子《あんこ》も自分で炊《た》いたわけではなかった。生地《きじ》をつくり、包餡しただけだ。なのに、こんなにも嬉《うれ》しくて仕方がない。だったら、すべて自分でつくったお菓子を食べてもらうって、いったいどんな気分なんだろう？

「お饅頭食べたい！」

五歳くらいの男の子の声がした。眼鏡の女性が饅頭を食べる姿を見て、羨《うらや》ましくなったのだろう。

「おいしいよ」

と眼鏡の女性が男の子に向かって言う。

すると、母親らしい若い女性が、「ヒロトは、餡子なんて好きじゃないでしょ」とⓑたしなめる。けれど、ヒロトというその男の子は、「食べたーい」ときかなかった。

「仕方ないなあ」

母親がひとつ買ってくれる。

「ありがとうございます！」

母親から饅頭を受け取った男の子が、「おいしい！」と声を上げる。口の横に餡子を付けた男の子を見て、ワコは胸がいっぱいになった。

「私もひとつもらおうか」

年配のステッキをついた紳士《しんし》から声がかかる。

「こっちにもひとつ頂《ちょう》だい」

「俺もひとつ」

たちまち周りに人垣《ひとがき》ができた。

「ありがとうございます」「ありがとうございます」ワコは急にいそがしくなって慌てる。けれど、それは②幸福ないそがしさだった。

「ちょっとあなた、ここで商売する許可を取ってますか？」

突然《とつぜん》そう質問される。ワコが見やると制服を着た若い警察官だった。すぐ近くの交番からやってきたのだろう。

「あのう……あたし……」

ワコには応えるすべがない。

女性客のひとりが、「なによ、あんた！　お饅頭くらい売ったっていいじゃないのよ！」と警官に嚙《か》みついた。

「そうよ、おいしいお饅頭を頂こうって時に、ⓒ無粋《ぶすい》なこと言わないの」

「いや、しかし、許可がないと」

思わぬ反発に遭《あ》って、警官はしどろもどろだ。だが、すぐにワコのほうに向き直った。

「とにかくあなた、一緒に来て」

そのまま交番に連行されてしまったワコは、③なにを訊かれてもだんまりを決め込んだ。店に迷惑《めいわく》をかけるわけにはいかない。大きなボックスを膝《ひざ》の上に置いてパイプ椅子《いす》に座《すわ》り、無言のままでいる。多くの人波が、外を往《ゆ》き過ぎた。

先ほどの警官と、彼の上役らしい年配の警官が並んで立ち、こちらを見下ろしている。年配の警官が、「黙ったままで、いつまでこうしているつもりなんだね？」と、何度目かの同じ言葉を投げかけてくる。その時だった。

「あれ、ワコ、どうした？」

作務衣姿の浅野が交番の中を覗き込んでいた。

「どうしてるかと思って、様子を見にきたら、おまえ、交番で……」

すると上役の警官が、「あなたですか、この女性にあんなところで饅頭を売らせたのは？」と、浅野に詰問《きつもん》する。

「いえ、そういうことじゃないんですけど……あの……」

ろう」鶴ヶ島が続ける。「ただし、奥山堂の名前はいっさい出すな。その作務衣《さむえ》も脱《ぬ》いで、私服で売ってこい」

「あたしがですか？」

ワコは再び小原を見やる。彼《かれ》は手を止めて、じっと下を向いていた。

鶴ヶ島が言い放つ。

「いいか、全部売り切るまで帰ってくるな」

浅野に手伝ってもらい、じょうよ饅頭を並べた大きなボックスを太ひもで首から下げて、店の裏口から出る。う、重い。でも、自分の責任なんだ……。スタジャンにジーンズ姿のワコは、しょんぼりと雷門に向かう。ふと、先ほどの鶴ヶ島のひと言が思い起こされた。①ワコは心を奮い立たせる。負けてたまるか！　全部売り切ってやる！

年《とし》の瀬《せ》で、たくさんの参拝客、観光客が雷門通りを行《い》き交《か》い、仲《なか》見世《みせ》へと吸《す》い込《こ》まれていった。それとすれ違《ちが》うように、お参りを終えた人たちが雷門から出てくる。これだけの人が通るんだ、売れるかもしれない！　ⓐ淡《あわ》い希望も芽生えた。

雷門の傍《かたわ》らで、駅弁を売るようにボックスを下げているのだが、しかし誰《だれ》も振《ふ》り向《む》きさえしてくれない。じっと立っていると足もとから冷気が伝わってきた。ボックスには紙にマジックで「おいしい！　じょうよ饅頭　1個300円（消費税サービス）」と書いた紙をテープでとめている。浅野のアイディアである。

ワコは試みに、「お饅頭です」と言ってみる。しかし、それは蚊《か》の鳴くような声だった。今度は意を決して、「お饅頭でぇぇす!!」と声を張り上げた。しかし緊張《きんちょう》のため、威嚇《いかく》するようになってしまう。近くを通った若い男性が、ぎょっとしてこちらに顔を向けた。ワコと目が合うと、逃《に》げるように立ち去る。

ワコは恥《は》ずかしさで顔を紅潮させつつも、「おいしいお饅頭ですよー」と声を出し続けた。「じょうよ饅頭ってなんだ？」とか、「ひとつ三百円なんて、ずいぶん高いわね」といった声が時折耳に入るだけで、ひとつも売れない。

それでも一時間以上経《た》った頃《ころ》だろうか、「じょうよ饅頭って、山の芋のお饅頭だよね？」と、年配の眼鏡をかけた女性が声をかけてきた。

「はい、そうです」

ワコは夢中で応える。

彼女《かのじょ》はボックスを覗《のぞ》き込《こ》むと、「あら、おいしそ」と笑《え》みを浮《う》かべた。

初めての好感触《こうかんしょく》に、「おひとついかがでしょう？」とすかさず売り込む。

「じゃ、ひとつもらおうかしらね」

「ありがとうございます！」

抑《おさ》えきれずに明るい声が出てしまう。

代金を受け取ると、ワコはトングで女性の手にじょうよ饅頭をひとつ載《の》せた。

「あら、おいしい！」

ひと口食べた女性の感想に、「ほんとですか？」思わず訊《き》き返《かえ》していた。

「やだよ、あんた。自分でつくったお饅頭を褒《ほ》められて、〝ほんとですか？〟ってことはないだろ」

「あ、いえ、そうじゃなくて……」

自分のお菓子をおカネを払《はら》って買ってくれるところを目にするのも、おいしいという声を耳にするのも初めての経験だった。それは、まさに天にも昇《のぼ》るような心地《ここち》である。ワコはしばらく、じょうよ饅

2024年度

城北中学校

【国　語】〈第一回試験〉（五〇分）〈満点：一〇〇点〉

注意　解答するときには、句読点や記号も一字と数えます。

一　次の文章を読んで、後の問いに答えなさい。（設問の都合上、本文の一部を変更《へんこう》してあります。）

> 二〇歳《さい》の樋口和子《ひぐちわこ》（作中では皆《みな》に「ワコ」と呼ばれている）は、一九九二年三月に製菓《せいか》専門学校を卒業した。学校の和菓子《わがし》科で女子はワコ一人だけで、和菓子の世界は「男の世界だから苦労する」と先生からも言われていたが、浅草にあるお菓子屋の奥《おく》山堂《やまどう》に就職し、和菓子作りの修業《しゅぎょう》を始めて九ヶ月《かげつ》ほどになる。
>
> ある日、同期の小原《こはら》から、その日に餡《あん》を包む饅頭《まんじゅう》の数を伝えられたが、実はそれは自分より先に職場の人たちに認められていくワコに対して焦《あせ》りを感じている小原による嘘《うそ》だった。その嘘のせいで、ワコは「じょうよ饅頭」と呼ばれる山《やま》の芋《いも》でできた饅頭を百五十個余分に包餡《ほうあん》してしまう。次の場面は、じょうよ饅頭を多く作ったことが判明して、現場を取り仕切る鶴ヶ《つるが》島《しま》に謝罪する場面である。

ワコは慌《あわ》てて謝《あやま》る。

「すみませんでした」

すると、鶴ヶ島の白目だけになった細い目がワコを捉《とら》えた。

「てめえ、仕事を舐《な》めてんだろ。だから、女の菓子職人なんてあり得ねえって言ってんだ。どうせ、嫁《よめ》に行くまでの腰掛《こしか》けのつもりなんだからよ」

これまでも女だということで差別され続けてきた。出勤するのが嫌《いや》だと感じる朝もあった。しかし、今の言葉だけは許せない。思わず、ぐっと睨《にら》み返《かえ》す。

「なにか言いたいことがあるのか？」

しかし失敗したのは自分だ。すぐに目を伏《ふ》せてしまう。

「おい、ハマ」

鶴ヶ島が隣《となり》にいる**注1**浜畑《はまはた》に呼びかけた。だが、その視線はワコを捉えたままである。

「このじょうよ饅頭を蒸《む》せ」

浜畑が驚《おどろ》き、弾《はじ》かれたように鶴ヶ島の横顔を見た。

「え、三百個全部ですか？」

「そうだ」

鶴ヶ島は相変わらずワコに顔を向けている。

「蒸し上がったら、俺《おれ》を呼べ」

ワコは包餡の作業台に戻《もど》ると、今度は**注2**浅野《あさの》に謝った。

「いったいどうしたんだ、あんなに数を間違《まちが》えるなんて？」

浅野に数を確認《かくにん》しなかった自分も悪い。もう一度、「すみません」と頭を下げた。

小原は黙《だま》って餡玉切りをしている。

浅野はそれ以上なにも言わず、「一緒《いっしょ》に黒糖饅頭を百五十つくろう」とだけ言った。

「はい」

ワコは応えて、手を動かし始めた。

しばらくして、「ワコ！」と蒸し場にいる鶴ヶ島から声が掛《か》かる。急いで向かった。

「おまえ、雷門《かみなりもん》の前に立って、じょうよ饅頭を百五十個売ってこい。店売りと同じく一個三百円で売るんだ。消費税分は勘弁《かんべん》してや

2024年度 城北中学校 ▶解説と解答

算　数　＜第１回試験＞（50分）＜満点：100点＞

解　答

1 (1) 2　(2) $\frac{9}{20}$　2 (1) 360度　(2) 5％　(3) 41通り　(4) 2.57cm²　(5) 12台　3 (1) 9時15分　(2) 分速36m　(3) 1080m　(4) 分速66m　4 (1) 15cm²　(2) 4cm　(3) 21：13　5 (1) 5050　(2) ア 99　イ 6　ウ 98　エ 97　オ 100　カ 338350

解　説

1 四則計算，逆算

(1) $\frac{65}{28}-\left(3-3\frac{4}{7}\times0.4\right)\div4\frac{8}{9}=\frac{65}{28}-\left(3-\frac{25}{7}\times\frac{2}{5}\right)\div\frac{44}{9}=\frac{65}{28}-\left(\frac{21}{7}-\frac{10}{7}\right)\div\frac{44}{9}=\frac{65}{28}-\frac{11}{7}\times\frac{9}{44}=\frac{65}{28}-\frac{9}{28}=\frac{56}{28}=2$

(2) $0.25+\frac{1}{6}=\frac{1}{4}+\frac{1}{6}=\frac{3}{12}+\frac{2}{12}=\frac{5}{12}$より，$\frac{1}{12}\div\left(\frac{5}{12}\times\square-0.125\right)=1\frac{1}{3}$，$\frac{5}{12}\times\square-0.125=\frac{1}{12}\div1\frac{1}{3}=\frac{1}{12}\div\frac{4}{3}=\frac{1}{12}\times\frac{3}{4}=\frac{1}{16}$，$\frac{5}{12}\times\square=\frac{1}{16}+0.125=\frac{1}{16}+\frac{1}{8}=\frac{1}{16}+\frac{2}{16}=\frac{3}{16}$　よって，$\square=\frac{3}{16}\div\frac{5}{12}=\frac{3}{16}\times\frac{12}{5}=\frac{9}{20}$

2 角度，濃度《のうど》，場合の数，面積，ニュートン算

(1) 右の図１で，かげをつけた三角形に注目すると，角ア＋角イ＝角ウとなり，太線の三角形に注目すると，角ウ＋角エ＝角オとなる。よって，問題文中の図で，印のついたすべての角の大きさの和は，図１の四角形ABCDの内角の和と等しくなるから，360度とわかる。

図１
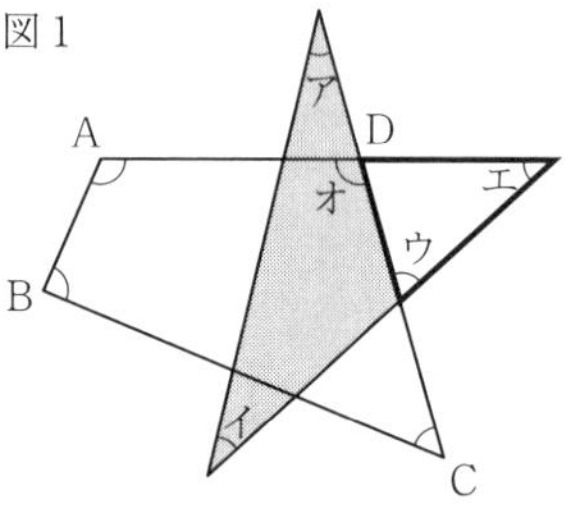

(2) Ａを200ｇとＢを200ｇ混ぜると，濃度８％の食塩水が，200＋200＝400（ｇ）できるから，この中に含《ふく》まれている食塩の重さは，400×0.08＝32（ｇ）になる。また，Ａを100ｇとＢを200ｇ混ぜると，濃度９％の食塩水が，100＋200＝300（ｇ）できるから，この中に含まれている食塩の重さは，300×0.09＝27（ｇ）となる。これらの差から，食塩水Ａ，200－100＝100（ｇ）に含まれている食塩の重さは，32－27＝５（ｇ）とわかるので，食塩水Ａの濃度は，５÷100×100＝５（％）と求められる。

(3) １枚目に4を引いて終える場合は１通りである。また，２枚目に4を引いて終える場合，１枚目には4以外のカードから引くから，４通りとなる。さらに，３枚引いて終える場合，１枚目と２枚目には4以外のカードから引き，３枚目には残りの３枚のカードから引くので，４×３×３＝36（通り）とわかる。よって，全部で，１＋４＋36＝41（通り）と求められる。

図２
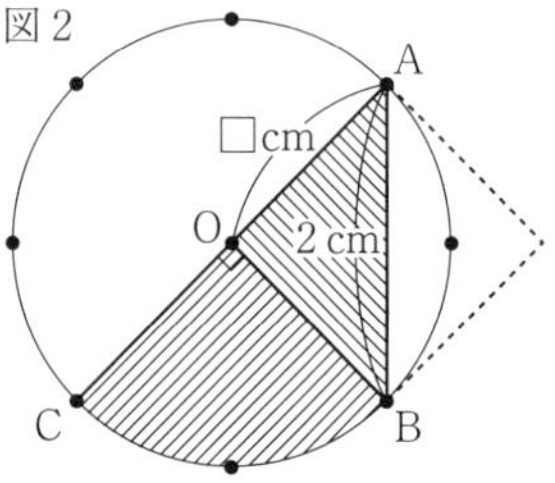

(4) 右の図２のように円の半径を□cmとすると，OAを１辺とする正方形（対角線の長さが２cmの正方形）の面積は，２×２÷２＝２（cm²）

だから，□×□＝２となる。よって，四分円OBCの面積は，□×□×3.14×$\frac{1}{4}$＝２×3.14×$\frac{1}{4}$＝1.57(cm^2)とわかる。また，三角形OABの面積は，２÷２＝１(cm^2)なので，斜線《しゃせん》部分の面積は，1.57＋１＝2.57(cm^2)と求められる。

⑸　１分間に入る水の量を①，１台のポンプが１分間にくみ出す水の量を１とする。５台のポンプを使ってくみ出すとき，60分で，①×60＝⑥⓪の水が入り，全部で，１×５×60＝300の水をくみ出す。また，７台のポンプを使ってくみ出すとき，30分で，①×30＝㉚の水が入り，全部で，１×７×30＝210の水をくみ出す。すると，上の図３のようになり，⑥⓪－㉚＝㉚が，300－210＝90にあたるから，①＝90÷30＝３，⑥⓪＝３×60＝180より，はじめの水の量は，300－180＝120とわかる。よって，120÷14＝$8\frac{4}{7}$より，14分以内に水そうを空にするには１分あたり，$8\frac{4}{7}$＋①＝$8\frac{4}{7}$＋３＝$11\frac{4}{7}$以上の水をくみ出す必要があるから，ポンプは12台必要となる。

図３

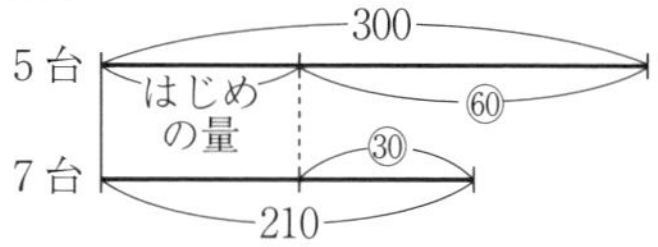

3　グラフ―流水算，旅人算，速さと比

⑴　兄が弟を追いこした地点をＤとすると，右のグラフのようになる。兄の静水時の速さを分速□m，弟の静水時の速さを分速△mとし，流れの速さを分速○mとすると，兄と弟の上りの速さの差は分速，(□－○)－(△－○)＝□－△(m)となる。また，兄と弟の下りの速さの差は分速，(□＋○)－(△＋○)＝□－△(m)となる。つまり，かげの部分と斜線部分で，兄と弟の速さの差は等しいから，かげの部分と斜線部分の時間は等しくなる。この和が，10時－８時30分＝１時間30分＝90分なので，かげの部分の時間は，90÷２＝45(分)となり，㋐の時刻は，８時30分＋45分＝９時15分と求められる。

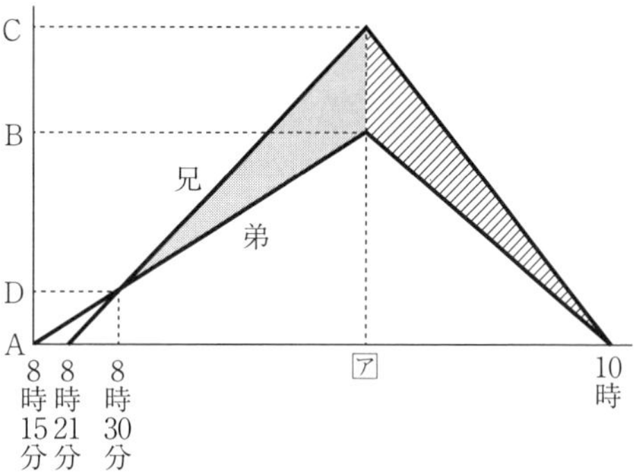

⑵　兄と弟がAD間にかかった時間の比は，(８時30分－８時21分)：(８時30分－８時15分)＝９：15＝３：５だから，兄と弟の上りの速さの比は，$\frac{1}{3}$：$\frac{1}{5}$＝５：３である。また，上りの速さの差は静水時の速さの差と等しいので，この比の差は分速24mであり，比の１にあたる速さは分速，24÷(５－３)＝12(m)と求められる。よって，弟の上りの速さは分速，12×３＝36(m)である。

⑶　BC間の距離《きょり》は兄と弟が45分で上った距離の差にあたるから，24×45＝1080(m)とわかる。

⑷　弟が上りにかかった時間は，９時15分－８時15分＝１時間＝60分なので，AB間の距離は，36×60＝2160(m)である。また，弟が下りにかかった時間は，10時－９時15分＝45分だから，弟の下りの速さは分速，2160÷45＝48(m)とわかる。さらに，静水時の速さは上りの速さと下りの速さの平均になるので，弟の静水時の速さは分速，(36＋48)÷２＝42(m)と求められる。よって，兄の静水時の速さは分速，42＋24＝66(m)である。

4　立体図形―分割，体積，相似

⑴　EPの長さは，８×$\frac{3}{1+3}$＝６(cm)である。また，立体Ｖは下の図１の太線で示した四角すいＤ－EFQPになる。よって，四角形EFQPの面積を□cm^{2}とすると，立体Ｖの体積は，□×３÷３

＝15(cm³)と表せるから，□＝15cm²とわかる。

⑵　台形EFQPの面積が15cm²なので，(FQ＋６)×３÷２＝15(cm²)より，FQの長さは，15×２÷３－６＝４(cm)と求められる。

⑶　右の図２のように，AEとDPが交わる点をＲとし，AFとDQが交わる点をＳとすると，切り口Ｔはかげをつけた四角形になる。

図１

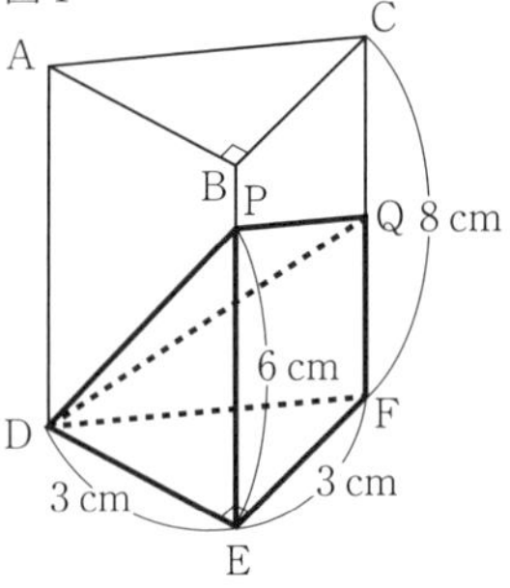

図２

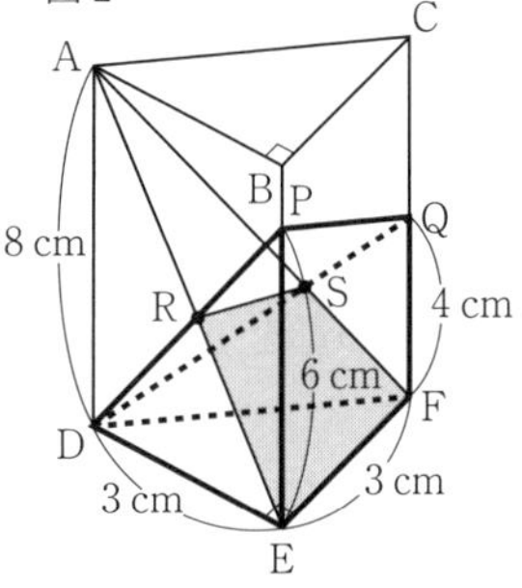

はじめに，三角形ADRと三角形EPRは相似であり，相似比は，AD：EP＝８：６＝４：３だから，AR：RE＝４：３となる。同様に，三角形ADSと三角形FQSは相似であり，相似比は，AD：FQ＝８：４＝２：１なので，AS：SF＝２：１とわかる。よって，三角形ARSの面積は三角形AEFの面積の，$\frac{4}{4+3}\times\frac{2}{2+1}=\frac{8}{21}$(倍)だから，三角形AEFと切り口Ｔの面積の比は，$1:\left(1-\frac{8}{21}\right)=21:13$と求められる。

5　数列，計算のくふう

⑴　１＋100＝101，２＋99＝101，３＋98＝101，…のように，同じ順番にある数の和はすべて101になる。このような組が全部で100組あるから，これらの和は，101×100＝10100とわかる。これは，１＋２＋３＋…＋100の値を２倍したものなので，１＋２＋３＋…＋100＝10100÷２＝5050と求められる。

⑵　下の図①を時計回りに120度ずつ回転させると，下の図②，図③のようになる。３行目の左から２番目の数は，図①では３，図②では99，図③では99(…ア)であり，これらの和は，３＋99＋99＝201となる。同様に，６行目の左から３番目の数は，６(…イ)，98(…ウ)，97(…エ)であり，これらの和は，６＋98＋97＝201とわかる。さらに，99行目の左から99番目(右端《みぎはし》)の数は，99，２，100(…オ)であり，これらの和は，99＋２＋100＝201と求められる。このように，同じ位置にある数の和はすべて201になり，このような組が全部で5050組ある。これらの和は，１×１＋２×２＋３×３＋…＋100×100の値を３倍したものなので，１×１＋２×２＋３×３＋…＋100×100＝201×5050÷３＝338350(…カ)とわかる。

図①

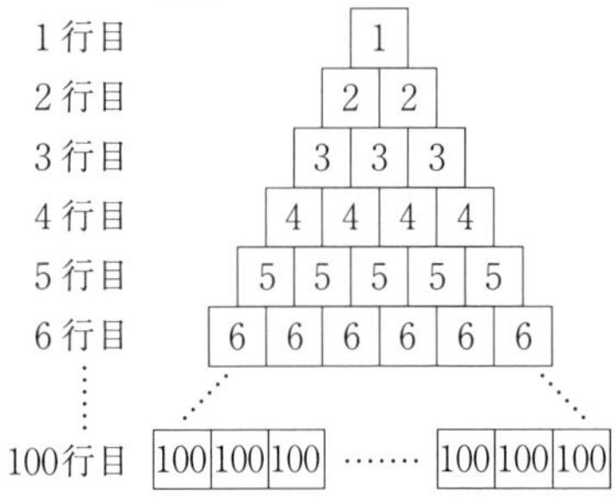

図②

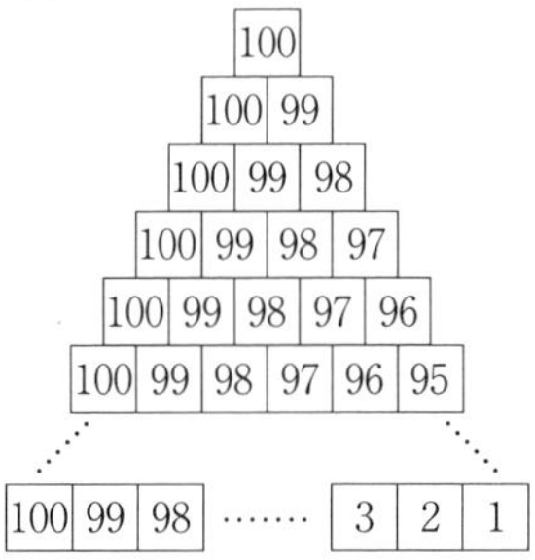

図③

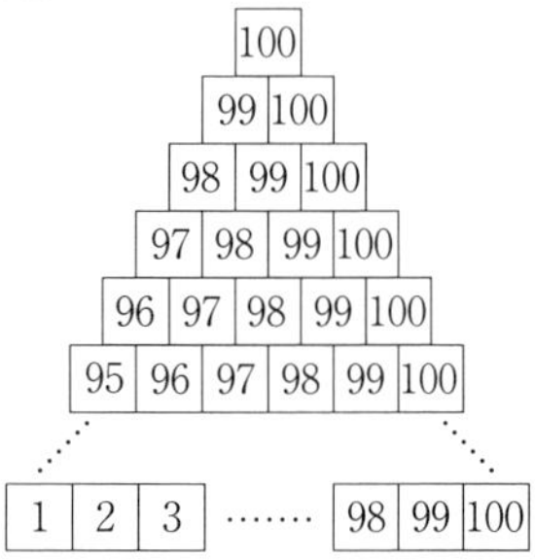

社 会 <第１回試験>（40分）<満点：70点>

解 答

1 **問１** **あ** 荒 **い** 江戸 **え** 相模原 **お** 栃木 **か** 多摩 **問２** ゼロメートル **問３** エ **問４** ウ **問５** カ **問６** イ **問７** ア **問８** エ **問９** ウ **問10** エ **問11** 茨城

2 **問１** ウ **問２** ア **問３** ウ **問４** エ **問５** ア **問６** イ **問７** イ **問８** ア **問９** エ **問10** オ **問11** 新古今和歌集 **問12** ウ **問13** ウ **問14** イ **問15** ［１］ イ ［２］ 京都所司代 **問16** エ **問17** カ **問18** 黒田清隆 **問19** **F** 生糸 **G** 綿糸 **問20** ア **問21** エ

3 **問１** **あ** 基本的人権 **い** 不断 **問２** ［１］ ア ［２］ エ **問３** イ **問４** ［１］ **う** 冷戦 **え** 朝鮮 **お** 三 ［２］ ウ ［３］ ア **問５** イ **問６** エ **問７** ［１］ 参政 ［２］ ウ ［３］ イ

解 説

1 関東地方の自然や産業についての問題

問１ **あ** 荒川は埼玉県から東京都にかけて流れ，東京湾に注ぐ。下流で埼玉県戸田市と東京都板橋区の境界線になる。 **い** 江戸川は利根川の支流で，東京湾に注ぐ。下流で東京都江戸川区と千葉県市川市の境界線になり，江戸川区は荒川と江戸川の間に位置する。 **え** 神奈川県には，県庁所在地の横浜市と川崎市・相模原市の３つの政令指定都市がある。政令指定都市は，人口50万人以上で内閣の政令で指定されるが，現在はおおむね70万人以上の都市が指定されており，全国に20市ある。 **お** 栃木県は関東地方の北部に位置する内陸県で，県庁所在地は宇都宮市である。 **か** 多摩川は東京都の西部から南部にかけて流れ，東京湾に注ぐ。下流は東京都と神奈川県の県境になる。

問２ 江戸川区などの東京都東部の湾岸部は海面よりも標高が低いため，海抜ゼロメートル地帯と呼ばれる。

問３ 台風や発達した低気圧の影響《えいきょう》で海面が高くなる現象を高潮という（エ…×）。なお，津波は地震などにより海底の地形が変化することで起こる異常な高波のことである。

問４ 横浜市は全国の中で，東京23区に次いで人口が多い。また，埼玉県さいたま市と千葉県千葉市の人口を比べると，さいたま市の方が多い。なお，第１～３位の順は，Ａの埼玉県がさいたま市，川口市，川越市，Ｂの千葉県が千葉市，船橋市，松戸市，Ｃの神奈川県が横浜市，川崎市，相模原市である。

問５ 埼玉県はほうれん草やねぎ，千葉県は大根の収穫《しゅうかく》量が全国第１位で，近郊農業がさかんに行われている。

問６ 一般に，銭湯の中心客層は年齢の高い人々であるとされる（イ…×）。

問７ 八王子市は東京都の西部に位置し，海に面していないので，アの灯台（☼）は存在しない。イの（⊕）は病院，ウの（Y）は消防署，エの（△）は三角点・地殻《ちかく》変動観測点の地図記号である。

問８ 新潟市は，北西の季節風による影響を受けて冬の降水量（降雪量）が多い日本海側の気候に属するので，雨温図はエが当てはまる。なお，アは東京，イは仙台市（宮城県）で太平洋側の気候，ウは札幌市(北海道)で北海道の気候に属する。

問９　板橋区をはじめとして東京に在住する外国人には，中国籍の人が多い。近年はベトナム国籍の人が増えており，中国，韓国に次いで第３位になっている。

問10　合計特殊出生率の低下の原因の１つとして，晩婚《ばんこん》化(平均初婚年齢の上昇)が指摘されている(エ…×)。

問11　会話文に登場する関東地方の都県は，初出順に埼玉県・東京都・千葉県・神奈川県・栃木県である。よって，登場していないのは群馬県と茨城県の２つで，東に位置するのは茨城県である。

[2] 各時代の歴史的なことがらについての問題

問１　２月11日は，建国記念の日として国民の祝日になっている。なお，アの天皇誕生日は２月23日，イの勤労感謝の日は11月23日，エの春分の日は３月20日ごろである。

問２　竪穴式住居に定住する生活が始まったと考えられているのは縄文時代である。なお，稲作が始まった弥生時代でも竪穴式住居は一般的であった(ア…×)。

問３　日本への仏教伝来は，538年(一説に552年)に百済《くだら》の聖明王が仏像と仏典をもたらしたことによる。この当時，百済は朝鮮半島の南西部にあった国で，南東部にエの新羅《しらぎ》，北部にアの高句麗《こうくり》があった。その後，新羅が半島を統一した。イの高麗は10世紀初めに成立した王朝である。

問４　戸籍の作成は，大化の改新が始まる645年以降のことである(エ…×)。

問５　伊勢神宮(三重県)は天皇家の皇祖神をまつる神社で，天照大神をまつる内宮《ないくう》と穀物神をまつる外宮《げくう》からなる。なお，イの住吉大社は大阪府，ウの出雲大社は島根県，エの宇佐八幡宮は大分県にある神社である。

問６　聖武天皇は凶作や疫病が流行する中，仏教の力で国家を安定させようと考え，国ごとに国分寺・国分尼《に》寺を建てさせ，都の平城京には東大寺大仏を造立《ぞうりゅう》させた(イ…○)。なお，アの平城京遷都《せんと》は710年，ウの和同開珎の鋳造は708年で，元明天皇のころのこと，エの東大寺大仏造立にかかわったのは鑑真ではなく行基である。

問７　桓武天皇は仏教勢力の政治介入を防ぐため，794年に平安京遷都を行ったが，平城京から寺院を移転させなかった(イ…×)。

問８　菅原道真は平安時代前半の貴族であり，894年に遣唐使の廃止を建言したことが有名で，醍醐天皇の信任も厚く右大臣まで昇ったが，藤原氏の中傷で901年に大宰府に左遷《させん》された(ア…○)。なお，イの山上憶良《おくら》は万葉歌人，ウの紀貫之《つらゆき》は『土佐日記』の作者，エの阿倍仲麻呂は遣唐使で中国(唐)に渡り，帰国できなかった人物である。

問９　写真は平泉(岩手県)にある中尊寺金色堂で，平安時代後半に平泉を根拠《こんきょ》地として東北地方に勢力を拡大した奥州藤原氏３代(清衡・基衡・秀衡)の栄華《えいが》のあとを伝える。

問10　１は1232年(御成敗式目の制定)，２は1266年(フビライ＝ハンによる使者の派遣)，３は1221年(六波羅探題の設置)の出来事であるので，年代の古い順に３→１→２となる。

問11　『新古今和歌集』は後鳥羽上皇の命令により，1205年に藤原定家らが編さんした和歌集で，約1900首が収められている。

問12　元寇(元軍の襲来)では，御家人の働きによって元軍を退けることに成功したが，国土防衛戦であったため新たな領地を得たわけではなかった。そのため，幕府は御家人に恩賞として十分な領地をあたえることができず，御家人の幕府に対する不満がつのった。後醍醐天皇はこれに乗じて倒幕運動を起こし，いったんは失敗したものの，足利尊氏や新田義貞などの御家人が天皇方についたため，1333年に鎌倉幕府をほろぼすことができた。

問13　1428年，近江国(滋賀県)の馬借らが徳政を求めて起こしたのは正長の土一揆である。山城の国一揆(1485～93年)は，山城国(京都府)の国人(在地領主・地侍)が起こした一揆である。

問14　豊臣秀吉は太閤検地と刀狩を行い，封建的支配体制を再編した(イ…○)。なお，アの織田信長は，キリスト教を保護した。ウの徳川家康が関ヶ原の戦い(1600年)で破ったのは，豊臣方の石田三成である。エの関白と太政大臣に任官したのは，秀吉だけである。

問15　**［１］**　江戸幕府の仕組みにおいて，若年寄は老中を補佐する役職で図中のＢに当てはまる(イ…○)。なお，アの大老は臨時で置かれる最高職である。ウとエについて，図中のＣには勘定奉行，Ｄには目付が当てはまる。　**［２］**　京都所司代は，京都の治安維持や天皇家・公家を監視するために置かれた。

問16　江戸時代の鎖国中，長崎を通じて中国とオランダの２国と貿易を行っており，中国の王朝が明から清にかわっても，貿易はそのまま継続された(エ…×)。

問17　1867年10月，江戸幕府の第15代将軍徳川慶喜が大政奉還を行い，政権を朝廷に返した。しかし，12月には薩摩藩(鹿児島県)と長州藩(山口県)は王政復古の大号令を発し，幕府の打倒と新政府の樹立を宣言した。翌1868年１月には新政府の基本を示す五か条の御誓文を出した。

問18　大日本帝国憲法は長州藩出身の伊藤博文が草案を作成し，1889年に発布された。このときの内閣総理大臣は薩摩藩出身の黒田清隆であった。

問19　**Ｆ**　幕末の貿易開始から，生糸は日本の重要な輸出品であった。　**Ｇ**　綿糸は初め輸入品であったが，日本の産業革命により製糸業ばかりではなく紡績業も発達し，綿糸は輸出品となった。1899年の輸入品の第１位に，綿糸の原料となる綿花があることからもわかる。

問20　ドイツのポーランド侵攻は，第二次世界大戦(1939～45年)のきっかけである(ア…×)。なお，第一次世界大戦(1914～18年)は，サラエボ事件と呼ばれるオーストリア皇太子夫妻暗殺事件がきっかけとなって起こった。

問21　１は1941年(太平洋戦争の開戦)，２は1931年(満州事変の発生)，３は1937年(盧溝橋事件)のことなので，年代の古い順に２→３→１となる。

３　基本的人権についての問題

問１　**あ**　基本的人権とは，人間が生まれながらに持っている最も基本的な権利のことで，基本的人権の尊重は，国民主権と平和主義とともに日本国憲法の三大原則となっている。　**い**　日本国憲法第12条で，憲法が保障する自由や権利を「国民の不断の努力によって，これを保持しなければならない」としている。

問２　**［１］**　UNHCR(国連難民高等弁務官事務所)は，紛争《ふんそう》・戦争や飢餓《きが》・自然災害などによって発生する難民の救済を目的とした機関である。なお，イのILOは国際労働機関，ウのUNICEF(ユニセフ)は国連児童基金，エのUNCTADは国連貿易開発会議の略称である。　**［２］**　グラフにおいて，2016～19年は「難民申請者数」が毎年１万人を超えていたが，2020年以降は５千人に満たない(エ…○)。なお，アについて，「難民申請者数」は2006～17年が増加傾向にあるが，前年を下回る年もあった。イの2022年の「難民申請者数」は約4000人だが，「難民認定数」はわずか200人程度である。ウの「難民申請者数」が初めて１万人を超えたのは2016年である。

問３　イは日本国憲法第14条１項の法の下の平等についての説明で，「自由」ではなく「平等」が入る。

問４　**［１］　う**　第二次世界大戦後には，アメリカを中心とする資本主義諸国とソ連を中心とする社会主義諸国との東西対立が激しくなったが，この対立は米ソ間の直接戦争にはならなかったため，冷戦と呼ばれた。　**え**　朝鮮戦争(1950～53年)は，冷戦における代理戦争といった側面がある。　**お**　アジア・アフリカなどの新興独立国の中には，冷戦における２つの勢力に属さない国々も現れ，第三世界などと呼ばれた。　**［２］**　国際連合の安全保障理事会は，世界の平和と安全を守る中心機関で，常任理事国５か国と総会で選出される非常任理事国10か国の計15か国で構成される。常任理事国はアメリカ・ロシア・イギリス・フランス・中国(中華人民共和国)で，全て核保有国である(ウ…○)。なお，アの総会の採決では，通常案件が過半数，重要案件は３分の２以上の賛成が必要である。イの先進国による政府開発援助(ODA)を行う経済協力開発機構(OECD)は国連の機関ではない。また，国連の信託統治理事会は活動を停止している。エの国連分担金の分担率について，日本はアメリカ・中国に次いで３番目に多い。　**［３］**　1992年にリオデジャネイロ(ブラジル)で開催された国連環境開発会議(地球サミット)のスローガン(標語)は「持続可能な開発」であり，「かけがえのない地球」をスローガンとしたのは，1972年の国連人間環境会議である。

問５　憲法の改正は，衆参両議院でそれぞれ総議員の３分の２以上の賛成により国民に発議する(イ…○)。アの公聴会は衆参両議院の審議中，学識経験者や専門家の意見を聞く会。ウの憲法改正案の承認には，国民投票で有効投票の過半数の賛成が必要。エの公布は天皇が行う。

問６　労働基準法第68条で，働く女性には，生理休《きゅう》暇《か》が権利として認められている(エ…×)。

問７　**［１］**　国民が政治に参加する権利を参政権という。選挙権がその代表で，このほか憲法改正の国民投票や最高裁判所の裁判官の国民審査などがある。　**［２］**　内閣総理大臣は国会議員の中から国会の指名で選ばれるが，衆議院が指名してから10日以内に参議院が指名しないとき，衆議院の指名が国会の指名になる。これは，衆議院の優越の１つである(ウ…○)。なお，アについて，国会は国の唯一《ゆいいつ》の立法機関で，行政機関は内閣である。イの予算は衆議院に先議権がある。エの衆議院の解散中に緊急な事態が生じたとき，参議院だけで開くのは緊急集会である。　**［３］**　地方公共団体の首長と地方議会議員は，どちらも住民の直接選挙で選ばれる(イ…○)。なお，アの地方公共団体の自主財源として地方税などがある。ウのリコールは首長や地方議会議員などの解職を請求することである。エについて，地方自治は地域住民が自ら身近な政治に関わり，民主主義の在り方を学ぶという意味から，「民主主義の学校」と呼ばれる。

理　科　＜第１回試験＞（40分）＜満点：70点＞

解　答

[1]　**問１**　２m　**問２**　エ　**問３**　ア，オ　**問４**　①　オ　②　ケ　**[2]**　**問１**　①　ア　②　ウ　**問２**　(1)　ク　(2)　ア　**問３**　エ　**[3]**　**問１**　油　**問２**　60℃　**問３**　ア　**問４**　イ　**[4]**　**問１**　1.1　**問２**　C，E，F　**問３**　②　1.28　③　0.81　**問４**　E　**問５**　イ　**[5]**　**問１**　①　道管　②　孔辺細胞　**問２**　(1)　ア，

ウ，エ　(2)　16mL　**問３**　(1)　③　36　④　125　⑤　2　(2)　ウ，エ　**6** **問１**　F，G　**問２**　オ　**問３**　オホーツク海気団，小笠原気団　**問４**　オ　**問５**　A，E，G　**問６**　I

解　説

1　物体の運動と見え方についての問題

問１　A君は５秒間に10m進む速さで動いているので，１秒間に，10÷５＝２(m)進む。

問２　B君が止まっているとき，A君はB君に１秒間に２mの速さで近づく。このとき，A君からB君を見ると，B君が自分(A君)の方に近づいてくるように，つまりB君が西向きに１秒間に２mの速さで動いているように見える。

問３　B君が東向きに１秒間に１mの速さで動いていると，A君はB君に１秒間で，２－１＝１(m)ずつ近づいていく。そのため，A君から見ると，B君は１秒間に１mの速さで西向きに動いているように見える。また，B君が東向きに１秒間に３mの速さで動いていると，A君とB君は１秒間に，３－２＝１(m)ずつ離《はな》れていくので，A君から見ると，B君は１秒間に１mの速さで東向きに動いているように見える。

問４　①　問３より，B君が東向きに１秒間に１mの速さで動いているように見えたのは，B君が東向きに１秒間に３mの速さで動いていたためである。　②　問２より，B君が西向きに１秒間に２mの速さで動いているように見えたとき，B君は止まっていたとわかる。

2　音源の動きと音の高さの変化についての問題

問１　救急車が近づいてくるときや乗った電車が踏切《ふみきり》に近づくときには，音を出している物体と音を聞いている人との距離《きょり》が近づいていて，このとき，もとの音より高い音に聞こえる。一方，救急車が遠ざかるときや乗った電車が踏切を通過して遠ざかるときには，音を出している物体と音を聞いている人との距離が遠ざかっていて，このとき，もとの音よりも低い音に聞こえる。音を出している物体と聞いている人との距離が変化しない場合は，音の高さが変化しない。

問２　(1)　はじめは音を出しているBが音を聞いているAに近づくので，Fよりも高い音に聞こえる。その後，音を出しているBが音を聞いているAから遠ざかるようになると，Fよりも低い音に聞こえるようになる。したがって，グラフはクのようになる。　(2)　音を出しているBと音を聞いているAとの距離は一定で変化しないので，聞こえる音の高さはFのまま変化しない。よって，グラフはアのようになる。

問３　図３より，はじめはFよりも低い音に聞こえているので，音を出しているBが音を聞いているAから遠ざかっている。その後しばらくは，Fの高さの音が聞こえているため，音を出しているBと音を聞いているAの距離が変化していない。さらにその後には，Fより高い音が聞こえている。このときは，音を出しているBは音を聞いているAに近づいている。よって，音を出しているBの動きとしてエが選べる。

3　水と油のあたたまりやすさについての問題

問１　グラフで，同じ時間あたためたとき，油の方が水よりも温度が高くなっている。ここでは，同じ重さの油と水を同じように加熱しているため，油の方が水よりもあたたまりやすいといえる。

問２　油の重さが$\frac{1}{2}$倍になると同じ時間あたりに上昇《じょうしょう》する温度は２倍になるので，油200gの温度が，60−20＝40(℃)上がったときと同じ時間だけ油100ｇを加熱すると，温度が，40×２＝80(℃)上がることになる。また，グラフより，水を同じ重さの油と同じ時間加熱した場合の温度の上がり方は，油の，50÷100＝$\frac{1}{2}$(倍)になっている。よって，油100ｇの温度が80℃上がるときと同じように水100ｇを加熱すると，温度が，80×$\frac{1}{2}$＝40(℃)上がり，20＋40＝60(℃)になる。

問３　油はガスバーナーの炎《ほのお》がビーカーに当たっている付近からあたたまる。油があたたまると，同じ体積あたりでの重さが軽くなり上昇し，そのあとにまわりの温度の低い油が流れこみアのような流れが起こる。このように，あたたまったものが移動して全体があたたまっていく熱の伝わり方を対流という。

問４　80℃の水を冷やすと４℃くらいまでは同じ体積あたりでの重さが重くなる。したがって，氷の入った試験管にふれた部分の水は下降し，イのように水が動く。

4　物質の密度と物体の浮《う》き沈《しず》みについての問題

問１　水は１cm^{3}あたりの重さが１ｇで，水が氷になると体積が1.1倍になると述べられている。このことから，氷１ｇあたりの体積は，１×1.1＝1.1(cm^3)と求められる。

問２　１ｇあたりの体積が水より大きいものは水に浮き，水より小さいものは水に沈む。図１に水の場合のグラフをかくと，右の図の直線のようになる。この直線より下に位置するＣ，Ｅ，Ｆは，１ｇあたりの体積が水より小さいので，水に沈む。

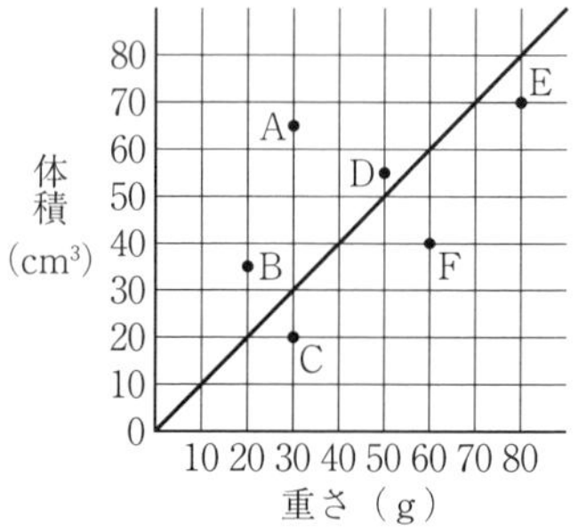

問３　②　ガソリン5.3ｇの体積をはかると6.8cm^{3}だったので，ガソリン１ｇあたりの体積は，6.8÷5.3＝1.283…より，1.28cm^{3}と求められる。　③　水100cm^{3}の重さは100ｇだから，水100cm^{3}に食塩30ｇを溶《と》かした食塩水の重さは，100＋30＝130(ｇ)である。この食塩水は体積が105cm^{3}なので，１ｇあたりの体積を求めると，105÷130＝0.807…より，0.81cm^{3}になる。

問４　問２より，水に沈むＣ，Ｅ，Ｆについて１ｇあたりの体積をそれぞれ求めると，Ｃは，20÷30＝0.666…(cm^3)，Ｅは，70÷80＝0.875(cm^3)，Ｆは，40÷60＝0.666…(cm^3)になる。このうち，１ｇあたりの体積が食塩水の0.81cm^{3}より大きいＥがこの食塩水に浮き，水に沈むものである。

問５　問３より，１ｇあたりの体積はガソリンが1.28cm^3，水が１cm^{3}なので，１ｇあたりの体積が大きいガソリンが水の上になって２つの層に分かれる。また，Ｄは１ｇあたりの体積が，55÷50＝1.1(cm^3)だから，ガソリン中では沈むが水中では浮く。そのため，イのようになる。

5　植物の蒸散についての問題

問１　①　根から吸い上げた水や水に溶けた養分が通るのは，道管とよばれる管である。　②　気孔《きこう》を囲む三日月形の向かい合った２つの細胞《さいぼう》を，孔辺細胞という。孔辺細胞が水を含《ふく》んでふくらむと気孔が開き，水が減りしぼむと気孔が閉じる。

問２　(1)　蒸散は，葉の表，葉の裏，枝(くき)の，いずれの部分でも行われる。ワセリンをぬったところは水や水蒸気を通さないので，Ｃでは葉の表と枝だけで蒸散が行われる。また，この実験ではどのメスシリンダーも，水面から水の蒸発が起こっている。　(2)　Ａの水の減少量は，葉の表，葉の裏，枝からの蒸散と水面からの水の蒸発による量で，Ｃの水の減少量は，Ａの水の減少量から葉の裏からの蒸散量を引いた値になっている。したがって，葉の裏からの蒸散量は，(100−76)−(100−92)＝16(mL)と求められる。

問３　ここでは，「葉の裏側１mm^2あたりの気孔の数」をX，「葉の表側１mm^2あたりの気孔の数」をY，「葉の表側１mm^2あたりの気孔の数を葉の裏側１mm^2あたりの気孔の数で割った値」をZとする。　⑴　Zは，($Y÷X$)で求められる。したがって，③÷450＝0.08，20÷④＝0.16が成り立つので，③＝450×0.08＝36，④＝20÷0.16＝125となる。また，⑤＝100÷50＝２である。　⑵　ア，イ　それぞれの植物についてXとYを比べると，ススキ，メヒシバ，ケイヌヒエではXの方が多いが，クサヨシではXとYが同じであり，イヌムギではYの方が多い。したがって，葉にある気孔の数は，必ず裏側の方が多いわけでも少ないわけでもない。　ウ　葉の裏側１mm^2あたりの気孔と葉の表側１mm^2あたりの気孔の総数は，$X+Y$で求められる。その数は，ススキが，450＋36＝486，メヒシバが，125＋20＝145，ケイヌヒエが，170＋153＝323，クサヨシが，100＋100＝200，イヌムギが，50＋100＝150となり，表の中の植物ではメヒシバが最も少ない。　エ　同じ植物について，葉の表側と裏側で同じ面積あたりの気孔の数を数えた場合，葉の表側の気孔の数を葉の裏側の気孔の数で割った値，つまり葉の裏側の気孔の数に対する葉の表側の気孔の数の割合は，面積を１mm^2にしても５mm^2にしてもおよそ同じになる。　オ，カ　Zは小さいものから順に，ススキ＜メヒシバ＜ケイヌヒエ＜クサヨシ＜イヌムギとなっていて，Yは少ないものから順に，メヒシバ＜ススキ＜クサヨシ＝イヌムギ＜ケイヌヒエとなっている。そのため，ZとYの間に，一方が大きくなったり小さくなったりすると，もう一方が少なくなるといった関係はみられない。

6　自然現象の影響《えいきょう》の範囲《はんい》と時間についての問題

問１　人間の寿命《じゅみょう》は最大でも100才くらいなので，Ａ～Ｇのうち横軸《じく》の値が100よりも大きいＦとＧが選べる。

問２　ア　地震《じしん》のはじめの小さな揺《ゆ》れである初期微動《びどう》を引き起こすのはＰ波，その後の大きな揺れである主要動を引き起こすのはＳ波である。　イ　マグニチュードは地震の規模を表す値で，揺れの大きさを表すのは震度である。　ウ　津波は震源が海底下の浅いところにある場合に，海底面の上下の変化が海水を動かし，海面が上下に変化することで引き起こされる。　エ　液状化現象はうめ立て地や昔，川や沼《ぬま》であった場所など，地面の下の浅いところに砂や水を多く含むところで起こりやすい。　オ　緊急《きんきゅう》地震速報は，地震が発生した後に届く小さな揺れを検知して，処理されたあとに発信されるので，発信までに少し時間を要する。そのため，震源に近い場所では地震の大きな揺れが届く前に受け取ることができない場合がある。

問３　初夏のころ，北のオホーツク海気団と南の小笠原《おがさわら》気団がぶつかる。このとき，この２つの気団の勢力がつり合うことによって，日本付近に長い停滞《ていたい》前線ができる。この停滞前線を梅雨前線とよぶ。

問４　ア　Ａの現象が続く時間の長さは$\frac{1}{100\text{万}}$年くらいと短く，１日$\left(\text{約}\frac{1}{365}\text{年}\right)$よりはるかに短い。イ　Ｂの現象が影響を与《あた》える範囲は約１km^2なので，関東地方をおおう大きさよりもはるかに小さい。　ウ　このグラフは，横軸が現象が続く時間の長さ，たて軸が現象が影響を与える範囲を表していて，現象の起こるひん度(１年間に起こる回数など)は読み取れない。　エ　グラフで，ＤとＦの横軸方向の位置を比べると，ＤはＦよりも右には位置していないため，Ｄの現象が続く時間の長さはＦの現象が続く時間より長くなることはない。　オ　グラフで，ＡとＥのたて軸方向の上端《じょうたん》の位置を比べると，ＥはＡよりも上にあることから，Ｅの方がＡよりも現象が影響を与える範囲が大きい(広い)ことがあるとわかる。　カ　Ｆの現象が続く長さは１万年ほどなので，測定を１年くらいしてもこの現象を調べることはできないと考えられる。　キ　グラフで，Ｇは横軸もたて軸も億単位の値であり，日本列島の動きを測定した程度では調べられない。

問５　Ａについて，地震の震源は一般《いっぱん》に地下にある。Ｅについて，火山の噴火《ふんか》は，地下のマグマの動きによって生じる。Ｇについて，大陸の合体と分裂《ぶんれつ》は地表をおおうプレートなどの動きによって起こる。よって，これらは地球の内部の動きによって引き起こされる現象といえる。

問６　台風の影響が続く時間は数日くらいであるから，横軸の値は$\frac{1}{100}$の目盛り付近が適するので，Ｉが選べる。台風が日本列島の南の海上で発生し，約37万8000km^{2}ある日本列島を横断することがあることから考えると，台風が影響を与える範囲もＩが最も近い。

国　語　＜第１回試験＞（50分）＜満点：100点＞

解　答

□一 **問１**　ⓐ　ア　ⓑ　ウ　ⓒ　ア　**問２**　ウ　**問３**　(例)　多くの人たちから，自分のお菓子を求められている点。　**問４**　エ　**問５**　ウ　**問６**　(例)　性根が曲がった小原の目を覚まさせるために，理不尽にも余ったお菓子をワコに売りに行かせたこと。　**問７**　ア　**問８**　(例)　女である自分が，鶴ヶ島から職人として認められていることに気づき，おどろくようす。　**問９**　イ　**問10**　(例)　優秀な兄と比較されることに嫌気がさしてお菓子作りにまじめに向き合ってこなかったが，本心ではお菓子が好きだと気づかされ，今までの自分の行いを情けなく思う気持ち。　**問11**　(例)　すべて自分の手で作ったお菓子をお客においしいと言ってもらえるように，お菓子作りの修業に励んでいく　□二　下記を参照のこと。

●漢字の書き取り

□二　１　探訪　２　痛(く)　３　平準　４　内密　５　断腸　６　類(い)　７　建設　８　演奏　９　厚(い)　10　雑誌

解　説

□一 **出典：上野《うえの》 歩《あゆむ》『お菓子《かし》の船』**。都内の老舗《しにせ》和菓子店「奥山堂《おくやまどう》」で修業《しゅぎょう》にはげむ主人公(ワコ)が，女の和菓子職人として成長する姿が描《えが》かれている。職場の同期である小原《こはら》がワコをおとしいれようとついた嘘《うそ》から始まった騒動《そうどう》の結果，二人はそれぞれ大事なことに気づかされる。

問１　ⓐ　はっきりと目立っていないようす。関心や執着《しゅうちゃく》が薄《うす》いさま。　ⓑ　相手の悪いところを軽く注意すること。　ⓒ　人情や世の中のようすにつうじていないこと。面白《おもしろ》みがないこと。

問２　ぼう線①は，小原がついた嘘のせいでワコが「百五十個余分に包餡《ほうあん》」してしまった饅頭《まんじゅう》を，上司の鶴ヶ島《つるがしま》が雷門《かみなりもん》の前で全部売るように命じたできごとを前提としている。ワコが「負けてたまるか」「全部売り切ってやる」と「心を奮い立たせ」たのは，鶴ヶ島の言葉を思い出したからだった。本文の最初の部分にある「仕事を舐《な》めてんだろ」「女の菓子職人なんてあり得ねえ」「どうせ，嫁《よめ》に行くまでの腰掛《こしか》けのつもりなんだ」という女性差別の「許せない」発言が，ワコの奮起の源になっているので，ウが選べる。なお，ア，イ，エは，ワコが女であることへの差別に対して感じたくやしさを反映していない。

問３　ワコが雷門の前で売る「じょうよ饅頭」を買おうと，人垣《ひとがき》ができた場面である。一人目の客が「おいしい」と食べてくれたとき，ワコは，「自分のお菓子をおカネを払《はら》って買ってくれるところを目にするのも，おいしいという声を耳にするのも初めての経験」で「天にも昇《のぼ》るような心地《ここち》」がし，「嬉《うれ》しくて仕方がない」と感じている。さらに，今は客が次々と来て，いそがしいが「幸福」なのだから，「自分の饅頭を大勢《おおぜい》が買ってくれて，おいしいと言ってもらえる点」のようにまとめるとよい。

問４　「だんまり」は，何も言わないこと。ぼう線③の直後で，ワコが「店に迷惑《めいわく》をかけるわけにはいかない」と覚悟《かくご》を決めている。また，店を出る前に鶴ヶ島から「奥山堂の名前はいっさい出すな」と釘《くぎ》をさされていたため，ワコは，自分が奥山堂の関係者であると知られないように，交番でも「だんまりを決め込《こ》んだ」のだから，エがよい。

問５　ワコが「肩《かた》を震《ふる》わせ」ているのは，泣いているからである。ぼう線④の直前，鶴ヶ島が自分の身の上を語り始める前に，曽我《そが》に饅頭を捨てろと言われたワコが「嫌《いや》です」と言い返して泣き出したようすが描かれている。「駄々《だだ》をこねているのは分かって」いても饅頭を捨てたくない，だが，どうするべきかという考えもない状態で作業場に「突《つ》っ立ったまま泣きやむことができない」自分を，ワコは「情けなくて仕方がない」と思っているので，ウが合う。

問６　ぼう線⑤の前後にある鶴ヶ島の話や，ワコが思い出した“浅野さんの言葉”をもとに，「憎《にく》まれ役」の具体的な内容を整理する。鶴ヶ島は，余分につくった菓子を外気や埃《ほこり》にさらして売るなど「奥山堂の菓子をなによりも大事にしている」曽我なら許さないし，「捨てろと言うに違《ちが》いない」と分かっていた。しかし，「性根《しょうね》の曲がったやつを目覚めさせるため，ひと芝居《しばい》打つこと」にしたのである。ワコに嘘をついて饅頭を余分につくらせた小原が「性根の曲がったやつ」であり，捨てるべき菓子を外で売らせることが「ひと芝居」にあたる。それを察した浅野は「ツルさんは，ワコに対して理不尽《りふじん》な仕打ちをすることで，小原の目を覚まさせようとした」のではないかと言い，曽我は鶴ヶ島が「あえて憎まれ役になってくれた」と言っている。これらの内容から，「嘘で人をおとしいれようとした小原を目覚めさせるため，ワコに理不尽な仕打ちをしてひと芝居打ったこと」のようにまとめる。

問７　「青い」は，技能，言動，人格などが未熟なようす。「ひとりよがり」は，自分だけでよいと思いこんで人の意見を聞かない態度。職人ならば，外気で乾燥《かんそう》し埃をかぶった菓子を人に食べさせるべきではないのに，ワコは客からおいしいと言ってもらえた饅頭を捨てたくなくて泣いている。鶴ヶ島は，そこが未熟でひとりよがりだというので，アがよい。ア以外は，ワコが饅頭を捨てたくない理由を正しくとらえていない。

問８　「はっとする」は，思いがけないできごとにびっくりして息をのむこと。ぼう線⑥に続く部分で，鶴ヶ島はワコに「作業場で，絶対に涙《なみだ》を見せるべきではない」「それが職人だ」と注意している。そして，ぼう線⑦の直後に「職人――ツルさんが，そう言ってくれた」とあり，ワコは，鶴ヶ島から「職人」と認めてもらえたことにおどろいたのである。前書きにある，和菓子は「男の世界だから苦労する」という専門学校の先生の言葉もふまえ，「和菓子という男の世界で，自分を鶴ヶ島が職人と認めてくれたことにおどろくようす」のように書くとよい。

問９　店に戻《もど》る途中《とちゅう》で浅野が，ワコにいやがらせをした小原について，奥山堂の「高垣社長《たかがき》」が

「小原の親父《おやじ》，小原菓寮《かりょう》の社長」から「せがれを仕込んでくれ」と頼《たの》まれているから「クビ」にできないという事情を話している。しかし，鶴ヶ島は小原に「おまえはこれから，菓子とどうやって付き合っていくつもりだ？」と核心《かくしん》を突く質問をし，曽我は「コネでおまえを預かったつもりはない」と告げている。つまり，親のコネではなく職人としての成長を見込んで採用した小原に対し，菓子作りと真剣《しんけん》に向き合うよう求めているのだから，イがふさわしい。

問10　ぼう線⑧に続く部分のワコと小原の会話から，小原が泣き笑いしている理由を読み取る。小原はワコに，亡《な》くなった「出来のいい兄貴」と比べられてうんざりしていること，その兄ではなく自分が店を継《つ》ぐと知って陰口《かげぐち》をたたく人がいること，そんな実家に自分の「居場所」はないことなどを話している。「それですねて」いても，小原は「やっぱりお菓子が好きなんだよね」とワコが言った理由は，小原が，これから捨てるものなのに，床《ゆか》に落ちた饅頭を「手で汚《よご》れを払《はら》いながら拾ってた」からである。そう指摘《してき》されて小原は泣き笑いし，「なにやってんだ，俺《おれ》……」と言ったのだから，自分が本心では菓子が好きなこと，すねて子どもじみた態度をとっていたことに気づいたと分かる。この二点をおさえ，「自分は菓子が好きなのだと気づき，出来のよかった兄や上達の速いワコをねたむばかりで，まともに菓子作りに取り組んでこなかった自分の曲がった性根を情けなく思う気持ち」のようにまとめるとよい。

問11　雷門の前で，じょうよ饅頭を買って食べてくれた客が「おいしい」と言ったとき，自分は「生地《きじ》をつくり，包餡しただけ」なのに，「天にも昇るような心地」がして「嬉しくて仕方がない」と感じ，これが「すべて自分でつくったお菓子」なら「どんな気分なんだろう」と想像している。これをもとに，「最初から最後まで自分の手で作ったお菓子を客に「おいしい」と言ってもらえるように，修業に励む」のように書く。

二　漢字の書き取り

1　実際にものごとを見聞きしながら，自分の足で現地を歩き回ること。　**2**　音読みは「ツウ」で，「苦痛」などの熟語がある。　**3**　でこぼこをなくして平らにすること。格差をなくして公平にすること。　**4**　表ざたにしないこと。内緒《ないしょ》。　**5**　「断腸の思い」で，はらわたがちぎれるほどつらく悲しい気持ちのこと。　**6**　音読みは「ルイ」で，「種類」などの熟語がある。　**7**　建物・施設《しせつ》・道路などを新たにつくること。　**8**　音楽をかなでること。　**9**　音読みは「コウ」で，「温厚」などの熟語がある。　**10**　何らかの編集方針のもと，複数の執筆《しっぴつ》者《しゃ》や記者が書いた作品や記事・写真などを掲載《けいさい》した出版物で，多くの場合，定期的に刊行される冊子。

2024年度　城北中学校

【算　数】〈第２回試験〉（50分）〈満点：100点〉

注意　１．円周率が必要な場合には，3.14として計算しなさい。
　　　２．比はもっとも簡単な整数の比で答えなさい。
　　　３．コンパス・定規・分度器を使ってはいけません。

1　次の□にあてはまる数を求めなさい。

(1)　$\{(2024\div\square-3)\div5-5\}\div3-3=1$

(2)　$105\times\left(\frac{1}{3}-\frac{1}{5}+\frac{1}{7}\right)-\left\{0.6\times\left(44+\frac{11}{25}\right)-1.2\times2.22\right\}=\square$

2　次の□にあてはまる数を求めなさい。

(1)　りんごを箱につめるのに，１箱に10個ずつつめると８個余り，１箱に12個ずつつめると４個しか入らない箱が１箱と空の箱が２箱できます。このとき，りんごの個数は□個です。

(2)　８％の食塩水Ａと20％の食塩水Ｂをいくらかずつ混ぜて15％の食塩水を作りました。ＡとＢの混ぜる量の差が80ｇであったとき，Ａは□ｇ混ぜたことになります。

(3)　白玉と黒玉を横１列に並べます。ただし，白玉は３個連続して並べることはできず，黒玉は２個連続して並べることはできません。このとき，３個の玉の並べ方は［①］通り，６個の玉の並べ方は［②］通りです。

(4)　正方形の折り紙を対角線で半分に切ったものを，下の図のように折ったとき，角アの大きさは□度です。

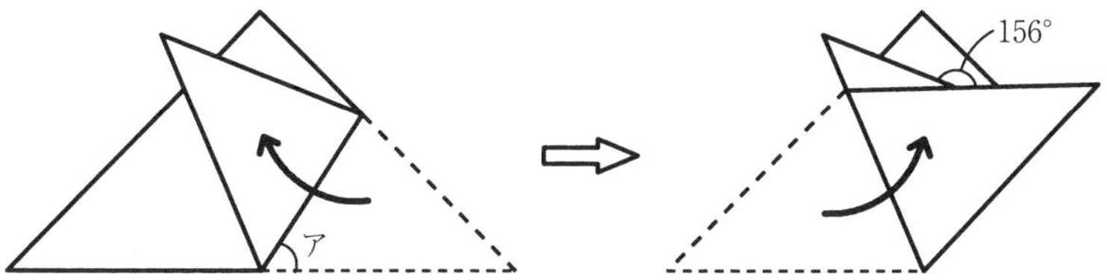

(5)　右の図のように，半径３cmの４個の円で作られた図形があります。この図形のとなり合う円はすべてぴったりとくっついています。点Ｐを中心とする半径３cmの円がこの図形のまわりをすべらないように回転してもとの位置に戻《もど》るまで１周するとき，中心Ｐが動いた長さは□cmです。

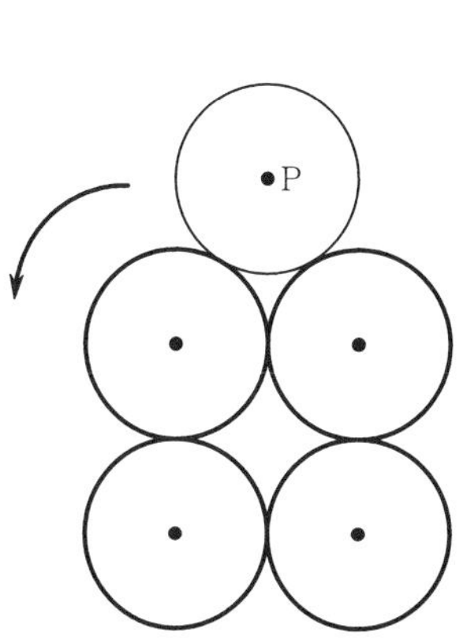

3　列車Ａと列車Ｂがそれぞれ一定の速さで，反対方向からトンネルを通過します。先に列車Ａがトンネルに入りはじめ，その後列車Ｂがトンネルに入りはじめました。下のグラフは，列車Ａがトンネルに入りはじめてからの時間と，それぞれの列車がトンネルに入っている部分の長さの関係を表したものです。ただし，列車Ａと列車Ｂの長さはともにトンネルの長さより短い

ものとします。

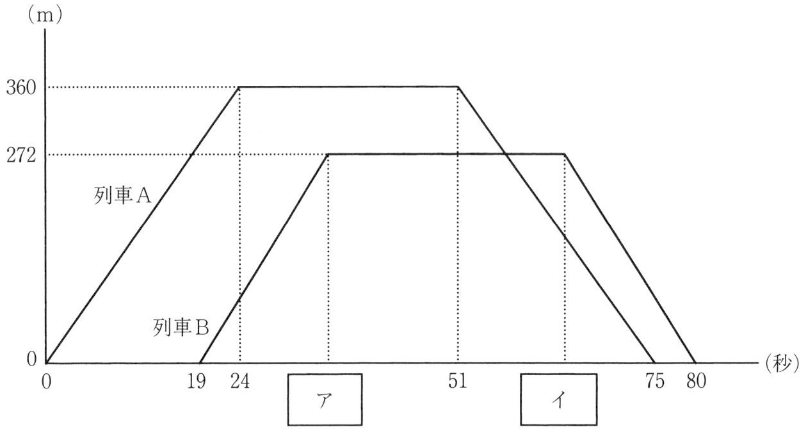

次の問いに答えなさい。

(1) 列車Aの速さは秒速何mですか。

(2) トンネルの長さは何mですか。

(3) グラフの ア ， イ にあてはまる数を求めなさい。

(4) 列車Aがトンネルに入りはじめてから，列車Aと列車Bがすれ違《ちが》い終わるまでの時間は何秒ですか。

4 右の図のように，上から順に１，２，３，……と番号が書かれたカードが積まれています。

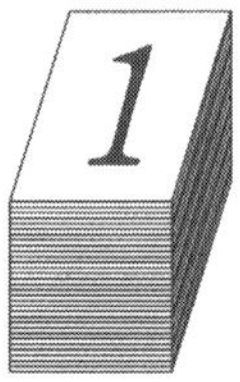

この積まれたカードについて，以下の操作を

①→②→①→②→①→……

のように，残ったカードが１枚になるまでくり返し行います。

【操作】
① 一番上のカードを取りのぞく
② 一番上になったカードを積まれたカードの一番下に移動させる

例えば，上から順に１，２，３，４，５，６の６枚のカードが積まれている場合，

１回目の操作の後，積まれたカードの番号は上から　３，４，５，６，２
２回目の操作の後，積まれたカードの番号は上から　５，６，２，４
３回目の操作の後，積まれたカードの番号は上から　２，４，６
４回目の操作の後，積まれたカードの番号は上から　６，４
５回目の操作の①の後，残ったカードは１枚となり，その番号は　４

となります。

次の問いに答えなさい。

(1) 次の文章の ア ， イ にあてはまる数を求めなさい。

最初に積まれたカードが2024枚であった場合，４回目の操作で取りのぞかれるカードの番号は ア で，1000回目の操作で取りのぞかれるカードの番号は イ です。

(2)　最初に積まれたカードが2024枚であった場合，最後に残るカードの番号について，次のように考えました。［ウ］～［カ］にあてはまる数を求めなさい。

最初に積まれたカードが８枚であった場合，最後に残るカードの番号は［ウ］です。また，最初に積まれたカードが16枚であった場合，最後に残るカードの番号は［エ］です。

最初に積まれたカードが35枚であった場合，３回目の操作の後に残ったカードの枚数が32枚になるので，最後に残るカードの番号は［オ］です。

以上のことをふまえると，最初に積まれたカードが2024枚であった場合，最後に残るカードの番号は［カ］です。

5　図１のように底面が正六角形の六角柱があります。

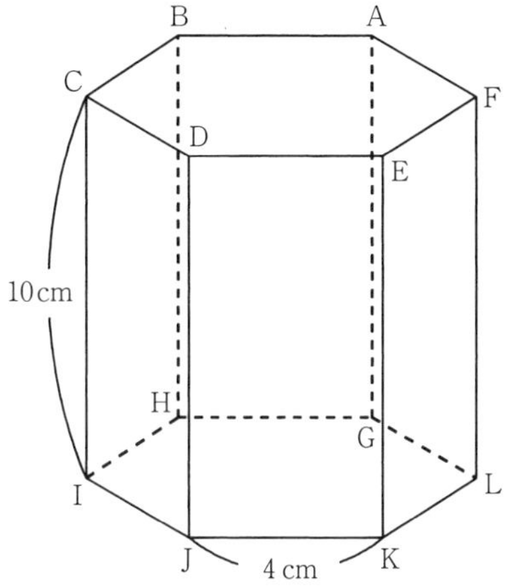

図１

次の問いに答えなさい。

(1)　ADの長さを求めなさい。

図１の六角柱において，図２のように６点Ｂ，Ｄ，Ｆ，Ｇ，Ｉ，Ｋを頂点とする立体をＵとします。

(2)　立体Ｕを長方形ADJGで切ったときの切り口の面積を求めなさい。必要ならば，図３に切り口をかきこんで考えてください。

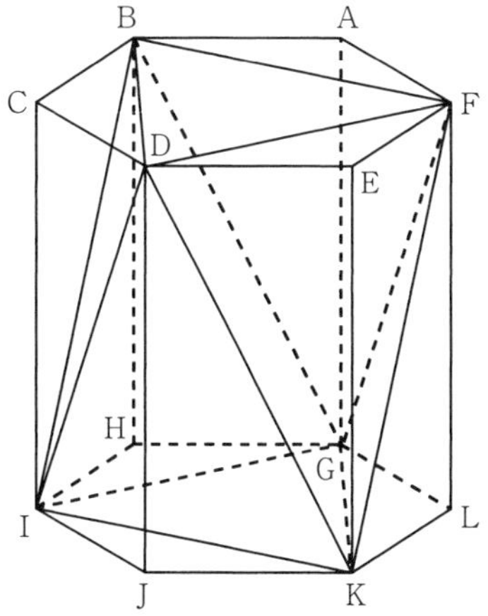

図２

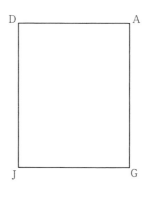

図３

図１の六角柱において，辺 BC，辺 EF，辺 HI，辺 KL の真ん中の点をそれぞれM，N，O，Pとします。図４のように６点A，M，N，O，J，Pを頂点とする立体をVとします。

(3)　立体Uと立体Vの重なった部分の立体を長方形 ADJG で切ったときの切り口の面積を求めなさい。必要ならば，図５に切り口をかきこんで考えてください。

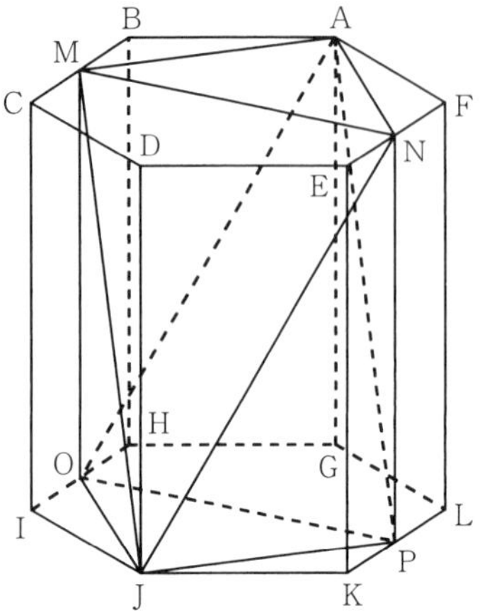

図４

図５

【社　会】〈第２回試験〉（40分）〈満点：70点〉

1　次の文章は，城北学園地理部の中学１年生ユウ君が，初めての夏合宿(調査地：東松島市，石巻市，仙台市など。2023年８月)に参加した際の会話です。登場するジョー君は高校２年生の部長，先生は地理部顧問の先生です。会話文をよく読み，後の地図を参考にして下記の設問に答えなさい。

〈場面１…１日目。仙台駅に向かう集合場所の東京駅にて。〉

ユ　ウ「ぼくは板橋区民だから，集合場所が東京駅というのは進行方向と逆向きなんですよね。どうせなら(　あ　)駅を集合場所にしてくれたら良かったのに。」

ジョー「ははは，城北は私立だし様々な場所から通学してきているからね。だけど，東京駅の方が始発だし，たくさんの部員が落ち着いて乗り込むこともできるんだ。」

ユ　ウ「なるほど。その通りですね。そういえば，ぼくの父親が子どもの時は，(1)東北新幹線の始発駅は(　い　)駅だったと言っていました。」

先　生「(　い　)駅といえば，６月に行った地理部の浅草巡検の集合・解散場所だったね。(　う　)川沿いから見る東京スカイツリーは圧巻《あっかん》だったね。」

ユ　ウ「いやあ，巡検に参加するまでは，浅草が(　い　)駅の徒歩圏内であることを知りませんでした。(　う　)川沿いを歩いた時に，『荒川から分岐《ぶんき》して流れているんだぞ～』と先生に教えてもらったことを覚えています。」

〈場面２…１日目。マリンゲート塩釜(船乗り場)から，(2)震災(東日本大震災)の語り部さんの話を聞きつつ，船で(3)日本三景の一つである松島へ行きました。〉

ユ　ウ「まず，マリンゲート塩釜の建物のなかに，「ここまで津波が来ました」の張り紙があることに驚《おどろ》きました。」

先　生「当時は，塩釜港が津波に襲《おそ》われる場面もニュースであったよ。」

ユ　ウ「また，被災した当事者である語り部さんの「語り」を直接聞くと，自分自身が頭でっかちになっていることに気付きました。ハザードマップという語句も存在も知っていても，実際にハザードマップを使った練習はしていなかったな…。」

ジョー「(4)船から自分の目で実際に見る松島の景観は独特で興味深かったけど，ぼくもハザードマップを持って避難訓練をしなくてはならないと思ったよ。自分のためだけではなく，家族を守るためでもあるんだね。」

〈場面３…２日目。津波で多数の方々が亡くなった大川小学校にて。語り部さんと共に。〉

ユ　ウ「(5)河口部からかなり離れているのに，ここまで津波が来たんですね。そして，コンクリートづくりの校舎がこうも破壊されるのか…。」

ジョー「津波の威力《いりょく》はすさまじいな。とても泳いで逃げるなんてできないね。それにしても学校のすぐ裏が山なのになんで登らなかったんだろう。」

先　生「語り部さんのおっしゃる通りで，津波などの水害の際には可能な限り遠くにある安全な場所へ移動する(　え　)避難だけではなく，自宅や近くの建物など高さのある場所へ緊急的に移動する(　お　)避難も考えていかなければならないね。また，日頃《ひごろ》から防災について知識を深め，同じような被害を二度と起こさないよう，周囲の人に伝えていく必要があるね。」

〈場面４…３日目。事前に下調べして，(6)仙台市内を巡検します。〉

ユ　ウ「お世話になった宿では(7)海鮮三昧だったので，そろそろ肉が恋しいな。」
ジョー「ユウ君，ある地域に出かけたら，その地域のものを味わうのは基本だよ。」
先　生「中学入試の勉強で習ったこともあったんじゃない？」
ユ　ウ「松島で食べた(8)牡蠣《かき》ラーメンは習った通りでした！」
ジョー「確かに。宿で食べたお米の銘柄《めいがら》を聞いたところ，（　か　）だったよ。しかも宿の方々が栽培しているんだって。完全に習ってきた内容だね！」
ジョー「さて，今日は（　き　）をつくりに行こう！　なぜなら宮城県の沖合には…。」
ユ　ウ「(9)寒流と暖流の潮目があって，昔から水産業が盛《さか》んだからですね!!」

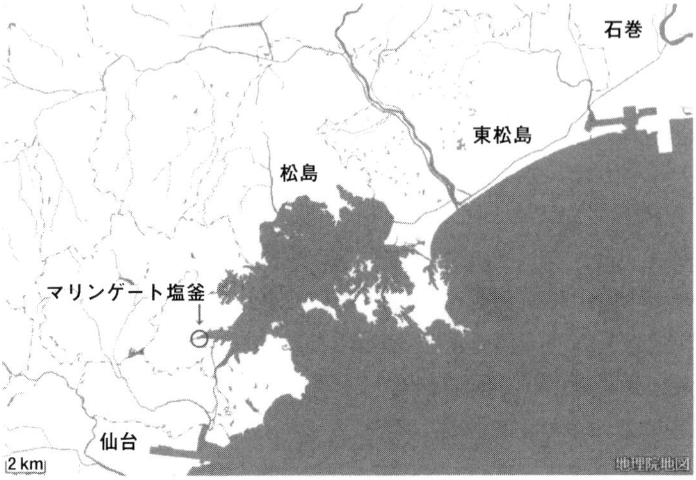

（「地理院タイル」より作成）

問１　文中の空欄（あ）について，中山道の宿場町としても知られる（あ）は，かつては「市」でしたが，2001年に隣接する浦和市，与野市と合併してさいたま市となりました。（あ）にあてはまる正しい語句を，**漢字**で答えなさい。

問２　文中の空欄（い）には，現在の山手線の駅名が入ります。会話文を参考にして（い）にあてはまる正しい語句を，**漢字**で答えなさい。

問３　文中の空欄（う）にあてはまる正しい語句を，**漢字**で答えなさい。

問４　文中の空欄（え）・（お）にあてはまる語句の組み合わせとして正しいものを，次のア～カから一つ選び，記号で答えなさい。

ア．（え）　早期　（お）　水平　　イ．（え）　早期　（お）　垂直
ウ．（え）　水平　（お）　早期　　エ．（え）　水平　（お）　垂直
オ．（え）　垂直　（お）　早期　　カ．（え）　垂直　（お）　水平

問５　文中の空欄（か）にあてはまる宮城県で多く生産される銘柄米の名称として正しいものを，次のア～エから一つ選び，記号で答えなさい。

ア．ひとめぼれ　　イ．森のくまさん　　ウ．はえぬき　　エ．ななつぼし

問６　文中の空欄（き）にあてはまる宮城県の名産品を説明した文として正しいものを，次のア～エから一つ選び，記号で答えなさい。

ア．サバ，イワシなどを原材料に，半月状に型取りした色が黒いゆでかまぼこ
イ．ホタルジャコなどを原材料に，皮や骨も入れて作る色が黒く薄い揚《あ》げかまぼこ

ウ．ヨシキリザメなどを原材料に，すり身と山芋《いも》を使った柔《やわ》らかいゆでかまぼこ

エ．スケトウダラなどを原材料に，すり身をささの葉に成形した焼きかまぼこ

問７　文中の下線部(1)に関連して，東北新幹線のうちユウ君が利用した区間に位置する都県の伝統的工芸品として**誤っているもの**を，次のア～エから一つ選び，記号で答えなさい。

ア．会津塗《ぬり》　イ．益子焼　ウ．南部鉄器　エ．江戸木目込人形

問８　文中の下線部(2)に関連して，東日本大震災（東北地方太平洋沖地震）の原因について説明した文として正しいものを，次のア～エから一つ選び，記号で答えなさい。

ア．海側のプレートが陸側のプレートに沈み込み，陸側のプレートが反発したから。

イ．台風や発達した低気圧の影響を受け，海面が異常に高くなる高潮が発生したから。

ウ．東北地方の中央部に位置する奥羽山脈などで，火山活動が盛んになったから。

エ．都市直下の浅いところにある岩盤《ばん》（いわゆる活断層）が破壊され，ずれ動いたから。

問９　文中の下線部(3)に関連して，日本三景は松島，宮島，天橋立を指しています。このうち，天橋立が位置する府県名として正しいものを，次のア～エから一つ選び，記号で答えなさい。

ア．大阪府　イ．兵庫県　ウ．京都府　エ．福井県

問10　文中の下線部(4)に関連して，一般に津波の被害を軽減したといわれる松島の地形を説明した文として正しいものを，次のア～エから一つ選び，記号で答えなさい。

ア．多様な生物を育む機能がある，干潮時に現れる遠浅の海岸が広がっています。

イ．半島の先端などから海に突き出た砂れきの州で，入江や湾を閉ざすようにのびます。

ウ．浅い海の海面下にある平坦面が海面上に現れた平野で，緩《ゆる》く海側に傾斜《けいしゃ》しています。

エ．多くの島が存在する海で，陸地が低下したり，海面が上昇したりすることで形成されます。

問11　下線部(5)について，この河口部を持つ河川の名称として正しいものを，次のア～エから一つ選び，記号で答えなさい。

ア．阿武隈川　イ．北上川　ウ．最上川　エ．雄物川

問12　下線部(6)に関連して，次の４つの雨温図は仙台市，富山市，長野市，大阪市の雨温図を示しています。仙台市の雨温図として正しいものを，次のア～エから一つ選び，記号で答えなさい。

ア

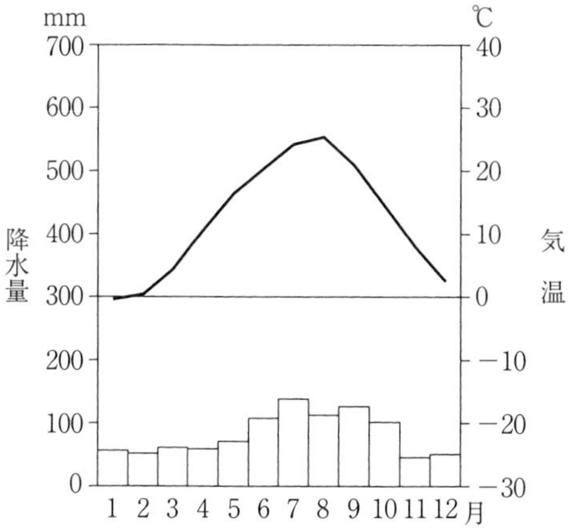

年平均気温：12.2℃　年降水量：965.1mm

イ

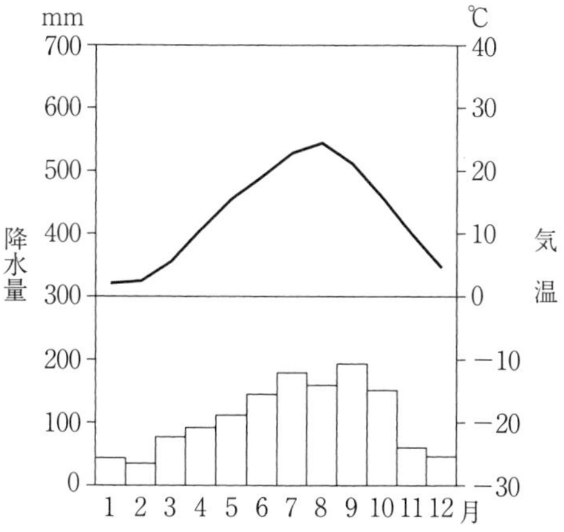

年平均気温：12.8℃　年降水量：1276.9mm

ウ

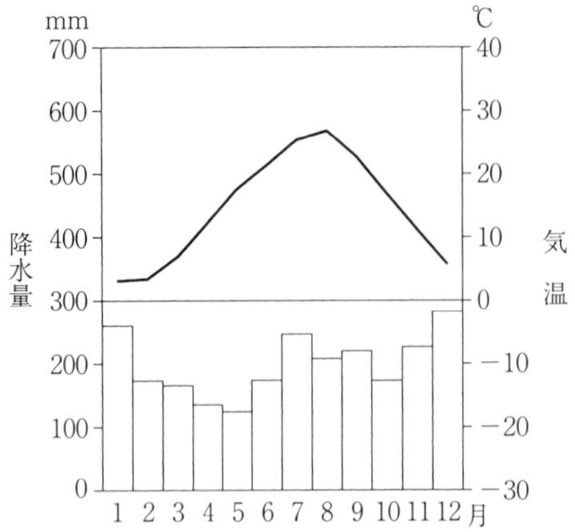

年平均気温：14.4℃　年降水量：2374.2mm

エ

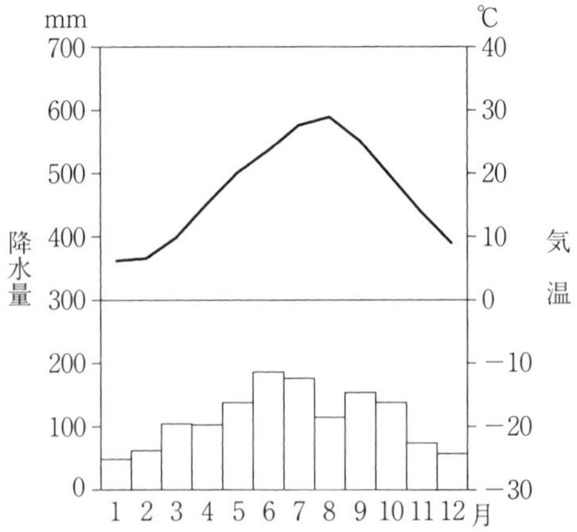

年平均気温：17.1℃　年降水量：1338.3mm

(国立天文台 編『理科年表 2023』より作成)

問13　下線部(7)に関連して，ユウ君たちが宿泊した民宿の食事では，すぐ近くに位置する漁港で水揚げされた魚介類が豊富にならびました。次のグラフは日本の漁業種類別生産量の推移を示しています。このうち，沿岸漁業にあてはまるものを，グラフ中のア～エから一つ選び，記号で答えなさい。

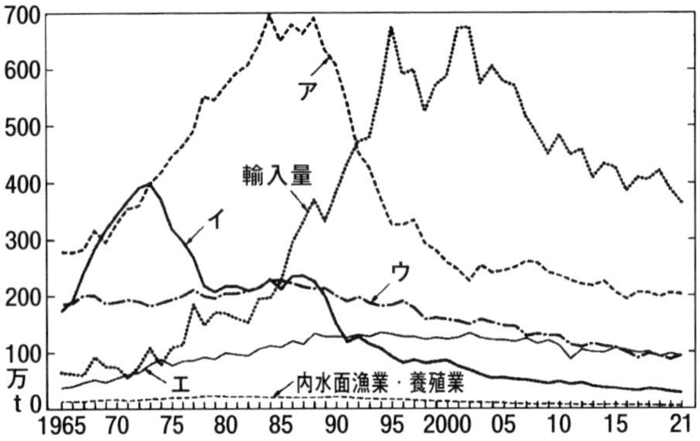

(出典：矢野恒太記念会 編『日本国勢図会 2023/24』)

問14　下線部(8)に関連して，次の表は海面養殖業における牡蠣類の収獲量を示しています。表中の空欄（Ａ）にあてはまる正しい県名を，**漢字**で答えなさい。

順位	県名	割合(%)
１位	（ Ａ ）県	58.5
２位	宮城県	15.5
３位	岡山県	8.9
４位	兵庫県	5.9
５位	岩手県	3.6

(農林水産省『令和４年漁業・養殖業生産統計』より作成)

問15　下線部(9)について，この地域の寒流と暖流の組み合わせとして正しいものを，次のア～カから一つ選び，記号で答えなさい。

ア．寒流：対馬海流　暖流：日本海流

イ．寒流：対馬海流　暖流：千島海流

ウ．寒流：日本海流　暖流：対馬海流

エ．寒流：日本海流　暖流：千島海流

オ．寒流：千島海流　暖流：対馬海流

カ．寒流：千島海流　暖流：日本海流

2－1　９世紀後半の日本に関する次の文章【Ａ】・【Ｂ】と系図をみて，下記の設問に答えなさい。文章は，分かり易く直してあります。

【Ａ】　文徳天皇は，最も可愛がっていた第一皇子(惟喬《これたか》親王)を次の天皇にしたいと考えていました。しかし太政大臣良房の意見で，第四皇子(惟仁《これひと》親王)が生後８ヶ月で皇太子になり，(1)858年に文徳天皇が死ぬとわずか９歳で即位しました。これが(2)清和天皇です。

(『大鏡』)

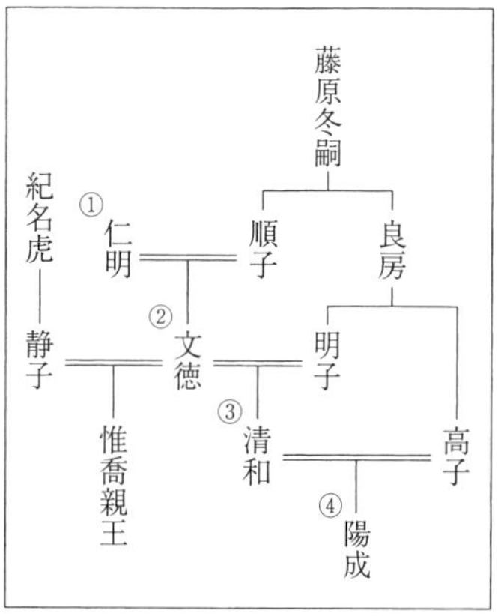

①〜④は天皇の即位順

問１　下線部(1)の時期の日本の政治・社会について述べた文として正しいものを，次のア〜エから一つ選び，記号で答えなさい。

ア．藤原氏を外戚としない天皇が続き，院政が始まる基盤が作られました。

イ．藤原氏が皇族以外で初めて摂政になり，摂関政治が始まる契機となりました。

ウ．前九年の役・後三年の役が相次いで起こり，朝廷で武士が権力を伸ばしました。

エ．公地公民制が崩れ口分田が荒廃したので，政府は開墾を奨励する法令を出しました。

問２　【Ａ】と系図を正しく読みとった文を，次のア〜エから一つ選び，記号で答えなさい。

ア．当時藤原氏には，次の天皇を左右するほどの発言力はまだありませんでした。

イ．当時は天皇といえども，跡継ぎを自分の意志で決めることはできませんでした。

ウ．第一皇子(惟喬親王)の母親は藤原氏の出身なので，天皇にはなれませんでした。

エ．第四皇子(惟仁親王)の母親は藤原氏の出身なので，天皇にはなれませんでした。

問３　下線部(2)の孫は，皇族から離脱して源氏(清和源氏)になりました。清和源氏に関して述べた文として正しいものを，次のア〜エから一つ選び，記号で答えなさい。

ア．源頼朝は平治の乱に勝利して，武士として初めて太政大臣になりました。

イ．源義経は後白河上皇に仕えて院政を支え，地頭を置く権利を与えられました。

ウ．源実朝が暗殺されて直系が途絶え，北条氏が執権として幕府の実権を握りました。

エ．源義家は平泉を根拠地にして強力な支配を確立し，中尊寺金色堂を造営しました。

【Ｂ】　863年には越中・越後で大地震がありました。また全国的に大飢饉《ききん》で，疫病《えきびょう》も大流行し，多くの死者が出たので，朝廷は(注１)大祓《おおはらえ》を行いました。しかし効果がなかったので，(3)当時民間で行われていた(注２)御霊会《ごりょうえ》を初めて朝廷が行いました。

864年には富士山が大噴火して富士五湖の魚は死に絶え，多くの住居も火山岩で埋まりました。(4)肥後国の阿蘇山ではカルデラ湖の水が空中に飛散しました。そこでこの出来事を占うと，(5)隣国が侵攻する予兆という結果が出たので，北九州の防備を固めました。

869年には（　あ　）国で大地震があり，大きな津波が発生しました。871年には出羽国の鳥海山でも大噴火があり，876年には平安京で宮殿が焼失しました。

（『日本三代実録』）

（注１）　疫病の流行・大規模な災害の際，世の中の罪や穢《けが》れを祓うために行われた儀式。

（注２）　疫病や災害の原因は，恨みを抱いて亡くなった人が怨霊《おんりょう》となって祟《たた》っているためだと考えた当時の人々が，怨霊を慰《なぐさ》め，鎮《しず》めるために行った儀式。

問４　下線部(3)の際に，怨霊として鎮魂《ちんこん》の対象になった人物として正しいものを，次のア～エから一つ選び，記号で答えなさい。

ア．保元の乱で後白河天皇に敗れ，讃岐に流罪になり，そこで死んだ崇徳上皇。

イ．急速な昇進を妬《ねた》まれ，無実の罪で太宰府に左遷《させん》され，そこで死んだ菅原道真。

ウ．長岡京建設責任者の暗殺に関与した罪を問われ，絶食して餓死した早良《さわら》親王。

エ．関東一円を支配し朝廷に対抗して新皇と名乗ったが，最後には討伐された平将門。

問５　下線部(4)は，現在の都道府県でいうとどこにあたりますか。都道府県名を**漢字**で答えなさい。

問６　下線部(5)として適切な国はどれですか。正しいものを次のア～エから一つ選び，記号で答えなさい。

ア．新羅　　イ．高句麗

ウ．百済　　エ．朝鮮（李朝）

問７　869年の大地震は貞観地震といいます。空欄（あ）国の中でも，多賀城付近では海岸から約５km 内陸にまで，三陸沿岸では９m の高さまで津波が到達したという推計もあります。2011年３月の東日本大震災では，それと同じか，それ以上の津波に襲われ，「貞観地震以来，1000年に一度の大津波」といわれました。

以上を参考にして，空欄（あ）にあてはまる正しい旧国名を，**漢字**で答えなさい。

2－２　次の文章【Ｃ】～【Ｅ】を読んで，下記の設問に答えなさい。

【Ｃ】　下の地図は，(6)1570年に明で編纂《へんさん》された書物に載っている日本地図です。左端に大きく描かれている島々は五島列島で，五島列島が九州や四国よりも大きく描かれている点に，この地図の特徴があります。これは，(7)当時の明の人々が，日本の中でも，特に五島列島に強い関心を持っていたからだと考えられます。

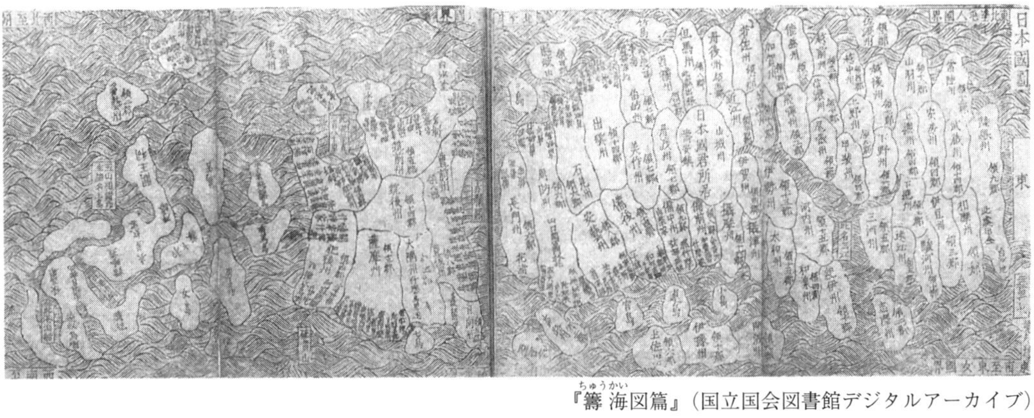

『籌海《ちゅうかい》図篇』（国立国会図書館デジタルアーカイブ）

問８　次のア～エと下線部(6)を年代順に古い方から並べ替えた時，下線部(6)の次に起こった出来事として正しいものを，次のア～エから一つ選び，記号で答えなさい。

ア．江戸幕府が，スペイン船の日本への来航を禁止しました。

イ．フランシスコ＝ザビエルが日本に来航し，初めてキリスト教を伝えました。

ウ．足利義満が南北朝を統一し，明とも正式な国交を開いて日明貿易を始めました。

エ．九州のキリシタン大名が派遣した天正遣欧使節が，ローマ教皇などに面会しました。

問９　下線部(7)の理由として正しいものを，次のア～エから一つ選び，記号で答えなさい。

ア．日明貿易がさかんに行われていて，日本側の拠点が五島列島にあったから。

イ．室町幕府は，明や朝鮮との貿易を，五島列島の大名だけに認めていたから。

ウ．明では後期倭寇の被害が甚大で，中国人倭寇は，五島列島も拠点にしていたから。

エ．朱印船貿易が活発で，朱印船は五島列島から中国の港に向けて出航していたから。

【D】 16世紀，東シナ海・南シナ海では交易が活発で，(8)明・朝鮮・日本・琉球・東南アジアの間で，様々な物産が取引されていました。この時期は，ヨーロッパの商人も豊かな交易品を入手するため，アジアにさかんに来航していました。

日本に初めて鉄砲をもたらした（ い ）商人も，直接（ い ）から来航したのではなく，中国人所有の貿易船に乗って各地で交易していて，種子島に着いたのです。

問10　下線部(8)に関連して，当時の日本の最大の輸出品として正しいものを，次のア～エから一つ選び，記号で答えなさい。

ア．生糸　　イ．綿織物

ウ．銅銭　　エ．銀

問11　空欄（い）に入れるのに適切な国名を，**カタカナ**で答えなさい。

【E】 1575年に，織田・徳川連合軍の鉄砲隊が武田の騎馬軍団を破った（ う ）の戦いが起こった。その古戦場にたつ愛知県新城《しんしろ》市の資料館周辺では，当時の鉄砲玉がみつかっている。そのうちの何個かは，原料の鉛《なまり》の成分が家康の管理下にあった市内の鉱山の鉛と一致した。また別の玉は，中国産やタイ産の鉛と成分が一致した。これらの玉は当時の布陣の位置関係から，全て徳川軍が撃ったものと考えられる。この時期に外国産の鉛を入手できたのは，（ え ）を直接支配した信長だけだ。…［中略］…火薬を作るためには硝石《しょうせき》が不可欠だが，硝石は国内では産出されないので，（ え ）の南蛮貿易が唯一の入手経路だった。

（2023年６月10日　朝日新聞電子版から抜粋して，分かり易く書き直しています。）

問12　空欄（う）にあてはまる正しい語句を，**漢字**で答えなさい。

問13　空欄（え）には，織田信長に屈服するまで戦国大名から独立し，会合衆《えごうしゅう》という有力商人達が自治を行っていた商業都市が入ります。この都市を**漢字**で答えなさい。

問14　前の文章Ｅから読みとることができる文として**誤っているもの**を，次のア～エから一つ選び，記号で答えなさい。

ア．鉄砲の玉は，国内で産出する資源だけでも作ることができました。

イ．鉄砲に使う火薬は，国内で産出する資源だけでも作ることができました。

ウ．徳川家康は，外国から輸入した鉛で作った鉄砲の玉を，合戦で使っていました。

エ．この合戦で使われた鉄砲の玉には，国内産の鉛も，外国産の鉛も使われていました。

2－3　日清戦争に関する次の文章【F】を読んで，以下の設問に答えなさい。

【F】 開戦当時，日本国内では「(お)の改革・近代化を推進する日本と，(お)の近代化を妨げる清」との戦い，すなわち「文明と野蛮」の戦争であるという考え方が広まっていました。日本政府の宣戦布告の文書にも，「日本は(お)の独立のために戦う」と書かれていました。また戦争の契機は(お)での農民反乱で，主な戦場も(お)でした。戦争開始後，農民軍が再蜂起《ほうき》しましたが，日本軍はこれを鎮圧しました。

(9)下関条約によって日本に割譲されることになった(か)では，占領・統治のために派遣された日本軍に対して住民が蜂起し，１年近く戦闘が続きました。この戦闘で日本軍人は5,000人近くが戦病死し，(か)側も約14,000人が犠牲になりました。下関条約締結までの日清戦争における日本軍の戦病死者は約13,000人ですから，(か)での戦いは非常に大きな戦闘だったといえます。

問15　空欄(お)・(か)にあてはまる正しい語句を，次のア～カから一つずつ選び，記号で答えなさい。

ア．樺太　　　　　イ．琉球

ウ．満洲(満州)　　エ．台湾

オ．朝鮮　　　　　カ．千島列島

問16　下線部(9)に関連して，日清戦争の結果について述べた文として正しいものを，次のア～エから一つ選び，記号で答えなさい。

ア．日比谷焼き打ち事件が起こり，民衆が政治に参加するようになりました。

イ．莫大《ばくだい》な賠償金をもとにして八幡製鉄所が建設され，重工業が発展しました。

ウ．鹿鳴館が完成し，ヨーロッパの風習・慣習を採り入れる欧化政策が推進されました。

エ．日本は国際社会で地位を高め，戦後創設された国際連盟の常任理事国になりました。

2－4　2023年９月１日は，10万人以上の死者・行方不明者を出した関東大震災から，ちょうど百年目でした。次の文章【G】・【H】は，高校生が使用する教科書から，関東大震災に関する記述を抜き出したものです。これを読んで，下記の設問に答えなさい。

【G】 戦後にヨーロッパ各国がアジアへの輸出を再開したことにより，日本は(10)戦後恐慌にみまわれた。1923年に発生した関東大震災では，朝鮮や中国の人々を蔑視《べっし》する社会意識もあらわとなった。通説的な見解は定まっていないが，朝鮮人は数百人から数千人，中国人は数百人が虐殺されたと推定されている。

(東京書籍『詳解 歴史総合』)

【H】 東京周辺では地震発生直後から様々な流言が飛び交い，混乱を極めた。このころ東京には土木工事のため朝鮮人労働者が多数来ていた。震災の夕方以降，彼らが井戸に毒を投げ入れ，放火や強盗をしているなどという根拠のないうわさが流れ，軍隊や警察，各地で組織された自警団が，朝鮮人を殺害した。犠牲者は数百名以上とみられている。

(帝国書院『明解 歴史総合』)

問17　下線部(10)の時期の日本経済について述べた文として正しいものを，次のア～エから一つ選び，記号で答えなさい。

ア．日中戦争が長期化して生活必需品が不足し，砂糖やマッチが配給制になりました。

イ．日露戦争中は軍需品の生産が増加したため好景気になりましたが，戦後は需要が減って不況に陥《おちい》りました。

ウ．第一次世界大戦中はヨーロッパへの船舶の輸出が増加したため好景気になりましたが，戦後は需要が減って不況に陥りました。

エ．対華二十一か条の要求に反発して中国で日本商品ボイコット運動が起こったので，日本軍は満洲を占領して輸出を増やそうとしました。

問18　G・Hを読んで，3人の高校生が意見を出し合いました。3人のうち，下線部がG・Hを正しく読みとった発言，または歴史的事実に基づいた発言になっているのは誰ですか。正しいものを，下のア～クから一つ選び，記号で答えなさい。

城野「関東大震災の時の朝鮮人や中国人殺害は，犠牲者数まで正確に明らかになっているんだね。多くの人が，聞き取り調査や，文書の研究をしたのだろうね。」

北野「関東大震災の時の朝鮮人や中国人殺害の原因の一つに，根拠のないうわさが流されたことがあったのだね。2016年の熊本地震の時も，悪質な合成写真がSNSで拡散され，投稿者が逮捕される事件があったね。悪質なうわさに惑わされないことや，根拠のない情報を拡散しないことは，昔も今も変わらず重要だよね。」

高野「当時朝鮮半島は日本の植民地だったから，朝鮮出身者に対する差別や偏見があったことも背景にあると思うよ。現代でも，ヘイトスピーチによる被害が問題になることはあるよね。他民族への蔑視をなくすことは，現代にも通じる課題でもあるね。歴史から学べることはたくさんあるんだね。」

ア．城野君だけが正しい　　イ．城野君と北野君が正しい　　ウ．3人とも正しい
エ．北野君だけが正しい　　オ．北野君と高野君が正しい　　カ．3人とも誤り
キ．高野君だけが正しい　　ク．城野君と高野君が正しい

2－5　満洲事変に関する次の文章【I】と資料【J】を読んで，下記の設問に答えなさい。

【I】 1931年，(11)南満洲鉄道が，(12)奉天(現在の瀋陽)郊外の柳条湖で爆破されました。これは関東軍(日本陸軍が南満洲鉄道を守るために，中国に駐留していた部隊)の謀略だったことが現在は明らかになっていますが，当時関東軍は「中国軍が爆破した」と発表して中国軍と戦闘を始め，短期間で満洲全土を占領しました。国内の大部分の新聞は，軍部の発表をそのまま報道し，関東軍の軍事行動を全面的に支持しました。

【J】

1．東京日日新聞の記者による1986年の回想。「(満洲事変勃発直後)我々の記者クラブで関東軍の大尉が『実はあれは関東軍がやったんだ』とこっそり耳打ちしてくれました。」

2．事変勃発で満洲に派遣された大阪毎日新聞の記者は，帰国後，友人らにこう言った。「鉄道爆破は日本軍が自ら爆破し，中国側の行為だと言って中国の兵営を占領したのだ。」「満洲で中国人が日本人を圧迫しているのは事実。」「それを排撃するという意味で，日本軍の行動もやむをえないことだ。」

3．軍に批判的な記事を書いた新聞社(例．仙台市の河北《かほく》新報社，長野県の信濃毎日新聞)は，軍の威嚇《いかく》や脅迫《きょうはく》を受けた。

4．満洲事変の直前には，軍に批判的な記事を掲載した新聞に対して，国民のボイコット(不

買運動)が各地で起こっていた。

(『新聞と戦争』(朝日新聞社　2008年)から抜粋して，分かり易く書き直しています。
これは，朝日新聞社が戦前の報道を反省して出版した書籍です。)

問19　下線部(11)は日本の企業が中国で経営していた鉄道です。その理由として正しいものを，次のア～エから一つ選び，記号で答えなさい。

ア．日中戦争開始後，日本が中国東北部を占領したから。

イ．日清戦争後の下関条約で，中国の鉄道の経営権を譲られたから。

ウ．日露戦争後のポーツマス条約で，ロシアが中国に持っていた鉄道の一部の経営権を譲られたから。

エ．第一次世界大戦に参戦した日本が，ドイツが中国に持っていた鉄道の一部の経営権を譲られたから。

問20　下線部(12)の位置として正しいものを，右の地図中のア～オから一つ選び，記号で答えなさい。

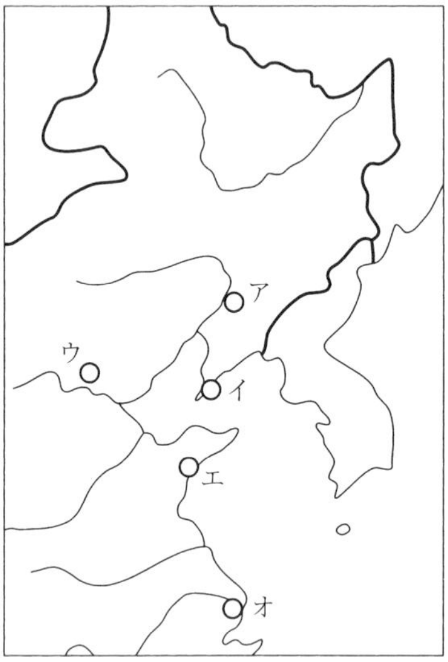

問21　Ｉ・Ｊから読みとれることを述べた文として，**誤っているもの**を，次のア～エから一つ選び，記号で答えなさい。

ア．多くの新聞・世論は関東軍の軍事行動に反対しましたが，軍部の威嚇により意見を封じられました。

イ．新聞社が関東軍の軍事行動を支持した背景には，中国に対する不満がありました。

ウ．関東軍の軍事行動を批判する記事を書くと，国民の不買運動を招く恐れがありました。

エ．新聞記者の一部は，関東軍の発表が真実でないことを知っていました。

3　次の文章【１】【２】を読んで，下記の設問に答えなさい。

【１】　2023年の夏休み明けに，中学３年生の城田くんと北山くんは夏休みに訪れた裁判所について先生と話しています。

城田「夏休みの社会の宿題に取り組むために，(1)裁判所に行って裁判を傍聴《ぼうちょう》してきました。裁判所に入るのは初めてだったので，すこし緊張しました。」

北山「僕も城田くんと一緒に行き，(2)刑事裁判を傍聴しました。法廷の中に入ると，傍聴席から向かって左手側に(　あ　)の方がすでに座っていました。証言台をはさんで対面に座っている(　い　)の方と向き合っていて，空気が張り詰めていました。」

先生「実際に刑事裁判を傍聴してみてどうでしたか？」

城田「ドラマのような白熱した討論というよりも，決められた手順にしたがって，淡々と進めている印象を受けました。(　あ　)の方が，裁判の冒頭で事件のいきさつや背景を読み上げていたので，どのような事件かがわかりました。」

北山「(　あ　)と(　い　)と裁判官の方を含めた三者で協力しながら裁判を進めているように見えました。」

先生「中でも被告人を裁く立場にある裁判官は重い責任を背負っていますよね。また，その責任を果たすために，(3)裁判官には憲法で地位が保障されていますね。」

北山「将来，自分も(4)裁判員として誰かを裁く立場になるのかもしれないと想像すると怖くなりました。自分にそんなことができるかな。」

城田「そのためにも公民の勉強を一生懸命して，少しでも準備をしないとね。２学期も一緒に頑張ろう！」

問１　文中の空欄（あ）・（い）にあてはまる正しい語句を，次のア～エから一つずつ選び，記号で答えなさい。

ア．被告人　　イ．裁判所書記官

ウ．検察官　　エ．弁護人

問２　下線部(1)に関連する，以下の設問に答えなさい。

［１］　裁判所の組織について述べた文として正しいものを，次のア～エから一つ選び，記号で答えなさい。

ア．日本国憲法では，皇室裁判所や軍法会議のような特定の身分の人だけを裁判する特別裁判所が置かれています。

イ．最高裁判所の裁判官は，長官を含めて15人の裁判官がいます。

ウ．下級裁判所の種類は，高等裁判所と地方裁判所と家庭裁判所の３種類です。

エ．裁判に関わる手続きや裁判所の中で行われる事務処理などについての規則は，国会が法律で定めます。

［２］　右の図は日本の国会，内閣，裁判所の三権の関係の一部について示したものです。図中の空欄（う）・（え）にあてはまるものを，次のア～エから一つずつ選び，記号で答えなさい。

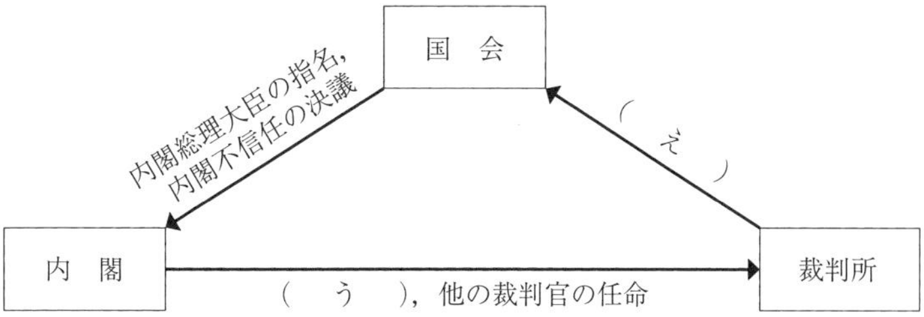

ア．衆議院の解散　　　イ．最高裁判所長官の指名

ウ．違憲立法の審査　　エ．弾劾裁判所の設置と実施

問３　下線部(2)に関連する次の文章を読み，空欄（お）・（か）にあてはまる語句を，それぞれ**漢字**で答えなさい。なお（※）は，解答する必要はありません。

城田くんと北山くんは地方裁判所の刑事裁判を傍聴しましたが，もし被告人が地方裁判所の判決に納得がいかない場合，高等裁判所に（ ※ ）することができます。さらに，高等裁判所の判決に納得がいかない場合，最高裁判所に（ お ）することができます。このように１つの事件につき，原則として三回まで裁判を受けられます。これを（ か ）制といいます。

問４　下線部(3)に関連して，裁判官の地位について述べた文として正しいものを，次のア～エから一つ選び，記号で答えなさい。

ア．すべての裁判官は，最高裁判所の指揮の下に裁判を行うこととされています。

イ．ある裁判官が司法への信頼をいちじるしく損なうことをした場合，最高裁判所の命令でやめさせることができます。

ウ．最高裁判所の裁判官は，国会の発議した国民投票において投票者の過半数がやめさせることに賛成した場合，裁判官をやめなければなりません。

エ．心身の故障によって職務を行うことができないと裁判で決定された裁判官は，裁判官をやめなければなりません。

問５　下線部(4)に関連する，以下の設問に答えなさい。

［１］　次の裁判員裁判について説明した文章の空欄（き）にあてはまるものを，次のア～エから一つ選び，記号で答えなさい。

裁判員裁判は，国民が（　　き　　）の第一審に参加し，被告人が有罪か無罪か，有罪ならどのような刑罰にするかを裁判官と一緒に決める制度です。裁判官と裁判員として選ばれた国民が，評議を通じて判決を決めます。

ア．軽微《けいび》な刑事事件

イ．軽微な民事事件

ウ．重大な刑事事件

エ．重大な民事事件

［２］　ある裁判員裁判の評議で，被告人の懲役《ちょうえき》刑の年数について，表１のように意見が分かれたとします。下の裁判員裁判の評議における多数決のルールについて説明した文１～文４を参考にして，この場合に被告人に下される懲役刑の年数として正しいものを，あとのア～エから一つ選び，記号で答えなさい。なお，評議には裁判官が３名，裁判員が６名の合計９名が参加しています。

表１	懲役７年	懲役６年	懲役５年	懲役４年
裁判官		１名		２名
裁判員	１名	２名	２名	１名

評議における多数決のルール

１．裁判員の意見は，裁判官と同じ重みを持ちます。 ２．多数決における数の数え方は，裁判官と裁判員の意見を，被告人に最も重い罰になる意見から順に数えていきます。 ３．最も重い罰になる意見が過半数に満たない場合は，その次に重い罰になる意見を順に加えていき，意見の数が過半数に達したところが結論になります。 ４．ただし，結論は意見が過半数に達するまでに，裁判官と裁判員の意見がそれぞれ１名以上の意見を含んでいる必要があります。

ア．懲役７年　　イ．懲役６年

ウ．懲役５年　　エ．懲役４年

【２】　次の人口減少と高齢化に関する問６～問８の設問に答えなさい。

問６　日本の人口はこれから急激に減っていき，2056年には１億人を割り込むと予測されています。さらに，人口に占める65歳以上の人の割合が増加していく高齢化も進行していきます。日本の人口減少と高齢化に関連する次の図１～図３を説明する文として正しいものを，下のア～エから一つ選び，記号で答えなさい。

図１　総人口の推移

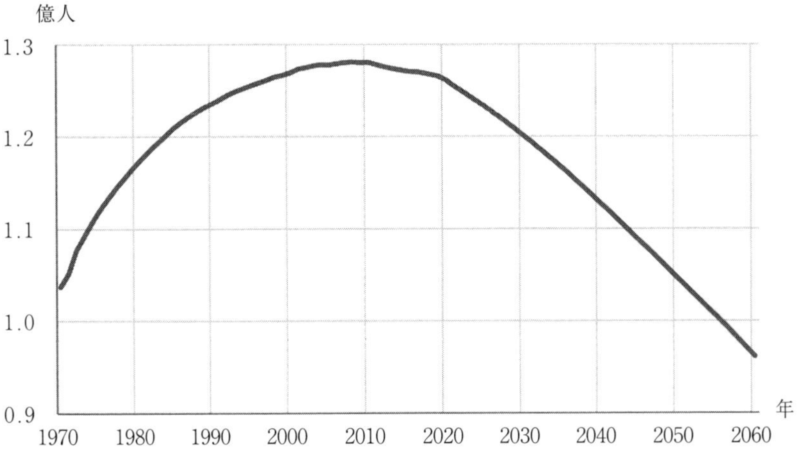

図２　高齢化率の推移

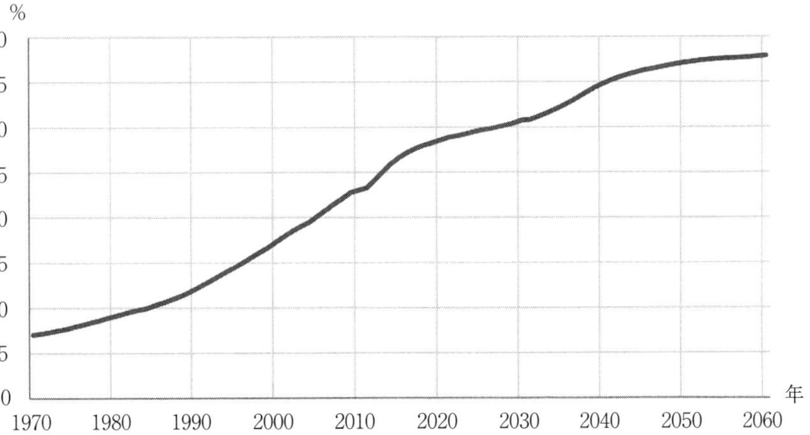

図３　出生総数(縦棒)と死亡総数(折れ線)の推移

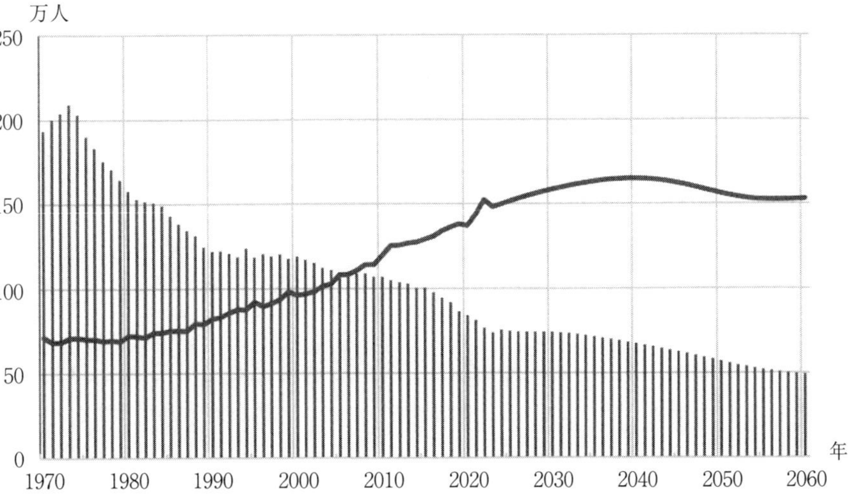

(国立社会保障・人口問題研究所『人口統計資料集（2023）改訂版』より作成
各図ともに2020年までは実績値，2021年からは推計値を使用しています。)

ア．死亡総数が増えている時期は総人口も減少し，死亡総数の増加が緩《ゆる》やかな時期は総人口の減少も緩やかになっています。

イ．2000年代には高齢化率が14％を超える高齢化社会になり，2030年代には高齢化率が30％を超える超高齢社会になっていることがわかります。

ウ．1980年代前半から2030年代の約50年の間，日本は総人口が1.2億人を超えていますが，その間に日本は高度経済成長を経験し，世界第二位の経済大国になりました。

エ．1970年代前半は出生総数に対して死亡総数は約３分の１でした。しかし，2060年になると死亡総数は出生総数の約３倍になる見込みで，両者の関係は逆転しています。

問７　人口と経済規模の関係は密接と考えられています。次に図中の７か国の人口と(注)名目GDPの関係を示した次の図を説明する文として正しいものを，下のア～エから一つ選び，記号で答えなさい。

図　人口(縦軸)と名目GDP(横軸)の関係

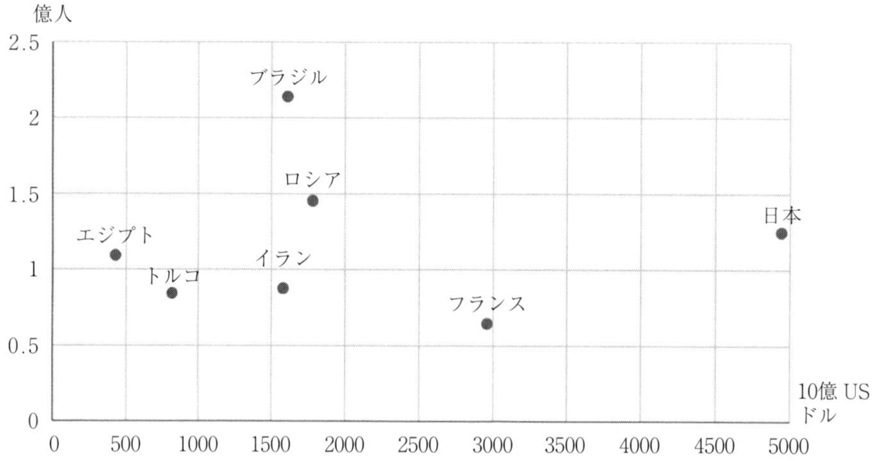

(United Nations, World Population Prospects 及び National Accounts より作成。2021年のデータを用いた。)

(注)　その国の経済の大きさを表した指標です。アメリカの通貨を用いて経済の大きさを測ったので，単位はUSドルになっています。

ア．図中の名目GDPが1000(10億USドル)を超える国は，すべて人口が１億人を超えており，人口に比例して経済も大きくなると推測されます。

イ．図中の地中海に面する国はすべて，人口が１億人に満たず，名目GDPも1000(10億USドル)に達していません。

ウ．図中のBRICSに含まれる国はすべて，人口が１億人を超え，同時に名目GDPは1500(10億USドル)を超えています。

エ．図中のG7に含まれる国はすべて，人口が１億人を超え，同時に名目GDPは1500(10億USドル)を超えています。

問８　すでに日本の一部では地域住民の減少と高齢化による過疎《かそ》化が生じており，地域社会を自分たちで運営することも難しくなっている地域があります。過疎化に対処するための様々な施策が進められており，その例として下のア～エがあります。これらの施策の中で，次のAとBを目指す施策として正しいものを，下のア～エから一つずつ選び，記号で答えなさい。

A．地域の外から移住して，住民になる「定住人口」を増やすことを目指す施策

B．様々な形で地域に関わる「関係人口」を増やすことを目指す施策

ア．徳島県神山町

古い民家を改築し設備を整え，IT 企業の本社から離れた小さなオフィスにして，毎日働ける場所を提供しました。

（神山町 HP より）

イ．富山県朝日町

車の相乗りサービスを始め，公共交通機関が通っていないところからも買い物や病院に行きやすくしました。

（朝日町 HP より）

ウ．福井県鯖江市

眼鏡フレームの国内製造の約96%を占めていることから，「めがねのまちさばえ」と名乗っています。

（鯖江市 HP より）

エ．奈良県明日香村

全国から田んぼや畑のオーナーを募《つの》って，出資してもらい，農作業体験や収穫物を提供する「あすかオーナー制度」を始めました。

（あすか夢耕社 HP より）

【理　科】〈第２回試験〉（40分）〈満点：70点〉

1　図１のように，力を矢印で表したときに，力が物体にはたらいている点を作用点といい，作用点を通って力の方向に引いた線を作用線といいます。ここでは「方向」と「向き」は別の意味で使うことにします。図２のように，左右に引いた直線上にある物体に力を加えるとき，力は同じ「方向」であるといいますが，直線上でも右向きと左向きの２つの向きがあります。この右向き左向きにあたるのが「向き」ということになります。

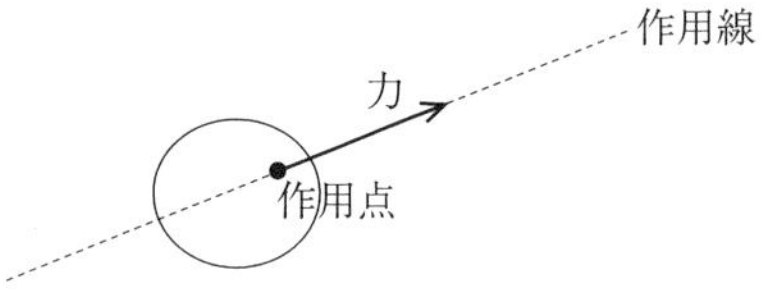

図１

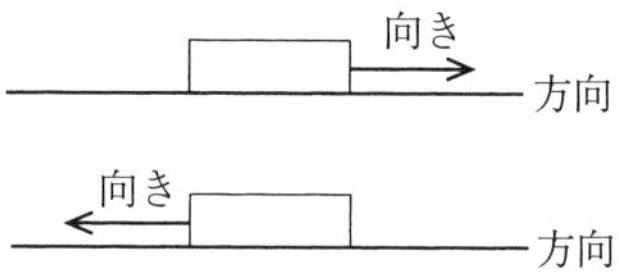

図２

Ｊ君とＫ君が「同じ力」とはどういう力なのかを，止まっている同じ物体に力を加えた例１～例４をもとにして，話し合っています。「同じ力」とは，物体にその力を加えたときに同じ動きになる力とします。例１～例４の力はすべて同じ大きさで，作用点は物体の中心か，物体の端《はし》の中点にあります。

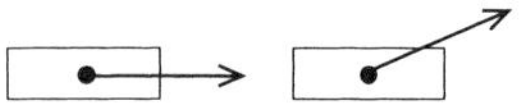
例１

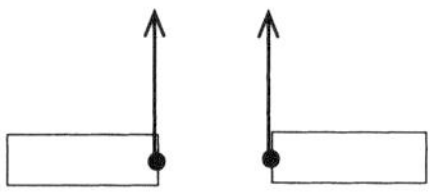
例２

例３

例４

Ｊ君　力の大きさが同じだったら同じ動きになるよね。当然，［ Ａ ］も同じにしないといけないね。

Ｋ君　でもそれだけだったら，例１のときには力の大きさも［ Ａ ］も同じ力なのに別の動きになるよ。［ Ｂ ］をそろえる必要があるよね。それに［ Ｃ ］も同じにしないと例３のように反対向きに動いてしまうよ。

Ｊ君　［ Ａ ］の場所が違っていても，例［ ① ］のときには同じ動きになるね。ということは［ Ａ ］の場所は関係ないんだ。

Ｋ君　でも例［ ② ］のときには，［ Ｂ ］と［ Ｃ ］も同じなのに違う動きになってしまうよ。［ Ａ ］が同じじゃないからかな。

Ｊ君　例［ ① ］では同じで，例［ ② ］では違っている条件を考えればいいわけだ。どちらも力の［ Ｂ ］と［ Ｃ ］は同じだけど，例［ ② ］では［ Ｄ ］は同じじゃないね。

Ｋ君　ということは，［ Ｄ ］が同じだったらいいということになるんだ。もちろん力の大きさは同じじゃないといけないけどね。

Ｊ君　まとめると，「同じ力」というのは，大きさだけでなく，［ Ｄ ］と［ Ｃ ］が同じ力ということになるんだね。［ Ａ ］は同じでなくてもいいんだ。

問１　[A]～[D]に当てはまる語句をそれぞれア～エから１つ選び，記号で答えなさい。

ア．作用点　　イ．作用線　　ウ．方向　　エ．向き

問２　[①]と[②]に当てはまる数字をそれぞれ答えなさい。

問3　例1～例4の中で，「同じ力」といえるのはどの例ですか。当てはまるものを例1～例4の中からすべて選び，数字で答えなさい。

問4　止まっている物体に力を加えるとき，ここでいう「同じ力」ではないのに2つの物体が同じ動きになる場合はどれですか。当てはまるものをつぎのア～エからすべて選び，記号で答えなさい。物体に直接に力を加える場合は物体の端の中点に加え，物体にひもをつけてひもの端を引く場合は，物体の端の中点にひもをつけているものとします。ただし，加える力はすべて同じ大きさです。

ア
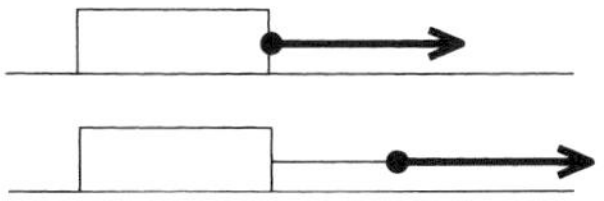

左図のように，力を物体に直接に加えて右向きに引いた場合と，物体にひもをつけて，その端を右向きに引いた場合。力の方向は同じものとします。

イ
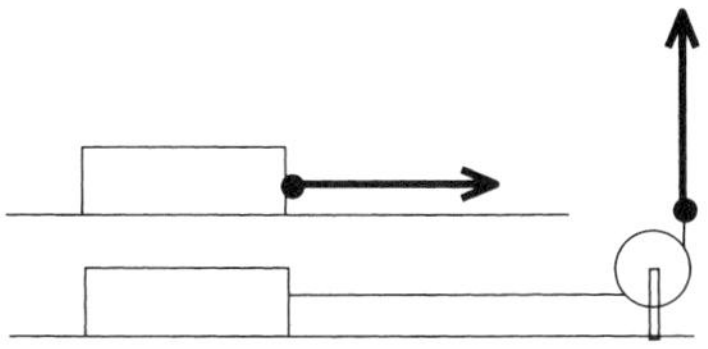

左図のように，力を物体に直接に加えて右向きに引いた場合と，物体にひもをつけて，その端を定かっ車を通して上向きに引いた場合。物体に直接に加えた力と，物体と定かっ車のあいだのひもは同じ方向とします。

ウ
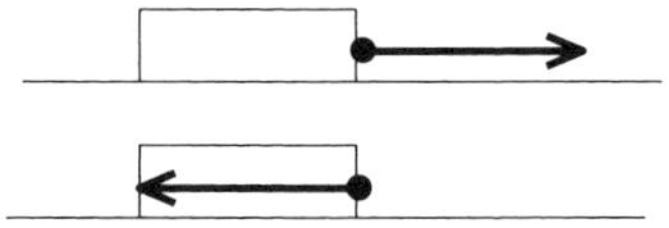

左図のように力を物体に直接に加えて右向きに引いたり，左向きに押したりしても物体が動かなかった場合。どちらの力も同じ方向にあるものとします。

エ
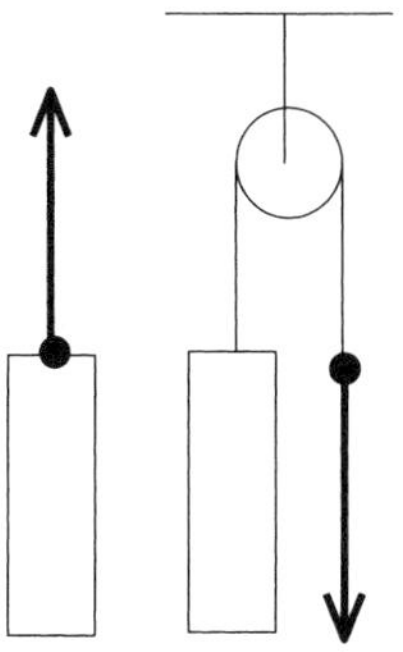

左図のように，力を物体に直接に加えて上向きに引いた場合と，物体にひもをつけて，このひもを定かっ車を通して下向きに引いた場合。

2　磁石《じしゃく》とばね，鉄心《てっしん》に巻いたコイルを使って図1のように電流計を作りました。つぎの文章はその仕組みを説明したものです。以下の問いに答えなさい。磁石と床の間のまさつは考えなくてよいものとします。

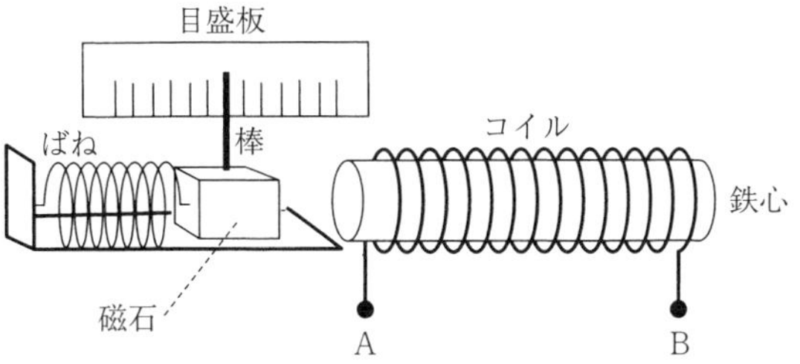

図1

鉄心に巻いたコイルに電流を流すと，コイルが電磁石となって左側にある磁石に磁《じ》力《りょく》がはたらくため，磁石が左右に動きます。磁石はばねにつながっていて，ばねは壁に固定されているため，磁石にはたらいた磁力に合わせてばねが伸《の》びたり縮《ちぢ》んだりします。磁石に軽い棒《ぼう》をつけて，その後ろに目盛《めもり》を書いた紙を床に固定しておけば，コイルに流れた電流の大きさに合わせて磁力が強くなり，磁石が動く距離《きょり》も大きくなります。このとき棒の位置にある目盛を読み取れば，電流の大きさをはかることができます。ただし，同じ大きさの電流をコイルに流したときに，電磁石と磁石の距離が変化しても，磁石が受ける磁力の大きさは変化しないものとします。

図２のように，電球に流れる電流をはかるため，電流計をつなぎました。スイッチを入れたら，磁石は図１から右向きに２目盛だけ動きました。

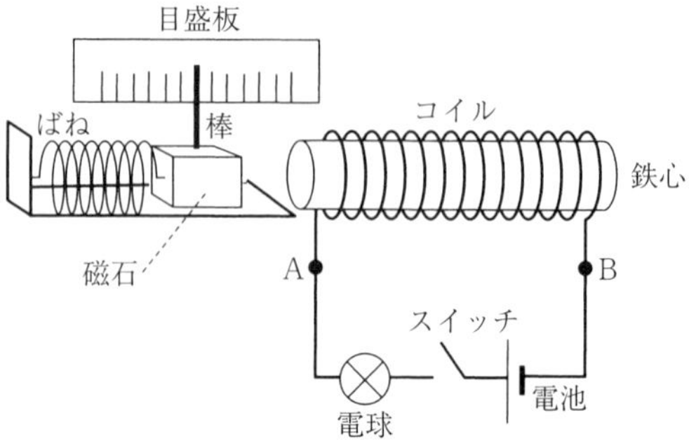

図２

問１　この電流計の磁石の右側はＮ極ですか，Ｓ極ですか。

問２　図２で，コイルに流れる電流と，コイルに発生する磁力の関係は図３のようになります。また，ばねにはたらく力とばねの伸びの関係は図４のようになります。コイルに流れる電流と図１から棒が右に動いた分の目盛との関係を表すグラフはどのようになりますか。つぎのア～キから１つ選び，記号で答えなさい。

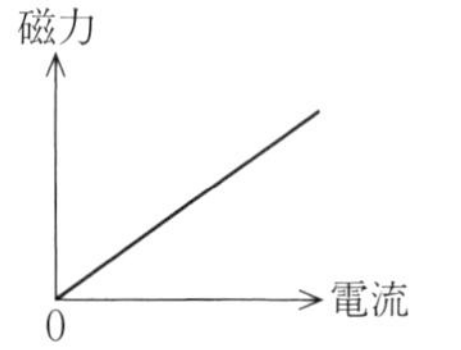

図３

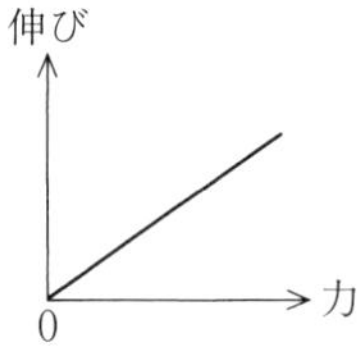

図４

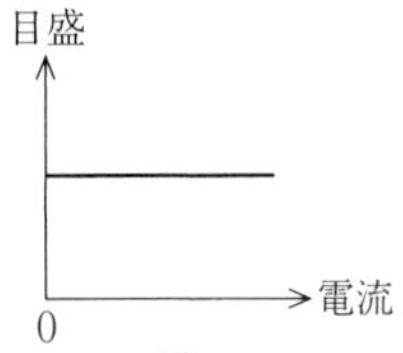

ア

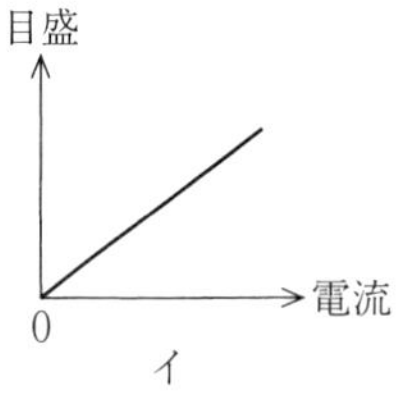

イ

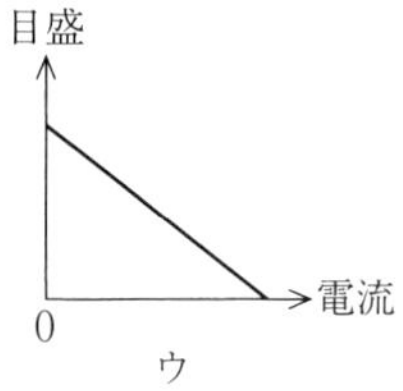

ウ

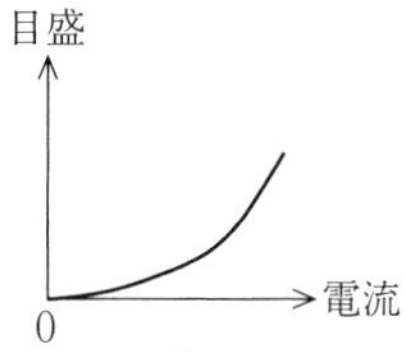

エ

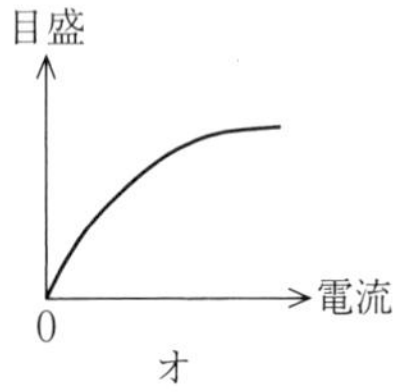

オ

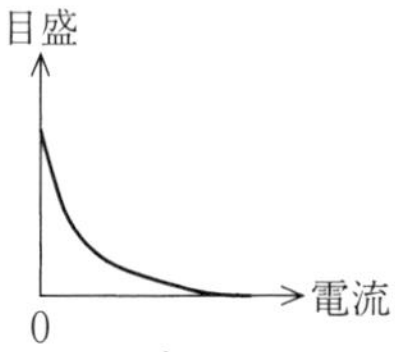

カ

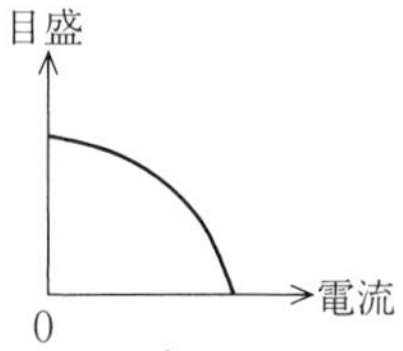

キ

問３　つぎの(1)～(3)の回路について，Ｃ点を電流計のＡ点に，Ｄ点をＢ点につないだとき，図１から棒が動いた分の目盛はどうなりますか。電池と電球はすべて同じものです。それぞれア～クから１つずつ選び，記号で答えなさい。同じ記号を何回使ってもよいものとします。

(1)

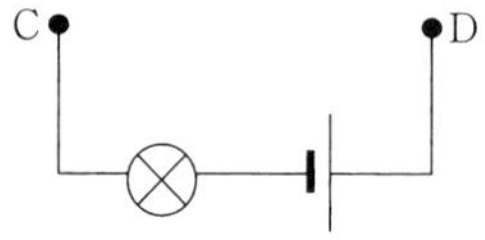

(2)

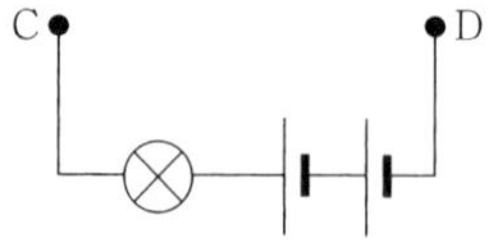

(3)

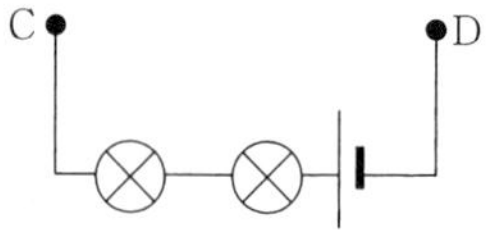

ア．右向きに１目盛　　イ．右向きに２目盛
ウ．右向きに３目盛　　エ．右向きに４目盛
オ．左向きに１目盛　　カ．左向きに２目盛
キ．左向きに３目盛　　ク．左向きに４目盛

3　つぎの実験についての説明を読んで，下の問いに答えなさい。

【実験１】　ある濃度の塩酸2.5ｇにBTB溶液《ようえき》を数滴《すうてき》加えました。この溶液に１％水酸化ナトリウム水溶液を少しずつ加えていくと，20ｇ加えたときに溶液の色が緑色に変わりました。(A)この溶液５ｇを［ ① ］にとり，加熱して水をすべて蒸発《じょうはつ》させたところ，［ ② ］が0.065ｇ残りました。

【実験２】　【実験１】と同じ濃度の塩酸12.5ｇに石灰石の粉を加えると，［ ③ ］の気体が発生しました。この塩酸12.5ｇに加える石灰石の粉の重さと発生した気体の体積の関係を調べたところ，下の表のようになりました。

石灰石の粉の重さ	0.5g	1.0g	1.5g	2.0g
発生した気体の体積	0.12L	0.24L	0.3L	0.3L

【実験３】　【実験１】と同じ濃度の塩酸10ｇに１％水酸化ナトリウム水溶液を20ｇ加えました。この溶液に石灰石の粉を0.25ｇ加えたところ，同じように(B)［ ③ ］の気体が発生しました。この溶液にBTB溶液を数滴加えたあと，(C)２％水酸化ナトリウム水溶液を少しずつ加えると，溶液は緑色になりました。

問１　［①］～［③］に入ることばを答えなさい。ただし，［①］は適する実験器具の名まえを，［②］と［③］はものの名まえを答えなさい。

問２　下線部(A)の溶液には［②］が何％含まれていますか。ただし，答えが割り切れないときは，小数第２位を四捨五入して小数第１位まで求めなさい。

問３　【実験２】について，加えた石灰石の粉の重さと発生した気体の体積の関係を表すグラフを解答らんにかきなさい。グラフをかくときには，定規《じょうぎ》を使いなさい。

問４　【実験１】と同じ濃度の塩酸10ｇに石灰石の粉を0.5ｇ加えたときに発生する気体の体積は何Ｌですか。ただし，答えが割り切れないときは，小数第３位を四捨五入して小数第２位まで求めなさい。

問５　下線部(B)について，発生する気体の体積は何Ｌですか。ただし，答えが割り切れないときは，小数第３位を四捨五入して小数第２位まで求めなさい。

問６　下線部(C)について，加えた２％水酸化ナトリウム水溶液は何ｇですか。ただし，答えが割り切れないときは，小数第１位を四捨五入して整数で求めなさい。

4　植物は，葉で［ ① ］を行うことでデンプンなどの栄養分をつくります。葉でつくられた栄養分は［ ② ］を通って植物全体に行きわたります。また，根を土の中に張りめぐらせ，水や肥料を吸収しています。植物を(A)種子から育てるとき，多めに種子をまき，ある程度育ったあとに，育ちが悪い植物を取り除きます。これは植物に光や水，肥料をじゅうぶんに行きわたらせるためで，この育ちの悪い植物を取り除く作業を「間引《まび》き」といいます。

問１　［①］，［②］にあてはまることばを答えなさい。

問２　下線部(A)について，つぎの問いに答えなさい。

(1)　ダイズの種子では，植物が発芽し，［①］を行うまでの栄養分は，どの部分にたくわえられていますか。その部分の名まえを答えなさい。

(2)　ダイズの種子と同じ部分に栄養分がたくわえられている種子を，つぎのア～カからすべて選び，記号で答えなさい。

ア．アサガオ　　イ．オオバコ　　ウ．ホウセンカ

エ．タンポポ　　オ．ヘチマ　　カ．トウモロコシ

問３　図１のように，１m^2の枠《わく》Ａ～枠Ｃを用意し，枠Ａには10個，枠Ｂには50個，枠Ｃには100個のある植物の種子をまき，120日間育てる実験を行いました。図２のグラフは，横軸《じく》は「種子をまいてからの日数」，たて軸は「枠の中にある植物すべての重さ」をそれぞれ表したものです。ただし，光や水，土にふくまれる肥料はどの条件でも同じであり，まいた種子はすべて発芽し，120日目まですべて成長したものとします。また，枠の中にある植物すべての重さには種子の重さもふくみます。

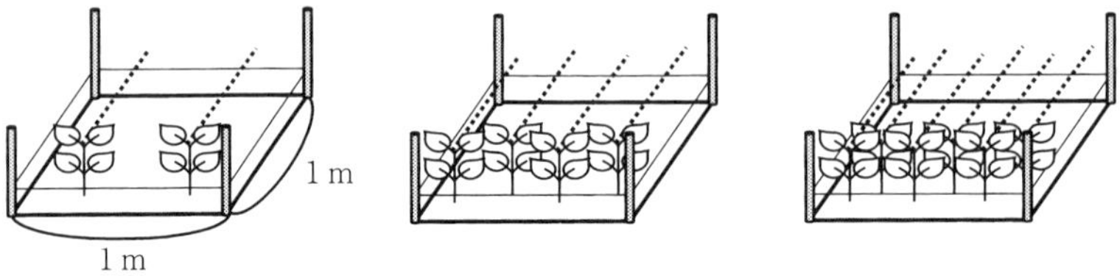

枠Ａ　10本　　枠Ｂ　50本　　枠Ｃ　100本

図１

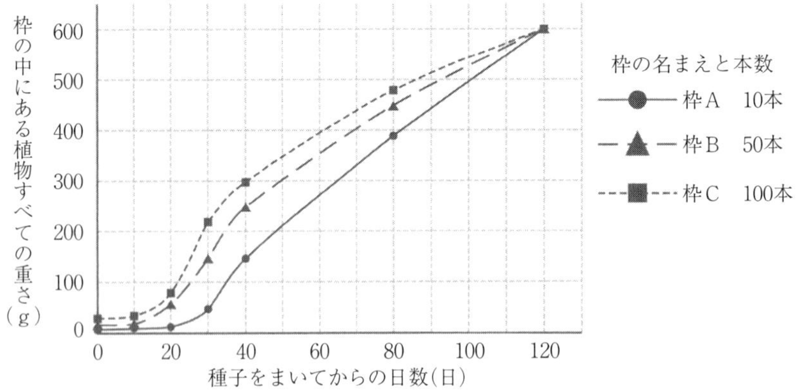

図２

(1)　種子をまいてから120日目では，枠Ａ～枠Ｃそれぞれにある植物１本あたりの重さは，それぞれ何ｇですか。ただし，割り切れないときは小数第１位を四捨五入して整数で求めなさい。

(2)　この実験から考えられることとして正しいものを，つぎのア～キからすべて選び，記号で答えなさい。

ア．30日目では，枠の中にある植物すべての重さは，枠Ａがもっとも重い。

イ．60日目では，枠の中にある植物すべての重さは，枠Ｂがもっとも重い。

ウ．120日目では，枠の中にある植物１本あたりの重さは，枠Ａがもっとも重い。

エ．120日目では，枠の中にある植物１本あたりの重さは，枠Ｃがもっとも重い。

オ．枠の中にある植物すべての重さが100ｇをこえるのがもっとも早いのは，枠Ｃである。

カ．枠の中にある植物の本数が多いほど，枠の中にある植物１本あたりが得られる光や水，土にふくまれる肥料は多くなる。

キ．枠の中にある植物の本数が少ないほど，枠の中にある植物１本あたりが得られる光や水，土にふくまれる肥料は多くなる。

5　国立研究開発法人の宇宙航空研究開発機構(JAXA《ジャクサ》)は，2024年度に深《しん》宇宙《うちゅう》探査《たんさ》技術《ぎじゅつ》実証機《じっしょうき》DESTINY《ディスティニー》＋《プラス》の打ち上げを計画しています。DESTINY＋は，いくつかの目的のために打ち上げられますが，その目的の１つに小惑星《しょうわくせい》ファエトンの調査があります。小惑星とは，惑星と同じように太陽の周りを公転し，惑星にくらべてとても小さな天体です。小惑星の多くは火星と木星のあいだを公転しています。小惑星ファエトンは，かつては彗星《すいせい》でした。ファエトンが彗星だったとき，ファエトンが通った場所には，ファエトンからちりなどがばらまかれました。そして，それが現在でも宇宙をただよっています。このちりの中を地球が通過するときに，ちりは地球の大気にぶつかって燃えて光ります。その光を，私たちはたくさんの流れ星として観測することができます。これが，現在ふたご座流星群《りゅうせいぐん》と呼ばれているものです。つまり小惑星ファエトンは，ふたご座流星群の生みの親なのです。

問１　小惑星の多くは，地球とほぼ同じ時期に誕生したと考えられています。地球が誕生してから，海ができるまでの地球のようすを説明したものとして正しいものを，つぎのア～オから１つ選び，記号で答えなさい。

ア．オゾン層がつくられた。

イ．表面の鉄分がさびて，地球全体が赤くなった。

ウ．キョウリュウの絶滅《ぜつめつ》があった。

エ．水素の大気がつくられた。

オ．地球の表面にマグマの海ができた。

問２　小惑星ファエトンは，遠い未来に地球の近くを通過すると予想されていて，地球にぶつかるかもしれない小惑星としても知られています。小惑星がぶつかると，クレーターができることがありますが，地球の表面には，月とくらべてクレーターが多くありません。その理由として**まちがっている**ものを，つぎのア～オから１つ選び，記号で答えなさい。

ア．地球は大きな磁石のように磁力があるから

イ．地球は植物が生えているから

ウ．地球には水があるから

エ．地球には活火山があるから

オ．地球にはプレートの動きがあるから

問３　図１は，ある彗星が太陽の周りを公転するときのようすを表しています。この彗星がつくるガスの尾の向きを表した図として正しいものを，つぎのア～エから１つ選び，記号で答えなさい。ただし，矢印は彗星の公転の向きを表していて， は彗星がつくるガスの尾を表しています。

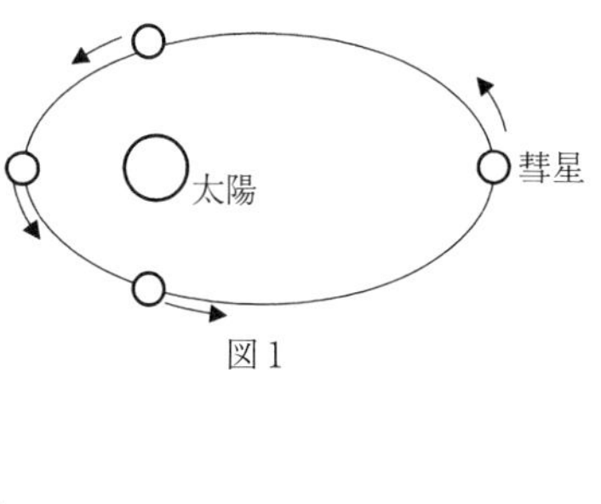

図１

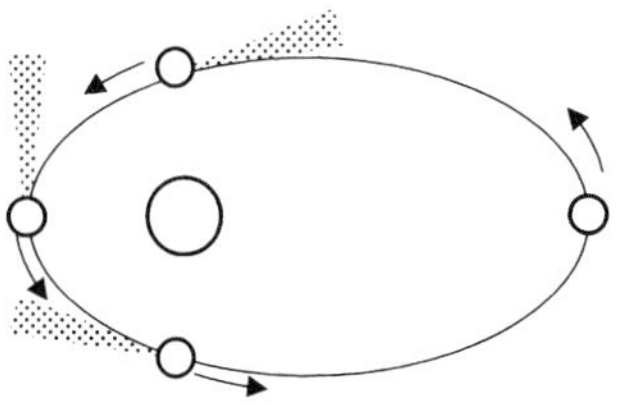
ア

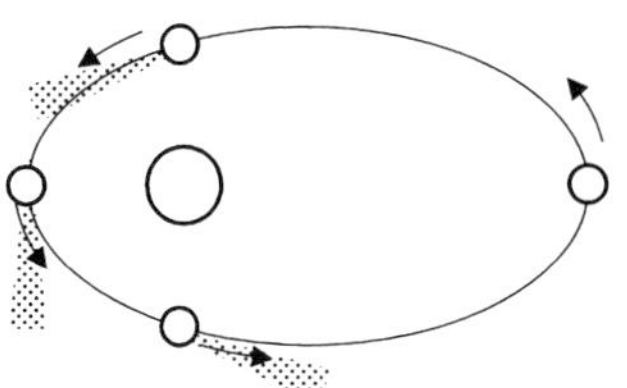
イ

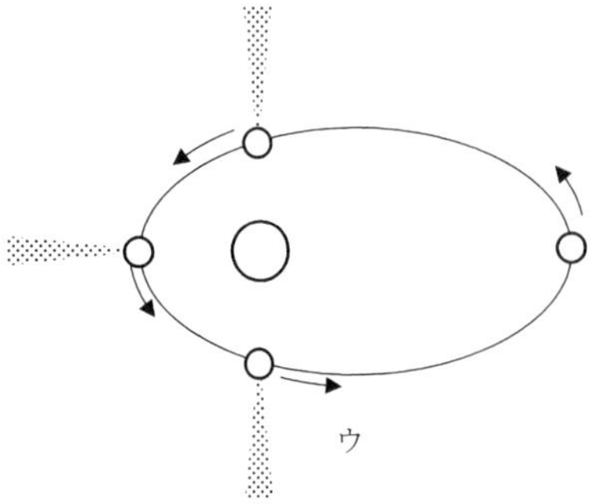

ウ

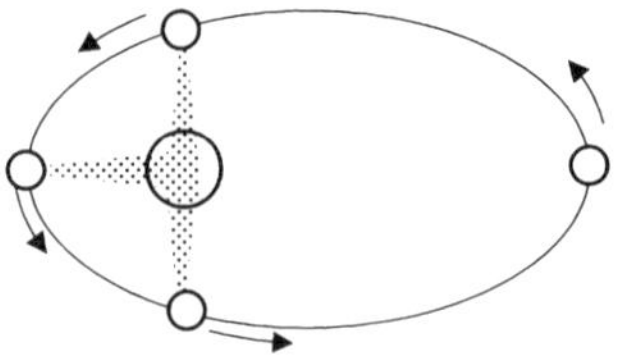

エ

今年は，12月14日にもっとも多くのふたご座流星群が流れる予定です。この日は，冬至の一週間前なので夜が長く，長い時間で観測を楽しむことができます。ただし，満月の前日のため月明かりがまぶしく，流星群を見つけにくいかもしれません。図２は，太陽と地球と黄道十二星座の位置をしめし，北極側から地球をみたものです。ただし，太陽，地球，黄道十二星座の間の距離や大きさは，正しく表されていません。

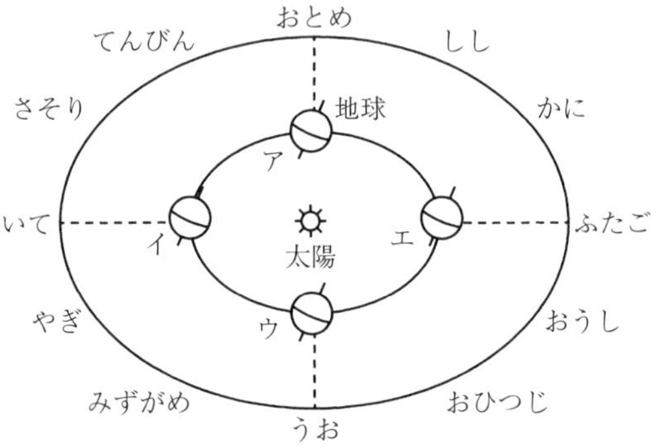

図２

問４　日本が冬至となる位置は，図２のア～エのうちどれですか。もっとも近いものをア～エから１つ選び，記号で答えなさい。

問５　図３は，今年の12月14日の地球と太陽の位置を表しています。この日，１日中ふたご座を見ることができない地球上の場所は，図３の中のどこですか。図３のア～オから１つ選び，記号で答えなさい。

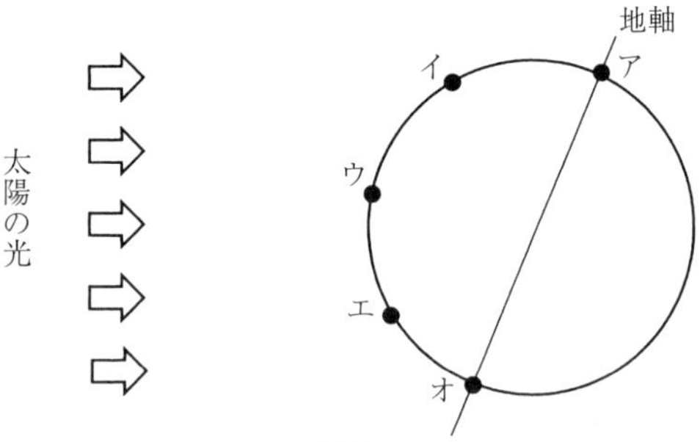

図３

問６　ふたご座流星群は，ふたご座から流れてくるように見えます。今年の12月14日に，ふたご座が南中する時間はいつごろですか。もっとも近いものを，つぎのア～オから１つ選び，記号で答えなさい。

ア．日の出ごろ　　　イ．日の入りごろ

ウ．正午　　　　　　エ．真夜中

オ．１日中南中している

問７　今年の12月14日の月の位置として，もっとも近いものを，図４のア～クから１つ選び，記号で答えなさい。ただし，地球と月と太陽間の距離は，正しく表されていません。また，月が公転する向きは，矢印の向きとします。

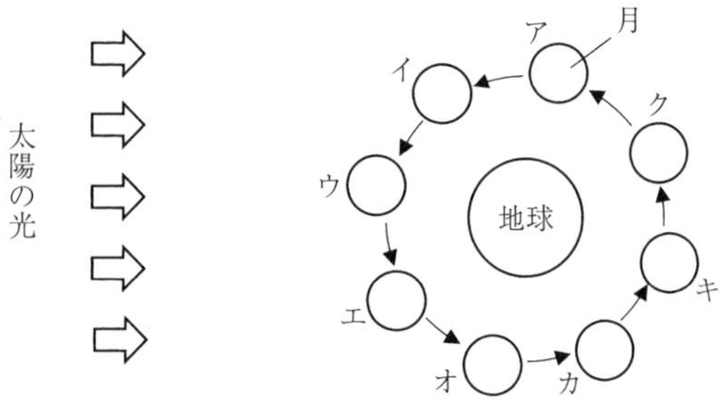

図４

子に投影しているだけだと気づき、凪斗がこの街で健《すこ》やかに暮らす道を考えてみたいと思ったから。

イ　凪斗には都会の小学校で質の良い教育を受けて欲しいと思っていたけれども、凪斗が自分たちのパン屋を継ぎたいと本気で考えてくれていることに感動し、この街で自分たちのできることをしていきたいと思ったから。

ウ　凪斗には小学校で嫌な思いをして欲しくないと思って受験を検討していたが、それは山間部の小学校で窮屈《きゅうくつ》さを感じながら過ごした自分のエゴだと分かり、海沿いの開放感あふれるこの街でなら大丈夫《だいじょうぶ》だと思えたから。

エ　小学校受験が凪斗のためになると信じていたけれども、それは地元の小学校で嫌な経験をしたという自分の過去がもたらしたエゴにすぎず、今の保育園を楽しんでいる凪斗にとって受験は間違《まちが》いだと思い直したから。

問11　――⑨「今度父親に会ったら、もう少し当時のことや今の育児の話を聞いてみようと思った」とありますが、父に対してこのように思ったのはなぜですか。80字以内で説明しなさい。

二

次の――線部のカタカナを、漢字に直しなさい。

1　末はハカセか大臣かと評判の子であった。
2　彼にはどうも僕を買いかぶっているフシがある。
3　初詣《はつもうで》に行っておフダをもらってくる。
4　ようやく薬がキいて痛みが引いてきた。
5　週末にジョウキ機関車を見に行った。
6　かつて織物業は国のキカン産業であった。
7　失敗にくじけず、ゼンゴ策を講じた方がよい。
8　祖父との思い出を心にトめる。
9　未経験者にモンコを広げようとつとめる。
10　若手に重要な役割を与えたのはエイダンだった。

イ　自分たちが開業したパン屋の様子を見に来たといいながらも、新しい家族の話ばかりでこちらの近況に興味を示さない父に苛《いら》立《だ》っている。

ウ　自分たちを捨てて新たな家族を作ったうえに、その子育ての面白《おもしろ》さを息子である自分に語りかけてくる父に強い拒絶感《きょぜつかん》を覚えている。

エ　まるで友達に子育ての面白さを語るような口ぶりの父を前にして、自分と父とが赤の他人になってしまったのだと寂《さび》しく思っている。

問4　――③「後部座席がガタガタと揺れる」とありますが、この表現からは**誰《だれ》の、どのような気持ち**が読みとれますか。30字以内で説明しなさい。

問5　――④「なんだか呪いにでもかかった気分だ」とありますが、ここでの「呪い」とはどのようなことについて述べたものですか。その説明として最もふさわしいものを次の中から選び、記号で答えなさい。

ア　息子には自分の仕事を継《つ》いで欲《ほ》しくないのに、彼《かれ》がその気だと知って未来への不安が生まれたこと。

イ　息子が粘土でパンを作ったことを無邪気《むじゃき》に報告してくれたのに、親として素直《すなお》に喜べなかったこと。

ウ　粘土工作という年相応の遊びを楽しむ息子に対して、もっと勉強して欲しいと考えてしまうこと。

エ　パンを作る仕事を楽しそうだと思ってくれる息子を前にすると、仕事を辞《や》める決心が鈍《にぶ》ったこと。

問6　――⑤「当時から溶けることのなかった氷が、ようやくじわじわと熱を持って心から流れていく感覚」とありますが、これはどのような気持ちであったと後から「僕」は解釈《かいしゃく》していますか。本文を最後まで読んだうえで、60字以内で説明しなさい。

問7　――⑥「体の内側で、何かが凍るような感覚が静かに生まれる」とありますが、この時の「僕」の様子を説明したものとして最もふさわしいものを次の中から選び、記号で答えなさい。

ア　自分のことを捨てた父ともう二度と会うことはないと思っていたのに、父の娘と同じ名前が呼ばれるのを聞いたことで、父と再会しかねないと焦《あせ》っている様子。

イ　渚という名前から父とその家族が同じ店を訪《おとず》れていることを予感して、凪斗と仲良く過ごす姿を先日大喧嘩《おおげんか》した父に見られてしまうと肝《きも》を冷やしている様子。

ウ　渚という父の新しい娘が楽しそうに店を駆《か》け回《まわ》る姿を見ていると、父にないがしろにされ続けた自分の過去が思い出され、彼女《かのじょ》への嫉妬《しっと》が高まっている様子。

エ　凪斗と過ごす時間を満喫《まんきつ》していたのに、父とその新しい家族が近くにいるかもしれないと疑念が生じたことで、父にまつわる負の感情が蘇ってきている様子。

問8　――⑦「家族、楽しそうでいいね」とありますが、この時「僕」が父に対して抱《いだ》いているのはどのような気持ちですか。60字以内で説明しなさい。

問9　本文中の［X］に当てはまる言葉を本文中より5字以内で探し、抜《ぬ》き出《だ》して答えなさい。

問10　――⑧「凪斗の小学校受験の話だけどさ、やっぱり、一旦白紙にしてくれる？」とありますが、このように千沙登が述べたのはなぜですか。その説明として最もふさわしいものを次の中から選び、記号で答えなさい。

ア　凪斗の将来の可能性を広げてあげようと思って小学校受験を提案していたが、それは辛《つら》かった自分の小学校時代の経験を息コーヒーマシンの電源を入れると、ガビガビと大きな音を立てる。準備が整うまでお皿でも洗おうとしたところで、千沙登が言った。

「⑧凪斗の小学校受験の話だけどさ、やっぱり、一旦《いったん》白紙にしてくれる?」

「え、どうして?」

キッチンに立った僕の隣に来ると、千沙登は空になったコーヒーカップを静かにシンクに置いた。

「もしかしたら、それも私の過去がもたらしてるエゴだったかもなあって。私、小学校が嫌で嫌でしょうがなくて。この同級生たちがこれからもずっと付き纏《まと》うんだって思ったら、耐《た》えられなかったんだよね」

スポンジを泡立《あわだ》てながら、千沙登の地元の空気を思い出す。山に囲まれた街は、確かに閉塞感《へいそくかん》を覚える瞬間があったかもしれない。

「何が正解かはわからないけど、凪斗は凪斗で、今があんなに機嫌よく優しい子に育ってるなら、そのままで楽しくいられるように、まずはこの街でできることからやってみようかなって思ったの」

千沙登のコーヒーカップをスポンジで擦《こす》る。泡《あわ》がカップを包んで、洗剤《せんざい》の匂《にお》いがツンと鼻に染《し》みた。千沙登は別のマグカップを取り出して、僕のぶんのコーヒーを淹《い》れようとしてくれている。

子供のため、と思っても、必ずどこかに自分の偏《かたよ》った考えが混じる。どの選択肢《せんたくし》が正しいかもわからないけれど、ただ凪斗が楽しく生きられる道を探して、試行錯誤《しこうさくご》していくしかない。暗中模索《あんちゅうもさく》の旅だけれど、きっと僕らもそうした道の先で、今に至っているわけだ。

淹れたてのコーヒーの匂いが広がる。

「子育てって、おもしろいね」と、千沙登が言った。

僕は本当だねと返して、⑨今度父親に会ったら、もう少し当時のことや今の育児の話を聞いてみようと思った。

(カツセマサヒコ「氷塊《ひょうかい》、溶《と》けて流れる」より)

注1 「フェイスブック」…SNSの一つ。オンライン上で近況《きんきょう》や情報のやりとりを行う。

注2 「デキ婚」…子供を授《さず》かったことをきっかけとして結婚《けっこん》に至ること。

注3 「何発のゲンコツを浴びてきたと思ってる」…かつての父は家族らしいことを一切《いっさい》せず、事あるごとに「僕」に手をあげる偏屈《へんくつ》な人物だった。

注4 「メタバース」…インターネット上の仮想空間で、そこでは現実の制約を超《こ》えて交流することができる。

注5 「自分の両親が〜取り除いてあげたくて」…以前、田舎《いなか》で育つとそのままその土地の価値観や仕事に縛《しば》られてしまうと心配する千沙登から小学校受験を提案されていた。

注6 「エゴ」…自分の都合や欲求。

問1 本文中のⓐ・ⓑに当てはまる言葉として最もふさわしいものを下の中からそれぞれ選び、記号で答えなさい。

ⓐ ア 息を呑《の》んだ　イ 眉《まゆ》をひそめた
　ウ 頬《ほお》を膨《ふく》らませた　エ 声を弾《はず》ませた

ⓑ ア 腑《ふ》に落ちて　イ 鼻について
　ウ 目を奪《うば》って　エ 胸にせまって

問2 ——①「なんだそれ」とありますが、この時の「僕」の気持ちを35字以内で説明しなさい。

問3 ——②「パパ友みたいなこと、捨てた息子に言うんじゃねえよ」とありますが、この時の「僕」の気持ちを説明したものとして最もふさわしいものを次の中から選び、記号で答えなさい。

ア 母はただでさえ離婚によって深く傷ついているのに、父に新たな家族や娘《むすめ》がいると知ったらさらに傷つくのではないかと心配している。

それから、僕も凪斗も後ろを振《ふ》り向《む》くことはなかった。

「まあ、親っていつだって、勝手なもんだよね」

千沙登がホットコーヒーを口に近づけながら言った。お風呂《ふろ》上がりの髪《かみ》はまだ僅《わず》かに濡《ぬ》れていて、その前髪《まえがみ》から、砂場で遊ぶ凪斗の濡れた髪を思い出した。

「もちろん、子は子で勝手なもんだけどさ」

自分で言って、納得する。そうだ。こっちだって三十を過ぎたくせに、いまだに親に難癖《なんくせ》つけてるだなんて、随分《ずいぶん》とガキみたいなことをしている。親は親、子は子。それぞれ役割をこなしているだけであって、結局はただの人間なのだから、完璧《かんぺき》なわけじゃない。

「でも、今日のそれは、怒《おこ》っていいよ。怒らなきゃダメだったよ」

「そうかな」

「うん。お義父《とう》さんも、きっと怒ってもらいたかったんだと思う」

「じゃあ、怒らなきゃよかったなあ」

ふふふ、と千沙登が静かに笑う。二人だけのこの時間の笑いの種のひとつになったなら、まあまだマシか、とも思える。

「僕さ、子供ん頃《ころ》、ファミレス連れてってもらえなかったじゃん」

「うんうん、よくその話してるよね」

「そう。それで今日も、凪斗がお子様セットを頼んでさ、好きなおもちゃ選んでるときに、ああ今、自分がやってもらいたかったことを実現してんだなあって思って」

「うんうん、わかる」

「でしょ？ 子供の頃は叶えてもらえなかったけど、大人になって、それを子供にしてあげられたときにね、自分の中で、何か救われた感じがあるんだよ。未来の自分が、過去の自分を救いにきたみたいにさ」

僕はファミレスで凪斗の頭を撫でたときの感覚を思い出していた。あの時の、心が溶けるような気持ち。子を持つことを不安に思っていた時期もあるけれど、なんだかあの瞬間《しゅんかん》、本当の意味で報《むく》われた気がしたのだった。

「結局、私たちはそういうエゴで、子供を育ててるのかもしれないね」

コーヒーカップを両手で包みながら、千沙登は言った。

「凪斗のためと思って行動していても、実はどこかで『過去の自分が憧れたこと』を優先して子に押《お》し付《つ》けている可能性があるわけじゃん。その憧れは凪斗の憧れではないかもしれないし、凪斗の成長においてそもそも不必要なものなのかもしれない。答え合わせはできないけど、きっと全《すべ》ての親はさ、純度百パーセントで目の前の子供を想《おも》うことなんかできなくて、どこかに過去の自分を、投影《とうえい》しちゃってるんだろうね」

もしくは、一人目の子育ての後悔《こうかい》を、二人目、三人目の時に X のように拭《ぬぐ》う、か。

父さんは、一体どんな気持ちで日々を生きているのだろうか。渚ちゃんのお世話をしているとき、頭の中に僕のことが浮かんだりしているのだろうか。

——子育てって、おもしろいな。

そんな台詞、どの口が言ってんだと、本気で思っていた。でも、きっと父さんは本当に、渚ちゃんへの育児をおもしろがっているんだろう。

過去の自分がしてやれなかったことを今になって実行する父と、過去の自分がしてもらえなかったことを今になって叶えていく僕。

二人とも、エゴで子育てをしている点において、そこまで大きな違いはないのかもしれない。

横からのそのそと現れたのは、やはり先日会ったばかりの父だった。

「前に来たときに、すごくいい場所だなあと思って、渚も連れてきたいと思ってさ。平日の方が道も空いてると思って、幼稚園《ようちえん》を休ませて遊びに来たんだけれども。海が楽しかったみたいで、すっかり遅《おそ》くなっちまったもんで、夕飯を食べて帰ろうと寄ったら、いや、まさか、偶然《ぐうぜん》な」

父さんは新しい奥さんと渚ちゃんを先にテーブルに帰すと、一人ベラベラと喋《しゃべ》り始めた。大袈裟《おおげさ》な手振《てぶ》りがやけに（　ⓑ　）、言い訳がましい台詞に余計に腹が立つ。かつての無表情で寡黙《かもく》な父は、本当にどこにもいなくなってしまった。

「名前、なんて言うんだい？」

父が両膝《りょうひざ》に手をついて前屈《まえかが》みになると、凪斗は知らないおっさんを警戒《けいかい》したようで、僕の後ろに隠《かく》れてデニムをぎゅっと握《にぎ》った。

「凪斗だよ」

本人の代わりに渋々《しぶしぶ》名前を伝えると、露骨《ろこつ》に表情を明るくする。

「へえ、なぎとくんか！　渚と、名前が似」

「似てないよ。字が違うから」

出鼻を挫《くじ》いてやったが、それでも父さんは全く動じず、凪斗の顔を舐《な》めるように見続けている。

「いや、かわいいな。千沙登ちゃんに似た顔だ」

「怖がってるから。見ないであげて」

おもちゃの棚の上からフロアを見渡《みわた》すと、渚ちゃんがすぐ近くのテーブルにいた。凪斗と同じように、お子様セットのおもちゃのカゴを真剣に漁っている。先ほどの女性が、その様子を不思議そうに見ている。

「⑦家族、楽しそうでいいね」

「え、あ、まあ」

父は途端《とたん》にバツの悪そうな表情になった。

「昔はファミレスなんて絶対に行かなかったもんね」

その一言だけ強く放《ほう》り投《な》げて、店の入口に向かった。

凪斗は僕の手を強く握っていて、つまり僕の嫌悪《けんお》や警戒が、この子にも伝わってしまったのだと思った。入口の扉《とびら》を思い切り開けると、生暖かい空気が体にまとわりつく。凪斗の手を引いて階段を降りていくと、上から父さんの声がした。

「悪かったと思ってる」

凪斗が立ち止まって、父さんの方を向いていた。僕はその凪斗の瞳から、目が離せなかった。

「お前を育てていた時は、俺《おれ》は仕事ばっかりで、家事も育児も、全部母さんにやらせっぱなしで、そのことを、申し訳ないと思ってる。どこにも連れて行ってやらなかったよな。渚をどこかに連れ出すたびに、そのことを思い出してる。俺は、罪滅《つみほろ》ぼしで、あの子をいろんなところに連れてってやってるのかもしれない。前に、お前の店に行った時、そのことを謝《あやま》りたかったけど、うまく言い出せなかった。すまなかった」

腹から声を出して謝る父を、凪斗は不思議そうに見ていた。僕は、今になってそんなことを言われたところで何も変わりやしないし、一方的に謝罪して、許された気になりたいだけなこの人は、つくづく**注6**エゴが強いなと目の前の父を軽蔑《けいべつ》するばかりだった。多少温厚《おんこう》で陽気なキャラクターになったとて人は簡単に変わりきれないし、根本的に自己中心的であることに変わりない。

「凪斗、帰ろ」

軽く息子の手を引っ張ると、今度はその手を優《やさ》しく握り返して「かえろ、かえろ」と言ってくれた。

「一つ選んでいいってさ」と僕が言うより早く、おもちゃを漁《あさ》り始める。気に入ったものがあるとカゴから取り出して、よくよく見てはまた戻す。その行動を熱心に繰《く》り返《かえ》している。おもちゃを掴《つか》む小さな手は見るからに柔《やわ》らかく、自分の手を見てみれば連日のパン作りのせいか、ひどく荒れている。

　父と子で、ファミレスに行く。

　それが幼少期の自分には、叶《かな》えてもらえなかったことなんだと、なぜか今更になって気付いた。こんな些細《ささい》な日常が叶わなかった幼少期。凪斗の頭を撫《な》でると、⑤当時から溶《と》けることのなかった氷が、ようやくじわじわと熱を持って心から流れていく感覚があった。

　僕は、親に、何をしてもらいたかったんだっけ。

　何をされたくなかったんだっけ。

　凪斗がおもちゃを選び終えて、僕に見せてくる。聴診器《ちょうしんき》を模したプラスチック製の玩具《おもちゃ》が、透明《とうめい》な袋《ふくろ》から取り出されていた。

「おー、お医者さんになるの？」

「はい、パパにわるいところがないか、みてみます」

「それは助かるなあ。最近いろいろ心配なんですけど」

「いたくないから、だいじょうぶです」

　凪斗は両耳に聴診器を入れて、反対側の端《はし》を僕の胸に当てた。

「何か聞こえる？」

「はい、これは、げんきにいきてますね」

「あ、元気に生きてますか。それはよかった」

「いちおう、おくすりをだしておきますね」

「あ、どうも。ありがとうございます」

「さんまんえんです」

「あ、三万円もするの？」

へへへ、と勝《か》ち誇《ほこ》ったように笑われた。

そうだよ、こういう時間。僕はこういう時間に、死ぬほど憧《あこが》れてたはずじゃんか。

　凪斗のラーメンが運ばれてくると、それを小皿に移して、食べる姿を見守る。ついこの間まで自分じゃ何もできなかったのに、きちんとフォークを使って口まで運んでいく。一瞬《いっしゅん》で過ぎ去る時間のせいで、つい見落としがちになる子供の成長が、なぜだかクリアに視界に飛《と》び込《こ》んでくる。

　食事を終えると千沙登に帰る旨《むね》を伝えて、店の入口へと向かった。レジ前の待ちスペースには、またしてもお菓子《かし》やおもちゃが並べられた棚《たな》が置いてあって、凪斗は店の企《たくら》みにハマるように釘付《くぎづ》けにされている。

　会計を済ませて声をかけようとしたところで、凪斗の隣《となり》に、突進《とっしん》しそうな勢いで女の子が駆《か》けてきた。

「渚」

　母親と思われる人が、名前を呼びながら女の子を追ってくる。

　渚？

　不意に女の子の背丈《せたけ》を確認《かくにん》し、⑥体の内側で、何かが凍《こお》るような感覚が静かに生まれる。

　母親と思われる人は、体に張り付くようなベージュのワンピースに、ナイキのスニーカーを合わせていて、僕よりも十は年上そうだけれど、どことなく生命力に溢《あふ》れていて、若々しく見えた。

「ほら、もうご飯来るから」

　女の子の肩に手を置いて、母親がテーブルに戻るように促《うなが》す。その二人の姿から、目が離せなくなっている。女の子は、まさに凪斗と同い年くらいのように見える。

　もしかして、もしかすると。

「渚、ラーメン来たよ」

　さらに③後部座席がガタガタと揺れる。いつもの道を途中《とちゅう》で右折して、家に向かう方向とは反対に進む。十分も走れば、すぐに海沿いだ。

「このまえね、ほいくえんでね、ねんどつくった」

　凪斗が不意に、ゆっくりと記憶《きおく》を辿《たど》るように言った。いきなりなんのこっちゃ、と思うけれど、子供の脳みそは突然過去を思い出したりすることがあるようで、今日のお昼ご飯を聞いても覚えていないのに、先週の記憶がふと蘇《よみがえ》って突然それを話してくれたりする。それがなんだか微笑《ほほえ》ましくて、何気ないエピソードを必死に話す様子をじっと観察してしまう。

「おおー、粘土《ねんど》、何作ったの？」

「えー、パン」

「おおー！　パン、いいね！」

――**注5**自分の両親がパン屋だから、自分もその道をいく、なんて発想、取り除いてあげたくて。

　千沙登が言っていた台詞《せりふ》が、頭の中で再生される。こうやって粘土でパンを作っただけでその未来を案じてしまうのって、④なんだか呪《のろ》いにでもかかった気分だ。いいじゃん、親の仕事が楽しそうだって思ったから、パンを作ってくれたわけでしょ。もしくは、僕らを喜ばせたくてじゃん。それだけのことだ。

「おいしそうにできた？」

「うん、こんど、あげる」

「え、パパにくれんの？」

「あ、パパと、ママ」

「二個あんの？」

「ううん。はんぶんこ」

「半分こか、オッケー了解《りょうかい》」

「なかよくたべるんだよー？」

　どこで習ったんだ、と尋《たず》ねたくなるようなことを口にされて、思わず笑ってしまう。

　海沿いの国道に出ると、片側が渋滞《じゅうたい》を起こしていて、道を赤く照らしていた。

「おなかすいたあ」

　海岸に面した国道沿いのファミレスに着くと、凪斗がソファの上を小さく跳《は》ねながら奥《おく》まで移動する。U字型のソファは本来六人以上のための席だろうけれど、たまたま空いていたらしく予約もしていないのに自然と通してもらえた。子供用のメニューがあったのでそれを滑《すべ》らせると、凪斗が背筋を伸《の》ばして、慌《あわ》ただしく視線を動かす。

「なに食べたい？　カレーもあるって。ラーメンも」

　指を差して伝えてみるけれど返事はなく、大きな瞳《ひとみ》がさらに大きくなる。口が半開きになっていて、メニューを見る目の真剣《しんけん》さが伝わる。

「おこさまのやつは？」

「あ、これ、全部おもちゃついてくるって」

「あ、そうなんだ」

　ソファの上でピョコッと一回跳ねた。

「どれにする？」

「らーめん」

「オッケー。飲み物は？　りんごジュースでいい？」

「かるぴすは？」

「ないみたい、ごめん」

「じゃあ、りんごでいい」

　機嫌《きげん》を損《そこ》ねないでくれてよかった。店員の呼び出しボタンを押《お》すと、凪斗の希望したものとサイコロステーキを頼《たの》んだ。若い店員さんがすぐにおもちゃが詰《つ》まったカゴを持ってきてくれて、凪斗の前に置いた。

「子供の写真、見る？」
「いや、いい」
だからなんでそんな楽観的なんだよ！
怒鳴《どな》りそうになるのをグッと堪《こら》える自分の理性に驚く。もはやこんな父親、ぶん殴ったって許されるだろ。**注3**何発のゲンコツを浴びてきたと思ってる。
「子供は、男の子だったっけ」
「そうだね」
フェイスブックに写真をあげるのはもうやめようと思った。
「うちは女の子だ。渚《なぎさ》っていうんだけどな。名前は、なんていうの？」
「言わない」
「え？」
「今さら、新たに家庭持って子供も作った父さんに、僕の子の名前なんて、知られたくない」
柵《さく》の向こうに広がる浜辺《はまべ》と海を見ながら、来た道を戻《もど》り始める。越《こ》してきて三年が経《た》つけれど、今日見た海が一番荒《あ》れていて、一番汚《きたな》かった。
父から受けたゲンコツを思い出す。
本当に怖《こわ》かったし、嫌《いや》だったのに、今の父さんの方が何倍も気持ち悪いし、近づきたくない。
足元を見れば浜辺の砂が風に乗って、歩道を白く汚《よご》していた。大きな橋の下には濁《にご》った川が流れていて、海と合流する河口の上をサギがゆっくりと歩いている。頭の中で、父親が一番傷つく言葉を探している。そんな状況《じょうきょう》にも嫌気《いやけ》がさす。
「まあ、別に、子供ができたことを伝えに来たんじゃなくて、お前が店を始めたって知ったから、それを見たかったのが本当の目的ではあるから」
「じゃあそれ、わざわざ言わなくてよかったじゃん」
「何を？」
「妹ができたとか。知らんし。ってなるよ、こっちは」
勝手にやっててくれよ。そっちの人生に僕を巻《ま》き込《こ》むんじゃないよ。昨今流行《はや》りの**注4**メタバースじゃないんだよ。絶縁《ぜつえん》した家族に飄々《ひょうひょう》とアプローチを仕掛《しか》けてくるなよ。
「そうか」と父さんの声がようやく小さくなって、しばらくしてから「子育てって、おもしろいな」と付け加えた。
②パパ友みたいなこと、捨てた息子に言うんじゃねえよ。

【中略】

後ろの席から、凪斗の歌声が微《かす》かに聞こえる。前まで気に入っていたディズニーの劇中歌とは違う曲で、僕はそれを聴《き》いたことがなかった。
徐々《じょじょ》に青が濃《こ》くなっていく景色を遠めに見ながら、ペダルを漕《こ》ぐ。小さな鳥の群れが絵でも描《えが》くように目の前の空を横切っていった。前方を見れば僕らと同じように、保育園帰りのママチャリたちが重たそうに先を走っている。
「凪斗、ちょっと寄り道してさ、今日は海のほうから帰ろうか」
向かい風に乗せるように声をかけると、え、いくー、とすぐに返事があって、後部のシートがガタガタ揺《ゆ》れた。
「今日、ママがお店の仕事で忙《いそが》しいみたいだからさ、先に二人でご飯でいいって」
「はあい」
「で、たまには、外で食べない？」
「え、食べたーい！　おこさまのやつ！」
「おこさまのやつね、はいはい」

2024年度
城北中学校

【国　語】〈第二回試験〉（五〇分）〈満点：一〇〇点〉

注意　解答するときには、句読点や記号も一字と数えます。

一　次の文章を読んで、後の問いに答えなさい。（作問の都合上、本文の一部を変更してあります。）

「僕《ぼく》」は妻の千沙登《ちさと》と海沿いの街で小さなパン屋を営みながら、息子《むすこ》の凪斗《なぎと》と三人で生活をしていた。ある日突然《とつぜん》、五年前に母と離婚《りこん》し家族と縁《えん》を切っていた父が、「僕」たちの営むパン屋を訪《おとず》れ、自分に新たな子供がいることを報告する。

　いや、マジで、どういうこと？　三十三年も一人っ子でいて、今更《いまさら》、妹？

　理解したくても無理があった。父親の言動に、何一つ納得《なっとく》ができないでいる。

「いつ生まれたの、その子」

「今、四歳」

「え！」

「何？」

「同い年じゃん、うちの子と」

　凪斗の顔が浮《う》かんだ。僕の子と父さんの子が、同い年？　自分の父親が、再婚《さいこん》して産んだ子だぞ？　つまり自分の妹ってわけで？　それが、自分の子と同い年？　①なんだそれ。

「ああ、注1フェイスブックで見たけど、やっぱり同い年なのか。え、今、保育園か？」

　父さんは驚《おどろ》くどころか、嬉《うれ》しそうに（　ⓐ　）。

「ああ、うん、保育園行ってる。え、本当に四歳なの？　じゃあ離婚して、すぐに生まれたってこと？」

「ああ、まあ、そのくらいだな」

　なんで照《て》れ臭《くさ》そうなんだよ。この異常すぎる事態をなんだと思ってんだ。

「え、母さんは、このこと知ってんの？」

「いや、言えずにいてさ」

「だろうね。それでいいよ。言わなくていい。てか、絶対に言わないで」

　七十近い元夫が、まさかの注2デキ婚《こん》かそれに近いタイミングで再婚してただなんて。マグマと化した母さんの怒《いか》りに、さらに燃料を焚《く》べることになってしまう。

「離婚した後とか、本当に大変だったんだよ、知らないでしょ」

　壊《こわ》れてしまったかのように、ひたすら涙《なみだ》を流したり、時に叫《さけ》んだり、家の壁《かべ》を殴《なぐ》ったり。母さんがそんな状態から落ち着くまで、二ヶ月かかった。まだ凪斗も生まれていなかったし、僕も千沙登も店を始める前だったからどうにかなったけれど、その二ヶ月の間、母さんのそばからできるだけ離《はな》れないようにしていたのは正解だったと今では思う。

　あの時の母さんはやっぱり、普通《ふつう》じゃなかった。

　今は新たな恋人《こいびと》との惚気《のろけ》話を聞かせてくるほど落ち着いたけど（そしてそんな惚気話を聞かされるのもまた一人息子としてはかなり複雑な気持ちになるけれど）、それでもきっと、母の怒りは活火山のごとく煮《に》えたぎったままだろうし、家族を捨てた父さんを憎《にく》んでいるに違《ちが》いない。

　そんな状態の母さんに、今の父さんが言えることなんてほとんどないだろ。

2024年度 城北中学校 ▶解説と解答

算数 ＜第２回試験＞（50分）＜満点：100点＞

解答

1 (1) 23 (2) 5 2 (1) 208個 (2) 200g (3) ① 4通り ② 9通り (4) 57度 (5) 62.8cm 3 (1) 秒速15m (2) 765m (3) ア 35 イ 64 (4) 53.75秒 4 (1) ア 7 イ 1999 (2) ウ 8 エ 16 オ 6 カ 2000 5 (1) 8cm (2) $60cm^2$ (3) $33\frac{1}{3}cm^2$

解説

1 逆算，四則計算，計算のくふう

(1) {(2024÷□－3)÷5－5}÷3－3＝1より，{(2024÷□－3)÷5－5}÷3＝1＋3＝4，(2024÷□－3)÷5－5＝4×3＝12，(2024÷□－3)÷5＝12＋5＝17，2024÷□－3＝17×5＝85，2024÷□＝85＋3＝88 よって，□＝2024÷88＝23

(2) $105\times\left(\frac{1}{3}-\frac{1}{5}+\frac{1}{7}\right)-\left\{0.6\times\left(44+\frac{11}{25}\right)-1.2\times2.22\right\}=105\times\left(\frac{35}{105}-\frac{21}{105}+\frac{15}{105}\right)-\{0.6\times(44+0.44)-1.2\times2.22\}=105\times\frac{29}{105}-(0.6\times44.44-1.2\times2.22)=29-(0.6\times44.44-0.6\times2\times2.22)=29-(0.6\times44.44-0.6\times4.44)=29-0.6\times(44.44-4.44)=29-0.6\times40=29-24=5$

2 差集め算，濃度《のうど》，場合の数，角度，面積

(1) 1箱に12個ずつつめるとき，あと，(12－4)＋12×2＝32(個)入れることができる。よって，1箱に10個ずつつめるときに入れることができる個数と，1箱に12個ずつつめるときに入れることができる個数の差は，8＋32＝40(個)となる。これは，12－10＝2(個)の差が箱の数だけ集まったものだから，箱の数は，40÷2＝20(箱)とわかる。よって，りんごの個数は，10×20＋8＝208(個)と求められる。

(2) Aの重さを□g，Bの重さを△gとして図に表すと，下の図1のようになる。図1で，ア：イ＝(15－8)：(20－15)＝7：5なので，□：△＝$\frac{1}{7}:\frac{1}{5}$＝5：7とわかる。この差が80gだから，比の1にあたる重さは，80÷(7－5)＝40(g)となり，Aの重さは，□＝40×5＝200(g)と求められる。

図1

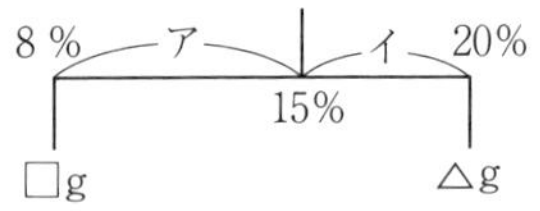

図2

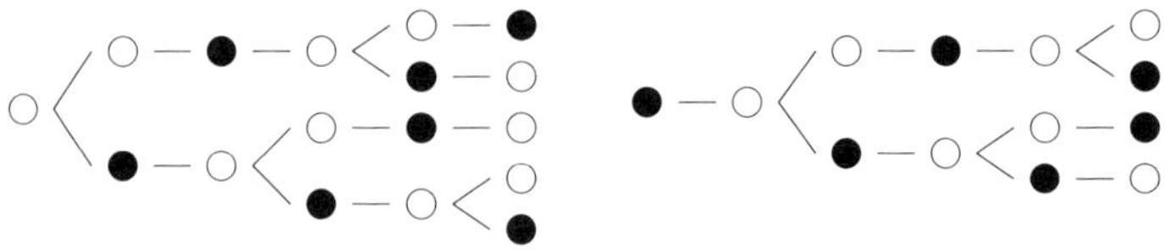

(3) 樹形図をかいて調べると上の図2のようになるので，3個の並べ方は，2＋2＝4(通り)(…①)，6個の並べ方は，5＋4＝9(通り)(…②)とわかる。

⑷　右の図３で，１回目にABで折っているから，角アと角イの大きさは等しく，２回目にACで折っているので，○印をつけた角の大きさは等しい。かげをつけた三角形に注目すると，角DCEの大きさは，156－45＝111(度)とわかる。よって，○印をつけた角の大きさは，180－111＝69(度)だから，●印をつけた角の大きさは，180－(45＋69)＝66(度)となる。したがって，角アの大きさは，(180－66)÷２＝57(度)と求められる。

図３

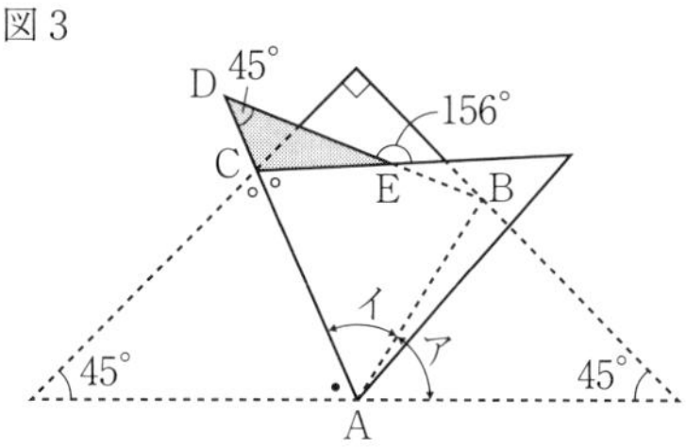

図４

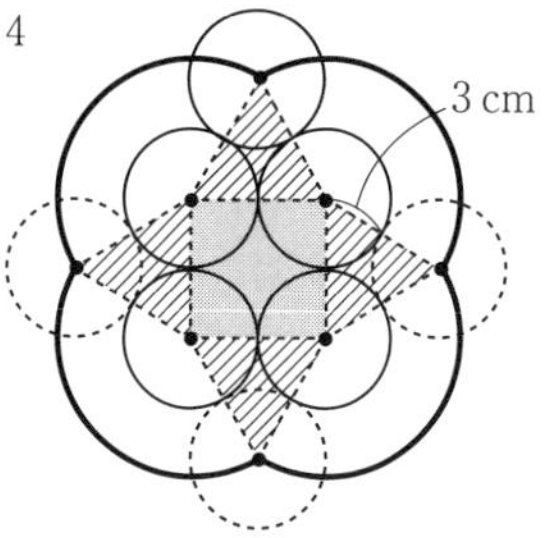

⑸　中心Ｐは右上の図４の太線のように動く。かげをつけた四角形は正方形，斜線《しゃせん》をつけた三角形は正三角形なので，太線部分を弧《こ》とするおうぎ形の中心角は，360－(90＋60×２)＝150(度)とわかる。また，このおうぎ形の半径は，３×２＝６(cm)だから，中心Ｐが動いた長さは，６×２×3.14×$\frac{150}{360}$×４＝20×3.14＝62.8(cm)と求められる。

3　グラフ―通過算

⑴　問題文中のグラフから，列車Ａの長さは360m，列車Ｂの長さは272mとわかる。また，列車Ａはトンネルに入りはじめてから24秒後に完全にトンネルの中に入り，トンネルに入りはじめてから51秒後にトンネルから出はじめるから，右上の図のように表すことができる。よって，列車Ａは24秒で360m走るので，列車Ａの速さは秒速，360÷24＝15(m)とわかる。

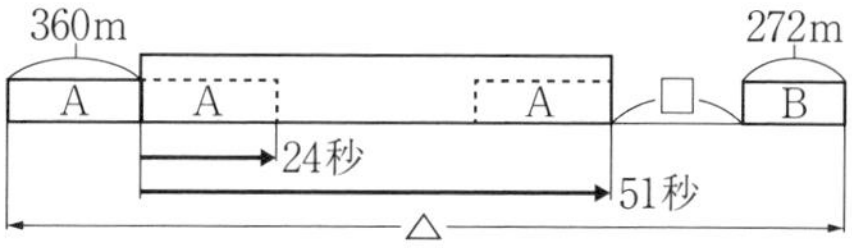

⑵　トンネルの長さは列車Ａが51秒で走る距離《きょり》にあたるから，15×51＝765(m)と求められる。

⑶　列車Ｂがトンネルに入りはじめてから完全にトンネルから出るまでの時間は，80－19＝61(秒)である。この間に列車Ｂが走る長さは，272＋765＝1037(m)なので，列車Ｂの速さは秒速，1037÷61＝17(m)とわかる。よって，列車Ｂが272m走るのにかかる時間は，272÷17＝16(秒)だから，ア＝19＋16＝35(秒)，イ＝80－16＝64(秒)と求められる。

⑷　列車Ｂは，図の状態(列車Ａがトンネルに入りはじめるとき)から19秒後にトンネルに入りはじめるので，□の長さは，17×19＝323(m)とわかる。よって，２つの列車の最後尾《さいこうび》の間の長さ(図の△)は，360＋765＋323＋272＝1720(m)だから，列車Ａがトンネルに入りはじめてから，列車Ａと列車Ｂがすれ違《ちが》い終わるまでの時間は，1720÷(15＋17)＝53.75(秒)である。

4　条件の整理

⑴　取りのぞくカードは１回目から順に，１，３，５，７，…となるから，４回目の操作で取りのぞくカードの番号は７(…ア)とわかる。また，はじめは奇数《きすう》のカードを小さい順に取りのぞくので，1000回目の操作で取りのぞくカードの番号は，1000×２－１＝1999(…イ)と求められる(1999<2024より，これは条件に合う)。

⑵　最初のカードの枚数が８枚の場合を調べると下の図１のようになるから，最後に残るカードの番号は，はじめに最も下に積まれていたカードである８(…ウ)とわかる。また，このとき操作を４回行うと奇数のカードがすべて取りのぞかれ，偶数《ぐうすう》のカードが小さい順に並ぶことがわかる。同様

に考えると，最初のカードの枚数が16枚の場合，この操作を，４×２＝８(回)行うと奇数のカードがすべて取りのぞかれ，偶数のカードが小さい順に並ぶことになる。つまり，｛2，4，6，…，16｝の８枚のカードが残り，この８枚のカードに操作を続けると，最も下に積まれている16が最後に残る。よって，最初のカードの枚数が16枚の場合，最後に残るカードの番号は16(…エ)である。これらのことから，最初のカードの枚数が(２×２×…×２)枚の場合，最後に残るカードの番号は，はじめに最も下に積まれていた番号になることがわかる。次に，このことを利用して，最初のカードの枚数が35枚の場合を考える。このとき操作を３回行うと残りの枚数が32枚になる。右の図２から，３回目の操作で最も下に積まれる番号は６とわかり，32＝２×２×２×２×２なので，最後に残るカードの番号は６(…オ)である。さらに，32×２×２×２×２×２＝1024より，最初のカードの枚数が2024枚の場合，この操作を，2024－1024＝1000(回)行うと残りの枚数が1024枚になることがわかる。また，(1)より，1000回目の操作で取りのぞくカードの番号は1999だから，このとき最も下に積まれるカードの番号は2000となる。したがって，最後に残るカードの番号は2000(…カ)である。

図１

回数	取りのぞくカード	残りのカード
1	1	3，4，5，6，7，8，2
2	3	5，6，7，8，2，4
3	5	7，8，2，4，6
4	7	2，4，6，8
5	2	6，8，4
6	6	4，8
7	4	8

図２

回数	取りのぞくカード	残りのカード
1	1	3，4，…，35，2
2	3	5，6，…，35，2，4
3	5	7，8，…，35，2，4，6

5 立体図形─分割，長さ，面積，相似

(1)　正六角形ABCDEFは，下の図①のように１辺４cmの正三角形に分けることができる。よって，ADの長さは，４×２＝８(cm)である。

(2)　ADとBFが交わる点をＸとすると，真上から見た図は下の図②のようになる。図②で，AXの長さは，４÷２＝２(cm)だから，DXの長さは，８－２＝６(cm)とわかる。同様に，JGとIKが交わる点をＹとすると，GYの長さも６cmになるので，立体Ｕを長方形ADJGで切ったときの切り口は下の図③のかげをつけた平行四辺形になる。よって，その面積は，６×10＝60(cm^2)である。

図①

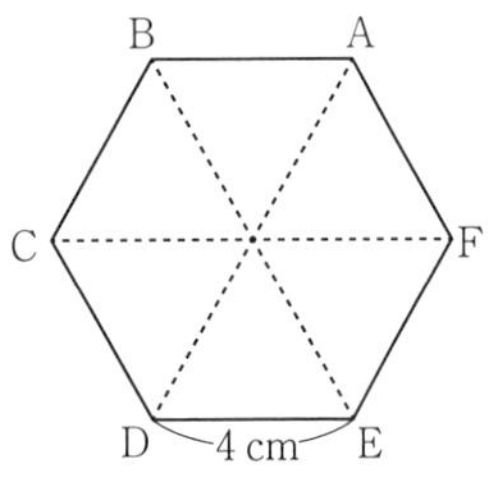

図②

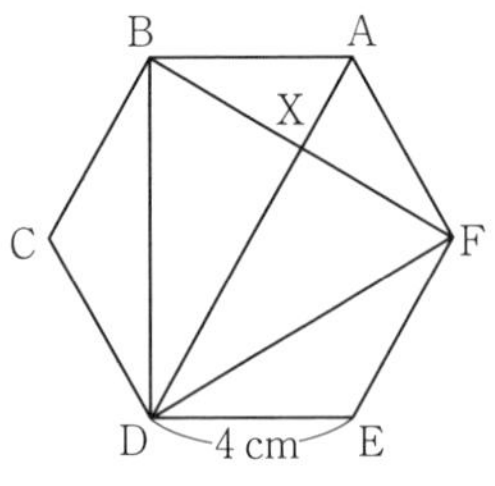

図③

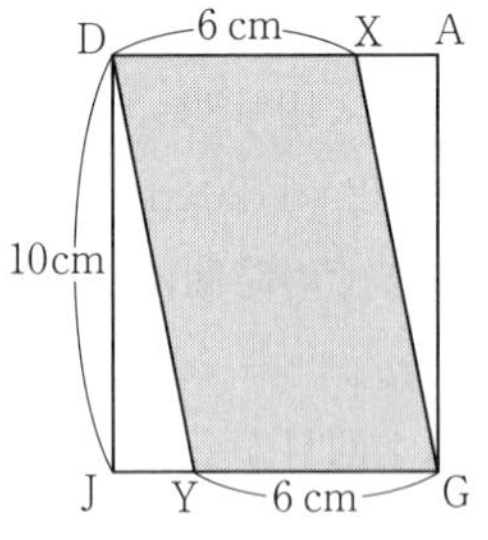

図④

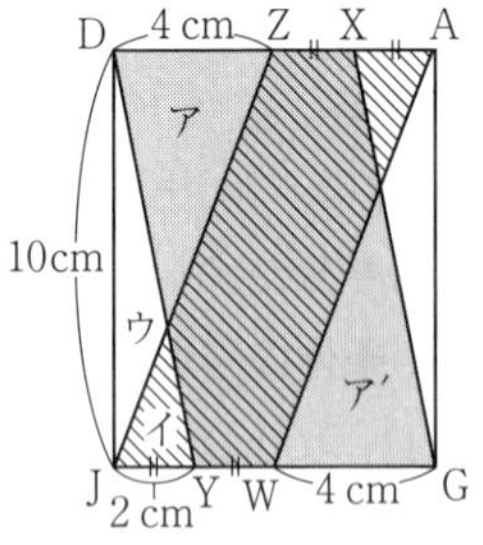

(3)　ADとMNが交わる点をＺ，GJとOPが交わる点をＷとすると，DZとGWの長さは４cmになるから，立体Ｖを長方形ADJGで切ったときの切り口は上の図④の斜線をつけた平行四辺形になる。よって，図④のかげと斜線が重なった部分の面積を求めればよい。はじめに，アとイの三角形は相似であり，相似比は，DZ：YJ＝４：２＝２：１なので，アとウの面積の比は２：１とわかる。また，三角形DJZの面積は，４×10÷２＝20(cm^2)だから，アの面積は，$20\times\frac{2}{2+1}=\frac{40}{3}$($cm^2$)と求

められる。ア′の面積も同様なので，かげと斜線が重なった部分の面積は，$60-\frac{40}{3}\times 2=\frac{100}{3}=33\frac{1}{3}$(cm^2)である。

社 会 ＜第２回試験＞（40分）＜満点：70点＞

解 答

1　問１　大宮　問２　上野　問３　隅田　問４　エ　問５　ア　問６　エ　問７　ウ　問８　ア　問９　ウ　問10　エ　問11　イ　問12　イ　問13　ウ　問14　広島　問15　カ

2　問１　イ　問２　イ　問３　ウ　問４　ウ　問５　熊本　問６　ア　問７　陸奥　問８　エ　問９　ウ　問10　エ　問11　ポルトガル　問12　長篠　問13　堺　問14　イ　問15　お　オ　か　エ　問16　イ　問17　ウ　問18　オ　問19　ウ　問20　ア　問21　ア

3　問１　あ　ウ　い　エ　問２　［１］　イ　［２］　う　イ　え　ウ　問３　お　上告　か　三審　問４　エ　問５　［１］　ウ　［２］　ウ　問６　エ　問７　ウ　問８　Ａ　ア　Ｂ　エ

解 説

1　東北地方への合宿を題材にした問題

問１　東北新幹線の停車駅である大宮駅が位置する埼玉県さいたま市大宮区は，江戸時代に中山道の宿場町として栄え，その後も交通の要地であった。2001年には，大宮市は隣接《りんせつ》する浦和市・与野市と合併してさいたま市となった。

問２　東北新幹線は，1982年の開業当時は大宮駅が始発駅であった。1985年に大宮駅―上野駅間が開業し，このときには上野駅が始発駅となり，1991年に上野駅―東京駅が開業すると，東京駅が始発駅となった。

問３　隅田川は，東京都北区の岩淵水門で荒川から南へ分岐《ぶんき》し，東京湾に注ぐ河川である。

問４　津波などの水害から避難《ひなん》する場合，沿岸からできるだけ離れた安全な場所に避難する方法を水平避難という。ビルやマンションの上層階へ避難する方法を垂直避難という。

問５　宮城県の銘柄《めいがら》米としては，ひとめぼれが知られている（ア…○）。なお，イの森のくまさんは熊本県，ウのはえぬきは山形県，エのななつぼしは北海道の銘柄米である。

問６　宮城県の名産品の１つに，白身魚のすり身を笹の形にして焼いた笹かまぼこがある。なお，アは静岡県の黒はんぺん，イは愛媛県のじゃこ天，ウははんぺんである。

問７　ユウ君が初めての夏合宿で向かった調査地（東松島市，石巻市，仙台市）は，全て宮城県にある。岩手県には行っていないので，盛岡市の南部鉄器が当てはまらない（ウ…×）。なお，アの会津塗は福島県，イの益子焼は栃木県，エの江戸木目込人形は東京都の伝統的工芸品である。

問８　2011年の東日本大震災（東北地方太平洋沖地震）はプレート型地震で，海側の太平洋プレートが陸側の北アメリカプレートに沈みこむ境界面で発生した（ア…○）。

問９　日本三景は，宮城県の松島と，広島県の宮島，京都府の天橋立の３つである。毎年多くの観光客が訪れる（ウ…○）。

問10　松島は仙台湾の中央に位置する約260の島々からなる多島海で，その地形は宮城県の中央部にある松島丘陵の東端が海にまで達し，たび重なる隆起と沈降と海水による浸食《しんしょく》を繰り返すことで形成されたとされる。多くの島が津波を打ち消す防潮堤《ぼうちょうてい》の役割を担ったことで津波の被害を軽減したといわれている。

問11　大川小学校跡は石巻市の北上川の川沿いにあり，震災では北上川をさかのぼってきた津波によって多くの方が亡くなった。北上川は東北地方で最も長い川で，岩手県中央部をほぼ北から南へ向かって流れ，宮城県に入って太平洋に注ぐ。なお，アの阿武隈《あぶくま》川は福島県から宮城県にかけて流れ，太平洋に注ぐ。ウの最上川は山形県，エの雄物川は秋田県を流れ，日本海に注ぐ。

問12　仙台市は太平洋側の気候に属しており，夏の降水量が多いが，北に位置するので年平均気温は低い(イ…○)。なお，アは中央高地(内陸性)の気候の長野市，ウは日本海側の気候の富山市，エは瀬戸内の気候の大阪市である。

問13　沿岸漁業は漁港からごく近い海域で日帰りの漁をする漁業で，漁獲《ぎょかく》高は多くなく変動も少ないが，ゆるやかな減少傾向にある(ウ…○)。なお，アは沖合漁業，イは遠洋漁業，エは海面養殖《ようしょく》業を表している。

問14　海面養殖業における牡蠣《かき》類の収獲量は，広島県が全国第１位で，宮城県がこれに次ぐ(2021年)。

問15　三陸海岸の沖合には，南下する寒流の千島海流(親潮)と北上する暖流の日本海流(黒潮)が合流する潮目があり，好漁場となっている(カ…○)。なお，対馬海流は，日本海を日本列島に沿って北上する暖流である。

2　各時代の歴史的なことがらについての問題

問１　858年，藤原良房は娘の明子を文徳天皇の后《きさき》にして，生まれた子を清和天皇として即位させて外戚《がいせき》(天皇の母方の祖父《そふ》)となり皇族以外で初めて摂政の任にあたった。以後，藤原氏は摂政・関白などの要職を占《し》め政治の実権を握る摂関政治を行った(イ…○)。なお，アの院政の始まりは1086年，ウの前九年の役は1051～62年，後三年の役は1083～87年，エの開墾《かいこん》を奨励する法令は奈良時代の８世紀に出された。

問２　史料に，文徳天皇が最もかわいがっていた第一皇子(惟喬《これたか》親王)ではなく，良房の意見で第四皇子(惟仁《これひと》親王)が皇太子になったとあり，天皇の意志で次の天皇を決めることができなかった(イ…○)。

問３　鎌倉幕府第３代将軍の源実朝が暗殺され，源氏の正系が途絶えると，北条氏が執権《しっけん》として政治の実権を握った(ウ…○)。なお，アの平治の乱(1159年)で勝利したのは平清盛，イの地頭を置く権利を与《あた》えられたのは源頼朝，エの平泉(岩手県)を根拠《こんきょ》地にしたのは奥州藤原氏である。

問４　863年に初めて御霊会《ごりょうえ》が行われたとあり，長岡京遷都《せんと》が784年なので，時期的にウが当てはまる。なお，アの保元の乱は1156年，イの菅原道真の左遷は901年，エの平将門の乱は939年の出来事である。

問５　肥後《ひご》国は，熊本県の旧国名である。

問６　864年に北九州の防備を固めたとあるので，隣国は朝鮮になり，当時の朝鮮を治めていたのは新羅であった(ア…○)。なお，イの高句麗とウの百済は７世紀に新羅に滅ぼされた。エの李氏朝鮮の成立は1392年である。

問７　平安時代には，東北地方は奥羽山脈を境として，太平洋側は陸奥国，日本海側は出羽国と呼ばれていた。

問８　アは1624年（スペイン船の来航禁止），イは1549年（ザビエルがキリスト教を伝える），ウは1392年（南北朝の合一），1404年（日明貿易の開始），エは1582年（天正遣欧使節の派遣）であるので，1570年の次の出来事はエになる。

問９　倭寇は日本などの武装商人団・海賊《かいぞく》で，室町時代前半に明（中国）の沿岸を荒らしたが，日明貿易の開始以降は衰退《すいたい》した。しかし，戦国時代には，中国の密輸商人らが倭寇の名を借りて中国沿岸を荒らすようになり（後期倭寇），その拠点の１つが五島列島にあった（ウ…○）。

問10　16世紀にさかんに行われた南蛮貿易では，日本からは銀が輸出されていた（エ…○）。なお，アの生糸，イの綿織物，ウの銅銭は輸入品である。

問11　1543年，中国船に乗ったポルトガル人が種子島（鹿児島県）に漂着《ひょうちゃく》し，鉄砲を伝えた。戦国時代であったために，鉄砲はまたたく間に広がり，戦法や築城法に変化をもたらした。

問12　長篠の戦い（1575年）は，織田信長・徳川家康の連合軍が武田勝頼の騎馬隊を，鉄砲の一斉射撃で破った戦いで，これにより鉄砲が実戦兵器として極めて有効であることが証明された。

問13　堺（大阪府）は勘合貿易や南蛮貿易で栄えた港町で，会合衆と呼ばれる豪商らによって自治が行われ，来日したキリスト教の宣教師から自由都市と呼ばれたと伝えられる。

問14　文章【Ｅ】に「火薬を作るためには硝石《しょうせき》が不可欠だが，硝石は国内では産出されない」とある（イ…×）。

問15　**お**　日清戦争（1894～95年）は，朝鮮をめぐる日本と中国（清）との対立が原因で，朝鮮国内で起こった甲午農民戦争（東学党の乱）をきっかけに始まった。　**か**　戦争に勝利した日本は，下関条約で朝鮮の独立を中国に認めさせたほか，多額の賠償《ばいしょう》金や台湾などの領土を譲り受けた。

問16　下関条約で得た賠償金の一部は，官営の八幡製鉄所の建設に使われ，八幡製鉄所は1901年に操業を開始した（イ…○）。なお，アの日比谷焼き打ち事件は日露戦争（1904～05年）のポーツマス条約への反対運動，ウの欧化政策は日清戦争よりも前，エの国際連盟の発足は第一次世界大戦（1914～18年）の後である。

問17　文章【Ｇ】の戦後恐慌は第一次世界大戦後に輸出が減るなどして起こった不景気を指す（ウ…○）。

問18　文章【Ｇ】と【Ｈ】より，関東大震災（1923年）での朝鮮人や中国人の殺害は根拠のないうわさが原因となっており，通説的な見解としては犠牲《ぎせい》者数が定まっていないとある（城野君…×，北野君…○）。また，1910年に韓国を併合したため当時の朝鮮は日本の植民地であり，文章【Ｈ】でも「このころ東京には土木工事のため朝鮮人労働者が多数来ていた」と指摘されている（高野君…○）。

問19　南満州鉄道は，日露戦争のポーツマス条約で日本がロシアから譲り受けたものである（ウ…○）。

問20　奉天は，満州（中国東北部）の中心都市で，地図のアが当てはまる。なお，イは大連，ウは北京，エは青島，オは上海である。

問21　文章【Ｉ】に，「国内の大部分の新聞は，軍部の発表をそのまま報道し，関東軍の軍事行動を全面的に支持しました」とある（ア…×）。

3 日本の裁判所と人口減少・高齢化についての問題

問１　あ，い　刑事裁判の法廷において，傍聴《ぼうちょう》席からみて左手には検察官が，対面する右側には弁護人が座っている。なお，アの被告人は裁判官の前に立ち，イの裁判所書記官は裁判官と被告人の間に座っている。

問２　［１］　最高裁判所は唯一《ゆいいつ》の上級裁判所で，長官をふくめ15人の裁判官で構成される（イ…○）。なお，アについては日本国憲法第76条２項で特別裁判所の設置を認めないことが定められている。ウの下級裁判所は，高等・地方・家庭・簡易の４種類ある。エの裁判に関わる手続きや事務処理の規則は，日本国憲法第77条により，最高裁判所が定める。　**［２］　う，え**　三権分立において，内閣は裁判所に対し，最高裁判所長官の指名とその他の裁判官の任命という権限を，裁判所は国会に対し，違憲《いけん》立法審査権を持つ。なお，アの衆議院の解散は内閣が国会に対して，エの弾劾裁判所の設置は国会が裁判所に対して持つ権限である。

問３　お　高等裁判所の判決に不満がある場合，最高裁判所に上告することができる。　**か**　日本の裁判では，同一事件について３回まで審判を受けられる三審制がとられている。　なお，文中の（※）に入る言葉は控訴《こうそ》である。

問４　日本国憲法第78条より，裁判官の身分は保障されているが，心身の故障で職務を行うことができないと判断された場合は辞めなければならない（エ…○）。なお，アについて，日本国憲法第76条３項に「すべて裁判官は，その良心に従い独立してその職権を行い，この憲法及《およ》び法律にのみ拘《こう》束《そく》される」とある。イの司法への信頼をいちじるしく損なうことをした裁判官は，国会が設置する弾劾裁判所で裁かれる。ウの最高裁判所の裁判官は，国民審査で適任かどうかを審査される。

問５　［１］　裁判員裁判は，重大な刑事事件の第一審（地方裁判所）で行われる（ウ…○）。　**［２］**　裁判員裁判は３人の裁判官と６人の裁判員による合議制で行われ，量刑の決定方法について，９人の意見が一致しないときは多数決になる。資料の「評議における多数決のルール」によれば，最も重い罰になる意見から次に重い罰になる意見へと，過半数になるまで順次加えるというやり方である。ただし，その意見が過半数になっても，裁判官と裁判員がそれぞれ１名以上いなければならない。そこで，表１では，「懲役７年」が裁判員１名なので不可，次に「懲役６年」では裁判官１名＋裁判員２名＋「懲役７年」の裁判員１名の合計４名で不可，次に「懲役５年」では裁判員２名にこれまでの４名を加えると裁判官１名＋裁判員５名の合計６名と過半数に達して決定となる。

問６　図３において，1970年代前半の死亡総数は約70万人，出生総数は約200万人で，死亡総数は出生総数の約３分の１だったが，2060年には死亡総数が約150万人，出生総数が約50万人で，死亡総数が出生総数の約３倍になっている（エ…○）。なお，アについて，図１と図３から1970～2010年の死亡総数と総人口の推移を見ると，死亡総数・総人口ともに増加している。イについて，高齢化率が７％を超えると高齢化社会，14％を超えると高齢社会，21％を超えると超高齢社会である。ウの高度経済成長は，1950年代後半から1970年代初めまでである。

問７　BRICSは，ブラジル・ロシア・インド・中国（中華人民共和国）・南アフリカの５か国である。図ではこのうち，ブラジルとロシアが入っているが，この２国は人口が１億人を超え，かつ名目GDP（国内総生産）が1500（10億USドル）を超えている（ウ…○）。なお，アについて，名目GDPが1000（10億USドル）を超えている国のうち，イランとフランスは人口が１億人を超えていない。イについて，図中で地中海に面する国はエジプト・トルコ・フランスで，エジプトは人口が１億人を超えている。エについて，図中でＧ７にふくまれる国はフランスと日本で，フランスは人口が１億人を超えていない。

問８　**Ａ**　定住人口を増やす施策《しさく》として，その土地で仕事ができることが考えられるので，古民家を改築して都会から離れてもテレワーク（リモートワーク）が可能な場所を提供することも１つの方法である（ア…○）。　**Ｂ**　関係人口を増やす施策として，その土地で行われている産業や行事を体験したり，それらに出資したりすることが考えられるので，全国から田畑のオーナーを募って出資してもらい，農業体験や農作物を提供するのも１つの方法である（エ…○）。　なお，イの車の相乗りサービスは過疎地域に暮らす交通手段のない高齢者を住みやすくする施策，ウの地場産業のアピールは地域の魅力を発信する施策である。

理　科　＜第２回試験＞（40分）＜満点：70点＞

解　答

1　**問１**　**Ａ**　ア　**Ｂ**　ウ　**Ｃ**　エ　**Ｄ**　イ　**問２**　①　４　②　２　**問３**　４　**問４**　イ，ウ，エ（またはイ，エ）　**2**　**問１**　Ｎ極　**問２**　イ　**問３**　(1)　カ　(2)　エ　(3)　ア　**3**　**問１**　①　蒸発皿　②　食塩　③　二酸化炭素　**問２**　1.3％　**問３**　解説の図を参照のこと。　**問４**　0.12Ｌ　**問５**　0.06Ｌ　**問６**　20ｇ　**4**　**問１**　①　光合成　②　師管　**問２**　(1)　子葉　(2)　ア，イ，ウ，エ，オ　**問３**　(1)　**枠Ａ**…60ｇ　**枠Ｂ**…12ｇ　**枠Ｃ**…６ｇ　(2)　ウ，オ，キ　**5**　**問１**　オ　**問２**　ア　**問３**　ウ　**問４**　エ　**問５**　オ　**問６**　エ　**問７**　キ

解　説

1　**力の表し方とそのはたらきについての問題**

問１　**Ａ**　例１の２つの矢印で同じになっているのは，力の大きさを表す矢印の長さと力がはたらく点である作用点だけである。　**Ｂ**　例１では「方向」が異なっているため，物体の動きもちがってしまう。よって，同じ力とするには「方向」もそろえる必要がある。　**Ｃ**　例３では２つの力（矢印）の「方向」は同じであるが，「向き」が反対なので動きも反対向きになる。同じ動きにするためには力の「向き」も同じにする。　**Ｄ**　同じ動きになる力にするには，作用点の場所は関係ないが，大きさや「向き」を同じにするだけでなく，作用線を同じにする必要がある。これは，例２と例４を比べることでわかる。

問２　①　例４では，作用点の場所がちがうが，同じ動きになる。　②　例２は例４と同じように，２つの力が，大きさと「方向」，「向き」が同じになっているが，作用点の場所がちがっている。その結果，例４とは異なり，例２の物体ではちがう動きになる。

問３　ここでは，物体に力を加えたときに同じ動きになる力を同じ力とし，同じ力は大きさと作用線，「向き」が同じになっている。例１〜４のうち，物体が同じ動きをするのは例４だけであり，例４の２つの力は同じ力といえる。

問４　同じ力は大きさのほかに，作用線と「向き」が同じになっているものをいう。アは２つの力の作用線も「向き」も同じなので同じ力である。それに対して，イとエは２つの力の「向き」と作

用線がちがっていて，ウも２つの力が逆「向き」になっているため，イ～エの２つの力はいずれも同じ力ではない。しかし，イでは物体はどちらも右向きに，エでは物体はどちらも上向きに動き，それぞれ２つの物体が同じ動きをする。また，ウでは物体に力を加えてもどちらも物体が静止している。したがって，同じ力ではないのに２つの物体が同じ動きになるものとして，イ，ウ，エが選べる。なお，ウでは静止して動いていないため，ウを解答に入れなくても正解となる。

2 電流と磁石，電流計のしくみについての問題

問１　コイルに流れる電流の向きに，右手の人差し指から小指までの４本の指をそろえてコイルをにぎるようにし，親指を開いて伸《の》ばしたとき，親指の先が示す側が電磁石のＮ極になる。この方法により，図２でスイッチを入れると，電磁石の左《さ》端《たん》がＳ極になるとわかる。磁石はスイッチを入れると右向き(コイル側)に引きつけられたので，磁石の右端はＮ極である。

問２　図３より，コイルに流れる電流の大きさとコイルに発生する磁力，図４より，ばねにはたらく力とばねの伸びの間には，それぞれ比例の関係がある。したがって，コイルに流れる電流の大きさとばねの伸びの間にも比例の関係が成り立つ。ばねが伸びることによって，それにつながる磁石が動き，磁石につく棒が動くため，コイルに流れる電流の大きさと図１から棒が右に動いた分の目盛の関係も比例の関係となり，グラフはイのようになる。

問３　(1)　図２から電池の向きだけが変わっている。そのため，スイッチを入れると，コイルの導線に流れる電流の向きが図２と逆になるため，磁石は電磁石から反発する力を受け，棒は図２とは逆に動く。このとき，コイルに流れる電流の大きさは変わらないので，棒が動く目盛の数は変わらない。よって，左向きに２目盛動くことになる。　(2)　図２から直列につなぐ電池が１個増えるため，スイッチを入れると，コイルに流れる電流の大きさは２倍になる。問２より，電流の大きさが２倍になると，棒が動く分の目盛の数も２倍の，$2\times2=4$(目盛)となる。電流の向きは図２と同じなので，右向きに４目盛動く。　(3)　図２と電池の数と向きは変わらず，直列につなぐ電球が１個増えているので，スイッチを入れると，コイルに流れる電流は図２と同じ向きで，大きさが図２より小さくなる。よって，棒の動きとして右向きに１目盛が選べる。

3 中和と気体の発生についての問題

問１　①　溶液《ようえき》から水を蒸発させる操作を行うときには，溶液を蒸発皿に少量とって加熱する。
②　BTB溶液を数滴《てき》入れた塩酸に水酸化ナトリウム水溶液を加えて，溶液が緑色を示したので，塩酸と水酸化ナトリウム水溶液は過不足なく中和して食塩と水になっている。よって，水を蒸発させると食塩が残る。　③　塩酸と石灰石が反応すると，気体の二酸化炭素が発生する。

問２　５ｇの溶液に食塩が0.065ｇ含《ふく》まれているので，食塩の含まれる割合は，$0.065\div5\times100=1.3$(％)である。

問３　塩酸12.5ｇに石灰石の粉を加えていくと，塩酸と石灰石の粉がちょうど反応するまでは石灰石の粉の重さと発生した気体の体積は比例し，その後は気体の体積が一定となる。よって，実験２の加えた石灰石の粉の重さと発生した気体の体積の関係は右のグラフのように表すことができる。このとき，石灰石の粉，$0.5\times\frac{0.3}{0.12}=1.25$(ｇ)と塩酸12.5ｇがちょうど反応し，グラフのかたむきが変化する。

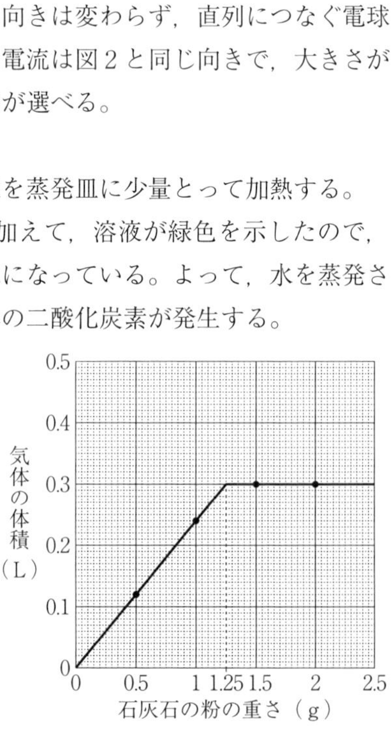

問４　問３より，過不足なく反応する塩酸と石灰石の粉の重さの比は，12.5：1.25＝10：１なので，塩酸10ｇに石灰石の粉0.5ｇを加えると，石灰石の粉0.5ｇがすべて反応して，塩酸が一部残ることになる。実験２の表より，このとき，0.12Ｌの二酸化炭素が発生する。

問５　実験１で塩酸2.5ｇに１％の水酸化ナトリウム水溶液20ｇを加えるとちょうど中和しているので，実験３で塩酸10ｇに１％の水酸化ナトリウム水溶液20ｇを加えた溶液には，中和に使われなかった塩酸が，10－2.5＝7.5（ｇ）残っていることになる。この溶液に石灰石の粉を0.25ｇ加えると，残っていた塩酸7.5ｇのうち，0.25×10÷１＝2.5（ｇ）が石灰石の粉0.25ｇと反応する。このとき，$0.12\times\frac{0.25}{0.5}$＝0.06（Ｌ）の二酸化炭素が発生する。

問６　問５で述べたように，実験３で石灰石の粉0.25ｇを加えた後の溶液には，塩酸が，7.5－2.5＝５（ｇ）残っていることになる。この塩酸をすべて中和するのに必要な１％水酸化ナトリウム水溶液の重さは，実験１より，$20\times\frac{5.0}{2.5}$＝40（ｇ）だが，ここでは濃《こ》さが２倍の２％水酸化ナトリウム水溶液を加えて中和させるため，加えた２％水酸化ナトリウム水溶液の重さは，$40\times\frac{1}{2}$＝20（ｇ）となる。

4　植物のはたらきと成長についての問題

問１　①　植物は葉などで，根から吸収した水とおもに葉の気孔《きこう》から取り入れた二酸化炭素から，日光を利用してデンプンなどの栄養分と酸素をつくっている。このはたらきを光合成という。

②　葉でつくられた栄養分は水に溶《と》けやすい糖に変えられ，師管を通ってからだ全体に運ばれる。

問２　(1)　ダイズの種子は無はい乳種子で，子葉の部分に発芽のための栄養分をたくわえている。発芽後，光合成を行うようになるまでのしばらくの間は，この栄養分を使って成長する。　(2)　カキやオシロイバナなどの一部をのぞき，双《そう》子葉類の種子は無はい乳種子で，子葉の部分に発芽のための栄養分をたくわえている。ア～カのうち双子葉類に属するものは，カのトウモロコシ以外の植物である。なお，単子葉類のトウモロコシの種子は有はい乳種子で，はい乳に発芽のための栄養分をたくわえている。

問３　(1)　図２より，種子をまいてから120日目には，枠《わく》Ａ～枠Ｃのいずれも枠の中にある植物すべての重さが600ｇになっている。枠Ａ～枠Ｃについて，600ｇをそれぞれの枠の中にある植物の本数で割って植物１本あたりの重さを求めると，枠Ａは，600÷10＝60（ｇ），枠Ｂは，600÷50＝12（ｇ），枠Ｃは，600÷100＝６（ｇ）となる。　(2)　ア，イ　枠の中にある植物すべての重さは，０日目から120日目をむかえる直前まで枠Ｃがもっとも重い。　ウ，エ　(1)より，120日目では，枠の中にある植物１本あたりの重さは，枠Ａがもっとも重くなっている。　オ　図２より，枠の中にある植物すべての重さが100ｇをこえるのは，枠Ａが35日ごろ，枠Ｂが25日ごろ，枠Ｃが22日ごろと読み取れる。よって，枠Ｃがもっとも早い。　カ，キ　(1)より，枠の中にある植物の本数が少ないほど，植物１本あたりの重さは重くなっているので，植物１本あたりが得られる光や水，肥料が多かったと考えられる。

5　太陽系のようすや地球の歴史，流星群についての問題

問１　地球が誕生したころ，地球の表面は高温のマグマにおおわれていたが，やがて地球の温度が下がり，大気中の水蒸気が雨となって降るようになり，そのことで地表が冷えてさらに雨が降ったと考えられている。このことにより，海のもとになるものができていった。

問２　地球に磁力があることは，クレーターがほとんど見られないこととは関係ない。地球上には植物が生えていてクレーターがあるとしても地形がわかりにくいこと，水があるためクレーターがしん食されて形が変わったこと，活火山の活動やプレートの動きなどでクレーターの地形がこわれることなどの理由で，地球上にはクレーターが多くない。

問３　彗星《すいせい》の尾《お》は，太陽とは正反対の向きへ伸びる。彗星が太陽に近づくと，放射熱によりガスやちりが発生するが，このガスやちりが太陽風や太陽の光の影響《えいきょう》を受けて伸びるため，尾の向きは太陽とは正反対の向きとなる。

問４　日本が冬至となるのは，地球の地軸《ちじく》の北側が太陽とは反対側にかたむいたエの位置に地球があるときである。なお，アは春分，イは夏至，ウは秋分のころの位置になる。

問５　ふたご座は，図３では地球をはさんで太陽と反対側にある。そのため，アはひと晩中夜の地点であるからつねにふたご座を見ることができ，イ～エは地球が自転して夜の側にくるとふたご座を見ることができる。オは１日中太陽が出ていて，太陽とは反対側にあるふたご座を見ることはできない。

問６　12月14日は冬至の日に近いため，ふたご座は地球をはさんで太陽とは反対側にある。したがって，ふたご座が南中するのは真夜中ごろとなる。

問７　12月14日は満月の前日と述べられているので，月が地球をはさんで太陽とは正反対の側にくる１日前の位置にある。よって，キが選べる。

国　語　＜第２回試験＞（50分）＜満点：100点＞

解　答

一　**問１**　ⓐ　エ　ⓑ　イ　**問２**　（例）　父が再婚して産まれた子供と「僕」の息子が同い年であることに驚く気持ち。　**問３**　ウ　**問４**　（例）　凪斗の，外食をしておこさまセットを頼めることを喜ぶ気持ち。　**問５**　イ　**問６**　（例）　幼少期父親に叶えてもらえなかったことを大人になって自分の子どもにしてあげたことで，過去の辛い経験が報われたという気持ち。　**問７**　エ　**問８**　（例）「僕」のことはどこにも連れて行ってくれなかったのに，新しい家族とファミレスで楽しそうに過ごしていることを嫌悪する気持ち。　**問９**　罪滅ぼし　**問10**　ア　**問11**　（例）　父も「僕」も過去がもたらしたエゴで子育てをしつつも，それに向き合い面白がっている点で同じだと気づき，父への拒絶感が薄れて彼の言葉に耳を傾けてもよいと思えたから。　二　下記を参照のこと。

●漢字の書き取り

三　１　博士　２　節　３　札　４　効(いて)　５　蒸気　６　基幹　７　善後　８　留(める)　９　門戸　10　英断

解　説

一　**出典：カツセマサヒコ「氷塊《ひょうかい》，溶《と》けて流れる」（「小説宝石」2023年６月号掲載《けいさい》）**。五年前に家族を捨てた父が，「僕《ぼく》」と妻が営むパン屋に突然《とつぜん》現れて「僕」の息子《むすこ》と同じ年の娘《むすめ》がいると告げてきたことで，腹を立てた「僕」は父に一層の不快感をいだくが，あるできごとをきっかけとしてその気持ちに変化がおとずれる。

問１　ⓐ　「嬉《うれ》しそうに」に続くので，喜びや期待で生き生きと話すようすを表す「声を弾《はず》ませた」が入る。なお，「息を呑《の》んだ」は，恐《おそ》れ，驚《おどろ》き，感動などで一瞬《いっしゅん》息が止まったようになることを表す慣用句。「眉《まゆ》をひそめた」は，眉間《みけん》にしわを寄せた表情を作るという意味で，心配や不快感の表れ。「頬《ほお》を膨《ふく》らませた」は，怒《いか》りや不満を顔に出すという意味。　ⓑ　家族を捨てる前は「無表情で寡黙《かもく》」だった父が，新しい家族について「言い訳がましい台詞《せりふ》」を「ベラベラと」しゃべっていることに僕は「腹が立つ」のだから，父の「大袈裟《おおげさ》な手振《てぶ》り」に対しても同様に思っていたはずである。よって，うっとうしく不快に感じるという意味の「鼻について」がよい。なお，「腑《ふ》に落ちて」は，納得《なっとく》がいったという意味。「目を奪《うば》って」は，めずらしさや素晴《すば》らしさで見とれることを表す慣用句。「胸にせまって」は，感情が高ぶって，いろいろな思いで胸がいっぱいになるという意味。

問２　ぼう線①の「それ」にあたる内容は，同じ段落の前半に書かれている。突然やってきた「父親が，再婚《さいこん》して」生まれた子が，「自分の子と同い年」であることへの「僕」のさまざまな思いが「なんだそれ」と表されている。本文の最初で「僕」は，「いや，マジで，どういうこと？」「理解したくても無理」「この異常すぎる事態」と感じていて，ここからはおどろきや不快感，受け入れがたさなどが読み取れる。かつて，父から何発も「ゲンコツを浴び」てきた「僕」は，父に対し，家族を「捨てた」自己中心的な人間だと思っていることもおさえておく。これらを整理して，「家族を捨てた父が再婚して生まれた子と『僕』の子が同い年と知った不快感」のようにまとめる。

問３　ぼう線②には，直前にある父の言葉への反発が表れている。問２でみたように，縁《えん》を切っていた父が突然現れて，再婚したことや「僕」に自分の息子と同い年の妹がいる事実を聞かされたことは，「僕」にとって受け入れがたい事態である。しかも，自分のことをなぐっていた父が，新しい家庭で生まれた子について語り，「子育てって，おもしろいな」とまで言う無神経さに，「僕」が「拒絶《きょぜつ》感」を覚えるのは自然なことである。よって，ウがふさわしい。

問４　保育園帰りに「僕」が自転車の「後部座席」に乗せているのは，息子の凪斗《なぎと》である。「僕」が「今日は海のほうから帰ろうか」と言うと，凪斗が「いくー」と答え，「後部のシートがガタガタ揺《ゆ》れた」ことから，心身ともうれしさではずむ凪斗のようすが読み取れる。ぼう線③の直前でも，夕飯を「外で食べない？」と提案された凪斗は「食べたーい！　おこさまのやつ！」と喜び，また体をゆすったことがわかる。このことから，「外で食べるお子様セットが楽しみで身も心もはずむ凪斗の気持ち」のように書くとよい。

問５　保育園の粘土《ねんど》遊びで「パン」をつくったという凪斗の話を聞いた「僕」が，口では「いいね」と答えながら内心で思っていたことを「呪《のろ》い」と呼んだ理由を読み取る。「僕」と妻の千沙登《ちさと》は，親がパン屋だから自分も同じ道をいくという発想を，凪斗から「取り除いて」やりたいと考えている。さらに帰宅後の場面で，「僕」は“父親にしてもらえなかったこと”，千沙登は“地元の小学校になじめなかったこと”が心の傷となっているせいで，自分たちは凪斗に「過去の自分」を投《とう》影《えい》し，“自分と同じ思いをさせたくない”という「エゴ」で子育てをしているのではないかと語り合っている。そして「僕」と千沙登は，凪斗のためと思ってした行動が，かえって息子の「未来」や「選択肢《せんたくし》」をせばめていることに気づく。つまり，過去のつらい体験からくるこうした執着《しゅうちゃく》が「呪い」となって，息子のたわいない粘土遊びの話にさえ「未来を案じ」てしまい，「いいじゃん」

と気軽に喜べないということなので，イが選べる。

問6　「氷」は，暴力をふるい，「ファミレス」にも連れていってくれなかった父に対する，「僕」の中にあったわだかまりをたとえたものである。この「氷」が溶ける感覚について，自分が幼少期に「叶《かな》えてもらえなかった」ことを凪斗にしてあげたときに「自分の中で，何か救われた感じ」があり，「未来の自分が，過去の自分を救いにきたみたい」だったと千沙登に話している。さらに，ファミレスで凪斗の頭を撫《な》でたときの感覚を「心が溶けるような気持ち〜あの瞬間，本当の意味で報《むく》われた気がした」と回想している。これらの内容から，「子供の頃《ころ》，父に叶えてもらえなかったことを，いま自分が息子にしてあげられたことで，過去の自分が救われたような気持ち」のようにまとめればよい。

問7　問6でみたように，「僕」は，ファミレスで凪斗の頭を撫でたとき，幼少期に父との関係で凍《こお》った「心」が溶けたように感じていた。しかし，ぼう線⑥で，「僕」が「凍るような感覚」に再びおそわれたのは，店で「渚《なぎさ》」と呼ばれた女の子が父の娘ではないかという直感が働いたからである。先日，父は，新しい家庭でもうけた娘が「渚」という名前で四歳《さい》だと言っており，店にいた女の子も凪斗と同じぐらいの背丈《せたけ》だったため，「僕」は父もここにいることを察し，かつて自分の「心」を凍らせた父に対する感情がよみがえったと想像できるので，エがふさわしい。

問8　父は，幼少期の「僕」をファミレスに連れてくることはなかったが，新しい家族とはファミレスに来て，偶然《ぐうぜん》出くわした「僕」に娘のことを楽しそうにしゃべっている。「僕」につらい記憶《きおく》を残しておきながら，今は子育てや一家団らんを楽しむ父に，「僕」が「家族，楽しそうでいいね」と言ったのは皮肉であり，それに気づいた父は「途端《とたん》にバツの悪そうな表情になった」のである。これをもとに，「幼少期の『僕』をファミレスへなど連れてこなかった父が，新しい家族とはファミレスで楽しく食事をするのかとあきれる気持ち」のようにまとめる。

問9　「一人目の子育ての後悔《こうかい》を，二人目，三人目の時」に「拭《ぬぐ》う」のだから「罪滅《つみほろ》ぼし」が合う。「罪滅ぼし」は，自分の罪やあやまちをつぐなうためにする行いのこと。ファミレスで別れぎわに謝《あやま》る父の言葉の中にあり，父は，「僕」を「どこにも連れて行ってやらなかった」ことをくやんでいて，その「罪滅ぼし」で渚を「いろんなところに連れてってやってるのかもしれない」と言っている。

問10　地元の小学校になじめなかった経験のある千沙登が，凪斗に小学校を受験させたいと考えたのは，「過去の自分が憧《あこが》れたこと」を凪斗に押《お》し付《つ》ける「エゴ」だったのかもしれないと言っている。さらに，凪斗がせっかく「機嫌《きげん》よく優《やさ》しい子に育ってる」のだから，「この街でできることからやってみようか」と考え直している。よって，アの内容がよい。凪斗にパン屋を本気で継《つ》ごうというようすはなく，受験を白紙にしようと思ったのは「海沿いの開放感あふれる」街だからではないので，イとウは合わない。また，千沙登は，受験もふくめて子育ては「何が正解かはわからない」と言っており，“受験は間違《まちが》いだ”と断定しているエも正しくない。

問11　ぼう線⑨の前の部分で，「僕」は，父との再会を千沙登に話し，子育ては「過去の自分が憧れたこと」や「罪滅ぼし」，つまり親の「エゴ」を「子に押し付けている可能性」もあるが，「子育てって，おもしろい」と語り合っている。そして，「過去の自分がしてやれなかったこと」を渚にしてあげる父と，「過去の自分がしてもらえなかったこと」を凪斗にしてあげる「僕」に，「大きな違いはない」と考えるようになった。これが，嫌悪《けんお》していた父の話を聞こうという気持ちになれた理由なので，「千沙登と話すことで，子育ては，後悔や過去の自分の憧れといった親のエゴの押し付けだと自覚しつつも楽しんでいるところが，父も自分も同じだと思えるようになったから」のようにまとめるとよい。

二　漢字の書き取り

1　学問やその道で豊富な知識のある人。博士論文の審査《しんさ》に合格して授与《じゅよ》される学位の場合，正式には“はくし”と読む。　**2**　音読みは「セツ」「セチ」で，「季節」「節会《せちえ》」などの熟語がある。　**3**「お札《ふだ》」は，寺社が出す木札や紙札，護符《ごふ》，おまもり。災《わざわ》いを防ぐなどの神秘的な力があると考えられている。音読みは「サツ」で，「表札」などの熟語がある。　**4**　音読みは「コウ」で，「効果」などの熟語がある。　**5**「蒸気機関車」は，水を沸騰《ふっとう》させたときに発生する蒸気の力を利用して車輪を動かす機関車。「機関車」は，動力を備えていない貨車や客車などを引っ張って動かす鉄道車両。　**6**「基幹」は，ものごとの中心となるもの。「基幹産業」は，国の経済活動を支える最も重要な産業のこと。　**7**「善後策」は，起きた問題や事件の後始末をうまくつける方法。　**8**「留める」は，“関心を向ける，注意する，固定する”という意味。　**9**　ものごとの出入り口。外部のものを受け入れるための入り口。「門戸を広げる」は，交流や入場するさいの制限をゆるめるという意味。　**10**　思い切りよく決めること。すぐれた決断。

Dr.福井の
入試に勝つ！ 脳とからだのウルトラ科学

復習のタイミングに秘密あり！

算数の公式や漢字，歴史の年号や星座の名前……。勉強は覚えることだらけだが，脳は一発ですべてを記憶することができないので，一度がんばって覚えても，しばらく放っておくとすっかり忘れてしまう。したがって，覚えたことをしっかり頭の中に焼きつけるには，ときどき復習をしなければならない。

ここで問題なのは，復習をするタイミング。これは早すぎても遅すぎてもダメだ。たとえば，ほとんど忘れてしまってから復習しても，最初に勉強したときと同じくらい時間がかかってしまう。これはとっても時間のムダだ。かといって，よく覚えている時期に復習しても何の意味もない。

そもそも復習とは，忘れそうになっていることを見直し，記憶の定着をはかる作業であるから，忘れかかったころに復習するのがベストだ。そうすれば，復習にかかる時間が一番少なくてすむし，記憶の続く時間も最長になる。

では，どのタイミングがよいか？　さまざまな研究・発表を総合して考えると，１回目の復習は最初に覚えてから１週間後，２回目の復習は１か月後，３回目の復習は３か月後――これが医学的に正しい復習時期だ。復習をくり返すたびに知識が海馬《かいば》（脳の，知識をためる倉庫みたいな部分）にだんだん強くくっついていくので，復習する間かくものびていく。

この計画どおりに勉強するには，テキストに初めて勉強した日付と，その１週間後・１か月後・３か月後の日付を書いておくとよい。あるいは，復習用のスケジュール帳をつくってもよいだろう。もちろん，計画を立てたら，それをきちんと実行することが大切だ。

ちなみに，記憶量と時間の関係を初めて発表したのがドイツのエビングハウスという学者で，「エビングハウスの忘《ぼう》却《きゃく》曲線」として知られている。

Dr.福井（福《ふく》井《い》一成《かずしげ》）…医学博士。開成中・高から東大・文Ⅱに入学後，再受験して翌年東大・理Ⅲに合格。同大医学部卒。さまざまな勉強法や脳科学に関する著書多数。

2023年度 城 北 中 学 校

【算　数】〈**第1回試験**〉（50分）〈満点：100点〉

注意　1．円周率が必要な場合には，3.14として計算しなさい。

2．比はもっとも簡単な整数の比で答えなさい。

3．コンパス・定規・分度器を使ってはいけません。

1　次の□にあてはまる数を求めなさい。

(1)　$2\frac{3}{4} \div 0.125 - \left(\frac{3}{5} + 2\frac{1}{3}\right) \div \left(\frac{1}{9} + \frac{2}{15}\right) = \square$

(2)　$3 \div \left\{2 \times \left(1\frac{1}{4} - \square\right) + \frac{2}{3}\right\} = 1\frac{1}{5}$

2　次の□にあてはまる数または比を求めなさい。

(1)　3％の食塩水100g，6％の食塩水150g，8％の食塩水□gを混ぜると，7％の食塩水になります。

(2)　右の図は，大きさの異なる2つの正六角形です。角アの大きさは□度です。

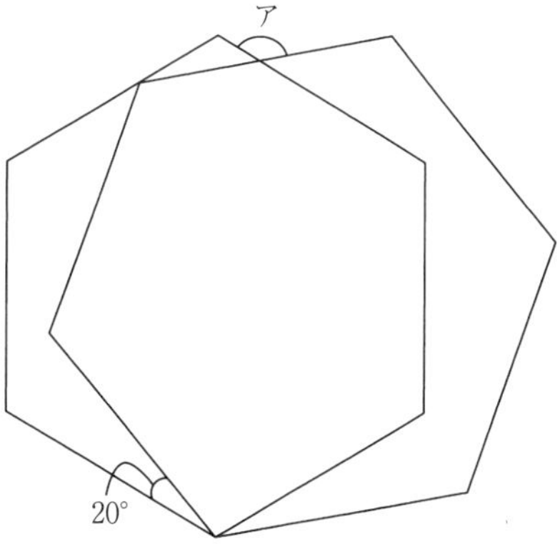

(3)　下の図のように，1辺の長さが2cmの正方形ABCDの頂点Aに長さ8cmのひもがついています。このひもを図の状態からピンと張ったまま，時計回りで正方形にすべて巻きつけます。このとき，ひもの先端《たん》Pが動いてできる線の長さは□cmです。

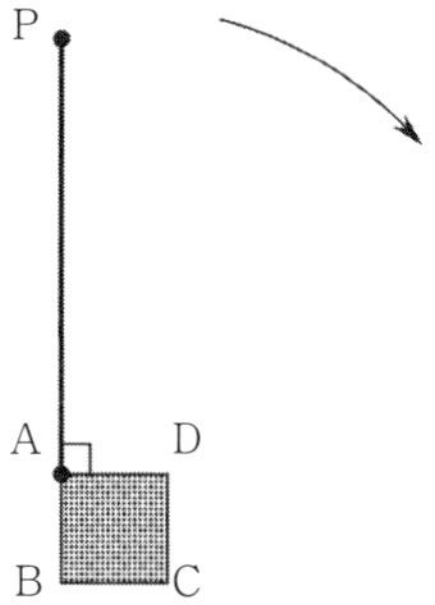

(4)　ある動物園の入口には開園時刻に600人の行列があり，毎分60人の人がこの行列に加わります。開園時刻に改札口を2ヵ所開けると行列はちょうど15分でなくなりました。開園時刻に改札口を□ヵ所以上開けると行列は3分以内になくなります。

(5)　次のページの図の長方形ABCDにおいて，

AE：EB＝1：1，BF：FC＝1：2，CG：GD＝1：3

このとき，EI：IG＝□①で，三角形EHIの面積は長方形ABCDの面積の□②倍です。

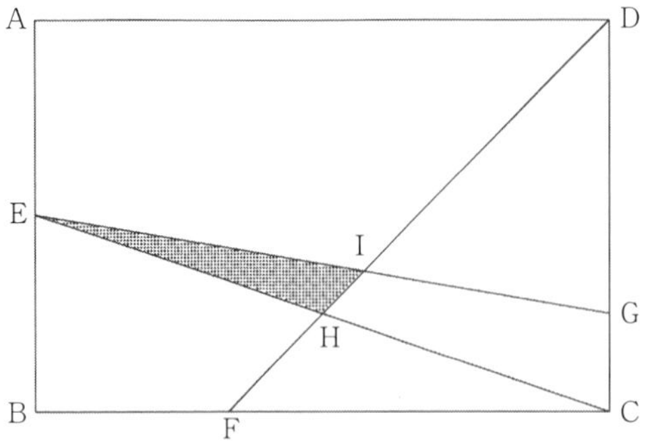

3　列車Ａと列車ＢはＰ駅とＱ駅の間をそれぞれ一定の速さで何度も往復します。列車Ａと列車Ｂが走る速さの比は５：７です。

８時に列車Ａが，８時８分に列車ＢがそれぞれＰ駅を出発しました。列車ＡがはじめにＱ駅に到着《とうちゃく》したのは，列車ＢがＱ駅に到着した14分後でした。

下のグラフは時刻と列車Ａと列車Ｂの位置を表したものです。ただし，駅での停車時間と列車の長さは考えないものとします。

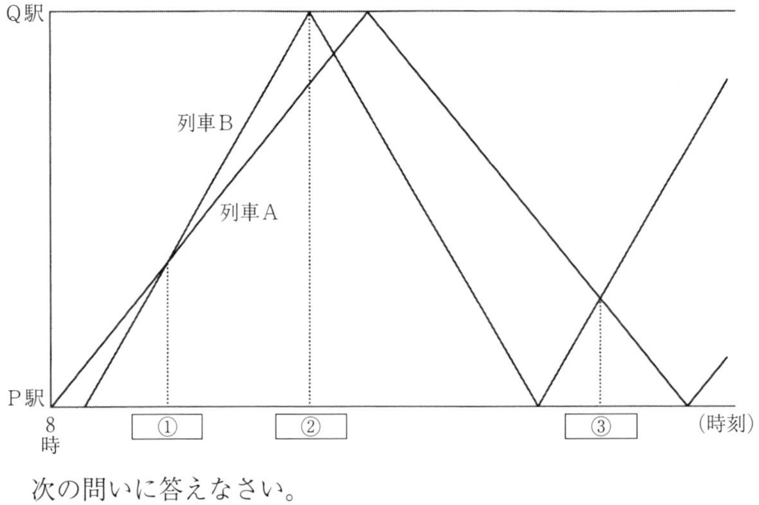

次の問いに答えなさい。

(1)　グラフの ① にあてはまる時刻を求めなさい。

(2)　グラフの ② にあてはまる時刻を求めなさい。

(3)　グラフの ③ にあてはまる時刻を求めなさい。

4　図１のような，長方形 あ ，正方形 い ，二等辺三角形 う があります。

図１

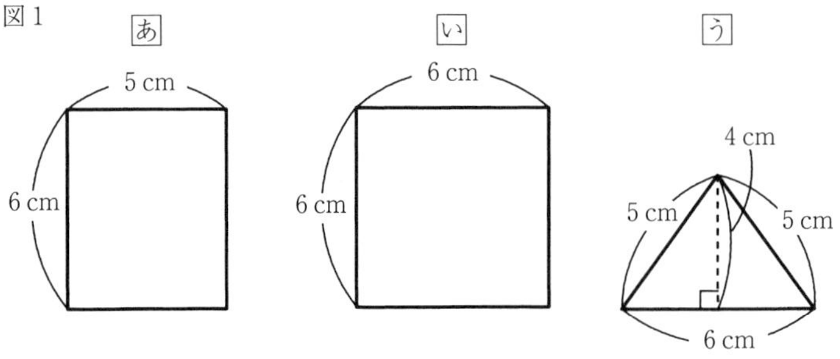

これらの図形を組み合わせて図２のような展開図を作り，これを組み立てた立体をＰとします。

次の問いに答えなさい。

(1) 立体Ｐの体積を求めなさい。

(2) 立体Ｐの頂点Ｄから辺BC，辺AFを通って頂点Ｅまで糸で結びます。糸の長さがもっとも短くなるとき，その長さを求めなさい。

(3) 立体Ｐの頂点Ａ，Ｂ，Ｃ，Ｄを結んでできる立体をＱ，立体Ｐの頂点Ａ，Ｂ，Ｅ，Ｆを結んでできる立体をＲとするとき，立体Ｑと立体Ｒが重なっている部分の体積を求めなさい。

図２

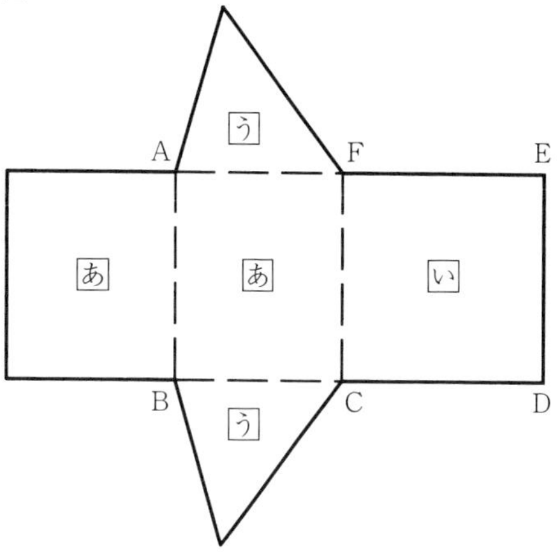

5 ある商品を，Ａ，Ｂ，Ｃという３つの店で売っています。

Ａでは１個450円で売っています。

Ｂでは，10個までは１個480円，10個を超《こ》えた分は１個450円，20個を超えた分は１個420円，30個を超えた分は１個400円で売っています。

例えばＢでこの商品を32個買ったときの代金は

$$480\times10+450\times10+420\times10+400\times2=14300 \text{ 円}$$

です。

Ｃでは通信販《はん》売をしていて１個の代金は410円ですが，買った個数によって送料は異なり，10個までは500円，11個から20個までは700円，21個から30個までは900円，31個から40個までは1100円……のように10個ごとに送料が200円ずつ高くなります。

例えばＣでこの商品を32個買ったときの代金は

$$410\times32+1100=14220 \text{ 円}$$

です。

この商品を１つの店のみで買うとき，次の□にあてはまる数を求めなさい。

(1) この商品を買う個数が20個以下のとき，Ｂ，Ｃで買うよりもＡで買った方が代金が安くなるのは□個以下買うときです。

(2) この商品をＡ，Ｃで買うよりもＢで買った方が代金が安くなるのは□個以上買うときです。

(3) この商品をＡ，Ｂで買うよりもＣで買った方が代金が安くなるのは18個以上［①］個以下と［②］個以上39個以下買うときです。

【社　会】〈第１回試験〉（40分）〈満点：70点〉

1　次の会話文は，城北中学校に通う中学３年生のユウくんと，その後輩の中学２年生のハヤトくんの夏休み後のある日の会話です。会話文を読んで，下記の設問に答えなさい。

ユ　ウ「ハヤトくん，久しぶり。夏休み前に会って以来かな。元気かい？」

ハヤト「ユウ先輩，こんにちは。僕は楽しい夏休みを過ごしました！　今年は夏休みに入ってすぐに夏期林間学校に行けたことが印象に残っています！」

ユ　ウ「僕たちはコロナ禍で宿泊学習にまだ行っていないから，うらやましいな！　城北中学校の山荘が(1)長野県(2)大町市にあるね。印象に残っていることはあるかい？」

ハヤト「天気も良くて，山荘での生活も快適でした。とくに(3)黒部ダムの迫力はすごかったです！　ユウ先輩たちも11月に研修旅行に行かれますよね？」

ユ　ウ「うん。(4)大阪府，(5)奈良県，(6)京都府を巡《めぐ》って研修をするんだ。研修旅行で行きたいところは夏休みに調べたよ。１学期の遠足の反省をいかさなくては。」

ハヤト「遠足では何かあったんですか？」

ユ　ウ「(7)東京スカイツリーなど(8)東京都のいろいろな場所を巡って勉強になったのだけど，行きたいところを詰め込み過ぎて，大変だったんだ。」

ハヤト「ユウ先輩，知っていますか。中学３年生の遠足は，かつては(9)東京ディズニーランドや(10)千葉県富津市にあるマザー牧場に行ったこともあったようですよ。」

ユ　ウ「それは知らなかったな。どうしてそんなこと知っているんだい？」

ハヤト「昨年度の12月に受け取った城北学園80周年記念誌に書いてありました！」

ユ　ウ「(11)80年の歴史を見ると城北学園のことがもっとわかりそうだね。僕ももう一度読んでみよう。」

問１　下線部(1)に関連して，次の表は面積の広い都道府県の上位５道県の面積，人口を示しています。長野県を示すものを，表中のア～エから一つ選び，記号で答えなさい。

道県	面積(km^2)	人口(万人)
北海道	83,424	522.5
ア	15,275	121.1
イ	13,784	183.3
ウ	13,562	204.8
エ	12,584	220.1

（矢野恒太記念会「日本国勢図会 2022/23」より作成）

問２　下線部(1)に関連して，右のグラフは，長野県が生産上位となっている，ある作物の生産量を示しています。このグラフが示す作物として正しいものを，次のア～エから一つ選び，記号で答えなさい。

ア．ピーマン　　イ．レタス

ウ．トマト　　エ．りんご

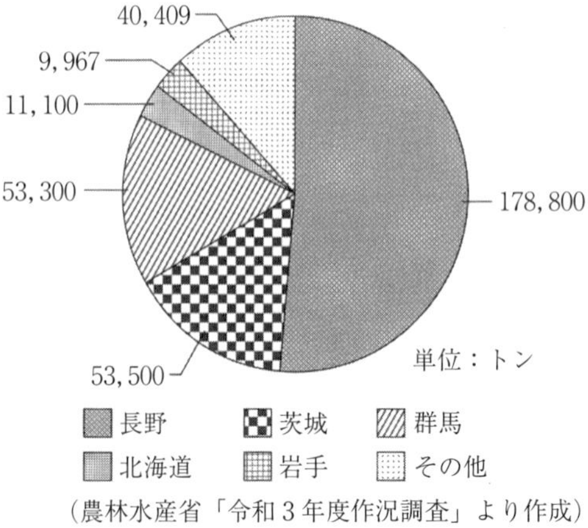

（農林水産省「令和３年度作況調査」より作成）

問３　下線部(2)に関連して，長野県大町市にある木崎湖は，本州を東北日本と西南日本に分ける大きな地溝帯である(　　)の一部となっています。(　)にあてはまる語句を**カタカナ**で答えなさい。

問４　下線部(3)に関連して，次の図は，黒部ダム付近の地形図です。地形図中の地点Ａの標高にもっとも近いものを，下のア～エから一つ選び，記号で答えなさい。

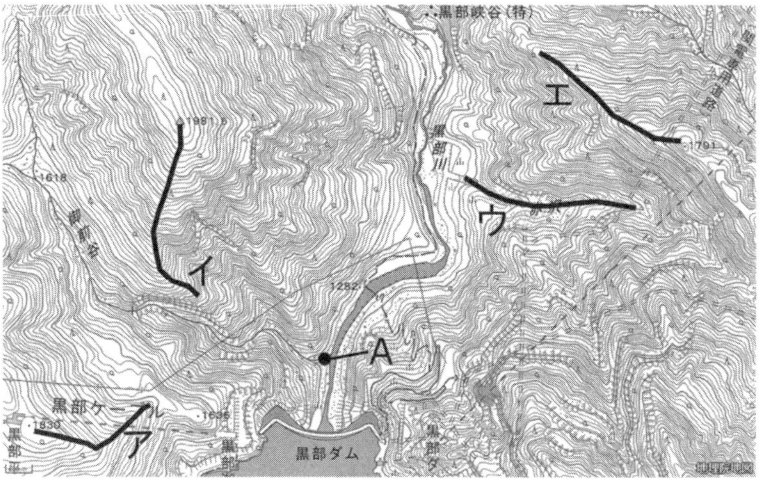

(地理院タイルを加工して作成)

ア．1280ｍ～1300ｍ　　イ．1380ｍ～1400ｍ

ウ．1480ｍ～1500ｍ　　エ．1580ｍ～1600ｍ

問５　問４の地形図中のア～エのうち，曲線のすべてが谷を示しているものを，地形図中のア～エから一つ選び，記号で答えなさい。

問６　下線部(4)に関連して，大阪府は伝統的な工業地帯で，中小規模の様々な業種の工業が分布しています。繊維《せんい》産業の盛んな大阪府の都市として正しいものを，次のア～エから一つ選び，記号で答えなさい。

ア．門真《かどま》　　イ．堺　　ウ．東大阪　　エ．泉佐野

問７　下線部(4)に関連して，2019年，大阪府でG20大阪サミットが開催《かいさい》され，地球環境に関する議論が進められました。その中で海洋プラスチックごみ問題もとりあげられました。海洋プラスチックごみについて述べた文として，**誤っているもの**を，次のア～エから一つ選び，記号で答えなさい。

ア．プラスチックに代わり，ストローの材料に紙が使われることもみられます。

イ．ペットボトルのリサイクルは，ゴミの減少をもたらし，地球温暖化対策にもつながります。

ウ．細かなプラスチック片は，海水に溶けるため，粉砕《ふんさい》して廃棄《はいき》することが推奨されています。

エ．ポリ袋を有料化することで，廃棄されるポリ袋も減少することが想定されます。

問８　下線部(5)に関連して，奈良県には，人工の三大美林の一つに数えられる(　　)すぎの産地が紀伊山地に分布しています。(　)にあてはまる地名を，次のア～エから一つ選び，記号で答えなさい。

ア．吉野　　イ．木曽　　ウ．尾鷲《おわせ》　　エ．天竜

問９　下線部(5)に関連して，奈良県の大和郡山市などでは，農業用のため池を利用して，ある水産物の養殖が盛んになりました。その水産物として正しいものを，次のア～エから一つ選び，記号で答えなさい。

ア．真珠　　イ．かき　　ウ．うなぎ　　エ．金魚

問10　下線部(6)に関連して，京都府章を示したものとして正しいものを，次のア～エから一つ選び，記号で答えなさい。

問11　下線部(5)，(6)に関連して，次の京都府や奈良県の文化について述べた文のうち，**誤っているもの**を，次のア～エから一つ選び，記号で答えなさい。

ア．絹織物の西陣織や，陶磁器《とうじき》の清水焼は伝統的工芸品に指定されています。

イ．丹後半島の天橋立は，砂のたい積による地形が日本三景の一つに数えられる景勝地です。

ウ．京都府の法隆寺や奈良県の平等院は世界文化遺産に登録されています。

エ．京都府も奈良県も，かつての都があった地域は碁盤目《ごばんめ》状の街路となっています。

問12　下線部(7)について，東京スカイツリーがあるのは，東京都墨田区です。墨田区の位置として正しいものを，右の地図中のア～エから一つ選び，記号で答えなさい。

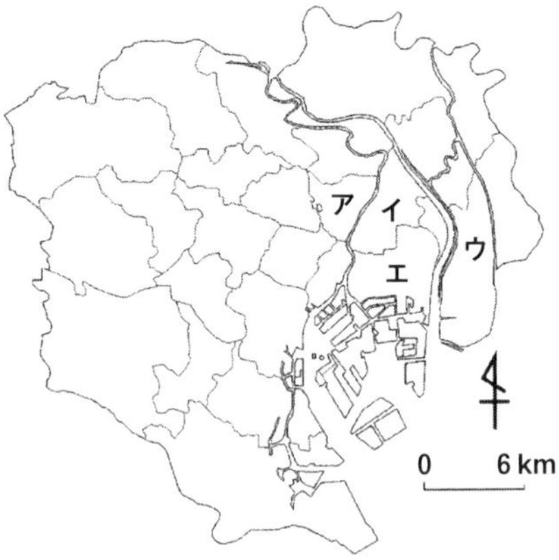

問13　下線部(8)に関連して，次のグラフは輸送機関別にみた，東京から日本各地への旅客輸送の形態を示しています。グラフ中のア～エは，東京－宮城，東京－大阪，東京－福岡，東京－鹿児島のいずれかです。東京－大阪を示すものとして正しいものを，グラフ中のア～エから一つ選び，記号で答えなさい。

＊鉄道はJR線によるものを指す。

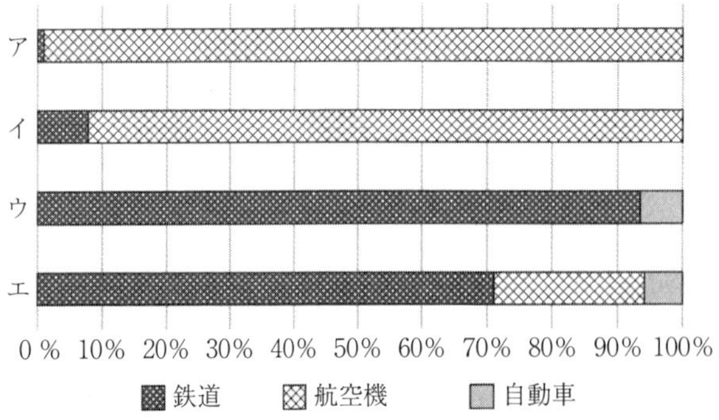

(国土交通省「旅客地域流動調査(2020年度)」より作成)

問14　下線部(9)は，千葉県浦安市に位置しています。千葉県浦安市のような大都市近郊の地域にみられる傾向について述べた文のうち，**誤っているもの**を，次のア～エから一つ選び，記号で答えなさい。

ア．昼間人口よりも夜間人口のほうが多くなる傾向にあります。

イ．１世帯あたりの人員は，全国平均の値よりも多くなる傾向にあります。

ウ．高齢者の割合は，全国平均の値よりも低い傾向にあります。

エ．住宅の開発が進み，地価が全国平均の値よりも高い傾向にあります。

問15　下線部⑽に関連して，富津市は，原料の輸入のしやすさから，臨海部に火力発電所が分布します。次のグラフは，1980年，2000年，2020年における日本の総発電量の割合の変化を示しており，グラフ中のア～ウは火力発電，水力発電，原子力発電のいずれかを示しています。火力発電を示すものを，グラフ中のア～ウから一つ選び，記号で答えなさい。

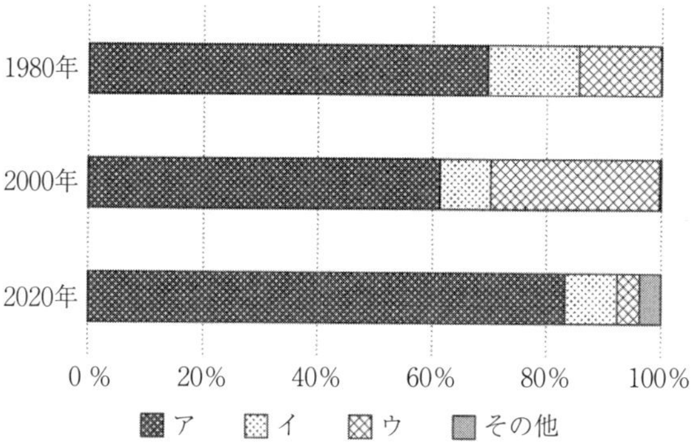

（矢野恒太記念会「日本国勢図会 2022/23」より作成）

問16　下線部⑽に関連して，富津市の臨海部には，鉄鋼の工場も分布します。次のグラフは日本の鉄鉱石の輸入国を示しています。グラフ中のＡ国にあてはまる国名を答えなさい。

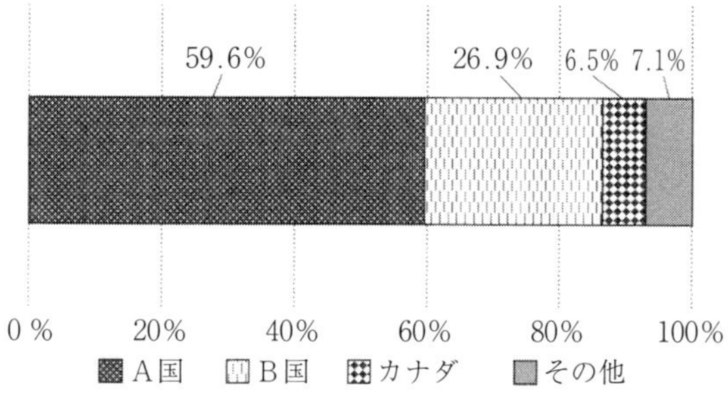

（財務省「財務省貿易統計(2022年)」より作成）

問17　下線部⑽に関連して，千葉県は，自然環境や立地の特徴をいかした野菜や花の栽培が盛んです。これについて述べた文として，**誤っているもの**を，次のア～エから一つ選び，記号で答えなさい。

ア．火山灰質の関東ローム層は，水はけが良く，畑作に適しています。

イ．利根川の水を利用する両総用水は農業用水にも用いられています。

ウ．消費地に近いため，鮮度の重要な野菜や生乳，鶏卵の生産が盛んです。

エ．冬は関東地方の中でも寒冷な地域であり，花の栽培に適しています。

問18　下線部⑾に関連して，次のページのグラフは今から約80年前からの日本の食生活の変化を示しています。グラフ中のア～エは，牛乳・乳製品，野菜，米，小麦のいずれかの一人一日あたりの消費量の推移です。米にあてはまるものとして正しいものを，グラフ中のア～エから一つ選び，記号で答えなさい。

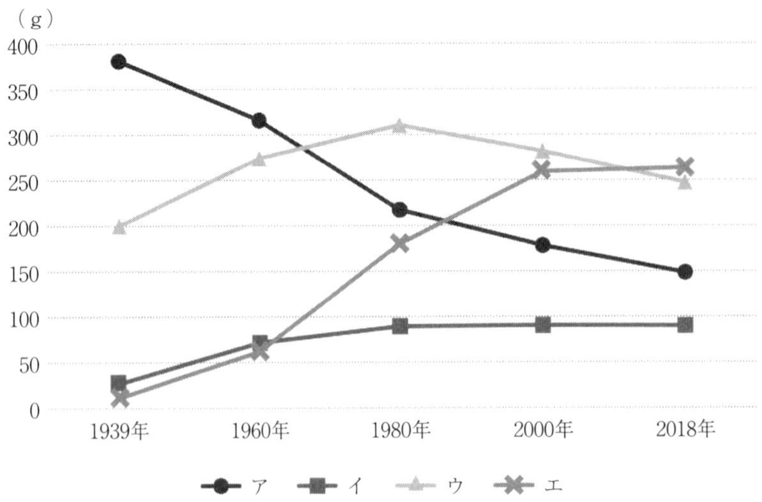

（矢野恒太記念会「数字でみる日本の100年（第７版）」より作成）

問19　下線部⑾に関連して，次のア～エの表は，日本における今から約80年前の1940年の輸出品目，輸入品目，2020年の輸出品目，輸入品目の上位５品目（金額）のいずれかを示しています。1940年の輸出品目の上位５品目を示したものを，ア～エから一つ選び，記号で答えなさい。

ア	
第１位	自動車
第２位	自動車部品
第３位	集積回路
第４位	鉄鋼
第５位	半導体等製造装置

イ	
第１位	生糸
第２位	綿織物
第３位	衣類
第４位	金属製品
第５位	魚介類

ウ	
第１位	原油
第２位	液化天然ガス
第３位	医薬品
第４位	通信機
第５位	衣類

エ	
第１位	綿花
第２位	石油
第３位	米
第４位	石炭
第５位	羊毛

（矢野恒太記念会「数字でみる日本の100年（第７版）」
「日本国勢図会　2022/23」より作成）

2　次の会話文は，中学１年生のハルトくんとホノカさんが夏休みの自由研究のテーマを見つけるため千葉県佐倉市にある国立歴史民俗博物館を訪れた際のものです。会話文を読んで，下記の設問に答えなさい。

ハルト「(1)国立歴史民俗博物館には６つの展示室があって，時代ごとに分けられているんだね。第１展示室は先史・古代を扱《あつか》っていたよ。この時代の(2)様々な遺跡を通して(3)人びとの生活の様子がよく分かったな。」

ホノカ「(4)沖ノ島の祭場の実物大模型はとても迫力があって，神秘的だったわ。」

ハルト「第２展示室は(5)平安時代から安土桃山時代までを扱っていたね。平安時代後期の(6)武士の成長や(7)鎌倉時代の都市の発達の様子が展示されていたね。また，(8)室町時代の(9)農業や手工業に従事する人びとの復元模型などもあった。」

ホノカ「私は，(10)鉄砲の伝来が，国内に変化をもたらしたことがよく分かったわ。」

ハルト「第３展示室は近世を扱っていたね。江戸時代の日本は(11)鎖国をしていたと習ったけど，実際には色々な国や地域と交流があったんだね。」

ホノカ「そうね。(12)幕藩体制の下で，平和な時代が続いていたんだなって感じたわ。(13)町人を中心とした文化が花開いたのもその証拠ね。」

ハルト「第４展示室は列島の民俗文化がテーマだった。(14)地域のお祭りは人びとが安心して，幸せに生活するための願いが込められていたんだね。」

ホノカ「私の地元でも毎年お祭りが行われているわ。」

ハルト「第５展示室は(15)19世紀後半から始まった近代の出発から大正時代のころまでを扱っていたね。(16)文明開化によって近代社会に変化したんだね。」

ホノカ「(17)大正時代の浅草の街並が実物大復元模型であって，当時の娯楽の王様である映画館が印象的だったわ。」

ハルト「第６展示室は(18)1930年代から1970年代までを扱い，「戦争と平和」「戦後の生活革命」という２つのテーマで構成されていたよ。」

ホノカ「(19)戦争によって国民は様々な面で国家の統制を受けることになったんだね。」

ハルト「さて，僕は第４展示室の民俗へのまなざしというコーナーに興味を持ったから，地方のお祭りなどを研究テーマにするよ！」

ホノカ「私はそれぞれの時代における女性の立場や役割が気になったわ。だから，(20)女性の地位というテーマで調べてみることにするわ。」

ハルト「どんな発見があるか，楽しみだね！」

ホノカ「そうね，お互い頑張りましょう。」

問１　下線部(1)がある千葉県佐倉市に近い佐原の地（現在は香取市佐原）で江戸時代に名主を務め，晩年に全国を測量し『大日本沿海輿地全図《だいにほんえんかいよちぜんず》』を作成した人物の氏名を**漢字**で答えなさい。

問２　下線部(2)について，弥生時代の遺跡として正しいものを，次のア～エから一つ選び，記号で答えなさい。

ア．登呂遺跡　　イ．三内丸山遺跡　　ウ．野尻湖遺跡　　エ．岩宿遺跡

問３　下線部(3)について，縄文時代の人びとは食べ物の残りかす，動物や人の骨，土器片などを一カ所に捨てていました。この場所は当時の人びとのくらしを知る大切な遺跡となっていますが，このような遺跡を何といいますか。**漢字**で答えなさい。

問４　下線部(4)は日本列島と朝鮮半島との間に位置し，古代東アジアにおいて海を越えた交流が多く行われる中，航海の安全と交流の成就《じょうじゅ》を祈って祭祀《さいし》が行われました。この古代祭祀が行われていた４世紀から６世紀ごろの日本について述べた文として**誤っているもの**を，次のア～エから一つ選び，記号で答えなさい。

ア．ヤマト政権は大王を中心に，豪族たちに氏と姓を与えて統制しました。

イ．大王や各地の豪族は，権力を示すため前方後円墳などの古墳をつくりました。

ウ．進んだ技術を持つ渡来人が，外交文書の作成などでヤマト政権に仕えました。

エ．儒教や仏教は，朝鮮半島の新羅を経由して日本に伝わりました。

問５　下線部(5)の時代の天皇を年代順に古い方から並べ替えると，どのような順番になりますか。正しいものを，次のページのア～カから一つ選び，記号で答えなさい。

1．後三条天皇　　2．後白河天皇　　3．桓武天皇

ア．1→2→3　　イ．1→3→2　　ウ．2→1→3

エ．2→3→1　　オ．3→1→2　　カ．3→2→1

問６　下線部⑹について，下記の１～３の出来事を年代順に古い方から並べ替えると，どのような順番になりますか。正しいものを，下のア～カから一つ選び，記号で答えなさい。

1．太政大臣となった平清盛は娘の徳子を高倉天皇の后《きさき》としました。

2．後三年の役が鎮圧された後，平泉を拠点に奥州藤原氏が栄えました。

3．平将門が関東のほとんどを支配下におき，みずからを新皇と称しました。

ア．1→2→3　　イ．1→3→2　　ウ．2→1→3

エ．2→3→1　　オ．3→1→2　　カ．3→2→1

問７　下線部⑺に元寇がおきましたが，そのようすを伝える『蒙古《もうこ》襲来《しゅうらい》絵詞《えことば》』を描かせ，みずからの活躍を後世に残そうとした御家人の氏名を**漢字**で答えなさい。

問８　下線部⑻に設置された，将軍を補佐する役職として正しいものを，次のア～エから一つ選び，記号で答えなさい。

ア．老中　　イ．管領　　ウ．執権　　エ．連署

問９　下線部⑼に関連して，室町時代の農業や手工業について述べた文として**誤っているもの**を，次のア～エから一つ選び，記号で答えなさい。

ア．自治的な組織である惣村をつくり，話し合いによって村の運営を行いました。

イ．手工業が発達し，京都の西陣織など各地で特産品が生産されました。

ウ．定期市も賑《にぎ》わうようになり，月に３回開催されていたものが６回開かれるようになりました。

エ．干鰯《ほしか》や油かすなどの金銭を払って購入する肥料が登場し，生産性を高めました。

問10　下線部⑽について，鉄砲伝来に関連して述べた文として正しいものを，次のア～エから一つ選び，記号で答えなさい。

ア．鉄砲はイエズス会の宣教師であったフランシスコ・ザビエルが日本に伝えました。

イ．鉄砲はその後も，国内ではつくられず，ポルトガル商人から輸入しました。

ウ．織田信長は，鉄砲を戦いに取り入れて，長篠の戦いに勝利しました。

エ．織田信長は，鉄砲を大量に輸入する一方で，キリスト教の布教は認めませんでした。

問11　下線部⑾について述べた文として**誤っているもの**を，次のア～エから一つ選び，記号で答えなさい。

ア．長崎では，オランダやイギリスの商人と幕府が独占的に貿易をしました。

イ．朝鮮とは国交が断絶していましたが，対馬の宗氏の尽力で回復しました。

ウ．琉球王国は薩摩藩を介して，幕府に将軍就任を祝う使節などを派遣しました。

エ．松前藩はアイヌとの交易独占権を与えられ，次第にアイヌを従属させました。

問12　下線部⑿は，将軍と大名がそれぞれ土地と人民を支配する政治体制をいいます。大名に**含まれないもの**を，次のア～エから一つ選び，記号で答えなさい。

ア．親藩　　イ．旗本　　ウ．譜代　　エ．外様

問13　下線部⒀に関連して，江戸時代の文化作品とその作者の組み合わせとして**誤っているもの**を，次のア～エから一つ選び，記号で答えなさい。

ア．作品：『東海道中膝栗毛』　作者：近松門左衛門
イ．作品：『南総里見八犬伝』　作者：滝沢馬琴
ウ．作品：『富嶽《ふがく》三十六景』　作者：葛飾北斎
エ．作品：『東海道五十三次』　作者：歌川広重

問14　下線部⒁について，応仁の乱以降中断していたが，京都の町衆たちによって再興されたお祭りを何といいますか。**漢字３文字**で答えなさい。

問15　下線部⒂について述べた文として**誤っているもの**を，次のア～エから一つ選び，記号で答えなさい。
ア．国民を一つにまとめるために，士農工商の身分制度を廃止しました。
イ．国民すべてに教育を受けさせることを目標に，各地に寺子屋を設置しました。
ウ．土地の所有権を明確にするため，地券を発行し地租改正を行いました。
エ．国民皆兵を目指して，満20歳以上のすべての男子に兵役の義務を課しました。

問16　下線部⒃の象徴の一つとして，条約改正を進める明治政府が1883年に東京日比谷に建てた下の図にある西洋式建築の建物の名称を何といいますか。**漢字３文字**で答えなさい。

（山川出版社『詳説日本史図録』第９版）

問17　下線部⒄におきた出来事について述べた文として**誤っているもの**を，次のア～エから一つ選び，記号で答えなさい。
ア．第一次世界大戦が勃発《ぼっぱつ》すると，日本は参戦しました。
イ．米が急激に値上がりしたため，米の安売りを求めて米騒動がおこりました。
ウ．原敬が，すべての閣僚を立憲政友会から選んだ，本格的な政党内閣を組織しました。
エ．普通選挙法が成立し，満25歳以上の男子すべてに選挙権が与えられました。

問18　下線部⒅の時代におきた下記の１～３の出来事を年代順に古い方から並べ替えると，どのような順番になりますか。正しいものを，下のア～カから一つ選び，記号で答えなさい。
１．五・一五事件　　２．柳条湖事件　　３．盧溝橋事件
ア．１→２→３　　イ．１→３→２　　ウ．２→１→３
エ．２→３→１　　オ．３→１→２　　カ．３→２→１

問19　下線部⒆に関連して，1930年代後半～1940年代前半の日本について述べた文として**誤っているもの**を，次のア～エから一つ選び，記号で答えなさい。

ア．治安維持法により議会の承認なしに，国民を動員できるようになりました。

イ．軍事生産が優先され，生活必需品が不足し，配給制や切符制が行われました。

ウ．サイパン島の陥落《かんらく》後，アメリカの爆撃機による本土空襲が激しくなりました。

エ．戦局の悪化により，大学生も徴兵される学徒出陣が行われました。

問20　下線部⒇に関連して，歴史上に登場する女性について述べた文として**誤っているもの**を，次のア～エから一つ選び，記号で答えなさい。

ア．持統天皇は天武天皇の仕事をひきつぎ，平城京へ遷都《せんと》しました。

イ．紫式部は国風文化を代表する『源氏物語』を完成させました。

ウ．北条政子は，「尼将軍」として源頼朝の御恩を，御家人に説きました。

エ．日野富子が自分の子を将軍の跡継ぎにしようとしたことが，応仁の乱のきっかけとなりました。

3　次の文章を読んで，下記の設問に答えなさい。なお憲法の条文は分かりやすく書き直してあります。

私たちが自由に人間らしく生きていくことができるように，日本国憲法では基本的人権の保障が明記されています。

具体的には，憲法11条で「この憲法が国民に保障する基本的人権は，侵すことのできない（　あ　）として現在と将来の国民に与えられる」，また13条で「すべて国民は個人として尊重される。（　い　）に対する国民の権利は（　う　）に反しない限り，立法その他の国政の上で最大の尊重を必要とする」と書かれています。

基本的人権には平等権，参政権，請求権，自由権，社会権の五つがあります。

平等権は，14条に「(1)すべて国民は法の下に平等であって，（　え　），社会的身分，門地《もんち》により，政治的，経済的，又は社会的関係において差別されない」とされています。

参政権は15条に「公務員の選定と罷免《ひめん》は国民固有の権利である。公務員の選挙は成年者による（ お ）選挙を保障する。選挙における投票の（ か ）は侵してはならない」と書かれています。

請求権は，17条「公務員の不法行為により損害を受けた時は，法律の定めにより国または公共団体に賠償を求めることができる」となっています。

自由権は，精神の自由，身体活動の自由，経済活動の自由に分けて具体的に多くの内容が定められています。精神の自由は，19条「思想及び良心の自由は侵してはならない」，20条「信教の自由は保障する」，21条「（　き　），その他一切の表現の自由は保障する」，23条「学問の自由は保障する」となっています。身体活動の自由は，18条「何人も奴隷《どれい》的拘束を受けない」，31条「何人も法律の定める手続きによらねば（ く ）もしくは自由を奪われたり刑罰を科せられたりはしない」となっています。経済活動の自由は，22条「何人も（　う　）に反しない限り，（　け　）の自由を有する」となっています。

社会権は，25条「すべて国民は（ こ ）で文化的な最低限度の生活を営む権利を有する」，26条「すべて国民は，その能力に応じてひとしく教育を受ける権利を有する」，27条「すべて国民は勤労の権利を有し，(2)義務を負う」，28条「勤労者の（　さ　）は保障する」となっています。

しかし，現実には人権の保障に反するような事件も多くありました。憲法25条の生存権の保障をめぐる裁判として有名なものに，1957年から10年間にわたり，当時の生活保護法が憲法25条に反していないかどうかを争った(　し　)訴訟があります。

日本国憲法が制定されてから75年が過ぎ，社会の状況も大きく変わりそれに伴って憲法に直接規定されていない「新しい人権」の保障が求められています。具体的には生活していくために必要なきれいな空気や水を保障する「(3)環境権」，国民が主権者として政治について正しい判断をするための「知る権利」，さらに私生活において他人に知られたくない秘密を守ったり，逆に他人に自分の正しい情報を知ってもらうための「(　す　)の権利」などです。

問１　文中の空欄(あ)にあてはまる語句を，次のア～エから一つ選び，記号で答えなさい。

ア．永久の権利　　イ．国民独自の権利

ウ．天皇が授けた権利　　エ．条件がついた権利

問２　文中の空欄(い)には次のア～エのうち三つがあてはまります。あてはまる語句として**誤っているもの**を，ア～エから一つ選び，記号で答えなさい。

ア．生命　　イ．自由　　ウ．国家　　エ．幸福追求

問３　文中の空欄(う)にあてはまる語句を，次のア～エから一つ選び，記号で答えなさい。

ア．国家の方針　　イ．個人の権利

ウ．公共の福祉　　エ．世界の平和

問４　下線部(1)に関連して，不当な差別に**あてはまらないもの**を，次のア～エから一つ選び，記号で答えなさい。

ア．Ａ国がＢ国に侵攻したという国際紛争のニュースの後に，あるレストランの店主が「Ａ国人はすべて入店お断り」という張り紙を貼りました。

イ．自宅の近くの遊園地には，障害のある人が待つことがなく入園できるように特別枠が設けられています。

ウ．ある大学の医学部は男子を多く採りたいので，受験生の男子と女子の合格点に差を設けています。

エ．ある企業は，採用に社長と同じ県の出身者を優遇しています。

問５　文中の空欄(え)には次のア～エのうち三つがあてはまります。あてはまる語句として**誤っているもの**を，ア～エから一つ選び，記号で答えなさい。

ア．人種　　イ．信条　　ウ．性別　　エ．収入

問６　文中の空欄(お)にあてはまる語句を，**漢字**で答えなさい。

問７　文中の空欄(か)にあてはまる語句を，次のア～エから一つ選び，記号で答えなさい。

ア．機会　　イ．秘密　　ウ．自由　　エ．公正

問８　文中の空欄(き)には次のア～エのうち三つがあてはまります。あてはまる語句として**誤っているもの**を，ア～エから一つ選び，記号で答えなさい。

ア．集会　　イ．抗議　　ウ．出版　　エ．言論

問９　文中の空欄(く)にあてはまる語句を，次のア～エから一つ選び，記号で答えなさい。

ア．生命　　イ．平和　　ウ．財産　　エ．名誉

問10　文中の空欄(け)には次のア～エのうち三つがあてはまります。あてはまる語句として**誤っているもの**を，ア～エから一つ選び，記号で答えなさい。

ア．居住　　イ．移転　　ウ．財産保有　　エ．職業選択

問11　文中の空欄(こ)にあてはまる語句を，**漢字**で答えなさい。

問12　下線部(2)の勤労の義務の他に明記されている国民の義務として正しいものを，次のア～エから一つ選び，記号で答えなさい。

ア．投票の義務　　イ．裁判員になる義務

ウ．納税の義務　　エ．兵役《へいえき》の義務

問13　文中の空欄(さ)には労働三権の内容があてはまりますが，労働三権の内容として**誤っているもの**を，次のア～エから一つ選び，記号で答えなさい。

ア．団体で経営する権利　　イ．団体で交渉する権利

ウ．団体で行動する権利　　エ．団結する権利

問14　文中の空欄(し)にあてはまる語句を，**漢字**で答えなさい。

問15　下線部(3)の環境権の一種だと考えられるものとして**誤っているもの**を，次のア～エから一つ選び，記号で答えなさい。

ア．嫌煙《けんえん》権　　イ．肖像《しょうぞう》権　　ウ．眺望《ちょうぼう》権　　エ．日照《にっしょう》権

問16　文中の空欄(す)にあてはまる語句を，**カタカナ**で答えなさい。

【理　科】〈第１回試験〉（40分）〈満点：70点〉

1　２種類のばねをそれぞれいくつか用意し，図１のように天井につるしておもりをぶら下げました。このときのおもりの重さとばねの長さの関係を調べたところ，表１のようになりました。あとの問いに答えなさい。ただし，ばねの重さは考えないものとします。

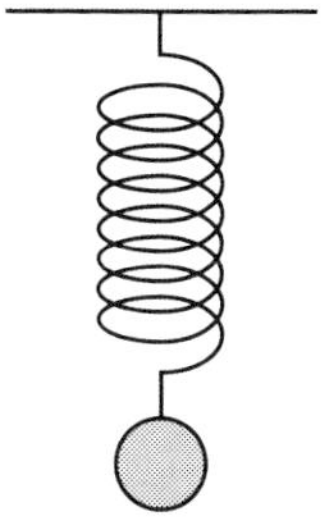
図１

表１：おもりの重さとばねの長さの関係

おもりの重さ(g)	0	10	20	30	…	②
ばねＡの長さ(cm)	15	18	21	24	…	③
ばねＢの長さ(cm)	20	22	①	26	…	34

問１　表１の空らん①～③に入る数値を，それぞれ答えなさい。

問２　図２，図３のようにばねとおもりをつなぎました。図２のばねの長さX，図３のばねの長さYはそれぞれ何 cm ですか。ただし，ばねどうしをつなぐ棒の重さは考えないものとします。

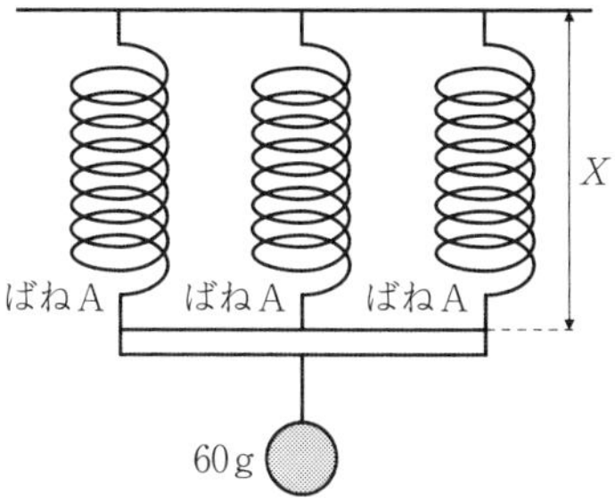

図２

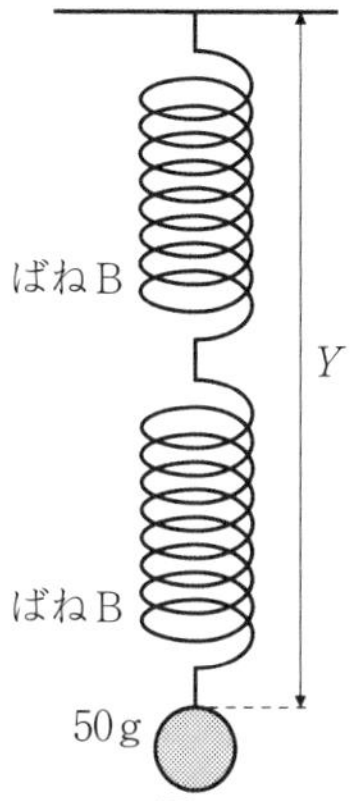

図３

問３　図４のようにばねとおもりをつないだところ，ばねＡとばねＢの長さの合計は 75cm になりました。おもりの重さは何 g ですか。

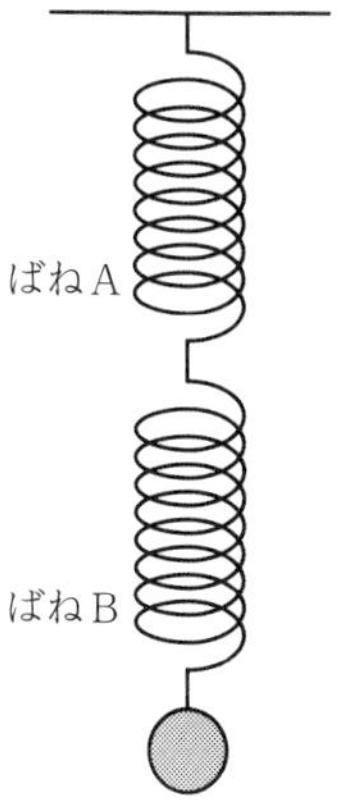

図４

つぎに，図５のようにばねＡに１辺の長さが２cm の立方体のおもりをつるし，水の中に入れました。ただし，水１cm^{3}あたりの重さは１g とします。

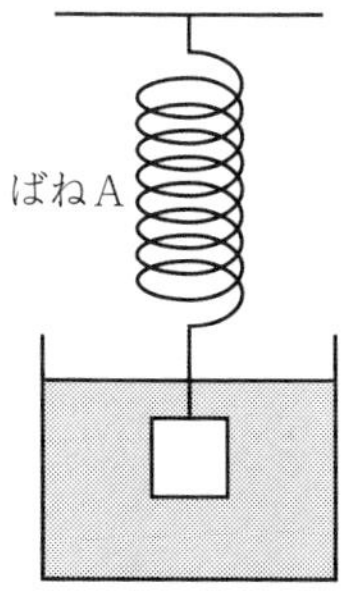

図５

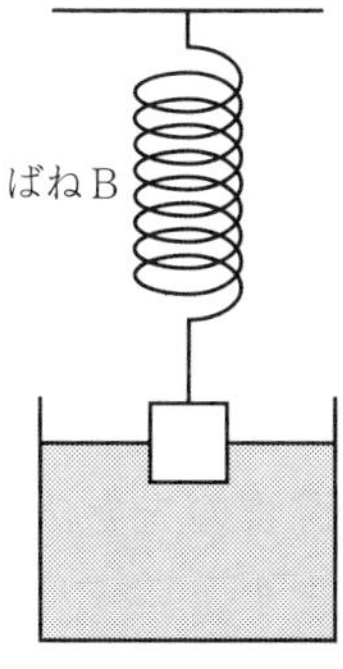

図６

問４　図５のとき，ばねＡの長さは 21cm でした。立方体の重さは何 g ですか。

問５　図５のばねＡをばねＢにつけかえ，図６のように立方体が体積の半分だけ沈《しず》むようにつるしました。ばねＢの長さは何 cm ですか。

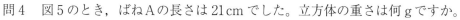

2 炭酸水素ナトリウムという物質は，ケーキなどをつくるときのふくらし粉(ベーキングパウダー)の主成分です。炭酸水素ナトリウムは加熱すると，炭酸ナトリウムという粉状の固体の物質と水と気体Ｘに分解し，この気体Ｘがケーキなどをふくらませます。

下の図のように，炭酸水素ナトリウムを試験管Ａに入れ，ガスバーナーで加熱して，出てきた気体Ｘはガラス管とゴム管をつないだ気体誘導管《ゆうどうかん》を用いて，試験管Ｂに入れた水溶液《すいようえき》Ｙに通しました。

しばらくすると，試験管Ａの口の近くには液体がついてきました。また，試験管Ｂに入れた水溶液Ｙは白くにごりました。気体Ｘが出なくなったら，試験管Ｂから気体誘導管の先を抜いてから，ガスバーナーを消火しました。

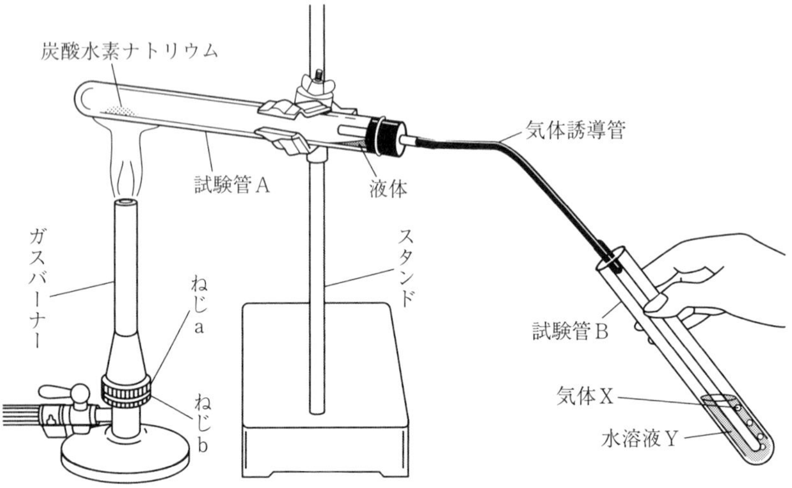

問1　試験管Ｂに入れた水溶液Ｙは何ですか。

問2　気体Ｘの説明として，正しいものをつぎのア～クからすべて選び，記号で答えなさい。

ア．空気中で2番目に多い気体である。
イ．空気中で3番目に多い気体である。
ウ．上方《じょうほう》置換《ちかん》で集めることができる。
エ．下方《かほう》置換《ちかん》で集めることができる。
オ．植物が光合成をするときに必要な気体である。
カ．ものが燃えるときに必要な気体である。
キ．水に溶《と》かすと水溶液は酸性になる。
ク．水に溶かすと水溶液はアルカリ性になる。

問3　下線部について，つぎの問いに答えなさい。

(1)　ガスバーナーの消火の前に，試験管Ｂから気体誘導管の先を抜く理由を20字以内で答えなさい。ただし，数字や記号，句読点も1字と数えます。

(2)　ガスバーナーとその消火についての説明で，正しいものをつぎのア～オから2つ選び，記号で答えなさい。

ア．ねじａはガス調節ねじで，ねじｂは空気調節ねじである。
イ．ねじａは空気調節ねじで，ねじｂはガス調節ねじである。
ウ．ねじａをおさえながら，ねじｂを閉じてから，ねじａを閉じて消火した。

エ．ねじｂをおさえながら，ねじａを閉じてから，ねじｂを閉じて消火した。

オ．ねじａとねじｂを同時に閉じて消火した。

問４　試験管Ａの口の近くについた液体が水であることを確かめるために，実験装置が冷めてから，この液体を試験紙につけて確かめました。この試験紙の色の変化を説明した下の文中の[①]～[③]に入ることばを，あとのア～クから，それぞれ１つ選び，記号で答えなさい。

液体を[①]につけたところ，[②]色の[①]が[③]色に変化したので，この液体は水であることがわかった。

ア．赤色リトマス紙　イ．青色リトマス紙　ウ．塩化コバルト紙　エ．白

オ．黄　カ．赤　キ．青　ク．紫《むらさき》

問５　炭酸水素ナトリウム8.4gを加熱して分解すると，炭酸ナトリウムが5.3gと水が0.9gできることがわかっています。このことを用いて，つぎの問いに答えなさい。ただし，答えが割り切れないときは，小数第２位を四捨五入して，第１位まで求めなさい。

(1)　このとき，気体Ｘは何ｇできると考えられますか。

(2)　気体Ｘの１Ｌあたりの重さが1.8ｇのとき，(1)の気体Ｘの体積は何Ｌですか。

3　図はヒトの血液循環《じゅんかん》系で，おもな内臓《ぞう》のつながり方をしめしています。

実線(──)と点線(----)は，それぞれ同じ特徴《とくちょう》をもつ大きな血管で，矢印の向きは，血液の流れる向きをしめしています。また，内臓Ａ～Ｄのどれか１つが小腸《ちょう》です。

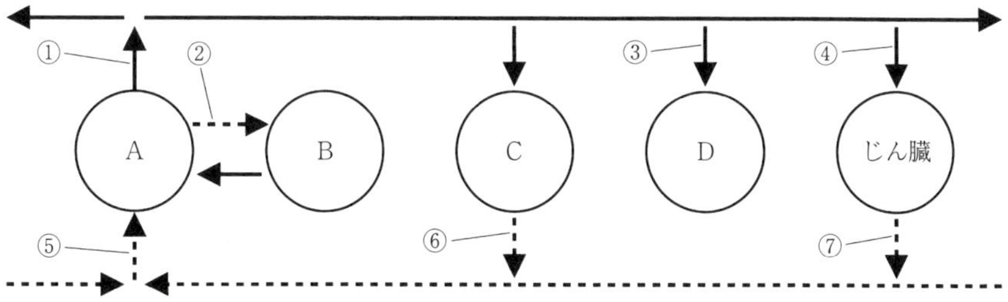

問１　内臓Ａの名まえを答えなさい。

問２　実線の矢印がしめしている血管の種類を，ア～エから１つ選び，記号で答えなさい。

ア．動脈《みゃく》　イ．静脈

ウ．酸素が多い血液が流れる血管

エ．酸素が少ない血液が流れる血管

問３　図には，大きな血管をしめす矢印が１つ不足しています。その矢印を，**実線または点線**の矢印で，図にかきなさい。

問４　問３の血管の名まえを答えなさい。

問５　不要物がもっとも少ない血液が流れる血管を，①～⑦から１つ選び，番号で答えなさい。

4　2023年８月13日に，太陽と金星と地球が一直線に並びます。次のページの図１のように，金星と地球は太陽を中心として，矢印の向きに円形に公転していて，この２つの惑星《わくせい》は，同じ面上で公転しているものとします。ただし，地球と金星が公転を１回するのにかかる時間は，それぞれ12か月，7.2か月とします。

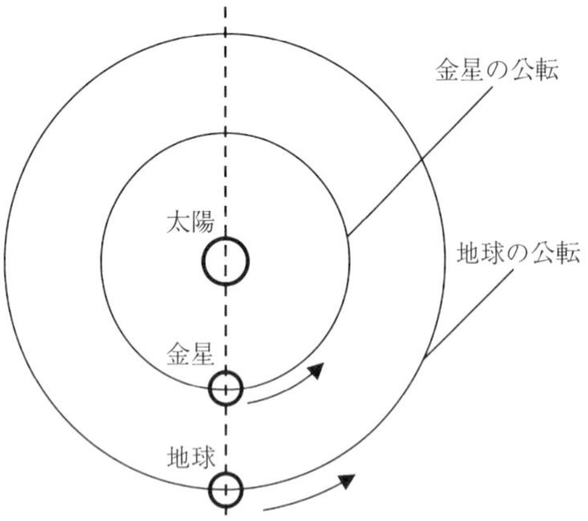

図1

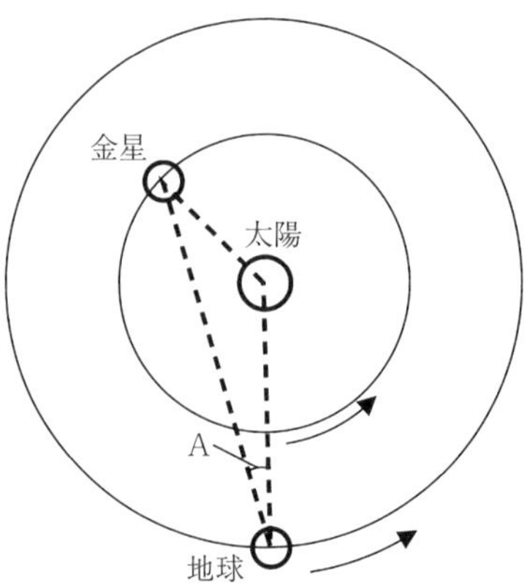

図2

図2のような，金星，地球，太陽がつくる角度Aを考えます。金星，地球，太陽の位置関係が図3のようになるとき，角度Aは最大になります。このときの角度Aは46°でした。図3のとき，地球から見た金星は，図4のような大きさと形に見えました。

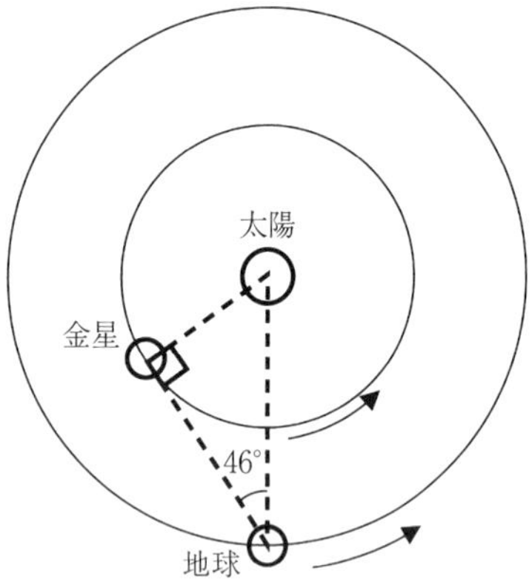

図3

図4

問1　地球は1か月で太陽のまわりを何度まわりますか。ただし，答えが割り切れないときは，小数第1位を四捨五入して，整数で答えなさい。

問2　図1から1か月後の，金星と地球がまわる角度の差は何度ですか。ただし，答えが割り切れないときは，小数第1位を四捨五入して，整数で答えなさい。

問3　図1から1か月後の正午，地球から南の空を見上げると，金星の位置はどこになりますか。もっとも近いものを，つぎのア～エから1つ選び，記号で答えなさい。ただし，○は太陽の位置を表しており，×は金星の位置を表しています。

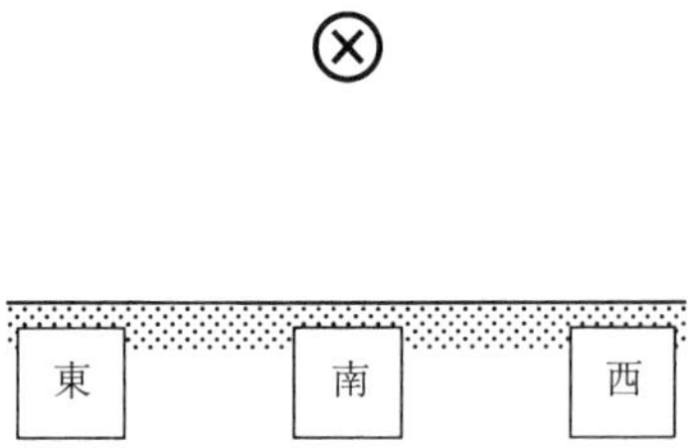

ア

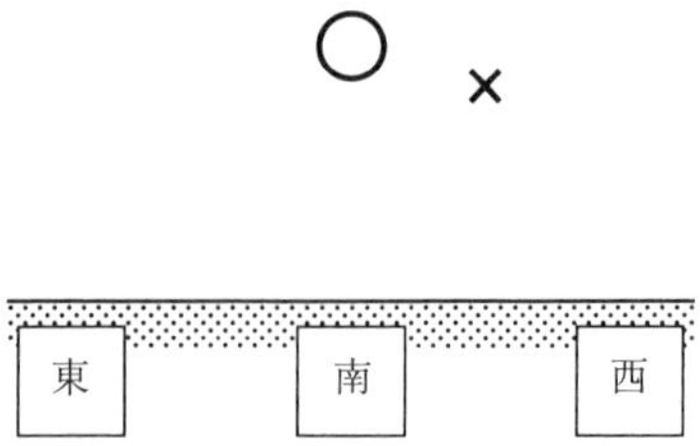

イ

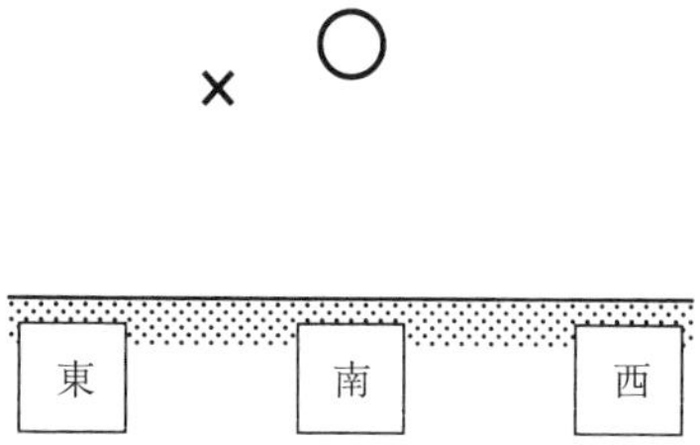

ウ

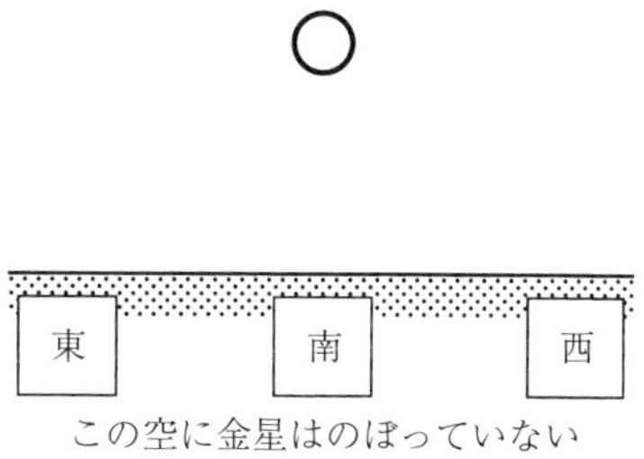

エ

問4　金星も月と同じように満ち欠けをします。また，金星は月とは異なり，地球との距離《きょり》が変わるので，みかけの大きさも変化します。問3のとき，金星を望遠鏡で見ると，どのような形に見えますか。もっとも近いものを，つぎのア～ケから1つ選び，記号で答えなさい。ただし，斜線《しゃせん》の部分はかげになって見えない部分とし，破線(------)の円とエ，オ，カは，図4と同じ大きさです。また，太陽がまぶしすぎることで，金星が見えないということは起こらないものとし，この望遠鏡による像は，上下左右が反対になっていないものとします。

ア

イ

ウ

エ

オ

カ

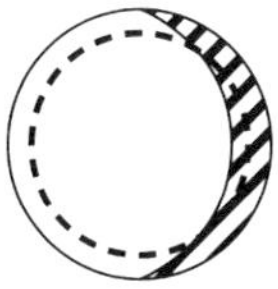
キ

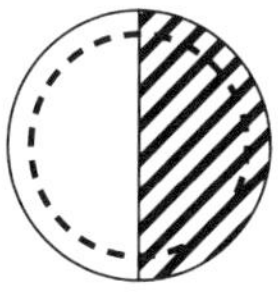
ク

ケ

問5　2023年8月13日に，太陽と金星と地球が一直線に並んでから，つぎに同じように太陽と金星と地球が並ぶのはいつ頃ですか。もっとも近いものを，つぎのア～カから1つ選び，記号で答えなさい。

ア．2024年8月～2024年9月頃　　イ．2024年11月～2024年12月頃
ウ．2025年2月～2025年3月頃　　エ．2025年5月～2025年6月頃
オ．2025年8月～2025年9月頃　　カ．2025年11月～2025年12月頃

問6　2023年8月13日以降で，図3のような位置関係になるのはいつ頃ですか。もっとも近いものを，つぎのア～カから1つ選び，記号で答えなさい。

ア．2023年12月～2024年1月頃　　イ．2024年4月～2024年5月頃
ウ．2024年8月～2024年9月頃　　エ．2024年12月～2025年1月頃
オ．2025年4月～2025年5月頃　　カ．2025年8月～2025年9月頃

ア　光都が宮沢賢治の作品を上手く紙芝居で表現できるのか怪《あや》しんでいたが、始まったとたんにその素晴《すば》らしさに引き込まれて驚きつつ、まだ信用しきれない気持ち。

イ　自分が光都に読み聞かせをする立場だったのが、今や成長した光都が自分のために紙芝居を見せてくれることに喜びつつ、少し寂《さび》しい気持ち。

ウ　勝手に光都の部屋に入ったことを怒《おこ》られて心配していたが、紙芝居を見せてくれるとわかって安心しつつ、楽しみに思う気持ち。

エ　自分が愛する宮沢賢治の作品の紙芝居を、愛する孫娘《むすめ》である光都が自分のために見せてくれたことに感動しつつ、その成長を嬉しく思う気持ち。

二

次の――線部のカタカナを、漢字に直しなさい。

1　外交セイサクについて議論する。
2　上司の若い時のブユウデンなど、聞きたくもない。
3　今日は父がザイタク勤務の日だ。
4　シュウハ数さえ合わせれば、海の向こうのラジオ番組も聞ける。
5　交差点にあるヒョウシキの指示に従う。
6　ヒハンの声があがる。
7　外出をキョカされた。
8　久々に電話した友人と近いうちの再会をヤクした。
9　隣国《りんごく》と信頼《しんらい》関係をキズく。
10　ごみを投げステてはいけない。

問5 ――④「大きな声で私を叱った」とありますが、それはなぜですか。最もふさわしいものを次の中から選び、記号で答えなさい。

ア 気持ちよく読んでいたのにもかかわらず、的外れな解釈《かいしゃく》をして泣き始めたから。

イ せっかく読み聞かせをしてあげているのに全然寝ず、泣き出してしまったから。

ウ 自分のお気に入りの作品を読み聞かせたのに、泣いて嫌がってしまったから。

エ 作品の表面的な展開にとらわれて、本質的なところに気付けていなかったから。

問6 ――⑤「雪乃さんが、ぷ、とこらえきれなくなったように笑った」とありますが、それはなぜですか。最もふさわしいものを次の中から選び、記号で答えなさい。

ア おばあちゃんは光都が帰ってきたことを喜んでいるのに、光都はそのことに全く気付かずに機嫌《きげん》が悪いのではないかと気にしているから。

イ おばあちゃんの体調不良は今に始まったことではないのに、光都が初めて知ったかのように本気で心配しているから。

ウ おばあちゃんは光都の到着《とうちゃく》を楽しみにしていたために寝不足になっただけなのに、光都がおばあちゃんの体調が悪いのではないかと心配しているから。

エ おばあちゃんは光都の到着が遅《おそ》く待ちくたびれてしまったのに、光都は自分に原因があることに気付かずおばあちゃんの体調を心配しているから。

問7 ――⑥「かわいいひと」とありますが、雪乃さんはおばあちゃんのどのようなところを「かわいい」と感じているのですか。40字以内で説明しなさい。

問8 ――⑦「さっきとは違う温度の涙が、食卓の上にぼとぼと落ちる」とありますが、「さっき」の涙と今の涙はそれぞれどのような涙ですか。最もふさわしいものを次の中から選び、記号で答えなさい。

ア さっきの涙は自分の紙芝居を理解してもらえないことによる悲しい思いからくるもので、今の涙はおばあちゃんが自分のことを思ってくれていることを知って心が喜びに満ちたことによるものである。

イ さっきの涙はおばあちゃんに否定の言葉をかけられて悔しい思いからくるもので、今の涙はおばあちゃんの自分に対する思いを知ったことでおばあちゃんへの複雑な思いがあふれ出したことによるものである。

ウ さっきの涙は久しぶりに会ったおばあちゃんと喧嘩《けんか》して後悔《こうかい》する思いからくるもので、今の涙はおばあちゃんが実は自分を心配してくれていたことを知って相反する感情を覚えたことによるものである。

エ さっきの涙はおばあちゃんからひどい言葉をかけられたことによる怒りの思いからくるもので、今の涙は雪乃さんに優しくしてもらったことで嬉しさや安心感がこみ上げたことによるものである。

問9 本文中の X に当てはまる語句を、本文中から4字で抜き出して答えなさい。

問10 ――⑧「そんな宮沢賢治の世界に、私は惹かれてやまないのだ」とありますが、それはなぜですか。80字以内で説明しなさい。

問11 ――⑨「その目は潤んで光って見えた」とありますが、この時「おばあちゃん」はどのような気持ちであると考えられますか。最もふさわしいものを次の中から選び、記号で答えなさい。

ち直ったよ。

ゴキブリのしとめ方や、里芋《さといも》の炊《た》いたんの美味《おい》しい作り方や、不安で押《お》しつぶされそうなひとりの夜の乗り越《こ》え方だって身につけたよ。だから。

「見ててよ」

私は何にでもなれる。どこへでも行ける。蟹《かに》になって沢《さわ》でささやき、象になって仲間を助け、鳥になって空を飛び、馬になって大地を駆《か》ける。

拍子《ひょうし》木《ぎ》を鳴らす。カチカチ、カチカチ。

「風の又三郎、はじまりはじまりーっ」

どっどど　どどうど　どどうど　どどう、
青いくるみも吹きとばせ
すっぱいかりんもふきとばせ

おばあちゃんは幼い女の子みたいにちょこんと座って、紙芝居に魅《み》入《い》っている。

⑨その目は潤《うる》んで光って見えた。真っ暗な夜空で静かに輝《かがや》く、小さな星みたいに。

どっどど　どどうど　どどうど　どどう

私は声を張り上げ、おばあちゃんを物語の中に連れていく。

嵐《あらし》の日に現れた、風変わりな少年になって。

（青山《あおやま》美智子《みちこ》「拍子木を鳴らして」より）

注　「マスター」…京都の画廊《がろう》オーナーで、様々な事業を起こしている知り合い。

問１　本文中の ｉ 、 ii に当てはまる語句として最もふさわしいものを下の中からそれぞれ選び、記号で答えなさい。

ｉ　ア　ケースワーク　イ　オーバーワーク
　　ウ　ライフワーク　エ　ソーシャルワーク

ii　ア　不安　イ　自責
　　ウ　いらだち　エ　ためらい

問２　――①「私は頬をゆるませる」とありますが、それはなぜですか。最もふさわしいものを次の中から選び、記号で答えなさい。

ア　自分が好きで取り組んでいる紙芝居を、楽しみに思ってもらえて嬉しかったから。

イ　依頼されて準備した紙芝居の話題が出て、上手《うま》くできるか心配になったから。

ウ　休みを返上して帰省したことをねぎらってもらい、気が楽になったから。

エ　自信が無い紙芝居に対して過度に期待をされ、緊張《きんちょう》してしまったから。

問３　――②「暗い穴が開いたみたいだった。その穴に私が落ちていく」とありますが、この時の「私」はどのような気持ちですか。65字以内で説明しなさい。

問４　――③「その無神経さ」とありますが、どのような点が「無神経」なのですか。50字以内で説明しなさい。

いいのにね」

そんなおばあちゃんの姿、想像もできなかった。

⑦さっきとは違う温度の涙が、食卓の上にぼとぼと落ちる。

私はおばあちゃんが……おばあちゃんが、嫌《きら》い、大好き、疎《うと》ましい、恋《こい》しい、背を向けたい、甘えたい。ぐちゃぐちゃだ、いつも。どうしようもない。

整理のつかない矛盾《むじゅん》を抱《かか》えながら、苦しくて、離《はな》れたくて。

その一方で、すごくすごく心配で、元気でいてほしくて。

星になったよだかは、今はもう、ただ静かに燃えている。平安のうちに。

だけど私は星じゃない。生きてる。この地の上で。

だから誰かの言動に傷ついてしまうし、同じように誰かを傷つけてしまう。

でも、[X]で必死に生きてたら、少しだけでもみんなを照らすことができるかな。それが私を「大丈夫」にしてくれるんじゃないかな。

またひとつ、きれいに皮を剝いた枇杷の実を、雪乃さんが私に向けた。私は小さく首を振る。

「自分で剝いてみる。ありがとう」

雪乃さんはにっこりとうなずき、手に持った実にかぶりと歯を当てた。

自分の部屋に戻ろうとして、入り口で私は足を止めた。

半分開いたドアから、おばあちゃんの後ろ姿が見える。

おばあちゃんは、紙芝居を手に取っていた。『風の又三郎《またさぶろう》』。ちょっとだけほほえんで、そのタイトルを愛《いと》おしそうに、そっとなでている。

宮沢賢治の作品は、ひとクセのある登場人物ばっかりだ。弱さも醜さも愚《おろ》かさも抱えた彼らの姿は、きれいごとがなくてなまなましい。

不条理でどこかさびしくて、でも清らかで豊かな自然の理《ことわり》。恵《めぐ》みを受けながら畏《おそ》れながら、自分ではどうしようもできない感情と対峙《たいじ》する。⑧そんな宮沢賢治の世界に、私は惹かれてやまないのだ。

おばあちゃんの背中を見ていたら、なんだか笑《え》みがこぼれた。そしてひとつ息を吸い、私はドアを勢いよく全開させる。

「おばあちゃん、また勝手に私の部屋に入って！　断りもなく私のものに触《さわ》らないでよ」

おばあちゃんがギクリとこちらを向き、紙芝居からさっと手を離した。

「触ってへん。見てただけやで」

「うそばっか」

そうだ、こんなふうに、もっと言いたいことを言えばよかったんだ。ケンカすればよかったんだ。黙って秘《ひ》めないで。小ばかにされてるなんて勝手に卑屈《ひくつ》になったりしないで。

私はおばあちゃんをベッドの上に座るよう促《うなが》す。怪訝《けげん》な顔をしながらも、おばあちゃんは素直《すなお》に腰を下ろした。

私はベッドの向かいに置かれたカラーボックスの上の小物をデスクに移動させた。紙芝居フレームをその上に載せて、舞台を作る。

おばあちゃん、私、大きくなったよ。

もう泣き虫の小さな女の子じゃないよ。

自分で働いたお金で、家賃も食費も光熱費も払《はら》ってるよ。仕事がうまくいかなくて落ち込んだり、手痛い恋をしたり、だけどちゃんと立いつのまにか眠ってしまい、早朝に目が覚めたら隣でおばあちゃんが寝ていたのでびっくりした。

　せやからもう大丈夫なんや、よだかは。おばあちゃんのあの声は、今でも耳の底にいる。

　部屋にこもってから二時間ばかり経って、喉《のど》が渇《かわ》いたのでそっと台所に行った。居間におばあちゃんの姿はない。雪乃さんがすでに夕飯の仕込みをしていた。私は雪乃さんの隣に立つ。

「ごめん、やらせっぱなしで」

「いいのいいの。下ごしらえ、もう終わるから。枇杷《びわ》、食べる？」

　千葉の実家から送られてきたのだという。私が答える前に冷蔵庫から枇杷のパックを取り出し、ざるに実をあけてさっと洗った。私はもう一度、居間を確認してから訊ねる。

「…………おばあちゃんは？」

「部屋でちょっと寝るって」

　やっぱり、どこか悪いんだろうか。私があんなこと言ったせいで、悪化したのかもしれない。

　もし。もしおばあちゃんが、病気だったら。心臓がドクドクと早打ちした。私は思い切って雪乃さんに切り出す。

「あの……おばあちゃん、もしかして体調がよくない、とか？」

　⑤雪乃さんが、ぷ、とこらえきれなくなったように笑った。

　きょとんとしていると、雪乃さんは枇杷をお皿に載せながら言う。

「ごめんごめん、笑ったりして。心配いらないわよ、珍《めずら》しくお昼寝してるだけ。健康診断《しんだん》もばっちり優秀で、骨密度年齢《ねんれい》なんて二十歳も若いんだから。もう、健康体そのものよ」

　雪乃さんは食卓に座《すわ》った。私もそれに倣《なら》って向かい合う。彼女は枇杷をひとつ手に取ると、器用な手つきでするすると皮を剝《む》き始めた。

「タヅさんね、今日光都ちゃんが来るから、嬉しくて嬉しくて昨夜一《いっ》睡《すい》もできなかったんだって。今朝だって何度も時計ばっかり見て、新幹線は予定通り走ってるかJRに確認の電話かけたり、家の外でちょっとでも物音がすると光都ちゃんじゃないかって窓からのぞいたりしてね。昼ごはんだって、何にしようかタヅさんがさんざん考えた献立《こんだて》よ」

　それは私もうすうす気づいていた。私の好物ばかりだったこと。あの執念《しゅうねん》ともいえる錦糸卵《きんしたまご》の細さは、おばあちゃんの手によるものだということ。きれいに皮の剝けた実を、雪乃さんは私のほうに差し出す。

「なのに、光都ちゃんが来たらあんなツンツンした態度とって。私、もうおかしくて」

　私は枇杷を受け取る。みずみずしいその果肉は、口に含むと優しくて甘《あま》くて、さっぱりした酸味も感じられた。雪乃さんみたいだな、とぼんやり思う。

「タヅさん、⑥かわいいひとよ。いつも光都ちゃんの話ばっかり」

「どうせ、悪口しか言わないでしょ」

　照れ隠《かく》しもあって、私はそう答えた。雪乃さんはちょっと首を傾《かたむ》ける。

「悪口っていうか。タヅさんって、自分にとって魅力《みりょく》のない人の話はしないのよ。大好きか、どうでもいいか、どっちかなの」

　私は顔を上げる。雪乃さんはふっくら笑った。

「毎日夕方になるとタヅさん、テレビで全国の天気予報を見ててね。東京は雨だねとか、寒くないかねとか、つぶやいてるの。首都圏《しゅとけん》の地《じ》震《しん》速報なんて出ようものなら、それが震度2でも1でも、絶対安心だってわかるまで部屋をうろうろしてるのよ。光都ちゃん本人に訊《き》けばって、やっと見つけたお気に入りだ。ちょっと重いけど、絵の抜き差しがスムーズで、なによりもクラシックなデザインがすごくいい。お客さんを紙芝居の世界に惹《ひ》き込《こ》む、ムーディーな舞台《ぶたい》になってくれる。

持ってきた作品は、どれも宮沢賢治だった。

あんたに宮沢賢治なんか理解できるんかね。おばあちゃんに刺された棘《とげ》が抜けない。自分の中の、いちばん柔《やわ》らかいところを突かれた気がする。

宮沢賢治の読み解きが難しいことぐらい、私にだってわかっている。だから何作も、何度も何度も、読み込んだ。私なりに考えた。今だって、紙芝居を打つときはいつも考えてる。そして宮沢賢治の作品を、私は愛してる。子どものころから。

――――九歳のときだった。

仕事が忙《いそが》しいなりに夜中には帰ってきていた両親が、あるとき出張になった。夕方から台風が来ていて、夜になると外でごうごうと大きな音がした。

お父さんもお母さんも、大丈夫かな。この家、吹き飛ばされちゃうんじゃないかな。電気を消すのも不安になって、私は自分の部屋を明るくしたまま、ベッドの中でまんじりともできずにいた。

閉じたドアの隙間《すきま》から光が漏《も》れていることに気づいたのだろう、おばあちゃんが入ってきた。

「眠《ねむ》れへんのんか」

おばあちゃんが言った。私が布団をかぶったままうなずくと、おばあちゃんは「弱虫な子やねえ」とぶつぶつつぶやきながら行ってしまい、そしてすぐに戻ってきた。

「本でも読んだげるわ」

驚《おどろ》いた。おばあちゃんは、本を取りに行っていたのだ。掛《か》け布団をはがすと無理やり私の横にもぐりこんできて、老眼鏡をかけ、本を開いた。

そしておばあちゃんは、声に出して物語を読み始めた。

宮沢賢治の『よだかの星』だった。

おばあちゃんがそんなことをしてくれたのは初めてで、さらに思いのほかおばあちゃんの朗読は迫力《はくりょく》があって、私はどきどきしながら話を聞いた。

でも、そのときの私には、よだかはあまりにも苦しいキャラクターだった。姿が醜《みにく》いと言われたり、羽虫を食べることがつらかったり、よだかは何も悪くないのに、ただ優《やさ》しいのに、ひどい目に遭《あ》ってばかりだった。星になるラストにいたっては、こわくて悲しくて、泣いてしまった。ただでさえ心細い夜に、おばあちゃんはなんでこの話を選ぶんだろうと思った。

するとおばあちゃんは、④大きな声で私を叱《しか》った。

「泣くんやない。よだかは、どんな鳥よりも美しいものになったんだ。なんでかわかるか。自分の力で必死に空をのぼったからやで！」

あれは絵本ではなかった。「宮沢賢治全集」のひとつで、文庫だった。おばあちゃんはそれを何度も繰《く》り返し読んだのだろう。表紙はもうよれよれだった。

「もう誰からも傷つけられへんし、誰のことも傷つけへん。ただみんなを照らしてる。せやからもう大丈夫なんや、よだかは」

おばあちゃんは本に目を落としたまま言った。

そしてそれ以上の読み聞かせはしてくれず、横になったままひとりで読書を始めた。私は話しかけるのも申し訳なく、やることもなく、い。どこか具合が悪いんじゃないだろうか。胸のざわつきを抑《おさ》えながら私は訊《たず》ねる。
「おばあちゃん、お茶飲む？」
おばあちゃんはうっすら目を開け「ああ」と答える。そして、台所に向かおうとする私に唐突《とうとつ》に言った。
「紙芝居、どんなのやってるんだい」
私は振《ふ》り返った。少し心が跳《は》ねた。おばあちゃんが、興味を持ってくれた。
「宮沢賢治《けんじ》」
私はその名前をくっきり縁《ふち》取るように答える。するとおばあちゃんは「へえ！」と叫《さけ》んで突《つ》き放すように言った。
「あんたに宮沢賢治なんか理解できるんかね。難しいよ、賢治を読み解くのは。まして他人様《ひとさま》に読んで聞かせようなんて、たいそうなことやで」
ずくん、と胸の奥で大きな音がした。②暗い穴が開いたみたいだった。その穴に私が落ちていくのにも気づかず、おばあちゃんは饒舌《じょうぜつ》になる。
「大学に行って紙芝居をやり始めたって聞いたときもびっくりしたで。光都は小さいころからぴいぴいぴいぴい、よく泣く子やったし、バランス感覚が悪いのかしょっちゅう転ぶし、こないトロくて大丈夫《だいじょうぶ》かいなと思ってたからな。それが人前で演技するなんて、まあ、信じられへんわ」
小ばかにした笑い。いつものことだ。いつもの……。聞き流せばいい。
でもどうしても、できなかった。怒《いか》りなのか悲しみなのか、そのどちらもなのか、吹《ふ》きこぼれそうな熱い憤《いきどお》りを止められなかった。
「…………なんでなの？」
しぼりだすようになんとかそこまで言い、真顔になったおばあちゃんに私は声をぶつける。
「なんでいっつもそうやって、私のやることにケチつけるの！」
おばあちゃんは眉《まゆ》をひそめた。
「光都が失敗せえへんように、教えたげてんのやないか」
「おばあちゃんは私がどれだけがんばってもぜんぜん認めてくれない。子どものころからずっとそうだった。さかあがりができるようになったときも、読書感想文が入選したときも、難関って言われてた高校に受かったときも、なんだかんだ、粗捜《あらさが》しばっかりして」
「さかあがりって、あんた。そんな昔のこと根に持ってたんか」
「持ってるよ、ずっと持ってるよ！　③その無神経さが人をどれだけ傷つけてるか、おばあちゃんはぜんぜんわかってないんだよ！」
おばあちゃんは黙った。私も黙った。
耐《た》えられなくなって、私は居間を飛び出す。お茶の入った湯呑《ゆの》みを三つ、お盆《ぼん》に載せて立っている雪乃さんの隣《となり》をすりぬけて。
自分の部屋で、私はベッドに寝《ね》転がってしばらくぼんやりしていた。涙《なみだ》がこぼれた。おばあちゃんに対するやるせなさが流れたあとは、ぴしぴしと［ ii ］の念にかられた。
おばあちゃんって、いくつだっけ。たしか八十二歳《さい》だ。今さらあんなこと言って嫌《いや》な空気にすることなかった。今度いつ会うかわからないのに。
我慢ができなくて悟《さと》った。私は、他のことはどうでも、これだけはおばあちゃんに肯定《こうてい》してほしかったのだ。
私は起き上がり、紙芝居セットの入った袋《ふくろ》に手を伸《の》ばす。
東京から持ってきた木製の紙芝居フレーム。探して探して、こだわ

2023年度 城北中学校

【国語】〈第一回試験〉（五〇分）〈満点：一〇〇点〉

注意　解答するときには、句読点や記号も一字と数えます。

一　次の文章を読んで、後の問いに答えなさい。（作問の都合上、本文の一部を変更してあります。）

　東京で働く光都《みつ》は、およそ五年ぶりに京都にある和菓子屋を営む実家に帰ることになった。光都は幼い頃は祖母のタヅに育てられたが、祖母は光都のやること全てに難癖《なんくせ》をつけるため、光都は窮屈《きゅうくつ》に思いながら過ごしていた。
　実家に帰ると叔母《おば》の雪乃《ゆきの》さんと祖母がいた。近所に住む雪乃さんは毎日のように掃除《そうじ》や食事の世話をしに来てくれており、偏屈《へんくつ》な祖母の世話を文句も言わずにしてくれ、光都は感謝している。
　次の場面は、三人で昼食をとりながら会話をしている場面である。

「光都ちゃんの紙芝居《かみしばい》、楽しみねぇ。お休みのところ、ありがとうね」
　雪乃さんに言われて①私は頬《ほお》をゆるませる。
　進学した東京の大学で私は演劇サークルに入った。あるとき、新入生歓迎《かんげい》の余興でやった紙芝居が思いのほか楽しくて、私がやりたいのはこれだ！　と思った。
　自分ひとりでなんでも決められて、経費がほとんどかからないのも良かった。私が立って絵を抜《ぬ》いたり差したりするための、半径一メートルほどのスペースを用意してもらえれば、特に設備も要《い》らず外でも室内でもできるのだ。保育園や老人ホーム、地域のお祭りなど、こちらから働きかければ興味を持ってくれるところはたくさんあって、一度やるとまた来てくださいと声をかけてもらえることが多い。
　それで私は、卒業後は通販《つうはん》オペレーターの仕事をしながら、［ i ］として紙芝居を続けている。
　今回、帰省することになったのは、注マスターから話を聞いた雪乃さんに依頼《いらい》されたからだ。彼女は公民館でパートタイムで働いていて、こどもの日のイベントの一環《いっかん》としてぜひにとお願いされた。求められて嬉《うれ》しかった。だから張り切って準備してきたのだ。
　お吸い物を一口飲み、私が雪乃さんに返事しようとしたところでおばあちゃんが言った。
「紙芝居なんて、今どき流行《はや》らへんやろ」
　以前、私が雪乃さんとネット動画の話で盛り上がっていたら「流行りばっかり追って軽薄《けいはく》な」って言っていたじゃないか。この人は結局いちゃもんをつけたいだけなのだ。こうなると、おばあちゃんを前に紙芝居の良さや熱意を語る気になんて到底《とうてい》なれなかった。
　私は黙《だま》ってとうがらしをかじる。おばあちゃんがしば漬《づ》けを噛《か》むブリブリという音が、食卓《しょくたく》に響《ひび》いていた。
　食事を終えると、私は台所で雪乃さんと並んで雑談をしながら、食器を洗ったり拭《ふ》いたりした。後片付けをすませて居間に戻《もど》る。
　おばあちゃんがロッキングチェアの背にもたれて目をつむっていた。軽く額に手を当てている。
　今日最初に会ったときから思っていたけど、いまいち顔色がよくな

2023年度 城 北 中 学 校 ▶解説と解答

算 数 ＜第１回試験＞（50分）＜満点：100点＞

解 答

[1] (1) 10　(2) $\frac{1}{3}$　[2] (1) 550 g　(2) 140度　(3) 31.4cm　(4) ６ヵ所　(5) ① ４：３　② $\frac{1}{28}$倍　[3] (1) ８時28分　(2) ９時３分　(3) 10時13分　[4] (1) 72cm^3　(2) 15.6cm　(3) ６cm^3　[5] (1) 17個　(2) 41個　(3) ① 20個　② 23個

解 説

[1] 四則計算，逆算

(1) $2\frac{3}{4}\div0.125-\left(\frac{3}{5}+2\frac{1}{3}\right)\div\left(\frac{1}{9}+\frac{2}{15}\right)=\frac{11}{4}\div\frac{1}{8}-\left(\frac{3}{5}+\frac{7}{3}\right)\div\left(\frac{5}{45}+\frac{6}{45}\right)=\frac{11}{4}\times\frac{8}{1}-\left(\frac{9}{15}+\frac{35}{15}\right)\div\frac{11}{45}=22-\frac{44}{15}\times\frac{45}{11}=22-12=10$

(2) $3\div\left\{2\times\left(1\frac{1}{4}-\square\right)+\frac{2}{3}\right\}=1\frac{1}{5}$より，$2\times\left(1\frac{1}{4}-\square\right)+\frac{2}{3}=3\div1\frac{1}{5}=3\div\frac{6}{5}=3\times\frac{5}{6}=\frac{5}{2}$，$2\times\left(1\frac{1}{4}-\square\right)=\frac{5}{2}-\frac{2}{3}=\frac{15}{6}-\frac{4}{6}=\frac{11}{6}$，$1\frac{1}{4}-\square=\frac{11}{6}\div2=\frac{11}{6}\times\frac{1}{2}=\frac{11}{12}$　よって，$\square=1\frac{1}{4}-\frac{11}{12}=\frac{5}{4}-\frac{11}{12}=\frac{15}{12}-\frac{11}{12}=\frac{4}{12}=\frac{1}{3}$

[2] 濃度《のうど》，角度，図形の移動，長さ，ニュートン算，相似，辺の比と面積の比

(1) （食塩の重さ）＝（食塩水の重さ）×（濃度）より，３％の食塩水100 g に含《ふく》まれている食塩の重さは，100×0.03＝３（g），６％の食塩水150 g に含まれている食塩の重さは，150×0.06＝９（g）とわかる。よって，この２つの食塩水を混ぜると，食塩の重さの合計は，３＋９＝12（g），食塩水の重さの合計は，100＋150＝250（g）になるから，濃度は，12÷250×100＝4.8（％）になる。そこで，８％の食塩水の重さを□ g として図に表すと，下の図Ⅰのようになる。図Ⅰで，ア：イ＝（７－4.8）：（８－７）＝11：５なので，250：□＝$\frac{1}{11}$：$\frac{1}{5}$＝５：11とわかる。したがって，□＝250×$\frac{11}{5}$＝550（g）と求められる。

図Ⅰ

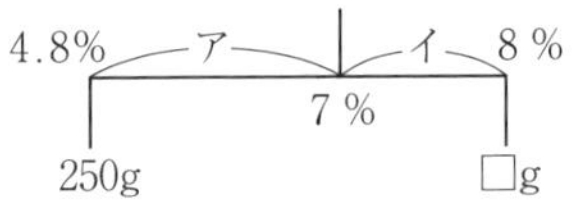

図Ⅱ

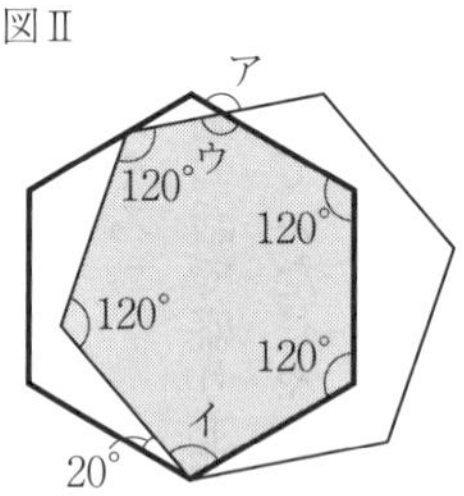

図Ⅲ

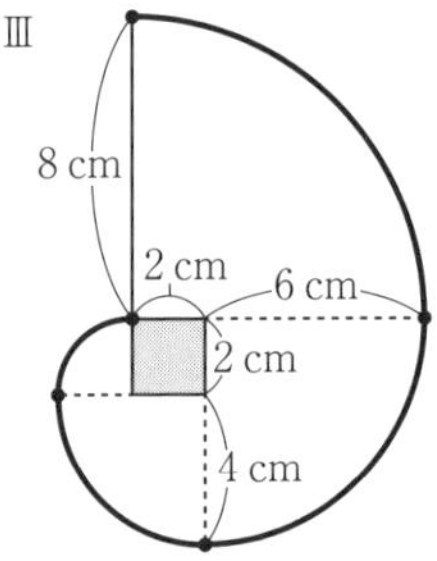

(2) N角形の内角の和は，180×（N－２）で求められるから，六角形の内角の和は，180×（６－２）＝720（度）であり，正六角形の１つの内角は，720÷６＝120（度）とわかる。上の図Ⅱで，太線の正

六角形に注目すると，角イの大きさは，120－20＝100(度)になる。また，かげをつけた六角形の内角の和も720度なので，角ウの大きさは，720－(120×4＋100)＝140(度)と求められる。よって，角アの大きさも140度である。

(3) Pが動いてできる線は，上の図Ⅲの太線のようになる。これは，半径が8cm，6cm，4cm，2cmの四分円の弧《こ》だから，長さの合計は，$(8+6+4+2)\times 2\times 3.14\times\frac{1}{4}=10\times 3.14=31.4$(cm)と求められる。

(4) 改札口を2ヵ所開けるとき，15分で行列に加わる人数は，60×15＝900(人)なので，15分で改札口を通過する人数は，600＋900＝1500(人)となる。よって，1ヵ所の改札口を1分間に通過する人数は，1500÷2÷15＝50(人)とわかる。次に，3分で行列に加わる人数は，60×3＝180(人)だから，3分以内に行列をなくすためには，3分間で，600＋180＝780(人)以上が改札口を通過する必要がある。そのためには1分間に，780÷3＝260(人)以上が改札口を通過する必要があるので，260÷50＝5.2より，5＋1＝6(ヵ所)以上の改札口を開ける必要がある。

(5) 辺CDの長さを，1＋3＝4とすると，下の図Ⅳのようになる。図Ⅳのように，ABとDFを延長して交わる点をJとすると，三角形BJFと三角形CDFは相似になる。このとき，相似比は，BF：CF＝1：2だから，BJ＝$4\times\frac{1}{2}=2$とわかる。また，三角形EJIと三角形GDIも相似であり，相似比は，EJ：GD＝(2＋2)：3＝4：3なので，EI：IG＝4：3(…①)と求められる。同様に，三角形EJHと三角形CDHも相似であり，相似比は，EJ：CD＝(2＋2)：4＝1：1だから，EH：HC＝1：1となる。次に，長方形ABCDの面積を1とすると，三角形ECDの面積は$\frac{1}{2}$なので，三角形ECGの面積は，$\frac{1}{2}\times\frac{1}{4}=\frac{1}{8}$とわかる。すると，三角形EHIの面積は，$\frac{1}{8}\times\frac{4}{4+3}\times\frac{1}{1+1}=\frac{1}{28}$になるから，三角形EHIの面積は長方形ABCDの面積の，$\frac{1}{28}\div 1=\frac{1}{28}$(倍)(…②)である。

図Ⅳ

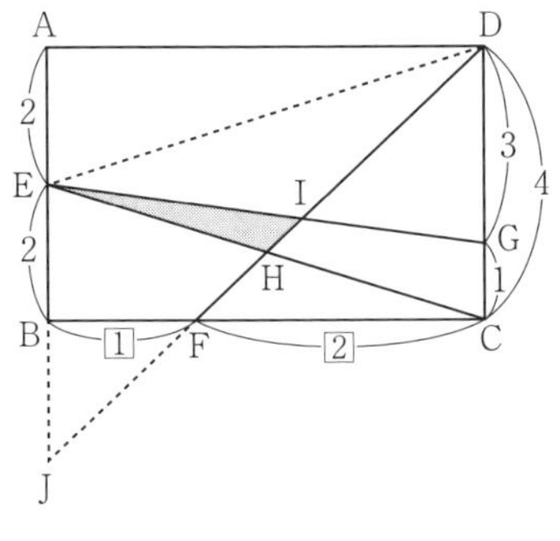

図Ⅴ

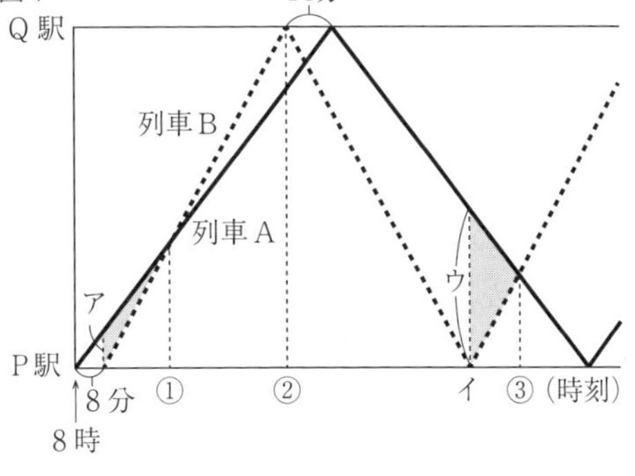

3 グラフ—旅人算，速さと比

(1) 列車Aの速さを毎分5，列車Bの速さを毎分7とする。上の図Ⅴで，列車Aが8分で進んだ距《きょ》離《り》(ア)は，5×8＝40だから，列車Bが出発してから列車Aに追いつくまでの時間は，40÷(7－5)＝20(分)とわかる。よって，①にあてはまる時刻は，8時＋8分＋20分＝8時28分である。

(2) 列車Aは列車Bよりも8分早くP駅を出発し，列車Bよりも14分遅《おそ》くQ駅に到着《とうちゃく》したので，列車Aと列車BがPQ間を進むのにかかる時間の差は，8＋14＝22(分)である。また，列車Aと列車BがPQ間を進むのにかかる時間の比は，$\frac{1}{5}:\frac{1}{7}=7:5$だから，比の1にあたる時間は，22÷(7－5)＝11(分)となり，列車BがPQ間を進むのにかかる時間は，11×5＝55(分)と求められる。

よって，②にあてはまる時刻は，８時＋８分＋55分＝８時63分＝９時３分となる。

(3)　(2)から，PQ間の距離は，７×55＝385とわかる。また，列車ＢがPQ間を往復するのにかかる時間は，55×２＝110(分)なので，図Ⅴのイの時刻は列車ＡがＰ駅を出発してから，８＋110＝118(分後)となる。よって，その間に列車Ａが走った距離は，５×118＝590だから，図Ⅴのウの距離は，385×２－590＝180と求められる。したがって，列車Ｂが２回目にＰ駅を出発してから列車Ａとすれちがうまでの時間は，180÷(５＋７)＝15(分)なので，③にあてはまる時刻は，８時＋118分＋15分＝８時133分＝10時13分とわかる。

4　立体図形―展開図，長さ，分割，体積

(1)　展開図は下の図①のようになり，これを組み立てると下の図②のような三角柱になる。図②で，底面積は，６×４÷２＝12(cm^2)だから，立体Ｐの体積は，12×６＝72(cm^3)とわかる。

(2)　図①の太線の長さを求めればよい。三角形AEFの面積は12cm^{2}なので，AFを底辺と考えたときの高さを□cmとすると，５×□÷２＝12(cm^2)と表すことができ，□＝12×２÷５＝4.8(cm)とわかる。よって，太線の長さは，4.8×２＋６＝15.6(cm)と求められる。

図①
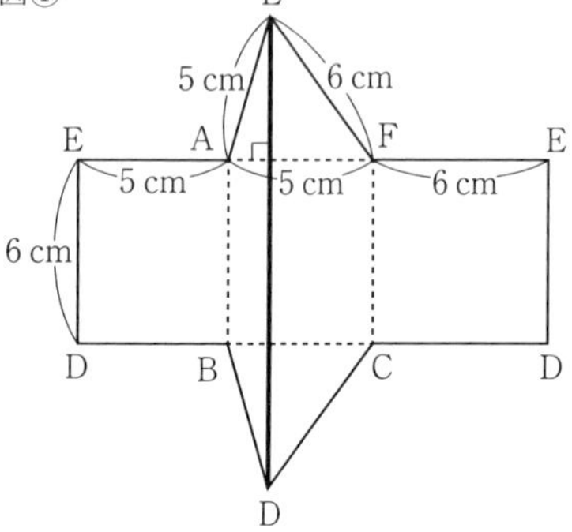

図②
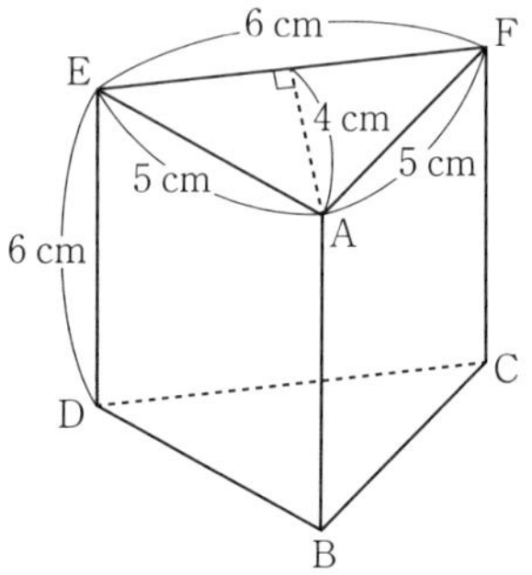

図③
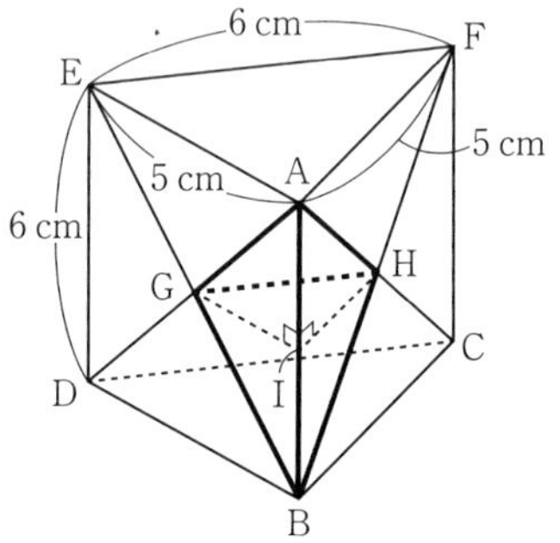

(3)　立体Ｑと立体Ｒが重なるのは上の図③の太線で囲んだ立体であり，これは合同な２つの三角すいA－IGHとB－IGHを組み合わせたものである。ここで，ＧとＨは長方形の対角線の交点だから，三角形IGHは三角形AEFを$\frac{1}{2}$に縮小した三角形であり，面積は，12×$\frac{1}{2}$×$\frac{1}{2}$＝３(cm^2)とわかる。さらに，AIの長さは，６÷２＝３(cm)なので，三角すいA－IGHの体積は，３×３÷３＝３(cm^3)となり，重なっている部分の体積は，３×２＝６(cm^3)と求められる。

5　調べ

(1)　20個以下のときはＡよりもＢの方が高いから，ＡとＣだけを比べればよい。11個買うとき，Ａでは，450×11＝4950(円)，Ｃでは，410×11＋700＝5210(円)なので，Ａの方が，5210－4950＝260(円)安い。その後，１個追加するごとに，450－410＝40(円)ずつ差が縮まるから，260÷40＝６余り20より，11＋６＝17(個)まではＡの方が安いことがわかる。よって，Ａで買った方が安くなるのは17個以下のときである(下の図１を参照)。

図１

個数	11個	12個	13個	14個	15個	16個	17個	18個
Ａ(円)	4950	5400	5850	6300	6750	7200	7650	8100
Ｃ(円)	5210	5620	6030	6440	6850	7260	7670	8080

図２

個数	10個	20個	30個	40個
Ａ(円)	4500	9000	13500	18000
Ｂ(円)	4800	9300	13500	17500
Ｃ(円)	4600	8900	13200	17500

(2)　10個ごとに調べると上の図２のようになるので，40個買うとＢとＣの代金が同じになることが

わかる。また，40個を超《こ》えたときの１個あたりの値段はＣよりもＢの方が安いので，Ｂで買った方が安くなるのは41個以上買うときとわかる。

(3)　図１と図２から，18個以上20個以下のときはＣで買った方が安いことがわかる。また，21個以上の場合を調べると右の図３のようになるから，21個と22個のときはＡで買った方が安く，23個以上39個以下のときは再びＣで買った方が安くなることがわかる。よって，①にあてはまる数は20，②にあてはまる数は23である。

図３

個数	21個	22個	23個	24個
Ａ(円)	9450	9900	10350	10800
Ｂ(円)	9720	10140	10560	10980
Ｃ(円)	9510	9920	10330	10740

社会 ＜第１回試験＞（40分）＜満点：70点＞

解答

1 **問１**　ウ　**問２**　イ　**問３**　フォッサマグナ　**問４**　ア　**問５**　ウ　**問６**　エ　**問７**　ウ　**問８**　ア　**問９**　エ　**問10**　ア　**問11**　ウ　**問12**　イ　**問13**　エ　**問14**　イ　**問15**　ア　**問16**　オーストラリア　**問17**　エ　**問18**　ア　**問19**　イ

2 **問１**　伊能忠敬　**問２**　ア　**問３**　貝塚　**問４**　エ　**問５**　オ　**問６**　カ　**問７**　竹崎季長　**問８**　イ　**問９**　エ　**問10**　ウ　**問11**　ア　**問12**　イ　**問13**　ア　**問14**　祇園祭　**問15**　イ　**問16**　鹿鳴館　**問17**　ウ　**問18**　ウ　**問19**　ア　**問20**　ア

3 **問１**　ア　**問２**　ウ　**問３**　ウ　**問４**　イ　**問５**　エ　**問６**　普通　**問７**　イ　**問８**　イ　**問９**　ア　**問10**　ウ　**問11**　健康　**問12**　ウ　**問13**　ア　**問14**　朝日　**問15**　イ　**問16**　プライバシー

解説

1 **日本の地理についての問題**

問１　日本の47都道府県のうち，北海道の次に面積が大きいのは岩手県で，以下福島県，長野県，新潟県，秋田県，岐阜県の各県が続く。よって，長野県は表のウがあてはまる。なお，面積が最も小さいのは香川県で，以下大阪府，東京都，沖縄県の順になる。統計資料は『日本国勢図会』2022／23年版，『データでみる県勢』2023年版などによる(以下同じ)。

問２　レタスは冷涼な環境を好む野菜で，高原や大都市近郊で栽培《さいばい》される。レタスの収穫量は長野県が全国第１位，以下茨城県，群馬県と続く。

問３　フォッサマグナは本州の中央部を南北にのびる大地溝帯《こうたい》のことで，これを境に日本列島は東北日本と西南日本に分けられる。地溝帯の西縁を糸魚《いとい》川・静岡構造線という。

問４　Ａ地点から等高線を北にたどると，標高1282ｍの表示が見える。よって，アが選べる。

問５　標高の低いところから高いところに向けて，等高線がくぼんでいるのが谷，標高の高いところから低いところに向かって出張っているのが尾根になる。よって，ウがあてはまる。

問６　泉佐野市のある大阪府南部の泉南地区は，古くから綿工業がさかんである。なお，アの門真市は電気機械，イの堺市は鉄鋼・石油化学，ウの東大阪市は金属・機械などの工業が発達している。

問７　プラスチックは石油を原料とする化学製品で，自然の力では分解されないので，そのまま廃棄されると，環境破壊につながる。中でも，細かく砕かれたマイクロプラスチックによる海洋汚染は，海の生態系に重大な影響をもたらすとして，国際的な問題になっている。よって，ウが正しくない。

問８　奈良県南部の紀伊山地は森林資源が豊富で，人工の三大美林の一つである吉野すぎの産地として知られる。人工の三大美林はこのほか，天竜すぎや尾鷲《おわせ》ひのきがある。なお，自然の三大美林は，木曽ひのき，秋田すぎ，青森(津軽)ひば。

問９　奈良県大和郡山市は，ため池を利用した観賞用の金魚の養殖がさかんである。

問10　アは京都府章で，古都の格調高い土地柄をあらわす「六葉形」に，「京」の文字を表した模《も》様《よう》からなる。なお，イは北海道章，ウは大阪府章，エは埼玉県章。

問11　ユネスコ(国連教育科学文化機関)の世界遺産に登録されている法隆寺は奈良県，平等院は京都府にある。よって，ウが正しくない。

問12　東京スカイツリーのある墨田区は，地図中のイにあたる。なお，アは台東区，ウは江戸川区，エは江東区。

問13　東京—大阪間の旅客輸送では，東海道新幹線の利用者が大半を占《し》めるが，航空機や自動車の利用客もいる。よって，グラフのエがあてはまる。なお，アは東京—鹿児島，イは東京—福岡，ウは東京—宮城。

問14　千葉県浦安市などの大都市近郊の地域では大都市に通勤する単身世帯も多く住むため，１世帯当たりの人員は全国平均より低くなる。よって，イが正しくない。

問15　現在，日本の電力の中心は火力発電なので，グラフのアがあてはまる。特に2011年の東日本大震災以降，その割合が大きくなった。なお，イは水力発電，ウは原子力発電。

問16　日本の鉄鉱石の最大の輸入先はオーストラリアで，以下ブラジル，カナダの順である。

問17　千葉県の太平洋側の沖合には，暖流の日本海流(黒潮)が流れているため，冬でも比較《ひかく》的温暖な気候で，南房総では花の栽培がさかんである。よって，エが正しくない。

問18　一人一日あたりの消費量において，米は戦前から戦後の1960年にかけて最も多かったが，その後，減少し続けている。よって，グラフのアがあてはまる。なお，イは小麦，ウは野菜，エは牛乳・乳製品。

問19　資源のとぼしい日本は原料を輸入し加工品を輸出する加工貿易によって成り立っている。日本の輸出品目において，1940年は生糸・綿織物・衣類などの繊維製品(軽工業製品)が多かったので，イがあてはまる。なお，アは2020年の輸出品目，ウは2020年の輸入品目，エは1940年の輸入品目。

2　日本の歴史についての問題

問１　伊能忠敬は下総国佐原(千葉県)の酒造家で，50歳にして家督《かとく》を譲《ゆず》り江戸に出て西洋の測量術や暦法を学び，幕命により1800～16年に全国の沿岸を測量し，正確な日本地図を作製した。その業績は忠敬の死後３年にして，弟子たちにより『大日本沿海輿地全図』として完成した。

問２　登呂遺跡(静岡県)は弥生時代の稲作の跡を残す遺跡で，整備された水田や水路，農具や稲を保存する高床倉庫の跡などが発掘されている。なお，イの三内丸山遺跡(青森県)は縄文時代，ウの野尻湖遺跡(長野県)とエの岩宿遺跡(群馬県)は旧石器(先土器)時代の遺跡。

問３　貝塚は縄文時代の人々のゴミ捨て場で，貝がらや魚介類・動物の骨，石器・土器の破片《はへん》などが出土し，当時の人々の生活の様子を知ることができる。

問４　儒教や仏教は，朝鮮半島の国のうち，日本と友好関係にあった百済《くだら》からもたらされた。よって，エが正しくない。

問５　１の後三条天皇は平安時代後半，２の後白河天皇は平安時代終わり，３の桓武天皇は平安時代初めに活躍《かつやく》した天皇なので，年代の古い順に並び替えると３→１→２になる。

問６　１は12世紀，２の後三年の役は1083～87年(11世紀)，３の平将門の乱は939～940年(10世紀)のできごとなので，年代の古い順に並び替えると３→２→１になる。

問７　元寇(元軍の襲来)のとき，元軍と戦った肥後国(熊本県)の御家人・竹崎季長は，自分の活躍の様子を子孫に残すため，絵師に描かせたのが『蒙古襲来絵詞』である。

問８　室町時代，将軍を補佐する役職は管領で，細川・斯波・畠山の有力守護大名が交代で務めた(三管領)。なお，アの老中は江戸幕府，ウの執権とエの連署は鎌倉幕府の役職。

問９　干鰯《ほしか》や油かすが金肥《きんぴ》として商品作物の栽培に使われ始めたのは江戸時代なので，エが正しくない。

問10　織田信長は大量の鉄砲を使い，長篠の戦い(1575年)で武田勝頼の騎馬隊を破り，鉄砲が実戦兵器として有効であることを証明した。よって，ウが正しい。なお，アの鉄砲伝来は，1543年にポルトガル人が種子《たねが》島(鹿児島県)に漂着したとき。イについて，鉄砲はまたたく間に広がり，国内でも大量に生産された。エについて，信長はキリスト教の布教を認めている。

問11　江戸時代の鎖国中には，長崎を通じてキリスト教の布教を目的としないオランダと清(中国)の２か国に貿易を許可した。よって，アが正しくない。

問12　江戸時代，大名は１万石以上の領地を持つ家臣で，それ未満の領地を持つ徳川将軍家の直属の家臣は旗本とよばれた。なお，アの親藩は徳川一族，ウの譜代は古くからの徳川氏の家臣，エの外様は関ケ原の戦い(1600年)前後に徳川氏にしたがった大名。

問13　『東海道中膝栗毛』は十返舎一九のこっけい本で，近松門左衛門は人形浄瑠璃《じょうるり》・歌舞伎《かぶき》の脚本家である。よって，アが正しくない。

問14　祇園祭は京都八坂神社の厄除《やくよ》け祭礼で，平安時代に始まったとされるが，室町時代に応仁の乱(1467～77年)で中断された。しかし，1500年ごろには京都の町衆により復活し，現在に至る。

問15　寺子屋は江戸時代の一般庶民《しょみん》の子どもたちの教育機関で，明治時代には学制発布(1872年)により全国に小学校が設けられた。よって，イが正しくない。

問16　資料の絵は，明治政府の不平等条約改正に向けた欧化政策の一環として，東京日比谷に建設された鹿鳴館《ろくめいかん》である。

問17　1918年，米騒動で寺内正毅内閣が総辞職すると，原敬が立憲政友会総裁として初の本格的な政党内閣を組織した。ただし，陸軍・海軍・外務大臣は立憲政友会に所属する人ではなかったので，ウが正しくない。

問18　１の五・一五事件は1932年，２の柳条湖事件は1931年，３の盧溝橋事件は1937年のできごとなので，年代の古い順に並び替えると２→１→３になる。

問19　議会の承認なしに戦争に必要な物資や人員を調達できるようにしたのは，国家総動員法(1938年)である。よって，アが正しくない。なお，治安維持法(1925年)は社会主義運動を取り締まる法律。

問20　710年に平城京に都を移したのは元明天皇なので，アが正しくない。なお，持統天皇は694年に藤原京に都を移した。

３ 日本国憲法の条文をもとにした問題

問１　日本国憲法(以下「憲法」と略称)の第11条では，基本的人権を「侵《おか》すことのできない永久の権利」として保障している。

問２，問３　憲法の第13条には，「生命，自由及び幸福追求に対する国民の権利については」とあるので，ウが正しくない。また，「公共の福祉に反しない限り」「最大の尊重を必要とする」とある。公共の福祉とは国民全体の幸福や利益のことで，これに反する権利の主張は認められないことがある。

問４　憲法の第14条は，法の下の平等を定めた条文である。ただし，障がい者を優先しようという行いは，障がい者が若い人や健常者と共に生きる社会をつくるという観点による取り組みなので，不当な差別とはいえない。よって，イが正しくない。

問５　この条文には，「人種，信条，性別，社会的身分又は門地」により差別されないとある。よって，エが正しくない。

問６，問７　憲法の第15条３項には，「公務員の選挙については，成年者による普通選挙を保障する」とある。普通選挙とは，一定の年齢に達した国民に選挙権を認めることをいう。民法の改正により，成人年齢が満18歳に引き下げられたので，この年齢で選挙権が得られる。また，４項では，「すべて選挙における投票の秘密は，これを侵してはならない」としている。つまり，候補者のだれに投票したかを他人に知られないということである。なお，選挙の原則は，普通選挙，秘密選挙のほか，有権者が直接候補者を選ぶ直接選挙，１人１票の平等選挙。

問８　憲法の第21条には，「集会，結社及び言論，出版その他一切の表現の自由は，これを保障する」とある。よって，イが正しくない。

問９　憲法の第31条には，「何人も，法律の定める手続きによらなければ，その生命若しくは自由を奪われ，又はその他の刑罰《けいばつ》を科せられない」とある。

問10　憲法の第22条には，「何人も，公共の福祉に反しない限り，居住，移転及び職業選択の自由を有する」とある。よって，ウが正しくない。

問11　憲法の第25条には，「すべて国民は，健康で文化的な最低限度の生活を営む権利を有する」とある。社会権のうちの生存権についての規定である。

問12　憲法が定める国民の義務は，子どもに普通教育を受けさせる義務，勤労の義務，納税の義務の３つである。よって，ウが正しい。

問13　「労働三権」とは，団結権・団体交渉権・団体行動権(争議権)の３つである。よって，アが正しくない。

問14　「朝日訴訟《そしょう》」は，国立岡山療養所に入所していた朝日茂さんが1957年に起こした訴訟で，当時の生活保護法が憲法第25条の生存権の規定に反するかどうかが争われた。一審の東京地方裁判所の判決は原告である朝日さんの勝訴であったが，二審の東京高等裁判所の判決は敗訴となり，最高裁判所に上告したものの，朝日さんが亡くなったため，最終的な判決が出されないまま訴訟が終了した。

問15　肖像《しょうぞう》権は他人から無断で写真や映像を撮られたり，無断で公表されたりしないように主張できる権利のことで，一般的にプライバシーの権利の一つとされる。よって，イが正しくない。

問16　プライバシーの権利とは，他人に知られたくない個人的な情報をみだりに公表されない権利である。なお，憲法の条文に直接規定されていないが新しい人権として認められている権利は，環境権，プライバシーの権利のほか，行政機関などが持つ情報の公開を求める知る権利，自分の生命や生活について自分が決定できる自己決定権がある。

理　科　＜第１回試験＞（40分）＜満点：70点＞

解　答

1　**問１**　①　24　②　70　③　36　**問２**　*X*　21cm　*Y*　60cm　**問３**　80ｇ　**問４**　28ｇ　**問５**　24.8cm　**2**　**問１**　石灰水　**問２**　エ，オ，キ　**問３**　(1)　（例）　水溶液Ｙが逆流するのを防ぐため。　(2)　イ，エ　**問４**　①　ウ　②　キ　③　カ　**問５**　(1)　2.2ｇ　(2)　1.2Ｌ　**3**　**問１**　心臓　**問２**　ウ　**問３**　解説の図を参照のこと。　**問４**　（かん）門脈　**問５**　⑦　**4**　**問１**　30度　**問２**　20度　**問３**　イ　**問４**　ケ　**問５**　ウ　**問６**　エ

解　説

1　ばねののびと力のつり合いについての問題

問１　おもりの重さが０ｇのときのばねの長さが，ばねの自然長である。表１より，ばねにつるすおもりの重さを10ｇ増やすごとに，ばねＡは３cmずつ，ばねＢは２cmずつのびる。よって，ばねＢに20ｇのおもりをぶら下げたときの長さは，$20+2\times\frac{20}{10}=24$(cm)（…①）である。また，ばねＢの長さが34cmのとき，のびは，$34-20=14$(cm)なので，おもりの重さは，$10\times\frac{14}{2}=70$(ｇ)（…②）である。さらに，ばねＡに70ｇのおもりをぶら下げたときの長さは，$15+3\times\frac{70}{10}=36$(cm)（…③）である。

問２　図２は，ばねＡを３本並列につないでいるので，ばね１本あたりにかかる重さは，$60\div3=20$(ｇ)である。よって，表１より，$X=21$(cm)である。図３は，ばねＢを直列につないでいるので，上下のばねそれぞれにおもりの重さの50ｇがかかり，ばねの長さがそれぞれ，$20+2\times\frac{50}{10}=30$(cm)となる。よって，$Y=30+30=60$(cm)である。

問３　ばねＡとばねＢを直列につなげたものは，自然長が，$15+20=35$(cm)，10ｇのおもりをぶら下げたときののびが，$3+2=5$(cm)のばねとみなすことができる。よって，ばねののびが，$75-35=40$(cm)のときのおもりの重さは，$10\times\frac{40}{5}=80$(ｇ)とわかる。

問４　水中に入れた物体は，物体がおしのけた水の重さに等しい大きさの上向きの力（浮《ふ》力《りょく》）を受ける。立方体のおもりの体積は，$2\times2\times2=8$(cm^3)だから，図５のときの立方体のおもりにはたらいている浮力は，$1\times8=8$(ｇ)である。よって，図５でばねＡののびが，$21-15=6$(cm)より，ばねＡにかかっている重さは，$10\times\frac{6}{3}=20$(ｇ)だから，立方体のおもりの重さは，$20+8=28$(ｇ)と求められる。

問５　図６で立方体のおもりにはたらく浮力は，$8\div2=4$(ｇ)だから，ばねＢにかかる重さは，$28-4=24$(ｇ)となる。よって，ばねＢの長さは，$20+2\times\frac{24}{10}=24.8$(cm)となる。

2　炭酸水素ナトリウムの分解についての問題

問１　炭酸水素ナトリウムを加熱すると，炭酸ナトリウムという固体の物質，水，二酸化炭素(気体Ｘ)に分かれる。発生した二酸化炭素を通したとき白くにごった水溶液《すいようえき》Ｙは，石灰水(水酸化カルシウム水溶液)である。白いにごりは，水酸化カルシウムと二酸化炭素が反応してできた炭酸カルシウムという水に溶けにくい物質である。

問２　ア，イ　空気に含《ふく》まれる体積の割合が多い順に，ちっ素(約78％)，酸素(約21％)，アルゴン(約0.9％)，二酸化炭素(約0.04％)となっている。　　ウ，エ　二酸化炭素は水に少し溶け，空気より重い気体であり，下方置換《ちかん》で集めることができる。水に溶ける量は多くないので，水上置換で集める場合もある。　　オ　植物は，二酸化炭素と水から日光を利用してデンプンなどの栄養分と酸素をつくる光合成というはたらきを行う。　　カ　ものが燃えるときには酸素が必要である。二酸化炭素にものが燃えるのを助けるはたらきはない。　　キ，ク　二酸化炭素は水に少し溶け，その水溶液(炭酸水)は弱い酸性をしめす。

問３　(1)　気体誘導《ゆうどう》管の先を石灰水の中に入れたまま火を消すと，試験管Ａ内の気体が冷えて体積が急激に収縮し，圧力が下がって試験管Ｂ内の石灰水が逆流して試験管Ａ内に入るおそれがある。

(2)　ガスバーナーを消火するときは，まずねじｂ(ガス調節ねじ)をおさえたままねじａ(空気調節ねじ)をまわして閉じ，その後にねじｂをまわして閉じる。なお，ねじａとねじｂはいっしょにまわりやすいため，ねじａだけをまわすときは，ねじｂをおさえたまま，ねじａをまわすようにする。

問４　液体が水であることを確認するには，塩化コバルト紙を用いる。塩化コバルト紙はもともと青色をしていて，水がつくとうすい赤色に変化する。

問５　(1)　物質が変化しても，変化の前と後で物質の重さの合計は変化しない。よって，発生した二酸化炭素(気体Ｘ)の重さは，$8.4-(5.3+0.9)=2.2$(ｇ)である。　　(2)　(1)より，発生した二酸化炭素の重さは2.2ｇだから，その体積は，$1\times\frac{2.2}{1.8}=1.22\cdots$より，約1.2Ｌである。

3　血液循環《じゅんかん》と内臓器官についての問題

問１　内臓Ａは，全身から入った血液をふたたび全身へ送り出しているので，心臓を表しているとわかる。

問２　内蔵Ａ(心臓)と直接血液のやり取りをしている内蔵Ｂは肺である。ここで，内蔵Ａ(心臓)に注目すると，実線の矢印は，心臓から全身に向かって出る血液が流れる血管(大動脈)と肺から出た血液が心臓に入る血管(肺静脈)である。よって，実線の矢印は動脈血(酸素が多い血液)が流れる血管をしめしているとわかる。

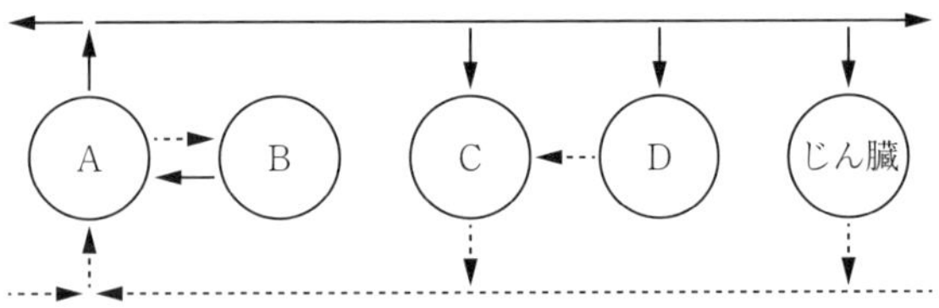

問３，問４　小腸を通った血液は，おもに門脈(かん門脈)を通りかん臓へと向かう。よって，内蔵Ｄが小腸とわかり，図では，内蔵Ｄから内蔵Ｃ(かん臓)へ向かう血管をしめす矢印が不足しているとわかる。また，門脈は毛細血管が集まってつながる血管で，静脈血(酸素が少ない血液)が流れているため，矢印は右上の図の点線になる。

問５　じん臓は，血液中に含まれる尿素《にょうそ》などの不要物をこし取って，尿として体外に排出《はいしゅつ》する器官である。したがって，不要物がもっとも少ない血液が流れるのは，じん臓から出ていく⑦の血管である。

4 金星の動きと見え方についての問題

問１　地球は太陽のまわりを12か月でまわっているので，１か月あたりでは，360÷12＝30(度)まわっている。

問２　金星は太陽のまわりを１か月で，360÷7.2＝50(度)まわっているので，地球と金星のまわる角度には，１か月あたり，50－30＝20(度)の差が生じる。

問３　問２で述べたように，図１から１か月後には，太陽のまわりを金星が地球よりも20度多くまわっているので，地球と太陽を結ぶ直線上にある地球上の地点(正午の地点)から見ると，金星は南中している太陽の西側に位置する。よって，イが適する。

問４　金星，太陽，地球がつくる角度を角度Ｂとすると，図３のときの角度Ｂは，90－46＝44(度)である。問３のときの角度Ｂは20度なので，地球と金星の距離《きょり》は図３のときより近くなっている。そのため，金星のみかけの大きさは図４より大きくなる。このとき，金星は左側が光って見え，また，金星は地球に近くなるほど，明るくかがやいて見える範囲《はんい》がせまくなるので，ケが適する。

問５　地球と金星の位置関係は，１か月に20度ずつ差が広がっていくので，360÷20＝18(か月)たつと再び同じような位置関係になる。よって，次に同じ位置関係になるのは，2023年８月13日から18か月後の2025年の２月～３月頃《ころ》となる。

問６　図３のようになるのは，問４で述べたように，角度Ｂが地球から太陽に向かって東側に44度になるときである。これは，図１のときより，金星が地球より，360－44＝316(度)多くまわるとき，つまり，2022年８月13日の，316÷20＝15.8(か月後)とわかる。よって，2024年12月～2025年１月頃が適する。

国　語　＜第１回試験＞（50分）＜満点：100点＞

解　答

一　**問１**　ｉ　ウ　ⅱ　イ　**問２**　ア　**問３**　(例)　真剣に取り組んでいる宮沢賢治作品の紙芝居を祖母に認めてもらえることを期待したが，突き放すような言葉を受けて落ち込む気持ち。　**問４**　(例)　肯定してほしいという光都の気持ちを考えずに，どんな努力や成功についても認めようとしない点。　**問５**　エ　**問６**　ウ　**問７**　(例)　本心では光都を大切に思っているが，本人にはとげとげしい態度をとってしまうところ。　**問８**　イ　**問９**　自分の力　**問10**　(例)　欠点を抱えつつ豊かで厳しい自然に生き，自らのどうしようもできない感情と向き合う登場人物の姿が，疎ましくも愛しい祖母への「私」の複雑な思いと重なるから。
問11　エ　　二　下記を参照のこと。

●漢字の書き取り

二　１　政策　２　武勇伝　３　在宅　４　周波　５　標識　６　批判　７　許可　８　約(した)　９　築(く)　10　捨(棄)(てて)

解　説

一　**出典は青山美智子《あおやまみちこ》の『月曜日の抹茶《まっちゃ》カフェ』所収の「拍子木《ひょうしぎ》を鳴らして」による。**何をするにも，祖母からずっと難癖《なんくせ》をつけられてきた光都《みつ》は，今，真剣《しんけん》に取り組んでいる紙芝居《しばい》まで否定されたことに怒《いか》りや悔《くや》しさを覚えるが，実は祖母に愛されていたことを知る。

問１　**ⅰ**　光都は今，「通販《つうはん》オペレーターの仕事」をしながら，大学のころに魅了《みりょう》された紙芝居を続けているのだから，人生をかけて生涯《しょうがい》取り組んでいく趣味《しゅみ》などをいう「ライフワーク」が合う。なお，「ケースワーク」は社会的支援《しえん》の必要な個人や家族に対し，問題解決のために援助する社会福祉《ふくし》の方法の一つ。「オーバーワーク」は働きすぎのこと。「ソーシャルワーク」は社会福祉援助のこと。　**ⅱ**　紙芝居への取り組みを否定されたことで長い間つのっていた不満がこみあげ，光都は思わず祖母にその「熱い憤《いきどお》り」をぶつけ，居間を飛び出してしまったものの，自分の部屋に戻《もど》ってからは「嫌《いや》な空気」にしてしまったことを悔《く》やんでいる。よって，「自責の念にかられた」とするのがよい。

問２　就職した後も好きで取り組んでいる紙芝居を，叔母《おば》である雪乃《ゆきの》さんから楽しみにしていると言われた光都は，「張り切って準備してきた」甲斐《かい》があったと感じ，喜んでいるものと想像できる。よって，アがよい。なお，「頬《ほお》がゆるむ」は，“うれしさから微笑《ほほえ》む”という意味。

問３　「紙芝居，どんなのやってるんだい」と興味を示してくれた祖母の反応をうれしく思った光都は，幼いころから愛し，これまで何作も読みこんできたことに加え，祖母もまた深い思い入れを抱《いだ》いているであろう「宮沢賢治《みやざわけんじ》」の名を「くっきり縁取《ふちど》るように答え」たが，意外にも突《つ》き放すような言葉をあびせられ，大きな衝撃《しょうげき》を受けている。これをふまえ，祖母に受け入れてもらえるだろうという期待が，予想外に否定されたことで深く落ちこんだ，といった趣旨《しゅし》でまとめるとよい。

問４　紙芝居を否定されたことをきっかけに，光都は幼いころから抱き続けてきた不満を祖母へとぶつけている。さかあがりの練習や高校合格など，どんなに努力したり成功したりしても，自分のことをまったく認めてくれなかった祖母の姿勢を，光都は「無神経」だと言っている。ライフワークと思い定めた紙芝居についてさえ「肯定《こうてい》して」ほしいという気持ちが報《むく》われず，光都は我慢できなくなったのである。

問５　『よだかの星』の読み聞かせのとき，光都がよだかの置かれた境遇《きょうぐう》の不憫《ふびん》さから思わず「泣いてしまった」のを見て，自力で必死に空をのぼり，どの鳥よりも美しくなったことで最後によだかは報われたのだと解釈《かいしゃく》している祖母は，表面的な展開だけにとらわれた光都を叱《しか》ったのだから，エがよい。

問６　今日最初に会ったときから顔色がよくない祖母の体調を心配する光都の言葉を受け，雪乃さんは「こらえきれなくなったように」笑っている。続く部分にあるとおり，孫娘《まごむすめ》が来ることを楽しみにするあまり寝《ね》不足になっただけの，「健康体そのもの」である祖母を，光都が心配しているようすがおかしくて仕方なかったのだから，ウがあてはまる。

問７　光都の帰りをとても楽しみにしていながら，いざ本人が帰ってきたら「ツンツンした態度」をとってしまう祖母の姿を，雪乃さんは「かわいい」と言っている。これをもとに，「本当は光都を大切に思っているのに，本人の前ではきびしい態度をとってしまうところ」のようにまとめる。

問８　「さっき」の涙《なみだ》とは，真剣に打ちこんでいる紙芝居まで否定された悔しさから流した涙を指しているが，ここでの涙は，雪乃さんから祖母がどれほど自分を大切に思っているかを聞かされた光都の，祖母に対する矛盾《むじゅん》した複雑な思いが交錯《こうさく》したことによる涙なので，イがふさわしい。

問９　すぐ前で光都が，自分とよだかを比較《ひかく》している点をおさえる。生きているからこそ自分は傷ついたり傷つけたりしてしまうが，空をのぼったよだかのように「自分の力」で必死に生きたら，よだかがそうであったように「大丈夫《だいじょうぶ》」になれるのではないかと考えたものと推測できる。

問10　宮沢賢治の作品の登場人物は，弱さや醜《みにく》さ，愚《おろ》かさといった欠点を抱《かか》えつつ，豊かで厳しい自然に生き，自分ではどうしようもできない感情と向き合っていると直前に書かれている。光都がその世界に惹《ひ》かれるのは，「疎《うと》まし」さもあれば「恋《こい》し」さもある祖母に対する複雑な思いと，その登場人物たちの姿を重ねているからだと考えられる。

問11　潤《うる》んで光って見えたおばあちゃんの目は，次の文で，星になったよだかの姿にたとえられている。祖母は光都を愛するあまり憎《にく》まれ口をたたいてもきたが，自分も愛読している宮沢賢治の作品を大人になった孫娘が紙芝居で見せてくれたことに感動し，星になったよだかが「大丈夫」であるように，光都の成長を感じて「大丈夫」だとうれしく思っているのだから，エが選べる。

二　漢字の書き取り

1　政治のやり方や政治を行うさいの考え方。　**2**　てがらを立てた勇《いさ》ましい話。　**3**　自宅にいること。　**4**　「周波数」は，交流電流・電波・音波などの向きが一秒間に何回変わるかという数。　**5**　注意したり守ったりしなければならないことを知らせる目印。　**6**　ものごとのよしあしを判断して言うこと。　**7**　してもよいと言って許すこと。　**8**　「約する」は，“約束する”という意味。　**9**　音読みは「チク」で，「築城」などの熟語がある。　**10**　「捨」の音読みは「シャ」で，「取捨」などの熟語がある。また，「棄」の音読みは「キ」で，「棄権」などの熟語がある。

2023年度　城 北 中 学 校

【算　数】〈第２回試験〉（50分）〈満点：100点〉

注意　1．円周率が必要な場合には，3.14として計算しなさい。

　　　2．比はもっとも簡単な整数の比で答えなさい。

　　　3．コンパス・定規・分度器を使ってはいけません。

1　次の□にあてはまる数を求めなさい。

(1)　$\left(0.08\div\frac{1}{4}+\frac{2}{5}\div12.5\right)\div\frac{1}{5}-4\times\frac{1}{5}\div5=$□

(2)　$17\times7+119\times4+2023\div17\times$□$+11.9\times70=2023$

2　次の□にあてはまる数または比を求めなさい。

(1)　鉛筆《えん》が20本入るケースAと32本入るケースBがそれぞれ何個かあり，ケースAの個数はケースBの個数の２倍あります。□本の鉛筆をすべてのケースAに入れると32本余り，すべてのケースBに入れると128本余ります。

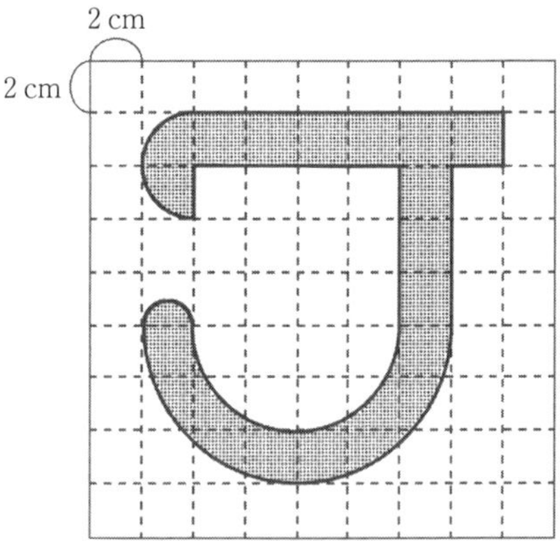

(2)　右の図のように，半円の弧と直線を組み合わせて作った図形があります。この図形の面積は□ cm^2 です。

(3)　長さの比が３：５の２本のひもがあります。それぞれのひもで，たての長さが同じ長方形を作ったところ，面積の比が７：15になりました。このとき，面積が小さい方の長方形のたてと横の長さの比は□です。

(4)　[0]，[1]，[2]，[3]と書かれたカードがたくさんあります。これらのカードを組み合わせて数字を作り，小さい方から並べていきます。

　　[0]，[1]，[2]，[3]，[1][0]，[1][1]，[1][2]，[1][3]，[2][0]，…

　数字を[0]から[3][3][3]まで作って並べるとき，カードは全部で□枚必要です。

(5)　右の図のように，ひし形の中に点Oを中心とする円がぴったりと入っています。角アの大きさは□度です。

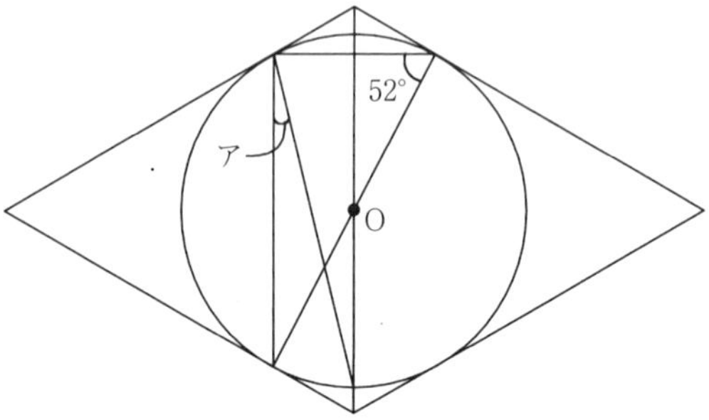

3　下のように分数がある規則にしたがって並んでいます。

第１グループ　$\frac{1}{1}$

第２グループ　$\frac{2}{1}$，$\frac{2}{2}$，$\frac{1}{2}$

第３グループ　$\frac{1}{3}$，$\frac{2}{3}$，$\frac{3}{3}$，$\frac{3}{2}$，$\frac{3}{1}$

第４グループ　$\frac{4}{1}$，$\frac{4}{2}$，$\frac{4}{3}$，$\frac{4}{4}$，$\frac{3}{4}$，$\frac{2}{4}$，$\frac{1}{4}$

第５グループ　$\frac{1}{5}$，$\frac{2}{5}$，$\frac{3}{5}$，$\frac{4}{5}$，$\frac{5}{5}$，$\frac{5}{4}$，$\frac{5}{3}$，$\frac{5}{2}$，$\frac{5}{1}$

⋮

例えば，第２グループには $\frac{2}{1}$，$\frac{2}{2}$，$\frac{1}{2}$ の３個の分数があり，第３グループの左から数えて３番目の分数は $\frac{3}{3}$ です。

次の問いに答えなさい。

(1)　第８グループには何個の分数がありますか。

(2)　$\frac{7}{6}$ は第［　①　］グループの左から数えて［　②　］番目の分数です。［　］にあてはまる数を求めなさい。

(3)　第１グループの $\frac{1}{1}$ から第10グループの $\frac{8}{10}$ までに，全部で何個の分数がありますか。

(4)　第24グループの分数のうち，整数になる分数と約分ができる分数を除くと，残りの分数は何個ですか。

4　Ａ君とＢ君がＰ町を同時に出発して，同じ道をそれぞれ一定の速さでＱ町まで歩きます。ただし，Ａ君はＢ君より速く歩きます。

Ａ君はＰ町から1800ｍ離《はな》れたＲ地点でしばらく休みましたが，Ｂ君は休まずに歩き続けました。Ａ君はＢ君がＲ地点を通過した５分後に再び歩き始めたところ，Ｂ君より２分遅れてＱ町に到《とう》着しました。

右のグラフは，Ａ君とＢ君がＰ町を同時に出発した後の時間と２人の間の道のりの関係を表したグラフです。

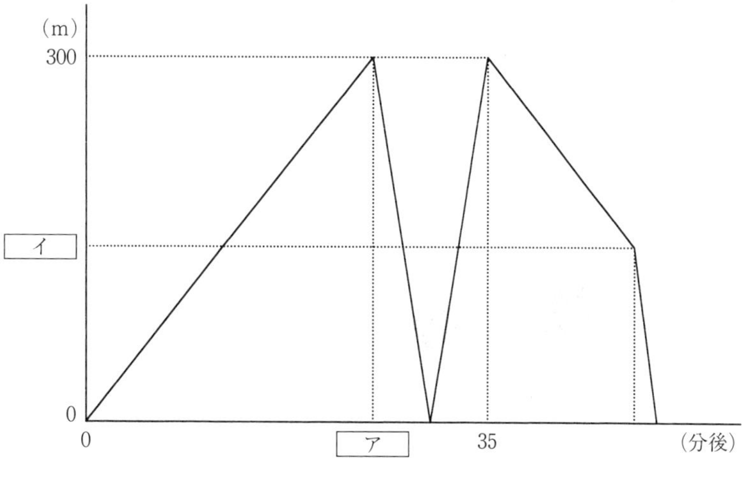

次の問いに答えなさい。

(1)　グラフの ア にあてはまる数を求めなさい。

(2)　Ａ君の歩く速さは毎分何ｍですか。

(3)　グラフの イ にあてはまる数を求めなさい。

(4)　Ｐ町からＱ町までの道のりは何ｍですか。

5　下の図のように，直方体の空の水そうに直方体のレンガをそれぞれの太線部分が重なるようにはめこみました。この容器を図１のように，長方形ABCDを水平な床《ゆか》の上に置き，高さ5.5cmまで水を入れました。ただし，容器をかたむけてもレンガは動かないものとし，図１の状態ではレンガの上に水は残らないものとします。

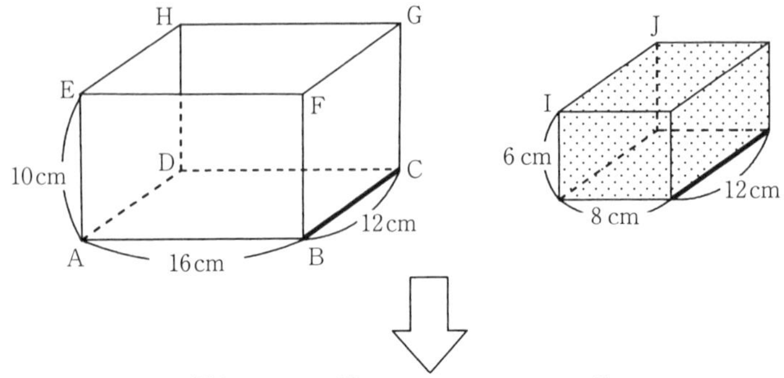

図１

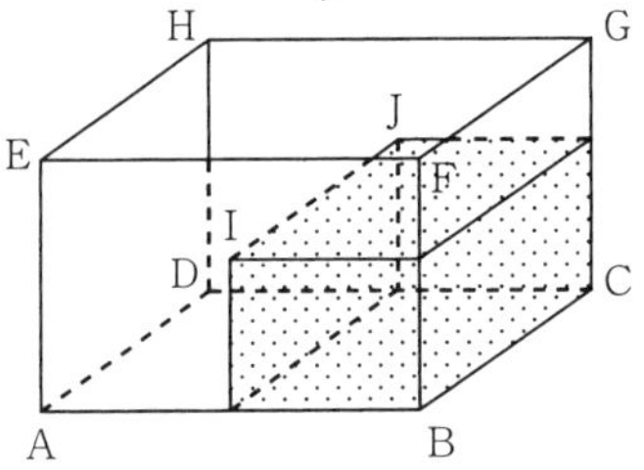

次の問いに答えなさい。

(1)　辺ADを床につけたまま水がこぼれないように容器をかたむけて，水面が辺EHに重なるようにしたところ，図２のようになりました。図２のアはいくらになるか求めなさい。

(2)　今度は辺BCを床につけたまま容器をかたむけて，水面が辺ADに重なるようにしたところ，図３のように右側の水面が辺FGに重なるまで水が容器からこぼれました。その後，容器を図１の状態に戻《もど》したときの水の高さを求めなさい。

図２

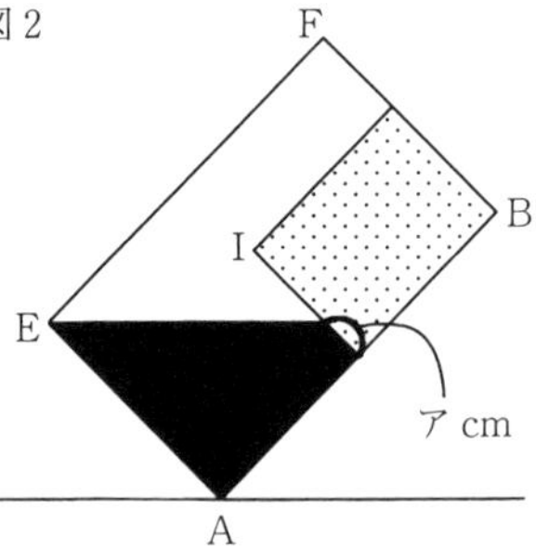

図３

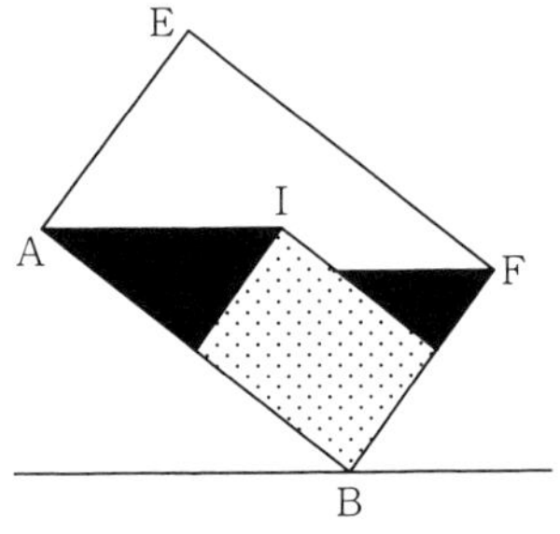

(3) (2)の後に辺CDを床につけたまま水がこぼれないように容器をかたむけて，図４のように水面が辺GHに重なるようにしました。水面と辺ADが交わる点をKとするとき，DKの長さを求めなさい。

図４

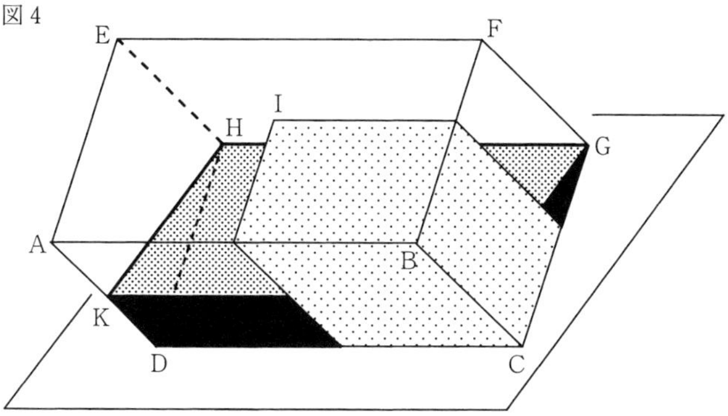

【社　会】〈第２回試験〉（40分）〈満点：70点〉

1　次の文章を読んで，下記の設問に答えなさい。

2023年は，1923年に発生した関東大震災から100年の節目《ふしめ》の年です。近年，日本で発生した大きな地震について振り返ってみましょう。

1995年の(1)兵庫県南部地震は，(2)淡路島の北部が震源となった地震です。この地震では，建物の倒壊《とうかい》による大きな被害が生じました。

2011年には(3)東北地方太平洋沖地震による東日本大震災が発生しました。(4)岩手県，宮城県，福島県を中心とした太平洋沿岸を津波が襲《おそ》い，首都圏では多数の帰宅困難者がみられ，(5)液状化現象も発生しました。

2016年には，熊本地震が発生し，(6)熊本県を中心に，(7)大分県などにも大きな被害をもたらしました。

2018年の(8)北海道胆振《いぶり》東部地震は，北海道で初めて最大の(9)震度階級を記録しました。

いずれの地震も，人的被害のみならず，道路や航空路などが一時的に使用出来なくなるなど，(10)輸送網にも大きな被害をもたらしました。

プレート境界上に位置する日本では，今後も大きな地震災害が発生すると予想されます。

例えば，(11)フィリピン海プレートがユーラシアプレートの下に潜り込む深い溝に沿って大規模な地震が発生すると考えられています。この地震では，(12)関東地方から(13)九州地方にかけての広い範囲で大きな被害が予想されています。

さらに，南関東を震源とした首都直下地震の発生も想定されています。人口や経済が集中する(14)都心部が被災した際には，多額の経済損失が発生するとも指摘されています。

問１　下線部(1)にある場所や施設として**誤っているもの**を，次のア～エから一つ選び，記号で答えなさい。

ア．姫路城　　イ．有馬温泉

ウ．潮岬　　　エ．阪神甲子園球場

問２　下線部(2)に関連して，日本は，淡路島北部の淡路市など12市を通る経線を時刻の基準としています。この経線は東経何度ですか。正しいものを，次のア～エから一つ選び，記号で答えなさい。

ア．東経120度

イ．東経125度

ウ．東経130度

エ．東経135度

問３　問２に関連して，地球上で経度の基準となる線を本初子午線といいますが，これはどこの国の天文台を基準として定められたものですか。正しいものを，次のア～エから一つ選び，記号で答えなさい。

ア．スペイン

イ．イギリス

ウ．フランス

エ．ドイツ

問４　下線部(3)に関連して，次の図は，地域別の水稲の生産量割合を示したグラフです。ア～エはそれぞれ，東北，四国，北海道，北陸のいずれかです。東北を示すものを，下のア～エから一つ選び，記号で答えなさい。

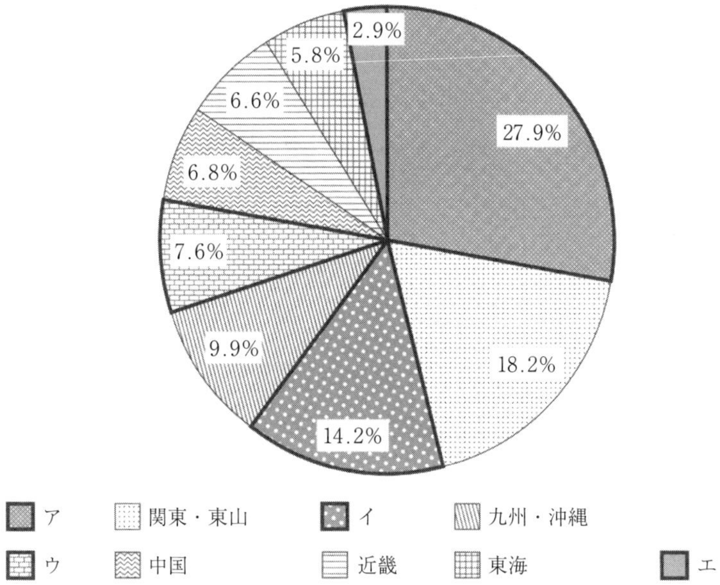

（農林水産省「令和３年作物統計調査」より作成）

（注１）　北陸は新潟・富山・石川・福井の４県
（注２）　関東は茨城・栃木・群馬・埼玉・千葉・東京・神奈川の７都県で，東山は山梨・長野の２県

問５　下線部(4)に関連して，次の表は，岩手県，宮城県のそれぞれの県の面積，人口，産業別就業者の総数と割合を示したものです。この表について述べた文として正しいものを，下のア～エから一つ選び，記号で答えなさい。

県名	面積（km^2）	人口（万人）	産業別就業者の総数と割合			
			総数（万人）	第一次産業（%）	第二次産業（%）	第三次産業（%）
岩手県	15,275	121.1	63.6	10.8	25.4	63.8
宮城県	7,282	230.2	107.8	4.5	23.4	72.1

（総務省「令和２年国勢調査」，「令和元年労働力調査」より作成）

ア．２県のうち，工業や建設業が含まれる産業に従事《じゅうじ》している人の数が多いのは岩手県です。
イ．２県のうち，より人口密度が低いのは宮城県です。
ウ．２県のうち，農林水産業が含まれる産業に従事している人の数が多いのは岩手県です。
エ．就業者以外の人口は両県とも100万人を超えています。

問６　下線部(4)の３県のうち，東北三大祭りが開催される県はいくつありますか。正しいものを，次のア～エから一つ選び，記号で答えなさい。

ア．０
イ．１
ウ．２
エ．３

問７　下線部(5)について説明した次の文章中の下線部のうち，**誤っているもの**をア～エから一つ選び，記号で答えなさい。

液状化現象とは，ア埋め立て地や川や湖があった場所などのイ地下水位が低い地盤《じばん》が，ウ地震による震動を受けて液体状になる現象のことで，エ建物の倒壊などの被害を引き起こした事例がある。

問８　下線部(6)に関連して，熊本県の県庁所在都市である熊本市の雨温図として正しいものを，次のア～エから一つ選び，記号で答えなさい。なお，他の雨温図は，長野市，敦《つる》賀《が》市，福山市です。

ア

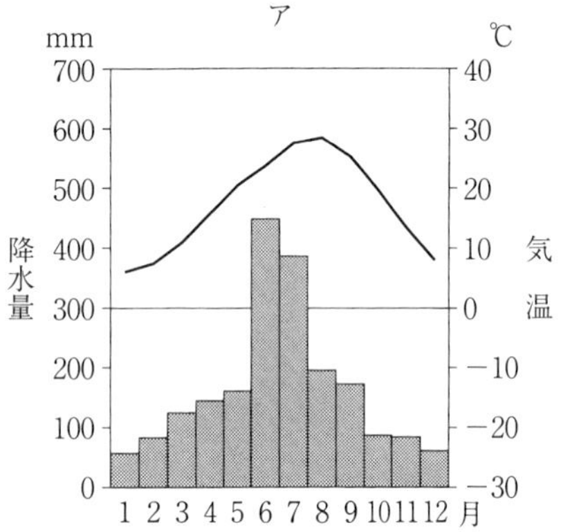

年平均気温：17.2℃　年降水量：2007mm

イ

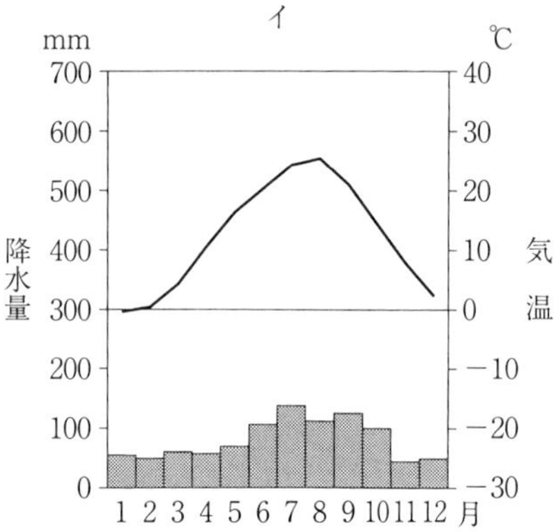

年平均気温：12.2℃　年降水量：965.1mm

ウ

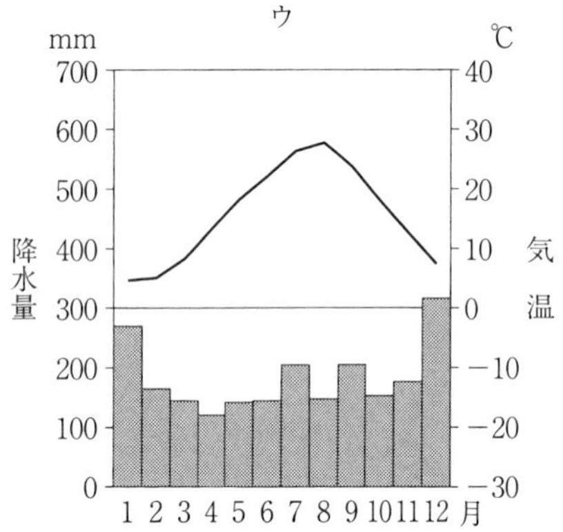

年平均気温：15.6℃　年降水量：2185.7mm

エ

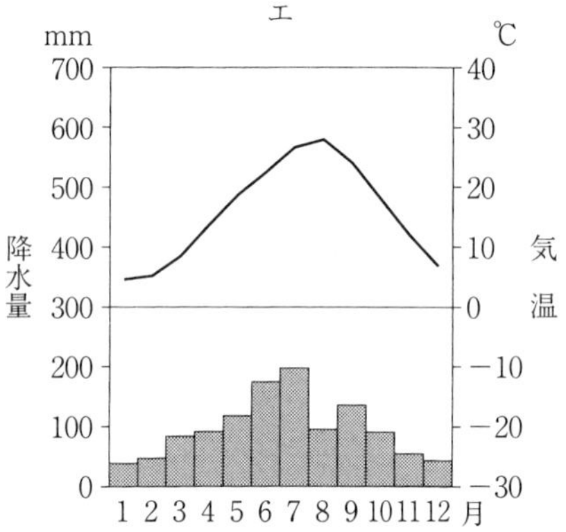

年平均気温：15.7℃　年降水量：1171.6mm

（気象庁データより作成）

問９　下線部(7)の形として正しいものを，次のア～エから一つ選び，記号で答えなさい。いずれも北が上を向いていますが，縮尺は同じであるとは限りません。

ア

イ

ウ

エ

問10　下線部(8)に関連して，北海道には，古くから独自の言葉と文化を持つ先住民族が暮らしています。この民族の名前を**カタカナ**で答えなさい。

問11　下線部(8)に関連して，北海道東部には，1950年代にパイロットファームが作られたことから大規模な酪農地帯となった地域があります。この地域の名称として正しいものを，次のア～エから一つ選び，記号で答えなさい。

ア．石狩平野　　イ．十勝平野　　ウ．北見盆地　　エ．根釧台地

問12　下線部(9)に関連して，地震の揺れの大きさを表す数値を震度といいますが，地震のエネルギーの大きさを表す数値を何といいますか。**カタカナ**で答えなさい。

問13　下線部(9)に関連して，地震の揺れの大きさを表す気象庁震度階級は，何階級で表されますか。正しいものを，次のア～エから一つ選び，記号で答えなさい。

ア．５　　イ．７　　ウ．10　　エ．14

問14　下線部(10)に関連して，自動車やトラックなどによる輸送から，より環境負荷の小さい鉄道や船による輸送に転換することを何といいますか。**カタカナ**で答えなさい。

問15　下線部(10)に関連して，次の表は日本の国内旅客《りょかく》輸送量と国内貨物輸送量の変化を輸送形態別に示したものです。表中のア～エは，鉄道，自動車，旅客船(内航海運)，航空のいずれかです。鉄道を示すものを，次のア～エから一つ選び，記号で答えなさい。

	国内旅客輸送量(単位：百万人キロ)		国内貨物輸送量(単位：百万トンキロ)	
	1990年	2019年	1990年	2019年
ア	387,478	435,063	27,196	1,993
イ	51,624	94,592	799	933
ウ	6,275	3,076	244,546	169,680
エ	853,060	905,343	274,244	253,082

(矢野恒太記念会「日本国勢図会 2022/23」より作成)

(注１)　内航海運は，国内貨物の海上輸送のこと
(注２)　単位の人キロは乗車人数×乗車距離を示し，トンキロは輸送重量×輸送距離を示す

問16　下線部(11)について，駿河湾から日向灘《なだ》沖にかけて位置する，この場所の名称を答えなさい。

問17　下線部(11)に関連して，フィリピンについて説明した文として正しいものを次のア～エから一つ選び，記号で答えなさい。

ア．キリスト教徒が多く，日本に対してはバナナやパイナップルの輸出が盛んです。

イ．エビの養殖が盛んで，日本はこの国から最も多くエビを輸入しています。

ウ．東南アジアで最も人口が多く，イスラム教徒が多いです。

エ．欧米諸国による植民地支配を受けなかった国で，仏教徒が多いです。

問18　下線部⑿について説明した文として**誤っているもの**を，次のア～エから一つ選び，記号で答えなさい。

ア．茨城県には，日本で２番目に面積の大きな湖があります。

イ．房総半島南部では，温暖な気候をいかした白菜の抑制栽培が盛んです。

ウ．東京から半径50km圏内には全国の人口の約３割が集中し，過密化が進んでいます。

エ．「日光の社寺」など，複数の世界遺産が登録されています。

問19　下線部⒀について説明した文として**誤っているもの**を，次のア～エから一つ選び，記号で答えなさい。

ア．大分県の八丁原《はっちょうばる》には，山がちな地形を利用した日本最大の水力発電所が立地しています。

イ．博多駅は山陽新幹線，九州新幹線の発着駅として九州の鉄道交通を支えています。

ウ．有明海はのりの養殖が盛んで，ムツゴロウの生息地としても知られています。

エ．八代平野は，水稲の裏作として，い草の生産が盛んな平野です。

問20　下線部⒁に関連して，都心部の地価下落などにより，都心部の人口が増加する現象を何といいますか。正しいものを，次のア～エから一つ選び，記号で答えなさい。

ア．ドーナツ化現象　　イ．スプロール現象

ウ．都心回帰現象　　　エ．ヒートアイランド現象

２　私たちの生活において，物やサービスを売ったり，買ったりする時に，お金は欠かせないものです。近年は電子マネーの普及によって，より便利に売り買いが出来るようになりました。さて，私たちの歴史において，先人たちはお金とどのように関わってきたのでしょうか。次の文章【１】～【６】を読んで，下記の設問に答えなさい。

【１】　旧石器・縄文・弥生時代の日本では，貨幣《かへい》は使われていませんでした。しかし，原産地が特定される石器の原材料が各地でみつかっていることから，(1)縄文時代の人びとは，広い範囲で物と物の交換をしていたと考えられています。また，(2)卑弥呼を女王とする邪馬台国では物を交換するための市が存在したと(3)史料に書かれています。

問１　下線部⑴の生活について述べた文として正しいものを，次のア～エから一つ選び，記号で答えなさい。

ア．マンモスなどの大型動物を求めて，移動しながら暮らしていました。

イ．神や精霊の信仰が生まれ，まじないや祈りのために埴輪がつくられました。

ウ．青銅器や鉄器の使用が始まり，農具や武器として使われました。

エ．木の実の煮炊《にた》きや保存のために土器がつくられるようになりました。

問２　下線部⑵が239年に中国の皇帝に使いを送り，皇帝から授《さず》けられた称号を何といいますか。**漢字４文字**で答えなさい。

問３　下線部⑶は中国で書かれた史料です。このように，この時代は中国の歴史書から日本の様子を知ることが出来ます。次のページの１～３の史料を年代順に古い方から並べ替えると，どのような順番になりますか。正しいものを，下のア～カから一つ選び，記号で答えなさい。（史料を一部わかりやすく直してあります。）

１．倭の奴国の王が光武帝にみつぎ物を持ってきたので，光武帝は金印を授けました。

２．倭には100余りの小国があり，楽浪郡を通して皇帝に使いを送る国がありました。

３．倭の五王は中国に使いを送り，朝鮮半島南部における軍事上の立場を有利にしようとしました。

ア．１→２→３　　イ．１→３→２　　ウ．２→１→３

エ．２→３→１　　オ．３→１→２　　カ．３→２→１

【２】 (4)天武天皇は，唐の銭貨にならって富本銭をつくりました。次いで，(5)律令体制を導入した朝廷は，和同開珎をつくりました。そして，銭貨を(6)平城京の造営に雇われた人びとへの給与の支払いなどに利用し，積極的に流通させようとしました。これ以降，12種類の銭貨を発行しましたが，流通の範囲は畿内とその付近に限られました。

問４　下線部(4)について述べた文として正しいものを，次のア～エから一つ選び，記号で答えなさい。

ア．十七条の憲法を制定し，役人としての心構えを示しました。

イ．公地公民を基本方針として，全国的な戸籍である庚午年籍をつくりました。

ウ．最初の本格的な都城である藤原京を完成させ，遷都しました。

エ．壬申の乱で大友皇子に勝利し，飛鳥浄《きよ》御原宮《みはらのみや》で即位しました。

問５　下線部(5)について述べた文として正しいものを，次のア～エから一つ選び，記号で答えなさい。

ア．中央には二官八省が置かれ，神祇官で政治が話し合われました。

イ．全国は畿内と七道に分けられ，国司は世襲《せしゅう》で中央の役人が派遣されました。

ウ．６歳以上の男女に口分田が与えられ，亡くなると朝廷に返されました。

エ．成人した男女から兵士が選ばれ，九州北部を警備する防人を課されました。

問６　下線部(6)について，平城京跡の発掘によって役所間の連絡や荷札《にふだ》などに使われていた木の札が多数発見されました。これによって地方からどのような物が運ばれていたかを知ることが出来ます。この木の札を何といいますか。**漢字**で答えなさい。

【３】 (7)平安時代の後半，平氏によって積極的に宋との貿易が行われ，宋銭が大量に輸入されるようになりました。この宋銭は(8)鎌倉時代にかけて，広く流通し，貨幣経済の発展に大きく貢献しました。この結果，鎌倉時代には交通の要地に(9)定期市が立ったり，年貢が貨幣で納められたりするようになりました。また，借上と呼ばれる高利貸しも現れました。

(山川出版社『新日本史Ｂ』改訂版)

問７　下線部(7)の貴族の邸宅《ていたく》は右の図のように，建物が廊下でつながり，庭には池や池に浮かぶ小島が設けられました。このような貴族の邸宅の造りを何といいますか。**漢字３文字**で答えなさい。

問８　下線部(8)の出来事について述べた文として**誤っているもの**を，次のア～エから一つ選び，記号で答えなさい。

ア．幕府は後鳥羽上皇と争った承久の乱に勝利し，京都に六波羅探題を設置しました。

イ．将軍を補佐する執権の地位についた北条泰時は，御成敗式目を定めました。

ウ．元寇後，御家人の経済的な困窮《こんきゅう》が深刻となり，永仁の徳政令が出されました。

エ．後醍醐天皇が挙兵すると，鎌倉幕府の御家人であった楠木正成が協力しました。

問９　下線部(9)の様子は，鎌倉時代に念仏の教えを説き諸国を巡《めぐ》り歩いて，時宗を広めた人物を描いた絵巻物にも描かれています。次の図はその絵巻物の一部です。この時宗の開祖となった人物として正しいものを，下のア～エから一つ選び，記号で答えなさい。

(山川出版社『新日本史Ｂ』改訂版)

ア．一遍　　イ．法然　　ウ．親鸞　　エ．栄西

【４】 室町幕府の三代将軍(10)足利義満が日明貿易を始め，大量の明銭が輸入されました。これによって貨幣経済が進展し，(11)農業や商工業も発達しました。一方で，借金に苦しむ農民は団結して(12)徳政令を要求する一揆をおこしました。また，貨幣が不足して，質の悪い偽造貨幣がたくさんつくられ，流通の妨《さまた》げとなりました。そのため，(13)戦国大名は商業取引の円滑化に努力しました。

問10　下線部(10)が行ったこととして**誤っているもの**を，次のア～エから一つ選び，記号で答えなさい。

ア．半世紀以上にわたって南北朝の対立が続きましたが，1392年に統一しました。

イ．武士として初めて太政大臣に任ぜられ，京都室町に花の御所をつくりました。

ウ．文化にも関心が高く，能を大成した観阿弥・世阿弥親子を保護しました。

エ．東シナ海の中国や朝鮮の沿岸で略奪行為を繰り返す倭寇を取り締まりました。

問11　下線部(11)について手工業者や商人が寺社や公家に銭を納めるかわりに，商品の製造や販売の独占権を求めてつくった同業者組合を何といいますか。**漢字**で答えなさい。

問12　下線部(12)について，徳政令を要求した一揆として正しいものを，次のア～エから一つ選び，記号で答えなさい。

ア．山城の国一揆　　イ．正長の土一揆　　ウ．島原・天草一揆　　エ．加賀の一向一揆

問13　下線部(13)について，織田信長が行ったこととして**誤っているもの**を，次のア～エから一つ選び，記号で答えなさい。

ア．桶狭間の戦い　　イ．長篠の戦い　　ウ．山崎の戦い　　エ．延暦寺の焼き討ち

【５】 (14)江戸幕府が貨幣をつくり，流通させるようになると，戦国時代のような流通の妨げによる経済的な混乱はなくなりました。しかし，江戸では主に金貨が使用され，大阪では銀貨が使われていたため，東西の取引において，金銀を交換する(15)両替商の存在が欠かせなくなりました。また，江戸幕府は(16)貨幣の質を落とす改鋳《かいちゅう》をたびたび行いました。

問14　下線部(14)の政策として**誤っているもの**を，次のア～エから一つ選び，記号で答えなさい。

　ア．徳川家光の時代に，参勤交代が武家諸法度に定められました。

　イ．徳川綱吉の時代に，新井白石が生類憐《あわ》れみの令を出しました。

　ウ．徳川吉宗の時代に，公平に裁判をするため，公事方御定書がつくられました。

　エ．徳川慶喜の時代に，政権を天皇に返上する大政奉還が行われました。

問15　下線部(15)などの町人を題材とした『日本永代蔵』や『世間胸算用』などの作品を書いた作者は誰ですか。氏名を**漢字**で答えなさい。

問16　下線部(16)について，幕府は江戸時代末に万延小判と呼ばれる貨幣をつくりました。この小判は金貨の品質を大幅に引き下げたものでした。幕府がこの小判を鋳造した結果として正しいものを，次のア～エから一つ選び，記号で答えなさい。

　ア．物価が上がり，庶民の生活はたいへん苦しくなりました。

　イ．物価が下がり，庶民の生活はたいへん楽になりました。

　ウ．外国との貿易が活発となり，幕府は下田を再び開港しました。

　エ．外国との貿易が停滞し，幕府は再び鎖国を行いました。

【６】 財務省は2024年度上半期を目処《めど》に，新しい日本銀行券を発行すると発表しました。新一万円券の肖像画は(17)渋沢栄一，新五千円券は(18)津田梅子，新千円券は(19)破傷風《はしょうふう》の治療法を確立した人物になります。また，新一万円券の裏には(20)日本の鉄道の中央停車場である東京駅丸の内駅舎が描かれます。これまでみてきたように，お金は私たちの生活と密接に関わり合い，経済活動を活発にしてきました。

問17　下線部(17)は明治時代以降の近代産業の発展に尽くした人物です。明治時代の近代産業の発展について述べた文として**誤っているもの**を，次のア～エから一つ選び，記号で答えなさい。

　ア．政府は輸出品の生糸を生産するため，群馬県に富岡製糸場を建設しました。

　イ．政府は日清戦争の賠償金の一部をあてて，八幡製鉄所を建設しました。

　ウ．好景気を背景として海運業が発展し，成金と呼ばれる大金持ちが生まれました。

　エ．急激な産業発展によって，足尾銅山では鉱毒による公害も発生しました。

問18　下線部(18)について述べた文として正しいものを，次のア～エから一つ選び，記号で答えなさい。

　ア．岩倉遣外使節団の一行に加わり，帰国後は女子英学塾を設立しました。

　イ．出征中の弟を心配し，日露戦争に反対する詩を発表しました。

　ウ．女性の地位向上のために積極的に活動し，雑誌『青鞜《せいとう》』を発行しました。

　エ．女性の生活や苦しみを『たけくらべ』などの小説にあらわしました。

問19　下線部(19)として正しいものを，次のア～エから一つ選び，記号で答えなさい。

　ア．杉田玄白　　イ．北里柴三郎　　ウ．志賀潔　　エ．野口英世

問20　下線部(20)に関連して，1872年に初めて開通した鉄道は東京の新橋とどこを結んだものですか。正しいものを，次のア～エから一つ選び，記号で答えなさい。

ア．横浜　　イ．大阪　　ウ．神戸　　エ．仙台

3　次の文章【1】【2】を読んで，下記の設問に答えなさい。

【1】　2022年の9月のある日，生徒のシュンくんとリョウくんはこの夏の日本の政治について先生と話しています。

シュン「7月に(1)参議院議員選挙がありましたね。期末試験の前日でしたが，気になって選挙特番を見てしまいました。」

先　生「(2)物価の上昇や(3)円安への対応，安全保障が主な争点とされたね。」

リョウ「選挙期間中に安倍元首相が亡《な》くなる事件も起こり，驚《おどろ》きました。」

シュン「事件の後から(4)報道《ほうどう》の様子も大きく変わりました。」

先　生「選挙の結果，与党《よとう》が参議院全体の過半数の議席を得たね。」

シュン「改憲に前向きな政党の議席数が，(5)衆議院と参議院の両方で三分の二を超《こ》えたと新聞で読みました。(6)憲法の改正へ向けて議論が進んでいくのかもしれないですね。」

リョウ「8月には閣僚《かくりょう》を入れ替《か》えた第二次岸田(7)内閣が発足《ほっそく》しましたね。」

先　生「内閣を改造した時は支持率が上がることが多いのに，むしろ下がってしまったね。」

シュン「多くの国民が抱《いだ》く疑問に答えていないことが原因，という声もありました。」

リョウ「(8)国会議員は国民の代表なので，疑問には責任をもって答えてほしいですね。」

問1　下線部(1)に関連して，日本の選挙制度について述べた文として正しいものを，次のア～エから一つ選び，記号で答えなさい。

ア．参議院議員選挙では，候補者が選挙区と比例代表の両方同時に立候補できます。

イ．参議院議員選挙では，選挙区から289人，比例代表から176人を選んでいます。

ウ．1994年に，衆議院議員選挙は1つの選挙区から1人だけを選ぶ小選挙区制から，1つの選挙区から3～5人を選ぶ中選挙区制に変更されました。

エ．2019年の参議院議員選挙から，各政党の比例代表の候補者の中で優先的に当選させることができる「特定枠」が新たに設《もう》けられました。

問2　下線部(2)に関連して，次のグラフは日本の消費者物価指数《しょうひしゃぶっかしすう》の推移《すいい》(対前年比)を示したものです。グラフ中のA～Dの期間について述べた文として**誤っているもの**を，下のア～エから一つ選び，記号で答えなさい。

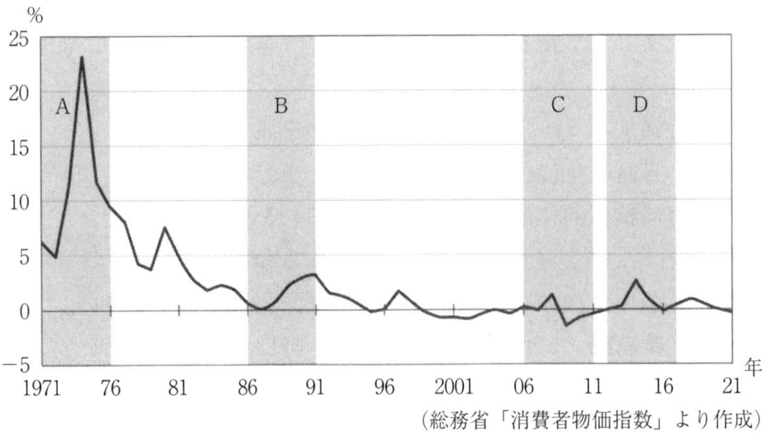

(総務省「消費者物価指数」より作成)

ア．Ａの期間には，第四次中東戦争によって生《しょう》じた第一次石油危機によって，急激《きゅうげき》に物価が上がりました。

イ．Ｂの期間には，インターネットの利用がそれぞれの家庭に広がったことによるIT 革命によって経済成長し，それにともなって物価が上がりました。

ウ．Ｃの期間には，リーマンショックの後に起こった不況《ふきょう》にともなって，物価が下がりました。

エ．Ｄの期間には，いわゆるアベノミクスと呼ばれる経済政策が進められ，物価を上げることを目指しました。

問３　下線部(3)に関連して，日本の円とアメリカのドルの関係について述べた文として正しいものを，次のア～エから一つ選び，記号で答えなさい。

ア．1973年以降，円とドルの交換比率は，１ドル＝360円と決まっています。

イ．円安ドル高とは，ドルに対して円の価値が高くなることです。

ウ．円安ドル高は，日本の企業がアメリカの企業を買収することを後押しします。

エ．円安ドル高になると，日本からアメリカへ自動車を輸出するのが有利になります。

問４　下線部(4)に関連する以下の文章を読み，空欄（あ）（い）にあてはまる語句を，それぞれ答えなさい。なお，（あ）は**カタカナ**で，（い）は**漢字１文字**で答えなさい。

今起きている政治や経済，社会での出来事について広く国民に伝える役割を，ラジオやテレビ，新聞のような（　あ　）メディアが担《にな》っています。（　あ　）メディアは，世論に大きな影響を及ぼします。その影響の大きさから，（　あ　）メディアは第（　い　）の権力とも呼ばれます。

問５　下線部(5)について述べた文として正しいものを，次のア～エから一つ選び，記号で答えなさい。

ア．大日本帝国憲法でも，衆議院と参議院の二院制を採用していました。

イ．衆議院は，必ず参議院より先に法律案を審議することとされています。

ウ．衆議院が問責決議を可決すると，内閣は総辞職するか衆議院を解散しなければなりません。

エ．衆議院の解散中に国会の議決が必要になった場合，内閣は参議院に対して緊急集会を求めることができます。

問６　下線部(6)に関連して，次の表は日本における憲法改正の手順について説明したものです。正しい憲法改正の手順となるように，下のア～エを並べ替え，記号で答えなさい。

憲法改正案の原案が衆議院議員100名以上，参議院議員50名以上の賛成で，国会に提出される。

↓

ア．国民投票が行われる。

イ．衆議院，参議院の憲法審査会で改正案の原案が審査・可決される。

ウ．国会が憲法改正の発議を行う。

エ．衆議院，参議院それぞれの本会議で，総議員の３分の２以上の賛成で可決される。

↓

投票総数の過半数の賛成で，憲法改正案が承認される。

問７　下線部(7)の仕事として**誤っているもの**を，次のア～エから一つ選び，記号で答えなさい。

ア．条約の承認　　　　　　　　　イ．最高裁判所長官の指名

ウ．天皇の国事行為への助言と承認　エ．臨時国会召集の決定

問８　下線部(8)に関連して，次のグラフ中のア～エは，日本，中国，アメリカ，フィンランドの国会議員に占める女性議員の比率(2022年４月時点)を示したものです。日本の比率を示したものとして正しいものを，次のア～エから一つ選び，記号で答えなさい。

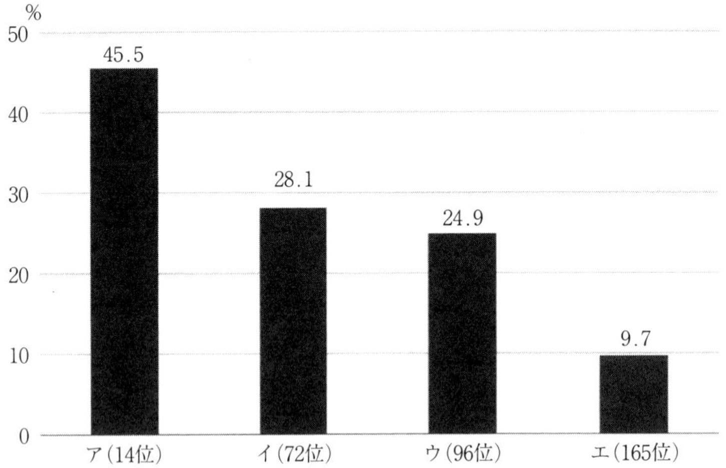

(IPU Parline, Monthly ranking of women in national parliaments より作成)

（注１）　日本は衆議院，他の国は下院または一院制議会における女性議員の比率を示しています。
（注２）　ア～エ横のかっこの中は，それぞれの国の国際順位(187か国中)を示しています。

【２】　2022年２月にロシアからウクライナへの軍事侵攻が始まり，戦争と平和について日々考えさせられる１年でした。

第二次世界大戦終結後の世界は，どうすれば戦争を起こさないようにするか努力をしてきました。戦争を再び止めることができなかったという反省の下，国際平和の実現へ向けて新たに(9)国際連合が設立されました。

間もなくアメリカを中心とした西側資本主義陣営とソビエト連邦(以下，ソ連と表記)を中心とした東側社会主義陣営が対立する(10)冷戦が始まりました。両国の緊張《きんちょう》が高まり，(11)核戦争が勃発《ぼっぱつ》する一歩手前とされる出来事もありました。しかし，核戦争の危機は避《さ》けられ，1989年に両国は(12)冷戦終結を宣言しました。

しかし，その後も平和は訪《おとず》れませんでした。民族同士の争いや(13)テロ攻撃が起こり，世界では安全に日々の生活を営《いとな》むことさえできない地域が生まれ，(14)難民にならざるを得ない人がたくさんいます。どうすれば平和な世界を創り上げていけるか，すべての人に突きつけられている大きな課題です。

問９　下線部(9)の国際連合に関連する，以下の設問に答えなさい。

［１］　国際連合の組織について述べた文として正しいものを，次のア～エから一つ選び，記号で答えなさい。

ア．総会は，すべての加盟国で構成され，各国は分担金の割合に応じて投票数が割り当てられています。

イ．経済社会理事会は，世界保健機関やユネスコなどの専門機関と連携《れんけい》して，政治分野以

外での様々な国際的な問題の解決に向けて国際協力を進めていく組織です。

ウ．信託統治理事会は，かつて植民地だった地域の民族の自治・独立を進める組織で，現在もアフリカの国々を中心に支援しています。

エ．事務局は，国連の活動を管理・運営をする組織で，今は潘《パン》基《ギ》文《ムン》氏が事務総長を務めています。

［２］ 安全保障理事会について述べた文として正しいものを，次のア～エから一つ選び，記号で答えなさい。

ア．安全保障理事会は，常任理事国と非常任理事国の合計17か国で構成されます。

イ．常任理事国は，アメリカ，イギリス，フランス，ロシア，イタリアの５か国です。

ウ．非常任理事国は３年ごとに，すべて入れ替わります。

エ．重要事項の決議には，すべての常任理事国を含めた９か国以上の賛成が必要です。

［３］ 国連平和維持活動(PKO)について述べた文として正しいものを，次のア～エから一つ選び，記号で答えなさい。

ア．PKO は，国際連合憲章に定められた活動です。

イ．PKO の主な任務は，戦争が起こっている場所に国連軍を送って，平和を回復させることです。

ウ．PKO の仕事のひとつに，選挙に不正がないか監視する仕事があります。

エ．これまで自衛隊は，PKO に参加したことがありません。

問10 下線部⑽に関連して，次の冷戦時代の出来事１～３を，古い方から並べ替えるとどのような順番になりますか。正しいものを，下のア～カから一つ選び，記号で答えなさい。

１．ベルリンの壁が崩壊する。

２．ソ連がアフガニスタンに侵攻する。

３．朝鮮戦争が始まる。

ア．１→２→３　　イ．１→３→２　　ウ．２→１→３

エ．２→３→１　　オ．３→１→２　　カ．３→２→１

問11 下線部⑾に関連する，以下の設問に答えなさい。

［１］ 1962年に，ソ連がある国にミサイル基地を建設することに対してアメリカが抗議し，両国間の緊張が高まり世界が最も核戦争に近づいたとも言われる出来事が起こりました。この出来事を何といいますか。

［２］ 1996年に，爆発をともなうあらゆる核実験を禁止する条約が国連で採択《さいたく》されましたが，まだ正式に発効《はっこう》できていません。その条約の名称として正しいものを，次のア～エから一つ選び，記号で答えなさい。

ア．CTBT(包括的核実験禁止条約)　　イ．PTBT(部分的核実験禁止条約)

ウ．NPT(核兵器拡散防止条約)　　エ．TPNW(核兵器禁止条約)

問12 下線部⑿に関連して，冷戦の終結を宣言した時のソ連の指導者として正しいものを，次のア～エから一つ選び，記号で答えなさい。

ア．ゴルバチョフ　　イ．フルシチョフ　　ウ．スターリン　　エ．プーチン

問13 下線部⒀に関連して，2001年９月11日にアメリカ同時多発テロ事件が起こり，当時のブッシュ米大統領は，テロリストをかくまっているとしてある国を攻撃しました。この時アメリ

カが攻撃した国として正しいものを，次のア～エから一つ選び，記号で答えなさい。

ア．イラン　　イ．アフガニスタン　　ウ．インド　　エ．パキスタン

問14　下線部⒁について述べた文として正しいものを，次のア～エから一つ選び，記号で答えなさい。

ア．難民とは，経済的に豊かな生活を求めて他国へ移った人のことをいいます。

イ．シリア内戦によって，多くの人が住む場所を追われ，難民となりました。

ウ．日本は，他の先進国と比べて多くの難民を日本に受け入れ，支援してきました。

エ．UNICEF は，難民の生活支援や問題の解決に取り組む国連の機関です。

【理　科】〈第２回試験〉（40分）〈満点：70点〉

1　同じ豆電球と同じ乾電池をいくつか用意し，つぎの図１～４のような回路をつくりました。これらの回路について，あとの問いに答えなさい。

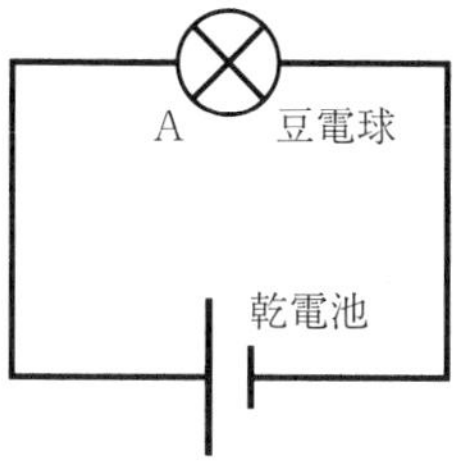

図１

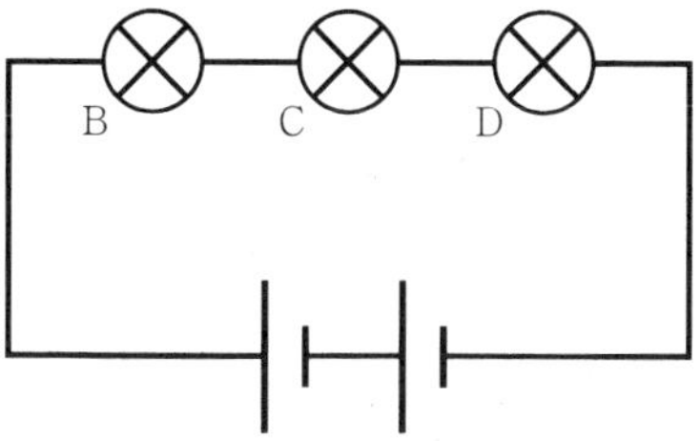

図２

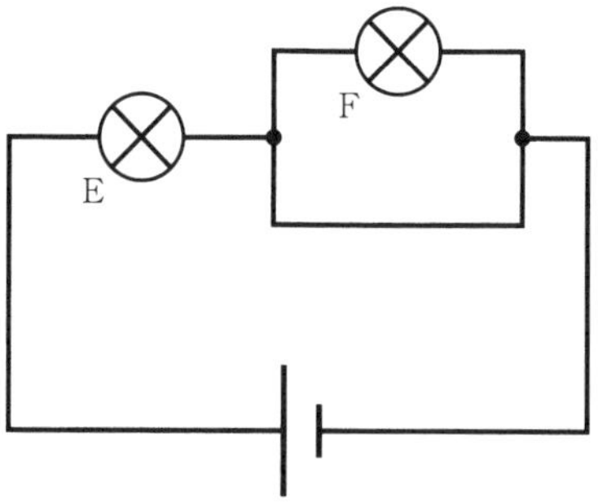

図３

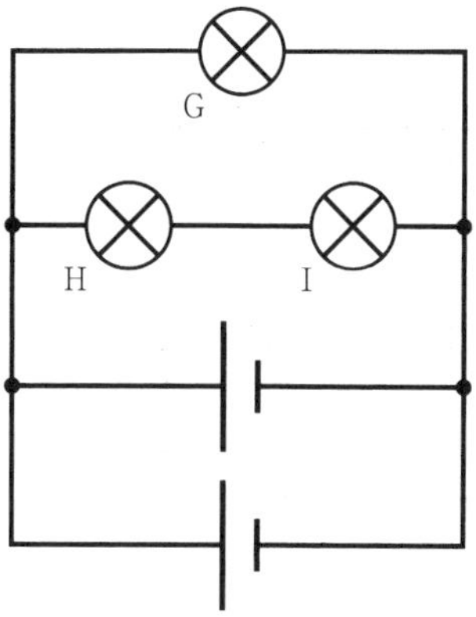

図４

問１　豆電球Ｂ～Ｉのなかで，豆電球Ａと同じ明るさの豆電球はどれですか。すべて選び，記号で答えなさい。ただし，あてはまる豆電球がない場合は，「ない」と答えなさい。

問２　豆電球Ｂ～Ｉのなかで，もっとも暗く光る豆電球はどれですか。すべて選び，記号で答えなさい。

問３　豆電球Ｂ～Ｉのなかで，豆電球が切れたとき，同じ回路内の他の豆電球の明るさを変化させる豆電球はどれですか。すべて選び，記号で答えなさい。ただし，あてはまる豆電球がない場合は，「ない」と答えなさい。

問４　図１～４の回路のなかで，豆電球がついている時間がもっとも長い回路はどれですか。図１～４のなかから，あてはまる回路を１つ選び，番号で答えなさい。

2　近年，豆電球などにかわり，LED(発光ダイオード)が照明によく使われています。LEDを電気記号でかき表すと図１のようになり，図のように＋極，－極をつないだ場合のみ，矢印の方向にしか電流を流さないという特徴《とくちょう》をもっています。また，LEDと豆電球は同じはたらきをし，図２のLEDと図３の豆電球に流れる電流の大きさは同じであるとします。

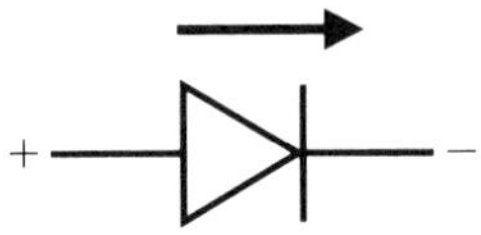

図１

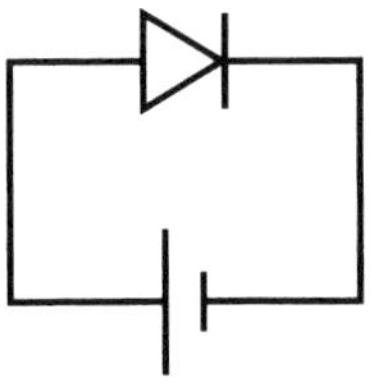
図２

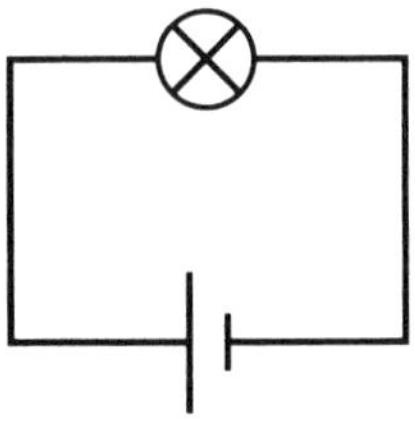
図３

同じ豆電球と同じLEDをいくつか用意し，図４の回路をつくりました。

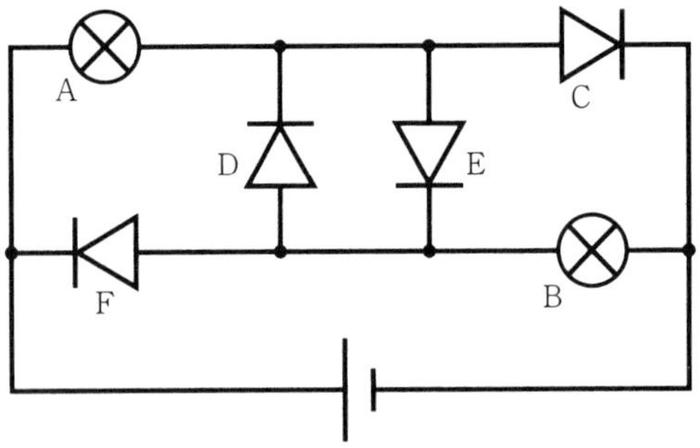

図４

問１　C～FのLEDのうち，光ったものをすべて選び，記号で答えなさい。

問２　A～Fの豆電球とLEDのうち，流れる電流がもっとも大きいのはどれですか。すべて選び，記号で答えなさい。

同じ豆電球と同じLEDをいくつか用意し，図５の回路をつくりました。破線(- - -)の四角の中には何もつないでおらず，回路がつながっていないものとします。

問３　豆電球G～Iのうち，光っている豆電球はどれですか。すべて選び，記号で答えなさい。

問４　破線の四角の中にLEDを接続したところ，豆電球はすべて光りました。LEDはどの向きに接続しましたか。つぎのア，イから選び，記号で答えなさい。

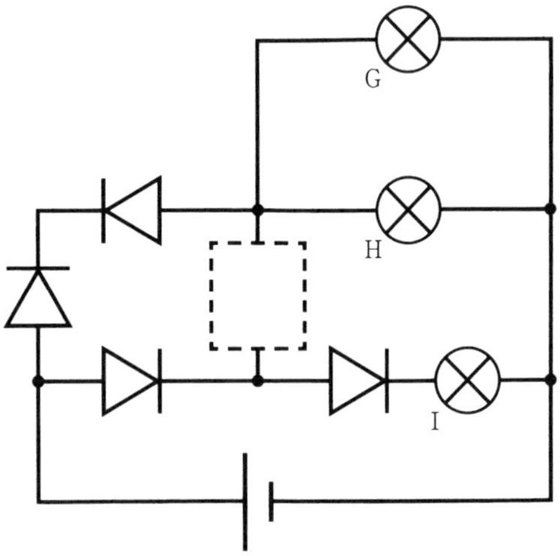

図５

ア

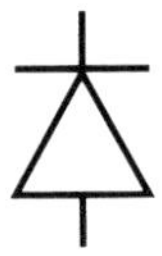

イ

3　実験装置Ａ，Ｂ，Ｃ，Ｄ，Ｅに，ある濃度の塩酸を15mLずつ入れ，そこに，ある濃度の水酸化ナトリウム水溶液《すいようえき》を５，10，15，20，25mL入れてかき混ぜました。さらに，Ａ，Ｂ，Ｃ，Ｄ，Ｅにアルミニウムを0.6ｇずつ加えて，発生する気体の体積(mL)を調べたところ，表のようになりました。

実験装置	A	B	C	D	E
入れた塩酸の体積(mL)	15	15	15	15	15
水酸化ナトリウム水溶液の体積(mL)	5	10	15	20	25
加えたアルミニウムの重さ(ｇ)	0.6	0.6	0.6	0.6	0.6
発生した気体の体積(mL)	180	0	540	800	800

実験終了後の実験装置Ａ～Ｅの中を確認したところ，Ｂではアルミニウムが溶《と》けないでそのまま残っていて，ＡとＣでは一部が残っていました。ＤとＥではアルミニウムはすべて溶けてなくなっていました。

問１　実験装置Ｃで発生した気体について，正しい説明をつぎのア～クからすべて選び，記号で答えなさい。ただし，あてはまるものがないときは，「ない」と答えなさい。

ア．生物が呼吸で必要とする気体である。

イ．強いにおいがある。

ウ．水に溶かすと，水溶液は青色リトマス紙を赤色に変える。

エ．水に溶かすと，水溶液は赤色リトマス紙を青色に変える。

オ．空気より軽い気体である。

カ．水上置換《すいじょうちかん》で集めることができる。

キ．下方置換《かほうちかん》で集めることができる。

ク．燃えると二酸化炭素と水ができる。

問２　実験装置Ａ～Ｅについて，アルミニウムを入れる前の混合溶液にBTB溶液を入れて混合溶液の色を観察します。つぎの(1)，(2)の結果になるものを，それぞれすべて選び，Ａ～Ｅの記号で答えなさい。

ただし，あてはまるものがないときは，「ない」と答えなさい。

(1)　青色　　(2)　緑色

問３　この実験に用いたものと同じ塩酸15mLに，十分な量のアルミニウムを溶かすと，アルミニウムに溶け残りが見られました。気体は何mL発生すると考えられますか。ただし，答えが割り切れないときは，小数第１位を四捨五入して，整数で答えなさい。

問４　アルミニウム0.6ｇを溶かすには，この実験で用いたものと同じ水酸化ナトリウム水溶液は何mL必要ですか。ただし，答えが割り切れないときは，小数第２位を四捨五入して，第１位まで答えなさい。

問５　この実験で用いたものと同じ塩酸と水酸化ナトリウム水溶液で，つぎの中和の実験をします。ちょうど中和するのに必要な水溶液はそれぞれ何mLですか。ただし，答えが割り切れないときは，小数第２位を四捨五入して，第１位まで答えなさい。

(1)　水酸化ナトリウム水溶液15mLと，ちょうど中和するのに必要な塩酸の体積(mL)

(2)　塩酸10mLに水を加えて15mLにした水溶液を，ちょうど中和するのに必要な水酸化ナトリウム水溶液の体積(mL)

問6　アルミニウムは塩酸にも水酸化ナトリウム水溶液にも気体を発生して溶けます。つぎのア～オの金属のうち，あとの(1)，(2)にあてはまるものを，それぞれすべて選び，記号で答えなさい。ただし，あてはまるものがないときは，「ない」と答えなさい。

ア．亜鉛《あえん》　イ．金　ウ．鉄　エ．銅　オ．マグネシウム

(1)　塩酸には気体を発生して溶けるが，水酸化ナトリウム水溶液には溶けない。

(2)　塩酸にも水酸化ナトリウム水溶液にも溶けない。

4　種子の発芽の3条件が，①空気，水，②適温であることは，みなさんよく知っていると思います。しかし，種子の発芽に，この3条件が必要なことは，実験によって確かめられるまでは，わかっていませんでした。

ここでは，発芽に必要な条件が，わかっていないものとします。

発芽に必要な条件の候補は，空気，水，適温，光，肥料の5つで，ここから，発芽に必要な条件を，調べる実験を考えます。

表には，その条件が「ある」ときに「○」を，その条件が「ない」ときに「×」を記入します。ただし，適温の「×」は「0℃」をしめしています。また，結果のらんには，発芽したら「○」を，発芽しなかったら「×」を記入します。

まず，実験1～3までの実験内容と実験結果を，表にまとめました。

表：発芽の条件を調べる実験とその結果

	空気	水	適温	光	肥料	結果
実験1	○	○	○	○	○	○
実験2	×	×	×	×	×	×
実験3	×	○	○	○	○	×
実験4						
⋮						

問1　下線部①の空気について，空気に含《ふく》まれる発芽に必要な気体は何ですか。気体の名まえを答えなさい。

問2　下線部②の適温としてもっともあてはまるものを，ア～エから1つ選び，記号で答えなさい。

ア．5℃　イ．25℃　ウ．45℃　エ．80℃

問3　発芽の3条件を，空気，水，適温の3つにしぼりこむには，実験はもっとも少ない数で，いくつまで行う必要がありますか。つぎのア～オから1つ選び，記号で答えなさい。

ア．実験4まで　イ．実験5まで　ウ．実験7まで

エ．実験9まで　オ．実験11まで

問4　問3の実験を行ったときの実験内容と実験結果について，解答用紙の表の空らんに，「○」または「×」を記入し，表を完成させなさい。

ただし，表の空らんへの記入は，問3で選んだ答えの実験の数までとします。このため，問3でア～エを選んだ人は，実験の数に合わせて空らんができます。オを選んだ人は，すべてのらんに記入することになります。

問5　これらの実験結果から，発芽に必要な条件は，空気，水，適温の3つであることが予想さ

れました。この予想が間違いないことを確かめるには，どのような実験を行い，どのような結果になればいいですか。解答用紙の表の空らんに，「○」または「×」を記入しなさい。

5 地震《じしん》波の伝わり方の違いから，地球の内側は一様《いちよう》ではなく，いくつかの層に分かれていることがわかっています。地球の表面から深さ約５km〜60km までの層を地殻《ちかく》と呼びます。その下には深さ約 2900km までマントルと呼ばれる層が広がっていて，中心には核《かく》と呼ばれる層があります。これらの層はそれぞれつくられている物質が違います。地球の半径を 6400km として，つぎの問いに答えなさい。

問１　大陸をつくっている地殻は，おもに花こう岩でできています。花こう岩の特徴《とくちょう》として正しいものを，つぎのア〜オから１つ選び，記号で答えなさい。

ア．マグマが急に冷やされてできた。
イ．マグマがゆっくりと冷やされてできた。
ウ．化石を含むことがある。
エ．はん状組織である。
オ．含まれる粒の大きさは直径２mm 以上である。

問２　海の底にある地殻は，おもにげんぶ岩でつくられています。げんぶ岩の特徴として正しいものを，つぎのア〜オから１つ選び，記号で答えなさい。

ア．炭酸カルシウムが固まってできた。
イ．火山灰が固まってできた。
ウ．かぎ層として利用しやすい。
エ．表面を観察すると，多くの鉱物が大きく成長している。
オ．流もん岩とくらべて，黒っぽい。

問３　問題で与えられている数字を参考に，地球の全体に対する地殻の厚さを表した断面図として，もっとも近いものを，つぎのア〜エから１つ選び，記号で答えなさい。ただし，黒い部分は地殻を表しています。

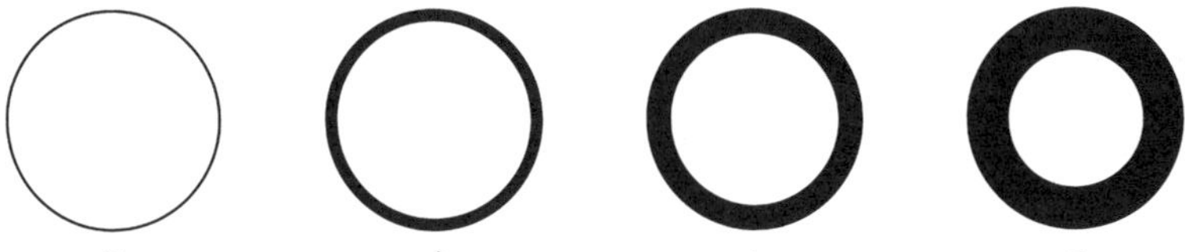

ア　　イ　　ウ　　エ

問４　問題で与えられている数字を参考に，地球の全体に対する核の大きさを表した断面図として，もっとも近いものを，つぎのア〜エから１つ選び，記号で答えなさい。ただし，破線(---)は地球の表面を表していて，黒い部分は核を表しています。

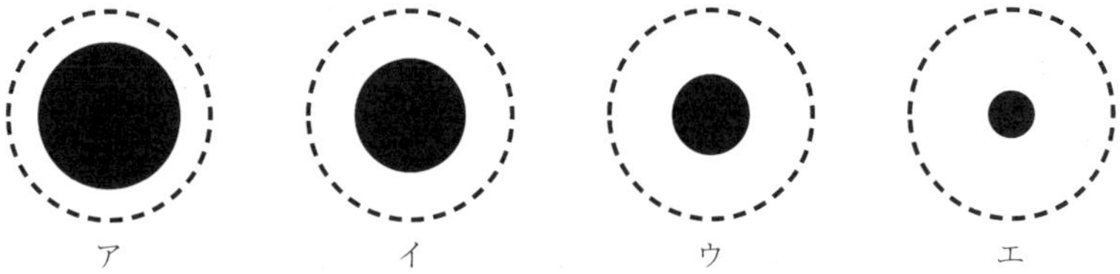

ア　　イ　　ウ　　エ

地殻の厚さは場所によって違います。ここでは，標高が世界最高の山である，エベレストでの地殻の厚さについて考えます。

地殻はマントルの上に浮いていると考えることができ，エベレストの断面図を，図１のように表現します。ただし，図２にあるように，地殻とマントルの重さは，底面積を１mm^2，高さを１kmとしたとき，それぞれ2.7kg，3.3kgとします。また，エベレストの標高は９km，標高０kmでの地殻の厚さを10kmとし，大気や海の重さは考えないものとします。

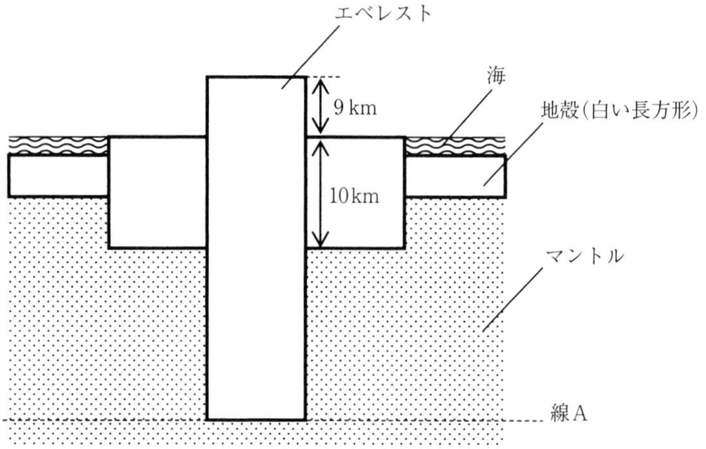

図１：エベレスト周囲の断面図

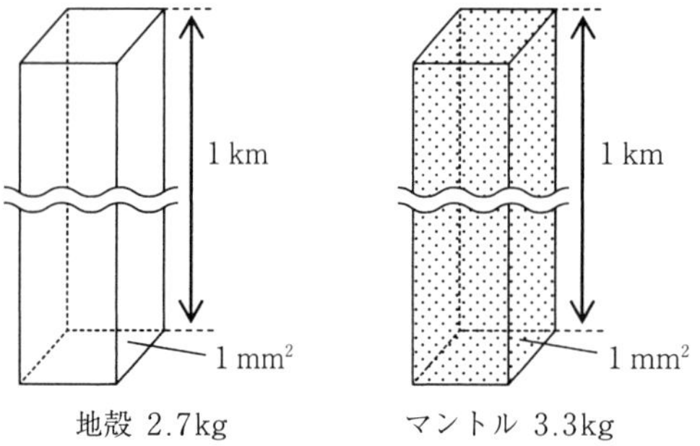

図２：地殻とマントルの重さ

問５　底面積が１mm^{2}で高さが22kmの地殻の重さと等しい，底面積が１mm^{2}のマントルは高さが何kmになりますか。ただし，答えが割り切れないときは，小数第１位を四捨五入して，整数で答えなさい。

問６　地殻はマントルに浮いているため，線Aより上にある底面積１mm^{2}あたりの重さは，どこでも等しくなります。このとき，エベレストでの地殻の厚さは何kmになりますか。ただし，答えが割り切れないときは，小数第２位を四捨五入して，小数第１位まで答えなさい。

問７　現在，地球温暖化によって，南極の氷がどんどんとけています。それによって，南極大陸はどのようになると考えられますか。問６の地殻とマントルの関係を参考にして，つぎのア～エから１つ選び，記号で答えなさい。ただし，ここでは氷の重さを考えるものとします。

ア．南極大陸は隆起《りゅうき》する。

イ．南極大陸は沈降《ちんこう》する。

ウ．氷がとけることが原因で，南極大陸が隆起したり沈降したりすることはない。

エ．氷のとけ方によって，隆起するのか沈降するのかが変わってくる。

ないか」・(b)「削れ。削れ。削りだせ。これが僕だ。今の僕らだ。」とありますが、「今の僕ら」はどのような状況にあると読み取れますか。「スクラッチ」という言葉を用いて、80字以内で説明しなさい。

問11　次の文は、絵を描くことに対する「僕」の考え方の変化を説明したものです。空欄に当てはまる語を、(1)は本文中から９字で抜き出し、(2)は25字以内で自分で考えて、それぞれ答えなさい。

☆　**五年前の被災経験から［(1)］にこだわり続けてきたが、コロナ禍に見舞われたことでその「嘘」に気づき、［(2)］を描くことができるようになった。**

二　次の――線部のカタカナを、漢字に直しなさい。

1　大会で久しぶりにユウショウする。
2　作業コウテイ表のとおりに進めれば事故は起きなかった。
3　ショメイ活動に参加する。
4　彼はホウヨウ力がある。
5　戦時中は都市部でトウカ管制が行われた。
6　二つの寺は近くにあるが、シュウハが異なる。
7　このままのやり方ではソウバン行き詰《づ》まることだろう。
8　大好きなミュージカルのセンシュウラク公演が取れた。
9　教員をヨび捨てにするとはけしからん。
10　問題の本質を捉《とら》えず、エダハにばかりこだわっている。

ア　スケッチブックをくれたボランティアの人の親切心を、かえってわずらわしく感じている。

イ　洪水被害による泥を落とす日常に疲《つか》れており、クレヨンの汚れを見てさらにやりきれなくなっている。

ウ　公民館のクレヨンの汚れを落とす作業を、なぜ自分がしなくてはならないのかと不満に思っている。

エ　徹底的に汚れを落とさなければ気のすまない自分の性格に、自分自身で苦笑している。

問４　――③「僕の胸に、苦い棘が刺さった」とありますが、このときの「僕」の気持ちを説明した文として最もふさわしいものを次の中から選び、記号で答えなさい。

ア　水害の悲惨《ひさん》さをありのままに描くことこそ絵描きとしての本分であるにもかかわらず、クレヨンをくれた人や母にいい顔をしたいばかりにきれいなタンポポを描いてしまったことに対し、はげしい後悔の念におそわれている。

イ　クレヨンをくれた人のことを思い仕方なく描いたタンポポの絵を母に見せたことで、結果的に洪水の後片づけで疲れきっていた母の心を救うこととなってしまい、まるで母をだましてしまったかのような罪悪感を覚えている。

ウ　ほんとうはただ自己満足のために絵を描いているだけなのに、クレヨンをくれた人や母の無償の労働に報いるためにタンポポを描いたのだと自分自身に言い聞かせている愚《おろ》かさに気づき、言いようのない悲しみを抱いている。

エ　洪水という天災やボランティアの人の無理解という自分では避《さ》けようのない過酷《かこく》な運命にさらされてきたため、久しぶりに会った母がタンポポの絵を見て涙する姿を見ても、その純粋《じゅんすい》な気持ちを信じることができないでいる。

問５　――④「なんかこの絵は嘘っぽい」とありますが、「僕」はどのようなところをそう感じているのですか。50字以内で説明しなさい。

問６　――⑤「いや。いやいやいや、違う。そうじゃない」とありますが、ここで「僕」が感じ取った鈴音の勘違《かんちが》いとはどのようなものですか。40字以内で説明しなさい。

問７　――⑥「これは狩猟だ。獲物を捕まえろ。生け捕れ」とありますが、「僕」は何を「狩猟」にたとえているのですか。本文中の言葉を用いて45字以内で説明しなさい。

問８　――⑦「僕は拍子抜けして言った」とありますが、なぜ「拍子抜けし」たのですか。その理由を述べた文として最もふさわしいものを次の中から選び、記号で答えなさい。

ア　せっかく鈴音を実際の姿よりも美しく描くことができたというのに、感謝されるどころか些細《ささい》なミスを指摘《してき》されたから。

イ　泣いている鈴音の最高の瞬間《しゅんかん》を克明《こくめい》にとらえた会心のできであると自信を持っていたが、その熱意を一笑《いっしょう》に付されたから。

ウ　これまでに感じたことのなかった強い情熱に突《つ》き動かされて絵を描いた結果、鈴音をさらに傷つけることになったから。

エ　できたばかりの作品を目の前で見つめられることに緊張《きんちょう》していたが、鈴音が凝視《ぎょうし》していたのは意外な部分だったから。

問９　文中の空欄《くうらん》〔Ｘ〕・〔Ｙ〕に当てはまる漢字一字として最もふさわしいものを次の中からそれぞれ選び、記号で答えなさい。なお、同じ記号を二度用いてはいけません。

ア　首　　イ　腹　　ウ　目　　エ　鼻

オ　口　　カ　足　　キ　腰《こし》

問10　……部ⓐ「……この墨で汚されたのは、今の僕らそのものじゃ

鈴音はそっと顔を上げた。僕の目を見て、やっぱり気まずさは残っているのか、視線を外した。

「まぁ、いろいろ気をつけて動きなよ。鈴音の周りはやたら物が吹き飛ぶんだからさ」

「ですよねー」

てへへ、と鈴音が笑う。

「その絵、展覧会出すんでしょ？　モデル料タダにしてあげるから、鼻水消さね？」

「断る」

僕が言う。

「えー、なんでだよー。モデルデビューが鼻水デビューって」

怒《おこ》ったような顔も、デジカメで撮《と》る。

「何撮ってんだよ」

「あと、笑った顔もしてくれないかな？　泣いたり怒ったり笑ったりを混ぜた表情で描きたい」

僕が言うと、鈴音はちょっと黙《だま》って、それからあふれるみたいに、顔中で、笑った。

（歌代《うたしろ》　朔《さく》『スクラッチ』より）

注１　『暗闇の牛』…「暗闇から牛を引き出す」（意味……区別がつきにくい。ぐずぐずして動作が鈍い）ということわざを踏まえた表現。

注２　「イーゼル」…キャンバスを立てておくスタンド。

問１　〰Ⓐ・Ⓑ・Ⓒのここでの意味として最もふさわしいものを後の中から選び、それぞれ記号で答えなさい。

Ⓐ　無造作に
ア　いかにも安っぽい見た目で
イ　みすぼらしい状態で
ウ　整えられていない様子で
エ　今にも壊《こわ》れそうな状態で

Ⓑ　けげんに
ア　目の前で起こっていることを不思議に
イ　相手が自分を無視することを不快に
ウ　自分の立場が危うくなることを不安に
エ　過去について問われないことを不可解に

Ⓒ　僭越ながら
ア　勝手に例に出して恐縮《きょうしゅく》だが
イ　これまで何度も言ってきたが
ウ　わずらわしいことだが
エ　自分ごときがおそれ多いが

問２　――①「家の現実とのギャップで、どうしていいのかわからなくなった」とありますが、「僕」が「どうしていいのかわからなくなった」のはなぜですか。その理由として最もふさわしいものを次の中から選び、記号で答えなさい。

ア　自分の家は校区の端っこにあるため、学校の被害状況がわからなかったから。
イ　自分は避難所となった公民館に寝泊まりしていたが、学校にはもっと大変な人たちがいることを知ったから。
ウ　自分の家は台風の被害を受け日常を失っていたが、学校では今まで通りの生活が続いていたから。
エ　一日中泥に埋まった家の片づけをしている母を置いて、自分は学校に行かなければならなかったから。

問３　――②「なんでこんなところでも汚れを落とす作業をしてるんだよ」とありますが、このときの「僕」の気持ちを説明したものとして最もふさわしいものを次の中から選び、記号で答えなさい。

人をその場で描いたものっていう説を知って、なんだそれふつうにひどい男じゃないかって思ったけれど、(C)僭越《せんえつ》ながら今ならちょっとその気持ちがわかる気がした。

いや、別に恋人とか浮気とかそんなんじゃないけど。気持ちをまっすぐに爆発させている人の、パワーとか、そういうものが、僕は美しいと思った。

だったら、描くしかないじゃないか。

「……これ、うち?」

「だね」

鈴音はぽかんと口を開けたままじっと絵を見て、少し離れて全体を見て、また近づいてしっかり見て、絵から目を離すことなく、ほうっとため息をついた。

泣いたあとだからか、ほっぺたが赤くて、まつげがきらきらしている。

こんなにきらきらとした目でまじまじと絵を見られたことが僕にはなくて、少し照れくさいような、こわいような、そんな気持ちになってきた。

どう? と聞きたい。そう思ったとき。鈴音がきゅっと僕を見た。

「鼻水まで描くことないじゃん! きらっきらやん、鼻水!」

「はな……あぁ……鼻水、ね」

⑦僕は拍子《ひょうし》抜《ぬ》けして言った。

「ひどくね? 乙女《おとめ》の泣き顔勝手に描いたあげくに鼻水垂らしてるって!」

「乙女を描いた覚えはないなぁ」

「うわ、マジ腹立つっ! いやがらせかよっ」

「いやがらせで描いたように見える?」

いつもの鈴音になって、ちょっとほっとしながら僕は言った。鈴音ははっと[X]をつぐんで、それからゆっくりと[Y]を横にふった。

「ううん。すごい。すごいきれいだと思った。鼻水出てんのに。ひどい顔なのに」

「うん」

それから僕はもう一度ティッシュの箱を鈴音に差し出した。鈴音は照れたように笑って、また盛大《せいだい》に鼻をかんだ。

ぐちゃっと丸めたティッシュいくつかを、片手でわしっとつかんで、ごみ箱に捨て、捨てる勢いでごみ箱を蹴飛《けと》ばしてあわてて戻してから、鈴音が聞いてきた。

「これ、描くために黒く塗りつぶしたの?」

「いや、正直何を描くかは決めてなかったんだけどさ。塗りながら、スクラッチが、あぁ、スクラッチってこういう削り出しの技法の名前ね。それができるなぁとは思っていた。もとのあれは何か嘘っぽいって自分で思ってたから、やり直したかったし」

「嘘っぽい? あのきれいな絵、好きだったのに。絵に見とれるって初めてだった。だから、汚しちゃって、ほんと、ほんっっと、悲しくて、辛《つら》くて、マジ自分いやになって、」

言いながら鈴音がまた泣きそうになったので、僕は静かに言った。

「まぁ、おかげでこれが描けたんだし」

「だよな、私のおかげだよな」

「調子乗んなよ」

「すんません」

鈴音がまた頭を下げた。

いつまでたっても顔を上げないので、僕は、ちゃんと鈴音に体を向けて、

「いいよ」

と言った。

僕の毛穴がぶわっと一気に開いたような感覚になった。

……いける‼

そっと慎重に、それから静かに力をこめて、僕は黒を削り出していく。

パレットナイフを短く持った指先に伝わる、下絵の凹凸《おうとつ》に少しずつ引っかかる感覚。

足元にガリガリと薄く削られて落ちる黒のアクリルガッシュの細い破片《はへん》。

――スクラッチ技法。

黒い絵の具の中から、僕が描いていたあざやかな色合いが、虹色《にじいろ》が、細く細く顔をのぞかせる。

(b)削れ。削れ。削りだせ。

これが僕だ。今の僕らだ。

塗りつぶされて、憤《いきどお》って、うまくいかなくて、失敗して、大声で泣いてわめいて、かすかな抵抗《ていこう》をする。

僕の心臓はどきどきしてくる。体温が上がる。いいぞ。慎重につかみ取れ。決して逃《にが》すな。対象を捉《とら》えろ、この鈴音の爆発を捉えろ、削り出し、描け。描け描け描け描け!!!

⑥これは狩猟《しゅりょう》だ。獲物《えもの》を捕《つか》まえろ。生《い》け捕《ど》れ。

こんな好戦的な気持ちで絵を描いたのは生まれて初めてだ。

何が変わるわけじゃないけれど、嘘をつくよりか、全力で泣いている鈴音のほうが、よっぽど生きている感じがする。

ああ、これだ。

僕は。

僕はこれが描きたい。

鈴音は、僕が何も言わずに手を動かしているので、(B)けげんに思ってきたようで、少しずつ呼吸が落ち着いてきた。

こちらをのぞきこもうと一歩踏《ふ》み出《だ》したので、

「そこ、動かないで」

と短く釘《くぎ》を刺す。

僕の鋭《するど》い声に、鈴音は少しとまどったように、その場で直立した。

ずるずると鼻水をすすり、ハンカチすら持っていないんだろう、手の甲《こう》で鼻のあたりをしきりにこするので、さすがにかわいそうになって、僕は部室のティッシュを箱ごと彼女の手の届く机にぽんと置いた。

鈴音は、遠慮なしに、まぁさすがに顔は僕から背《そむ》けて、音をたてて鼻をかんだ。

それからもう一枚ティッシュを取って(その勢いでまぁ案の定ティッシュの箱を落としたりしながら)目元を豪快《ごうかい》に拭きながら僕を見た。

「……何描いてるん?」

「……もうちょい待って」

僕はきりがいいところまで削ると、キャンバスを見た。

ふうっと息を吐く。

まだちょっとどきどきしている。

指先までもが熱を持っているように、赤くなっていた。

立ち上がって黄色いマスキングテープで鈴音の足元に、立ち位置の目印を張りつけた。それからキャンバスに戻って部のデジカメでモデル撮影《さつえい》。

「いいよ、見ても」

絵を汚したという罪悪感があったんだろう、めずらしくおとなしくしていた鈴音がかけ寄《よ》るように僕のほうに回りこんだ。

また、息をのむ音がした。

キャンバスいっぱいに虹色の線を削り出したとき。

ピカソの『泣く女』っていう有名な作品は、ピカソの浮気《うわき》で泣く恋アクリルガッシュが乾《かわ》くまで、しばらくこの黒さを眺《なが》めていたい。
これは真っ黒じゃない。僕は知っている。
この黒の下にたくさんの色彩が詰まっている。

どのくらいそうしていただろう。
窓からの日差しは傾《かたむ》いて、西日特有の、蜂蜜《はちみつ》のようにまろやかな光が、薄汚《うすよご》れたシンクに差しこんでいる。
がたん、と部室のドアが開いた。
部活が終わったばかりなんだろう。バレー部のネイビーブルーのユニフォームを着たままの鈴音がひどく青ざめた顔をして僕を見た。マスクを持ったこぶしを固く握《にぎ》りしめて、真夏なのに少し震えているようにも見えた。そして大股《おおまた》で、一直線に僕に近づいてきて、何かを言いかけて、急に凍《こお》りついたような顔になった。
視線の先には真っ黒なキャンバス。
「……!!」
息を吸いこむ音と同時に、鈴音は、破裂《はれつ》したように大声で泣き出した。

うわぁあああああああ

って、それこそ幼稚園《ようちえん》くらいの子どもがギャン泣きするみたいな勢いで。顔を真っ赤にして、ぼろぼろと、どこからそんな水分が出てくるんだろうっていう勢いで、大粒《おおつぶ》の涙も、いや、粒なんてもんじゃなくて滝《たき》みたいな涙も、鼻水も、大声も、のどの奥から、絞《しぼ》り出すように、叫ぶように。
「ごめっ…ごめん、…ごめんなざっ、…」
しゃくりあげながら鈴音が慟哭《どうこく》の合間にごめんなさいをくり返そうとする。
息が詰まって死んでしまうんじゃないかと僕はあわてた。
何より、こんな勢いで泣くなんて。鈴音が泣くなんて。
「いや、何。どうしたの?」
立ち上がって鈴音を落ち着かせようとするけれど、どうすればいいんだ? あの猛獣《もうじゅう》鈴音といえど女子だぞ。一応女子相手だぞ。じいちゃんばあちゃんや子ども相手じゃないから、背中トントンとか、違《ちが》うだろう。僕は行き場を失った手を空中で、無様に右往左往させた。
「絵っ、……絵、汚して、だか、……だからそんなっ、」

まっくろぉおおお!!

と、また鈴音が激《はげ》しく泣き出した。
まっくろ……真っ黒? ⑤いや。いやいやいや、違う。そうじゃない。確かにきっかけはあの汚れだけど。そうじゃない。
僕は自分の意志で、この絵を黒く塗った。
そしてそれは、僕を少し救いもしたんだ。
どう説明すればいい? 僕は困って頭をかいた。それからふと、大声で泣いている鈴音の涙や鼻水が、西日できらきらしていることに気づいた。わんわん泣いている姿が、きれいだと思った。思ってしまった。悲しみや衝撃《しょうげき》に無になるんじゃない。もうまっすぐに、感情を爆発《ばくはつ》させている姿だ。
「……ちょっとここに立って」
僕は鈴音の腕《うで》を引いて、注2イーゼルの後ろに立たせた。鈴音は言われるままに立って、泣き続けた。
僕は絵の具セットから、パレットナイフを取り出す。
黒のキャンバスに手を置く。もう乾いている。大丈夫《だいじょうぶ》。

これじゃ進めない。『僕を連れて進め』ない。

僕はちょっと噴《ふ》き出《だ》して、それから自分の指がたまたま止まった絵の具を見た。

黒。

僕がめったに使うことのない、黒だ。

この絵を描くにあたっては、一度も、一ミリだって使っていない、色。

あざやかで躍動感《やくどうかん》あふれる選手たち。

……実際のところ彼《かれ》らは、大会がなくなって、ふてくされて練習に身が入らなくなっている。

僕だってそうだ。

市郡展の審査がないっていうことが、思いのほか響《ひび》いていて、うまく絵が描けなくなっていた。

なんだかイライラして、それをモデルのせいにして、体育館で鈴音に言いがかりをつけた。無様でかっこ悪くて。

(a)……この墨《すみ》で汚されたのは、今の僕らそのものじゃないか。

僕はもう一度、練りこまれた墨をなぞる。

……あぁ、そうか。

僕の頭に詰《つ》まっていた、垂れこめたもやのようなものの中に、色あざやかな何かが差しこんだ。

それは細い細い線のようで、かぼそくて、……それでも。

僕は黒のアクリルガッシュを取り出した。箱入りのセットとは別の、一度も使っていなかった特大の黒チューブを金属製のトレーに乗せて、版画で使うローラーにべったりとつけた。

はじから慎重《しんちょう》に、しっかりと。

あざやかだった絵の上に転がしていく。黒く、黒く。

全部、全部、黒く。

不思議なことに、少しずつ、少しずつ、僕の気持ちは落ち着いていった。

そうだよな。

と、僕は思った。

そうだ、④なんかこの絵は嘘《うそ》っぽいって心のどこかでずっと思っていたんだ。

だったらいっそ真っ黒に塗りつぶせ。

そんな嘘なんて。嘘の塊《かたまり》なんて。

注1『暗闇の牛』ならぬ、暗闇の運動部員たち。

審査も体育祭での展示もないんなら、誰にも遠慮《えんりょ》することはないだろう。嘘をついてきれいな絵を描く必要だってないはずだ。

考えてみたら、僕はもう何年も嘘の絵ばかり描いていた気がする。

きっとそれは、あの五年前のタンポポからだ。

……あのとき僕が本当に描きたかったのは、どんな絵だったんだろう。

もしもあのとき、あの汚れをなかったことにして絵を描き直したりせず、汚れたクレヨンのまま、何もかも引き受けて、タンポポを描ききっていたら……。

あれからずっと、僕があざやかな色で塗りつぶしてふさいできたその内側には、一体どんな色たちがうごめいていたんだろう。

鈴音に汚されたこの絵を全部黒く塗ったとき、僕は満ち足りていた。

ああ。

その日の夜遅《おそ》く、公民館に戻ってきたお母さんが、表情を失《な》くした幽霊《ゆうれい》みたいだったお母さんが、僕の絵を見て、初めて、ぎこちなくではあったけれど、確かにゆっくり笑った。

ほっとしたような、救われたような。

あの絵はお母さんのために描いたんじゃなかった。

あの絵は誰《だれ》かを救うつもりで描いたんじゃなかった。

それなのに。

真っ黒なビー玉だったおかあさんの目に、すっと涙《なみだ》がにじんで、じんわりとこぼれ落ちた。

僕はお母さんに絵を差し出した。

お母さんは少し震《ふる》える手で受け取ると、そっと胸に押し当てた。

僕にはそれが、何かにすがりついているみたいに見えた。

③僕の胸に、苦い棘《とげ》が刺《さ》さった。

ひと月くらい避難生活が続いた。

ボランティアの人は、『もっと大変な人たちのところ』に行ったらしくて、あれからもう公民館にやって来ることはなかった。

お父さんとお母さんが、毎日の仕事や片づけの合間にどうにか気を取り直して、家を建て直さないとって思ったころには、大工さんの予約はどこもいっぱいだった。

施工《せこう》は年単位先になるなんて言われたことに絶望して、あきらめて、僕たち家族はお母さんの実家のほうに引っ越すことを選んだ。

*

……ああ、あれから五年経《た》つのか。

今になってまた、クレヨンみたいなオイルパステルで、似たような汚れた黄色が現れたのか。なんてことを思う。

あれから僕はずっと、あざやかな色ばかりを選んで描いてきた。

濁りのない、汚れのない、きれいで明るい色彩《しきさい》ばかりを。

誰もいないからマスクを外す。そっと息を細く、長く、吐《は》き出す。

マスクはきらいだ。特に絵を描くときは。曇《くも》り止めをつけていても、眼鏡がうっすらと曇って、目に映る色合いが濁る気がして。

ポケットのハンカチで眼鏡をきゅっと拭いてかけ直す。

この絵をどうしよう。

昔みたいに新しく描き直す、なんてことは、今までの労力的にもできないし、そもそも気軽なスケッチブックじゃなくて大きなキャンバスだから、取《と》り替《か》えもきかない。

汚れの部分だけをパレットナイフか何かで削《けず》り取《と》って、目立たないように上からもう少し明度の低いオイルパステルで塗り直す？

それとも、いっそアクリルガッシュで汚れ以外の部分も塗り足してみて、質感のアクセントにする？

まだなんとかなる。

でも、……なぜだかやる気がまったく起きない。

とりあえずアクリルガッシュの箱を開けたけれど、明度と彩度《さいど》の高いあざやかないつもの絵の具を、手に取る気が起こってこない。

バーガンディ、クリムゾン、ブラウン、オーク、レモンイエロー、イエロー、……一本一本、絵の具をゆっくり指さしながらぼんやり考えていると、吹奏楽《すいそうがく》部の部員の一人がヤケでも起こしたんだろう。最近ものすごい勢いで流行《はや》りだしたアニメの主題歌を倍速で吹《ふ》き出《だ》して、サビのところで変な音が出て止まった。

ぎゃははは、と吹奏楽部の部員たちの笑い声が聞こえた。

2023年度 城北中学校

【国　語】〈第二回試験〉（五〇分）〈満点：一〇〇点〉

注意　解答するときには、句読点や記号も一字と数えます。

一　次の文章を読んで、後の問いに答えなさい。（作問の都合上、本文の一部を変更してあります。）

コロナ禍《か》により、大会が中止となったことで、バレーボール部のエース・鈴音《すずね》は心がすさんでいた。同様に、作品を出展する「市郡展《しぐんてん》」が審査《しんさ》なしの大会となったことで、美術部部長の千暁《かずあき》（＝「僕《ぼく》」）も、やる気を失っていた。ある日、千暁が体育祭のために描《えが》いた作品（競技中の生徒たちが描かれている）を、鈴音がうっかり汚《よご》してしまうが、謝罪《しゃざい》を受けた千暁はつい冷淡《れいたん》な態度をとってしまう。「市郡展」に出展したところで審査はされず、そもそも体育祭の開催《かいさい》さえ危《あや》ぶまれている中で、この作品をどうするべきか考えていた千暁は、ふと水害に遭《あ》った五年前のことを思い出した。

僕の学校で台風の洪水《こうずい》被害《ひがい》にあった生徒は意外と少なかった。うちが校区の端《はし》っこにあったせいだろう。学校はいつもどおりの『日常』が続いていた。

①家の現実とのギャップで、どうしていいのかわからなくなった。ずっと被災《ひさい》地域だけにとどまり続けるよりかはマシだったのかもしれないけれど。

避難所《ひなんじょ》になった公民館に寝泊《ねと》まりして、学校に行って、帰りはドロドロの家の片づけをする。

お母さんは基本朝から夜まで一日中泥《どろ》に埋《う》まった家の片づけをしていた。

お父さんは、病院の電子カルテが浸水《しんすい》のせいで見れなくなって、そのシステム復旧を泊《と》まりがけでしていた。病院でも徹夜《てつや》続きだったらしく、避難所に戻《もど》ってくることも、家の片づけをすることも、ほとんどできなかった。

僕は家よりもお母さんやお父さんが心配だった。

それから一週間くらいたったころ。

ボランティアの人が、僕が絵が好きだと知って、差し入れのスケッチブックを公民館に持ってきてくれた。けれども描《か》く画材がなくて、僕は公民館の事務所の奥《おく》でほこりをかぶっていた、クッキーか何かが入っていたであろう古い空《あ》き缶《かん》に入ったクレヨンを見つけ出した。

(A)無造作に入れられたクレヨンは、どれも短く折れていたり、表面にほかの色がついたりしていた。

本当は、なんだか絵を描く気分にもなれなかった。けれど、その人の厚意《こうい》を無下にするのも悪いと思って、お礼のつもりで、本当のところちょっとしかたなしにタンポポを描き始めた。

黄色のクレヨンは、缶の中にほかの色とごちゃまぜに入れられていたせいで、黒や青やいろんな色がついていて、塗《ぬ》ると所々《ところどころ》泥で汚れたような色になった。

汚れたものを見るのは、もう現実だけで十分だ。

濁《にご》った色にやるせなくなった僕は、クレヨンの表面をティッシュで徹底的《てっていてき》に拭《ふ》いた。②なんでこんなところでも汚れを落とす作業をしてるんだよ、って思いながらも。

すべてのクレヨンの汚れをきれいに落として、僕は新しい紙に、混じりっけのない純色で、タンポポを描いた。

2023年度 城北中学校 ▶解説と解答

算数 ＜第２回試験＞（50分）＜満点：100点＞

解答

$\boxed{1}$ (1) $1\frac{3}{5}$　(2) 5　$\boxed{2}$ (1) 512本　(2) 75.25cm^2　(3) 5 : 7　(4) 172枚　(5) 19度　$\boxed{3}$ (1) 15個　(2) ① 第７グループ　② ８番目　(3) 93個　(4) 15個　$\boxed{4}$ (1) 25　(2) 毎分72m　(3) 144　(4) 2880m　$\boxed{5}$ (1) 1 cm　(2) $4\frac{1}{3}$cm　(3) $8\frac{28}{29}$cm

解説

$\boxed{1}$ 四則計算，逆算，計算のくふう

(1) $\left(0.08\div\frac{1}{4}+\frac{2}{5}\div12.5\right)\div\frac{1}{5}-4\times\frac{1}{5}\div5=\left(\frac{2}{25}\times\frac{4}{1}+\frac{2}{5}\div\frac{25}{2}\right)\times\frac{5}{1}-\frac{4}{5}\times\frac{1}{5}=\left(\frac{8}{25}+\frac{2}{5}\times\frac{2}{25}\right)\times5-\frac{4}{25}=\left(\frac{8}{25}+\frac{4}{125}\right)\times5-\frac{4}{25}=\left(\frac{40}{125}+\frac{4}{125}\right)\times5-\frac{4}{25}=\frac{44}{125}\times5-\frac{4}{25}=\frac{44}{25}-\frac{4}{25}=\frac{40}{25}=\frac{8}{5}=1\frac{3}{5}$

(2) 119×４＝７×17×４，2023÷17＝(７×17×17)÷17＝７×17，11.9×70＝119×７＝７×17×７，2023＝７×17×17より，与《あた》えられた式は，17×７＋７×17×４＋７×17×□＋７×17×７＝７×17×17となる。等号の両側を(７×17)で割ると，１＋４＋□＋７＝17となるから，12＋□＝17より，□＝17－12＝５と求められる。

$\boxed{2}$ 差集め算，面積，辺の比と面積の比，倍数算，場合の数，角度

(1) ケースＢ１個に入れる鉛筆《えんぴつ》の本数を半分の，32÷２＝16(本)として，ケースＢの個数を２倍にする。すると，ケースＡとケースＢの個数は同じになるから，20－16＝４(本)の差がケースＡの個数だけ集まったものが，128－32＝96(本)とわかる。よって，ケースＡの個数は，96÷４＝24(個)だから，鉛筆の本数は，20×24＋32＝512(本)と求められる。

(2) 下の図１のように５つの部分に分けて求める。方眼の１目もりの長さが２cmであることに注意すると，長方形の面積はそれぞれ，２×12＝24(cm^2)，６×２＝12(cm^2)となる。また，半円の面積はそれぞれ，２×２×3.14÷２＝２×3.14(cm^2)，１×１×3.14÷２＝0.5×3.14(cm^2)とわかる。さらに，斜線《しゃせん》部分は半径が６cmの半円から半径が４cmの半円を除いたものだから，面積は，６×６×3.14÷２－４×４×3.14÷２＝(18－８)×3.14＝10×3.14(cm^2)と求められる。よって，図１の図形の面積は，24＋12＋２×3.14＋0.5×3.14＋10×3.14＝36＋(２＋0.5＋10)×3.14＝36＋12.5×3.14＝36＋39.25＝75.25(cm^2)である。

(3) 下の図２の２つの長方形は，たての長さが等しく，面積の比が７：15なので，横の長さの比も７：15になる。また，ひもの長さの比が３：５だから，２つの長方形の，(たて)＋(横)の比も３：５とわかる。よって，たての長さを$\boxed{1}$とすると，($\boxed{1}$＋⑦)：($\boxed{1}$＋⑮)＝３：５と表すことができる。ここで，A：B＝C：Dのとき，A×D＝B×Cとなるので，($\boxed{1}$＋⑦)×５＝($\boxed{1}$＋⑮)×３，$\boxed{5}$＋㉟＝$\boxed{3}$＋㊺，$\boxed{5}$－$\boxed{3}$＝㊺－㉟，$\boxed{2}$＝⑩より，$\boxed{1}$＝⑤とわかる。したがって，小さい方の長方形のたてと横の長さの比は，1：⑦＝⑤：⑦＝５：７である。

図１

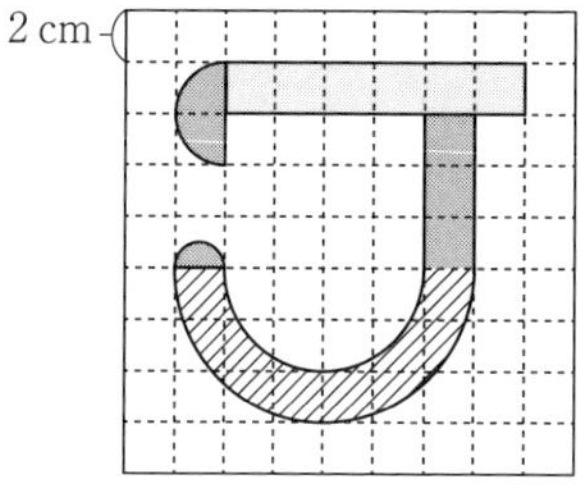

図２

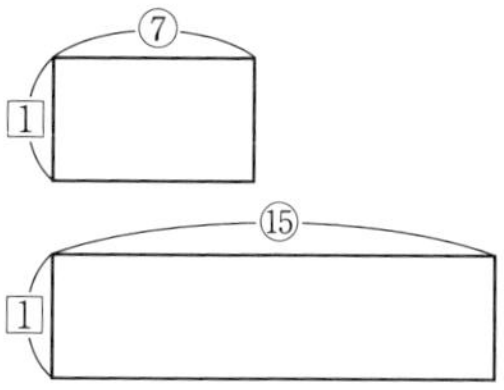

図３

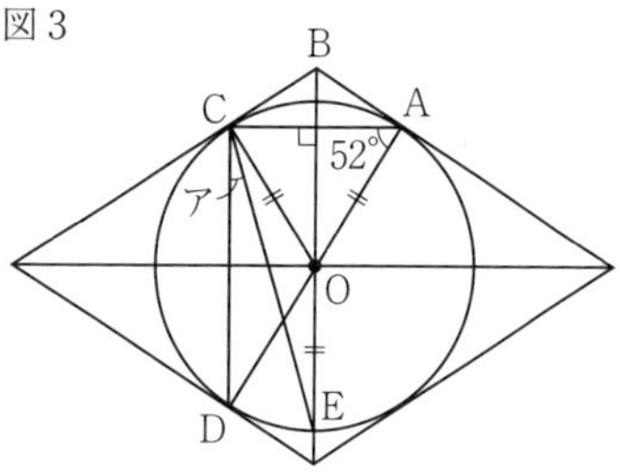

(4)　１けたの整数は４個できるから，１けたの整数を作るのに必要な枚数は，$1\times4=4$(枚)である。また，２けたの整数は，十の位が{1，2，3}の３通り，一の位が{0，1，2，3}の４通りなので，全部で，$3\times4=12$(個)できる。よって，２けたの整数を作るのに必要な枚数は，$2\times12=24$(枚)とわかる。同様に，３けたの整数は，$3\times4\times4=48$(個)できるから，３けたの整数を作るのに必要な枚数は，$3\times48=144$(枚)となる。したがって，全部で，$4+24+144=172$(枚)と求められる。

(5)　上の図３で，ひし形と円を組み合わせた図形は線対称《せんたいしょう》なので，ACとBEは垂直に交わる。はじめに，三角形OACは二等辺三角形だから，角OCAの大きさは52度であり，角COBの大きさは，$180-(90+52)=38$(度)となる。また，三角形OCEも二等辺三角形であり，角OCE＋角OEC＝角COBという関係があるので，角OCEの大きさは，$38\div2=19$(度)とわかる。さらに，ADは円の直径だから，角ACDの大きさは90度であり，角アの大きさは，$90-(52+19)=19$(度)と求められる。

3　数列

(1)　第１グループには１個，第２グループには３個，第３グループには５個，…のように，各グループに並んでいる個数は１から連続する奇数《きすう》になる。よって，第Nグループに並んでいる個数は，$2\times N-1$(個)と表すことができるから，第８グループに並んでいる個数は，$2\times8-1=15$(個)とわかる。

(2)　第Nグループには，$\frac{N}{N}$を中心として分母(または分子)が１ずつ小さくなる分数が並ぶ。このとき，Nが偶数《ぐうすう》の場合は$\frac{N}{1}$から並び，Nが奇数の場合は$\frac{1}{N}$から並ぶので，第７グループは下の図１のようになる。よって，$\frac{7}{6}$は第７グループ(…①)の左から数えて８番目(…②)とわかる。

(3)　１から連続する奇数の和は，(個数)×(個数)で求めることができるから，第１グループから第９グループまでの個数の合計は，$9\times9=81$(個)とわかる。また，図１より，$\frac{8}{10}$は第10グループの左から数えて，$10+2=12$(番目)なので，$\frac{8}{10}$までには全部で，$81+12=93$(個)の分数がある。

図１

第７グループ	$\frac{1}{7}$, $\frac{2}{7}$, $\frac{3}{7}$, $\frac{4}{7}$, $\frac{5}{7}$, $\frac{6}{7}$, $\frac{7}{7}$, $\frac{7}{6}$, …
⋮	
第10グループ	$\frac{10}{1}$, $\frac{10}{2}$, …, $\frac{10}{9}$, $\frac{10}{10}$, $\frac{9}{10}$, $\frac{8}{10}$, …, $\frac{1}{10}$
⋮	
第24グループ	$\frac{24}{1}$, $\frac{24}{2}$, …, $\frac{24}{23}$, $\frac{24}{24}$, $\frac{23}{24}$, $\frac{22}{24}$, …, $\frac{1}{24}$

図２

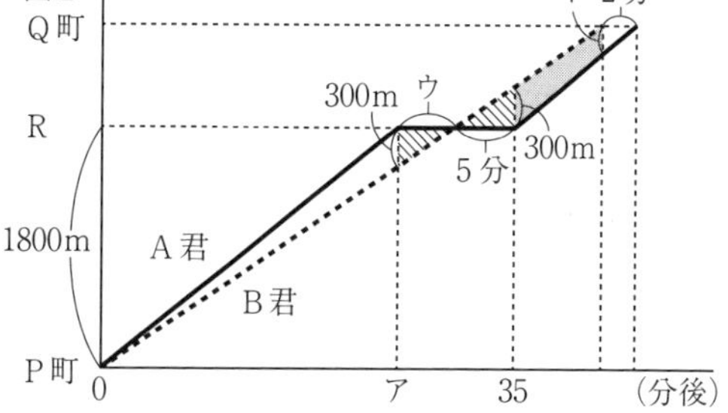

(4)　24＝２×２×２×３だから，約分できないのは分母(または分子)が２でも３でも割り切れないときである。１～24のうち，これにあてはまる数は{1，5，7，11，13，17，19，23}の８個あるので，約分できない分数の個数は，８×２＝16(個)となる。ただし，$\frac{24}{1}$は整数になるから，これを除くと，16－１＝15(個)とわかる。

4　グラフ―旅人算

(1)　２人の進行のようすをグラフに表すと，上の図２のようになる。斜線をつけた２つの三角形は合同だから，ウの時間も５分である。よって，アにあてはまる数は，35－５×２＝25(分後)とわかる。

(2)　Ａ君は25分で1800m歩いたので，Ａ君の速さは毎分，1800÷25＝72(m)と求められる。

(3)　イはＡ君が２分で歩いた道のりだから，イにあてはまる数は，72×２＝144(m)となる。

(4)　(3)から，図２のかげをつけた部分で２人が歩いた道のりの差は，300－144＝156(m)とわかる。また，Ａ君とＢ君が25分で歩いた道のりの差は300mなので，Ａ君とＢ君の速さの差は毎分，300÷25＝12(m)である。よって，かげをつけた部分の時間は，156÷12＝13(分)だから，Ｂ君がＱ町に着いたのは出発してから，35＋13＝48(分後)と求められる。さらに，Ｂ君の速さは毎分，72－12＝60(m)なので，Ｐ町からＱ町までの道のりは，60×48＝2880(m)である。

5　水の深さと体積，相似

(1)　正面から見ると下の図①，②のようになる。図①のⓐの部分と図②のⓑの部分の面積は等しく，ⓐの部分の面積は，5.5×８＝44(cm^2)だから，ⓑの部分の面積は，(ア＋10)×８÷２＝44(cm^2)と表すことができる。よって，アの長さは，44×２÷８－10＝１(cm)と求められる。

図①

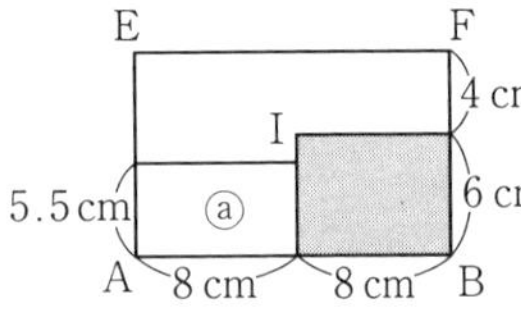

図②

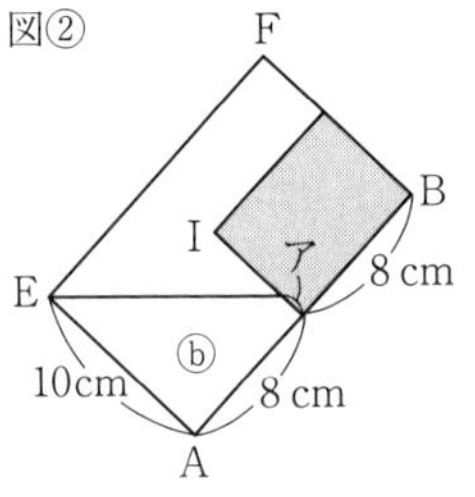

図③

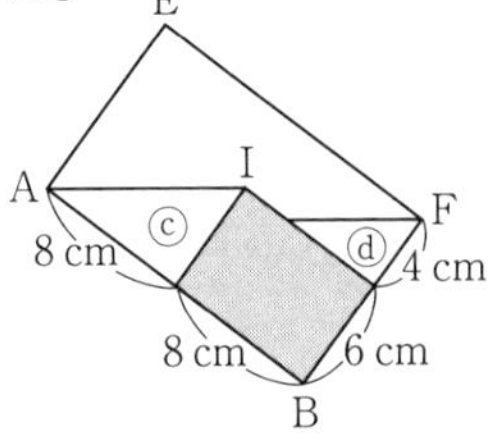

図④

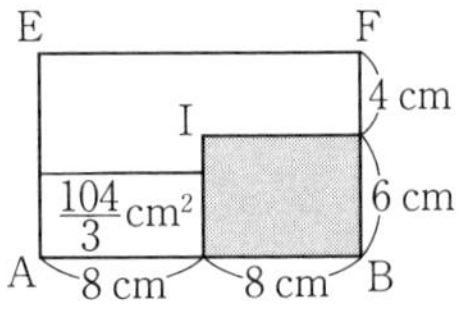

(2)　上の図③で，ⓒの部分の面積は，６×８÷２＝24(cm^2)である。また，ⓒの部分とⓓの部分は相似であり，相似比は，６：４＝３：２なので，面積の比は，(３×３)：(２×２)＝９：４とわかる。よって，ⓓの部分の面積は，$24\times\frac{4}{9}=\frac{32}{3}$(cm^2)だから，図③で水が入っている部分の面積は，$24+\frac{32}{3}=\frac{104}{3}$(cm^2)となる。したがって，容器をはじめの状態に戻《もど》すと上の図④のようになるので，このときの水の高さは，$\frac{104}{3}\div 8=\frac{13}{3}=4\frac{1}{3}$(cm)と求められる。

(3)　容器の中に入っている水は，右の図⑤の太線で囲んだ２つの三角柱に分けることができる。また，図④で容器の中に入っている水の体積は，$\frac{104}{3}\times 12=416$(cm^3)だから，図⑤の２つの三角柱の体積の合計も416cm^{3}になる。図⑤で，斜線をつけた２つの三角形は相似であり，相似比は，４：10＝２：５なので，面積の比は，(２×２)：(５×５)＝４：25である。さらに，２つの三角柱の高さは等しいか

図⑤

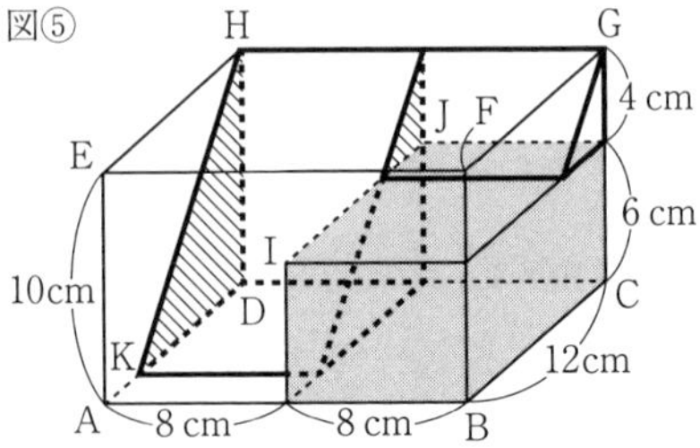

ら，２つの三角柱の体積の比も４：25とわかる。よって，大きい方の三角柱の体積は，$416\times\frac{25}{4+25}=\frac{10400}{29}$(cm^3)なので，底面積は，$\frac{10400}{29}\div 8=\frac{1300}{29}$(cm^2)となり，DKの長さは，$\frac{1300}{29}\times 2\div 10=\frac{260}{29}=8\frac{28}{29}$(cm)と求められる。

社　会　＜第２回試験＞（40分）＜満点：70点＞

解　答

1 **問１** ウ　**問２** エ　**問３** イ　**問４** ア　**問５** ウ　**問６** イ　**問７** イ　**問８** ア　**問９** エ　**問10** アイヌ(民族)　**問11** エ　**問12** マグニチュード　**問13** ウ　**問14** モーダルシフト　**問15** ア　**問16** 南海トラフ　**問17** ア　**問18** イ　**問19** ア　**問20** ウ　**2** **問１** エ　**問２** 親魏倭王　**問３** ウ　**問４** エ　**問５** ウ　**問６** 木簡　**問７** 寝殿造　**問８** エ　**問９** ア　**問10** イ　**問11** 座　**問12** イ　**問13** ウ　**問14** イ　**問15** 井原西鶴　**問16** ア　**問17** ウ　**問18** ア　**問19** イ　**問20** ア　**3** **問１** エ　**問２** イ　**問３** エ　**問４** **あ** マス　**い** 四　**問５** エ　**問６** イ→エ→ウ→ア　**問７** ア　**問８** エ　**問９** ［１］ イ　［２］ エ　［３］ ウ　**問10** カ　**問11** ［１］ キューバ危機　［２］ ア　**問12** ア　**問13** イ　**問14** イ

解　説

1 **近年の地震災害をもとにした問題**

問１　潮岬《しおのみさき》は和歌山県にあり，本州の最南端にあたる。よって，ウが正しくない。

問２　兵庫県の淡路《あわじ》島北部などを通る東経135度の経線は，日本標準時子午線となっている。

問３　経線の基準となる本初子午線は，イギリスの首都ロンドン郊外にある旧グリニッジ天文台を通る０度の経線である。経度15度で１時間の時差が生じるので，日本とイギリスとは(135÷15＝)９時間の時差があり，日本の方が東に位置しているので，時間が早い。

問４　日本の地域別の稲の収穫《しゅうかく》量は，東北地方が最も多い。よって，資料のグラフのアがあてはまる。なお，イは北陸，ウは北海道，エは四国。統計資料は『日本国勢図会』2022／23年版による(以下同じ)。

問５　資料の表において，岩手県と宮城県を比べると，農林水産業(第一次産業)の従事者は岩手県が，63.6万人×0.108＝6.86…万人より約6.9万人，宮城県が，107.8万人×0.045＝4.85…万人より約4.9万人である。岩手県の従事者の方が多いので，ウが正しい。なお，アについて，工業や建設業(第二次産業)の従事者が多いのは宮城県，イの人口密度が低いのは岩手県，エの就業者以外の人口が100万人を超《こ》えているのは宮城県で，岩手県は超えていない。

問６　東北三大祭りは青森市のねぶた祭り，秋田市の竿燈《かんとう》まつり，仙台市(宮城県)の七夕まつりである。よって，岩手県，宮城県，福島県のうち１つとなる。なお，山形市の花笠《はながさ》まつりを含め，東北四大祭りとする場合もある。

問７　液状化現象は，地震の振動《しんどう》で地盤《じばん》が水の中に砂をまぜたような状態になって流動し，水や砂が地表に噴《ふ》き出して地盤沈下《ちんか》が起こったり，建物がかたむいたりする現象で，地下水位の高い河口部や埋《う》め立て地で発生しやすい。

問８　熊本市は太平洋側の気候で，夏の降水量が多い。よって，資料の雨温図はアがあてはまる。イは中央高地(内陸性)の気候の長野市，ウは日本海側の気候の敦賀《つるが》市(福井県)，エは瀬戸内の気候の福山市(広島県)。

問９　大分県は九州の北東部に位置し，瀬戸内海に丸く突き出ている国東《くにさき》半島が特徴《とくちょう》的なのでエになる。なお，アは熊本県，イは福岡県，ウは鹿児島県。

問10　アイヌは北海道の先住民族で，独自の言語や文化を持っていたが，明治時代以降は日本人との同化が進み，固有の文化が失われつつあった。そこで，アイヌの人々の誇りが尊重される社会の実現が目指され，2019年には，アイヌ民族を先住民族と明記するアイヌ施策推進法が制定された。

問11　北海道東部の根釧《こんせん》台地は，火山灰台地で気温も低いため農業に適さなかった。そこで，政府が酪農《らくのう》のパイロットファーム(実験農場)をつくり，現在では日本を代表する酪農地帯になっている。

問12　地震の揺れの大きさを表す数値を震度というのに対し，地震のエネルギーの大きさを表す数値をマグニチュードという。

問13　気象庁震度階級は，０・１・２・３・４・５弱・５強・６弱・６強・７の10段階である。

問14　環境への負荷を減らし，エネルギー効率を高めるため，輸送手段をトラックなどから鉄道や船に転換することをモーダルシフトという。

問15　鉄道の国内旅客輸送量は自動車についで多いが，貨物輸送量は少ない。よって，表のアがあてはまる。なお，イは航空，ウは旅客船(内航海運)，エは自動車。

問16　駿河湾《するがわん》(静岡県)から日向灘《ひゅうがなだ》(宮崎県)にかけての海底の深い溝を南海トラフという。近い将来，ここを震源とする大地震が起こると予測されている。

問17　フィリピンは東南アジアの島国で，アメリカから独立した。国民の多くはキリスト教徒で，日本へはバナナやパイナップルなどの果実を多く輸出している。よって，アがあてはまる。なお，イはベトナム，ウはインドネシア，エはタイ。

問18　房総《ぼうそう》半島(千葉県)の南部は，沖合を暖流の日本海流(黒潮)が流れ，冬でも比較的温暖な気候であることから，観賞用の花の栽培《さいばい》がさかんである。よって，イが正しくない。

問19　大分県の八丁原《はっちょうばる》にあるのは，国内最大級の地熱発電所である。よって，アが正しくない。

問20　都市郊外《こうがい》に流出した人口が，再び都心に流入することを都心回帰現象という。なお，アのドーナツ化現象は，都心の人口が減る一方で郊外の人口が増えること，イのスプロール現象は，都市計画が行われず無秩序《むちつじょ》に開発が進められること，エのヒートアイランド現象は，都心の気温が郊外より高くなること。

２　お金の歴史を題材にした問題

問１　縄文時代には，縄状の模様《もよう》がつけられた土器(縄文土器)が製作され，木の実の保存や煮たきに使われた。よって，エが正しい。なお，アのマンモスが生息していたのは旧石器時代，イの埴輪は古墳時代の素焼きの土器，ウの青銅器や鉄器などの金属器の使用は弥生時代。

問２　239年に魏《ぎ》(中国)に使いを送ったのは邪馬台国の女王・卑弥呼で，皇帝から「親魏倭王」と刻まれた金印や銅鏡100枚などを授《さず》けられた。

問３　１は『後漢書』東夷伝の内容で１世紀，２は『漢書』地理志の内容で紀元前１世紀，３は

『宋書』倭国伝で5世紀のできごとなので，年代順に並び替えると2→1→3になる。

問4　672年，天武天皇は壬申の乱に勝利し，飛鳥浄御原《きよみはら》宮で即位した。よって，エがあてはまる。なお，アの十七条の憲法を制定したのは聖徳太子(厩戸皇子)，イの公地公民を方針とした大化の改新を行ったのは中大兄《なかのおおえの》皇子(のちの天智天皇)，ウの藤原京に遷都《せんと》したのは持統天皇。

問5　律令制度では，班田収授法にもとづいて6歳以上の農民に口分田を支給し，税を負担させた。よって，ウが正しい。なお，アの神祇《じんぎ》官は祭祀《さいし》を担当し，政治を担当したのは太政官。イの国司は世襲《せしゅう》制ではない。エの防人などの兵役は男子に課された。

問6　木簡は短冊形の木片で，諸国から送られてくる荷物の荷札や官庁間の連絡などに使われ，用が済むと表面を削《けず》って繰り返し用いられた。

問7　寝殿造は平安時代の貴族の邸宅に用いられた建築様式で，母屋(寝殿)を中心に東西や北の対屋を渡《わた》り廊下《ろうか》でつなぎ，南側にある庭には池や築山を設けた。

問8　楠木正成は御家人ではなかったので，エが正しくない。

問9　図の絵は『一遍上人《しょうにん》絵伝』で，一遍は諸国をめぐって踊り念仏を広め，時宗を開いた。なお，イの法然は浄土宗，ウの親鸞は浄土真宗，エの栄西は臨済宗の開祖。

問10　武士として初めて太政大臣になったのは平清盛なので，イが正しくない。

問11　室町時代，商工業者の同業組合として座がつくられ，特権を得て利益を独占《どくせん》した。

問12　正長の土一揆(1428年)は，近江《おうみ》国(滋賀県)の馬借(運送業者)らが起こした徳政一揆である。なお，アの山城の国一揆(1485～93年)は国人(在地領主)らの一揆，ウの島原・天草一揆(1637～38年)はキリスト教徒らの一揆，エの加賀の一向一揆(1488～1580年)は一向宗の門徒らの一揆。

問13　山崎の戦い(1582年)は，本能寺の変で織田信長を倒した明智光秀を豊臣秀吉が破った戦いで，勝利した秀吉は信長の後継者としての地位を固めた。よって，ウが正しくない。

問14　生類憐みの令(1685年)は江戸幕府第5代将軍の徳川綱吉が発した極端な動物愛護令で，新井白石は綱吉の後に正徳の治を行った人物である。よって，イが正しくない。

問15　井原西鶴は江戸時代前半の元禄文化を代表する浮世草子作家で，代表作に『日本永代蔵』や『好色一代男』がある。

問16　品質の悪い貨幣を発行すると，ふつう貨幣価値が下がり物価が上昇するので，アが正しい。

問17　海運業が発達して成金《なりきん》とよばれる金持ちが現れるのは，大正時代の第一次世界大戦(1914～18年)による好景気(大戦景気)のときである。よって，ウが正しくない。

問18　津田梅子は明治政府が欧米に派遣した岩倉具視を団長とする使節団の一行に加わり，初の女子留学生となった。帰国後，女子英学塾(のちの津田塾大学)を創立し，女子教育に尽力した。よって，アがあてはまる。なお，イは与謝野晶子，ウは平塚らいてう(雷鳥)，エは樋口一葉。

問19　北里柴三郎は細菌《さいきん》学者でドイツに留学して破傷風血清療法を発見し，帰国すると伝染病研究所を創設した。なお，アの杉田玄白は江戸時代に『解体新書』を刊行した蘭学者，ウの志賀潔は赤《せき》痢《り》菌を発見した細菌学者，エの野口英世は黄熱病の研究で知られる細菌学者。

問20　1872年，新橋－横浜間で鉄道が開通した。2022年は鉄道開通150周年にあたる。

3　**日本の政治・経済と国際社会についての問題**

問1　参議院の比例代表区の選挙では，候補者の中で優先的に当選させる「特定枠」が設けられているので，エが正しい。なお，アの選挙区と比例代表の両方に立候補する重複立候補は，参議院では採用されていない。イについて，参議院の議員定数は248人で，３年ごとにその半数を改選することになっている。ウの衆議院の総選挙では，比例代表制と１つの選挙区から１人を選ぶ小選挙区制がとられる。

問２　資料のグラフのBはバブル経済の時期で，1989年には消費税が導入されたために，物価上昇したと考えられる。インターネットの普《ふ》及《きゅう》とIT(情報技術)革命は1990年代後半からである。よって，イが正しくない。

問３　外国為替《かわせ》相場において，円とドルの交換比率が１ドル＝100円から１ドル＝120円になるような場合を円安ドル高という。このとき，日本からの製品の輸出が有利になるので，エが正しい。なお，アの１ドル＝360円の固定相場制は1971年以前。イのドルに対して円の価値が上がるのは円高ドル安。ウの日本の企業がアメリカの企業を買収しやすいのは円高ドル安のとき。

問４　**あ**　ラジオ・テレビや新聞などの情報媒体《ばいたい》をマスメディアという。　**い**　マスメディアは政治についての情報を発信しており，世論の形成に大きな影響《えいきょう》を及《およ》ぼすことから，立法権・行政権・司法権につぐ「第四の権力」ともよばれる。

問５　衆議院の解散中，緊急な要件が発生したとき，内閣は参議院の緊急集会を求めることができる。よって，エが正しい。なお，アについて，大日本帝国憲法の下では，帝国議会は衆議院と貴族院の二院制である。イについて，衆議院に先議権があるのは予算案である。ウについて，衆議院が内閣不信任案を可決(信任案を否決)したとき，10日以内に衆議院が解散されないと，内閣は総辞職しなければならない。

問６　憲法を改正する場合，衆参両院の憲法審査会で原案がつくられ，衆参両議院の本会議でそれぞれ総議員の３分の２以上の賛成により国会が発議し(国民に提案し)，国民投票で有効投票の過半数の賛成を経て承認される。よって，手順はイ→エ→ウ→アとなる。

問７　内閣は外国と条約を結ぶが，条約を承認するのは国会である。よって，アが正しくない。

問８　国会議員に占《し》める女性議員の比率において，日本は世界の国の中で極めて低い水準にある。よって，グラフのエがあてはまる。なお，アはフィンランド，イはアメリカ，ウは中国(中華人民共和国)。

問９　**［１］**　国際連合の経済社会理事会は，政治以外の分野での国際協力を進めるための機関なので，イが正しい。なお，アの総会はすべての加盟国で構成され，採決は１国１票の「主権平等」を原則とする。ウの信託統治理事会は1994年以降，事実上休止している。エの国連事務総長は，2023年４月現在ポルトガル人のアントニオ・グテーレスが務めている。　**［２］**　安全保障理事会は世界の平和と安全を守る国連の中心機関で，常任理事国５か国と，総会で選出された任期２年の非常任理事国10か国の合計15か国で構成される。常任理事国はアメリカ・ロシア・イギリス・フランス・中国の５か国で，採決にはこの５か国を含む９か国以上の賛成が必要である。つまり，常任理事国には採決を無効にする「拒否権」が認められている。よって，エが正しい。　**［３］**　国連平和維持活動(PKO)は紛争当事国に間接的に平和的解決を促《うなが》す活動であるが，選挙監視の仕事も行う。よって，ウが正しい。なお，アについて，国連憲章にPKOの明確な規定はない。イの国連軍は事実上存在していない。エについて，日本は1992年のPKO協力法の成立により，PKO要員として自衛隊を海外に派遣している。

問10　１のベルリンの壁の崩壊は1989年，２のソ連のアフガニスタン侵攻《しんこう》は1979～89年，３の朝鮮戦争は1950～53年のできごとなので，年代順に並び替えると３→２→１になる。

問11 ［１］ 第二次世界大戦後，中央アメリカの島国キューバは社会主義国となってアメリカに対抗したが，1962年にソ連がキューバにミサイル基地の建設を進めたことから，アメリカはキューバを海上封鎖した。これら米ソ間での核戦争の危機が迫《せま》った一連のできごとをキューバ危機という。

［２］ 1996年，国連総会で爆発をともなうあらゆる核実験を禁止するCTBT(包括的核実験禁止条約)が採択《さいたく》された。なお，イのPTBTは1963年，ウのNPTは1968年，エのTPNWは2017年に採択。

問12 戦後の東西冷戦は，1989年の米ソ首脳によるマルタ会談でその終結が宣言されたが，この時のソ連の最高指導者はゴルバチョフであった。なお，イのフルシチョフとウのスターリンはかつてのソ連の指導者，エのプーチンは2023年４月現在のロシア大統領。

問13 2001年のアメリカ同時多発テロ事件では，その首謀《しゅぼう》者がアフガニスタンにかくまわれていたことから，アメリカとその同盟国はアフガニスタンを空爆した。

問14 シリアは中東(西アジア)のイスラム教国で，2011年から内戦が続いており，多くのシリア人が難民となって周辺国などに避難している。よって，イが正しい。なお，アの豊かさを求めて移住する人は移民。ウについて，先進国と比べて日本は難民受け入れに消極的である。エの難民支援を行う国連の機関はUNHCR(国連難民高等弁務官事務所)で，UNICEF(ユニセフ)は国連児童基金。

理科 ＜第２回試験＞ (40分) ＜満点：70点＞

解答

[1] **問１** E，G **問２** H，I **問３** B，C，D，H，I **問４** 2 [2] **問１** C，E **問２** A **問３** I **問４** ア [3] **問１** オ，カ **問２** (1) C，D，E (2) B **問３** 360mL **問４** 7.4mL **問５** (1) 22.5mL (2) 6.7mL **問６** (1) ウ，オ (2) イ，エ [4] **問１** 酸素 **問２** イ **問３** ウ **問４** 解説の表①を参照のこと。 **問５** 解説の表②を参照のこと。 [5] **問１** イ **問２** オ **問３** ア **問４** イ **問５** 18km **問６** 59.5km **問７** ア

解説

[1] 豆電球のつなぎ方と明るさについての問題

問１ 図１の回路で豆電球に流れる電流の大きさを１とする。豆電球を直列につなぐとき，回路に流れる電流の大きさは豆電球の個数に反比例し，直列につないだ乾《かん》電池の個数に比例する。また，

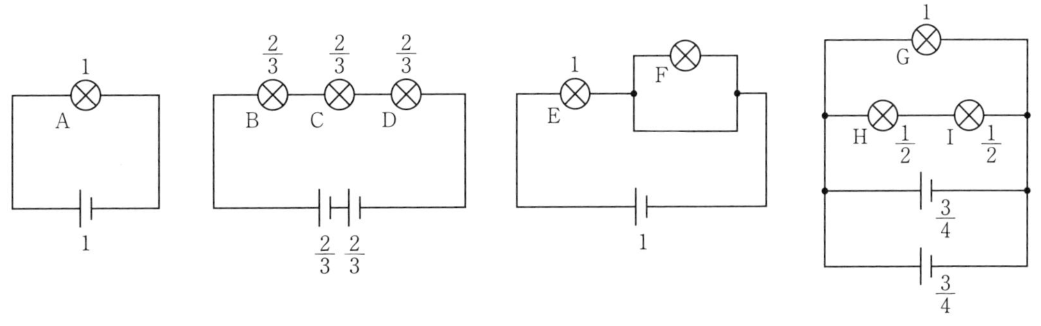

乾電池を２個並列につないだ場合は，電流を流すはたらきが乾電池１個のときと同じであり，並列につながれた豆電球には乾電池にそれぞれをつないだ場合と同じ大きさの電流が流れる。よって，それぞれの回路に流れる電流の大きさは上の図のようになる（Ｆには電流が流れない）。豆電球の明るさは流れる電流の大きさに関係するので，Ａの豆電球と同じ明るさで光るのは，ＥとＧの豆電球とわかる。

問２　上の図より，Ｂ～Ｉの豆電球の中で流れる電流がもっとも小さいのは，$\frac{1}{2}$の電流が流れるＨとＩの豆電球であり，この２つがもっとも暗く光る。

問３　直列につながれた豆電球は，そのうちの１個が切れると他の豆電球も消えてしまう。よって，Ｂ，Ｃ，Ｄ，Ｈ，Ｉの５個の豆電球があてはまる。

問４　回路につながれた乾電池がもっとも長持ちするのは，乾電池から出ていく電流の大きさがもっとも小さい回路になる。よって，上の図より，図２の回路とわかる。

2 LEDの回路についての問題

問１　LEDの電流の流れ方に注意すると，図４の回路に流れる電流の向きは下の図①のようになる。したがって，ＣとＥのLEDが光る。

図①

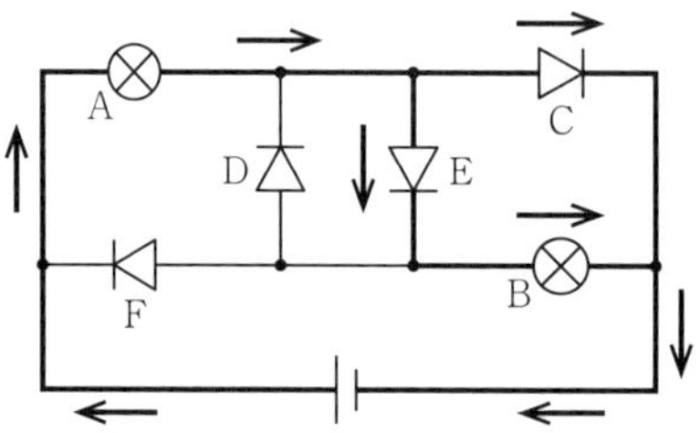

図②

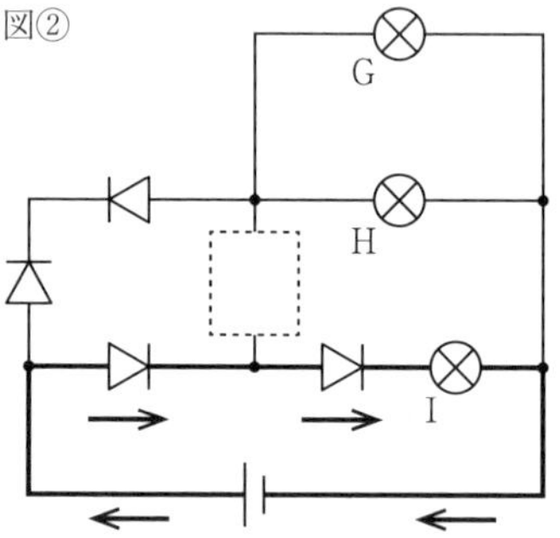

問２　図①より，豆電球Ａを流れた電流がＣとＥのLEDに分かれて流れ，ＥのLEDを流れる電流がＢの豆電球を流れている。よって，流れる電流がもっとも大きいのはＡの豆電球である。

問３　図５の回路に流れる電流の向きは上の図②のようになる。よって，光っているのはＩの豆電球だけである。

問４　図５のすべての豆電球が光るには，破線の部分の下から上に電流が流れるようにLEDを接続すればよい。よって，LEDはアの向きに接続したとわかる。

3 酸とアルカリ，中和についての問題

問１　アルミニウムは塩酸とも水酸化ナトリウム水溶液《すいようえき》とも反応して溶《と》け，水素を発生させる。水素はもっとも軽い気体であり，無色無臭で水に溶けにくく，集めるときは水上置換《ちかん》で集める。また，水素が燃えると水ができる。

問２　(1)　実験装置Ｂでは，発生した気体の体積が０mLのため，塩酸15mLと水酸化ナトリウム水溶液10mLが過不足なく反応して中性になり，アルミニウムを入れる前にはどちらも残っていなかったことがわかる。BTB溶液を入れたときに青色をしめすのはアルカリ性の水溶液だから，青色になったのは実験装置Ｂよりも水酸化ナトリウム水溶液の体積が多いＣ，Ｄ，Ｅの混合溶液とわかる。　(2)　BTB溶液が緑色をしめすのは中性の水溶液だから，Ｂの混合溶液だとわかる。

問３　実験装置Ａでは５mLの水酸化ナトリウム水溶液と，$5\times\frac{15}{10}=7.5$(mL)の塩酸がちょうど中

和し，15－7.5＝7.5(mL)の塩酸が余っている。この塩酸7.5mLがすべてアルミニウムと反応すると，水素が180mL発生するから，15mLの塩酸が十分な量のアルミニウムと反応したとき発生する水素の体積は，$180\times\frac{15}{7.5}=360$(mL)である。

問４　実験装置Ｃでは，15mLの塩酸と10mLの水酸化ナトリウム水溶液がちょうど中和し，余った５mLの水酸化ナトリウム水溶液とアルミニウムの一部が反応して水素が540mL発生している。また，実験装置Ｄ，実験装置Ｅから，アルミニウム0.6ｇがすべて水酸化ナトリウム水溶液と反応すると800mLの水素が発生することがわかる。よって，アルミニウム0.6ｇとちょうど反応する水酸化ナトリウム水溶液の体積は，$5\times\frac{800}{540}=7.40\cdots$より，7.4mLと求められる。

問５　⑴　塩酸と水酸化ナトリウム水溶液が過不足なく中和する体積の比は，15：10＝３：２である。よって，水酸化ナトリウム水溶液15mLとちょうど中和する塩酸の体積を□mLとすると，□：15＝３：２より，□＝22.5(mL)である。　⑵　水を加えても，塩酸10mLをちょうど中和する水酸化ナトリウム水溶液の体積は変わらない。よって，必要な水酸化ナトリウム水溶液の体積を□mLとすると，10：□＝３：２より，□＝6.66…より，6.7mLである。

問６　選択肢の金属のなかで，塩酸に溶けるのは亜鉛《あえん》，鉄，マグネシウム，水酸化ナトリウム水溶液に溶けるのは亜鉛だけである。金と銅はどちらの水溶液にも溶けない。

4　種子の発芽の条件についての問題

問１　種子が発芽するときには呼吸のはたらきがさかんになるので，空気中の酸素が必要となる。

問２　一般《いっぱん》に，多くの植物の発芽に適した温度は20～25℃くらいとされる。

問３，問４　種子が発芽するために必要な条件がいずれか１つでも欠けると，種子は発芽しない。実験３～実験７でそれぞれの条件のうち１つを「×」にして調べると，空気，水，適温のいずれかが「×」になると種子が発芽しないのに対し，光と肥料を「×」にした場合だけどちらも発芽することになるので，発芽の条件は空気，水，適温の３つにしぼることができる。これを表にまとめると右の表①のようになる。

表①

	空気	水	適温	光	肥料	結果
実験１	○	○	○	○	○	○
実験２	×	×	×	×	×	×
実験３	×	○	○	○	○	×
実験４	○	×	○	○	○	×
実験５	○	○	×	○	○	×
実験６	○	○	○	×	○	○
実験７	○	○	○	○	×	○

問５　空気，水，適温以外の条件が「×」でも発芽することがわかれば，必要な条件はこの３つであることが確かめられる。よって，右の表②のような実験を行えばよい。

表②

	空気	水	適温	光	肥料	結果
確認実験	○	○	○	×	×	○

5　地球の内部のつくりについての問題

問１　花こう岩は，マグマが地下深くでゆっくりと冷やされてできた岩石で，岩石をつくる鉱物の結晶《けっしょう》が大きく成長した等粒状《とうりゅうじょう》組織というつくりをしている。なお，ア，エは安山岩などのように，マグマが地表や地表付近で急に冷えてできた岩石，ウは土砂が積もってできるたい積岩，オはたい積岩のうちのれき岩について述べている。

問２　げんぶ岩はマグマが急に冷えてできた岩石で，有色鉱物を多く含《ふく》むため黒っぽい色をしている。げんぶ岩をつくる鉱物は一部が結晶になっているが，そのまわりを小さいつぶがとりまくはん状組織というつくりになっている。なお，流もん岩はげんぶ岩よりも無色鉱物を多く含み白っぽい色をしている。アは石灰岩，イはぎょう灰岩，ウは火山灰でできた地層，エは花こう岩などの特《とく》徴《ちょう》である。

問３　地殻《ちかく》の厚さは，地球の半径の，60÷6400×100＝0.935より，約１％なので，アが適する。

問４　核《かく》の半径は，6400－2900－60＝3440(km)だから，地球の半径の，3440÷6400×100＝53.75より，約54％である。よって，イが適する。

問５　図２より，底面積１mm^2で高さが22kmの地殻の重さは，2.7×22＝59.4(kg)である。よって，底面積が１mm^2で重さが59.4kgのマントルの高さは，59.4÷3.3＝18(km)となる。

問６　図１について，10kmの厚さの地殻の下面から線Ａまでの高さを□kmとする。底面積１mm^2あたりの重さを考えると，10kmの地殻と□kmのマントルを合わせた重さと，エベレストの地殻(□＋10＋９)kmの重さが等しくなるので，マントル□kmの重さと，地殻(□＋９)kmの重さが等しくなる。これより，□×3.3＝(□＋９)×2.7となるから，□×3.3＝□×2.7＋24.3より，□×3.3－□×2.7＝24.3，□×(3.3－2.7)＝24.3，□×0.6＝24.3，□＝24.3÷0.6＝40.5(km)とわかる。よって，エベレストでの地殻の厚さは，40.5＋10＋９＝59.5(km)と求められる。

問７　南極大陸もエベレストなどと同じようにマントルに浮《う》かんでいると考えられるので，大陸上の氷がとけて軽くなると浮き上がる(隆起《りゅうき》する)と考えられる。よって，アが適する。

国　語　＜第２回試験＞（50分）＜満点：100点＞

解　答

一　**問１**　(A)　ウ　(B)　ア　(C)　エ　**問２**　ウ　**問３**　イ　**問４**　イ　**問５**　(例)　実際の選手たちは「僕」と同様やる気を失っているのに，あざやかで躍動感あふれる姿が描かれているところ。　**問６**　(例)　鈴音がつけた汚れのせいでやけになった「僕」が，絵を黒く塗りつぶした，というもの。　**問７**　(例)　黒い絵の具の中からあざやかな虹色を削りだし，生きている感じをまっすぐに描きだすこと。　**問８**　エ　**問９**　Ｘ　オ　Ｙ　ア　**問10**　(例)　コロナ禍で本来の学校生活を奪われ，気持ちがくすぶっている中で，スクラッチで黒からあざやかな色彩を削りだすように，生き生きとした感情を取り戻そうとしている状況。　**問11**　(1)　きれいで明るい色彩　(2)　(例)　薄汚れた現実の中にひそむありのままの美しさ

二　下記を参照のこと。

●漢字の書き取り

三　１　優勝　２　工程　３　署名　４　包容　５　灯火　６　宗派　７　早晩　８　千秋楽　９　呼(び)　10　枝葉

解　説

一　**出典は歌代朔《うたしろさく》の『スクラッチ』による。**きれいで明るい色彩《しきさい》にこだわってきた「僕《ぼく》」(千暁《かずあき》)は，コロナ禍《か》を通してその嘘《うそ》に気づき，スクラッチ技法で生き生きした感情をとらえようとする。

問１　(A)　使いかけのクレヨンが，特に何のこだわりもないようすで「クッキーか何かが入っていたであろう古い空《あ》き缶《かん》」へと「ごちゃまぜ」に収められていたのだから，ウが選べる。　(B)　真っ黒なキャンバスを前に無言で手を動かし続ける「僕」を見て，はじめ取り乱していた鈴音《すずね》は何らかの意図を感じとり，目の前のできごとを不思議そうに見守っている。よって，アが合う。　(C)

今，自らのしていることを通じて『泣く女』を描《か》いたピカソの気持ちが理解できるなどと思うことは，ただの一学生ごときが偉大《いだい》な画家に対して生意気だと「僕」自身，感じているので，エがよい。

問２　「ギャップ」は，隔《へだ》たりや差のこと。台風による洪水被害《こうずいひがい》を受けたことで自分や両親は家や病院の後処理に追われていたのに対し，学校では被災した生徒が少なく，ふだんどおりの日常が続いていたことに「僕」は大きな隔たりを感じ，ついていけずにいたのだから，ウが合う。

問３　すぐ前で，「僕」が「汚《よご》れたものを見るのは，もう現実だけで十分だ」と思っていることに注目する。ずっと被災した家の泥《どろ》を落とす作業をしていたなか，公民館にあったクレヨンさえも汚れており，絵を描くにもきれいな色に塗《ぬ》ることができなかったことに，「僕」はやるせなさを感じているので，イがふさわしい。

問４　少し前で，自分の絵を見て「ほっとしたような，救われたような」表情になった母に対し，「僕」が「あの絵はお母さんのために描いたんじゃなかった。あの絵は誰《だれ》かを救うつもりで描いたんじゃなかった。それなのに」と感じていることに注目する。スケッチブックをくれたボランティアの人の厚意《こうい》に応えなければならないと，しかたなくタンポポを描いただけなのに，その絵がはからずも疲《つか》れきっていた母の心を救うことになってしまい，「僕」は母をだましてしまったかのような後ろめたい気持ちになったと想像できる。よって，イがよい。

問５　「この絵」には，「あざやかで躍動感《やくどうかん》あふれる選手たち」が描《えが》かれているが，実際の選手たちは大会がなくなって「僕」と同様やる気を失っている。実情にふたをして，表面をとりつくろっただけの描写《びょうしゃ》に，「僕」は嘘くささを感じたのである。

問６　「僕」の絵をうっかり汚してしまった鈴音は，「僕」がその絵を真っ黒に塗りつぶしたのを見て大声で泣き出し，しゃくりあげながら謝罪している。「僕」は，鈴音が自らのつけた汚れのせいで「僕」がやけを起こしたと勘違《かんちが》いしているのではないか，と思ったのである。

問７　「僕」が捕《つか》まえようとしたのは，感情を爆発《ばくはつ》させて激しく泣いている鈴音の姿である。二つ後の文にあるとおり，「僕」は全力で泣いている鈴音の「生きている感じ」をとらえたいと考えた。「狩猟《しゅりょう》」とは，ここでは黒い絵の具の中からあざやかな虹色《にじいろ》を削《けず》り出すことで，生きている感じをまっすぐに描き出すことにあたる。

問８　「拍子抜《ひょうしぬ》け」は，張り合いがなくなること。これほどにまじまじと作品を見つめられたことがなかった「僕」は，鈴音に絵の感想をたずねたくなったが，鈴音の言葉が「鼻水まで描くことないじゃん」だったため，拍子抜けしたのである。

問９　**Ｘ**　「口をつぐむ」は，“だまる”という意味。　　**Ｙ**　「首を横にふる」は，“否定する”という意味。

問10　コロナ禍で大会がなくなるなど，本来の学校生活が奪《うば》われ，やる気を失って気持ちがくすぶる自分たちの姿について，頭に「もやのようなもの」が垂れこめた状態だと感じた「僕」は，そのことを黒く塗りつぶされた絵に重ねている。そして「今の僕ら」は，スクラッチで黒からあざやかな色彩を削り出すように，抑《おさ》えこまれた状態から生き生きとした感情を取りもどそうとしている状況《じょうきょう》にあるといえる。

問11　(1)　五年前に被災し，泥をかぶった家の片付けに疲れきった「僕」は，それ以来濁《にご》りや汚れのない「きれいで明るい色彩ばかり」を選んで描いてきたと本文の前半に書かれている。　(2)　気持ちをまっすぐに爆発させる鈴音に「生きている感じ」を見出《みいだ》し，美しいと感じた「僕」は，黒く塗りつぶした絵からスクラッチであざやかな色彩を削り出すことで，薄《うす》汚れた現実の中にひそむありのままの美しさを描くことができるようになったのである。

□二 漢字の書き取り

1　試合などで第一位となって勝つこと。　**2**　仕事を進めていく段階。　**3**　自分の名前を書類などに書きつけること。　**4**　人の欠点などを許し，受け入れることができること。　**5**　「灯火管制」は，明かりを減らしたり消したりして，敵からの空襲《くうしゅう》の目標にならないようにすること。　**6**　同じ宗教の中の，教えの異なるいくつかの仲間。　**7**　そのうち。おそかれ早かれ。　**8**　ある期間行われるしばいやすもうなどの，最終日のこと。　**9**　音読みは「コ」で，「呼応」などの熟語がある。　**10**　あまり大切ではない細かいところ。

2022年度　城 北 中 学 校

〔電　話〕(03) 3956－３１５７
〔所在地〕〒174-8711　東京都板橋区東新町２－28－１
〔交　通〕東武東上線－「上板橋駅」より徒歩８分

【算　数】〈第１回試験〉（50分）〈満点：100点〉

注意　１．円周率が必要な場合には，3.14として計算しなさい。

　　　２．コンパス・定規・分度器を使ってはいけません。

1　次の□にあてはまる数を求めなさい。

(1)　$\left(\frac{3}{5}+0.72\right)\times\frac{5}{12}+0.5-0.125\div2\frac{1}{2}=\square$

(2)　$\left(337-\frac{1}{6}\right)\div\left(6\frac{2}{3}+\frac{1}{\square}\right)=47$

2　次の□にあてはまる数を求めなさい。

(1)　A君はある本を，１日目は全体の $\frac{1}{4}$ より15ページ多く読み，次の日には残りの $\frac{1}{3}$ より20ページ多く読んだところ，残りのページは80ページになりました。この本は全部で□ページです。

(2)　男子の人数が20人，女子の人数が□人のクラスでテストを行ったところ，男子の平均点は76点，女子の平均点は85点，クラスの平均点は80点でした。

(3)　下の図は中心が点Oの半円です。角アの大きさは□度です。

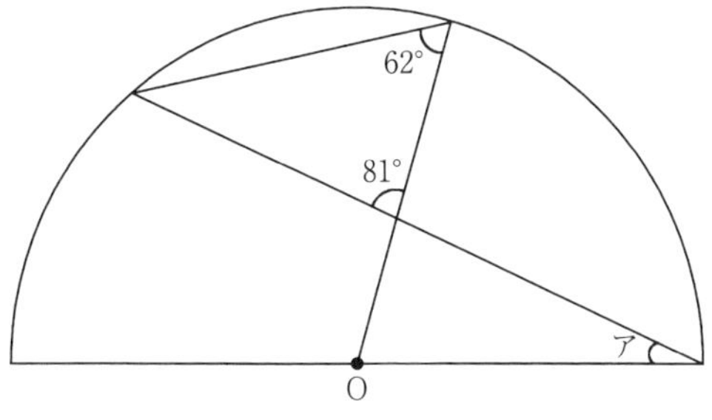

(4)　下の図は中心角が75°のおうぎ形です。斜線《しゃせん》部分の面積は□cm²です。

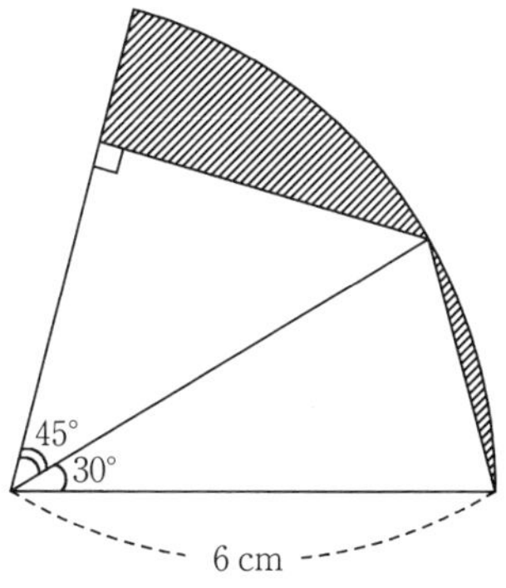

(5)　Ａ君に０から63までの整数のうち１つを思いうかべてもらい，その数について次のような①～⑥の６つの質問をしました。

①　その数を２で割った余りは１ですか。

②　その数を４で割った余りは２以上ですか。

③　その数を８で割った余りは４以上ですか。

④　その数を16で割った余りは８以上ですか。

⑤　その数を32で割った余りは16以上ですか。

⑥　その数は32以上ですか。

これらの質問についてＡ君に「はい」か「いいえ」で答えてもらったところ，①，③，④，⑥の質問には「はい」と答え，②，⑤の質問には「いいえ」と答えました。Ａ君が思いうかべた整数は［　　　］です。ただし，Ａ君の回答はすべて正しいものです。

3　右の図１のような山があります。太郎君はＰ地点を出発し，頂上Ｑを通ってＲ地点まで行きます。次郎君は，太郎君がＰを出発したのと同時にＲを出発し，Ｑを通ってＰまで行きます。２人が山を登る速さは，太郎君が毎分 25ｍ，次郎君が毎分 30ｍ です。

図１

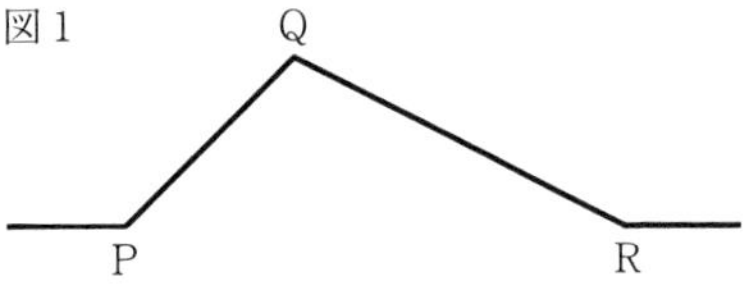

太郎君がＱに到着《とうちゃく》したとき，次郎君はＱの 900ｍ 手前におり，その10分後に２人は出会いました。また，次郎君がＱに到着したとき太郎君はＲの 1140ｍ 手前におり，太郎君がＲに到着してから６分後に次郎君がＰに到着しました。下の図２は２人の位置と時間の関係を表したものです。

図２

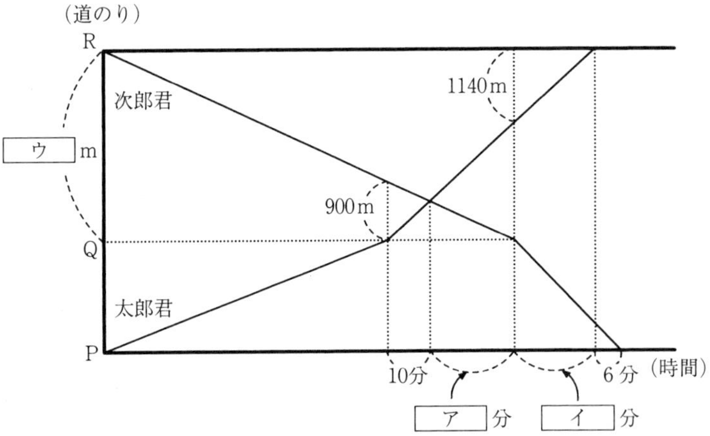

次の問いに答えなさい。

(1)　太郎君が山を下る速さは毎分何ｍですか。

(2)　図２の［ア］，［イ］，［ウ］にあてはまる数を求めなさい。

(3)　次郎君が山を下る速さは毎分何ｍですか。

4　右の図1のように，平らな地面に1辺の長さが3mの立方体の建物があります。点Aの3m真上に点Pがあり，点Pに電球を設置しました。ただし，電球の大きさは考えないものとします。

次の問いに答えなさい。

図1

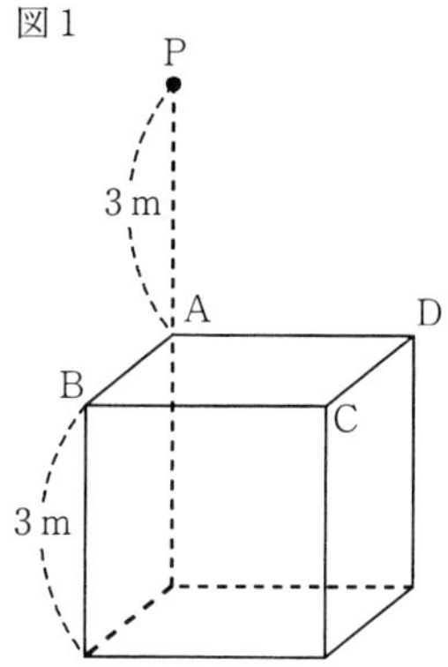

(1)　この電球の光によって地面にできる建物の影《かげ》の面積を求めなさい。

(2)　下の図2のように，点Bの3m真上に点Qがあり，点Pに設置した電球が直線PQ上を点Pから点Qまで動きます。このとき，電球の光によって地面にできる建物の影が通過する部分の面積を求めなさい。

図2

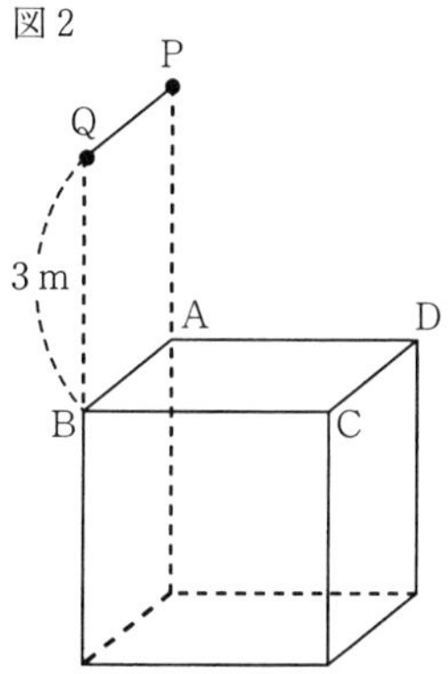

(3)　右の図3のように，正方形ABCDの対角線が交わる点の3m真上に点Rがあり，点Pに設置した電球が直線PR上を点Pから点Rまで動きます。このとき，電球の光によって地面にできる建物の影が通過する部分の面積を求めなさい。

図3

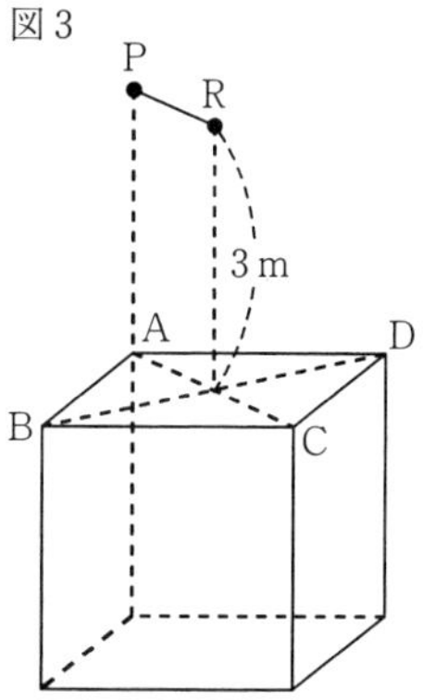

5　A君とB君が何回かじゃんけんをして，間にあいこをはさんでもよいので2回続けて勝った方を優勝とします。例えば，1回目にA君が勝ち，2回目があいこ，3回目もあいこで，4回目にA君が勝てば，その時点でA君の優勝が決まります。このとき，次の問いに答えなさい。

ただし，どの手を出して勝ったかは区別しないものとします。例えば，2回目のじゃんけんで優勝が決まる場合は，A君の2連勝とB君の2連勝の2通りであると考えます。

(1)　3回目のじゃんけんで優勝が決まる場合は全部で何通りありますか。

(2)　次の[ア]～[エ]にあてはまる数を求めなさい。

3回じゃんけんをしても優勝が決まらない場合のうち，1回目から3回目までにあいこが1回もない場合は[　ア　]通り，1回目から3回目までにあいこが1回だけある場合は[　イ　]通り，1回目から3回目までにあいこが2回だけある場合は[　ウ　]通りあります。

よって，4回目のじゃんけんで優勝が決まる場合は全部で[　エ　]通りです。

(3)　4回じゃんけんをしても優勝が決まらない場合は全部で何通りありますか。

【社　会】〈第１回試験〉（40分）〈満点：70点〉

1　次の文章を読んで，下記の設問に答えなさい。

近年，(1)気候変動による平均気温の上昇が世界各地で影響を及ぼしています。(2)温暖化により海水面の温度が上昇すると，大気中の水蒸気量が増え，降水量が増加します。

日本でも，記録的な大雨による(3)洪水や土砂災害が多発しています。

例えば，2020年７月には，(4)九州各地で記録的な大雨となり，(5)球磨川《くまがわ》の氾濫《はんらん》によって(6)熊本県で人命に関わる深刻な洪水被害が発生しました。

2021年７月には，(7)静岡県熱海《あたみ》市で，長期間の大雨が降り注いだことにより土砂災害が発生し，重大な被害をもたらしました。

大雨や洪水は，(8)工業や商業，製造業などの産業にも影響を与えます。

2011年に(9)タイで発生したチャオプラヤ川の洪水は，工業団地を浸水させ，現地の日系企業に多額の損失をもたらしました。

気候変動による平均気温の上昇は，(10)米や(11)果実などの農作物の品質や収穫量にも影響を及ぼすと考えられています。このまま気温が上昇すると，農作物の(12)栽培に適した場所が変化するかもしれません。

さらに，気温の上昇は人間の健康にも影響を及ぼします。全国的に，(13)真夏日や猛暑日を記録する日数は増加しており，熱中症による死亡者数も増加傾向にあります。

以上のように，気候変動による影響は多方面にあらわれています。国際社会が一体となって，環境に配慮《はいりょ》した(14)持続可能な開発を行い，気候変動への対策を進めていく必要があります。

問１　下線部(1)について，2015年には，気候変動枠組《わくぐみ》条約第21回締約《ていやく》国会議（COP21）が開催され，気温上昇を抑えるための長期的な目標を定めた協定が採択されています。この会議の開催地として正しいものを，次のア～エから一つ選び，記号で答えなさい。

ア．京都　　イ．ジュネーブ　　ウ．パリ　　エ．マドリード

問２　下線部(2)について，温暖化の原因の一つに，大気の温室効果を強める温室効果ガスの増加があります。次の物質のうち，温暖化の原因物質として最も排出量が多いものを，次のア～エから一つ選び，記号で答えなさい。

ア．水素　　イ．二酸化炭素　　ウ．メタン　　エ．フロン

問３　下線部(3)について，右の写真の建物は，洪水発生時に人や食料，家具などを避難《ひなん》させるため，家の敷地《しきち》の一部に石や土を積み上げたものです。写真が示す建物の名称として正しいものを，次のア～エから一つ選び，記号で答えなさい。

ア．水屋《みずや》　　イ．曲屋《まがりや》

ウ．母屋《おもや》　　エ．輪中《わじゅう》

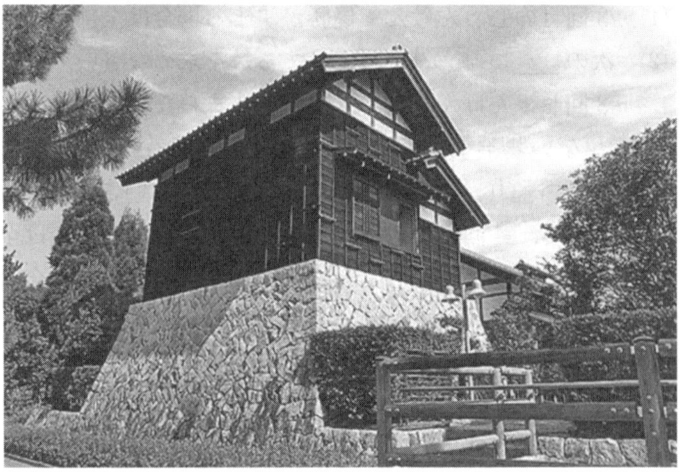

（出典：国営木曽三川公園ホームページ）

問４　下線部(3)について，洪水などの自然災害による被害を予測した地図をハザードマップといいます。洪水ハザードマップを作成する際に，記載《きさい》すべき内容として**誤っているもの**を，次のア～エから一つ選び，記号で答えなさい。

ア．避難場所の位置　　　　イ．予想される浸水の深さ

ウ．浸水の予想される区域　　エ．液状化現象が発生する可能性のある地域

問５　下線部(4)について，九州地方には多くの伝統的工芸品があります。県名と伝統的工芸品の組み合わせとして正しいものを，次のア～エから一つ選び，記号で答えなさい。

ア．福岡県―置賜《おいたま》つむぎ　　イ．佐賀県―伊万里焼

ウ．長崎県―輪島塗　　　　エ．鹿児島県―大館《おおだて》曲げわっぱ

問６　下線部(5)について，球磨川は，日本三大急流のひとつに数えられる河川です。日本三大急流のうち，山形県を流れる河川として正しいものを，次のア～エから一つ選び，記号で答えなさい。

ア．富士川　　イ．北上川

ウ．最上川　　エ．阿武隈川

問７　下線部(6)について，熊本県が国内生産量第１位の農作物として**誤っているもの**を，次のア～エから一つ選び，記号で答えなさい。(農林水産省「令和２年産作況調査」による)

ア．い草　　イ．レタス

ウ．トマト　　エ．すいか

問８　下線部(6)について，熊本県で発生した，化学工場から排水された有機水銀による公害病の名称として正しいものを，次のア～エから一つ選び，記号で答えなさい。

ア．水俣病　　　　イ．第二水俣病

ウ．イタイイタイ病　　エ．四日市ぜんそく

問９　下線部(7)について，日本でも有数の茶の栽培地として知られる，静岡県中西部の大井川下流西岸に位置する台地の名称を，**３文字**で答えなさい。ただし，解答欄にあらかじめ記載されている漢字は文字数に含めません。

問10　下線部(7)について，静岡県の県庁所在地である静岡市の雨温図として正しいものを，次のア～エから一つ選び，記号で答えなさい。なお，他の雨温図は，金沢市，松本市，岡山市のいずれかであり，棒グラフは降水量，折れ線グラフは気温を示しています。

ア

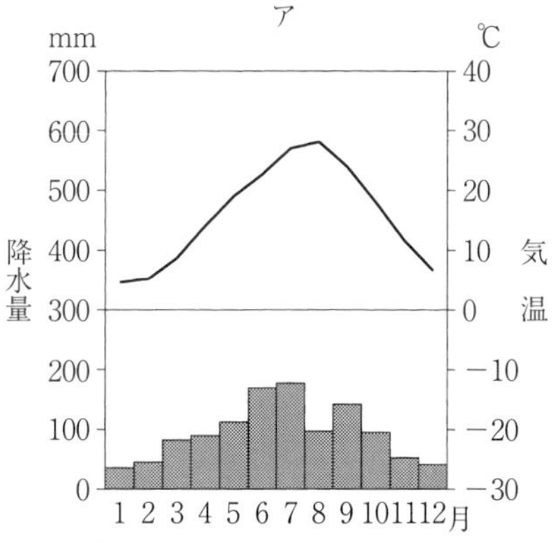

年平均気温：15.8℃　年降水量：1143.1mm

イ

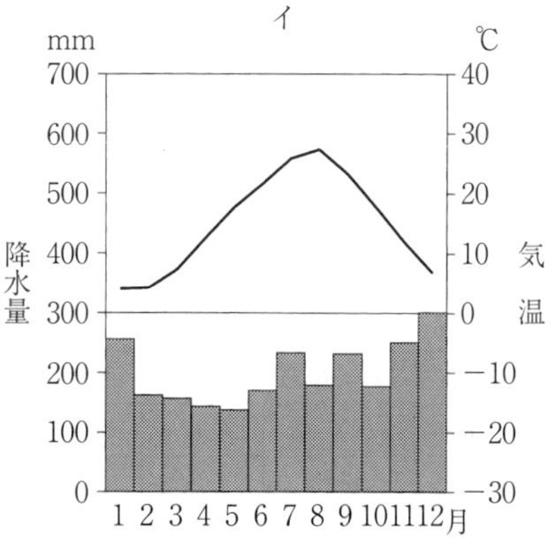

年平均気温：15.0℃　年降水量：2401.5mm

ウ

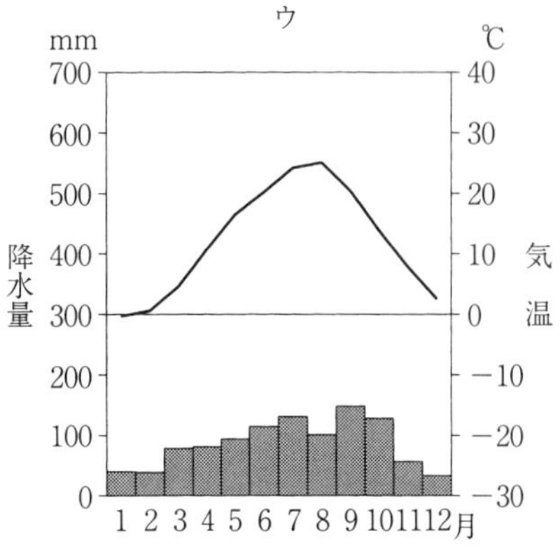

年平均気温：12.2℃　年降水量：1045.1mm

エ

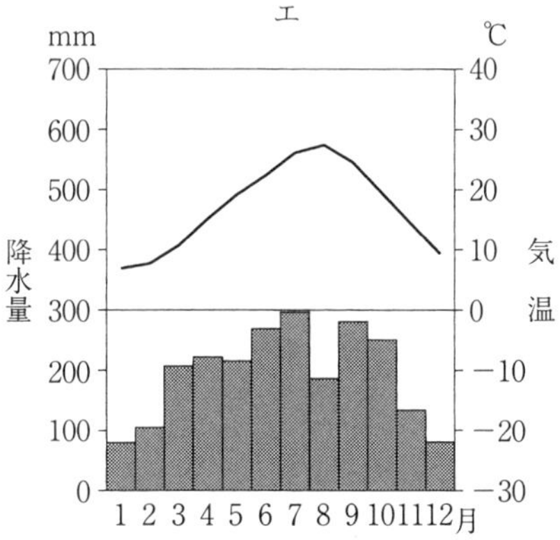

年平均気温：16.9℃　年降水量：2327.3mm

（気象庁データより作成）

問11　下線部(8)について，次のグラフは，京浜工業地帯，阪神工業地帯，中京工業地帯，東海工業地域の製造品出荷額等の構成（％）を示したものです。グラフのａ～ｄには下のア～エのいずれかがあてはまります。ａにあてはまる項目として正しいものを，ア～エから一つ選び，記号で答えなさい。

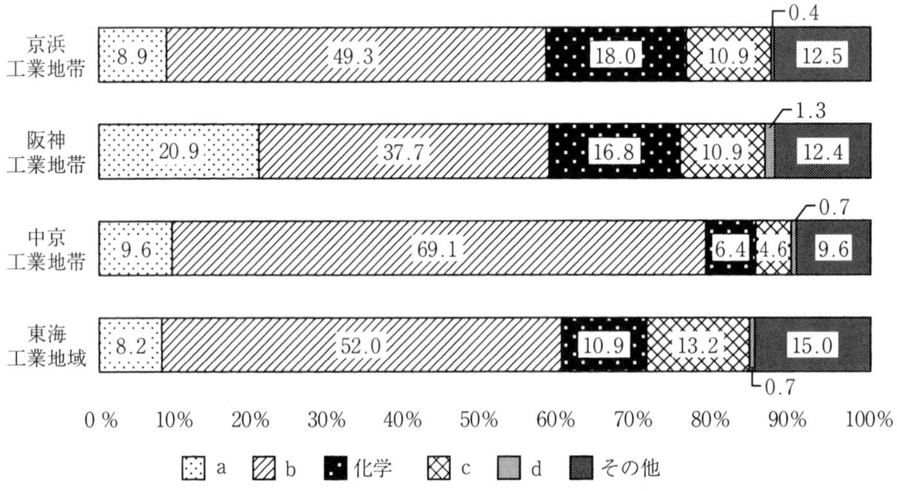

（『日本国勢図会 2021/22』より作成）

ア．食料品　　イ．機械　　ウ．金属　　エ．繊維

問12　下線部(9)について，次の表は，日本における，タイ，ベトナム，インドネシアからの輸入品上位５品目を表しています。表中のＸに共通してあてはまる品目として正しいものを，下のア～エから一つ選び，記号で答えなさい。

タイ		ベトナム		インドネシア	
機械類	38.5％	機械類	32.3％	機械類	14.4％
肉類	8.2％	衣類	18.6％	石炭	13.7％
自動車	4.1％	はきもの	5.0％	液化天然ガス	5.9％
科学光学機器	3.6％	Ｘ	4.6％	衣類	5.8％
Ｘ	3.6％	家具	4.3％	Ｘ	3.9％

（『日本国勢図会 2021/22』より作成）

ア．魚介類　　イ．鉄鉱石　　ウ．トウモロコシ　　エ．米問13　下線部⑽について，1971年から本格的に始まった，生産が過剰《かじょう》になった米の生産を抑える政策を何といいますか，**漢字**で答えなさい。なお，この政策は2018年に廃止されました。

問14　下線部⑾について，次のグラフは，りんごの生産上位の県を表しています。グラフ中のＹにあてはまる県名を，**漢字**で答えなさい。

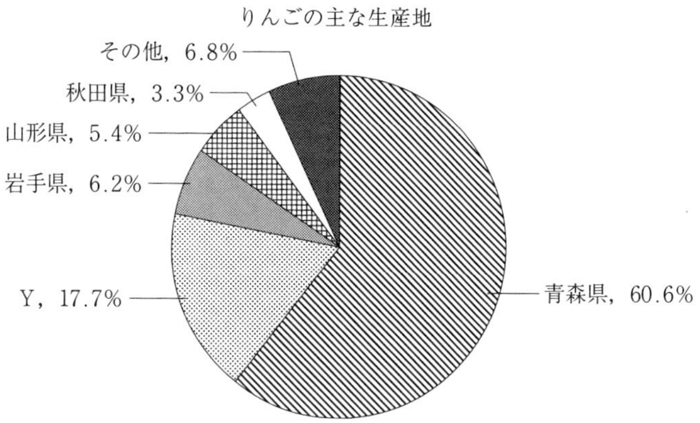

（農林水産省「令和２年産りんごの結果樹面積，収穫量及び出荷額」より作成）

問15　下線部⑿について，ビニールハウスや温室を利用して，本来の季節より早く農作物を生産する栽培方法を何といいますか，**漢字**で答えなさい。

問16　下線部⒀について，真夏日の説明として正しいものを，次のア～エから一つ選び，記号で答えなさい。

ア．最高気温が35℃以上の日

イ．最低気温が30℃以上の日

ウ．最高気温が30℃以上の日

エ．最低気温が25℃以上の日

問17　下線部⒁について，2015年からの長期的な開発の目標として「持続可能な開発目標(SDGs)」が定められました。SDGsを構成する17の目標として**誤っているもの**を，次のア～エから一つ選び，記号で答えなさい。

ア．エネルギーをみんなにそしてクリーンに

イ．ジェンダー平等を実現しよう

ウ．気候変動に具体的な対策を

エ．早急な経済発展と地域開発を

2　次の文章【１】～【10】を読んで，下記の設問に答えなさい。

【1】　奈良県にある唐古・鍵《かぎ》遺跡は，(1)弥生時代の稲作・生活の様子などを伝える遺跡です。この遺跡から出土した土器には，線で建物が描かれたものがあります。

また，香川県で出土したと伝わる(2)銅鐸にも，人物や動物，狩りをする様子などが描かれています。

問１　下線部⑴について述べた文として**誤っているもの**を，次のア～エから一つ選び，記号で答えなさい。

ア．九州北部に伝えられた稲作は，やがて東日本まで伝わりました。

イ．人々は，ねずみや湿気を防ぐための高床倉庫を造り，収穫した米を蓄えました。

ウ．食料は集落内で平等に分配され，身分・貧富の差はなかったと考えられます。

エ．弥生時代の稲作の様子を伝える代表的な遺跡に，板付遺跡があります。

問２　下線部(2)の主な用途について正しいものを，次のア～エから一つ選び，記号で答えなさい。

ア．神器　　イ．武器　　ウ．狩猟道具　　エ．農工具

【２】　日本に紙・墨《すみ》・絵具などが大陸から伝わったのは，(3)飛鳥時代の前半です。その後に造営された（　あ　）古墳の石室内の壁には，人々や伝説上の動物などが描かれ，それらと大変よく似たものが高句麗の古墳にも見られます。

問３　下線部(3)について述べた文として**誤っているもの**を，次のア～エから一つ選び，記号で答えなさい。

ア．推古天皇のもと，蘇我馬子と聖徳太子（厩戸《うまやと》王《おう》）が協力して政治に取り組みました。

イ．推古天皇の時代に示された十七条憲法では，公地公民の原則が示されました。

ウ．飛鳥文化の代表的な建築物である法隆寺は，現存する世界最古の木造建築です。

エ．日本最初の金属の貨幣である富本銭が，７世紀後半につくられました。

問４　空欄（あ）にあてはまる語句として正しいものを，次のア～エから一つ選び，記号で答えなさい。

ア．大仙（山）　　イ．高松塚　　ウ．稲荷山　　エ．五色塚

【３】　(4)奈良時代には，仏教と唐の影響を受けた国際的な文化が栄えました。絵画でも，東大寺(5)正倉院に伝わる『鳥毛立女屏風《ちょうもうりゅうじょびょうぶ》』がその例としてあげられます。

問５　下線部(4)の背景の一つに，遣唐使によって大陸の知識・文化などが伝えられたことがあげられます。遣唐使について述べた文として**誤っているもの**を，次のア～エから一つ選び，記号で答えなさい。

ア．630年に第１回遣唐使として犬上御《いぬかみのみ》田鍬《たすき》が派遣されました。

イ．留学生の阿倍仲麻呂は，帰国後に中大兄皇子や藤原不比等らの政治改革に協力しました。

ウ．唐から日本に来日した僧で有名な鑑真は，唐招提寺を建立しました。

エ．894年に菅原道真の意見が認められ，それ以降，遣唐使の派遣は停止されました。

問６　下線部(5)は三角形の木材を組んだ建築様式で造られています。この建築様式を何といいますか。**漢字３文字**で答えなさい。

【４】　(6)平安時代の初期に(7)空海が新たな仏教を日本に伝えると，その教えに関連する絵画も伝えられました。

平安時代半ばになると，唐風の文化をふまえながらも，日本の風土や生活にあった文化が生み出されました。絵画でも，日本の自然や風俗が描かれるようになりました。(8)平等院鳳凰《ほうおう》堂の内部に残る絵には，背景に日本の四季の風景画が描かれています。

問７　下線部(6)に関連して，桓武天皇の政治について述べた文として正しいものを，次のア～エから一つ選び，記号で答えなさい。

ア．墾田永年私財法を出し，新しく開墾した土地の私有を認めました。

イ．国ごとに国分寺と国分尼寺の建立を命じました。

ウ．寺院の影響力が強い平城京を離れ，794年には平安京に都を移しました。

エ．天皇が国を治めてきた歴史を記録しようと『日本書紀』を編さんさせました。

問８　下線部(7)に関連する事柄として**誤っているもの**を，次のア～エから一つ選び，記号で答えなさい。

ア．書に優《すぐ》れ，三筆の一人とされました。

イ．最澄とともに唐に留学しました。

ウ．真言宗を伝えました。

エ．比叡山延暦寺を建てました。

問９　下線部(8)を建立した人物について述べた文として正しいものを，次のア～エから一つ選び，記号で答えなさい。

ア．幼い天皇を補佐するために臣下として初めて関白の地位につきました。

イ．娘三人を天皇の妃《きさき》とし，「この世をば　わが世とぞ思う　望月の　欠けたることも　なしと思えば」という和歌を詠《よ》みました。

ウ．日宋貿易を積極的に行い，現在の兵庫に大輪田泊という港も整備しました。

エ．長い間，摂政・関白の地位につき，また地方豪族から寄進された荘園などにより，多くの富を得ていました。

【５】　平安時代末から鎌倉時代にかけては，物語・寺社の歴史・(9)武士の合戦の様子などをテーマにした絵巻物が多くつくられました。そこには貴族だけではなく，庶民や武士の姿も生き生きと描かれ，当時の様子を知ることができます。

問10　下線部(9)で有名なものに，元寇の様子を描いた『蒙古襲来《しゅうらい》絵巻(絵詞《えことば》)』があります。これに関連して，元寇やその影響について述べた文として**誤っているもの**を，次のア～エから一つ選び，記号で答えなさい。

ア．1274年，元が日本に軍勢を派遣しました。日本の軍勢は慣れない集団戦法などに苦戦しました。

イ．1281年，再び元が日本に攻めてきました。しかし，幕府が博多湾沿岸に築いた防壁や武士たちの活躍で，元の軍勢は上陸できませんでした。

ウ．『蒙古襲来絵巻(絵詞)』は御家人竹崎季長《すえなが》が自らの戦功《せんこう》を記録したもので，この中には執権の北条泰時に恩賞を求める季長の姿も描かれています。

エ．元寇に対して幕府の恩賞は少なく，御家人の中には生活が苦しく土地を手放す者も出たため，幕府は永仁の徳政令を出しました。

【６】　室町時代になると，中国の宋や元で盛んだった水墨画が禅宗の僧を中心に日本でも描かれるようになり，この時代に発展した(10)書院造の床の間などに飾られました。室町時代の水墨画の名手としては，(　い　)が有名です。

問11　下線部(10)の代表的な建築物に慈照《じしょう》寺(通称，銀閣寺)の東求堂同仁斎《とうぐどうどうじんさい》があり，これは８代将軍の書斎でした。８代将軍の時代の出来事について述べた文として正しいものを，次のア～エから一つ選び，記号で答えなさい。

ア．農民らが借金の帳消しなどを求める正長の土一揆が起こりました。

イ．応仁の乱の戦闘は京都が中心であったため，多くの寺社や貴族の屋敷が焼失しました。

ウ．ポルトガル人によって種子島に鉄砲が伝えられました。

エ．この将軍は茶の湯を好み，わび茶の作法を大成した千利休を保護しました。

問12　空欄(い)にあてはまる人物を，**漢字２文字**で答えなさい。

なお，この人物は守護大名大内氏の援助を受け，中国にも渡り多くの絵画技法を学びました。そして，日本の水墨画を完成させました。

【7】 桃山時代には(11)豊臣秀吉や諸大名らが権威を示すために天守閣を建設しましたが，その室内の襖《ふすま》や屛風には(12)狩野永徳や弟子らの絵師により，はなやかな絵が描かれました。

問13 下線部(11)について，秀吉の天下統一過程や国内政策について述べた文として正しいものを，次のア～エから一つ選び，記号で答えなさい。

ア．秀吉は琵琶湖のそばに壮大な安土城を築き，天下統一の拠点にしました。

イ．秀吉は鉄砲を用いた戦法で，甲斐の武田氏を破りました。

ウ．秀吉は一向一揆の勢力と戦い，石山本願寺を屈服《くっぷく》させました。

エ．秀吉は一揆防止のため，刀狩令を出して，農民から武器を取り上げました。

問14 下線部(12)について，はなやかで迫力ある永徳の絵は大名にも好まれました。永徳の作品として正しいものを，次のア～エから一つ選び，記号で答えなさい。

ア

イ

ウ

エ

※ア～エについて。
都合により一部画像を修正してあります。

【8】 江戸時代，時代が進むにつれて，絵画も新たなジャンルのものが描かれるようになりました。その一つに，都市の町人・役者などの風俗を描いた浮世絵があります。元禄文化では『見返り美人』を描いた(う)が有名ですが，さらに(13)化政文化では，美人画の喜多川歌麿《きたがわうたまろ》，風景画の歌川広重らが優れた作品を残し，これらはヨーロッパの絵画にも大きな影響を与えました。

問15 空欄(う)にあてはまる人物として正しいものを，次のア～エから一人選び，記号で答えなさい。

ア．菱川師宣《ひしかわもろのぶ》　　イ．近松門左衛門　　ウ．井原西鶴《さいかく》　　エ．松尾芭蕉《ばしょう》

問16 下線部(13)は，主に11代将軍徳川家斉の時期の文化です。家斉の時代について述べた文とし

て正しいものを，次のア～エから一つ選び，記号で答えなさい。

ア．幕府の財政がますます厳しくなり，上米の制を実施しました。

イ．長崎にロシアのレザノフが来航して通商を求めましたが，幕府は拒否しました。

ウ．裁判を公平にするために，公事方御定書を制定しました。

エ．物価引き下げのため，株仲間を解散させましたが，かえって経済は混乱しました。

【９】 (14)明治時代になると，欧米の文化を取り入れつつ，日本の新たな文化が創り出されました。例えば美術では，明治初期にいったん日本の伝統的な価値が否定されましたが，(15)1880年代になるとその復興をはかった人々の努力により，徐々《じょじょ》に見直されるようになりました。その一方で欧米への留学生により，欧米美術の画風が本格的に紹介されました。そして，両者はお互いに影響し合いながら，発展していきました。

問17　下線部(14)について，明治初期には生活面でも，都市を中心に近代化・欧米化が進み，伝統的な生活が変化し始めました。これを文明開化といいますが，これについて述べた文として**誤っているもの**を，次のア～エから一つ選び，記号で答えなさい。

ア．新橋・横浜間に鉄道が開通し，蒸気機関車が走りました。

イ．欧米と同じ太陽暦が採用され，１日を24時間，１週間を７日としました。

ウ．人々が政治に参加することを求め，普通選挙運動が起こりました。

エ．学制が定められ，全ての国民が学校教育を受けられるようになりました。

問18　下線部(15)を行った背景には，当時の政府が条約改正のために行った政策への反発もありました。1880年代の条約改正交渉とそれに関連する事柄について述べた文として正しいものを，次のア～エから一つ選び，記号で答えなさい。

ア．政府は鹿鳴館で舞踏会《ぶとうかい》を開き，日本が文明国であることを示して，条約交渉を有利に進めようとしました。

イ．フェートン号事件をきっかけに，条約改正を求める国民の声が高まりました。

ウ．ロシアなどによる三国干渉は，日本の人々に領事裁判権の撤廃の必要性を痛感させました。

エ．外務大臣の陸奥宗光は関税自主権の完全撤廃に成功し，日本は欧米と対等な立場に立つことができました。

【10】 (16)昭和の太平洋戦争では，日本は全ての国力を投入する総力戦として戦いました。そのなかで，芸術も国民の戦意を高める役割を担うこととなったのです。

問19　下線部(16)について，次の各設問に答えなさい。

［１］　次の１～４の事柄は，太平洋戦争が始まるまでの過程で起こったことです。これらを時代の古い順に並べ替えたものとして正しいものを，下のア～クから一つ選び，記号で答えなさい。

１．二・二六事件　　　　２．日独伊三国同盟の締結

３．国家総動員法の制定　４．満州事変の勃発《ぼっぱつ》

ア．１→３→２→４　　イ．１→３→４→２　　ウ．１→４→２→３

エ．１→４→３→２　　オ．４→１→２→３　　カ．４→１→３→２

キ．４→３→１→２　　ク．４→３→２→１

［２］　太平洋戦争期の社会・生活の様子について述べた文として**誤っているもの**を，次のア

～エから一つ選び，記号で答えなさい。

ア．「ぜいたくは敵だ」などのスローガンのもと，国民生活も統制されました。

イ．労働力が不足したため，中学生・女学生らも工場などで働くこととなりました。

ウ．空襲が激しくなると，都市部の小学３年生以上の多くは，地方に疎開《そかい》しました。

エ．米不足を背景に，米の安売りを求める騒動が全国に広がりました。

3　次の文章を読んで，下記の設問に答えなさい。

日本国憲法は，「(1)国会は，国権の（ あ ）機関であって，唯一の（ い ）機関である」（第41条）と定めています。これは，国会が主権者である全国民を代表する機関であり，（ い ）権が国会にあることを示しています。

国会は，(2)衆議院と参議院からなる二院制をとっています。国会の議決は，原則として，両院で一致して初めて成立しますが，(3)一致しなかった場合，憲法は(4)「衆議院の優越」を定めています。

問１　空欄（あ）（い）にあてはまる語句を，それぞれ**漢字２文字**で答えなさい。

問２　下線部(1)について，毎年１回，１月に召集される国会を何といいますか。**漢字**で答えなさい。また，この国会の会期は何日間ですか。**算用数字**で答えなさい。

問３　国会の権限について述べた文として**誤っているもの**を，次のア～エから一つ選び，記号で答えなさい。

ア．法律案の議決は，各議院の総議員の３分の２以上の賛成が必要となります。

イ．前の年度の国の収入と支出を表す決算の承認を行うことができます。

ウ．重大なあやまちを犯した裁判官に対して，弾劾《だんがい》裁判を行うことができます。

エ．証人を国会に呼んだり，書類の提出を求めたりする国政調査権をもっています。

問４　下線部(2)の衆議院と参議院について述べた文として**誤っているもの**を，次のア～エから一つ選び，記号で答えなさい。

ア．二院制である理由は，国民の意見を幅広く反映させたり，慎重な審議を行うためです。

イ．衆議院議員も参議院議員も，国民の選挙によって選ばれています。

ウ．衆議院議員の方が参議院議員よりも被選挙権の年齢制限が高くなっています。

エ．本会議も委員会も，議決はどちらも多数決の原理がとられています。

問５　衆議院議員と参議院議員の任期について述べた文として正しいものを，次のア～エから一つ選び，記号で答えなさい。

ア．衆議院議員の任期は２年で，途中で議員の資格を失うことがあります。

イ．参議院議員の任期は４年で，途中で議員の資格を失うことはありません。

ウ．衆議院議員の任期は６年で，２年ごとに選挙があり，総議員の３分の１が改選されます。

エ．参議院議員の任期は６年で，３年ごとに選挙があり，総議員の半数が改選されます。

問６　衆議院議員と参議院議員の選挙に取り入れられている比例代表制について述べた文として正しいものを，次のア～エから一つ選び，記号で答えなさい。

ア．各政党の得票数に応じて，当選者を割り当てる選挙制度です。

イ．両議院の選挙とも，個人の名を投票用紙に書くことはできません。

ウ．衆議院議員総選挙は，全国を約300の選挙区に分けて行われます。

エ．参議院議員選挙は，すべて比例代表制によって選ばれます。

問７　選挙の時，各政党や立候補者は，有権者の支持を得ようとして，当選した後に実行する政策を掲げて選挙運動を行います。この政策上の約束を何といいますか。**カタカナ**で答えなさい。

問８　下線部(3)について，両議院の議決で一致しなかった場合に開かれることもある会議名を**漢字**で答えなさい。

問９　下線部(4)について，衆議院の優越が認められる権限として**誤っているもの**を，次のア～エから一つ選び，記号で答えなさい。

ア．条約の承認　　　　イ．予算の議決

ウ．憲法改正の発議　　エ．内閣総理大臣の指名

問10　下線部(4)に関連して，内閣不信任決議案について述べた文として正しいものを，次のア～エから一つ選び，記号で答えなさい。

ア．参議院からも提出できます。

イ．衆議院の出席議員の過半数の賛成で可決されます。

ウ．衆参両議院へ提出の直後に，国民投票が行われます。

エ．衆参両議院で可決されると，内閣は必ず総辞職します。

問11　昨年(2021年)の６月に国会で行われたように，イギリスを手本とする，首相と野党党首による討論を何といいますか。**カタカナ**で答えなさい。

【理　科】〈第１回試験〉（40分）〈満点：70点〉

1　さまざまな材質でできた一辺が５cmの一様《いちよう》な立方体の物体を７個用意して，Ａ～Ｇの記号をつけました。これらの立方体をたっぷりの水が入った容器に入れたところ，図１のようになり，Ａ～Ｇのようすは下のようになりました。つぎの問いに答えなさい。

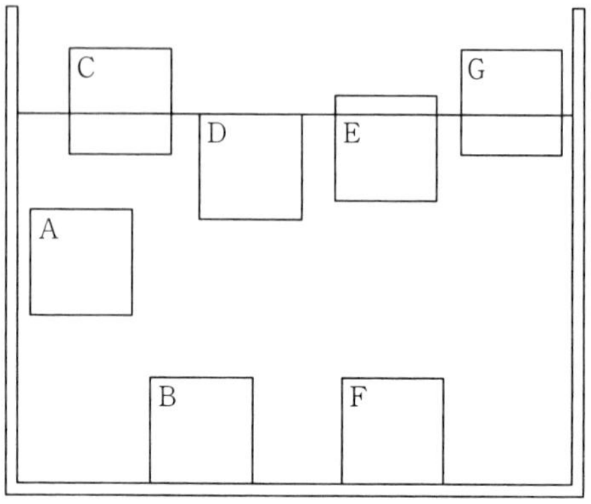

図１

Ａ：すべてが水の中にあり，浮《う》かんで静止している。
Ｂ：容器の底に沈《しず》んでいる。
Ｃ：下２cmが水の中にあり，浮かんでいる。
Ｄ：物体の上の面が水面と一致《いっち》していて，すべてが水中にある。
Ｅ：上１cmが水の外にあり，浮かんでいる。
Ｆ：容器の底に沈んでいる。
Ｇ：上３cmが水の外にあり，浮かんでいる。

問１　Ａより軽い物体はどれですか。Ａ～Ｇの記号ですべて答えなさい。

問２　図１のようすから，重さが同じだとわかる物体の組み合わせを，つぎのア～シからすべて選び，記号で答えなさい。

ア．ＡとＣ　　イ．ＡとＤ　　ウ．ＡとＥ
エ．ＡとＦ　　オ．ＢとＤ　　カ．ＢとＦ
キ．ＣとＤ　　ク．ＣとＥ　　ケ．ＣとＧ
コ．ＤとＥ　　サ．ＤとＧ　　シ．ＥとＧ

問３　Ａの重さが125gでした。Ｃの重さは何gですか。

問４　Ｅの上の面に下向きの力をゆっくりと加えていきました。何gの力を加えたとき，Ｅの上の面と水面が一致しますか。

つぎに，100gのおもりをつるすと２cmのびる軽いばねを２本用意して，図２のように，ＢとＧとつなぎ，ばねを自然な長さにしてＢとＧからゆっくりと手を離《はな》したところ，ＢとＧは水面と平行に静止し，Ｂとつないだばねは2.5cm縮みました。

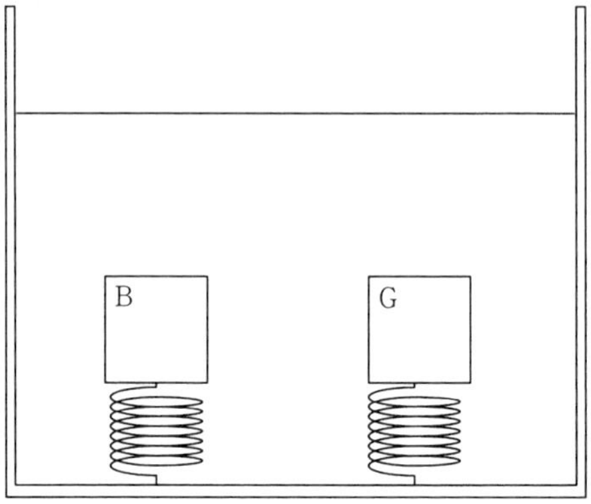

図２

問５　Ｂの重さは何gですか。

問６　Ｇとつないだばねは何cm縮みますか。それとも，何cmのびますか。解答するときは解答らんの(縮む・のびる)のどちらかを丸で囲みなさい。

さらに，図３のように，ＣとＢ，ＥとＧをそれぞれ接着させて一つの物体にして，容器の底に置きました。その後，これらの物体からゆっくりと手をは

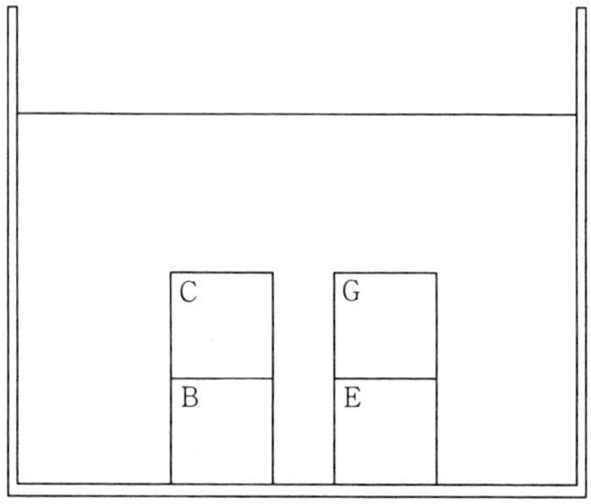

図３

なしました。

問７　ＣとＢを接着させた物体はどのような状態で静止しますか。下の【解答の例】を参考にして答えなさい。

問８　ＥとＧを接着させた物体はどのような状態で静止しますか。下の【解答の例】を参考にして答えなさい。

> 【解答の例】
> 容器の底に沈んでいる。
> 下２cmが水の中にあり，浮かんでいる。
> すべてが水の中にあり，浮かんでいる。

2　石灰石に塩酸をかけると気体が発生します。以下の実験操作では気体の体積はすべて同じ条件で測定しました。

【実験１】

石灰石1.0gに，ある濃度《のうど》の塩酸を少しずつ加えたとき，発生した気体の体積は右のようになりました。

塩酸の量	150mL	250mL	400mL	500mL
気体の量	90mL	150mL	240mL	240mL

【実験２】

石灰石3.0gに十分な量の塩酸を加えると，気体が0.72L発生しました。

アルミニウム3.0gに十分な量の塩酸を加えると，気体が4.0L発生しました。

またアルミニウム3.0gに十分な量の水酸化ナトリウム水溶液《すいようえき》を加えると，気体が4.0L発生しました。

つぎに石灰石とアルミニウムの混合物9.0gを用意し，これに十分な量の塩酸を加えました。反応が終わると石灰石もアルミニウムもすべてなくなり，気体が8.72L発生していました。

【実験３】

ある量の塩酸に水酸化ナトリウム水溶液を加えた後，この中に，石灰石とアルミニウムの混合物10gを加えたところ，気体が10.8L発生しました。この気体の一部を石灰水に通しましたが，石灰水は白くにごりませんでした。

問１　【実験１】で，塩酸の量が400mLのときと500mLのときは，加えた塩酸の量は違うのに発生する気体の量は同じでした。これはなぜですか。15字以内で説明しなさい。ただし，数字や記号，句読点も１字と数えます。

問２　【実験２】で，混合物9.0gに含まれていた石灰石は何gですか。答えが割り切れないときは，小数第２位を四捨五入して小数第１位まで求めなさい。

問３　【実験２】で，アルミニウムに塩酸をかけたときに発生する気体について，答えなさい。

(1)　この気体は何ですか。名まえを答えなさい。

(2)　この気体を試験管に集めました。この気体が何であるかを確かめるためには，どのような実験をして，どのような結果になればよいでしょうか。15字以内で説明しなさい。ただし，数字や記号，句読点も１字と数えます。

問４　【実験３】で，塩酸に水酸化ナトリウム水溶液を加えたあとの溶液に，BTB溶液を加えると溶液は何色になりますか。

問５　【実験３】で，発生した気体は何ですか。

問６　【実験３】で，気体が発生したあと，アルミニウムは完全になくなっていました。はじめの混合物の中に含まれていたアルミニウムは何ｇですか。答えが割り切れないときは，小数第２位を四捨五入して小数第１位まで求めなさい。

３　からだの中の化学反応は，①酵素《こうそ》によって行われます。たとえば，タンパク質は胃液にふくまれる［ ② ］という消化酵素などによって分解され，最終的に小腸で吸収されるときには［ ③ ］にまで分解されます。動物だけではなく，植物も酵素を持っています。たとえば花の色は，④植物の中の物質が酵素によって，ある決まった順番で反応していくことによってつくられます。

問１　文中の[②]，[③]にあてはまる適切なことばを答えなさい。

問２　下線部①について，下の表のように，だ液にふくまれる酵素の性質を調べる実験を行いました。試験管の中に水または，だ液を入れ，それぞれの操作を行いました。そのあと，すべての試験管にデンプンのりを入れて，40℃で10分間おきました。最後に，デンプンが分解されたかどうかをヨウ素液で確認しました。

試験管	試験管の中身	操作	最後にヨウ素液を入れたときの色
a	水（５mL）	40℃で10分間おく	青紫《むらさき》色
b	だ液（５mL）	40℃で10分間おく	黄かっ色
c	だ液（５mL）	80℃で10分間おく	青紫《むらさき》色

(1)　デンプンが分解されていない試験管を，試験管ａ～ｃからすべて選び，記号で答えなさい。

(2)　試験管ａ～ｃの結果から「だ液はデンプンを分解できる」ことのほかに，どのようなことがいえますか。つぎの３つの語句を必ず使って，30字以内で説明しなさい。ただし，数字や記号，句読点も１字と数えます。

【語句】　だ液は　　デンプンを　　分解

問３　下線部④について，バラの花には赤色やオレンジ色などの色があります。これは，赤色やオレンジ色などの色を持つ物質（色素《しきそ》）が，いくつかの酵素の反応によってつくられたからです。右の図は，植物が持つ酵素による反応の順番を簡単に表したものです。ただし，反応は物質Ａから始まるものとします。また，図中の矢印の反応で同じ記号の酵素が書いてあるものは，同じ酵素がはたらいていることを示します。

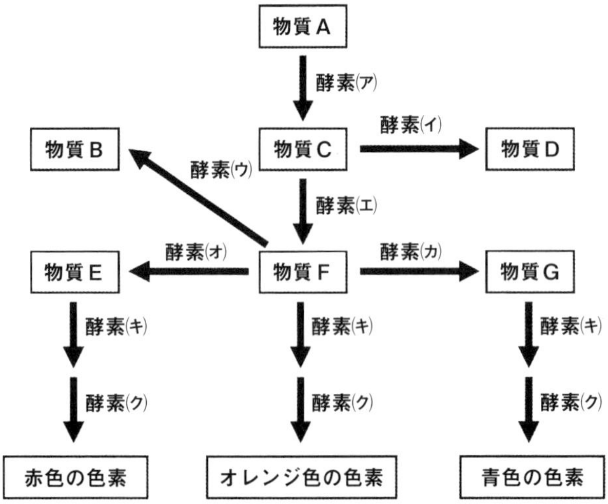

(1) 赤色の色素は，酵素がどのような順番ではたらくことによってつくられますか。(ア)〜(ク)の記号を使って，解答らんの左側から順にならべて書きなさい。

(2) バラは赤色の色素やオレンジ色の色素をつくることはできますが，もともと青色の色素はつくれませんでした。青色の色素をつくれない理由は，青色の色素をつくるために必要な酵素のうち，どの酵素を持っていなかったからだと考えられますか。図中の(ア)〜(ク)からすべて選び，記号で答えなさい。

4 つぎの文章は，城北中学校での先生と生徒の会話です。これについて，つぎの問いに答えなさい。

先生「日本はとても地震《じしん》の多い国です。今日は地震について勉強をしましょう。地震が発生した地球内部の場所を[①]といい，ここで発生した地震のゆれは，ここを中心にすべての方向に伝わっていきます。地震は，[①]における岩盤《がんばん》のずれが原因で発生します。ここで発生する最初の地震を本震といいます。そして，このあと，何度もこの本震よりも小さな地震が発生します。この地震を[②]といいます。」

生徒「地震が何度も発生するのはどうしてですか？」

先生「大きな原因として考えられるのが，地層のずれです。これを[③]といい，将来にわたって動く可能性のある地層のずれです。そして，これは日本列島の地下のいたる所にあります。」

先生「ここに，先日の午前2時15分すぎに発生した地震を，4つの場所で観測した地震計の記録があります。この4つの記録に共通していることがありますが，わかりますか？」

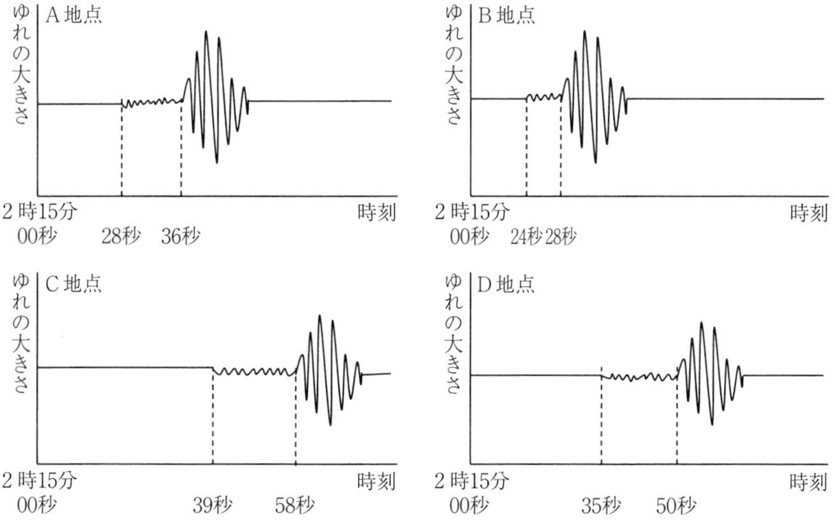

生徒「はい。共通していることは，はじめに小さなゆれがおきて，その後，大きなゆれがおこるということです。」

先生「その通りですね。地震によるゆれは2種類あって，はじめの小さなゆれのことを初期微動《しょきびどう》といい，あとにくる大きなゆれのことを主要動《しゅようどう》といいます。そして，初期微動のゆれがおきてから主要動のゆれがおこるまでの時間を初期微動継続《けいぞく》時間といいます。覚えておきましょう。ところで，この4つの地震計の記録を比べて，④<u>初期微動の到達《とうたつ》時刻と初期微動継続時</u>

間の関係を表すグラフをかいてみましょう。」

生徒「はい，かいてみました。」

先生「このグラフから，地震の発生時刻をもとめてみましょう。わかるかな？」

生徒「はい，午前2時15分[⑤]秒だと思います。」

先生「その通りです。そこで，地震が発生した場所から初期微動をおこすゆれが伝わる速さを毎秒6kmだとします。それぞれの場所と地震が発生した場所までの距離《きょり》を計算してみてください。」

生徒「はい，A地点が(a)km，B地点が(b)km，C地点が(c)km，D地点が(d)kmです。」

先生「すばらしいです！」

問1　文中の[①]～[③]にあてはまる適切なことばを書きなさい。

問2　4つの地震の記録をもとに，下線部④についてのグラフをかきなさい。ただし，グラフをかくときは定規《じょうぎ》を使いなさい。

問3　文中の[⑤]にあてはまる適切な数値を答えなさい。

問4　文中の(a)～(d)に入る数値を求めなさい。ただし，答えが割り切れないときは，小数第1位を四捨五入して，整数で答えなさい。

の変化を、本文全体をふまえて90字以内で説明しなさい。ただし、**「以前は～、現在は～。」という形で**答えること。

問12　この物語の語り手に関する説明として最もふさわしいものを次の中から選び、記号で答えなさい。

ア　第三者の視点から語っているが、かなり武の立場に寄り添《そ》っており、武の心の中が細やかに読者に伝わるようになっている。

イ　主人公である武が語り手も担《にな》っており、様々なできごとに対して常に武の立場で語られるため、武の思考が分かりやすくなっている。

ウ　状況に応じて語り手が様々な登場人物に寄り添い、それぞれの心情を語っており、読者が各登場人物に感情移入しやすくなっている。

エ　常に淡々《たんたん》と第三者の視点から語っており、あまり登場人物の心情には触れず、起こった事実が正確に伝わるようになっている。

二

次の――線部のカタカナを、漢字に直しなさい。

※編集部注…学校より、二の3の漢字の書き取りについては小学校学習指導要領の範囲外からの出題だったため、全員正解にしたとの発表がありました。なお、本誌では学校の了承のもと削除しております。

1　人のリョウイキに入り込む。
2　ロトウに迷う。
3　〈削除〉
4　絵画のテンラン会。
5　電車がテッキョウを渡る。
6　ヨクアサ七時に出発します。
7　キャクマでもてなす。
8　アマグを持って出かける。
9　グンを抜いて能力が高い。
10　子をヤシナう。

エ　自分の飼い猫を、見知らぬ子供たちが自分たちの飼い猫であるかのように勝手に探していることに対して不快に思っている。

問4　――③「挑発的な笑みを浮かべる」とありますが、この時の「女の人」について説明した次の文のX・Yにあてはまる語を、Xは20字以内で、Yは2字でそれぞれ自分で考えて答えなさい。

☆　**思わず挑発的な笑みを浮かべてしまうほど、（X・20字以内）という（Y・2字）がある。**

問5　――④「一気に言ったのは、自分に言い聞かせるためだったかもしれない」とありますが、この時の武に関する説明として最もふさわしいものを次の中から選び、記号で答えなさい。

ア　「女」を非難する言葉やゴンとの思い出を思いつくままに次々と口にすることで、自分こそがゴンの飼い主にふさわしいのだと納得しようとしている。

イ　ゴンに好かれていた自分とゴンに嫌われてしまった「女」の違いをはっきりさせることで、次に会った時には「女」を言い負かしてやろうと準備している。

ウ　「女」のセンスの悪さを指摘しつつ自分の功績を述べることで、拓也もゴンの飼い主には武のほうがふさわしいと考えてくれるはずだと期待している。

エ　自分はゴンの面倒をきちんと見ていたが「女」はそうでなかったという事実を明らかにすることで、拓也が武の味方になってくれることを願っている。

問6　――⑤「拓也は、頷くでもなく黙って聞いていた」とありますが、この時拓也はどのようなことを考えていると思われますか。最もふさわしいものを次の中から選び、記号で答えなさい。

ア　ゴンの飼い主を名乗る女の人を見て、大人を相手にどうやって立ち向かえばいいのか、この後すべき策を熱心に考えている。

イ　ゴンを見つけたとしても武の家では飼えない可能性が高く、結果的にゴンを不幸にしてしまうのではないかと状況を冷静に考えている。

ウ　あまりに焦《あせ》っている武の様子を見て気持ちが逆にさめてしまい、ゴンを探すのを何とか穏便《おんびん》に断ろうと必死に考えている。

エ　激しい口調で語る武の熱意に胸を打たれ、何としてもゴンを見つけ出したいという思いを新たにし、武への提案を前向きに考えている。

問7　――⑥「急に寂しくなった」とありますが、武がこのように感じたのはなぜですか。60字以内で説明しなさい。

問8　――⑦「その心細さ」とありますが、どのような心細さですか。30字以内で説明しなさい。

問9　――⑧「空洞だった胸の奥」とありますが、武の心中はどのような状態であったのですか。60字以内で説明しなさい。

問10　――⑨「拓也は不思議と、武のことを怖がらない」とありますが、それはなぜですか。最もふさわしいものを次の中から選び、記号で答えなさい。

ア　見た目は怖いが気は小さいのだと分かり、恐れる必要はないと考えているから。

イ　自分がいないと武はゴンを見つけられないのだと思い、強気になっているから。

ウ　猫を探している武の優しさに気がついて、親しみに似た感情を抱いているから。

エ　武が卑屈になっているのを見抜いて、話せば分かり合えると確信しているから。

問11　――⑩「自分はゴンを守りたいのだ」とありますが、武がこのように思う原因は、猫に対する武の考え方の変化にあります。そ

武は、祖父の背中で見ていた夢を思い出す。白いふわふわした獣《けもの》の背中に乗っていた。目が覚めて、祖父の背中だったのがしばらく納得できなかったのをおぼえている。

あのときの白い狐だ、そう思った。祖父は猫だと言ったけれど、きっと猫に化けるくらい簡単だ。だって白い狐は、人間の女にも化けられるのだから。

もしかしたら祖父の猫は、お稲荷さんにお願いして、武を守ってくれたのだろうか。本気でそんなことを考えている。そうしてまた現れた白い狐は、武に何を促《うなが》そうとしているのだろう。

目の前にいる白い獣は、動けないまま身を隠している武たちをまっすぐに見据《みす》え、威圧している。やがて視線を外したかと思うと、悠々《ゆうゆう》と油揚げをくわえ、茂みの奥へ入っていった。

いつの間にか、あたりはかなり暗くなってきている。姿は全く見えないけれど、まだそこにヤツがいるのではないかと、じっと目をこらしていると、何かが動く。ニャーと鳴く。

「……ゴン！　ゴンだろ?」

武の声に反応したか、ゴンが茂みからそろりと出てくる。持ってきていた猫のおやつを急いで差し出すと、すっかり警戒心を解いて駆け寄ってきた。

「ゴン！　ごめんな……。寂しかっただろ?　腹減ってるよな?」

撫《な》でる武の手に顔を擦《す》りつけるゴンは、間違いなく武を信頼している。おやつを食べてしまうと、武のかたわらに座り、毛繕《けづくろ》いをはじめる。

「よかったな、ゴン」

拓也もゴンをそっと撫でると、目を細めて喜んでいる。そのとき武は、ひとつだけ理解していた。⑩自分はゴンを守りたいのだ。

お稲荷さんに願ったからとか、昔の自分を取り戻したいとか、ゴンには関係がない。一度は拾ってゴンの運命に手を貸したのだから、そしてゴンが武を安心できる相手だと思っているのだから、自分にはゴンを不幸にしないという責任があるだけだ。

（谷《たに》　瑞恵《みずえ》「猫を配る」より）

問1　本文中の A ・ B に入る、体の一部を表す漢字1字をそれぞれ答えなさい。

問2　——①「おとぎ話を聞いているくらいに受け止める」とありますが、なぜですか。最もふさわしいものを次の中から選び、記号で答えなさい。

ア　拓也のひいおばあちゃんに関する話はあまりにも昔のことなので、現実味がなくて実感がわかなかったから。

イ　自分にはひいおばあちゃんはいないので、拓也のひいおばあちゃんがそんなに長生きしていることが信じられなかったから。

ウ　拓也の話している内容が現実的にあり得ないような内容だったので、真剣に聞いているのがばかばかしくなってきたから。

エ　今はゴンを必死に探そうとしている時なので、拓也の狐に関する昔の話は興味がなく相手にしたくなかったから。

問3　——②「女の人は細い眉をきゅっとあげた」とありますが、この時「女の人」はどのような気持ちを抱いていると推測できますか。最もふさわしいものを次の中から選び、記号で答えなさい。

ア　見知らぬ子供たちが、自分が懸命に探している飼い猫のチラシを勝手に作って探し出そうとしていることに対して恐怖を抱いている。

イ　初対面の大人である自分に対して、子供でありながら礼儀を欠いた態度で接してくる武たちに対して怒りを覚えている。

ウ　自分の飼い猫だと思って探していた猫が、他人の飼い猫である可能性が出てきたことに対して驚きを感じている。

猫がいたからって、武の周囲が変わるわけじゃない。でも、怪我をしたゴンが現れて、助けなければと必死になったとき、⑧空洞《くうどう》だった胸の奥が、あたたかくふわふわしたもので満たされるようだった。まるくなったゴンを抱《だ》いたときの、おだやかで愛《いと》おしい感覚に、武自身も包まれた。大事にしなければならないものを得て、背筋が伸びるとき、家族も友達も、ふだんの日々も好きでいられる、そんな自分に戻《もど》れそうな気がしたのだ。

「今は卑屈なのか？」

直球で訊いてくる。

「威張《いば》っているくせに、てか？」

武がにらむと、拓也はかわすように笑う。でも、⑨拓也は不思議と、武のことを怖がらない。

「おれのこと、怖がるやつを見ると、もっと怖がらせてやりたくなる。今のおれはいやなやつだ」

情けない武を知ったら、弱みを見せたら、なめられる気がする。でもそれは、自分には何もないからだ。勉強にしろスポーツにしろ、人より優れたところが何もない。自分勝手で人に頼られもしない、ただの嫌われ者だ。

だからって、人のことも認められない。

「べつに怖くないのにな」

拓也は本気で不思議そうに首をかしげた。

「吉住が変わってるんだ」

「たぶん、杉原くんが猫をさがしてたから、親近感が持てたっていうか」

なんで猫なんだろう。猫がいたら、何かが変わるみたいに信じているのはどうしてだろう。武は、はにかむ拓也に微笑《ほほえ》もうと努力する。うまくいったかどうかわからないけれど、お互いの間に伝わるものはあったと思える。それからふたりで、じっと、風の音や周囲の気配に耳を澄《す》ませる。

しばらくして、拓也は急にこちらに身を乗り出した。

「杉原くん、あれ……」

声をひそめ、石垣のほうを凝視《ぎょうし》する。武も注意深く息を殺す。何かが油揚げのところにいる。でも、ゴンじゃない。

「白い、猫……？」

拓也が言う。違う、猫じゃない。あれは狐だ。真っ白だけれど、とがった耳やほっそりした鼻、太い尻尾《しっぽ》が目につく。初めて見る白い狐に、武は息を止めて見入った。

小さな身じろぎが、周囲の草をゆらしてしまったかもしれない。狐が耳をピクリと動かし、こちらを見た。なんてきれいなんだろう。生き物を超《こ》えた何かに見つめられたようで、奇妙な緊張感と高揚《こうよう》感に包まれる。そのとき武は、あの白い狐を知っていると直感していた。

ずっと前、小さいころ、祖父の飼い猫のミケが毎日出かけていくのを見て、どこへ行くのかとひとりで後を追ったら、猫の集会に出くわした。こっそり、木の幹に隠れるようにして覗《のぞ》いていたあのとき、真っ白で大きな猫がいた。

あれは、きっと狐だったのだ。

あの日武は、なんだか見てはいけないものを見たような気がして、逃げるように走って帰ろうとしたが、どこかで道を間違え、迷ってしまった。土手に座り込んでいたら、うたた寝したらしく、目が覚めたときには祖父に背負われていた。ミケはとっくに家に戻っていたが、あのとき祖父は奇妙な話をした。ミケが白い野良猫を連れてきて、餌《えさ》をやったところ、鳴きながら招くように歩き出したので、ついていったのだそうだ。そうしたら、田んぼの土手で居眠《いねむ》りしている武を見つけたという。

ちゃんに叱《しか》られたことがあるもん」

拓也はため息をついた。あまり思い出したくないことみたいだったが、思い切ったように語り出した。

「ここへ引っ越してくる前は、家族でこの家へ来るのはお正月くらいだったかな。親戚《しんせき》も集まって、いとこたちとテレビ見てたらかわいい子猫が映ってて、それでおれ、何気なく言ったんだ。友達のシンくんが猫をほしがってたなあって。そしたらひいおばあちゃんが、そんなこと言うと本当に猫が来るのに、シンくんが飼えなかったらどうするんだって」

「誰かが猫をほしがってたって言っただけで、願ったことになるのか？　神社で願い事をするのとは違うじゃないか」

「そうだけど、ひいおばあちゃんは、お稲荷さんに聞こえるからって言うんだ」

「で、本当に来たってのか？」

「うん、痩《や》せ細った子猫がシンくんの家に。それでその子を飼うことになって」

「飼ったのならいいじゃん」

「だけど、その子は持病があったらしくて、長生きできなかったんだ」

たとえ長生きしても、猫の寿命《じゅみょう》は短い。祖父が飼っていた猫を思い浮かべ、胸が痛んだけれど、武は素《そ》っ気なく言う。

「ふうん」

「おれずっと、シンくんに悪いことをしたような気がしてて。おれが余計なことを言わなきゃ、元気な猫をもらったり買ったりできたかもしれないじゃん。ちょうどおれが転校する前に、猫が死んじゃって、なんか、電話もできなくて。親友なのに、それっきりなんだ」

飄々として、悩《なや》みのなさそうな拓也だけれど、転校してきてまだ二《ふた》月《つき》ほどだ。それなりにクラスに溶《と》け込んでいるようでいても、心細いのだろう。前の学校にいた親友にも、簡単に相談できない。だから、武なんかの猫さがしに首を突っ込んでいる。

⑦その心細さは、武にもわかるような気がした。小学校のころ仲のよかった友達は、杉原議員の子とつきあうなと言われて、離れていった。いや、父が原因だとは限らない。武自身、自分を持ち上げてくれて、わがままを言える相手を取り巻きにするようになったからだ。いつからか、自分が中心にいないと苛立《いらだ》つようになった。周囲の大人が、父を持ち上げ、武のこともちやほやするからだ。勘違《かんちが》いでも寂しいから、うわべだけのちやほやから抜け出せなくて、どんどん孤独《こどく》になっていく。

ほしかったのは猫なのか、それとも、寂しさを紛《まぎ》らせてくれる何かだったのか。

「そいつは、病気の猫を飼ったこと、きっと後悔なんかしてないって。最後まで飼ったんだから、その猫のことが本当に好きになったんだ」

気休めかもしれない。拓也の友達の本当の気持ちなんて、知りようがないのだから。それでも武は言いたかったし、拓也は、ほっとしたように顔を上げた。

「そうかな……。だったらいいんだけど。杉原くんは、どうして猫を飼いたいと思ったの？」

不思議と今は、自分のことを隠そうとは思わなかった。こいつになら言ってもいいかと、くだけた気持ちで口を開く。

「じいちゃんが生きてたころ、猫を飼ってたんだ。おれが生まれる前からいる猫だったから、兄貴風吹かしてるようなところがあって、蟬《せみ》やバッタの捕《と》り方を教えようとしたり、友達と取っ組み合ってると割り込んできたり。あのころは、悩みなんかなくて、おれは、卑屈《ひくつ》になることもなかった」

「おれは、親父の言いなりなんていやなんだ。したいようにする」
「杉原くんの意地で、ゴンがまたひどい目にあったりしたらかわいそうだよ」
「意地だと？」
「それに、ゴンがこれまであの人に飼われてたなら、本当は家へ帰りたいと思ってるんじゃないかな」
そんなわけはない。ゴンは武の猫だ。誰がなんと言おうとそうなのだ。
「おまえも、おれの味方じゃないんだな」
言い捨てると、ひとりで神社の石段を駆《か》け下りた。
⑥急に寂《さび》しくなった。意見が違えば、強く言い返して相手を黙らせるだけ。ビビらせて、同意させるのなんて簡単なのに、拓也みたいなチビを相手に、いつものようにできないまま、武は逃げ出している。
そもそも拓也は勝手に猫さがしに加わってきただけで、武が頼んだわけでもない。味方でもなく、友達ですらない。情けないことを言ってしまった自分が恥ずかしくて、ひたすら全力で自転車をこぐ。
猫の気持ちなんてわかるわけがない。訊《き》いたって答えないんだから。
赤信号に気づき、あわててブレーキをかける。止まった自転車の上でなんとなく首を巡《めぐ》らせると、川の向こうにある小山の中ほどに、武たちがさっきまでいたお稲荷さんの赤い鳥居が小さく見えている。
お稲荷さんは猫の元締《もとじ》め。猫を人のところへ連れてくることができるのなら、猫の考えていることがわかるのだろうか。猫だって、お稲荷さんに頼まれたとしても、行きたくないところには行かないだろう。だったらゴンは、武のところに来たかったはずだ。
怪我をした猫が、たまたま武の目の前に現れたのではない。猫がほしいと武が願ったから、お稲荷さんはゴンを選び、連れてきてくれたのだ。

その後、拓也とは口をきかない日々が続いていたが、ひょんなことから武は拓也の家を訪れることになった。拓也の家には彼のひいおばあちゃんも一緒に住んでいて、最近、裏庭にやってくる狐に油揚《あぶらあ》げをやっているという。ひいおばあちゃんの言うその狐がゴンかもしれないと考えた武と拓也は、正体を確かめようと、裏庭へ向かった。

母屋《おもや》と離《はな》れのあいだを抜けたところは、雑木林みたいな場所だ。踏《ふ》み分けた道沿いに、狭《せま》い畑や花壇《かだん》があり、突《つ》き当たりの石垣《いしがき》に、白い皿が置いてあった。
「猫、いないな」
「ひいおばあちゃんじゃないから、警戒《けいかい》してるのかも」
油揚げを袋から出し、皿に置く。少し離れて様子を見ることになり、ふたりで茂《しげ》みに身をかがめる。
「杉原くん、本当はゴンのこと、そう簡単にあきらめられないんだろう？」
飼えないならゴンがかわいそうだと意見したくせに、拓也はそんなことを言う。わりと生意気なのに、武は不思議と、拓也にはむかつかない。
「お稲荷さんに願ったんだから、本気で飼いたかったんだよね」
「願ってみたからって、本当に猫が来るなんて思ってなかったし、だいたい、ゴンはたまたま庭に入ってきただけじゃないか。お稲荷さんがゴンに、うちへ行けって言ったのか？　そんなわけないだろ」
信じていないのに、そんな言い伝えがあることを知っていて、猫がほしいと願ってみた自分は、何を望んでいたのだろう。今も、矛盾《むじゅん》した言葉ばかりが口をついて出る。
「本当に来るよ。願ったら、猫が来るんだ。おれ、それでひいおばあ色白で、腰まである長い髪の女性は、拓也がつくったチラシを手にしていた。

「はい、そうです」

拓也が答えると、②女の人は細い眉《まゆ》をきゅっとあげた。

「この子はうちのマフィンよ。見つけたら返して。でないと、あなたたち、泥棒《どろぼう》になるわよ」

「マフィン……？　本当ですか？」

「そうよ。まるくなって寝てるとマフィンそっくりなんだから」

ああ、とふたりして頷《うなず》いてしまう。茶色くてまんまるでふわふわで、おいしそうなお菓子みたいだと、ゴンを見ていて思ったことがある。

「でも、怪我《けが》してて、野良猫みたいに汚れてたし、だからおれが拾ったんだ」

「拾ったのね。だったらやっぱりマフィンよ。わたし、ずっとさがしてたのに、こんなに遠くまで来てたなんて」

「違う、おれの猫だ、ゴンだよ！」

武は精いっぱい凄《すご》んだが、彼女は涼しい顔で腕組《うでぐ》みしていた。

「わたしのよ」

武のほうが背が高いのに、ひょろりとした女はひるまない。それに、妙《みょう》な威圧《いあつ》感がある。切れ長の目はほんの少しつり上がっていて、目が合うだけでなんだか不安な気持ちになる。

「ガキだと思ってなめんなよ！」

「ちょっと待ってよ、杉原くん。どっちみち、まだ見つかってないし、言い争っててもしょうがないよ」

拓也の言うとおり、猫はまだ見つかっていない。ゴンとマフィンは、もしかしたら別の猫かもしれないのだ。

「わたしが先に見つけるから、こんな貼り紙したって無駄《むだ》よ」

彼女は③挑発的な笑みを浮かべると、鳥居をくぐって行ってしまった。

「何だよ、あの女」

いきなり人を泥棒扱いだなんて、武はひたすら不愉快だ。なのに、拓也は A が立たないのだろうか。妙な感想を B にする。

「日本人形みたいな人だったな」

「日本人形って？」

「うちにあるよ。ひいおばあちゃんが戸棚《とだな》の上に飾ってる。着物を着た人形」

そもそも人形の種類なんてわからないし、武の家にはそんなものはない。

「ふうん、とにかく、あいつより先にゴンを見つけないと。マフィンだって？　そんな気取った名前、似合わねえよ。ゴンはおれが、怪我の手当てをして、弱ってたけど元気になったんだ。おれ以外の家族が部屋へ入ってきたら隠《かく》れて、おれの足音を聞き分けてベッドの下から出てくる。もしあの女が飼ってたっていうなら、いやになって逃げ出したんだよ」

④一気に言ったのは、自分に言い聞かせるためだったかもしれない。⑤拓也は、頷くでもなく黙《だま》って聞いていた。

「なあ、明日は土曜日だし、近所の人が見たっていう時間にもう一度来てみようぜ」

見たのはお昼ごろだったらしい。同じ時間に同じ場所に来る可能性はある。

「だけど、見つかっても飼えるの？　お父さんが許してくれないなら、また捨てられるかもしれないよ？」

「今度はうまくやるさ」

「学校へ行ってるあいだ、ゴンはひとりぼっちだろう？　じっとしてるわけじゃないし、鳴き声や物音がしたら、きっと気づかれるよ」

二〇二二年度 城北中学校

【国語】〈第一回試験〉（五〇分）〈満点：一〇〇点〉

注意　解答するときには、句読点や記号も一字と数えます。

一　次の文章を読んで、後の問いに答えなさい。（作問の都合上、本文の一部を変更してあります。）

中学一年生の杉原《すぎはら》武《たける》は体格がよく、ケンカも負けたことがない。学校内で問題児扱いされており、上級生もクラスメイトも武と関わり合いになることを避《さ》けている。ある日、武は、狐《きつね》によく似た見た目の猫《ねこ》を拾って「ゴン」と名付けかわいがっていたが、猫を飼うことを許さない父親によってゴンはどこかへ捨てられてしまった。ゴンを探していた武は、転校してきたクラスメイトの吉住拓也《よしずみたくや》と会った。実は、拓也もかつて武が探しているのと同じ猫を拾ったことがあったのだ。武のことを恐れる様子を見せない拓也に戸惑《とまど》いつつも、武は拓也と協力して近所に貼《は》り紙をし、ゴンを探すことにした。

電話でもメールでもなく、人づてに情報がもたらされたのは三日後だった。拓也の家にもチラシは貼ってあったのだが、それを見た近所の人が、拓也のひいおばあちゃんに話したことによると、昼休みに畑で弁当を食べていたところ、稲荷《いなり》神社の石段を狐が上がっていったということだ。

「見たっていうのは狐だろ？」

放課後に、武は拓也と稲荷神社で待ち合わせたが、狐がずっとそこにいるわけではない。境内《けいだい》をくまなく調べたが、住み着いている野良《のら》猫を何匹か見かけたものの、ゴンのような毛色のものはいなかった。

「お稲荷さんで狐を見ても不思議じゃないけど、それがゴンだっていうのは無理がないか？」

「でもさ、狐ってそんなに見かけるもの？」

「おれは見たことないけど」

「だろ？　うちのひいおばあちゃんだって、前の東京オリンピックのときに見たきりだって」

武には、教科書に載《の》っているくらい昔というイメージしかない。

「そのときひいおばあちゃんは、狐が若い女の人に化けてるのを見たらしいよ」

信じているのかいないのか、拓也は飄々《ひょうひょう》と言う。

「どういうことだ？　若い女を見かけても、それが狐かどうかなんてわかんないだろ」

「辻《つじ》のお地蔵さんに供えてあった、いなり寿司《ずし》を食べてたんだって」

だからって、その女が化けた狐だと思うのは理解できないが、昔の人はそんなふうに考えるものなのだろうか。武には祖母はいるが、曽《そう》祖母《そぼ》となるとイメージがわかないため、すごく昔の人だとしか思えない。だから、①おとぎ話を聞いているくらいに受け止める。

「とにかく、狐が棲《す》んでるのは山で、めったに人里には現れないんだ。だったら近所の人が見たのは猫だよ。キツネ色で大きなとがった耳の猫、ゴンだって」

「だけど、いないじゃないか」

だよねえ、とため息をつきつつ、拓也は石段に座り込む。

「ねえ、あなたたち、この猫をさがしてるの？」

突然の声に、ふたりして驚いて振り返った。人けのない境内には、自分たちしかいないと思っていたのに、狛狐《こまぎつね》のそばに女の人が立っている。

2022年度

城北中学校　▶解説と解答

算数　＜第１回試験＞（50分）＜満点：100点＞

解答

$\boxed{1}$ (1)　1　(2)　2　$\boxed{2}$ (1)　220ページ　(2)　16人　(3)　25度　(4)　5.55cm^2　(5)　45　$\boxed{3}$ (1)　毎分60m　(2)　ア　20分　イ　19分　ウ　2940m　(3)　毎分68m　$\boxed{4}$ (1)　27m^2　(2)　45m^2　(3)　45m^2　$\boxed{5}$ (1)　６通り　(2)　ア　２通り　イ　６通り　ウ　６通り　エ　14通り　(3)　31通り

解説

$\boxed{1}$ **四則計算，逆算**

(1)　$\left(\frac{3}{5}+0.72\right)\times\frac{5}{12}+0.5-0.125\div2\frac{1}{2}=\left(\frac{3}{5}+\frac{18}{25}\right)\times\frac{5}{12}+\frac{1}{2}-\frac{1}{8}\div\frac{5}{2}=\left(\frac{15}{25}+\frac{18}{25}\right)\times\frac{5}{12}+\frac{1}{2}-\frac{1}{8}\times\frac{2}{5}=\frac{33}{25}\times\frac{5}{12}+\frac{1}{2}-\frac{1}{20}=\frac{11}{20}+\frac{10}{20}-\frac{1}{20}=\frac{20}{20}=1$

(2)　$337-\frac{1}{6}=\frac{2022}{6}-\frac{1}{6}=\frac{2021}{6}$より，$\frac{2021}{6}\div\left(6\frac{2}{3}+\frac{1}{\square}\right)=47$，$6\frac{2}{3}+\frac{1}{\square}=\frac{2021}{6}\div47=\frac{2021}{6}\times\frac{1}{47}=\frac{43}{6}$，$\frac{1}{\square}=\frac{43}{6}-6\frac{2}{3}=\frac{43}{6}-\frac{20}{3}=\frac{43}{6}-\frac{40}{6}=\frac{3}{6}=\frac{1}{2}$　よって，□＝2

$\boxed{2}$ **相当算，平均とのべ，角度，面積，整数の性質**

(1)　全体のページ数を①，１日目に読んだ後の残りのページ数を$\boxed{1}$として図に表すと，右の図１のようになる。図１で，$\boxed{1}-\boxed{\frac{1}{3}}=\boxed{\frac{2}{3}}$にあたるページ数が，20＋80＝100(ページ)だから，$\boxed{1}$にあたるページ数は，$100\div\frac{2}{3}=150$(ページ)とわかる。すると，①$-\left(\frac{1}{4}\right)=\left(\frac{3}{4}\right)$にあたるページ数が，15＋150＝165(ページ)なので，①にあたるページ数，つまり全体のページ数は，$165\div\frac{3}{4}=220$(ページ)と求められる。

図１

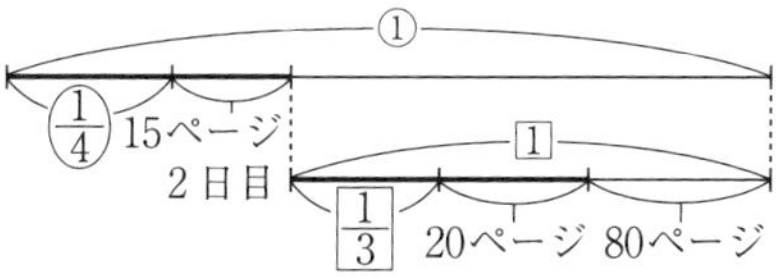

(2)　女子の人数を□人として図に表すと，右の図２のようになる。図２で，ア：イ＝(80−76)：(85−80)＝４：５だから，男子と女子の人数の比は，$\frac{1}{4}:\frac{1}{5}=5:4$とわかる。よって，女子の人数は，$20\times\frac{4}{5}=16$(人)と求められる。

図２

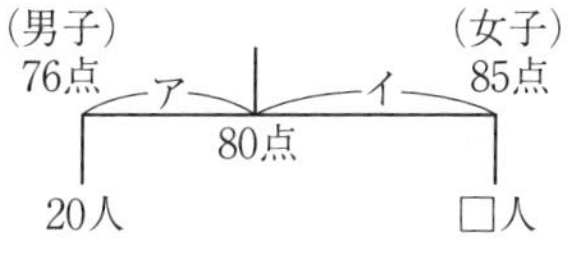

(3)　右の図３のように，半円の中心Oと円周上の点Cを結ぶと，三角形OBCは二等辺三角形になる。よって，角OCBの大きさが62度なので，角BOCの大きさは，180−62×２＝56(度)である。よって，三角形ODCの内角と外角の関係

図３

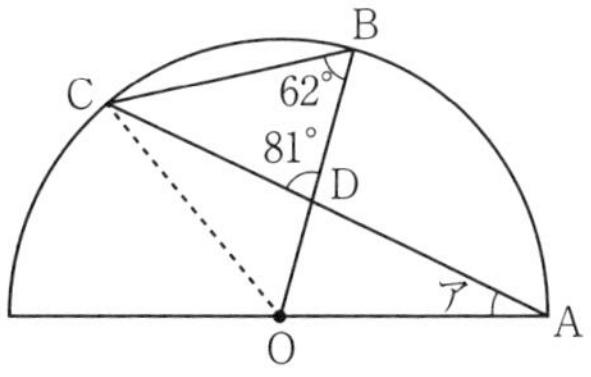

図４

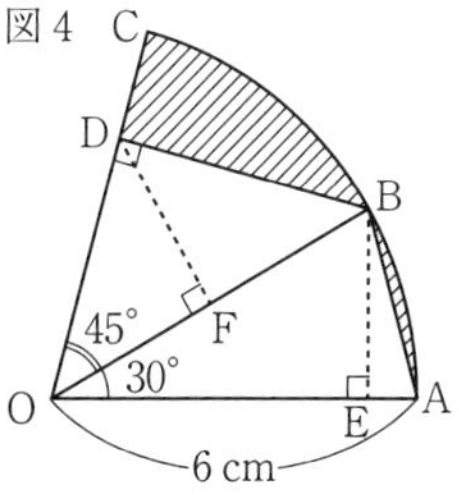

より，角DCOの大きさは，81－56＝25(度)と求められる。さらに，三角形OACも二等辺三角形だから，角アの大きさも25度とわかる。

(4)　上の図４の斜線《しゃせん》部分の面積は，おうぎ形OACの面積から，三角形BOAと三角形DOBの面積を引いて求めることができる。はじめに，おうぎ形OACの面積は，$6\times6\times3.14\times\frac{75}{360}=7.5\times3.14=$23.55(cm^2)である。次に，点ＢからOAに垂直な線BEを引くと，三角形BOEは正三角形を半分にした形の三角形になる。よって，BEの長さは，６÷２＝３(cm)なので，三角形BOAの面積は，６×３÷２＝９(cm^2)と求められる。また，点ＤからOBに垂直な線DFを引くと，三角形DOFと三角形DBFはどちらも直角二等辺三角形になるから，DFの長さは，６÷２＝３(cm)とわかる。したがって，三角形DOBの面積は，６×３÷２＝９(cm^2)なので，斜線部分の面積は，23.55－(９＋９)＝5.55(cm^2)である。

(5)　①が「はい」で②が「いいえ」だから，Ａ君が思いうかべた整数は，４で割ると１余る数である。また，③が「はい」となる数は，８×□＋４，８×□＋５，８×□＋６，８×□＋７(□は整数)のいずれかになる。この中で４で割ると１余る数は，８×□＋５だから，Ａ君が思いうかべた整数は，８で割ると５余る数とわかる。同様に，④が「はい」となる数は，16×□＋８，16×□＋９，…，16×□＋15のいずれかになり，この中で８で割ると５余る数は，16×□＋13だから，Ａ君が思いうかべた整数は，16で割ると13余る数とわかる。よって，考えられる数は，13，29，45，61であり，この中で⑤が「いいえ」，⑥が「はい」となる数は45と決まる。

3　グラフ―旅人算

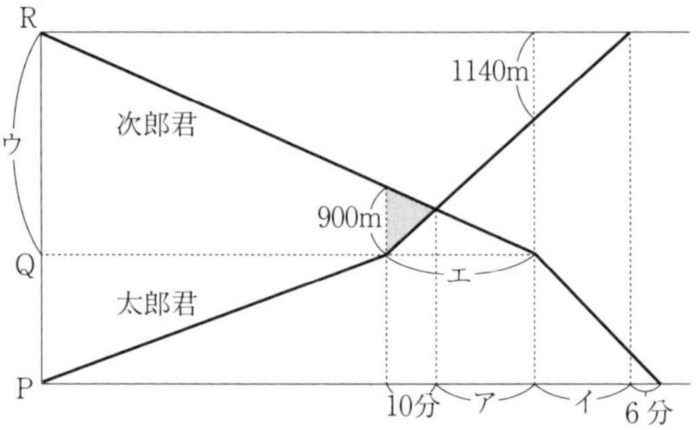

(1)　右のグラフの色をつけた部分に注目する。この部分は，太郎君が下り，次郎君が登りであり，２人の速さの和は毎分，900÷10＝90(m)である。また，次郎君の登りの速さは毎分30mだから，太郎君の下りの速さは毎分，90－30＝60(m)とわかる。

(2)　次郎君が900m登るのにかかる時間(エ)は，900÷30＝30(分)なので，ア＝30－10＝20(分)とわかる。また，イは太郎君が1140m下るのにかかる時間だから，イ＝1140÷60＝19(分)と求められる。よって，ウは太郎君が，10＋20＋19＝49(分)で下る距離《きょり》なので，ウ＝60×49＝2940(m)となる。

(3)　次郎君がRQ間にかかった時間は，2940÷30＝98(分)だから，太郎君がPQ間にかかった時間は，98－30＝68(分)となり，PQ間の距離は，25×68＝1700(m)とわかる。また，次郎君がQP間にかかった時間は，19＋６＝25(分)なので，次郎君の下りの速さは毎分，1700÷25＝68(m)と求められる。

4　立体図形―相似，面積

(1)　下の図①で，色をつけた２つの三角形は合同だから，アとイの長さは等しくなる。よって，点Ｐに電球があるときの影《かげ》を真上から見ると，下の図②のようになる。これは，１辺の長さが３ｍの正方形の面積３つ分なので，３×３×３＝27(m^2)となる。

(2)　点Ｑに電球があるときの影を真上から見ると，下の図③の斜線部分になる。よって，影が通過する部分の面積は，１辺の長さが３ｍの正方形の面積５つ分なので，３×３×５＝45(m^2)と求められる。

図①

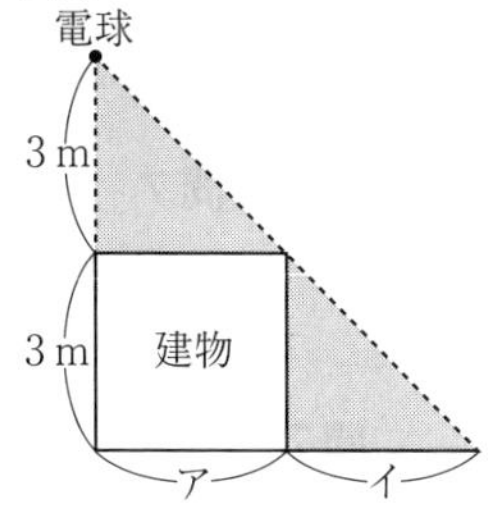

図②

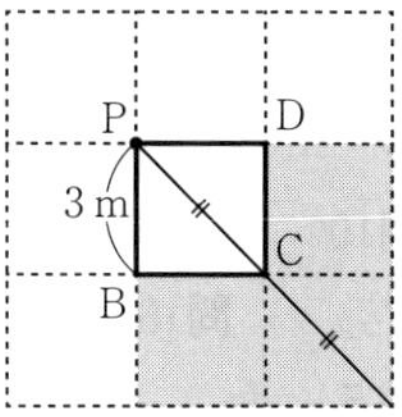

図③

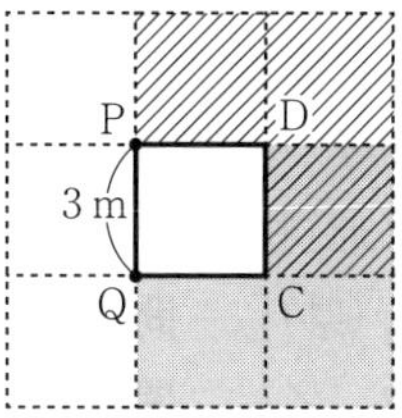

図④

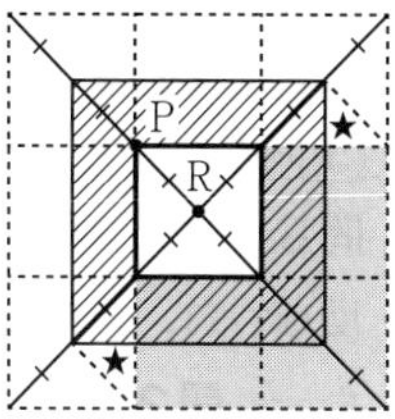

(3)　図①のアの長さが変わっても，アとイの長さはつねに等しくなる。よって，点Ｒに電球があるときの影を真上から見ると，上の図④の斜線部分になる。また，電球が点Ｐから点Ｒまで動くとき，影は★の部分も通過することに注意すると，(1)から増える部分の面積は，１辺の長さが，３÷２＝1.5(ｍ)の正方形の面積８つ分になる。したがって，影が通過する部分の面積は，27＋1.5×1.5×８＝45(m^2)と求められる。

5　場合の数

(1)　３回目のじゃんけんでＡ君が優勝する場合は，下の図１のように３通りある。同様に，Ｂ君が優勝する場合も３通りあるから，全部で，３×２＝６(通り)となる。

(2)　まず，最初に勝つのがＡ君の場合を考える。あいこが１回もない場合は下の図２の１通り，あいこが１回だけある場合は下の図３の３通り，あいこが２回だけある場合は下の図４の３通りある。Ｂ君が最初に勝つ場合も同様なので，アは，１×２＝２(通り)，イとウはどちらも，３×２＝６(通り)とわかる。また，どの場合も，３回目までの最後に勝った人(たとえば図２の場合はＡ君)が４回目に勝つと優勝が決まるので，４回目に優勝が決まる場合は全部で，２＋６＋６＝14(通り)と求められる。

(3)　(2)で求めたア，イ，ウの14通りについて，３回目までの最後に勝った人が４回目に負けた場合と，４回目があいこの場合は，４回目のじゃんけんでも優勝が決まらない。よって，このような場合は，14＋14＝28(通り)ある。このほかに下の図５の３通りの場合があるから，４回のじゃんけんでも優勝が決まらない場合は全部で，28＋３＝31(通り)ある。

図１

回数	1	2	3
Ａ君	○	△	○
Ｂ君	×	△	×

回数	1	2	3
Ａ君	△	○	○
Ｂ君	△	×	×

回数	1	2	3
Ａ君	×	○	○
Ｂ君	○	×	×

図２

回数	1	2	3
Ａ君	○	×	○
Ｂ君	×	○	×

図３

回数	1	2	3
Ａ君	△	○	×
Ｂ君	△	×	○

回数	1	2	3
Ａ君	○	△	×
Ｂ君	×	△	○

回数	1	2	3
Ａ君	○	×	△
Ｂ君	×	○	△

図４

回数	1	2	3
Ａ君	△	△	○
Ｂ君	△	△	×

回数	1	2	3
Ａ君	△	○	△
Ｂ君	△	×	△

回数	1	2	3
Ａ君	○	△	△
Ｂ君	×	△	△

図５

回数	1	2	3	4
Ａ君	△	△	△	△
Ｂ君	△	△	△	△

回数	1	2	3	4
Ａ君	△	△	△	○
Ｂ君	△	△	△	×

回数	1	2	3	4
Ａ君	△	△	△	×
Ｂ君	△	△	△	○

社　会 ＜第１回試験＞（40分）＜満点：70点＞

解　答

1 **問１** ウ　**問２** イ　**問３** ア　**問４** エ　**問５** イ　**問６** ウ　**問７** イ　**問８** ア　**問９** 牧ノ原(牧之原)(台地)　**問10** エ　**問11** ウ　**問12** ア　**問13** 減反(政策)　**問14** 長野(県)　**問15** 促成(栽培)　**問16** ウ　**問17** エ　**2** **問１** ウ　**問２** ア　**問３** イ　**問４** イ　**問５** イ　**問６** 校倉造　**問７** ウ　**問８** エ　**問９** エ　**問10** ウ　**問11** イ　**問12** 雪舟　**問13** エ　**問14** イ　**問15** ア　**問16** イ　**問17** ウ　**問18** ア　**問19** ［１］ カ　［２］ エ　**3** **問１** **あ** 最高　**い** 立法　**問２** 通常国会(常会)，150(日間)　**問３** ア　**問４** ウ　**問５** エ　**問６** ア　**問７** マニフェスト　**問８** 両院協議会　**問９** ウ　**問10** イ　**問11** クエスチョンタイム

解　説

1 **日本の地形や産業などについての問題**

問１　2015年，フランスの首都パリで気候変動枠組《わくぐみ》条約第21回締約《ていやく》国会議(COP21)が開かれた。この会議では，地球温暖化防止対策の新たな国際的枠組みとしてパリ協定が採択《さいたく》され，参加国すべてに，温室効果ガス削減《さくげん》に向けて努力することが義務づけられた。

問２　温室効果ガスにはメタンやフロンなどもふくまれるが，特に二酸化炭素の排出量が多い。化石燃料の燃焼など，人間活動による二酸化炭素の排出量が多いことから，対策が進められている。

問３　木曽川・長良《ながら》川・揖斐《いび》川という木曽三川が集中して流れる濃尾平野南西部では，洪水の被害に備えて集落を堤防で囲んだ輪中が見られる。輪中では，ふだんの住居である母屋《おもや》とは別に，写真のような水屋を設けているところがある。水屋は倉庫を兼《か》ねた避難《ひなん》場所で，中には小舟や食料などが収められた。なお，曲《まがり》屋《や》は馬小屋と住居がＬ字型につながった住宅で，東北地方で見られる。

問４　液状化現象は，水分を多くふくんだ地盤《じばん》が地震で揺《ゆ》れることで液状になる現象で，地下水や土砂が噴出したり，建物が傾《かたむ》いたりする被害が出る。洪水と直接の関係はなく，河口付近や埋立《うめたて》地《ち》で発生することが多い。

問５　16世紀末に豊臣秀吉が朝鮮出兵を行ったさい，朝鮮人陶工《とうこう》が日本に連行され，彼らによって現在の佐賀県で陶磁器づくりが始められた。これらは有田焼・伊万里焼・唐津焼などとして受け継《つ》がれ，国の伝統的工芸品に指定されている。なお，置賜《おきたま》つむぎは山形県，輪島塗《ぬり》は石川県，大館《おおだて》曲げわっぱは秋田県の伝統的工芸品。

問６　最上川は山形県南部から北へと流れ，米沢盆地や山形盆地を通る。新庄盆地付近で流れを北西へと変え，庄内平野を形成して酒田市で日本海に注ぐ。最上川は，球磨《くま》川(熊本県)，富士川(山梨県・静岡県)とともに日本三大急流に数えられる。なお，北上川は岩手県・宮城県，阿武隈《あぶくま》川は福島県・宮城県を流れる河川。

問７　レタスの生産量は長野県が全国第１位で，以下，茨城・群馬・長崎の各県が続く。統計資料は『日本国勢図会』2021／22年版による(以下同じ)。

問８　熊本県水俣《みなまた》市では，化学工場から流された有機水銀が水俣湾を汚染したことで，水俣病とよ

ばれる公害病が発生した。水俣病は，新潟県阿賀野《あがの》川流域で発生した第二(新潟)水俣病，富山県神《じん》通《ずう》川流域で発生したイタイイタイ病，三重県四日市市で発生した四日市ぜんそくとともに，四大公害病とよばれる。

問９　静岡県の大井川下流域に広がる牧ノ原(牧之原)台地では，明治時代から始まった茶の生産がさかんで，日本有数の茶の産地として知られている。

問10　静岡市は，梅雨や台風の影響《えいきょう》で夏と秋の降水量が多いが，冬は雨が少ない太平洋側の気候に属している。また，沖合を暖流の黒潮(日本海流)が流れるため，比較《ひかく》的温暖である。よって，エが正しい。なお，アは瀬戸内の気候に属する岡山市，イは日本海側の気候に属する金沢市(石川県)，ウは中央高地の気候に属する松本市(長野県)の雨温図。

問11　日本の工業地帯・工業地域のほとんどは，bの機械工業が製造品出荷額等で最も大きな割合を占《し》めている。京浜・阪神・中京という三大工業地帯でも同様だが，このうち，阪神工業地帯はaの金属工業の割合がおよそ20％と，機械工業についで大きな割合を占めるのが特徴《とくちょう》となっている。なお，ｃは食料品，ｄは繊維。

問12　日本は，タイ・ベトナム・インドネシアといった東南アジアの国々から魚介《ぎょかい》類を輸入しており，中でもエビの輸入が多い。なお，鉄鉱石はオーストラリア，トウモロコシはアメリカからの輸入量が多い。米は，量はそれほど多くないが，タイ産やアメリカ産のものが輸入されている。

問13　1960年代から，農業生産力の向上や日本人の食生活の変化(西洋化)によって，米が余るようになってきた。そのため，政府は1970年ごろから稲の作付面積を減らす減反政策を本格的に進めて米の生産量を抑《おさ》えてきたが，減反政策は2018年に廃止された。

問14　りんごの生産量は青森県が全国のおよそ６割を占めて最も多く，以下，長野・岩手・山形の各県が続く。

問15　宮崎平野や高知平野では，沖合を流れる暖流の黒潮の影響で冬でも比較的温暖な気候を生かし，ビニールハウスや温室で時期を早めて野菜を栽培する促成《そくせい》栽培がさかんに行われている。

問16　１日の最高気温が25℃以上の日を夏日，30℃を超《こ》える日を真夏日，35℃以上の日を猛暑日という。一方，１日の最低気温が０℃未満の日を冬日，最高気温が０℃未満の日を真冬日という。

問17　「持続可能な開発目標(SDGs)」は2015年に国連総会で採択されたもので，2030年までに国際社会が達成するべき17の目標が掲《かか》げられている。アは目標７，イは目標５，ウは目標13にあたるが，エのような目標はない。

２　各時代の歴史的なことがらについての問題

問１　弥生時代になって稲作が広まると，共同作業である稲作を指揮する指導者が現れるとともに，収穫量にも差が生まれるようになり，社会に身分と貧富の差が生じた。

問２　弥生時代には朝鮮半島から鉄器，青銅器という金属器がもたらされた。このうち，鉄器はおもに武器や農工具などの実用品に，銅鐸《どうたく》などの青銅器はおもに祭りごとを行うときの神器などに使われたと考えられている。

問３　推古天皇の時代の604年，聖徳太子は十七条の憲法を出し，豪族に役人としての心構えを示した。すべての土地と人民を国家(天皇)のものとする公地公民の原則は，中大兄《なかのおおえの》皇子(のちの天智天皇)らが進めた大化の改新の中で，646年に示されたとされる。

問４　高松塚古墳は奈良県明日香村にある円墳で，７世紀末～８世紀初めごろにつくられたと考えられている。1972年の調査で，石室内部から伝説上の動物である四神や男女群像が極彩色《ごくさいしき》で描かれた壁画が発見された。なお，大仙(大山)古墳は大阪府，稲荷山《いなりやま》古墳は埼玉県，五色塚《ごしきづか》古墳は兵庫県にある。

問５　阿倍仲麻呂《あべのなかまろ》は奈良時代に遣唐使船で唐(中国)に渡り，皇帝に役人として仕えたが，帰国できずに唐で一生を終えた。中大兄皇子は飛鳥時代，藤原不比等《ふひと》は飛鳥時代～奈良時代に活躍《かつやく》した人物である。

問６　東大寺正倉院は，切り口が三角形の長材を組んで壁とする校倉《あぜくら》造の建築物として知られる。

問７　桓武天皇は仏教勢力の強い平城京(奈良県)を離れて律令政治を立て直すため，784年に長岡京，794年に平安京(いずれも京都府)に都を移した。なお，アは743年，イは741年でいずれも奈良時代のできごと。エについて，『日本書紀』は飛鳥時代に編さんが命じられ，奈良時代の720年に完成した。

問８　比叡《ひえい》山延暦《えんりゃく》寺(滋賀県)は最澄が創建した天台宗の総本山で，空海は高野山(和歌山県)に金《こん》剛峰《ごうぶ》寺を創建した。

問９　浄土教をあつく信仰した藤原頼通《よりみち》は，1052年，父の道長から譲《ゆず》り受けた京都宇治の別荘を平等院という寺院に改め，翌53年には阿弥陀《あみだ》堂として鳳凰《ほうおう》堂を建てた。頼通は３代の天皇のもと，約50年にわたって摂政《せっしょう》と関白の地位につき，地方豪族から寄進された荘園の経済力も背景として大きな力を握《にぎ》った。なお，アは藤原基経《もとつね》，イは藤原道長，ウは平清盛について述べた文。

問10　元寇《げんこう》(1274年の文永の役と1281年の弘安の役)のときには，鎌倉幕府の第８代執権《しっけん》北条時宗が政治を行っていた。北条泰時は，1232年に御成敗《ごせいばい》式目(貞永《じょうえい》式目)を定めたことで知られる第３代執権である。

問11　1467年，室町幕府の第８代将軍足利義政の跡継《あとつ》ぎ争いに有力守護大名の勢力争いなどが結びつき，応仁の乱が起こった。1477年まで続いた戦乱で，主戦場となった京都は荒れはてた。なお，アは1428年，ウは1543年のできごと。エについて，千利休は織田信長と豊臣秀吉に仕えた。

問12　雪舟《せっしゅう》は京都相国《しょうこく》寺の画僧で，15世紀後半，現在の山口県を治めていた守護大名の大内氏の援助を受けて明(中国)に渡り，水墨画《すいぼくが》を学んだのち，帰国して日本の水墨画を大成した。代表作には「秋冬山水図」や「四季山水長巻」などがある。

問13　豊臣秀吉は1588年に刀狩令を出し，農民から武器を取り上げて一揆《いっき》を防ぐとともに，農民を耕作に専念させるようにした。これにより，農民と武士の身分をはっきり分ける兵農分離が進んだ。なお，ア～ウはいずれも織田信長が行ったこと。

問14　アは葛飾北斎《かつしかほくさい》の「富嶽《ふがく》三十六景」，イは狩野《かのう》永徳の「唐獅子図屛風《からじしずびょうぶ》」，ウは雪舟の「秋冬山水図」，エは「源氏物語絵巻」である。

問15　菱川師宣《ひしかわもろのぶ》は江戸時代前半の元禄文化を代表する浮世絵師で，「見返り美人図」はその代表作として知られる。なお，近松門左衛門《もんざえもん》は人形浄瑠璃《じょうるり》・歌舞伎《かぶき》の脚本《きゃくほん》家，井原西鶴《さいかく》は浮世草子作家，松尾芭蕉《ばしょう》は俳諧《はいかい》師で，いずれも元禄文化を代表する文化人である。

問16　江戸幕府の第11代将軍徳川家斉《いえなり》のときの1804年，ロシア使節のレザノフが長崎に来航して日本に通商を求めた。なお，アとウは第８代将軍徳川吉宗が享保の改革(1716～45年)で行ったこと，エは老中水野忠邦が天保の改革(1841～43年)で行ったこと。

問17　明治時代後半には普通選挙を求める運動が起こり，大正時代にはこれが本格化した。よって，ウが明治時代初期の文明開化の説明として誤っている。

問18　ア　1880年代に外務卿《きょう》・外務大臣井上馨《かおる》が進めた欧化政策の説明として，正しい。　イ，ウ　1886年のノルマントン号事件をきっかけとして，領事裁判権の撤廃《てっぱい》を求める国民の声が高まった。これを受けて1894年，外務大臣陸奥《むつ》宗光《むねみつ》が領事裁判権の撤廃に成功した。なお，フェートン号事件は江戸時代の1808年，ロシアなどによる三国干渉は1895年のできごと。　エ　1911年，外務大臣小村寿太郎《じゅたろう》は関税自主権の回復をはたし，不平等条約の完全改正を成しとげた。

問19　［１］　１は1936年，２は1940年，３は1938年，４は1931年のできごとなので，時代の古い順に４→１→３→２となる。　［２］　太平洋戦争は1941年に始まり，1945年に終わった。米の安売りを求める人々が全国で米騒動《そうどう》を起こしたのは，大正時代の1918年のことである。

3　国会のしくみとはたらきについての問題

問１　日本国憲法第41条は国会の地位と立法権について定めた条文で，「国会は国権の最高機関であって，国の唯一《ゆいいつ》の立法機関である」としている。

問２　通常国会(常会)は毎年１回１月に会期150日(１回だけ延長できる)で召集《しょうしゅう》される国会で，おもに次年度の予算が話し合われる。

問３　アは「法律案の議決」ではなく「憲法改正の発議」であれば正しい。法律案も，ほかの多くの議案と同様，出席議員の過半数の賛成があれば可決される。

問４　衆議院議員の被選挙権は満25歳以上，参議院議員の被選挙権は満30歳以上で与えられる。

問５　衆議院議員の任期は４年だが，任期途中で衆議院が解散されることがあるので，任期の途中で議員の資格を失うこともありえる。参議院議員の任期は６年で解散はなく，３年ごとに定数の半分が改選される。

問６　ア　比例代表制のしくみを正しく説明している。　イ　衆議院選挙の比例代表制では政党名しか書けないが，参議院選挙の比例代表制では政党名，候補者の個人名のどちらを書いてもよい。　ウ　衆議院選挙の比例代表制は，全国を11のブロックに分けて176人を選出する。参議院の比例代表制は，全国を１つの選挙区として100人を選出する。

問７　選挙運動のさい，各政党は有権者の支持を得るため，政権を得たときに実現する政策として，具体的な数値目標などを明記した政権公約を掲げる。これをマニフェストという。

問８　衆・参両議院で議決が一致しないときには，両議院の代表者による両院協議会が開かれる。予算の議決や条約の承認では必ず開かれるが，法律案の議決のさいは任意である。

問９　国会の仕事のうち，予算の先議・議決，条約の承認，内閣総理大臣の指名，法律案の議決で衆議院の優越が認められている。

問10　内閣不信任案(信任案)の議決は，衆議院だけが持つ権限である。衆議院で内閣不信任案が可決(信任案が否決)された場合，10日以内に衆議院を解散するか，総辞職しなければならない。

問11　国会で首相(内閣総理大臣)と野党(政権を批判する側の政党)党首による討論は「党首討論《とうろん》」とよばれる。これは，イギリス議会のクエスチョン・タイムを参考にして導入された。

理　科　＜第１回試験＞（40分）＜満点：70点＞

解　答

1 **問1**　C，E，G　**問2**　イ，ケ　**問3**　50g　**問4**　25g　**問5**　250g　**問6**　1.5cmのびる　**問7**　容器の底に沈んでいる。　**問8**　下６cmが水の中にあり，浮かんでいる。　**2** **問1**　(例)　石灰石がなくなったため。　**問2**　3.0g　**問3**　(1)　水素　(2)　(例)　火を近づけると音がする。　**問4**　青色　**問5**　水素　**問6**　8.1g
3 **問1**　②　ペプシン　③　アミノ酸　**問2**　(1)　a，c　(2)　(例)　だ液は，80℃にすると，デンプンを分解できなくなる。　**問3**　(1)　(ア)，(エ)，(オ)，(キ)，(ク)　(2)　(カ)
4 **問1**　①　震源　②　余震　③　活断層　**問2**　解説の図を参照のこと。　**問3**　20　**問4**　**a**　48　**b**　24　**c**　114　**d**　90

解　説

1 **浮《ふ》力についての問題**

問1　図１で，Ａは水の中で浮《う》かんで静止しているので，水と同じ密度（１cm^3あたりの重さ）の物体である。一方，物体の一部が水の外にあるＣ，Ｅ，Ｇは水よりも密度が小さい物体であり，Ａ～Ｇのすべての立方体の体積が同じため，Ａより軽い物体だとわかる。

問2　図１で，Ｄもすべてが水中に沈《しず》んで静止しているため，水と同じ密度であり，Ａと同じ重さである。また，Ｇは下，５－３＝２(cm)が水の中にあり，水の中にある部分がＣと同じだから，同じ重さになる。

問3　図１で，Ａがおしのけた水の体積は，５×５×５＝125(cm^3)で，その重さが125gであることから，物体がおしのけた水の重さと，物体が水から受ける浮力の大きさは同じである。ここで，Ｃがおしのけた水の体積は，５×５×２＝50(cm^3)なので，Ｃは50gの浮力を受けている。これが物体の重さとつり合って浮かんでいるので，物体の重さは50gと求められる。

問4　図１で，Ｅは上１cmが水の外にある。この部分を水に沈めて，Ｅの上の面と水面を一致《いっち》させるには，さらに水を，５×５×１＝25(cm^3)おしのけなければならない。このときＥが受ける浮力は25g大きくなるので，25gの力を加える必要がある。

問5　100gのおもりをつるすと２cmのびる(100gの力でおすと２cm縮む)ばねが，Ｂをつないだときに2.5cm縮んだので，図２で，Ｂがばねを下向きにおす力(Ｂがばねから受ける上向きの力)は，100×$\frac{2.5}{2}$＝125(g)である。また，Ｂは125cm^3の水をおしのけて125gの浮力を上向きに受けている。よって，Ｂの重さはこの２つの力の合計の，125＋125＝250(g)とわかる。

問6　図２で，Ｃと同じ50gのＧのすべてが水の中にあるときに受ける浮力は125gなので，Ｇはばねを上向きに，125－50＝75(g)の力で引く。よって，ばねはのび，そののびは，２×$\frac{75}{100}$＝1.5(cm)となる。

問7　Ｃの重さは50g，Ｂの重さは250gなので，ＣとＢを接着させた物体は，重さが，50＋250＝300(g)，体積が，125×２＝250(cm^3)である。よって，この物体を容器の底に置いたとき，水を250cm^3おしのけ，250gの浮力を受けるが，物体の重さが300gで，物体の重さの方が大きいため，手をはなしても物体は容器の底に沈んだままになる。

問８　図１で，水に沈んでいる部分の体積が，$5\times5\times(5-1)=100(cm^3)$のＥの重さは100ｇ，Ｇの重さは50ｇであるから，ＥとＧを接着させた物体は，重さが，$100+50=150(g)$で，体積は$250cm^3$である。よって，物体全体が水中にあるとき，物体の重さより大きい250ｇの浮力を受けるため，図３の状態からゆっくり手をはなすと物体は浮き上がる。その後，物体の一部が水面より上にでて，受ける浮力の大きさが150ｇとなったとき静止する。そのとき物体がおしのけた水の体積は$150cm^3$となるので，物体の下，$150\div(5\times5)=6(cm)$が水の中にある状態で浮かんでいる。

２ 石灰石，アルミニウムと水溶液《すいようえき》の反応についての問題

問１　実験１の結果で，$150\times\frac{240}{90}=400(mL)$より，石灰石1.0ｇとある濃度《のうど》の塩酸400mLがちょうど反応して気体が240mL発生することがわかる。塩酸を500mLに増やしても，石灰石がすべて反応してなくなっているため，それ以上発生する気体の量は増えない。

問２　実験２で，混合物9.0ｇがすべてアルミニウムの場合，十分な塩酸を加えたときに発生する気体の体積は，$4.0\times\frac{9.0}{3.0}=12(L)$となり，これは実際に発生した気体の体積より，$12-8.72=3.28(L)$多い。アルミニウム9.0ｇのうち3.0ｇが石灰石に置きかわったとすると，発生する気体の体積は，$4.0-0.72=3.28(L)$だけ減るので，混合物9.0ｇに含《ふく》まれていた石灰石は3.0ｇだとわかる。

問３　アルミニウムに塩酸をかけると水素が発生する。発生した気体が水素であることは，気体を試験管に集め，マッチの火を近づけるとポンという音を出して気体が燃えることで確かめることができる。

問４，問５　実験３で，発生した気体を石灰水に通しても白くにごらなかったことから，発生した気体は水素のみだとわかる。また，塩酸に水酸化ナトリウム水溶液を混ぜて中和させたあとに塩酸が残っていれば，石灰石と反応して二酸化炭素が発生するが，発生した気体は水素のみなので，混ぜたあとの溶液では，塩酸はすべて反応してなくなり，水酸化ナトリウム水溶液が余っていたことがわかる。水酸化ナトリウム水溶液はアルカリ性のため，BTB溶液を加えると溶液は青色になる。

問６　アルミニウム3.0ｇに十分な量の水酸化ナトリウム水溶液を加えると4.0Ｌの気体が発生するので，混合物の中に含まれるアルミニウムは，$3.0\times\frac{10.8}{4.0}=8.1(g)$である。

３ 酵素《こうそ》のはたらきについての問題

問１　タンパク質は，胃液に含まれるペプシンという消化酵素によりペプトンという物質に変えられ，最終的にはすい液や腸液によってアミノ酸にまで分解されて，小腸で吸収される。

問２　(1)　試験管の中にデンプンが分解されずに残っていると，ヨウ素液を加えたときに青紫《むらさき》色に変化する。　(2)　試験管ａと試験管ｂの結果から，だ液はデンプンを分解できることがわかり，試験管ｂと試験管ｃの結果から，だ液を80℃にするとデンプンを分解することができなくなることがわかる。

問３　(1)　図より，物質Ａに，酵素が(ア)→(エ)→(オ)→(キ)→(ク)の順番にはたらくと赤色の色素がつくられる。　(2)　物質Ａが青色の色素になるとき，酵素が(ア)→(エ)→(カ)→(キ)→(ク)の順番にはたらけばよい。バラは赤色やオレンジ色の色素をつくれることから，もともと(ア)，(エ)，(キ)，(ク)の酵素はもっていることがわかるので，もともと持っていなかったのは(カ)の酵素だとわかる。

４ 地震《じしん》についての問題

問１　①　地震が発生した地球内部の場所を震源といい，震源の真上の地点を震央という。　②　大きな地震のあとに，小さな地震が引き続き発生するとき，最初の地震を本震，引き続き発生する

小さな地震を余震という。　③　地層のずれを断層という。その中でも特に数十万年前以降から繰《く》り返し活動し，将来にわたって動く可能性があるものを活断層とよぶ。

問２　それぞれの地点での初期微《び》動《どう》継続《けいぞく》時間は，初期微動が２時15分28秒に到達《とうたつ》したＡ地点では，36－28＝８(秒)，２時15分24秒に到達したＢ地点では，28－24＝４(秒)，２時15分39秒に到達したＣ地点では，58－39＝19(秒)，２時15分35秒に到達したＤ地点では，50－35＝15(秒)である。これらの点を直線で結ぶと右のグラフのようになる。

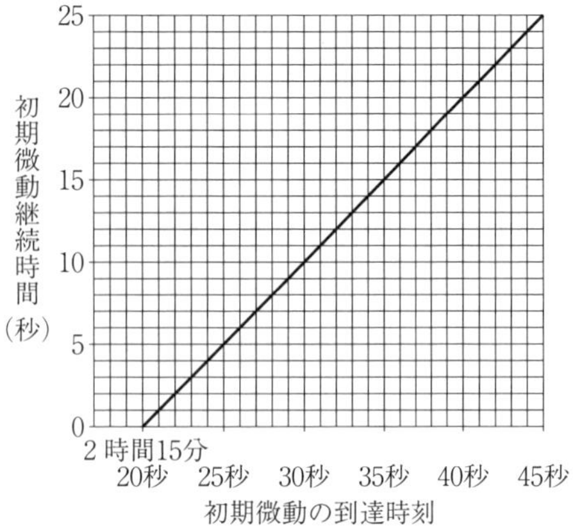

問３　震源では初期微動継続時間は０秒となるはずだから，問２で作成したグラフより，地震発生時刻は２時15分20秒と読み取れる。

問４　それぞれの地点で，初期微動が到達するまでの時間は，Ａ地点が，２時15分28秒－２時15分20秒＝８(秒)，Ｂ地点が，２時15分24秒－２時15分20秒＝４(秒)，Ｃ地点が，２時15分39秒－２時15分20秒＝19(秒)，Ｄ地点が，２時15分35秒－２時15分20秒＝15(秒)である。初期微動をおこすゆれが伝わる速さが毎秒６kmだとすると，それぞれの地点の震源までの距離《きょり》は，Ａ地点が，６×８＝48(km)，Ｂ地点が，６×４＝24(km)，Ｃ地点が，６×19＝114(km)，Ｄ地点が，６×15＝90(km)と求められる。

国　語　＜第１回試験＞（50分）＜満点：100点＞

解　答

□一 **問１**　Ａ　腹　　Ｂ　口　　**問２**　ア　　**問３**　エ　　**問４**　Ｘ　(例)　自分の方がきっと先に猫を見つけられる　　Ｙ　(例)　自信　　**問５**　ア　　**問６**　イ　　**問７**　(例)　拓也のことを味方だと思っていたが，猫を飼いたいというのは武の意地だと指摘されたことで，裏切られた気持ちになったから。　**問８**　(例)　悩みを相談できる相手が自分の周りにはいないという心細さ。　**問９**　(例)　友達は離れていき，自分を持ち上げてくれる人を取り巻きにしてうわべだけちやほやされるものの，むしろ孤独を感じている状態。　**問10**　ウ　**問11**　(例)　以前は，お稲荷さんにお願いしてやってきた猫を，寂しさを紛らわすために飼おうとしていたが，現在は，自分のことを信頼してくれる猫を不幸にしない責任があると考えるようになった。
問12　ア　　□二　下記を参照のこと。

●漢字の書き取り

□二　１　領域　　２　路頭　　３　〈省略〉　　４　展覧　　５　鉄橋　　６　翌朝
７　客間　　８　雨具　　９　群　　10　養(う)

解　説

□一 **出典は谷瑞恵《たにみずえ》の『神さまのいうとおり』所収の「猫《ねこ》を配る」による。**武《たける》は飼っていた猫がいなくなり，拓也《たくや》と一緒《いっしょ》にさがしていたが，そこに自分が猫のもともとの飼い主だという女性が現れた。

問１　**A**　自分たちのことを「泥棒《どろぼう》扱《あつか》い」してきた女性の態度に，「何だよ，あの女」と「ひたすら不愉快《ふゆかい》」になっている武とは対照的に落ち着いている拓也を見て，不思議に思っている場面なので，「腹」があてはまる。　**B**　拓也が「日本人形みたいな人だったな」と「妙《みょう》な感想」を言ったことを表す部分なので，「口」が入る。

問２　直前に「だから」とあるのでその前に注目すると，「武には祖母はいるが，曾祖母《そうそぼ》となるとイメージがわかないため，すごく昔の人だとしか思えない」とある。拓也は，ひいおばあちゃんが「狐《きつね》が若い女の人に化けてるのを見た」と言うが，ひいおばあちゃんという「すごく昔の人」のする話は「おとぎ話」のように現実味が感じられないのである。

問３　続く部分に注目する。武と拓也に向けた「この子はうちのマフィンよ。見つけたら返して。でないと，あなたたち，泥棒になるわよ」という言葉が，「女の人」の二人に対する不快感を表している。よって，エがふさわしい。

問４　直前に注目すると，「女の人」が「わたしが先に見つけるから，こんな貼《は》り紙したって無駄《むだ》よ」と言っているので，自分が先に猫を見つけるはずだという強い気持ちがあることがわかる。よって，Ｙには「自信」などがあてはまる。

問５　武は，自分がゴンの飼い主だという女性の悪口や自分がゴンを助けたこと，ゴンが自分になついていたことなどを言い連ねていることから，自分こそゴンの飼い主にふさわしいのだと言いたいことが読み取れる。また，「自分に言い聞かせるためだったかもしれない」とあるので，アがふさわしい。

問６　この後，拓也は武に対して「見つかっても飼えるの？」，「杉原《すぎはら》くんの意地で，ゴンがまたひどい目にあったりしたらかわいそうだよ」，「ゴンがこれまであの人に飼われてたなら，本当は家へ帰りたいと思ってるんじゃないかな」と言っている。ここから，ゴンを自分の飼い猫だという「女の人」が現れたことで，拓也の気持ちに変化があったことが読み取れる。

問７　ゴンのことを中心に考える拓也に，武が「おまえも，おれの味方じゃないんだな」と言い捨てている。ここから，武が拓也の言葉を聞いて，これまで一緒にゴンをさがしてきたのに，急に裏切られたように感じたことが読み取れる。

問８　直前に書かれている拓也の話と，直後の武の話の共通点に注目する。拓也は，猫のことで親友に「悪いことをしたような気がして」連絡《れんらく》できないため，「転校してきてまだ二月ほど」で「心細」くても相談できる相手がいない。一方武は，「自分を持ち上げてくれて，わがままを言える相手を取り巻きにする」ようになって「仲のよかった友達」は離《はな》れていってしまい，「うわべだけのちやほや」のなかで「孤独《こどく》」を感じている。よって，「心から話せる相手が自分の周りにいないという心細さ」のようにまとめる。

問９　問８でみたように，ゴンに出会う前の武は，仲のよかった友達が自分から離れていき，「自分を持ち上げてくれて，わがままを言える」ような「取り巻き」にちやほやされながらも，それがうわべだけだとわかっていて，余計に孤独を感じていたのである。

問10　この後の拓也の言葉に注目する。拓也は武のことを「べつに怖《こわ》くないのにな」と言い，「たぶん，杉原くんが猫をさがしてたから，親近感が持てたっていうか」と話している。よって，ウが選べる。

問11　心から話せる相手がいなかった武にとって，猫は「寂《さび》しさを紛《まぎ》らせてくれる」存在であり，猫がいたらかつての自分に戻《もど》れそうな気がしていた。ところが今は，「一度は拾ってゴンの運命に手を貸したのだから，そしてゴンが武を安心できる相手だと思っているのだから，自分にはゴンを不幸にしないという責任があるだけだ」と，自分のことよりゴンのことを第一に考えるようになっていることがわかる。

問12　第三者の視点から語る形をとっているが，武の考えていることが会話以外の地の文で語られている部分もあり，武の細かい心の動きまでが読者に伝わりやすくなっているといえる。

二　漢字の書き取り

1　ある者がかかわりや勢力をもつ範囲。　**2**　道ばた。「路頭に迷う」は，“住む家もなく，生活に困る”という意味。　**3**　〈省略〉　**4**　広げたり並べたりして人に見せること。　**5**　鉄でできた橋。　**6**　次の日の朝。　**7**　来客の応接をする部屋。　**8**　雨天時に雨を防ぐために使う衣類や道具。　**9**　「群を抜《ぬ》く」は，“多くの中で目立ってすぐれている”という意味。

10　音読みは「ヨウ」で，「栄養」などの熟語がある。

※　編集部注…学校より，二の３の漢字の書き取りについては小学校学習指導要領の範囲外からの出題だったため，全員正解にしたとの発表がありました。なお，本誌では学校の了承のもと削除しております。

2022年度　城北中学校

〔電　話〕　(03) 3956－３１５７
〔所在地〕　〒174-8711　東京都板橋区東新町２－28－１
〔交　通〕　東武東上線－「上板橋駅」より徒歩８分

【算　数】〈第２回試験〉（50分）〈満点：100点〉

注意　１．円周率が必要な場合には，3.14として計算しなさい。

２．コンパス・定規・分度器を使ってはいけません。

1　次の□にあてはまる数を求めなさい。

(1)　$4\frac{1}{4}-0.3\times\frac{5}{12}+\left(2\frac{3}{5}-1.2\right)\div1\frac{3}{5}=$ □

(2)　$5\frac{1}{7}\times\left(\frac{1}{3}+\frac{1}{4}\right)-\left(\frac{1}{6}-\square\right)\div\frac{1}{4}=2\frac{2}{3}$

2　次の□にあてはまる数を求めなさい。

(1)　A君だけで行うと24日，B君だけで行うと30日，C君だけで行うと40日で終わる仕事があります。

この仕事を，はじめはA君とB君の２人で□日行い，その後C君が加わって３人で行ったところ，仕事を始めてから12日で終わりました。

(2)　AB＝ACの二等辺三角形ABCの紙を，右の図のようにADを折り目として折り返したところ，DE＝EFとなりました。角アの大きさは□度です。

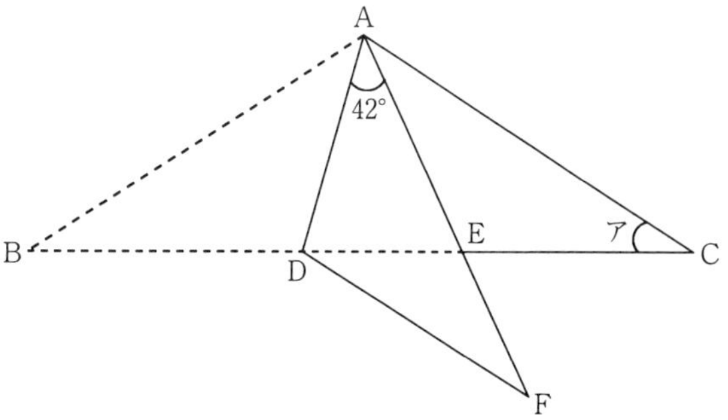

(3)　下の図のように６脚《きゃく》のイスが横一列に固定して置かれています。A君，B君，C君の３人がたがいに１脚以上間隔《かく》をあけて座るとき，□通りの座り方があります。

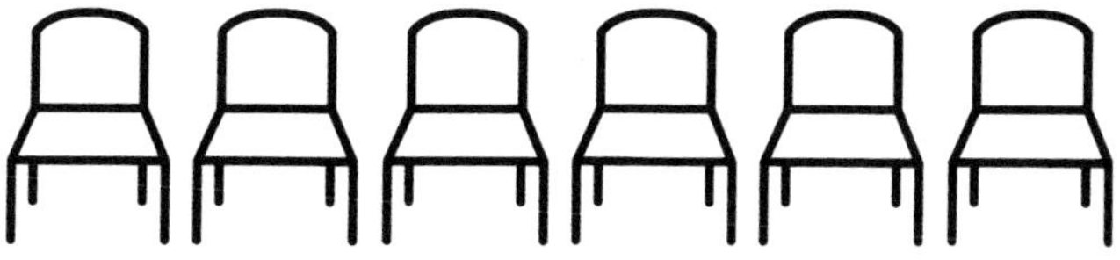

(4)　あるポスターを印刷する費用は，100枚までなら何枚印刷しても3000円かかり，100枚をこえた分は１枚につき13円かかります。ポスター１枚あたりの費用を20円より安くするためには□枚以上印刷する必要があります。

(5)　右の図は面積１cm^2の正六角形です。点Pは１辺を２等分する点，点Q，Rは１辺を３等分する点です。斜線《しゃせん》部分の面積は□cm^2です。

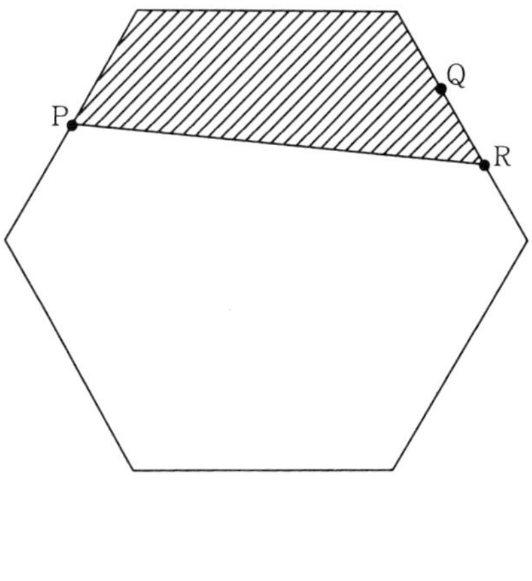

3 太郎君と次郎君が自転車に乗ってＰ地点とＱ地点の間を一定の速さで往復しました。太郎君と次郎君はＰを同時に出発し，太郎君がＱからＰにもどる間に，ＰからＱに向かう次郎君とＱから１kmの地点で出会いました。

太郎君がＰに到着《とうちゃく》したときに，次郎君はＱからＰに向かっていて，Ｐまであと3.5kmの地点にいました。

下の図は２人の位置と時間の関係を表したものです。

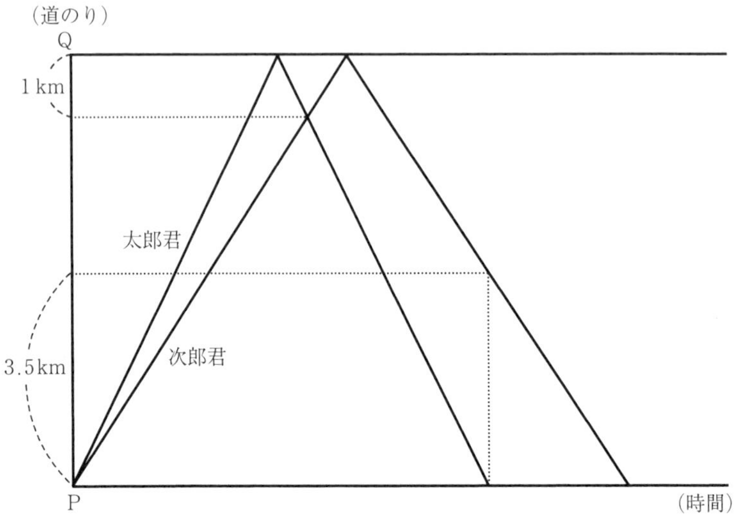

次の問いに答えなさい。

(1) 太郎君がＱ地点に到着したときに，次郎君はＱ地点まであと何kmの地点にいますか。

(2) 太郎君の速さは，次郎君の速さの何倍ですか。

(3) Ｐ地点からＱ地点までの距離《きょり》は何kmですか。

太郎君と次郎君がＰを出発したのと同時に，三郎君も次郎君と同じ速さでＰからＱに向かいました。

三郎君は太郎君と出会ったと同時に，それまでの速さの $\frac{5}{6}$ 倍でＰに引き返したところ，太郎君がＰに到着した15分後にＰに到着しました。

(4) 太郎君が次郎君，三郎君と出会ったのは３人がＰ地点を出発してから何分後ですか。

4 整数 A を３で割ったときの余りを〈A〉と表すことにします。ただし，A が３で割り切れる数のときは〈A〉＝0と表します。

例えば，

〈1〉＝1，〈5〉＝2，〈15〉＝0

となります。

次の問いに答えなさい。

(1) 次の□にあてはまる数を求めなさい。

〈1〉＋〈2〉＋〈3〉＋……＋〈15〉＝［ ① ］

〈1＋2＋3＋……＋15〉＝［ ② ］

(2)　$\langle 1+2+3+\cdots\cdots+A\rangle=1$ となる２桁《けた》の整数 A は全部で何個ありますか。

(3)　$\langle 1\rangle+\langle 2\rangle+\langle 3\rangle+\cdots\cdots+\langle B\rangle=B$ となる２桁の整数 B は全部で何個ありますか。

5　図１のように，１辺が１cmの立方体を64個積み重ねて，１辺が４cmの立方体ABCD-EFGHをつくりました。この立方体において，１辺が１cmの立方体の頂点，またはその頂点が２つ以上重なった点を「重点」とよぶことにします。立方体ABCD-EFGHの面上および内部には，全部で125個の重点があります。

図１

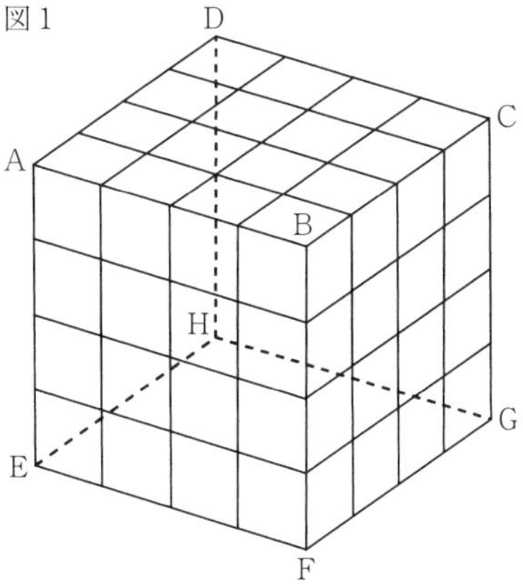

いま，図２のように４点Ｂ，Ｄ，Ｅ，Ｇを頂点とする三角すいを立体アとします。立体アを，重点Ｐを通り面ABCDに平行な面で切断したとき，その断面の図形は図３の太線で囲まれた長方形になります。

ただし，図３の点線は，１辺が１cmの立方体の辺を表しています。

図２

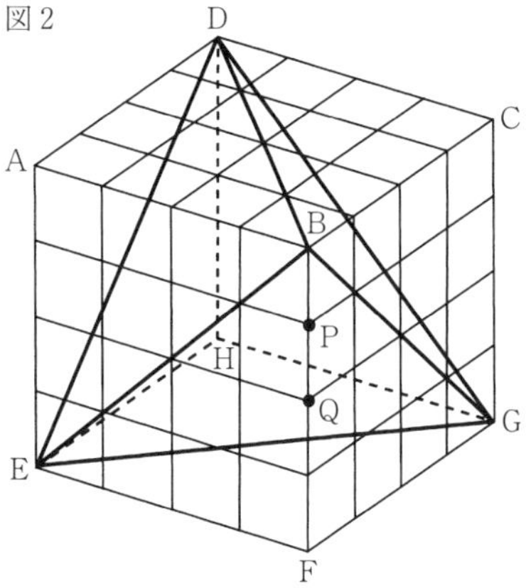

図３

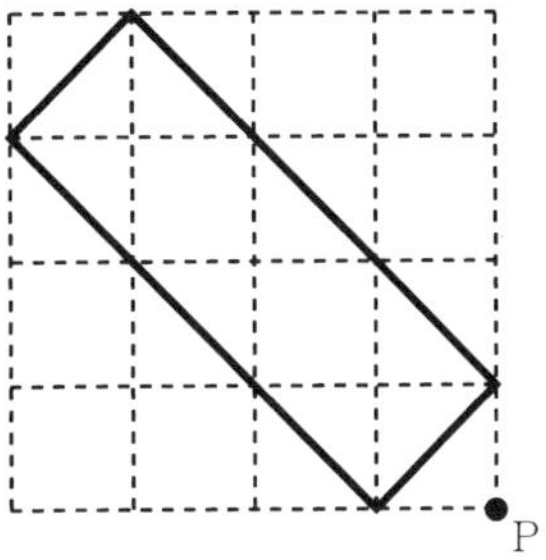

次の問いに答えなさい。

(1)　立体アの面上および内部にある重点の個数を，次のように数えました。［①］～［③］にあてはまる数を求めなさい。

重点の個数のうち，面ABCD上にあるのは５個，重点Ｐを通り面ABCDに平行な面上にあるのは［①］個，重点Ｑを通り面ABCDに平行な面上にあるのは［②］個です。

このように数えていくと，立体アの面上および内部にある重点は，全部で［③］個あります。

(2)　４点Ａ，Ｃ，Ｆ，Ｈを頂点とする三角すいを立体イとします。立体アと立体イが重なっている部分の立体について，この立体の面上および内部に重点は全部で何個ありますか。

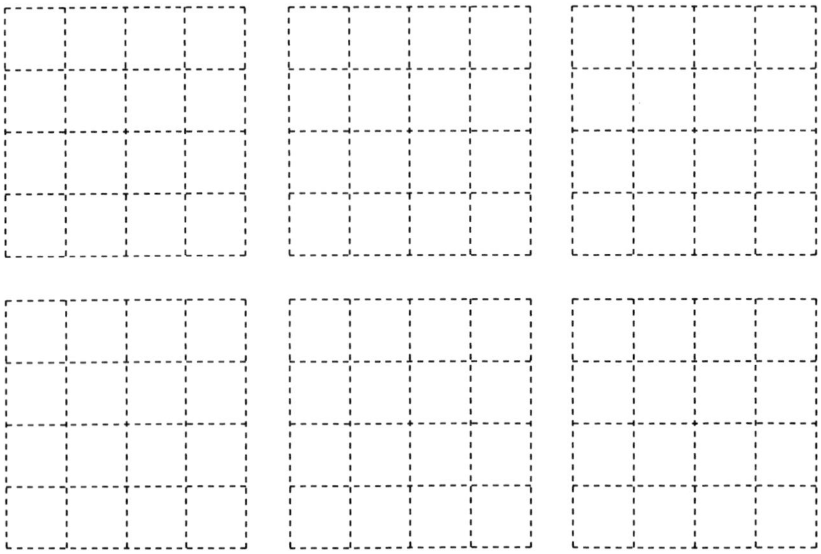

【社　会】〈第２回試験〉（40分）〈満点：70点〉

1－**1**　次の文章を読んで，下記の設問に答えなさい。

新型コロナウイルスの感染拡大を受けて，私たちの行動はこれまでと大きく変わりました。例えば，(1)マスクなどの衛生《えいせい》用品がたくさん売れました。また，多くの人々が自宅で過ごす時間が増えたため，自宅での調理の機会が増えて，(2)冷凍食品や(3)小麦粉，(4)乳製品の消費が伸びました。

外出の機会が減ったことは，(5)服の売れ行きの停滞や，(6)観光産業への打撃をもたらしました。また，ICT 機器を活用することにより，本来の職場以外の場所で勤務する柔軟《じゅうなん》な働き方の（　あ　）という形態が急速に普及しました。

そして，(7)外国人労働者などの数が大きく減少したことから，(8)日本の人口にも影響が出ると考えられます。

問１　下線部(1)について，日本はマスクの多くを中国からの輸入に頼っています。中国について述べた文として**誤っているもの**を，次のア～エから一つ選び，記号で答えなさい。

ア．米の生産量が世界で最も多い国です。

イ．人口増加率はインドに劣りますが，人口が世界で最も多い国です。

ウ．輸出入額の合計でみると，日本にとって最大の貿易相手です。

エ．中国の国土面積は日本の国土面積の30倍以上です。

問２　下線部(2)について，次のグラフは冷凍食品にも利用される，ある作物の生産量を示しています。この統計が示す作物として正しいものを，下のア～エから一つ選び，記号で答えなさい。

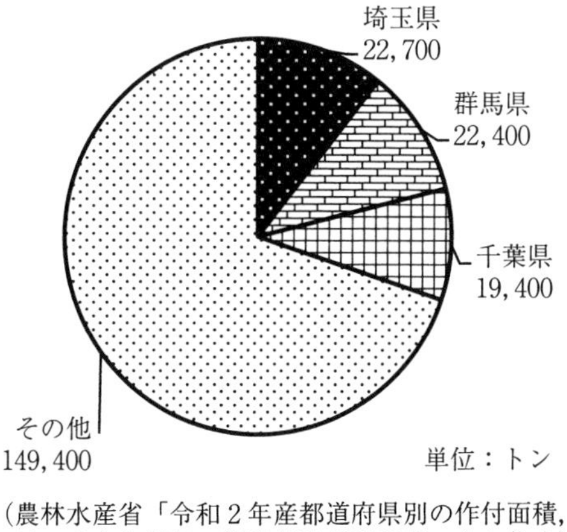

（農林水産省「令和２年産都道府県別の作付面積，10ａ当たり収量，収穫量及び出荷量」より作成）

ア．たまねぎ

イ．ほうれんそう

ウ．じゃがいも

エ．ピーマン

問３　下線部(3)について，次のページのア～エのグラフは，小麦，大豆，牛肉，石炭のいずれかの日本の輸入相手国とその割合を示しています。小麦を示すものを，ア～エから一つ選び，記号で答えなさい。

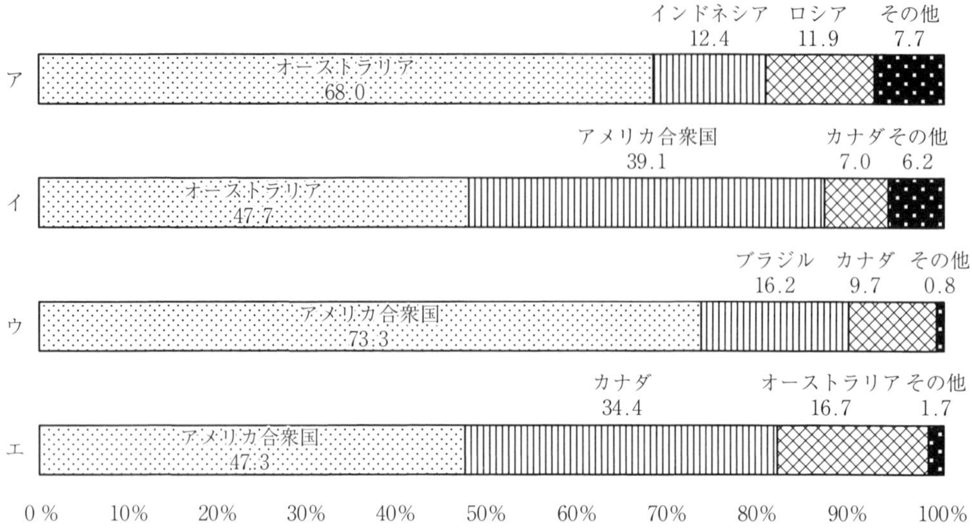

(農林水産省『農林水産物輸出入統計(2019年)』,「財務省貿易統計」より作成)

問4　下線部(4)について，右の表は日本の乳用牛の頭数上位の道県を示しています。表中の空欄(A)にあてはまる県名として正しいものを，次のア～エから一つ選び，記号で答えなさい。

順位	道県	頭数(頭)
1位	北海道	830,300
2位	(A)	53,100
3位	熊本県	43,800

(農林水産省「畜産統計(令和3年2月1日現在)」より作成)

ア．福岡県　　イ．宮崎県　　ウ．栃木県　　エ．埼玉県

問5　問4に関連して，酪農《らくのう》の盛んな地域の特徴について述べた文として正しいものを，問4の表も参考にして，次のア～エから一つ選び，記号で答えなさい。

ア．北海道は肉用牛の頭数も日本一多い都道府県です。

イ．北海道の大規模な酪農地帯として石狩平野が挙《あ》げられます。

ウ．大消費地に近いところではチーズ，遠いところでは生乳の生産が行われる傾向があります。

エ．酪農が盛んで，広く平坦な牧草地帯をサイロといいます。

問6　下線部(5)に関連して，日本には伝統的な織物が各地に存在しています。その産品と県の組合せとして正しいものを，次のア～エから一つ選び，記号で答えなさい。

ア．本場大島つむぎ－鹿児島県　　イ．西陣織《にしじんおり》－石川県

ウ．小千谷《おぢや》ちぢみ－長野県　　エ．結城《ゆうき》つむぎ－群馬県

問7　下線部(6)について，日本各地で伝統的に行われ，観光資源となってきた祭りが，新型コロナウイルスの感染拡大を受けて，中止になったり，縮小《しゅくしょう》した規模で行われたりしています。以下の祭りとそれが開催される県の組合せとして**誤っているもの**を，次のア～エから一つ選び，記号で答えなさい。

ア．ねぶた祭り－青森県

イ．竿燈《かんとう》祭り－岩手県

ウ．花笠《はながさ》祭り－山形県

エ．七夕《たなばた》祭り－宮城県

問８　下線部(6)について，日本政府は観光による収入を増やすことなどを目的として，2008年に観光庁を設けました。観光庁が所属する省の名称を**漢字**で答えなさい。

問９　下線部(7)について，日本における2010年から2020年の外国人登録者数の増加率が最も高い国として正しいものを，次のア～エから一つ選び，記号で答えなさい。

ア．ブラジル

イ．ベトナム

ウ．フィリピン

エ．中国

問10　下線部(8)について，以下の表はいくつかの都県の2020年から2021年の人口に関するデータを示しています。表から読み取れることを述べた文として**誤っているもの**を，下のア～エから一つ選び，記号で答えなさい。

	2021年の人口（万人）	2020年の人口（万人）	2020年から2021年の増減（万人）		2021年の世帯数（万世帯）
				うち外国人の増減（万人）	
埼玉県	739.4	739.0	0.4増加	0.3増加	339.8
千葉県	632.3	632.0	0.3増加	0.2増加	296.4
東京都	1384.4	1383.5	0.9増加	3.1減少	734.1
神奈川県	922.0	920.9	1.1増加	0.2減少	443.0

（総務省「住民基本台帳に基づく人口，人口動態及び世帯数(令和３年１月１日現在)」より作成）

ア．2020年から2021年にかけて，埼玉県は日本人よりも外国人の人口が多く増えました。

イ．千葉県の日本人の増減数は埼玉県と同程度となっています。

ウ．日本人の人口増加数が１万人以上となっているのは，東京都だけです。

エ．東京都を除き，2021年の１世帯あたりの構成人員数は２人以上となっています。

問11　文中の空欄(あ)にあてはまる正しい語句を**カタカナ５文字**で答えなさい。

1－**2**　次の文章と表を読んで，下記の設問に答えなさい。

次の表はふるさと納税受入額上位の自治体とその主な返礼品《へんれいひん》を示しています。ふるさと納税の返礼品は地域の名産品であることが多くあります。

順位	自治体名	納税受入額(百万円)	主な返礼品
１位	(9)宮崎県都城《みやこのじょう》市	13,525	牛肉，(10)豚肉，鶏肉，焼酎
２位	北海道紋別《もんべつ》市	13,393	ほたてなどの(11)水産物
３位	北海道根室市	12,546	いくらなどの水産物
４位	北海道白糠《しらぬか》町	9,737	さけ，いくら，チーズ
５位	宮崎県都農《つの》町	8,268	豚肉，うなぎ，加工肉
６位	(12)山梨県富士吉田市	5,831	もも，ぶどう，水
７位	(13)山形県寒河江《さがえ》市	5,676	牛肉，米，西洋なし，そば

（総務省「令和３年度ふるさと納税に関する現況調査について」より作成）

問12　下線部(9)について，宮崎県の形として正しいものを，次のア～エから一つ選び，記号で答えなさい。なお，ア～エの都道府県はすべて北が上を向いていますが，縮尺が同じとは限りません。

ア．

イ．

ウ．

エ．

問13　下線部(10)について，次のグラフは日本における豚の飼育頭数の上位の道県を示しています。ア～エには宮崎県，北海道，群馬県，鹿児島県のいずれかがあてはまります。宮崎県に該当するものを，ア～エから一つ選び，記号で答えなさい。

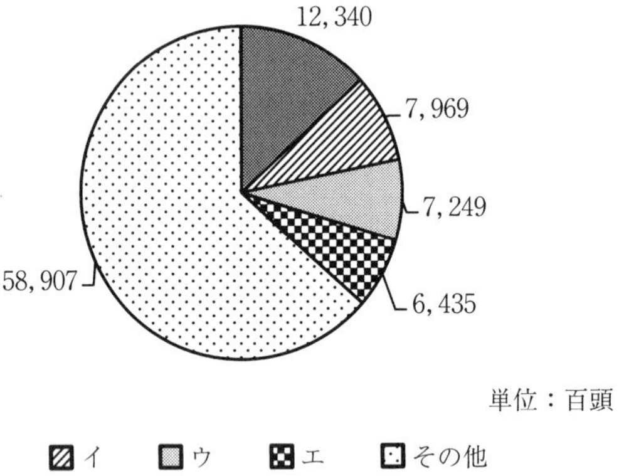

(農林水産省「畜産統計(令和３年２月１日現在)」より作成)

問14　下線部(11)について，日本の漁港で最も多くの水産物の水揚げ量を記録する港がある県名を答えなさい。(水産庁「水産物流通調査(2020年)」による)

問15　下線部(12)について，山梨県では多くの果樹の栽培が行われています。果樹園の地図記号を書きなさい。

問16　問15に関連して，山梨県が果樹栽培に適しているのは，川が山地から平地に出る際に，土砂がたい積してできる，水はけの良い地形が多く見られるためです。この地形の名称として正しいものを，次のア～エから一つ選び，記号で答えなさい。

ア．三角州　　　イ．扇状地

ウ．河岸段丘　　エ．砂州

問17　下線部(13)について，山形県において，最も生産されている米の品種の名称として正しいものを，次のア～エから一つ選び，記号で答えなさい。(米穀安定供給確保支援機構「令和元年産水稲の品種別作付動向について」による)

ア．はえぬき

イ．ひとめぼれ

ウ．ななつぼし

エ．ゆめぴりか

問18　次の雨温図は，表中の道県の都市である根室，山形，甲府，宮崎のいずれかを示しています。山形を示すものを，ア～エから一つ選び，記号で答えなさい。

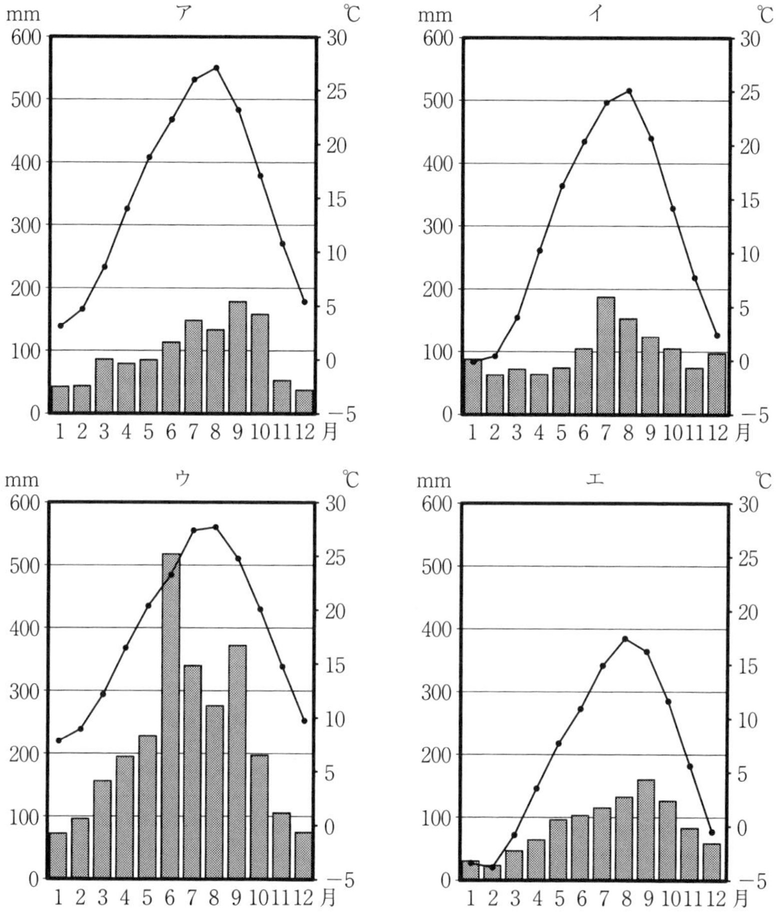

(気象庁データより作成)

2　次の文章【１】～【７】を読んで，下記の設問に答えなさい。

【１】　旧石器時代や(1)縄文時代の日本には，まだ文字がなく，お互いの意思を伝える言葉を次第に発達させ，集団での作業を可能にしていきました。弥生時代になると，(2)中国や朝鮮半島との関わりの中で文字が伝わり，渡来人によって文字の使用が始まりました。そして，(3)７世紀の日本では，政治や外交で文字が使われることが多くなりました。

問１　下線部(1)について述べた文として**誤っているもの**を，次のア～エから一つ選び，記号で答えなさい。

ア．打製石器に加えて，磨製《ませい》石器を利用するようになりました。

イ．釣針や銛《もり》に骨角器を用いたり，網を用いた漁業も行われました。

ウ．岩宿遺跡の発見によって，縄文時代の研究が進みました。

エ．床が地面よりも低い竪穴住居をつくって，定住生活を始めました。

問２　下線部(2)に関連して，文字の伝来や使用について述べた文として**誤っているもの**を，次のア～エから一つ選び，記号で答えなさい。

ア．孔子《こうし》の教えを記した『論語』がもたらされるなど，大陸から漢字が伝えられました。

イ．埼玉県の稲荷山古墳では，漢字が記された鉄剣が出土しています。

ウ．倭王武は中国(南朝の宋)の皇帝に手紙を書き，安東大将軍に任命されました。

エ．天武天皇の時代，小野妹子が遣隋使として派遣され，隋の皇帝に手紙を渡しました。

問３　下線部(3)の時代の出来事について述べた文として**誤っているもの**を，次のア～エから一つ選び，記号で答えなさい。

ア．推古天皇の時代に，冠位十二階が制定されました。

イ．中大兄皇子と中臣鎌足は新しい天皇をたて，大化の改新を進めました。

ウ．日本は，百済を救おうとして，白村江《はくすきのえ》の戦いで唐と新羅の連合軍と戦い，敗北しました。

エ．皇位継承をめぐる壬申の乱に勝利して，天智天皇が即位しました。

【２】　(4)古代国家の律令体制は，文書による行政を地方へ行き渡らせることから始まりました。これにより，文字による本格的な支配が行われました。具体的には，戸籍をつくって人民を直接把握《はあく》し，租税を集めました。また，(5)歴史書の編さんも行いました。

問４　下線部(4)について述べた文として**誤っているもの**を，次のア～エから一つ選び，記号で答えなさい。

ア．律は現在の刑法などにあたり，令は行政を行う基準となる法にあたります。

イ．６歳以上の男女に租・庸・調が課せられ，たいへん重い負担となりました。

ウ．役所間の連絡や荷札に多くの木簡が使用されました。

エ．唐の都長安を参考に，奈良盆地に平城京がつくられました。

問５　下線部(5)に関連して，天武天皇の命令で，稗田阿礼《ひえだのあれ》によみならわせた内容を，太安万侶が編さんした歴史書は何といいますか。**漢字**で答えなさい。

【３】　８世紀末から(6)桓武天皇によって律令体制の立て直しが進められました。また，遣唐使がもたらした新しい文化が広がり，貴族は漢詩文をつくる能力が求められました。10世紀に入ると，唐の文化を吸収した上で，日本独自の文化が花開きました。かな文字が使用され，多くの(7)文学作品が生まれました。一方で，(8)律令体制は次第に崩れ，政治が乱れていきました。

問６　下線部(6)の政策について述べた文として正しいものを，次のア～エから一つ選び，記号で答えなさい。

ア．地方での反乱を鎮圧するため，勘解由使《かげゆし》を新しく設けました。

イ．班田収授の法を立て直すため，班田の期間を12年から６年に短くしました。

ウ．行基の協力を得て，東大寺に大仏を造立《ぞうりゅう》しました。

エ．坂上田村麻呂を征夷大将軍に任命し，東北の蝦夷《えみし》と戦わせました。

問７　下線部(7)について，この時代に書かれた『土佐日記』の作者を**漢字**で答えなさい。

問８　下線部(8)に関連して，下記の１～３の出来事を時代の古い順に並べ替えたものとして正しいものを，下のア～カから一つ選び，記号で答えなさい。

１．平等院鳳凰《ほうおう》堂の完成　　２．平将門の乱　　３．保元の乱

ア．１→２→３　　イ．１→３→２　　ウ．２→１→３

エ．２→３→１　　オ．３→１→２　　カ．３→２→１

【４】　鎌倉幕府は，源頼朝以来の武家社会の慣習や道徳をもとに(9)御成敗式目を制定しました。(10)室町幕府もこの法典を引き継ぎました。その後，戦国大名が制定した(11)分国法にも御成敗式

目の影響があると考えられ，長く参考にされていたことが分かります。

問９　下線部(9)を制定した背景について述べた文として正しいものを，次のア～エから一つ選び，記号で答えなさい。

ア．荘園領主と地頭との争いが増えたため，争いを裁く基準として制定しました。

イ．幕府の力が強まると，皇族や公家を統制する法律として制定しました。

ウ．幕府が全国を支配する組織になると，農民を統制する法律として制定しました。

エ．律令が機能しなくなってしまったので，新しい法律として制定しました。

問10　下線部(10)に関連して，室町時代の出来事について述べた文として正しいものを，次のア～エから一つ選び，記号で答えなさい。

ア．将軍を補佐する執権は，斯波《しば》氏・細川氏・畠山氏が交代でつきました。

イ．大和の国では，守護の軍を追放した国人と農民による自治が８年間続きました。

ウ．禅宗の影響を受けて，絵画では水墨画が発達し，建築では寝殿造が生まれました。

エ．商工業が発達し，運送業を行う馬借《ばしゃく》の活動もさかんになりました。

問11　下線部(11)に関する内容として正しいものを，次のア～エから一つ選び，記号で答えなさい。

ア．大名は，毎年四月に参勤交代をすること。

イ．勝手に，他国の者と縁組《えんぐ》みをしてはいけません。

ウ．五百石《こく》積以上の大きな船をつくってはいけません。

エ．寄合を二度欠席した者は，罰金を払わなければなりません。

【５】　板橋区は東京都の北部に位置します。板橋の名前は，平安時代に石神《しゃくじ》井川《いがわ》に架《か》けられていた板の橋が当時はめずらしく，この板橋が由来になったとされています。江戸時代，板橋は(12)中山道の最初の宿場町であり，多くの人々で賑《にぎ》わっていました。また，この地に(13)加賀藩の下屋敷が置かれていました。高島平周辺は当時徳丸ヶ原と呼ばれる幕府の領地で，(14)1841年に高島秋帆《しゅうはん》によって西洋式の砲術訓練が実施されたことで有名です。

問12　下線部(12)に関連して，江戸時代の交通について述べた文として**誤っているもの**を，次のア～エから一つ選び，記号で答えなさい。

ア．江戸の日本橋を起点に五街道が整備され，街道には一里塚が築かれました。

イ．街道の要所に関所を設けて，通行人から通行税を徴収《ちょうしゅう》しました。

ウ．大井川には橋が架けられず，雨で増水した場合，渡ることが出来なくなりました。

エ．甲州街道は江戸を出発し甲府を経て，下諏訪《すわ》で中山道と合流します。

問13　下線部(13)の城下町として正しいものを，次のア～エから一つ選び，記号で答えなさい。

ア．金沢　　イ．米沢　　ウ．山口　　エ．春日山

問14　下線部(14)が行われた背景として，18世紀以来の対外関係の緊張の高まりが挙げられます。これについて，下記の１～３の出来事を時代の古い順に並べ替えたものとして正しいものを，下のア～カから一つ選び，記号で答えなさい。

１．アヘン戦争の勃発《ぼっぱつ》　　２．ラクスマンの来航　　３．モリソン号事件

ア．１→２→３　　イ．１→３→２　　ウ．２→１→３

エ．２→３→１　　オ．３→１→２　　カ．３→２→１

【６】　陸軍板橋火薬製造所跡は2017年10月に国の史跡に指定されました。板橋火薬製造所は，(15)明治初期に，現在の板橋区加賀地域に所在していた加賀藩下屋敷の跡地に設置された(16)官営

工場でした。(17)明治政府が初めて設置した近代的な火薬製造所であり，1945年まで国内有数の火薬工場として稼働《かどう》していました。現在は板橋区史跡公園(仮称)として整備し，当時の遺構《いこう》や建造物を含めて公開を行う歴史公園のグランドオープンに向けて，計画を立てたり，調査研究を進めています。

問15　下線部(15)の時期について述べた文として正しいものを，次のア～エから一つ選び，記号で答えなさい。

ア．廃藩置県の結果，もとの藩主が政府から任命された役人という立場で土地と人民を支配しました。

イ．徴兵令は20歳以上の男子に兵役の義務を負わせるものでしたが，当初は様々な免除規定がありました。

ウ．地租改正によって地主の土地は強制的に買い上げられて，小作人に安く売り渡されました。

エ．岩倉具視や板垣退助，西郷隆盛らはアメリカやヨーロッパに出かけ，条約改正の予備交渉と欧米の視察を行いました。

問16　下線部(16)について，明治政府が近代工業の育成のため，群馬県につくった官営工場は何といいますか。**漢字５文字**で答えなさい。

問17　下線部(17)の政策について述べた文として**誤っているもの**を，次のア～エから一つ選び，記号で答えなさい。

ア．君主の権力が強いフランスの憲法を参考に憲法の作成を進めました。

イ．ロシアの南下政策に対抗し，イギリスと日英同盟を結びました。

ウ．韓国を併合し，統治機関として朝鮮総督府を設置しました。

エ．外務大臣小村寿太郎の交渉によって，条約改正を達成しました。

【7】　作家である(18)永井荷風《かふう》が書き記した日記に『断腸亭日乗《だんちょうていにちじょう》』があります。この日記は，1917年９月16日から始まり，永井荷風が亡くなる前日の1959年４月29日まで書かれています。(19)大正時代と(20)昭和の軍国主義が広がる時代，そして，終戦と戦後の激動期の世相《せそう》と，それらに対する批判が書き記されています。現在，歴史的にも非常に貴重な史料(資料)と考えられています。

問18　下線部(18)は1910年，森鷗外らの推薦《すいせん》で慶應義塾(後の慶應義塾大学)の教授となりましたが，慶應義塾を創設した人物の姓名を**漢字**で答えなさい。

問19　下線部(19)の時代について，下記の１～３の出来事を時代の古い順に並べ替えたものとして正しいものを，下のア～カから一つ選び，記号で答えなさい。

１．国際連盟の発足　　２．普通選挙法の成立　　３．関東大震災の発生

ア．１→２→３　　イ．１→３→２　　ウ．２→１→３

エ．２→３→１　　オ．３→１→２　　カ．３→２→１

問20　下線部(20)に関連した文として正しいものを，次のア～エから一つ選び，記号で答えなさい。

ア．二・二六事件が発生し，首相の犬養毅が海軍の将校に暗殺されました。

イ．ヨーロッパで第二次世界大戦が勃発すると，日本は中国と戦争を始めました。

ウ．日中戦争が始まると，政府は戦時体制をつくるために国家総動員法を定めました。

エ．東条英機首相が日独伊三国同盟を締結すると，日米対立が深まりました。

3 次の文章を読んで，下記の設問に答えなさい。

(1)裁判所には，最高裁判所とその下級裁判所として高等裁判所・地方裁判所・簡易裁判所・(あ)裁判所の四種類があります。この中で最高裁判所は，(2)法律などが憲法に違反しているかどうかを最終的に判断する裁判所でもあります。その意味で憲法の(い)と呼ばれています。そして，裁判には，(3)金銭の貸し借りなど個人と個人の争いを解決する裁判，(4)殺人や盗みなどの罪を犯した人に対して犯罪を認定し，刑罰を科《か》す裁判，行政機関の違法な行政によって権利を侵害された個人や企業が救済を求める行政裁判の三種類があります。

なお，裁判を慎重に行うために，(5)同一事件について，第一審判決に対して不服であれば第二審が認められ，第二審判決に対して不服であれば第三審が認められています。また，判決確定後であっても，敗訴した人が判決には重大な誤りがあるとして，判決の取り消しを求めて申し立てをした場合には，裁判のやり直しをすることもあります。そのほか，現在の課題として，誤った判決を避ける方策や(6)国民の裁判に参加するあり方などがあります。

問１　文中の空欄(あ)(い)にあてはまる語句を，それぞれ**漢字**で答えなさい。

問２　下線部(1)に関連して，下記の憲法第76条の条文を読んで，設問ⅰ，ⅱに答えなさい。

> 第76条　①　すべて(う)権は，最高裁判所及び法律の定めるところにより設置する下級裁判所に属する。
> ②　省略
> ③　すべて(A)裁判官は，その(え)に従い独立してその職権を行い，この憲法及び法律にのみ拘束《こうそく》される。

ⅰ　上記の日本国憲法の条文の(う)(え)にあてはまる語句を，それぞれ**漢字**で答えなさい。

ⅱ　下線部(A)に関連して，最高裁判所裁判官の国民審査はいつ行われますか。正しいものを，次のア～エから一つ選び，記号で答えなさい。

ア．裁判官が任命されてから初めて行われる参議院議員選挙の時と，その後５年経過して初めて行われる衆議院議員総選挙の時に行われます。

イ．裁判官が任命されてから初めて行われる衆議院議員総選挙の時と，その後５年経過して初めて行われる参議院議員選挙の時に行われます。

ウ．裁判官が任命されてから初めて行われる参議院議員選挙の時と，その後10年経過して初めて行われる衆議院議員総選挙の時に行われます。

エ．裁判官が任命されてから初めて行われる衆議院議員総選挙の時と，その後10年経過して初めて行われる衆議院議員総選挙の時に行われます。

問３　下線部(2)について，日本の違憲審査制度について正しいものを，次のア～エから一つ選び，記号で答えなさい。

ア．最高裁判所により違憲と判断された法律は自動的に廃止されるため，国会による手続きは必要ありません。

イ．違憲審査を行うことができるのは最高裁判所長官だけで，その他の裁判官は法令などの違憲性を判断することはできません。

ウ．最高裁判所は，裁判で争われている具体的な事件を通して違憲かどうかの判断を下します。

エ．違憲審査権を強化するために，裁判員制度が導入されました。

問4　下線部(3)，(4)の裁判をそれぞれ何といいますか。**漢字**で答えなさい。

問5　下線部(4)に関連して，被疑《ひぎ》者や被告人の権利について，**誤っているもの**を，次のア～エから一つ選び，記号で答えなさい。

ア．誰でも弁護人を依頼する権利があります。

イ．自分に不利益となる質問には答えなくてもよいという黙秘《もくひ》権が認められています。

ウ．無罪の判決が下されたときには，国に補償《ほしょう》を求めることができます。

エ．証拠が自白だけでも，有罪とすることができます。

問6　下線部(5)について，下記の設問ⅰ，ⅱに答えなさい。

ⅰ　この制度を何といいますか。**漢字**で答えなさい。

ⅱ　第一審判決に納得できずに上級裁判所に訴えることを何といいますか。**漢字**で答えなさい。

問7　下線部(6)に関連して，裁判員裁判においては，通常3人の裁判官とともに，国民から選ばれた6人の裁判員が裁判に関わることになっています。裁判員裁判の評決において，次の①～③のように有罪・無罪の意見が分かれた場合に，有罪の評決を下すことができる選択肢《し》として正しいものを，下のア～クから一つ選び，記号で答えなさい。

①　有罪：裁判官2人・裁判員3人　無罪：裁判官1人・裁判員3人

②　有罪：裁判官1人・裁判員4人　無罪：裁判官2人・裁判員2人

③　有罪：裁判官0人・裁判員6人　無罪：裁判官3人・裁判員0人

ア．①と②と③　イ．①と②　ウ．①と③

エ．②と③　オ．①のみ　カ．②のみ

キ．③のみ　ク．いずれも有罪の評決を下すことはできない。

【理　科】〈第２回試験〉（40分）〈満点：70点〉

1　図１のような，厚さがうすい長方形ABCDの物体があります。

この物体は，AB＝10cm，BC＝２cmで，重さが200gです。図２のように，この物体でAE＝DF＝８cmの位置にひもをつけて物体をつり下げると，ABが水平になりました。あとの問いに答えなさい。

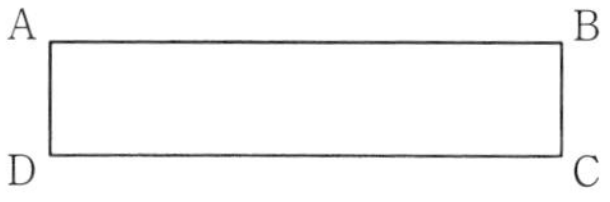

図１

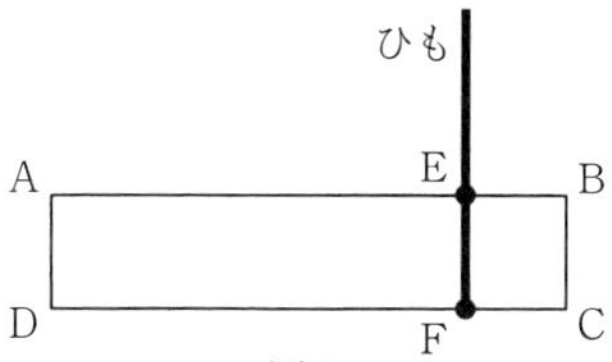

図２

問１　図２のようすから，考えられるこの物体の重心はどこですか。つぎのア～クからすべて選び，記号で答えなさい。

ア．点A

イ．点E

ウ．点B

エ．点C

オ．点F

カ．点D

キ．この長方形の中心

ク．点Eと点F以外の直線EF上の点

問２　図３のように，点Aと点Bにばねはかりをつけたところ，ABが水平になりました。点Aにつけたばねはかりは何gを示しますか。

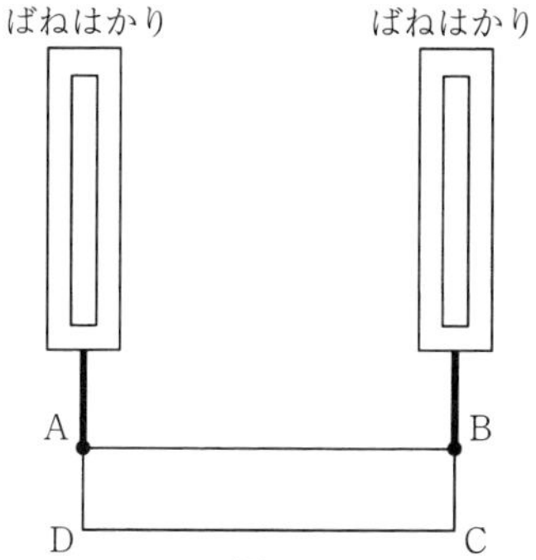

図３

問３　図４のように，BCの中点にひもをつけて物体をつり下げたところ，BCが水平になりました。この物体の重心の位置はどこですか。解答らんの長方形ABCDの中に●印でかきなさい。解答らんの長方形ABCDには，縦方向に４等分，横方向に５等分してある破線(---)が記入されています。

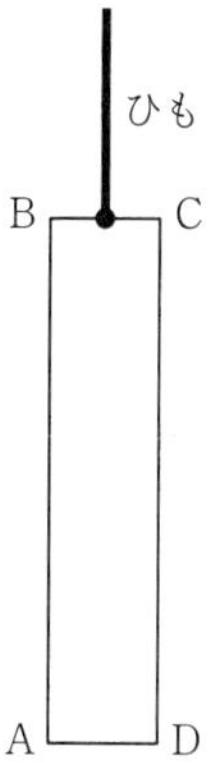

図４

問４　点Bにひもをつけて物体をつり下げました。このときのようすを，つぎのア～エから１つ選び，記号で答えなさい。

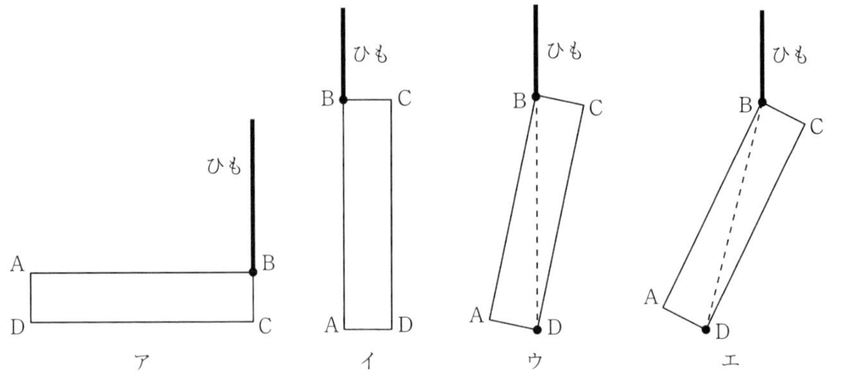

問５　問４で，ひもをばねはかりにかえました。このとき，ばねはかりは何ｇを示しますか。つぎのア～ウから１つ選び，記号で答えなさい。

ア．200ｇより小さい値　　イ．200ｇ　　ウ．200ｇより大きい値

2　図のように，同じ種類の４個の電球，同じ種類の４個の電池，スイッチⅠ，スイッチⅡを用いて回路をつくりました。スイッチⅠには端子《たんし》ａ，端子ｂ，端子ｃの３つの端子があり，スイッチⅡには端子ｄ，端子ｅ，端子ｆの３つの端子があります。スイッチⅠで端子ａ～ｃのどれかと，スイッチⅡで端子ｄ～ｆのどれかと，それぞれ同時につなぎます。電球Ａと電球Ｂの光り方について，あとの問いに答えなさい。

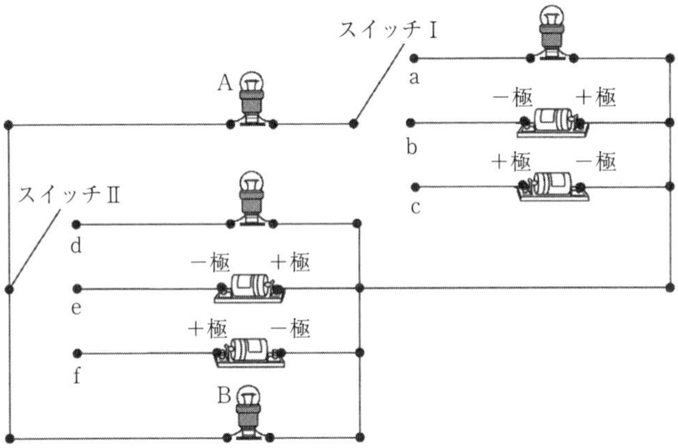

問１　電球Ａと電球Ｂがともに消えるスイッチのつなぎ方は何通りありますか。

問２　電球Ａと電球Ｂがともに光るスイッチのつなぎ方は何通りありますか。

問３　電球Ａの方が電球Ｂより明るくなるつなぎ方は何通りありますか。

3　フラスコに３分の１ほどの水を入れ，ガスバーナーで加熱したところ，水は100℃で沸《ふっ》とうし，図１のように，フラスコにつけたガラス管からは湯気が出てきました。湯気はとても熱いですが，これにマッチの火を近づけても火は消えてしまいました。この結果は何回やり直しても同じでした。

つぎに水が沸とうし続けているフラスコに，図２のようにゴム管を通してガラス管をつなぎ，しばらくしてからガラス管の先をビーカーの水の中に入れました。この実験操作中にガラス管にふれると，ガラス管はとても熱かったです。

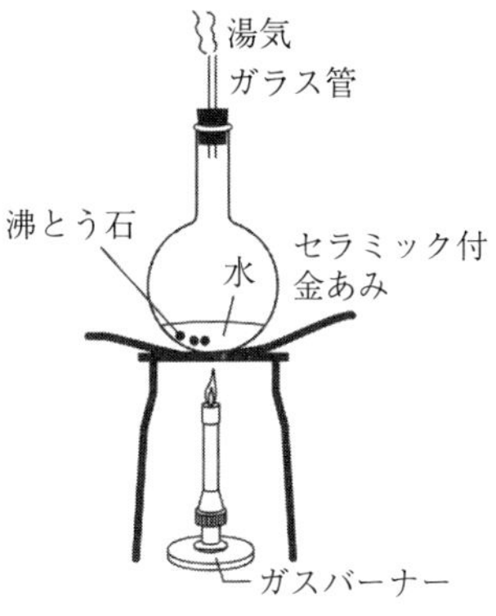

図1

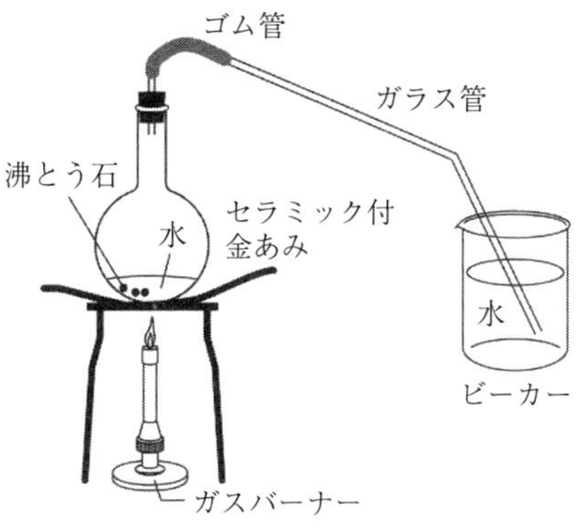

図2

問1　図2のガラス管の中を通過するものは何ですか。

問2　このとき，ビーカーの中ではどのようなことが起きていますか。その説明として正しいものを，つぎのア～オから1つ選び，記号で答えなさい。

ア．フラスコの中が沸とうしているので，ガラス管から空気のあわがたくさん出てくる。

イ．ビーカーの水の中に水蒸気《すいじょうき》のあわがたくさん出てくる。

ウ．水が沸とうして生じるあわは水蒸気で，ビーカーの水にふれると水蒸気は冷やされて水になるので，あわは出てこない。

エ．ガラス管をつないでもフラスコの中とは離《はな》れているので，このビーカーには何の変化も起こらない。

オ．フラスコの中は水が沸とうしていて空気がほとんどないので，ガラス管を通してビーカーの水が逆流してフラスコの中に入る。

問3　別のフラスコに3分の1ほどのアルコールを入れ，このフラスコを図3のようにして湯の中に入れ温めると，アルコールは約80℃で沸とうしました。約80℃でアルコールが沸とうしているフラスコにガラス管をつないで，図4のようにガラス管の先を水の入ったビーカーBに入れました。このとき，ビーカーBの中ではどのようなことが起きていますか。その説明として正しいものを，あとのア～オから1つ選び，記号で答えなさい。

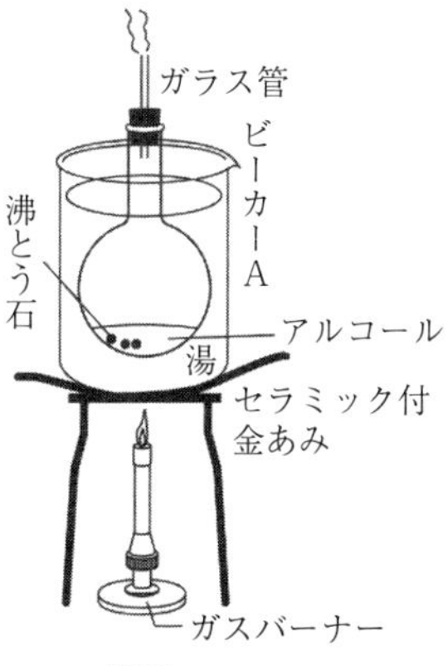

図3

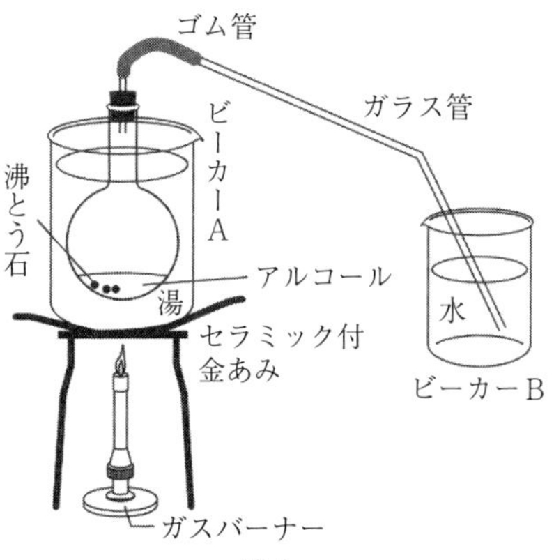

図4

ア．ガラス管から空気のあわがたくさん出てくる。

イ．フラスコの中の温度が80℃なので，空気のあわはほとんど出てこない。

ウ．水蒸気がビーカーＢの水で冷やされるので，あわは出てこない。

エ．ビーカーＢの水が逆流して，フラスコの中に入る。

オ．ビーカーＢの水にアルコールが少しずつ溶けていく。

問４　図４の装置を使って，水とアルコールを50mLずつ混ぜた液を加熱し，ビーカーＡの湯の温度を80℃に保ちました。このとき，ガラス管を通過する物質は何ですか。つぎのア～クから１つ選び，記号で答えなさい。

ア．空気のみ

イ．空気と水蒸気が混ざったもの

ウ．水蒸気のみ

エ．水蒸気とアルコールの蒸気が同じ量ずつ混ざったもの

オ．水蒸気とアルコールの蒸気が混ざっているが，アルコールの蒸気の方が多いもの

カ．水蒸気とアルコールの蒸気が混ざっているが，水蒸気の方が多いもの

キ．アルコールの蒸気のみ

ク．空気とアルコールの蒸気が混ざったもの

4　100mLどうしを混ぜ合わせると，ちょうど中和する塩酸Ａと水酸化ナトリウム水溶液《すいようえき》Ｂがあります。塩酸Ａと水酸化ナトリウム水溶液Ｂを混ぜた後の水溶液には塩化ナトリウムが生じます。

塩酸Ａと水酸化ナトリウム水溶液Ｂの２つの水溶液の合計量が100mLになるように，いろいろと量を変え，２つの水溶液を混ぜてみました。塩酸Ａの量を０mLから50mLまで変えたときに生じる塩化ナトリウムの量を調べたところ，図１のグラフのようになりました。

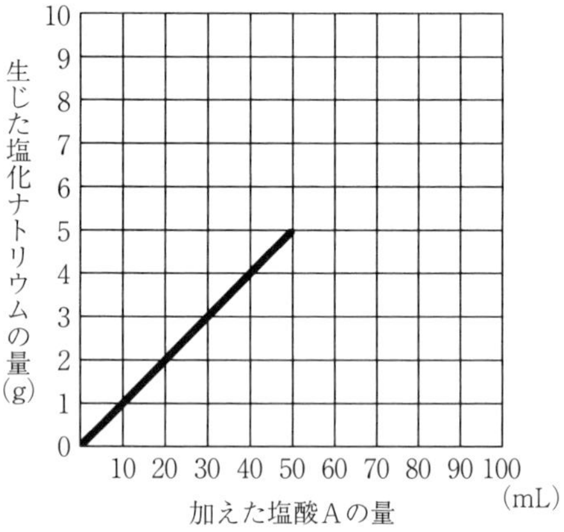

図１

問１　上と同じ塩酸Ａを40mL用意して，塩化ナトリウムを3.5gつくりたいと思います。加える水酸化ナトリウム水溶液Ｂの量は何mLにすればよいですか。

問２　塩酸Ａの量を50mLから100mLまで増やし，塩酸Ａと水酸化ナトリウム水溶液Ｂの２つの水溶液の合計量が100mLになるようにして，２つの水溶液を混ぜました。このとき塩酸Ａの量と，生じる塩化ナトリウムの量はどのような関係になりますか。予想される結果を解答用紙のグラフにかきなさい。ただし，グラフをかくときには定規《じょうぎ》を使いなさい。

水酸化ナトリウム水溶液Ｂの濃度を半分にうすめて，水酸化ナトリウム水溶液Ｃをつくりました。塩酸Ａと水酸化ナトリウム水溶液Ｃの合計量が100mLになるようにして２つの水溶液を混ぜました。

問３　塩酸Ａの量を，つぎのア～オのように変え，水酸化ナトリウム水溶液Ｃを加えました。この混合溶液にBTB溶液を加えると溶液が黄色になるものを，ア～オからすべて選び記号で答えなさい。

ア．10mL　　イ．20mL　　ウ．30mL　　エ．40mL　　オ．50mL

問４　塩酸Ａと水酸化ナトリウム水溶液Ｃを，２つの水溶液の合計が100mLになるように混ぜたとき，生じる塩化ナトリウムの量はどうなりますか。予想される結果を解答用紙のグラフにかきなさい。ただし，グラフをかくときには定規を使いなさい。

5　私たちの生活に身近な植物はたくさんあります。キク科の植物を例にとってみましょう。食用ではゴボウやシュンギク，フキノトウなどがあります。この冬の時期であれば，日当たりのいい場所には(A)葉を広げたタンポポが見つかるでしょう。キク科の植物は私たちの習慣・文化にも深く根付いています。たとえば，キクは邪気《じゃき》をはらうとされ，枯《か》れにくく，１年を通して手に入れることができることから，お正月かざりに使ったり，お彼岸《ひがん》のときの仏花《ぶっか》としても使われます。キクを１年を通して手に入れるためには，(B)電照菊《でんしょうぎく》の技術がとても重要です。キクは露地《ろじ》栽培《さいばい》では秋頃《ごろ》に開花してしまいます。しかし，栽培している場所を電球で明るくすることで，開花の時期を遅《おく》らせることができます。これによって開花時期ではないにもかかわらず，需要《じゅよう》の多い12月から３月頃にもきれいな花を出荷することができるのです。

問１　下線部(A)のタンポポについて答えなさい。

(1)　冬の時期のタンポポのように葉を広げた状態を何というか答えなさい。

(2)　タンポポの花は，下の図のような小さな花の集合体です。このタンポポの花弁はいくつかの花弁がくっついています。このような形の花を何というか答えなさい。

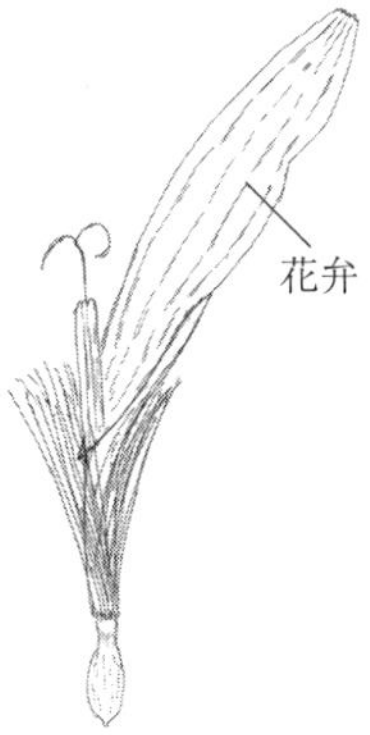

問２　下線部(B)について，あるキクがつぼみをつくる条件は，連続した暗い時間が10時間30分以上になることです。このキクについて，つぎの問いに答えなさい。

(1)　このキクを，24時間ごとに明るくする時間と暗くする時間とを，つぎのア～オのように調節して育てました。このキクでつぼみがつくられるのは，ア～オのどれですか。すべて選び，記号で答えなさい。

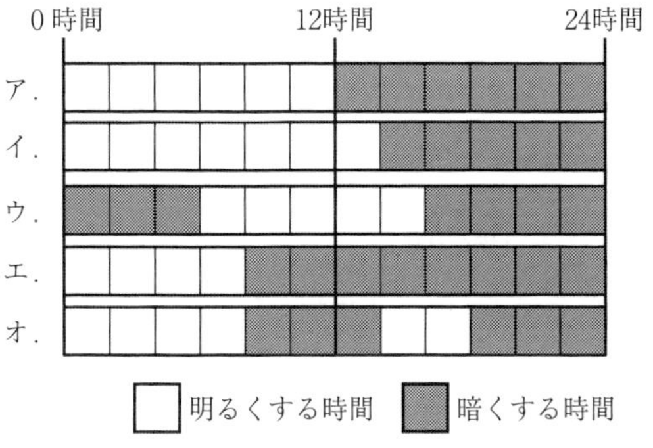

(2)　下のグラフは，このキクを育てている，ある地域の日付と昼の長さを表したものです。このグラフと(1)をもとに，下の文章の[①]～[③]にあてはまる適切な数字を整数で答えなさい。ただし，適した温度で育てているものとし，日照時間だけが開花に影響を与えるものとします。

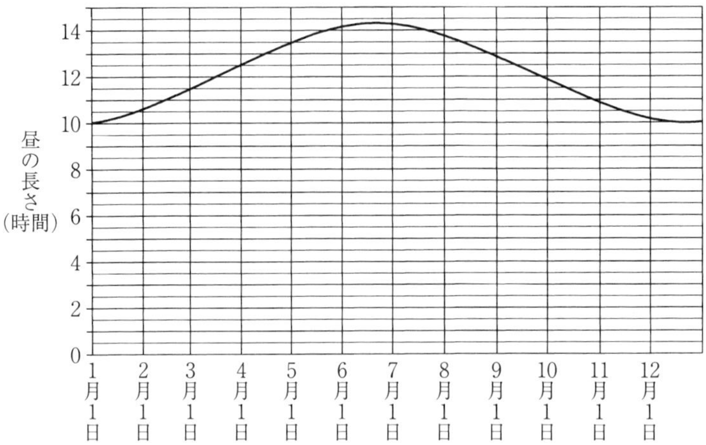

たとえば，このキクを６月から栽培した場合，つぼみがつくられる条件を満たすのは[①]月のなかばです。この条件を満たしてから約[②]か月で開花するため，この場合10月のなかばに開花します。キクの需要が高い３月なかばに開花させるためには，11月のなかばに栽培を開始し，栽培開始時から[③]月のなかばまで夜間に電球で明るくすることで，つぼみがつくられる条件を満たすことを遅らせ，３月なかばに開花するように調整します。

6　図１のように，ある山をこえて，Ａ地点→Ｂ地点→Ｃ地点→Ｄ地点→Ｅ地点にそって風が吹《ふ》いています。途中《とちゅう》のＢ地点からＣ地点(山頂)をこえて，Ｄ地点までは雲がかかっています。空気の中にこれ以上水蒸気《すいじょうき》をふくむことができない状態を飽和《ほうわ》といい，水蒸気が飽和していない空気では，100ｍ標高が上がるごとに，気温は１℃下がります。また，水蒸気が飽和している空気では，100ｍ標高が上がるごとに，気温は0.5℃下がります。あとの問いに答えなさい。ただし，答えが割り切れないときは，小数第１位を四捨五入して，整数で答えなさい。

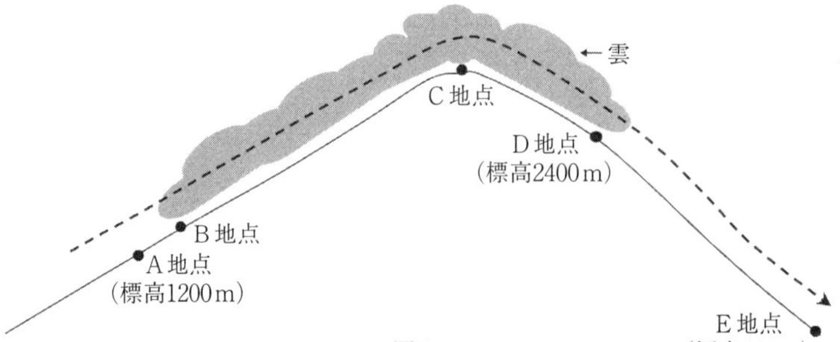

図１

なお，次のページの表１は気温ごとの飽和水蒸気量(空気１m^3にふくむことができる水蒸気の量)を表したものです。また，空気中にふくまれる水蒸気量が，そのときの温度における飽和水蒸気量の何％にあたるか示したものを湿度《しつど》といいます。

表１

気温[℃]	7	8	9	10	11	12	13	14	15
飽和水蒸気量[g/m^3]	7.8	8.3	8.8	9.4	10.0	10.7	11.4	12.2	13.0
気温[℃]	16	17	18	19	20	21	22	23	24
飽和水蒸気量[g/m^3]	13.8	14.6	15.4	16.3	17.3	18.3	19.4	20.6	21.8
気温[℃]	25	26	27	28	29	30	31	32	33
飽和水蒸気量[g/m^3]	23.1	24.4	25.8	27.2	28.8	30.4	32.1	33.8	35.6
気温[℃]	34	35	36	37	38	39	40	41	42
飽和水蒸気量[g/m^3]	37.5	39.6	41.6	43.9	46.2	48.6	51.1	53.2	56.4

問１　A地点(標高1200m)で，乾湿計を利用して気温や湿度を計測した結果，図２のように表示されました。表２は乾湿計の湿度表を表しています。

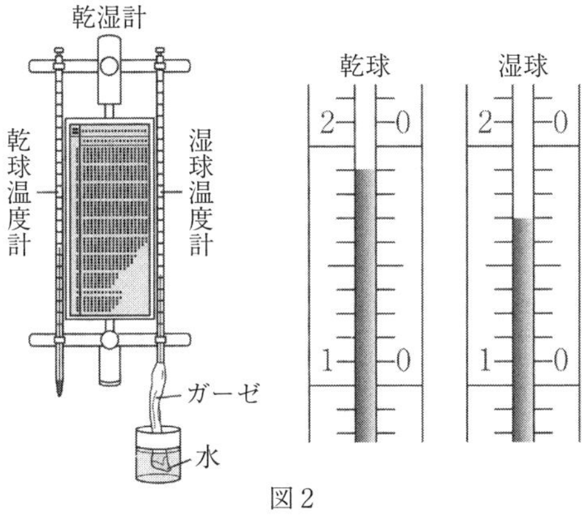

図２

(1)　気温は何℃ですか。

(2)　湿度は何％ですか。

表２　湿度表(％)

乾球のよみ[℃]	乾球と湿球のよみの差 [℃]								
	0	1	2	3	4	5	6	7	8
20	100	91	81	73	64	56	48	40	32
19	100	90	81	72	63	54	46	38	30
18	100	90	80	71	62	53	44	36	28
17	100	90	80	70	61	51	43	34	26
16	100	89	79	69	59	50	41	32	23
15	100	89	78	68	58	48	39	30	21
14	100	89	78	67	57	46	37	27	18
13	100	88	77	66	55	45	34	25	15
12	100	88	76	65	53	43	32	22	12
11	100	87	75	63	52	40	29	19	8
10	100	87	74	62	50	38	27	16	5
9	100	86	73	60	48	36	24	12	1
8	100	86	72	59	46	33	20	8	
7	100	85	71	57	43	30	17	4	
6	100	85	70	55	41	27	13		
5	100	84	68	53	38	24	4		

問２　B地点について，問１の結果をもとに，つぎの問いに答えなさい。

(1)　気温は何℃ですか。表１を用いて，一番近い気温を選びなさい。

(2)　標高は何mですか。ただし，気温は(1)の値を用いなさい。

問３　D地点(標高2400m)の気温は何℃ですか。

問４　E地点(標高200m)について，つぎの問いに答えなさい。

(1)　気温は何℃ですか。

(2)　湿度は何％ですか。

び、記号で答えなさい。

ア　返答しない早瀬への苛立《いらだ》ちを抑《おさ》えようとする感情が、思わず声に表れてしまったということ。

イ　胸の鼓動を早瀬に気づかれまいとする感情が、思わず声に表れてしまったということ。

ウ　早瀬の境遇《きょうぐう》への同情につき動かされた感情が、思わず声に表れてしまったということ。

エ　早瀬への恋心《こいごころ》によってたかぶった感情が、思わず声に表れてしまったということ。

問７　本文中の［Ｙ］には文中にある語があてはまりますが、最もふさわしいものを次の中から選び、記号で答えなさい。

ア　ポーチュガル（36行め）

イ　コンディショナー（42行め）

ウ　リップクリーム（46行め）

エ　花（204行め）

オ　パン（209行め）

問８　――⑤「不意に涙が転がり落ちた」とありますが、なぜ優花は涙を流したのだと考えられますか。60字以内で説明しなさい。

問９　――⑥「早瀬君、ありがとう……ありがとう」とありますが、優花は早瀬の発言の、どういう点に対してありがたく思っていますか。35字以内で説明しなさい。

問10　――⑦「彼女はこれから大学でいろいろな人に出会うから」とありますが、ここでの早瀬の心情の説明として最もふさわしいものを次の中から選び、記号で答えなさい。

ア　新天地での生活に不安をいだく優花に対して、自分の進学先などを伝えて余計な心労をかけてはならないと考えている。

イ　東京の大学に通い、新たな人間関係の中で自分の可能性を切り拓《ひら》いていく優花は、自分のことを遅《おそ》かれ早《はや》かれ忘れていくだろうと考えている。

ウ　東京で新しい人間関係の中で自分の可能性を開かせていくであろう優花に対し、地元に残ることを選んだ自分をちっぽけに感じている。

エ　これから東京で新しく生活を始める優花の、可能性に満ちた大学生活を、地元に残る自分が制限してはならないと考えている。

問11　本文中の［Ｚ］にあてはまる表現として最もふさわしいものを次の中から選び、記号で答えなさい。

ア　ぶっきらぼうに　　イ　生意気に

ウ　なれなれしく　　エ　遠慮《えんりょ》がちに

問12　――⑧「もっと自分が大人だったらと思うよ」とありますが、このとき早瀬が自分を「大人」ではないと感じていたのはなぜだと考えられますか。80字以内で説明しなさい。

二

次の――線部のカタカナを、漢字に直しなさい。

1　会社のソシキ図を確認する。

2　ジョウセキ通りに戦いを進める。

3　コウカイの無事を祈っております。

4　キュウメイ講習を受けることが義務づけられている。

5　森羅バンショウの起源に迫る。

6　一代でばく大なザイを築いた。

7　生ビョウホウは怪我のもと。

8　この戦は先代のかたきウちだ。

9　家庭サイエンを始めようと考えている。

10　人の意識はノウが司《つかさど》るといわれている。

コウシロウが黙る。その顔を舐《な》めると、頭を軽く撫でられた。

「生活に困ってるわけじゃない。そんな感じのことを言った。でも、本当は困ってた。食パンを使うときはなるべくけちって、残りを母と食べていました。それが……恥ずかしくて」

「俺も若い頃《ころ》は似たようなものだったよ」

「でも、みじめで。それだけじゃない。彼女の前に出ると焦《あせ》ってしまう。どうしたらいいのか……触れたら、壊《こわ》れてしまうような気がして」

若いな、とイガラシが笑った。

「青い春の季節だ。まあ、とりあえずちょくちょくコーヒー飲みに来い。いつでも待ってるぞ」

軽く手を振り、イガラシは校舎へ戻っていった。

人のコウシロウに抱《だ》かれたまま、コーシローは桜並木を見上げる。枝に手を伸ばし、コウシロウが鼻先に花を近寄せてくれた。

「ほら、忘れるなよ、コーシロー。これが優花さんの花だよ」

彼女の前では「シオミ」と［Ｚ］呼ぶのに、自分の前では「ユウカさん」と彼はいつも優しげに言う。

これでいい、とコウシロウがつぶやいた。

「ただ、何もかも……⑧もっと自分が大人だったらと思うよ」

そっと枝を元の位置に戻し、コウシロウは桜を見上げた。

「本当に、本当に、好きだったんだ」

（伊吹有喜《いぶきゆき》『犬がいた季節』より）

注　「共通一次」……この当時（平成元年）の国公立大学の入試は、全大学共通の「共通一次試験」を受け、そのあと各大学別の二次試験を受けて、合否が決まった。

問１　～～～ａ「つぶさに」のここでの意味の説明として最もふさわしいものを次の中から選び、記号で答えなさい。

ア　同時に　　イ　少しだけ

ウ　くわしく　　エ　具体的に

問２　――①「そこをとらえて……つまんないね、こういう話」とありますが、なぜ早瀬は「こういう話」を「つまんない」と言ったのですか。40字以内で説明しなさい。

問３　――②「ああ、とため息がこぼれ」とありますが、このときの優花の心情の説明として最もふさわしいものを次の中から選び、記号で答えなさい。

ア　お洒落や恋愛《れんあい》など楽しみたいことを犠牲《ぎせい》にして臨《のぞ》む受験を思い気が重くなっている。

イ　見知った友達といながらわざわざリップクリームを塗るのを気恥《きは》ずかしく思っている。

ウ　好意を寄せる相手の前で身だしなみを整えて要領よくふるまえない自分に落胆《らくたん》している。

エ　二人きりで過ごす雰囲気《ふんいき》を崩さないよう急いでリップクリームを塗ろうと焦っている。

問４　――③「塩見には実感わかないだろう」とありますが、なぜ早瀬はそう考えたのですか。40字以内で説明しなさい。

問５　本文中の［Ｘ］にあてはまる表現として最もふさわしいものを次の中から選び、記号で答えなさい。

ア　終わりの見えない迷路《めいろ》をさまよい続けるような

イ　長時間、素手《すで》で殴《なぐ》り合いをするような

ウ　一手ですべてが決まってしまう、真剣での立ち合いのような

エ　いつどこから攻撃《こうげき》されるかわからないサバイバルゲームのような

問６　――④「呼びかけた声が湿り気を帯びた」とありますが、どういうことですか。説明として最もふさわしいものを次の中から選

シオミさんと呼ばれる優しいその人は、人のコウシロウによると、ユウカという名前もあるらしい。

八稜《はちりょう》高校の横を流れる十四川《じゅうしがわ》の岸辺で、犬のコーシローは桜並木を見上げる。

小さな用水路のようなこの川の両岸には、等間隔《とうかんかく》で桜が植えられている。散歩に連れてきてもらうたびに花の香りが濃《こ》くなるのが楽しく、寝床《ねどこ》の次に、今、コーシローが気に入っている場所だ。

ユウカとはこの花のことだと、人のコウシロウが言っていた。

他の生徒がいると素っ気ないのに、一人になると彼はたくさん遊んでくれて、ユウカの話ばかりする。

花の香りに混じって、淡《あわ》く、パンの匂《にお》いがした。

（ユウカさんのニオイ……）

人のコウシロウの指も、席の周りも同じ匂いに包まれている。それがたまらなく好きだ。

二人はさきほどまでイガラシと建物のなかにいたが、コーヒーを飲んだあと、この桜並木にやってきた。

コーヒーの匂いとともに、イガラシの声が降ってきた。

「塩見。学校に来たら準備室にも顔を出せ。またコーヒーをご馳走《ちそう》してやる」

「先生の秘蔵のコーヒー、おいしかったです」

「俺《おれ》が手ずから焙煎《ばいせん》したからな。まずいはずがない。なあ光司郎」

「先生の『手ずから』には時々、はずれがあります」

「早瀬にはもう飲ませてやらんぞ。……じゃあな、塩見。元気でな」

コーシロー、とユウカが目の前にかがんだ。

日差しを浴びて輝く長い髪から、花の香りがする。

「コーシロー、元気でね。私のこと、忘れないでね」

優しく頭を撫でてくれたあと、ユウカが立ち上がった。しばらく歩いてから振り返り、人のコウシロウに手を振った。

「早瀬君、来年、東京で！」

コウシロウが手を振る。桜の花を見上げる人々のなかに、ユウカの姿はまぎれていった。

「言わなかったのかい？」

イガラシの太い声がした。

「教育学部に補欠合格したから、地元の大学に行くって話」

「言いませんでした」

「どうして？」

「⑦彼女はこれから大学でいろいろな人に出会うから」

身体がふわりと浮《う》き上《あ》がり、コーシローはあたりを見回す。人のコウシロウに抱き上げられていた。

イガラシがポケットから煙草《たばこ》を出し、火を点《つ》けた。

「あと一年頑張れば、君なら来年、東京に行けると思うけどね。あの大学は二浪《ろう》、三浪の人間だって普通にいるところなんだから」

「いいんです、これで」

コウシロウがきっぱりと言う。

「最初からそう決めていました、浪人《ろうにん》はしないと。地元に残れば、仕送りの負担を母にかけずにすむ。教職に就《つ》けば奨学金《しょうがくきん》の返還《へんかん》も免除《めんじょ》されます」

「美術の教員も悪くはないがね」

イガラシが煙草をふかした。桜の枝にコウシロウが手を伸ばし、花を見つめている。

「僕は塩見さんに悪いことをした。彼女の家で売れ残りの食パンを買っていたら、他のパンをただでくれようとした日があったんです。いやな断り方をした。ほどこしを受ける気がして」

「じゃあ、来年、東京で会えるね」

ぱたぱたとコーシローが尻尾《しっぽ》を振《ふ》った。早瀬は黙ったまま、ブラシを動かしている。

「そうだ……早瀬君の手袋、ずっと借りてた。ごめん」

「いいよ、別のがあるから」

大晦日に借りた早瀬の手袋は受験の間、ずっとお守り代わりに持っていた。おかげでリラックスして、すべてがうまく運んだ。でも、その分、早瀬の運を奪ってしまったような気がした。

「ごめんね、早瀬君。ちゃんと返す……送るよ。お手紙も書く」

いい、と早瀬が首を横に振る。

「引《ひ》っ越《こ》しするんだ。まだ住所は決まってないけど」

「じゃあ、決まったら教えて。これ、私の連絡先《れんらくさき》。なくしたら店の誰《だれ》かに伝言してくれても」

東京の住所を書いたメモに、早瀬が目を落とした。

「東京都練馬《ねりま》区。東京の人になるんだな」

「いいのかな、って思う。親に負担をかけてまで行って、何ができるんだろう。都会のできる子ばっかりのなかで、何がやれるのかとか」

「何がやれるのかわからないから、行くんだよ」

⑤不意に涙《なみだ》が転がり落ちた。不思議そうにコーシローが見ている。

「ごめん……あれ？　どうして、泣いてるんだろ」

まっすぐな早瀬はいつだって、迷う背中を押してくれる。

「私ね、早瀬君。ずっとコンプレックスがあって。何の取《と》り柄《え》も才能もない。だから勉強を頑張《がんば》ってみたけど、やっぱり怖《こわ》くなる。本当に普通《ふつう》で凡庸《ぼんよう》で」

「あんないい大学に受かっておいて、凡庸なんて言ったら殴《なぐ》られるぞ。でも、わかる。そういう問題じゃないんだよな」

コーシローが近づいてきて、足元にすり寄った。その前に座り、優花は背中を撫でる。

早瀬がブラシについた毛を紙で取っている。

「似たことをときどき考えるよ。他の人の作品を見てると」

「早瀬君も？　早瀬君が凡庸なはずないやん」

「どこまでいっても上には上がいる。でも、凡庸だろうがなんだろうが、自分にあるものを信じて磨《みが》いていくしかない。それに」

早瀬が壁際《かべぎわ》の棚《たな》の前に行き、コーシローのブラシをカゴにしまった。

「塩見が凡庸っていうのなら、その凡庸ってのは、すごくいいものだと思うよ。コーシローもそう思うだろ？」

コーシローが早瀬のもとに駆《か》け寄《よ》った。かがんだ早瀬がその背を撫でている。

「『そう思う』だってさ」

微笑《ほほえ》む早瀬の隣で、コーシローが嬉《うれ》しそうに尻尾を振っている。

「⑥早瀬君、ありがとう……ありがとう」

早瀬が服についた毛を軽くはらった。

「コーシローもきれいになったし、美術室に行こう。先生が待ってる」

行くぞ、とコーシローに声をかけ、早瀬が扉《とびら》を開けた。

その背に声をかける。

「早瀬君、今年は忙《いそが》しいだろうけど……」

すべてが終わったらまた会ってくれる？

そう続けたいのに、断られるのが怖くて言い出せない。

楽しげに吠《ほ》えながら、コーシローが駆けていく。流星のように走っていくその犬を、早瀬は追いかけていった。

＊　＊　＊

この人は、最高峰を目指して全国の受験生と競《きそ》うんだ――。

いつだって本気。決して手を抜《ぬ》かないこの人は、どんな戦いをするのだろう。

早瀬の手袋に残るぬくもりが指先に伝わってきた。その熱は全身を駆《か》けめぐり、身体の奥底《おくそこ》を熱くする。

胸の鼓動《こどう》が速くなった。

この高鳴りは身体をめぐる潮の音。血潮の満《み》ち干《ひ》きは、鼓動の響《ひび》き。

早瀬の頭上に大きな月が輝《かがや》いている。

この星の引力に引かれて、潮は満ち干きを繰《く》り返《かえ》す――。

「早瀬君」

早瀬が足を止めた。振り返ると思ったが、背を向けたままだ。

その背中に手を伸ばしたい。伸ばして、広い背に顔を埋《うず》めたい。

「早瀬君……」

④呼びかけた声が湿《しめ》り気《け》を帯びた。そんな自分をごまかしたくて、わざとふざけて言った。

「ごめん、なんでもない。ちょっと……つまずきそうになっただけ」

ため息のように、早瀬が大きく息を吐《は》いてうつむいた。

「そろそろ帰ろう、塩見」

もう帰るの？　本当はそう言いたい。それなのに唇から出たのは「そうだね」という素直《すなお》な声だった。

「帰ろっか。コーシローも眠《ねむ》そうだし」

コーシローを間に挟《はさ》み、何も言わずに二人で山を下りた。肩《かた》を並べて歩いたが、さっきよりほんの少し距離《きょり》が離《はな》れた気がする。

道は中学校の前に出た。家へ続く一本道の手前で、早瀬が足を止める。

「ここから先は一人で行きなよ。僕といたら家の人に叱《しか》られる」

「早瀬君は、これからどうするの？」

「塩見が無事に家に着くまで見送ってる」

早瀬が足元にかがみ、コーシローを撫《な》でた。眠くなってきたのか、コーシローの反応がおとなしい。

一本道の途中で振り返ると、校門の前に早瀬は立っていた。

家の前で再び振り返ったときには姿を消していた。それでもどこかから見守ってくれている気がして、ほてった頬《ほお》を優花は両手で押《お》さえる。

甘くほろ苦く、手袋からかすかに［Y］の香りがした。

大学受験が終わり、春になった。

早瀬が再びコーシローの背にブラシを当てた。

静かな部屋に春の光が差《さ》し込《こ》んでいる。その下で、早瀬はコーシローの白い毛を梳《す》き続けた。

気持ちよさそうにコーシローが目を閉じている。穏《おだ》やかな光に包まれ、同じ響きの名を持つ一人と一匹《ぴき》は幸せそうだ。

絵が描けたなら、この一瞬《いっしゅん》を永遠に残すのに。

藤原《ふじわら》が座っていた席に腰掛《こしか》け、優花は早瀬とコーシローを見つめた。何も言わず、早瀬は手を動かし続けている。

ここに来る前に見た、各大学の合格者名を貼《は》り出した掲示板《けいじばん》のことを優花は思い出す。早瀬の名前はどこにもなかった。

おめでとう、と小さな声がした。

「塩見は明日移動か。藤原は今夜、車で行くそうだ。家族みんなでドライブがてら」

「早瀬君は……」

「残念ながら。でも絵はあきらめないよ」

「昔、兄がつけてた、高校生のときに。彼女《かのじょ》と会うときは必ず」

何の香りもつけていない自分が恥《は》ずかしくなり、優花は胸のあたりまで伸《の》びた髪《かみ》に触《ふ》れる。

かすかに甘《あま》い香りがした。昨夜、髪を洗ったときにティモテのコンディショナーをたっぷりつけたおかげかもしれない。

顔を上げると、早瀬と目が合った。照れくさくて、思わず目をふせる。

そっと指で唇《くちびる》に触れると、かさついていた。リップクリームを塗《ぬ》ろうと、ポケットに手を突《つ》っ込《こ》む。ところが早瀬の目の前では、それを出して唇に塗りにくい。

②ああ、とため息がこぼれ、優花はコーシローの前にかがむ。

「……なんか、うまくできないな」

何が？　と早瀬がたずねた。

「いろいろ。大学生になったらきちんとしなきゃ。でもそれまでは仕方ないよね……ちゃんとできなくても。お洒落《しゃれ》も何もかも今は我《が》慢《まん》だよね。入試に集中しなくちゃ」

しばらく黙《だま》ったのち、「そうだね」と早瀬がぽつりと言うと、優花に背を向けた。

「あと少しで注共通一次だもんな。塩見はどこを受けるの？」

「地元の大学をいくつか。でも一校だけ東京の私立を受けることにした。絶対受からないと思うけど、記念受験」

「記念受験ができるなんて、塩見はやっぱりお嬢様《じょうさま》だね」

「そんなのじゃないよ、全然。さっきもその話でもめてたところ。……早瀬君は全部、東京？」

早瀬が東京の美術大学と地元の大学の教育学部の名を挙げた。

「二校だけ？　私立はどこを受けるの？」

「受けない。国立だけだよ。父が遺《のこ》してくれたものは予備校の費用に充《あ》ててしまったし、祖父の年金ももう入らない。……本当につまらない話だね。行こうか。コーシローがあくびをしてる」

夜景に背を向け、早瀬が足早に歩き出した。そのあとをコーシローがついていこうとした。

あわてて優花もリードを持って立ち上がる。

「つまらなくない。それって、すごく大事な話だよ」

「③塩見には実感わかないだろう」

元《もと》の道に戻った早瀬が、街灯の下で手袋《てぶくろ》をはずすと、差し出した。

「冷えてきたから」

「いいよ。早瀬君のほうが、むっちゃ指、使うやん」

なごませたくて方言を使ったが、早瀬は笑わない。

「美大は共通一次はそれほど考慮《こうりょ》されないんだ。すべては二次の実技しだい。でも塩見が受けるところはそうじゃないだろ、風邪《かぜ》引くな」

コーシローのリードを奪《うば》うと、足早に早瀬が歩き始めた。そのあとを追いかける。

美術の教員を志望していた笹山《ささやま》から聞いたことがある。

早瀬が志望している美大は国内最高峰《さいこうほう》、そして最難関学部で、試験は三日間にわたる。彼《かれ》らの実技試験は半日や二日間かけて、一つの作品を仕上げていくのだという。

通常の入試では隣《となり》の学生の答案を見ることなど絶対にない。ところが美術系の実技の試験では、他の受験生が制作している作品の進展がaつぶさに見えるそうだ。自分の作品の仕上がりが遅《おそ》かったり、他人の作品の出来が素晴《すば》らしいと心を削《けず》られ、自滅《じめつ》することも多いという。

X　試験だと、笹山は言っていた。

少し古びたウインドブレーカーの背中が前を行く。

二〇二二年度 城北中学校

【国語】〈第二回試験〉（五〇分）〈満点：一〇〇点〉

注意　解答するときには、句読点や記号も一字と数えます。

一　次の文章を読んで、後の問いに答えなさい。（作問の都合上、本文の一部を変更してあります。）

家がパン屋を営んでいる高校3年の塩見優花《しおみゆうか》と、同級生の早瀬光司郎《はやせこうしろう》は同じ美術部に所属している。この部では校長の許可を得てコーシローという捨て犬の世話をしている（迷《まよ》い込《こ》んできたとき早瀬の席に座《すわ》ったのでコーシローと名づけられた）。受験直前の冬休みにコーシローを家で預かることになった優花は、大晦日《おおみそか》、除夜の鐘《かね》をつきに行こうと早瀬をさそった。

道をはずれると、突然《とつぜん》視界が開けた。

足元にたくさんの光の粒《つぶ》が瞬《また》いている。それはどこまでも広がり、はるか遠くに山々の暗がりが見えた。

「ここ、結構高い場所なんだね」

「道、全然下ってこなかっただろう。頂上のお宮とほぼ同じ標高だよ。昔、ここにあった山を崩《くず》して開発したのが足元の住宅街」

眼下に整然と広がる光は、大規模に開発された住宅街のあかりだった。その一角を早瀬が指差す。

「あのあたりが僕《ぼく》の家。目の前、はるか遠くは岐阜県の養老《ようろう》山地。左手はわかるよね、鈴鹿《すずか》山脈。今日は空気が澄《す》んでいるから、光がくっきり見える」

「日によって違《ちが》いがあるの？」

ある、と早瀬が優《やさ》しく答え、コーシローを抱《だ》き上《あ》げた。

「空気の澄み方で瞬《また》きが強かったり、にじんで見えたり。特に昼間は時間によって景色の色合いが変わってくる。光の量や差しこむ角度が違うから。①<u>そこをとらえて……つまんないね、こういう話</u>」

決まり悪そうに早瀬が途中《とちゅう》で話を止めた。

「全然つまらなくないよ。光をとらえてどうするの？　絵に描《えが》くの？」

そんなところ、と気乗りしない声で早瀬がコーシローを地面に下ろした。

「早瀬くんは光を司《つかさど》るって名前、そのまんまだね」

「死んだ父親が写真館をやっていて」

祖父の代から、と早瀬が夜空を見上げた。

「写真は光を司るからって、光司郎。ちなみに父親の名前は光を治めるで、光治《こうじ》。塩見の名前の由来は？」

「優花？　四月生まれだから。本当は『さくら』って名前にしたかったらしいけど、同じ名前の子が近所にいたから、『優しい桜色の花』で『優花』」

「優花の花は桜の花なんだ」

「秘密だよ……っていうほど秘密じゃないけど」

「桜を見たら思い出すよ。塩見もこの場所、秘密だよ」

「早瀬君、小学生みたいなこと言ってる」

笑いながら早瀬の背中を軽く叩《たた》くと、かすかに柑橘《かんきつ》系の香りがした。

「いい香り。これはポーチュガル？」

夜景を見ていた早瀬が振《ふ》り返《かえ》った。

「なんでわかる？」

2022年度

城北中学校　▶解説と解答

算数　＜第２回試験＞（50分）＜満点：100点＞

解答

1 (1)　5　(2)　$\frac{1}{12}$　2 (1)　８日　(2)　32度　(3)　24通り　(4)　243枚以上
(5)　$\frac{1}{4}\text{cm}^2$　3 (1)　1.75km　(2)　$1\frac{1}{3}$倍　(3)　７km　(4)　$33\frac{1}{3}$分後　4 (1)
①　15　②　0　(2)　30個　(3)　60個　5 (1)　①　11個　②　13個　③　45個
(2)　25個

解説

1　四則計算，逆算

(1)　$4\frac{1}{4}-0.3\times\frac{5}{12}+\left(2\frac{3}{5}-1.2\right)\div1\frac{3}{5}=\frac{17}{4}-\frac{3}{10}\times\frac{5}{12}+\left(\frac{13}{5}-\frac{6}{5}\right)\div\frac{8}{5}=\frac{17}{4}-\frac{1}{8}+\frac{7}{5}\times\frac{5}{8}=\frac{17}{4}-\frac{1}{8}+\frac{7}{8}=\frac{34}{8}-\frac{1}{8}+\frac{7}{8}=\frac{40}{8}=5$

(2)　$5\frac{1}{7}\times\left(\frac{1}{3}+\frac{1}{4}\right)=\frac{36}{7}\times\left(\frac{4}{12}+\frac{3}{12}\right)=\frac{36}{7}\times\frac{7}{12}=3$ より，$3-\left(\frac{1}{6}-\square\right)\div\frac{1}{4}=2\frac{2}{3}$，$\left(\frac{1}{6}-\square\right)\div\frac{1}{4}=3-2\frac{2}{3}=\frac{9}{3}-\frac{8}{3}=\frac{1}{3}$，$\frac{1}{6}-\square=\frac{1}{3}\times\frac{1}{4}=\frac{1}{12}$　よって，$\square=\frac{1}{6}-\frac{1}{12}=\frac{2}{12}-\frac{1}{12}=\frac{1}{12}$

2　仕事算，角度，場合の数，平均とのべ，辺の比と面積の比

(1)　仕事全体の量を24と30と40の最小公倍数の120とすると，Ａ君が１日に行う仕事の量は，120÷24＝５，Ｂ君が１日に行う仕事の量は，120÷30＝４，Ｃ君が１日に行う仕事の量は，120÷40＝３となる。また，Ａ君とＢ君は12日すべて仕事をしたから，Ａ君とＢ君がした仕事の量の合計は，（５＋４）×12＝108となる。よって，Ｃ君がした仕事の量は，120－108＝12なので，Ｃ君が仕事をした日数は，12÷３＝４（日）と求められ，Ａ君とＢ君が２人で仕事をした日数は，12－４＝８（日）とわかる。

(2)　右の図１で，三角形ABCと三角形EDFはどちらも二等辺三角形であり，三角形ABDと三角形AFDは合同だから，●印をつけた角の大きさはすべて等しい。また，角AECと角FEDの大きさも等しいので，角CAEの大きさも●印をつけた角と等しくなる。よって，三角形ABCの内角に注目すると，●３個分の大きさが，180－42×２＝96(度)とわかるから，●１個分，つまり角アの大きさは，96÷３＝32(度)と求められる。

図１

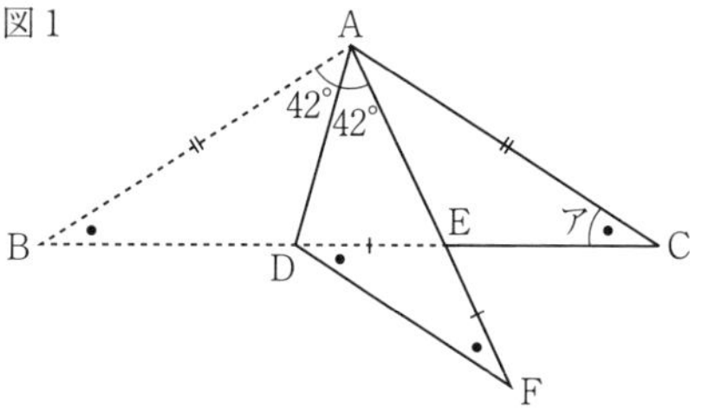

(3)　６脚《きゃく》のイスを左から順にア，イ，ウ，エ，オ，カとすると，３人が座るイスの組み合わせは，右の図２のよう

図２

ア	イ	ウ	エ	オ	カ
○		○		○	
○		○			○
○			○		○
	○		○		○

図３

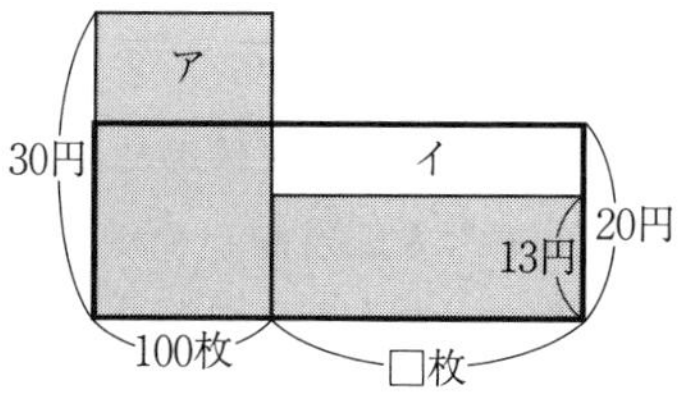

に４通りある。どの場合も，３人の座り方が，３×２×１＝６(通り)ずつあるので，全部で，６×４＝24(通り)となる。

(4)　ポスターを100枚印刷したときの１枚あたりの費用は，3000÷100＝30(円)だから，１枚あたりの費用がちょうど20円になるときの，100枚をこえた分の枚数を□枚として図に表すと，上の図３のようになる。図３で，かげをつけた部分の面積と太線で囲んだ部分の面積は等しいので，アとイの部分の面積も等しくなる。また，アの部分の面積は，(30－20)×100＝1000(円)だから，イの部分の面積も1000円となり，□＝1000÷(20－13)＝142.8…(枚)と求められる。よって，１枚あたり20円より安くするには，100＋143＝243(枚)以上印刷する必要がある。

(5)　右の図４のように，PAとRBを延長して交わる点をOとすると，三角形OABは正六角形を６等分したものと同じ形の正三角形になるから，面積は，$1\times\frac{1}{6}=\frac{1}{6}$(cm^2)とわかる。また，正六角形の１辺の長さを６とすると，AP＝$6\times\frac{1}{2}=3$，BR＝$6\times\frac{2}{3}=4$となる。よって，OP＝６＋３＝９，OR＝６＋４＝10なので，三角形OABと三角形OPRの面積の比は，(OA×OB)：(OP×OR)＝(６×６)：(９×10)＝２：５と求められる。したがって，斜線《しゃせん》部分の面積は三角形OABの面積の，$\frac{5-2}{2}=\frac{3}{2}$(倍)だから，$\frac{1}{6}\times\frac{3}{2}=\frac{1}{4}$(cm^2)とわかる。

図４

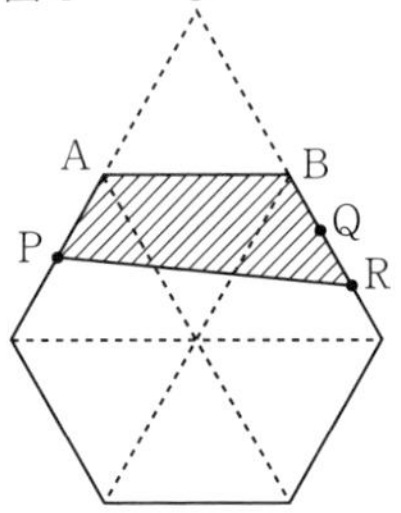

3　グラフ―旅人算，速さと比

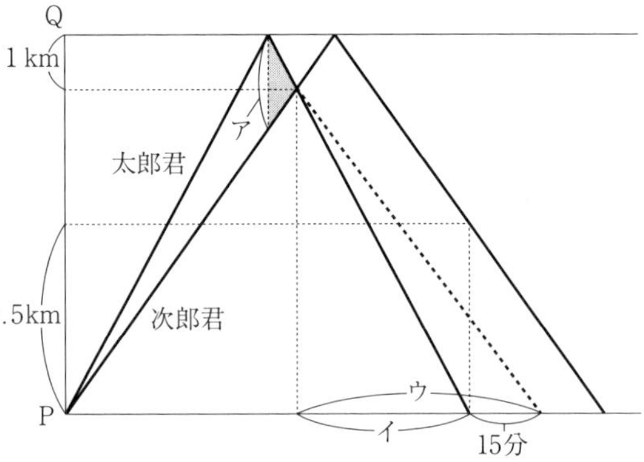

(1)　右のグラフのアの距離《きょり》を求める。太郎君がPQ間を１往復する間に２人が進んだ距離の差は3.5kmだから，太郎君がPQ間の片道を進む間に２人が進んだ距離の差は，3.5÷２＝1.75(km)になる。つまり，アの距離は1.75kmである。

(2)　かげをつけた部分に注目する。この部分で太郎君が進んだ距離は１km，次郎君が進んだ距離は，1.75－１＝0.75(km)なので，太郎君と次郎君の速さの比は，１：0.75＝４：３とわかる。よって，太郎君の速さは次郎君の速さの，$4\div3=\frac{4}{3}=1\frac{1}{3}$(倍)である。

(3)　同じ時間に太郎君と次郎君が進む距離の比は４：３なので，太郎君がQ地点に到着《とうちゃく》したとき，比の，４－３＝１にあたる距離が1.75kmである。よって，PQ間の距離は，1.75×４＝７(km)とわかる。

(4)　グラフに三郎君の進行のようすをかき入れると，太点線のようになる。ここで，太郎君と三郎君の速さの比は，$4:\left(3\times\frac{5}{6}\right)=8:5$なので，太郎君と三郎君が同じ距離を進むのにかかる時間の比は，$\frac{1}{8}:\frac{1}{5}=5:8$となる。つまり，グラフのイとウの時間の比は５：８である。この差が15分だから，比の１にあたる時間は，15÷(８－５)＝５(分)となり，イ＝５×５＝25(分)とわかる。よって，太郎君が，７－１＝６(km)進むのにかかった時間が25分だから，３人が出会うまでに太郎君が，７＋１＝８(km)進むのにかかる時間は，$25\times\frac{8}{6}=\frac{100}{3}=33\frac{1}{3}$(分)と求められる。

4 約束記号，周期算，数列

⑴ 〈1〉＝1，〈2〉＝2，〈3〉＝0，〈4〉＝1，〈5〉＝2，〈6〉＝0，…のように，｛1，2，0｝の3個がくり返される。〈1〉から〈15〉までにはこれが，15÷3＝5(回)くり返されるから，〈1〉＋〈2〉＋〈3〉＋…＋〈15〉＝(1＋2＋0)×5＝15(…①)とわかる。次に，1＋2＋3＋…＋15＝(1＋15)×15÷2＝120なので，120÷3＝40より，〈1＋2＋3＋…＋15〉＝〈120〉＝0(…②)と求められる。

⑵ *A*の値を10から順に1ずつ大きくすると，右の図1のようになり，｛1，0，0｝の3個がくり返されるとわかる。2桁《けた》の整数は，99－10＋1＝90(個)あるので，90÷3＝30より，〈*A*〉＝1となる2桁の整数*A*は30個ある。

図1

A＝10	〈1＋2＋…＋10〉＝〈55〉＝1
A＝11	〈1＋2＋…＋11〉＝〈66〉＝0
A＝12	〈1＋2＋…＋12〉＝〈78〉＝0
A＝13	〈1＋2＋…＋13〉＝〈91〉＝1
A＝14	〈1＋2＋…＋14〉＝〈105〉＝0
A＝15	〈1＋2＋…＋15〉＝〈120〉＝0

⑶ ⑴①のように｛1，2，0｝の3個がくり返されるので，*B*の値を10から順に1ずつ大きくすると，〈1〉＋〈2〉＋〈3〉＋…＋〈*B*〉の値は右の図2のようになる。よって，*B*が，3×□＋2(□は整数)と表せるときだけ，条件に合わないことがわかる。ここで，3×3＋2＝11，3×32＋2＝98より，条件に合わないのは□が3以上32以下の場合であり，32－3＋1＝30(個)あることがわかる。また，2桁の整数は全部で，90個あるから，条件に合う*B*の個数は，90－30＝60(個)と求められる。

図2

B＝10	3×3＋1	＝10
B＝11	3×3＋1＋2	＝12
B＝12	3×4	＝12
B＝13	3×4＋1	＝13
B＝14	3×4＋1＋2	＝15
B＝15	3×5	＝15

5 立体図形―分割，構成

⑴ 立体アを上から順に1cmごとに切断したときの断面を真上から見ると，それぞれ下の図Ⅰのようになる。図Ⅰから，立体アの面上および内部にある重点の個数は，面ABCD上にあるものが5個，重点Pを通る面上にあるものが11個(…①)，重点Qを通る面上にあるものが13個(…②)，重点R(BF上で下から1段目)を通る面上にあるものが11個，面EFGH上にあるものが5個とわかる。したがって，全部で，5＋11＋13＋11＋5＝45個(…③)と求められる。

図Ⅰ

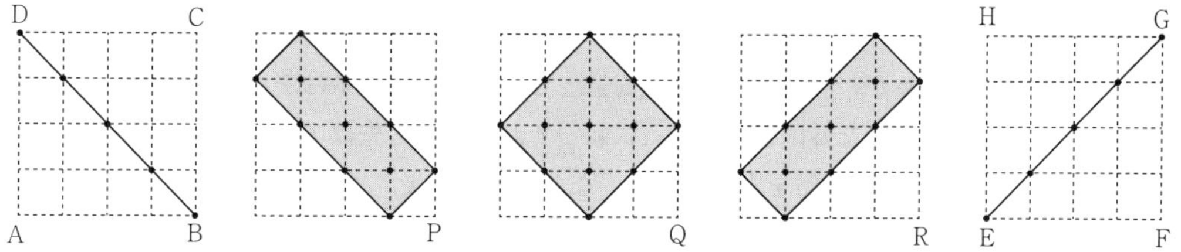

⑵ 立体イは右の図Ⅱのような立体であり，立体アを上下にひっくり返した形になる。そこで，図Ⅰに立体イを上から順に1cmごとに切断したときの断面(太点線)をかき加えると下の図Ⅲのようになり，かげをつけた部分が立体アと立体イが重なった部分になる。よって，重点の数は全部で，1＋5＋13＋5＋1＝25(個)と求められる。

図Ⅱ

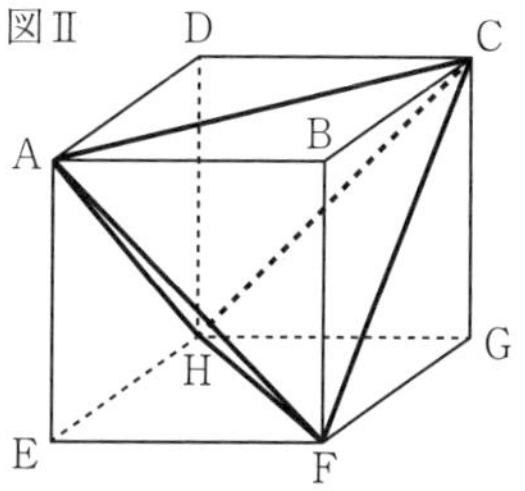

図Ⅲ

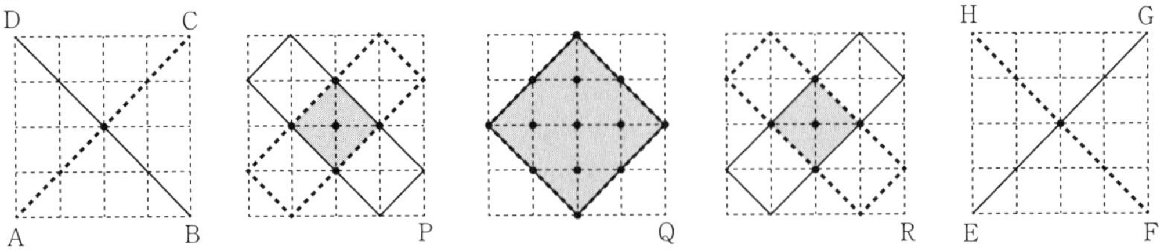

社　会　＜第２回試験＞（40分）＜満点：70点＞

解　答

1 **問１**　エ　**問２**　イ　**問３**　エ　**問４**　ウ　**問５**　ア　**問６**　ア　**問７**　イ　**問８**　国土交通(省)　**問９**　イ　**問10**　ウ　**問11**　テレワーク　**問12**　ウ　**問13**　イ　**問14**　千葉(県)　**問15**　○　**問16**　イ　**問17**　ア　**問18**　イ　**2** **問１**　ウ　**問２**　エ　**問３**　エ　**問４**　イ　**問５**　古事記　**問６**　エ　**問７**　紀貫之　**問８**　ウ　**問９**　ア　**問10**　エ　**問11**　イ　**問12**　イ　**問13**　ア　**問14**　エ　**問15**　イ　**問16**　富岡製糸場　**問17**　ア　**問18**　福沢諭吉　**問19**　イ　**問20**　ウ　**3** **問１**　**あ**　家庭　**い**　番人　**問２**　ⅰ　**う**　司法　**え**　良心　ⅱ　エ　**問３**　ウ　**問４**　(3)　民事(裁判)　(4)　刑事(裁判)　**問５**　エ　**問６**　ⅰ　三審(審級)(制)　ⅱ　控訴　**問７**　イ

解　説

1 **日本の産業と地形を中心とした地理の問題**

問１　中国は人口が約14億3932万人で世界第１位，国土面積は約960万km^{2}で世界第４位となっている。日本の国土面積は約38万km^{2}で，中国の国土面積は日本の約25倍になる。統計資料は『日本国勢図会』2021／22年版による(以下同じ)。

問２　ほうれんそうは，近郊農業がさかんな埼玉県・群馬県・千葉県が生産量の上位を占《し》めている。なお，たまねぎとじゃがいもの生産量は北海道，ピーマンの生産量は茨城県が全国第１位。

問３　日本は小麦の多くを外国からの輸入に頼っており，輸入先はアメリカ合衆国・カナダ・オーストラリアの３国でほぼ100％を占めている。なお，アは石炭，イは牛肉，ウは大豆。

問４　乳用牛の飼養頭数は北海道が全国第１位で，以下，栃木・熊本・岩手の各県が続く。

問５　ア　肉用牛の飼養頭数は北海道が全国で最も多いので，正しい。　イ　石狩平野では稲作がさかんで，北海道の大規模な酪農地帯としては根釧《こんせん》台地があげられる。　ウ　生乳は鮮度が重要となるため，大消費地に近いところで生産される傾向《けいこう》がある。一方，大消費地から遠いところでは，保存がきくバターやチーズなどの乳製品に加工され，出荷されることが多い。　エ　サイロは，牧草などの飼料をたくわえる倉庫のことである。

問６　本場大島つむぎは鹿児島県奄美《あまみ》大島に伝わる伝統的な織物で，鹿児島市などでもつくられている。なお，西陣《にしじん》織は京都府，小千谷《おぢや》ちぢみは新潟県，結城《ゆうき》つむぎは茨城県・栃木県の伝統的工芸品。

問７　竿燈《かんとう》祭りは秋田市で行われる夏祭りで，青森市のねぶた祭り，仙台市(宮城県)の七夕祭り，山形市の花笠《はながさ》祭りとともに東北四大祭りに数えられる。

問８　観光庁は観光事業についての事務を担当する国の機関で，国土交通省に属している。

問９　日本における在留外国人の数は，国籍別では中国が最も多いが，近年はベトナムの増加率が高く，第２位となっている。なお，第３位以下は韓国・フィリピン・ブラジルの順となっている。

問10　2020年から2021年にかけて，神奈川県は外国人が0.2万人減少したにもかかわらず，全体で1.1万人増えているので，日本人が1.3万人増えたことになる。

問11　新型コロナウイルス感染症《しょう》の拡大を防ぐため，外出の自粛《じしゅく》が広くよびかけられた。これに応じる形で，インターネットを活用して職場以外の場所で働くテレワーク(リモートワーク)を導入する企業が増えた。

問12　宮崎県は南北に細長く，日向灘《ひゅうがなだ》(太平洋)に面する東部の海岸線が直線的であることなどが特《とく》徴《ちょう》となっている。なお，アは茨城県，イは三重県，エは奈良県の形。

問13　豚の飼養頭数は鹿児島県が全国第１位，宮崎県が第２位で，以下，北海道・群馬県が続く。

問14　千葉県の北東部に位置する銚子《ちょうし》港は，利根川からの豊富な栄養分が流れ出す場所であることや，黒潮(日本海流)と親潮(千島海流)のぶつかる潮目が近いことなどから，沿岸漁業を中心とする日本有数の漁港として発展してきた。近年は，日本で最も水揚《みずあ》げ量の多い漁港となっている。

問15　山梨県では，日当たりのよい山の斜面《しゃめん》を利用した果樹栽培がさかんで，ぶどう・ももの生産量が全国第１位となっている。果樹園は，果樹を図案化した(○)で表される。

問16　川が山地から平地に出るところでは，流水のはたらきが弱まって上流から運ばれた土砂がたい積し，扇状地《せんじょうち》とよばれる扇《おうぎ》形の地形がつくられることがある。山梨県の甲府盆地は，代表的な扇状地があることで知られる。なお，三角州は川の河口に土砂がたい積してできる地形，河岸段《かがんだん》丘《きゅう》は川岸にできる階段状の地形，砂州《さす》は潮流や風のはたらきで海底の砂がたい積してできる地形。

問17　「はえぬき」は山形県でつくられた稲の品種で，山形県を代表する米として庄内平野などでさかんに栽培されている。なお，「ひとめぼれ」は宮城県など，「ななつぼし」と「ゆめぴりか」は北海道で栽培がさかんな品種。

問18　４つの都市を北から並べると，根室市(北海道)，山形市，甲府市(山梨県)，宮崎市の順となり，この順に冬(１月)の平均気温も低いと判断できるので，アが甲府市，イが山形市，ウが宮崎市，エが根室市の雨温図だとわかる。

2　各時代の歴史的なことがらについての問題

問１　1946年，独学で考古学を学んでいた相沢忠洋《ただひろ》は，群馬県の岩宿遺跡で打製石器を発見した。これをきっかけに1949年から本格的な発掘《はっくつ》調査が行われ，日本にも旧石器時代があったことが初めて確認された。

問２　推古天皇の時代の607年，小野妹子は遣隋使として隋(中国)に派遣された。天武天皇が在位した７世紀後半には隋は滅亡《めつぼう》しており，唐が中国を治めていた。

問３　671年に天智天皇が亡くなると，翌672年，天智天皇の子の大友皇子と，天智天皇の弟の大《おお》海人《あまの》皇子が後継《あとつ》ぎをめぐって争った。これが壬申《じんしん》の乱で，勝った大海人皇子が天武天皇として即位《そくい》した。

問４　律令制度のもと，農民には口分田が支給され，代わりに租・庸《よう》・調といった税や労役・兵役の負担が課された。このうち，租は収穫の約３％の稲を地方の役所に納める税で，男女ともに負担した。庸は都での労役の代わりに布などを納める税，調は地方の特産物を都に納める税で，これらは成年男子のみに課された。

問５　『古事記』は，稗田阿礼《ひえだのあれ》が暗記していた国のおこりや系譜《けいふ》，神話，伝承などを太安万侶《おおのやすまろ》が筆録した歴史書で，712年に完成し，元明天皇に献上された。

問６　ア　平安時代初期には，律令制度を立て直すため，律令に定められていない令外官とよばれる役職が置かれた。勘解由使《かげゆし》はその１つで，国司が交代するさいの不正を防ぐため，書類の審査を行った。　　イ　桓武天皇のときには，班田の期間がそれまでの６年から12年に延長された。
ウ　奈良時代，聖武天皇は大仏づくりを命じ，これにもとづいて東大寺に大仏がつくられた。
エ　桓武天皇の政策を正しく説明している。

問７　紀貫之は平安時代の貴族で，土佐国(高知県)の国司の任を終えて京都に帰るまでのようすを，みずからを女性に見立ててかな文字で『土佐日記』に記した。また，紀貫之は『古今《こきん》和歌集』の撰《せん》者としても知られる。

問８　１は1053年，２は939～940年，３は1156年のできごとなので，時代の古い順に２→１→３となる。

問９　鎌倉時代になって地頭の力が強くなると，土地の支配や年貢の徴収をめぐる荘園領主と地頭の争いが増えた。そのため，1232年，鎌倉幕府の第３代執権《しっけん》北条泰時《やすとき》は武家社会の慣習や源頼朝以来の先例をもとに御成敗《ごせいばい》式目(貞永《じょうえい》式目)を定め，争いを裁く基準とした。御成敗式目は51か条からなる初の武家法で，泰時はこれが律令とは異なるもので，皇族や公家には適用されないとした。

問10　ア　「執権」ではなく「管領《かんれい》」が正しい。　　イ　「大和の国(奈良県)」ではなく「山城の国(京都府南部)」が正しい。山城の国一揆《いっき》は1485年に起こり，1493年まで国人や農民らによる自治が行われた。　　ウ　寝殿《しんでん》造は平安時代の大貴族の屋敷《やしき》に用いられた建築様式で，室町時代には書院造が広まった。　　エ　室町時代の産業と物流を正しく説明している。

問11　分国法は，戦国大名が領国を支配するため，それぞれ独自に定めた法令で，情報がもれたり家臣の勢力が拡大したりするのを防ぐといった目的から，他国の人との手紙のやり取りや縁組《えんぐみ》を禁じる規則もあった。なお，アとウは江戸時代に出された武家諸法度《しょはっと》の内容。エについて，室町時代には惣《そう》(村)という農民の自治組織が発達し，寄合という会合でさまざまなおきてが定められた。

問12　室町時代には，通行税を徴収して収入を増やすため，有力者によって街道の要所に関所が設けられたが，戦国時代には商工業発展のさまたげになるとして関所が廃止されていった。江戸時代になると，通行人の監視を目的として街道の要地に関所が置かれたが，多くの場合，通行税は徴収されなかった。

問13　有力な外様《とざま》大名であった前田氏が治めた加賀藩は，現在の石川県や富山県を領有していた。金沢市は前田氏の城下町から発展した都市で，現在は石川県の県庁所在地となっている。なお，米沢は山形県，春日山は新潟県上越市にある。

問14　１は1840年，２は1792年，３は1837年のできごとなので，時代の古い順に２→３→１となる。

問15　ア　1871年に行われた廃藩置県では，もとの藩主(知藩事)に代えて中央から府知事や県令が派遣され，府県を治めた。　　イ　明治政府が1873年に出した徴兵令では，20歳以上の男子に兵役の義務が課されたが，役人や戸主，後継ぎとなる長男などは兵役を免除された。よって，正しい。

ウ　明治政府が1873年に行った地租改正では，地価の３％を土地所有者が現金で納めることとされた。ウの文は，第二次世界大戦後に行われた農地改革について説明した文である。　エ　岩倉使節団には大久保利通や伊藤博文らがふくまれていたが，板垣退助や西郷隆盛は日本に残り，岩倉使節団がいない間の政府をとりしきっていた。

問16　明治時代，政府は殖産興業政策の一つとして，1872年，養蚕業のさかんな群馬県に日本初の官営模範《もはん》工場である富岡製糸場を設立し，フランス人技師ブリューナの指導のもと，フランス製の機械を導入して生糸の生産を開始した。

問17　大日本帝国憲法は君主権の強いドイツ(プロシア)の憲法を参考にして作成され，1889年に発布された。

問18　福沢諭吉は豊前《ぶぜん》中津藩(大分県)の藩士の子として大坂(大阪)で生まれ，緒方洪庵《おがたこうあん》の適塾で蘭《らん》学《がく》を学んだ。その後，江戸に出て蘭学塾を開いたが，のちに英学塾に改め，これが慶應義塾の前身となった。欧米へ渡ったさいの見聞を広く紹介《しょうかい》し，人間の平等や学問の重要性を説いた著書『学問のすゝ《す》め』は，当時の人々に大きな影響を与えた。

問19　１は1920年，２は1925年，３は1923年のできごとなので，時代の古い順に１→３→２となる。

問20　ア　犬養毅《いぬかいつよし》首相は，1932年の五・一五事件で暗殺された。　イ　1937年，日本は盧溝橋《ろこうきょう》事件をきっかけとして中国と戦争を始めた(日中戦争)。第二次世界大戦は1939年，ドイツがポーランドに侵攻《しんこう》したことで始まった。　ウ　1937年に日中戦争が始まると，戦時体制を強化するため，翌38年に国家総動員法が制定された。よって，正しい。　エ　1940年，近衛文麿《このえふみまろ》内閣はドイツ・イタリアと日独伊三国軍事同盟を結んだ。

３　裁判と司法制度についての問題

問１　**あ**　日本の裁判所は，最高裁判所と高等・地方・家庭・簡易の下級裁判所からなる。　**い**　法律などが憲法に違反していないかどうかを審査する権限を違憲審査権といい，最高裁判所はその最終的な判断を下す権限を持っていることから，「憲法の番人」とよばれている。

問２　**i**　**う**　司法権は法律にもとづいて裁判を行う権限で，日本国憲法第76条は司法権が裁判所に属することを定めている。　**え**　日本国憲法第76条では司法権の独立が規定されており，「すべて裁判官は，その良心に従い独立してその職権を行い，この憲法及《およ》び法律にのみ拘束《こうそく》される。」としている。　**ii**　最高裁判所裁判官の国民審査は，任命後初めて行われる衆議院議員総選挙のときと，その後10年を経過して初めて行われる衆議院議員総選挙のときに実施される。

問３　ア　裁判所で違憲とされた法律は，無効とされる場合もあるが，自動的に廃止されるわけではなく，国会で改正や廃止の審議がなされる。　イ　違憲審査権は，すべての裁判所に認められている。　ウ　違憲審査について正しく説明している。　エ　裁判員制度は裁判に国民の意見を反映させ，司法に対する国民の理解を深めるために導入された。違憲審査にかかわる裁判は，裁判員裁判の対象とならない。

問４　(3)　民事裁判は，金銭の貸し借りなど，個人や企業どうしの争いを解決するために行われる。(4)　刑事裁判は，殺人や盗みなどの犯罪・違法行為について，有罪か無罪かを判断したり，有罪の場合の刑の重さを決めたりするために行われる。

問５　刑事裁判において，被疑者(被告人)の犯罪を証明する唯一《ゆいいつ》の証拠《しょうこ》が本人の自白だけの場合，有罪にはならない。

問６　ⅰ，ⅱ　日本の裁判では，同一事件について３回まで審判を受けられるという三審(審級)制が採用されている。第一審の判決に不満で，上級の裁判所に訴《うった》えを起こすことを控訴，第二審の判決に不満で，さらに上級の裁判所に訴えを起こすことを上告という。

問７　裁判員制度では，有権者の中から抽選《ちゅうせん》で選ばれた裁判員６人と，３人の裁判官が合議制で裁判を行う。決定は９人の多数決によってなされるが，有罪とする場合には少なくとも１人の裁判官がこれに賛成する必要がある。

理　科　＜第２回試験＞（40分）＜満点：70点＞

解　答

1　**問１**　イ，オ，ク　**問２**　40g　**問３**　右の図　**問４**　エ　**問５**　イ　**2**　**問１**　１通り　**問２**　６通り　**問３**　４通り　**3**　**問１**　水蒸気　**問２**　ウ　**問３**　オ　**問４**　オ　**4**　**問１**　35mL　**問２**　解説の図①を参照のこと。　**問３**　エ，オ　**問４**　解説の図②を参照のこと。　**5**　**問１**　(1)　ロゼット　(2)　合弁花　**問２**　(1)　ア，ウ，エ　(2)　①　8　②　2　③　1　**6**　**問１**　(1)　19℃　(2)　81％　**問２**　(1)　15℃　(2)　1600m　**問３**　11℃　**問４**　(1)　33℃　(2)　28％

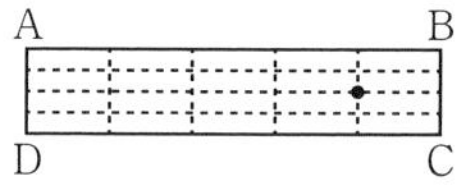

解　説

1　てこと重心についての問題

問１　物体全体の重さが集まっていると考えることのできる点を重心という。重心の真上にひもをつけてつり下げると物体は回転せず静止する。図２で，点Ｅと点Ｆの位置にひもをつけてつり下げたときに板が水平になって回転しないことから，物体の重心は点Ｅと点Ｆを結んだ直線ＥＦ上にあることがわかる。

問２　てこのつり合いは，(加わる力の大きさ)×(支点からの距離《きょり》)で求められるモーメントで考えることができ，左回りと右回りのモーメントの大きさが等しいときにてこはつり合う。Ａにつけたばねはかりが示す値を□ｇとすると，物体の重心は直線ＥＦ上にあるため，Ｂを支点としたときのつり合いの関係式は，□×10＝200×(10－８)となる。これより，□＝40(ｇ)である。

問３　ＢＣの中点にひもをつけたときにＢＣが水平になったことから，重心はＢＣの中点から地面に向かってまっすぐに下ろした直線上にあり，かつ，図２の直線ＥＦ上にある。

問４　点Ｂにひもをつけて物体をつり下げたとき，点Ｂの真下に重心がくるように物体は静止する。問３より，物体の重心はＢＤを結んだ線よりＣに近いところにあるので，エが選べる。

問５　どの位置で物体をつり下げても，１つのばねはかりで物体をつり下げると200ｇを示す。

2　電流回路についての問題

問１　スイッチⅠを端子《たんし》ａ～端子ｃ，スイッチⅡを端子ｄ～端子ｆにそれぞれつないだ回路は下の図の回路①～回路⑨のようになる。よって，回路①は，回路に電池がつながれていないので，電球Ａと電球Ｂがともに光らない。

問２　図のように，回路②，回路③，回路④，回路⑥，回路⑦，回路⑧は電球Ａ，電球Ｂの両方に電流が流れるため，どちらの豆電球も光る。なお，回路⑤と回路⑨はどちらも電球Ｂだけが光る。

問３　回路②と回路③は電球Ａに流れる電流の一部が枝分かれして電球Ｂに流れるので，電球Ａの方が電球Ｂより明るくなる。また，回路⑥と回路⑧は電球Ａには２個の電池が直列につながれていて，電球Ｂには１個しかつながれていないので，電球Ａの方が明るくなる。なお，回路④と回路⑦は電球Ｂの方が明るくなる。

	端子ａ	端子ｂ	端子ｃ
端子ｄ	① 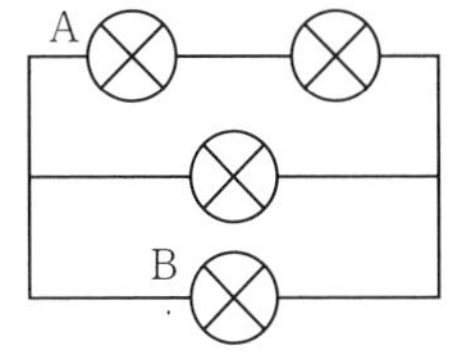	② 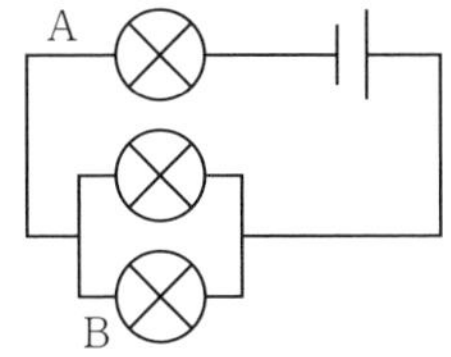	③ 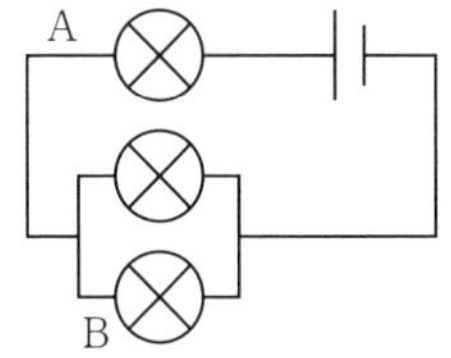
端子ｅ	④ 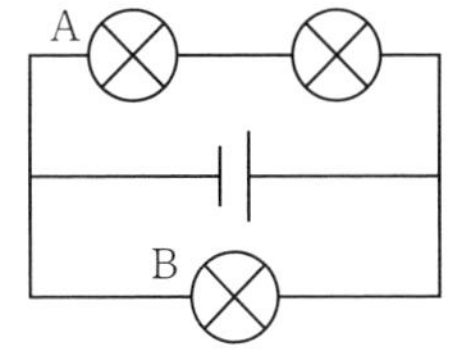	⑤ 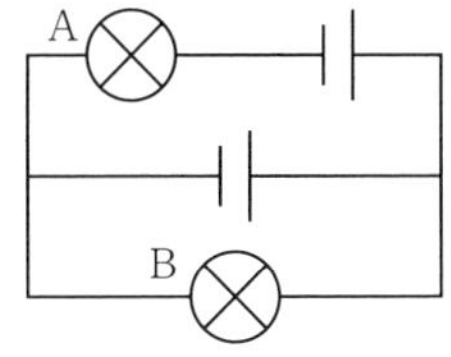	⑥ 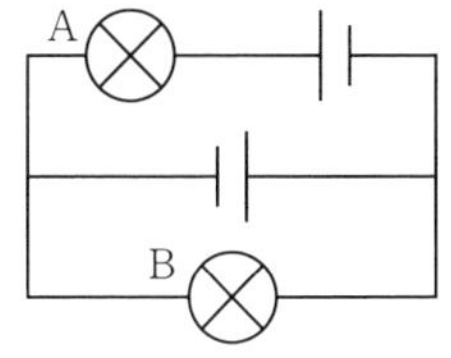
端子ｆ	⑦ 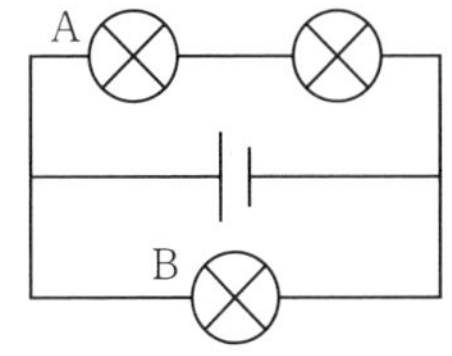	⑧ 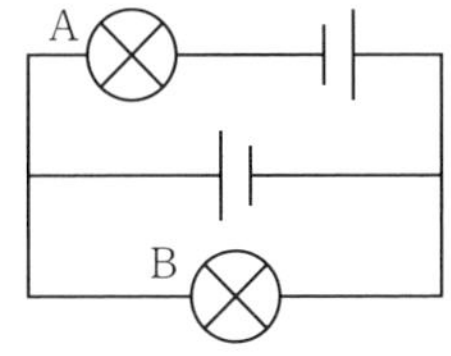	⑨ 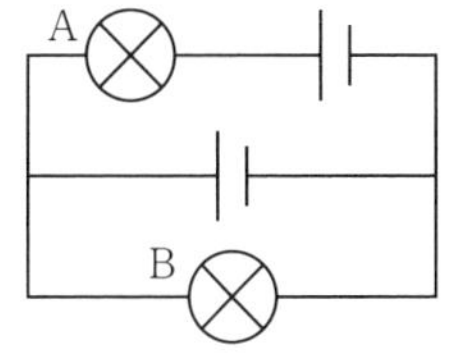

3 水とアルコールの状態変化についての問題

問１　水は100℃で沸《ふっ》とうし，液体の水から気体の水蒸気に変わる。気体の水蒸気は目に見えないが，図２のガラス管の中を通過している。

問２　ガラス管を通過した高温の水蒸気は，ビーカーの水にふれると冷やされて水にもどる。そのため，ガラス管の先からはあわは出てこないが，ビーカーの水が少しずつ増える。

問３　約80℃で沸とうして気体になったアルコールは，ビーカーＢの水に冷やされて液体にもどる。その結果，ビーカーＢの水にアルコールが少しずつ溶《と》けていく。

問４　水とアルコールの混合液を80℃に保ったとき，沸とうする温度が80℃のアルコールはさかんに気体となり，水も一部気体となる。よって，ガラス管を通過するのは，水蒸気とアルコールの蒸気が混ざっているが，アルコールの蒸気の方が多い。

4 塩酸と水酸化ナトリウム水溶液《すいようえき》の中和についての問題

問１　塩酸Ａ100mLと水酸化ナトリウム水溶液Ｂ100mLがちょうど中和すると述べられているので，図１で塩酸Ａ50mLと水酸化ナトリウム水溶液Ｂ50mLもちょうど中和し，そのとき塩化ナトリウム5.0ｇが生じることがわかる。よって，塩化ナトリウム3.5ｇをつくるには，水酸化ナトリウム水溶液Ｂの量を，$50\times\frac{3.5}{5.0}=35$(mL)にすればよい。なお，このとき混合液中には塩酸Ａが，40－35＝５(mL)残っている。

図①

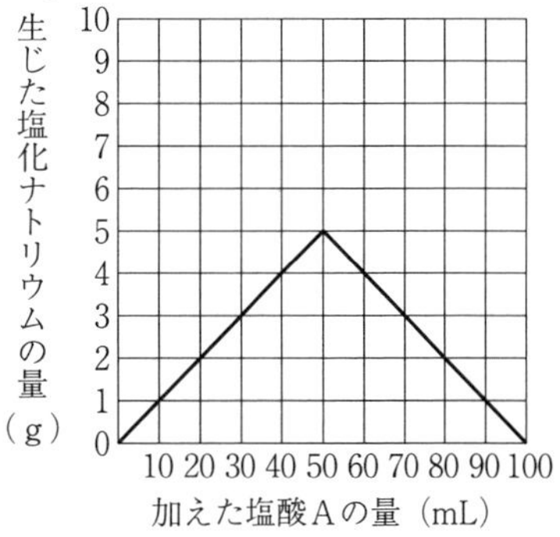

問２　塩酸Ａの量を50mLから100mLまで増やしたとき，水酸化ナトリウム水溶液Ｂの量は50mLから０mLまで減っていくので，生じる塩化ナトリウムの量は上の図①のように減少する。

問３　水酸化ナトリウム水溶液Ｃは水酸化ナトリウム水溶液Ｂの半分の濃度《のうど》なので，塩酸Ａ50mLとちょうど中和する水酸化ナトリウム水溶液Ｃの体積は，$50 \div \frac{1}{2} = 100$(mL)となる。よって，混合液100mLがちょうど中和しているときの塩酸Ａの体積は，$100 \times \frac{50}{100+50} = 33.3\cdots$(mL)，水酸化ナトリウム水溶液Ｃの体積は，$100 \times \frac{100}{100+50} = 66.6\cdots$(mL)となる。よって，塩酸Ａが約33mLより多い場合は塩酸が余るため酸性の水溶液となり，BTB溶液を加えたときに黄色になる。

問４　塩酸Ａの体積が約33mLまでは水酸化ナトリウムが余っているため，生じる塩化ナトリウムの量は問２でかいたグラフと同じように変化する。塩酸Ａがそれより多くなると，水酸化ナトリウム水溶液Ｃが不足するため，生じる塩化ナトリウムの量も減少する。しかし，問２と比べて，水酸化ナトリウム水溶液の濃度が半分になっているため，その減少量も半分になる。このことに注意してグラフを作成すると右の図②のようになる。

図②

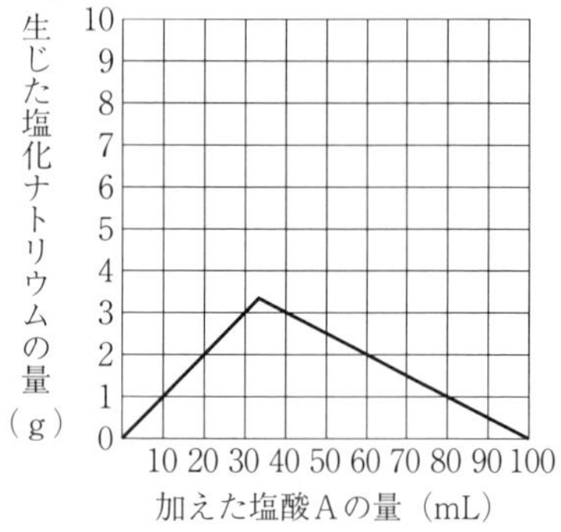

5　キク科の植物についての問題

問１　⑴　タンポポのように，冬ごしのときに，葉が地面にはりつくように広がっている状態をロゼットという。ロゼットで過ごすことで，寒い冬にあたたまった地面からの熱を受けることができることや，少ない太陽光をできるだけ多く受けることができることなどの利点がある。　⑵　花弁がくっついている花を合弁花という。キクのほか，アサガオ，ツツジ，ナスなども合弁花である。

問２　⑴　あるキクがつぼみをつくる条件は，連続した暗い時間が10時間30分以上になることだと述べられている。図では，１つのマスが２時間なので，暗くする時間のマスが６個以上つながっているア，ウ，エはつぼみがつくられるとわかる。　⑵　①　連続した暗い時間が10時間30分以上になるのは，連続した明るい時間(昼の長さ)が13時間30分より短いときなので，このキクを６月から栽培《さいばい》した場合，つぼみがつくられる条件を満たすのは昼の長さが13時間30分より短くなる８月なかばである。　②　８月なかばにつぼみをつけたキクが開花するのが10月なかばなので，条件を満たしてから開花するまで，およそ２か月を要する。　③　キクを３月なかばに開花させるには，②より，その２か月前につぼみがつくられる条件を満たすように，１月のなかばまで夜間に電球で明るくしてやればよい。

6　雲のでき方と湿《しつ》度についての問題

問１　⑴　図２で，乾《かん》球温度計の示す値は気温を表しているので，Ａ地点の気温は19℃である。
⑵　表２で，乾球のよみが19℃のところを横に見ていき，乾球と湿球の示度の差が，19－17＝２(℃)のところの数値がＡ地点の湿度である。よって，81％とわかる。

問２　⑴　Ａ地点で気温19℃，湿度81％の空気１m^3にふくまれる水蒸気の量は，表１より，$16.3 \times \frac{81}{100} = 13.203$より，約13.2ｇである。水蒸気が飽和《ほうわ》状態になったときに雲ができ始めるので，Ｂ地点の飽和水蒸気量は13.2ｇに近い値となり，約15℃になる。　⑵　Ａ地点の19℃の空気は雲をつくらずにＢ地点まで上昇《じょうしょう》して，Ｂ地点で気温が15℃になったことになる。水蒸気が飽和していない空気は100m標高が上がるごとに気温が１℃下がるので，気温が，19－15＝４(℃)下がるまでに上昇した高さは，$100\times\frac{4}{1}$＝400(m)となり，Ｂ地点の標高は，1200＋400＝1600(m)とわかる。

問３　1600mの標高のＢ地点で飽和した空気は，100m標高が上がるごとに気温が0.5℃下がる。また，雲がかかっていて，標高が同じところの気温は同じになる。よって，標高2400mでの気温はＢ地点より，$0.5\times\frac{2400-1600}{100}$＝４(℃)低いから，15－４＝11(℃)となる。

問４　⑴　Ｄ地点からＥ地点までは水蒸気が飽和していないので，標高が100m下がるごとに気温は１℃上がる。よって，Ｅ地点の気温は，$11+1\times\frac{2400-200}{100}$＝11＋22＝33(℃)となる。　⑵　Ｄ地点で雲がなくなっていることから，Ｄ地点で水蒸気がちょうど飽和していることがわかる。Ｄ地点の11℃の空気にふくまれる水蒸気量は，表１より10.0g/m^3で，この空気の水蒸気量は変わらないまま，Ｅ地点で気温が33℃となる。33℃の空気の飽和水蒸気量は35.6g/m^3なので，湿度は，$\frac{10.0}{35.6}\times100$＝28.0…より，28％と求められる。

国語　＜第２回試験＞（50分）＜満点：100点＞

解答

一　**問１**　ウ　　**問２**　（例）　光に関するくわしい話は，美大を目指さない優花には興味のないものだったから。　　**問３**　ウ　　**問４**　（例）　自分のようにお金に困っている生活を，裕福な優花は想像できないだろうと思ったから。　　**問５**　イ　　**問６**　エ　　**問７**　ア　　**問８**　（例）　都会で何ができるのか不安な優花の迷いを払うように，早瀬が新しい生活を後押ししてくれたことをありがたく思ったから。　　**問９**　（例）　自分に自信の持てない優花に，共感したうえで，肯定してくれた点。　　**問10**　エ　　**問11**　ア　　**問12**　（例）　優花に比べ自分をみじめに感じていたことに加え，彼女との関係を変化させる勇気を持てなかったことにより，思いを伝えられず関係を断つことしかできなかったから。　　二　下記を参照のこと。

●漢字の書き取り

二　１　組織　　２　定石　　３　航海　　４　救命　　５　万象　　６　財　　７　兵法　　８　討(ち)　　９　菜園　　10　脳

解説

一　**出典は伊吹有喜《いぶきゆき》の『犬がいた季節』による。**高校３年の優花《ゆうか》と早瀬《はやせ》は，たがいに好意を持ちながらもその気持ちを伝えることができなかった。そしてそのまま受験を終えて春になり，それぞれの道に進むことになる。

問１　「つぶさに」は，細かくてくわしいようすを表す。ここでは，「他の受験生が制作している作品の進展」の見え方について言っているので，ウがふさわしい。

問２　光について夢中になって話していた早瀬だが，専門的な話になってしまい，ふと我に返って「決まり悪」くなったのである。よって，「光についての専門的な話は，美大を受けない優花には興味のないことだと思ったから」のようにまとめる。

問３　好意を寄せる早瀬といっしょにいるのに，唇《くちびる》がかさついていて，リップクリームを塗《ぬ》ろうにも目の前では塗りにくくて，直後で「なんか，うまくできないな」と言っていることから，早瀬にもっと自分をよく見せたいと思うが，要領よくできないことに対してため息がこぼれているのだとわかる。

問4　「塩見《しおみ》には実感わかないだろう」というのは，直前で早瀬が話している家庭の経済状況《じょうきょう》のことである。これより前にも「塩見はやっぱりお嬢様《じょうさま》だね」と言っていることや，本文の最後のほうに，生活に困っていることを優花に知られるのが「恥《は》ずかしくて」困っていないふりをしたとあることから，早瀬が優花と自分の家庭環境《かんきょう》には大きなちがいがあると感じていることをおさえる。

問5　「早瀬が志望している美大」の入学試験の大変さを表す言葉である。直前に注目すると，「半日や二日間かけて，一つの作品を仕上げていく」，「他の受験生が制作している作品の進展」が見えるので「自分の作品の仕上がりが遅《おそ》かったり，他人の作品の出来が素晴《すば》らしいと心を削《けず》られ，自滅《じめつ》することも多い」とある。よって，長い時間にわたりすさまじい戦いが行われるようすを表すイがあてはまる。

問6　直前に注目する。貸してくれた手袋《てぶくろ》から早瀬の「ぬくもり」を感じ，「胸の鼓動《こどう》が速くなった」とあることから，優花が早瀬に恋心《こいごころ》を抱《いだ》いていることが読み取れる。そして，優花の心の中で，早瀬の「背中に手を伸《の》ばしたい。伸ばして，広い背に顔を埋《うず》めたい」と気持ちがどんどん高まり，「早瀬君……」と呼びかけた声に表れてしまったのだから，エがふさわしい。

問7　早瀬の手袋からした香りなので，早瀬がつけていると言っていた「ポーチュガル」の香りである。

問8　直前の「何がやれるのかわからないから，行くんだよ」という早瀬の言葉を聞いて，涙《なみだ》が出たのだと考えられる。続く部分に「まっすぐな早瀬はいつだって，迷う背中を押《お》してくれる」とあることから，これまでにも早瀬は優花が迷っているときに応援《おうえん》してくれ，そのことを優花がありがたく思っていることが読み取れる。したがって，「自分に都会で何がやれるのかと新生活に対して不安や迷いがあったが，早瀬が力強い言葉ではげましてくれ，ありがたく思ったから」のようにまとめる。

問9　早瀬は，自分には「何の取り柄《え》も才能もない」，「本当に普通《ふつう》で凡庸《ぼんよう》で」「怖《こわ》くなる」と言った優花の気持ちを理解し，「似たことをときどき考えるよ」と共感を示している。そのうえで，「凡庸だろうがなんだろうが，自分にあるものを信じて磨《みが》いていくしかない」，「塩見が凡庸っていうのなら，その凡庸ってのは，すごくいいものだと思うよ」と言っている。よって，優花は，早瀬が自分の不安について共感したうえで肯定《こうてい》してくれたことに感謝していると考えられる。

問10　早瀬が「教育学部に補欠合格したから，地元の大学に行く」ということを優花に伝えなかった理由を話している部分である。もし早瀬が地元に残るということを伝えたら，優花は東京に行くことをやめてしまうかもしれず，それは優花の，「これから大学でいろいろな人に出会う」，大きな可能性に満ちた新生活をじゃましてしまうことになると考えたのだから，エがふさわしい。

問11　早瀬が優花に対して好意を持っていたことをおさえる。コーシローの前では優花のことを「ユウカさん」と「優《やさ》しげに言う」のだが，優花本人の前では，好意を表に出さないように呼んでいるのだから，アが合う。

問12　「これでいい」と自分に言い聞かせていることからも，早瀬には後悔《こうかい》が残っていることが読み取れる。それは，優花のことが「本当に，好きだった」のに，境《きょう》遇《ぐう》のちがいをみじめに感じる気持ちや「彼女の前に出ると焦《あせ》ってしまう」気持ちから，自分の思いを伝えることさえできなかった自分に対するものだと考えられる。

二 漢字の書き取り

1　ある目的のために，役割を分化し，その活動をまとめたり調整したりする仕組み。　**2**　物事を行ううえで最善とされる方法や手順。　**3**　船で海洋をわたること。　**4**　危険な状態にある人の命を救うこと。　**5**　あらゆる事物。　**6**　財産。　**7**　「生兵法」は，中《ちゅう》途《と》半《はん》端《ぱ》に戦い方を知っていること。または，十分に身についていない知識や技術。　**8**　音読みは「トウ」で，「検討」などの熟語がある。　**9**　野菜を育てる畑。　**10**　動物の神経系で，神経活動の中《ちゅう》枢《すう》をなす部分。

Dr.福井の
入試に勝つ！脳とからだのウルトラ科学

勉強が楽しいと，記憶力も成績もアップする！

みんなは勉強が好き？　それとも嫌い？――たぶん「好きだ」と答える人はあまりいないだろうね。「好きじゃないけど，やらなければいけないから，いちおう勉強してます」という人が多いんじゃないかな。

だけど，これじゃダメなんだ。ウソでもいいから「勉強は楽しい」と思いながらやった方がいい。なぜなら，そう考えることによって記憶力がアップするのだから。

脳の中にはいろいろな種類のホルモンが出されているが，どのホルモンが出されるかによって脳の働きや気持ちが変わってしまうんだ。たとえば，楽しいことをやっているときは，ベーターエンドルフィンという物質が出され，記憶力がアップする。逆に，イヤだと思っているときには，ノルアドレナリンという物質が出され，記憶力がダウンしてしまう。

要するに，イヤイヤ勉強するよりも，楽しんで勉強したほうが，より多くの知識を身につけることができて，結果，成績も上がるというわけだ。そうすれば，さらに勉強が楽しくなっていって，もっと成績も上がっていくようになる。

でも，そうは言うものの，「勉強が楽しい」と思うのは難しいかもしれない。楽しいと思える部分は人それぞれだから，一筋縄に言うことはできないけど，たとえば，楽しいと思える教科・単元をつくることから始めてみてはどうだろう。初めは覚えることも多くて苦しいときもあると思うが，テストで成果が少しでも現れたら，楽しいと思えるきっかけになる。また，「勉強は楽しい」と思いこむのも一策。勉強が楽しくて仕方ない自分をイメージするだけでもちがうはずだ。

Dr.福井(福《ふく》井《い》一成《かずしげ》)…医学博士。開成中・高から東大・文Ⅱに入学後，再受験して翌年東大・理Ⅲに合格。同大医学部卒。さまざまな勉強法や脳科学に関する著書多数。

Memo

Memo

2021年度　城 北 中 学 校

〔電　話〕(03) 3956－３１５７
〔所在地〕〒174-8711　東京都板橋区東新町２－28－１
〔交　通〕東武東上線─「上板橋駅」より徒歩８分

【算　数】〈第１回試験〉（50分）〈満点：100点〉

注意　１．円周率が必要な場合には，3.14として計算しなさい。

　　　２．コンパス・定規・分度器を使ってはいけません。

1　次の□にあてはまる数を求めなさい。

(1)　$\left\{2\frac{5}{6}-\left(0.15+\frac{13}{20}\right)\div 0.4\right\}\times 2\frac{2}{5}=\square$

(2)　$\left(2.7\div\frac{1}{5}\div 0.6-54\times 0.2-\square\times\frac{1}{15}\right)\times 30=81$

2　次の□にあてはまる数を求めなさい。

(1)　兄と弟が１周900ｍの池の周りを，それぞれ一定の速さで歩きます。２人が同じ場所から同時に出発して，反対方向に歩くと６分ごとに出会い，同じ方向に歩くと45分ごとに兄が弟を追いこします。このとき，兄の歩く速さは分速□ｍです。

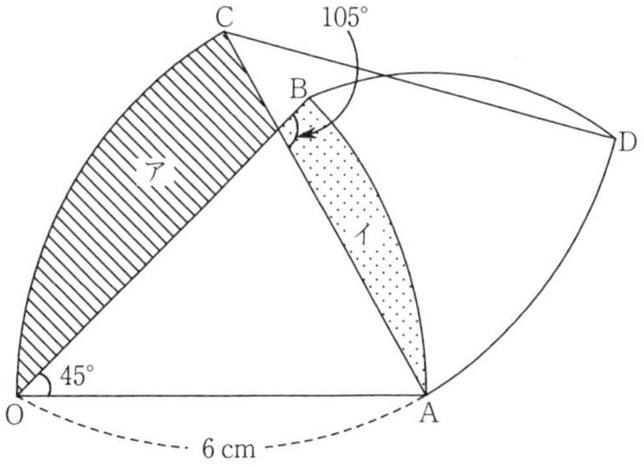

(2)　右の図のおうぎ形CADは，おうぎ形OABを点Aを中心として点Oを点Cに，点Bを点Dに回転させたものです。曲線OC，BDはこの回転によって点O，点Bが動いてできた曲線です。このとき，アの部分とイの部分の面積の差は□cm²です。

(3)　Ｊ中学校の入学試験では，受験者数が合格者数の５倍でした。算数の試験は，合格者の平均点が受験者全体の平均点よりも24点高い□点であり，不合格者の平均点が42点でした。

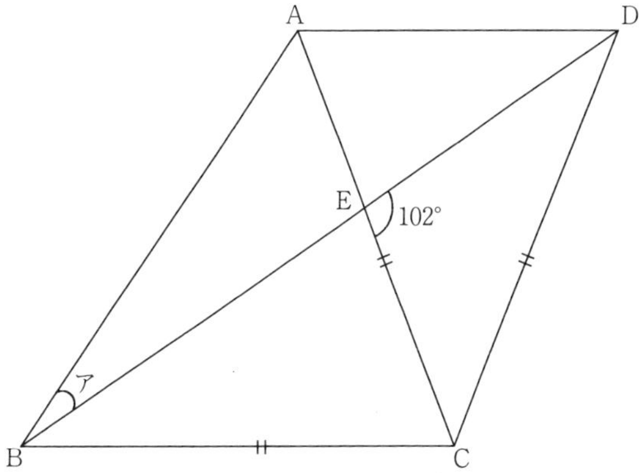

(4)　右の図の四角形ABCDはADとBCが平行な台形です。CA＝CB＝CDのとき，角アの大きさは□度です。

(5)　右の図のような長方形Ａの周りを，形と大きさが長方形Ａと同じである長方形Ｂがすべることなく１周して元の位置まで戻ります。頂点Ｐが動いた長さは□cmです。

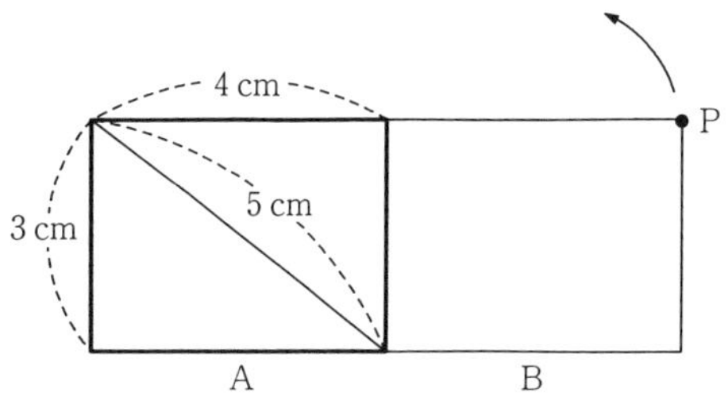

(6)　A君とB君は次の規則に従ってビー玉をもらいます。

　1日目は，A君が1個，B君が1個もらいます。
　2日目は，A君が1個，B君が2個もらいます。
　3日目は，A君が2個，B君が1個もらいます。
　4日目は，A君が1個，B君が3個もらいます。
　5日目は，A君が2個，B君が2個もらいます。
　6日目は，A君が3個，B君が1個もらいます。
　7日目は，A君が1個，B君が4個もらいます。
　⋮

　このとき，70日目はA君が[①]個，B君が[②]個もらいます。

3　右の図は1辺の長さが6cmの立方体で，点P，Q，R，Sはそれぞれ辺AD，BC，EF，HGの真ん中の点です。P，Q，R，Sを結んでできる立体を立体アとし，PQの真ん中の点を点Mとします。

　次の問いに答えなさい。

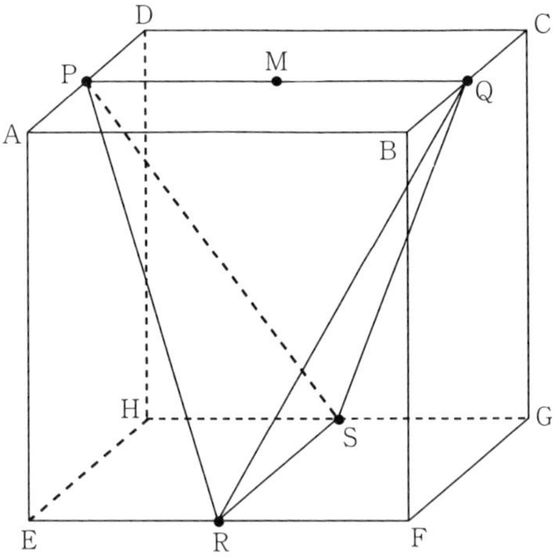

(1)　次の[　]にあてはまる数を求めなさい。

　三角形MRSの面積は[①]cm^2，立体アの体積は[②]cm^3です。

(2)　PR，PSの真ん中の点をそれぞれ点T，Uとします。点P，M，T，Uを結んでできる立体の体積を求めなさい。

(3)　四角すいM−EFGHと立体アの重なっている部分の体積を求めなさい。

4　右の図の台形ABCDにおいて，点Pは点Aから，点Qは点Bから同時に出発し，点Pは辺AD上を，点Qは辺BC上を一定の速さで何度も往復します。ただし，点Qの方が点Pよりも速く動きます。

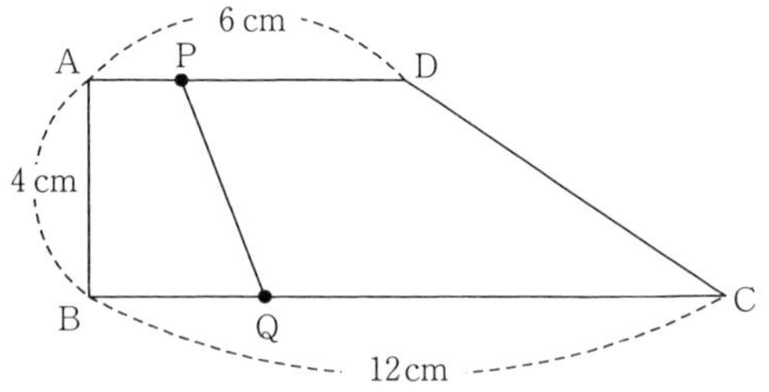

　下のグラフは，2点P，Qが出発してからの時間と図形ABQP(四角形または三角形)の面積の関係を表したものの一部です。

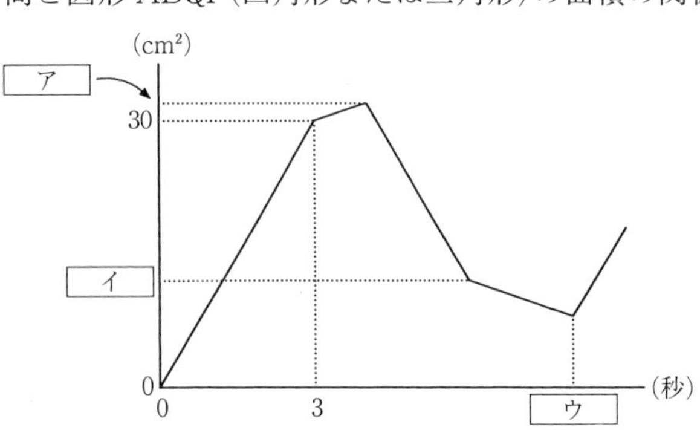

次の問いに答えなさい。

(1)　点P，Qが動く速さはそれぞれ秒速何 cm ですか。

(2)　グラフの［ア］，［イ］，［ウ］にあてはまる数を求めなさい。

(3)　２点P，Qが出発してから12秒後までの間に図形 ABQP の面積と図形 PQCD(四角形または三角形)の面積の比が５：４となるのは，２点P，Qが出発してから何秒後ですか。すべて求めなさい。

5　長方形を以下の【操作】に従って，いくつかの正方形に分割します。

【操作】

①　短い方の辺を一辺とする正方形で，片側からできる限り分割する。

②　長方形が残った場合はその残った長方形に対して，①を行う。残りの長方形ができなくなるまでこれを繰り返す。

例えば，短い方の辺が３cm，長い方の辺が８cm の長方形に【操作】を行うと，右の図のように分割されました。

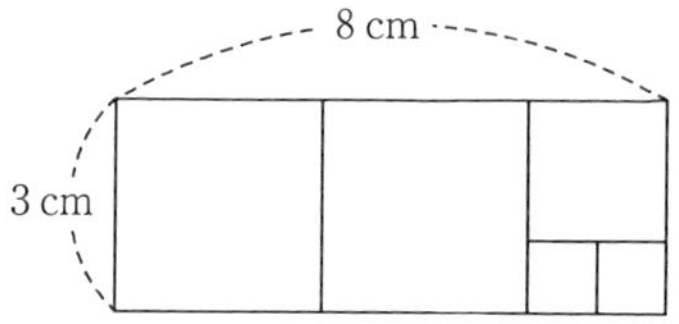

(1)　短い方の辺が27cm，長い方の辺が62cm の長方形に【操作】を行うと，何個の正方形に分割されますか。

(2)　下の図のように，短い方の辺が34cm の長方形に【操作】を行うと，10個の正方形に分割されました。図の［　］にあてはまる数を求めなさい。

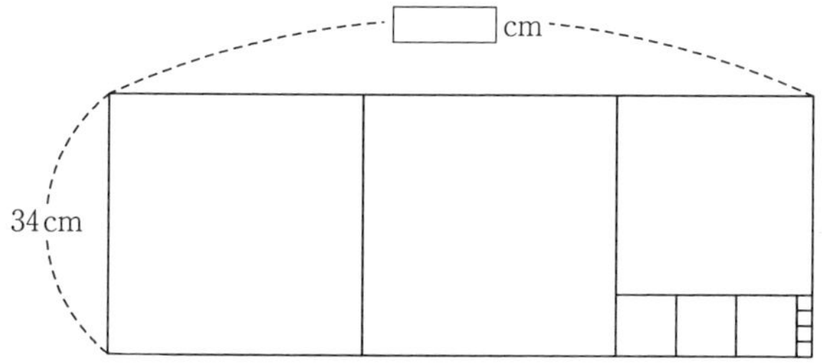

(3)　短い方の辺が20cm の長方形に【操作】を行うと，４個の正方形に分割されました。このような長方形は全部で何通りありますか。

(4)　短い方の辺が20cm の長方形に【操作】を行うと，５個の正方形に分割されました。このような長方形は全部で８通りあります。下の図は，そのうちの２つの長方形に【操作】を行ったものです。

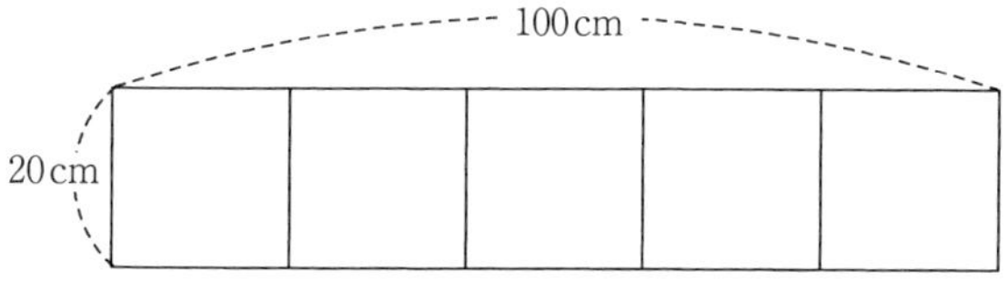

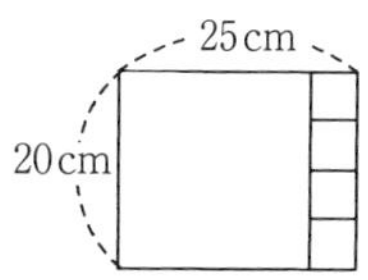

長い方の辺が100cm の長方形は１種類の正方形に分割され，長い方の辺が25cm の長方形は２種類の正方形に分割されています。

次の表は，８通りの長方形それぞれの，長い方の辺の長さと，【操作】によってできた正方形の種類の数についてまとめたものです。

下の表のア～カにあてはまる数を求め，解答用紙の表を埋《う》めなさい。ただし，ア＞イ＞ウとします。

長い方の辺の長さ(cm)	100	70	ア	$\frac{140}{3}$	イ	ウ	28	25
正方形の種類の数	1	2	エ	2	3	オ	カ	2

【社　会】〈第１回試験〉（40分）〈満点：70点〉

1　次は，城北中学２年生の友人グループで行われたある会話です。この会話文をよく読み，後の地図を参考にして下記の設問に答えなさい。

シュン：「最近引っ越《こ》したので，みんな近くに来ることがあれば遊びに来てね。」

ユ　ウ：「どこに引っ越したの？」

シュン：「(1)さいたま県の戸田市だよ。」

モトキ：「前は，王子(東京都北区)だったよね。城北からちょっと遠くなったよね。」

シュン：「実は直線距離で考えるとそれほど変わらないよ！　戸田市は城北のある板橋区から見ると，（ あ ）川を挟《はさ》んでちょうど対岸にあたるね。」

シュン：「モトキくんの家は城北から見て西の方だったっけ？」

モトキ：「そうだよ。西東京市だよ。城北の入試に何度も出題された(2)武蔵野台地上に位置しているかな。」

ジョー：「確かに，武蔵野台地は城北の入試でよく出題されるよね…。」

モトキ：「(3)台地上だから，(4)畑作が盛《さか》んに行われているよ。市域の１割以上は農地だと小学校で習ったよ。」

ユ　ウ：「え？　何を栽培しているの？」

モトキ：「野菜は，(5)キャベツやほうれんそう，(6)だいこんが多かったかな。」

ジョー：「なるほど。これは城北の入試でよく出題される（ い ）農業だね！」

ユ　ウ：「（ い ）農業？　消費地から離れた所で栽培し，トラックなどを用いて遠距離輸送する農業のことだっけ？　確か，(7)品質の劣化《れっか》を防ぐために適切な温度で流通させる方法がとられているんだよね！」

シュン：「ユウくん！　君が言っているのは，(8)輸送園芸農業だよ。中学受験勉強で習ったでしょ？　（ い ）農業は，大都市周辺で，都市居住者向けに野菜などを主に(9)露地《ろじ》栽培で生産する農業だよ。」

モトキ：「あとは，武蔵野台地上に位置しているということもあって，今から10年前に発生した東北地方（ う ）沖地震(東日本大震災)の時，とくに震度５強以上を記録した地域で発生した（ え ）現象の心配も少ないらしく，近所でよく話題に上っていたよ。」

シュン：「（ え ）現象は，東京湾沿岸の浦安市(千葉県)での被害が大きく取り上げられていたけど，実は関東地方の内陸部でも多く見られたらしいからね。」

ジョー：「ぼくの自宅のある品川区なら，(10)東京湾に面しているから想像できるけど，河口部周辺の川沿いとか，かつて川が流れていた場所とかも（ え ）現象を受けやすいと，中学１年生の時の地理の授業で習ったなあ。」

シュン：「地理の授業では，大量の雨が降って排水が間に合わず堤防の内側の地域が水につかってしまう(11)内水氾濫《はんらん》という現象も習ったね。戸田市のハザードマップを見ると，まさにそのことが書いてあって，あらためて地理の授業は防災に直結しているなと思ったよ。」

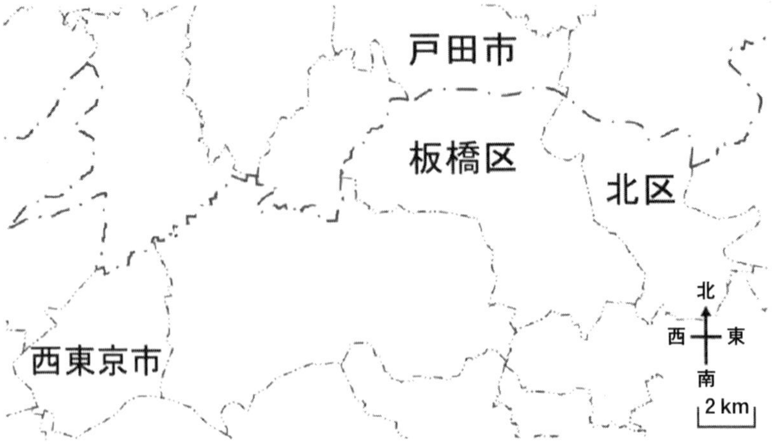

国土地理院「地理院地図 vector」より作成

【参考】

貝塚爽平(1957)「武蔵野台地の地形変位とその関東造盆地運動における意義」第四紀研究１－１

若松加寿江・先名重樹(2015)「2011年東北地方(う)沖地震による関東地方の(え)発生と土地条件」日本地震工学会論文集15－２

西東京市(2010)「西東京市　都市と農業が共生するモデルプラン」

西東京市(2019)「西東京市報　平成31年３月15日号」

問１　文中の空欄(あ)～(え)にあてはまる正しい語句を，それぞれ**漢字**で答えなさい。

問２　下線部(1)を，**漢字２文字**で答えなさい。

問３　下線部(2)に関連して，武蔵野台地はもともと奥多摩から流れてきた多摩川が，山間部と平野部の境界に位置する青梅《おうめ》周辺で，その流れが弱まることにより，運ばれてきた土砂を堆積《たいせき》させてできた（　Ａ　）という地形を作り，その上に関東ローム層という火山灰からなる地層が堆積し形成されました。この山間部と平野部の境界に形成される地形である(Ａ)の名称として正しいものを，次のア～エから一つ選び，記号で答えなさい。

ア．三角州　　　イ．扇《せん》状地

ウ．河岸段丘《かがんだんきゅう》　　　エ．氾濫原

問４　下線部(3)に関連して，日本の台地と分布地域との組み合わせとして**誤っているもの**を，次のア～エから一つ選び，記号で答えなさい。

ア．根釧台地－北海道　　　イ．下総台地－千葉県

ウ．牧ノ原(台地)－静岡県　　エ．笠野原(台地)－宮崎県

問５　下線部(4)に関連して，畑の地図記号を書きなさい。

問６　下線部(5)について，右の表は都道府県別のキャベツの生産量順位を示しています。表中の(Ｂ)・(Ｃ)の組み合わせとして正しいものを，次のア～カから一つ選び，記号で答えなさい。

順位	都道府県	収穫量(トン)
全国		1,467,000
１位	群馬県	276,100
２位	（Ｂ）	245,600
３位	千葉県	124,900
４位	（Ｃ）	109,500
５位	鹿児島県	75,800

農林水産省「平成30年産野菜生産出荷統計」より作成。

ア．Ｂ－茨城県　Ｃ－愛知県

イ．Ｂ－茨城県　Ｃ－熊本県

ウ．Ｂ－愛知県　Ｃ－茨城県

エ．Ｂ－愛知県　Ｃ－熊本県

オ．Ｂ－熊本県　Ｃ－茨城県

カ．Ｂ－熊本県　Ｃ－愛知県

問７　下線部(6)について，右の表は都道府県別のだいこんの生産量順位を示しています。表中の(Ｄ)・(Ｅ)の組み合わせとして正しいものを，次のア～カから一つ選び，記号で答えなさい。

順位	都道府県	収穫量(トン)
全国		1,328,000
１位	(Ｄ)	156,900
２位	千葉県	150,500
３位	青森県	122,500
４位	鹿児島県	95,100
５位	(Ｅ)	80,000

農林水産省「平成30年産野菜生産出荷統計」より作成。

ア．Ｄ－北海道　　Ｅ－神奈川県

イ．Ｄ－北海道　　Ｅ－高知県

ウ．Ｄ－神奈川県　Ｅ－北海道

エ．Ｄ－神奈川県　Ｅ－高知県

オ．Ｄ－高知県　　Ｅ－北海道

カ．Ｄ－高知県　　Ｅ－神奈川県

問８　下線部(7)を何といいますか。正しいものを，次のア～エから一つ選び，記号で答えなさい。

ア．コールドチェーン

イ．POS システム

ウ．ライフライン

エ．モーダルシフト

問９　下線部(8)に関連して，輸送園芸農業の一つに促成栽培という方法があります。促成栽培を行う地域と作物の組み合わせとして**誤っているもの**を，次のア～エから一つ選び，記号で答えなさい。

ア．宮崎平野－ピーマン　　イ．渥美半島－メロン

ウ．高知平野－なす　　エ．野辺山原－はくさい

問10　下線部(9)を行う地域と作物の組み合わせとして**誤っているもの**を，次のア～エから一つ選び，記号で答えなさい。

ア．北海道－じゃがいも　　イ．千葉県－落花生

ウ．愛知県－電照菊　　エ．兵庫県－玉ねぎ

問11　下線部(10)に関連して，東京湾に面している工業都市とその都市で盛んな工業の業種の組み合わせとして**誤っているもの**を，次のア～エから一つ選び，記号で答えなさい。

ア．横須賀市－造船業　　イ．君津市－製紙・パルプ工業

ウ．川崎市－鉄鋼業　　エ．市原市－石油化学工業

問12　下線部(11)について，内水氾濫の原因を説明した文として**誤っているもの**を，次のア～エから一つ選び，記号で答えなさい。

ア．都市化の進展により，アスファルトに覆《おお》われた地域が増えたため。

イ．中小河川が大河川に流れ込むところで，逆流が起こることがあるため。

ウ．短い時間で大量の雨が降る「集中豪雨(ゲリラ豪雨)」が増えたため。

エ．河川の堤防を越《こ》えて水があふれたり，または堤防が壊れてしまうため。

2－1　遺跡や古墳に関する下記の設問に答えなさい。

問1　次の文1・2・3の下線部は，先土器時代，縄文時代，弥生時代のいずれかに属する遺跡です。これらを年代順に古い方から並べ替えると，どのような順番になりますか。正しいものを，下のア～カから一つ選び，記号で答えなさい。

1．岩宿遺跡では，更新世の地層から打製石器が発見されました。

2．登呂遺跡からは，高床式倉庫や石包丁，木製の田下駄が発掘されました。

3．大森貝塚からは，動物の骨，植物の食べかす，土器が発見されました。

ア．1→2→3　　イ．1→3→2　　ウ．2→1→3

エ．2→3→1　　オ．3→1→2　　カ．3→2→1

問2　次の文1・2・3の古墳を年代順に古い方から並べ替えると，どのような順番になりますか。正しいものを，下のア～カから一つ選び，記号で答えなさい。

1．稲荷山古墳からは，(1)王の名を刻んだ鉄剣が出土しました。

2．箸墓《はしはか》古墳は，卑弥呼の墓ではないかという説もあります。

3．高松塚古墳では，色彩鮮やかな衣装を着た人物画が発見されました。

ア．1→2→3　　イ．1→3→2　　ウ．2→1→3

エ．2→3→1　　オ．3→1→2　　カ．3→2→1

問3　問2の問題文中の下線部(1)の王について述べた文として正しいものを，次のア～エから一つ選び，記号で答えなさい。

ア．中国の漢に使いを送り，「漢委奴国王」の金印を与えられました。

イ．中国の魏に使いを送って奴隷を献上し，「親魏倭王」の称号を得ました。

ウ．中国の宋に使いを送り，日本や朝鮮の支配者として認めるよう要請しました。

エ．朝鮮半島の楽浪郡に使いを送ったことが「高句麗好太王の碑」に書かれています。

問4　古墳に関連して，埴輪《はにわ》について述べた文として正しいものを，次のア～エから一つ選び，記号で答えなさい。

ア．家具や農具など実用的な道具をかたどった青銅製のもので，墓に埋葬《まいそう》されました。

イ．武器や馬具をかたどった鉄製のもので，豪族の屋敷で装飾品として使われました。

ウ．腹部の大きな女性をかたどったものが多く，豊作や多産を祈ったものと考えられています。

エ．古墳の土留めに使われていましたが，人物や船，家をかたどったものも作られるようになりました。

2－2　次の文章【1】～【4】を読んで，下記の設問に答えなさい。

【1】　聖徳太子という人名は生前に呼ばれていた名前ではなく，天皇など身分が高い人に死後贈られる「諡《おくりな》」といわれるものです。聖徳太子の場合は，死後約半世紀たってから，「並ぶものがない素晴らしい業績を残した人」という意味を込めてこの諡が贈られました。本来の名前(生前の名前)は厩戸《うまやど》王といいました。

これまで厩戸王は，(2)憲法十七条の制定，（　あ　），遣隋使派遣の他，仏教のお経の解説書や(3)歴史書を編纂《へんさん》するなど，諡が示すとおり，一人で超人的な業績を残したと考えられてきました。しかし近年の研究では，これらの業績に厩戸王が中心的に関わっていたという証拠はなく，ましてや一人の業績でもなかったという説が有力です。そのため教科書の表記も，聖徳太子ではなく，厩戸王に変えた方が良いという意見もあります。

問５　下線部(2)の内容として**誤っているもの**を，次のア～エから一つ選び，記号で答えなさい。

ア．貴族や官僚に心構えを示したもので，現在の憲法とは性質が異なります。

イ．天皇の命令には従いなさいと述べるなど，天皇中心の国作りを目指しました。

ウ．仏を敬うよう勧めるなど，この約70年前に渡来した仏教の影響が現れています。

エ．班田収授を行うために土地や人民の調査を行い，戸籍を作ることを宣言しました。

問６　空欄(あ)にあてはまる語句として正しいものを，次のア～エから一つ選び，記号で答えなさい。

ア．改新の詔《みことのり》の発布　　イ．冠位十二階の制定

ウ．『万葉集』の編纂　　エ．大宝律令の制定

問７　下線部(3)に関連して，厩戸王(聖徳太子)が作った歴史書は消失して現在は残っていません。現存する最古の歴史書である『古事記』と並ぶ，720年に成立した書物の名を，**漢字**で書きなさい。

【２】　鎌倉幕府の成立年代については，様々な説があります。源頼朝が征夷大将軍に任命された1192年を幕府成立と考えるのが，かつては一般的でした。しかし最近は，源頼朝が，各国に(4)守護・各荘園に(　い　)を置く権利を朝廷に認めさせた1185年とする見方が有力になっています。この他，頼朝が(5)奥州藤原氏を滅ぼした1189年，右近衛大将に任命された1190年，さらに(6)承久の乱で幕府が勝利した1221年とする説もあります。

問８　下線部(4)について述べた文として正しいものを，次のア～エから一つ選び，記号で答えなさい。

ア．朝廷の監視や，西国の御家人の統率を任務としていました。

イ．御家人の監督・統制と，軍事・警察の仕事を任務としていました。

ウ．戸籍の作成，租庸調の徴収，班田収授の実行を任務としていました。

エ．各地域の有力豪族が任命され，租税の徴収や裁判を任務としていました。

問９　空欄(い)にあてはまる正しい語句を，**漢字**で答えなさい。

問10　下線部(5)について述べた文として正しいものを，次のア～エから一つ選び，記号で答えなさい。

ア．天皇の母方の親戚《しんせき》として摂政・関白を独占し，栄華を誇りました。

イ．金や軍馬を都に売って利益をあげ，岩手県の平泉を中心として栄えました。

ウ．国司として奥州に派遣された貴族が住み着き，海賊の棟梁《とうりょう》となって栄えました。

エ．天皇の血を引く皇族が奥州に下り，武士の棟梁となってこの地方を統治しました。

問11　下線部(6)の結果について述べた文として正しいものを，次のア～エから一つ選び，記号で答えなさい。

ア．源実朝が上皇方を破り，西国の武士に対する支配権を確立しました。

イ．後白河上皇が幕府打倒の兵を挙げましたが，敗れて隠岐の島に流されました。

ウ．北条義時がこの乱を鎮圧したので，西日本の荘園にも御家人が進出しました。

エ．北条泰時は，この乱を鎮圧した後，引付衆を設置して裁判の迅速《じんそく》化を図りました。

【３】　江戸時代に(7)鎖国が行われたことは広く知られていますが，これは(8)国を閉ざしたとか外

国との関係を完全に絶ったという性質のものではありません。鎖国の時代にも(9)「四つの口」といって，海外との貿易が４カ所で行われていました。

問12　下線部(7)に関連して，日本の権力者と外国との関係について述べた文として**誤っているもの**を，次のア～エから一つ選び，記号で答えなさい。

ア．織田信長は宣教師追放令を出して，ポルトガル人の宣教師を国外に追放しました。

イ．豊臣秀吉は長崎が教会領になっているのを知り，キリスト教の布教を禁止しました。

ウ．徳川家康は大名に朱印状を与え，明や東南アジアとの貿易を奨励しました。

エ．徳川家光はヨーロッパとの貿易を，長崎の出島でのオランダ貿易に限りました。

問13　下線部(8)に関連して，鎖国について説明した文として**誤っているもの**を，次のア～エから一つ選び，記号で答えなさい。

ア．長崎に住んでいた清の商人を追放し，日本と清の商人との貿易を一切禁止しました。

イ．西日本の大名が貿易で利益を上げて，強大化するのを防ぐための政策でした。

ウ．長崎での貿易を幕府だけが行って，利益を独占しようとする政策でした。

エ．長崎に来航する貿易船の数や貿易額を，幕府が制限していました。

問14　下線部(9)について説明した文として**誤っているもの**を，次のア～エから一つ選び，記号で答えなさい。

ア．スペインとの交易は，仙台藩の伊達氏が独占していました。

イ．アイヌとの交易は，蝦夷地の松前藩が独占していました。

ウ．琉球との交易は，薩摩藩の島津氏が独占していました。

エ．朝鮮との交易は，対馬藩の宗氏が独占していました。

【４】（ う ）年１月，朝鮮で圧政に反発する農民が，宗教結社である東学の指導のもとに反乱を起こし，朝鮮全土に広がりました。この反乱の鎮圧をめぐって日清両軍が朝鮮に出兵したことを契機として，同年７月に(10)日清戦争が始まりました。日清戦争のきっかけとなったこの農民反乱を，かつては東学の乱（東学党の乱）と呼んでいましたが，近年は甲午農民戦争と呼ぶことが多くなってきました。東学というのは，(11)儒学をもとにした新興宗教ですが，この農民反乱を指導したり反乱に加わったのは，東学の信者だけでなく，より多くの民衆だったからです。

問15　空欄（う）にあてはまる年として正しいものを，次のア～エから一つ選び，記号で答えなさい。

ア．1894　　イ．1904

ウ．1914　　エ．1924

問16　下線部(10)に関わる国際関係について説明した文として正しいものを，次のア～エから一つ選び，記号で答えなさい。

ア．この戦争の直前，清の強大化を恐れるイギリスは，日本と日英同盟を結びました。

イ．この戦争の直前，日本の強大化を警戒するアメリカは，日本への石油輸出を禁止しました。

ウ．この戦争中，造船業を中心とする日本の工業製品の輸出が飛躍的に伸び，日本は大変な好景気となりました。

エ．この戦争で清の弱体化が明らかになると，ヨーロッパ諸国による清への進出が一気に強まりました。

問17　下線部(10)に関連した文として正しいものを，次のア～エから一つ選び，記号で答えなさい。

ア．戦争に協力するため，全ての政党が解散して大政翼賛会が結成されました。

イ．日本軍が中国の首都南京を占領した際，多数の民間人や捕虜を殺害した南京事件が起こりました。

ウ．日本の議会では，この戦争の直前まで政府と対立していた民党も，戦争に協力するために政府の予算案に賛成しました。

エ．日本は個々の戦闘では勝利したものの，資金が底をつき，戦争継続が困難になっていたので，アメリカに講和の仲介を依頼しました。

問18　下線部(10)の講和条約の名称と，日本の全権代表を務めた外務大臣の名前の組み合わせとして正しいものを，次のア～エから一つ選び，記号で答えなさい。

ア．下関条約ー陸奥宗光　　イ．下関条約ー小村寿太郎

ウ．南京条約ー陸奥宗光　　エ．南京条約ー小村寿太郎

問19　下線部(10)の結果について説明した文として正しいものを，次のア～エから一つ選び，記号で答えなさい。

ア．戦後日本は南樺太を獲得し，太平洋戦争終結まで，植民地支配を続けました。

イ．戦後日本は日韓併合条約(韓国併合条約)を結び，太平洋戦争終結まで，朝鮮の植民地支配を続けました。

ウ．戦後日本は満州国を建国し，太平洋戦争終結まで，中国東北部に対する実質的な植民地支配を続けました。

エ．戦後日本は台湾と遼東《リャオトン》半島を獲得しましたが，遼東半島は三国干渉により，その年のうちに清に返還することになりました。

問20　下線部(11)について説明した文として正しいものを，次のア～エから一つ選び，記号で答えなさい。

ア．儒学のもとになった儒教は，漢字や仏教と同じ頃に，新羅から日本に伝わりました。

イ．鎌倉時代に，ひたすら題目を唱えれば極楽に往生できるという新しい儒学の教えが宋から伝えられました。

ウ．徳川吉宗は，幕府の学問所で儒学の一派である朱子学以外の講義をすることを禁止しました。

エ．明治政府が制定し，全国の学校に配布した教育勅語には，儒学(儒教)の考え方も取り入れられました。

3　次の文章【１】～【４】を読んで，下記の設問に答えなさい。

【１】　2020年は，第二次世界大戦終結後75年目でした。戦後の日本は，アメリカ合衆国(以下，アメリカと表記)の主導する資本主義陣営とソビエト(　あ　)主義共和国連邦(以下，ソ連と表記)の主導する(　あ　)主義陣営が対立する(1)冷戦構造の中で，(2)外交交渉を進めてきました。

問１　文中の空欄(あ)にあてはまる正しい語句を，**漢字２文字**で答えなさい。

問２　下線部(1)に関連して，1979年にソ連が侵攻した国の名称として正しいものを，次のア～エから一つ選び，記号で答えなさい。

ア．イラク　　イ．ベトナム　　ウ．アフガニスタン　　エ．パキスタン

問３　下線部(2)に関連して，次の戦後日本のアジアにおける外交を述べた文１～３を古い順に並べ替えたものとして正しいものを，下のア～カから一つ選び，記号で答えなさい。

１．福田赳夫《たけお》首相は，日中平和友好条約に調印しました。

２．佐藤栄作首相は，日韓基本条約に調印しました。

３．田中角栄首相は，日中共同声明を発表しました。

ア．１→２→３　　イ．１→３→２　　ウ．２→１→３

エ．２→３→１　　オ．３→１→２　　カ．３→２→１

【２】　日本国憲法では，(3)基本的人権は「侵すことのできない永久の権利」として認められています。それらの自由権や平等権，(4)生存権などが含まれている社会権などの人権は，王権や政府によって抑圧・弾圧されてきた歴史の中で獲得されてきたものなので，「国民の（　い　）」によって保持しなければならないものと明記されています。

問４　「国民の（　い　）」は，憲法第12条の文言の一部です。文中の空欄（い）にあてはまる語句として正しいものを，次のア～エから一つ選び，記号で答えなさい。

ア．誠実《せいじつ》な遵守《じゅんしゅ》　　イ．誠実な努力　　ウ．不断《ふだん》の遵守　　エ．不断の努力

問５　下線部(3)に関連して，次の文１と２の行動に関わりの深い権利の組み合わせを，下のア～カから一つ選び，記号で答えなさい。

１．私の兄は，長時間労働に悩まされていたので，会社の仲間と労働組合をつくった。

２．私の母は，自分の意見を主張するために，友人と一緒にデモ活動をおこなった。

ア．１－自由権　２－平等権　　イ．１－自由権　２－社会権

ウ．１－平等権　２－自由権　　エ．１－平等権　２－社会権

オ．１－社会権　２－自由権　　カ．１－社会権　２－平等権

問６　下線部(4)を保障するためにつくられた，日本の社会保障制度について述べた文として**誤っているもの**を，次のア～エから一つ選び，記号で答えなさい。

ア．公衆衛生は，主に感染症などの予防や健康管理などを改善するものです。

イ．社会保険は，主に生命保険などのように思いがけない事態に備《そな》えるものです。

ウ．公的扶助《ふじょ》は，主に国民が最低限度の生活を送ることを目的としているものです。

エ．社会福祉は，主に障害を持つ人やお年寄りなどの生活を助けるものです。

【３】　日本の政治制度は，議院内閣制を採用しています。議院内閣制は，国民の代表が集まる(5)国会が内閣総理大臣を（　う　）し，内閣総理大臣が国務大臣を（　え　）して内閣を組織します。一方で(6)地方自治体では，住民による直接選挙によって首長と地方議会議員が選出されます。

問７　文中の空欄（う）と（え）にあてはまる語句の組み合わせとして正しいものを，次のア～カから一つ選び，記号で答えなさい。

ア．う－任命　え－指名　　イ．う－任命　え－認証

ウ．う－指名　え－任命　　エ．う－指名　え－認証

オ．う－認証　え－指名　　カ．う－認証　え－任命

問８　下線部(5)の国会の仕事として**誤っているもの**を，次のア～エから一つ選び，記号で答えなさい。

ア．条約の締結　　イ．憲法改正の発議

ウ．予算の議決　　エ．弾劾裁判所の設置

問９　下線部(6)に関連して，地方自治について述べた文として正しいものを，次のア～エから一つ選び，記号で答えなさい。

ア．地方議会は，首長の提出した予算案を否決することで，首長をやめさせることができます。

イ．地方議会は，首長の行動が法律に違反しているという裁判所の判決を得ることで，首長をやめさせることができます。

ウ．地方議会によって重要な議案が否決された場合，首長は住民投票をおこなって，議会の議決をくつがえすことができます。

エ．地方議会によって首長の不信任が議決された場合，首長は地方議会を解散して，住民の意志を問うことができます。

【４】　近年は，(7)アメリカと中国の対立が深まっています。アメリカと中国は，どちらも(8)国際連合の(9)安全保障理事会の常任理事国であり，両国の対立が深まると安全保障理事会が機能しなくなってしまい，国際平和が脅《おびや》かされる恐れがあります。

問10　下線部(7)に関連して，昨年５月に中国は，「（　Ｘ　）国家安全維持法」を制定し，アメリカがそれを非難することで，両国間の緊張が一層高まりました。空欄（Ｘ）にあてはまる正しい語句を，次のア～エから一つ選び，記号で答えなさい。

ア．上海　　イ．台湾　　ウ．武漢　　エ．香港

問11　下線部(8)に関連して，国連の専門機関として**誤っているもの**を，次のア～エから一つ選び，記号で答えなさい。

ア．OECD（経済協力開発機構）　　イ．WHO（世界保健機関）

ウ．ILO（国際労働機関）　　エ．IMF（国際通貨基金）

問12　下線部(9)の安全保障理事会の常任理事国として**誤っているもの**を，次のア～エから一つ選び，記号で答えなさい。

ア．ロシア　　イ．ドイツ　　ウ．イギリス　　エ．フランス

【理　科】〈第1回試験〉（40分）〈満点：70点〉

1　かっ車とりん軸《じく》について，つぎの問いに答えなさい。ただし，答えが割り切れないときは，小数第2位を四捨五入して，第1位まで求めなさい。

半径が30cmと60cmの重さの無視できる2つの円板の軸《じく》を合わせ，それぞれが一緒《いっしょ》に回転するように固定して，それぞれの円板に糸を巻いて，図1のようなりん軸をつくりました。

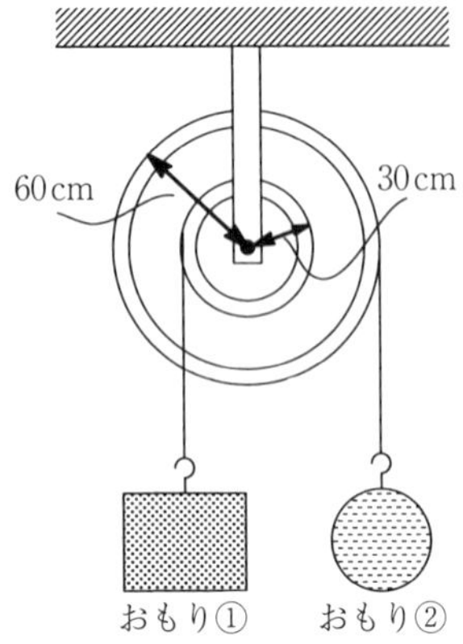

図1

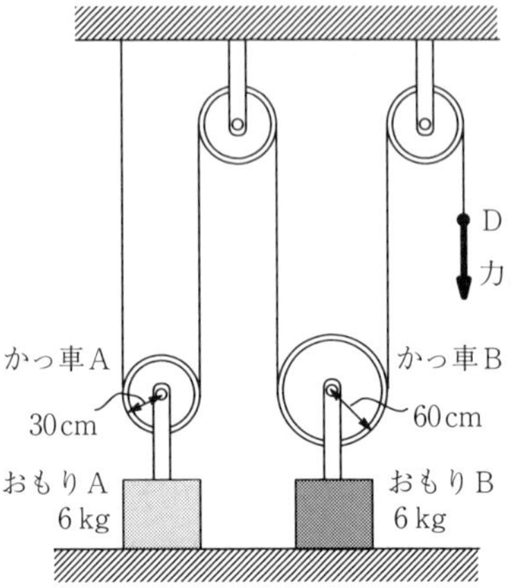

図2

問1　おもり①の重さが12kgであるとき，りん軸が回転しないように，おもり②をつるしました。おもり②の重さは何kgですか。

つぎに，2つの円板を分けて，動かっ車AとBとして，さらに2つの定かっ車と糸を使って，図2のような2つのおもりを持ち上げる装置をつくりました。

はじめ，左のかっ車Aには重さ6kgのおもりAをつけ，右のかっ車Bにも重さ6kgのおもりBをつけました。2つのおもりは，床《ゆか》の上にあります。糸の端《はし》D点に下向きの力Fを加えて，おもりを持ち上げます。

問2　力Fの大きさをだんだん大きくしていきます。おもりが持ち上がる順番は，どのようになりますか。正しいものを，つぎのア～ウから1つ選び，記号で答えなさい。

ア．おもりAが先に持ち上がる。

イ．おもりBが先に持ち上がる。

ウ．両方のおもりが同時に持ち上がる。

問3　問2で，おもりが持ち上がったときの力Fの大きさは，何kgですか。

さらに，装置を図2の状態に戻《もど》したあと，かっ車Bについているおもりを，重さ12kgのおもりCに変えました。おもりA，Cは，はじめ床の上にあります。

問4　Dに下向きに加える力の大きさをだんだん大きくしていきます。おもりAが持ち上がったときの力Fの大きさは，何kgですか。

問5　問4で答えた大きさの力Fを加えながら，D点を毎秒3cmの速さで引き下げました。おもりAの上がる速さは，毎秒何cmになりますか。

問6　問5のとき，おもりCが床から受けている力の大きさは，何kgですか。力を受けていないときには，「0」と答えなさい。

2　音の伝わる速さと聞こえる時間について，つぎの問いに答えなさい。ただし，答えが割り切れないときは，小数第２位を四捨五入して，第１位まで求めなさい。

下の図のように，Ａ点に固定されたスピーカーから1224m 離《はな》れた音をよく反射するがけに向けて，短い時間の音を出したところ，その反射音がＡ点で観測されるのに7.2秒かかりました。

問１　このとき，音の伝わる速さは毎秒何mですか。

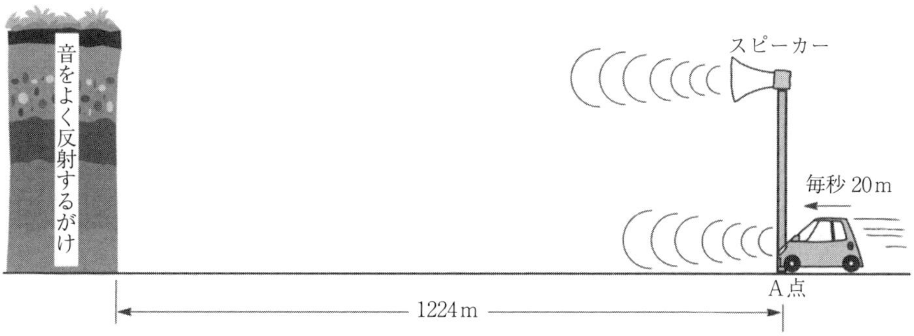

つぎに，このがけに向かって一定の速さ毎秒 20m で進んできた車が，Ａ点を通った瞬間《しゅんかん》から2.7秒間クラクションを鳴らし続け，一定の速さのままで，がけに向かって進んで行きました。

問２　がけに反射したクラクションの音が，車に乗っている人に初めて聞こえるのは，Ａ点を通ってから何秒後ですか。

問３　がけに反射したクラクションの音が，車に乗っている人に聞こえなくなるのは，Ａ点を通ってから何秒後ですか。

問４　Ａ点に止まっていた人が聞くと，がけに反射したクラクションの音の長さは2.7秒間ですが，車に乗っている人には何秒間に聞こえますか。

3　塩化アンモニウムの粉末《ふんまつ》と水酸化カルシウムの粉末を混ぜ合わせて加熱すると，つぎのような反応がおき，アンモニアが発生します。

水酸化カルシウム（粉末）＋塩化アンモニウム（粉末）
→塩化カルシウム（粉末）＋水蒸気《すいじょうき》＋アンモニア

このとき，0.7gの水酸化カルシウムと1.1gの塩化アンモニウムがちょうど反応し，1.1gの塩化カルシウムと0.48Lの水蒸気と0.48Lのアンモニアが発生します。

この反応を利用して，図のような装置を使って，丸底フラスコにアンモニアだけを集める実験をしました。つぎの問いに答えなさい。

試験管の中に入れた2.1gの水酸化カルシウムと2.2gの塩化アンモニウムの粉末を混ぜたものを加熱するため，ガスバーナーにマッチで火をつけました。すると，(A)赤く大きな炎《ほのお》となったので，ガスバーナーのネジを調節して青白い炎にしてから加熱をしました。

加熱をして発生した気体は，(B)ソーダ石灰《せっかい》という粒状《つぶじょう》の物質が入った管を通り，丸底フラスコ内に集めました。しばらく加熱を続けると，(C)丸底フラスコからアンモニアがあふれ出し，刺激臭《しげきしゅう》がしてきたので，(D)加熱をやめ，反応を止めました。

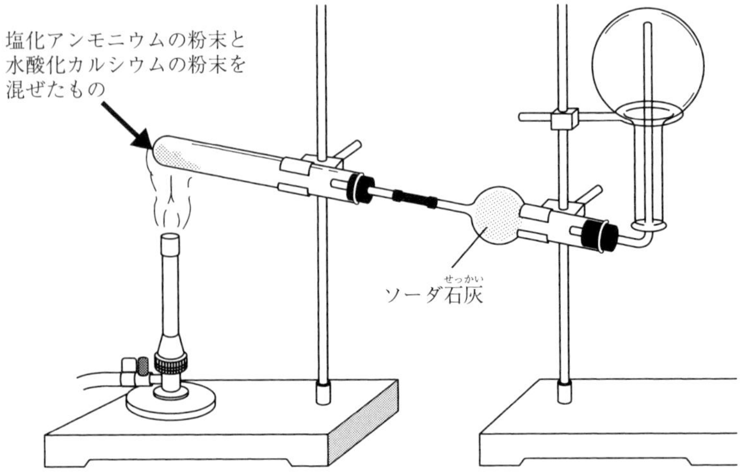

アンモニアを集めた後，誤って丸底フラスコの口を上向きにしたところ，アンモニアが逃げてしまいました。集めていたアンモニアの体積を測るため，(E)丸底フラスコの内容積を測ったところ350mLでした。

問１　図のような気体の集め方を，何といいますか。

問２　図のような集め方でも集めることができる気体を，つぎのア～エから１つ選び，記号で答えなさい。

ア．水素　　イ．酸素　　ウ．塩化水素　　エ．二酸化炭素

問３　下線部(A)について，試験管をガスバーナーで加熱するときに，青白い炎にせず，赤く大きな炎のまま加熱をするとどうなりますか。つぎのア～オからすべて選び，記号で答えなさい。

ア．試験管が割れる。　　イ．試験管がとける。

ウ．試験管が黒くよごれる。　　エ．アンモニアの発生が速くなる。

オ．アンモニアの発生が遅《おそ》くなる。

問４　下線部(B)のソーダ石灰は，丸底フラスコにアンモニアだけを集めるために使用しました。つぎの文は，ソーダ石灰の性質を説明したものです。[①]，[②]にあてはまる適切なことばを答えなさい。

ソーダ石灰は，［ ① ］を吸収し，［ ② ］を吸収しない性質がある。

問５　下線部(C)で，丸底フラスコからもれ出した気体がアンモニアであることを確認するための方法として正しいものを，つぎのア～エからすべて選び，記号で答えなさい。

ア．丸底フラスコの口に，湿《しめ》らせた青色リトマス紙を近づける。

イ．丸底フラスコの口に，湿らせた赤色リトマス紙を近づける。

ウ．丸底フラスコの口に，乾いた塩化コバルト紙を近づける。

エ．丸底フラスコの口に，石灰水のついたガラス棒を近づける。

問６　下線部(D)で，加熱を止めずに，試験管内の水酸化カルシウムと塩化アンモニウムの粉末を最後まで反応させた場合について，つぎの問いに答えなさい。ただし，答えが割り切れないときは，小数第２位を四捨五入して，第１位まで求めなさい。

(1)　発生するアンモニアは何Lですか。

(2)　試験管内に残る粉末は何gですか。

問７　下線部(E)で，丸底フラスコの内容積を測るときに，丸底フラスコ以外に最低限必要なものを，つぎのア～コからすべて選び，記号で答えなさい。

ア．ビーカー　　イ．試験管　　ウ．三角フラスコ　　エ．メスシリンダー

オ．集気びん　　カ．ガスバーナー　　キ．水道水　　ク．青色リトマス紙

ケ．赤色リトマス紙　　コ．定規

4 動物のからだについて，つぎの問いに答えなさい。

問1　ヒトのからだを正面から見た場合の，胃と肝臓《かんぞう》の位置関係として正しいものを，つぎのア～エから1つ選び，記号で答えなさい。なお，破線(---)でかかれているところは，正面からは見えていないところです。

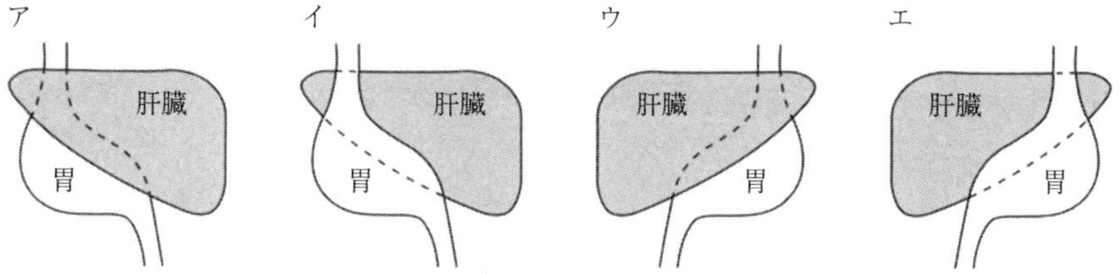

問2　フナの心臓は1心房《ぼう》1心室で，えらのすぐ近くにあります。(1)の図は，フナの血液じゅんかんを表し，図の中の[①]～[③]は流れる血液を示しています。また，矢印(→)は血液が流れる向きです。

(1)　フナの血液じゅんかんの図として正しいものを，つぎのアとイから1つ選び，記号で答えなさい。

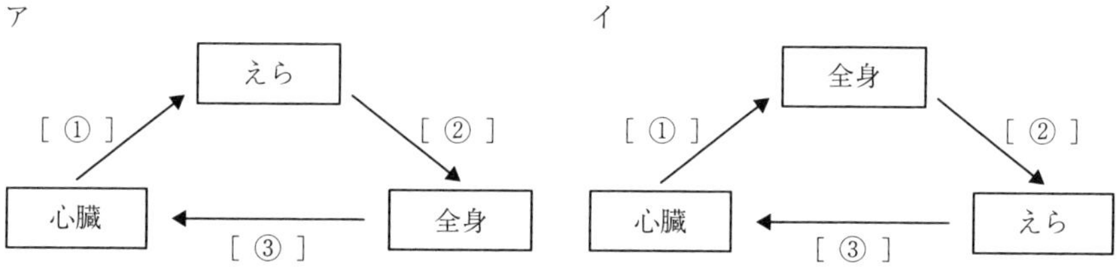

(2)　(1)で選んだ図の[①]～[③]にあてはまる血液として正しいものを，つぎのウとエからそれぞれ1つ選び，記号で答えなさい。

ウ．動脈血　　エ．静脈血

問3　右の図は，正面から見たヒトの心臓を簡単に表した図です。心臓には血液の逆流を防《ふせ》ぐための弁《べん》がついています。つぎのア～エは弁の形を表したものです。心室が収縮《しゅうしゅく》して血液を送り出しているとき，図の①～④の弁の形としてあてはまるものを，つぎのア～エからそれぞれ1つ選び，記号で答えなさい。なお，図の中の矢印(→)は血液が流れる向きです。

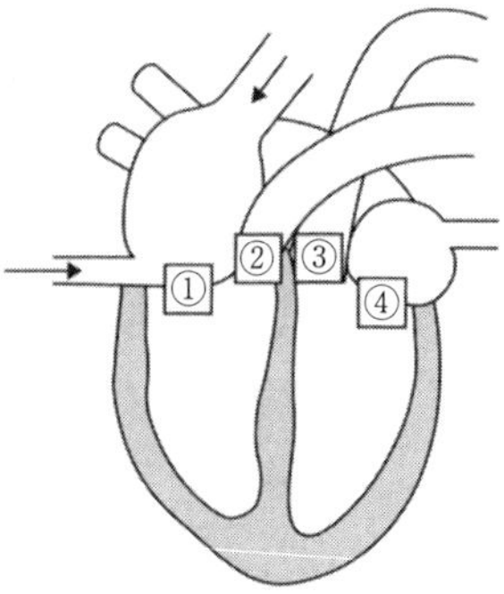

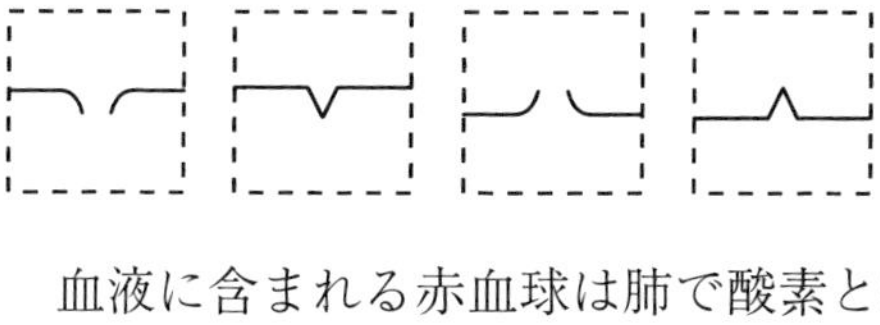

問4　血液に含まれる赤血球は肺で酸素と結びつき，全身に運ばれ，酸素を離《はな》すことで全身に酸素を渡します。は虫類は，両生類の成体と同じ2心房1心室ですが，心室の中央には部分的に壁《かべ》があり，動脈血と静脈血は少し混ざるようになっています。いま，大静脈から心室に入った血液は大動脈と肺動脈に1：3の割合で出ていき，肺静脈から心室に入った血液は大動脈と肺動脈に3：1の割合で出ていくものとすると，大動脈を通る赤血球のうち酸素と結合しているものは何％ですか。ただし，答えが割り切れないときは，小数第1位を四捨五入し

て，整数で答えなさい。なお，肺から心臓に入る動脈血は赤血球の96％が酸素と結びついており，全身から心臓に入る静脈血では赤血球の36％が酸素と結びついているものとします。

5　ホウセンカを使った実験や観察を行いました。つぎの問いに答えなさい。

【観察１】　ホウセンカの葉の表皮を顕微《けんび》鏡《きょう》で観察しました。図１は観察したもののスケッチです。

【観察２】　図２のように食紅で着色した水にホウセンカの茎《くき》を入れ，少量の油を注いで放置しました。しばらくしてから観察すると，水面は下がっていました。この茎をうすく切って，断面《だんめん》を顕微鏡で観察したところ，茎の一部が赤く染《そ》まっていました。

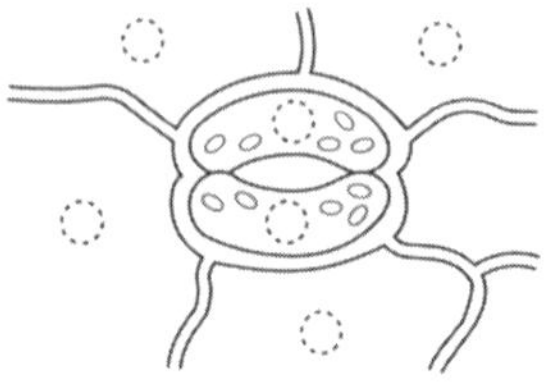

図１

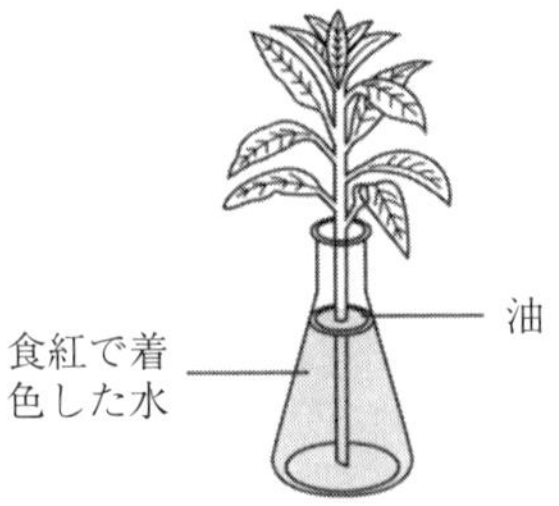

図２

【観察３】　ホウセンカの葉の断面を顕微鏡で観察しました。

問１　【観察１】について，解答らんの図の気孔《きこう》の部分を黒くぬりつぶしなさい。

問２　【観察２】について，観察した断面として正しいものを，ア～エから１つ選び，記号で答えなさい。なお，赤く染まった部分を黒くぬりつぶしています。

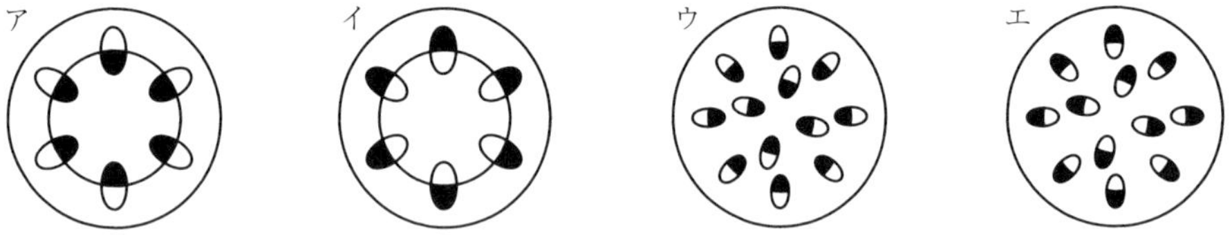

問３　【観察３】で観察した断面のうち，葉緑体が存在する部分はどこですか。葉緑体が存在する部分を灰色にぬりつぶした図として正しいものを，ア～エから１つ選び，記号で答えなさい。

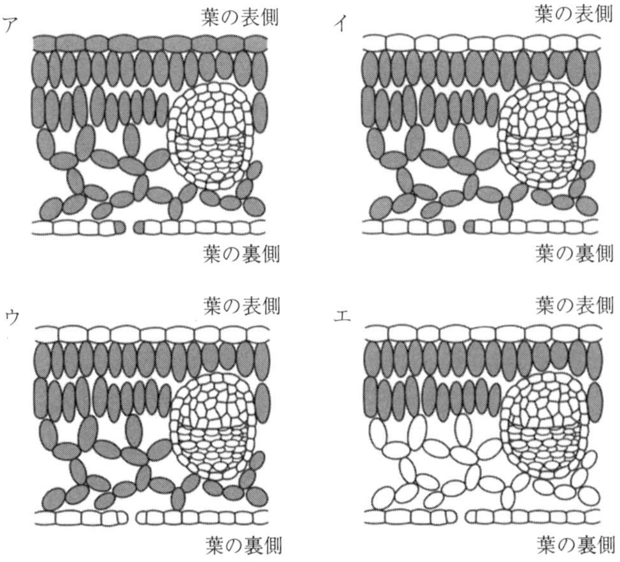

6　富士山は，昔から日本人に親しまれ，毎年多くの登山客でにぎわっています。一方で，富士山は活火山でもあります。もし富士山が噴火《ふんか》した場合，東京はどうなってしまうのでしょうか。平成16年６月，内閣府《ないかくふ》の富士山ハザードマップ検討委員会にて，富士山のハザードマップがつくられました。図１は，その中で火山灰が降る場所とその量を予測してつくられた地図です。数字は，その線の上での火山灰が積もる高さです。これを見て，つぎの問いに答えなさい。

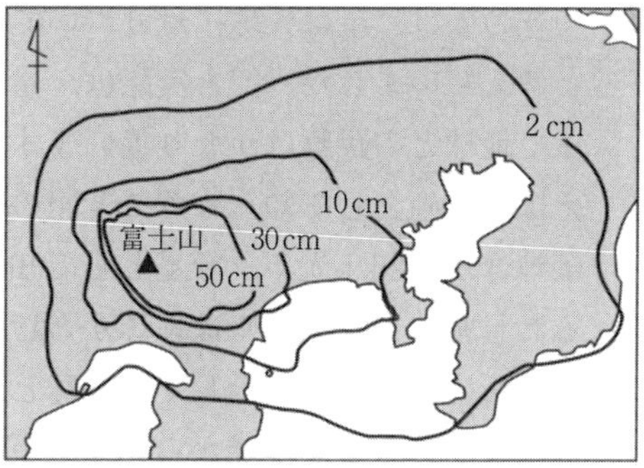

図１　降灰可能性マップ（内閣府ホームページ http://www.bousai.go.jp/kazan/fujisan-kyougikai/report/pdf/houkokusyo5-5.pdf をもとに作成）

問１　火山灰についての説明として，間違っているものを，つぎのア～オから１つ選び，記号で答えなさい。

ア．つぶは角ばったものが多い。

イ．たい積して，岩石になったものをセッカイ岩という。

ウ．つぶの大きさは直径２mm 以下である。

エ．九州で起きた巨大な噴火によって，北海道にまで運ばれたことがある。

オ．火山灰が屋根に積もると，建物がつぶれてしまうことがある。

問２　ハザードマップについての説明として，間違っているものを，つぎのア～オから１つ選び，記号で答えなさい。

ア．ハザードマップは火山だけではなくて，地震，土砂災害，水害に対するものもあり，それぞれを見る必要がある。

イ．ハザードマップは科学的に証明されているものなので，実際に災害が起きるときは，ハザードマップの通りに災害が起こる。

ウ．災害については，ハザードマップを参考に，災害が起きた場合にはどうすればいいのかを，話し合っておくことが必要である。

エ．ハザードマップを見ておくことで，生活する場所がどんな災害にあいやすいのかを知ることができる。

オ．ハザードマップには，災害が起きる日時は示されていない。

問３　図１を見ると，火山灰が積もる場所が東へかたよっています。この理由として正しいものを，つぎのア～オから１つ選び，記号で答えなさい。

ア．富士山の火口の多くが東側にあるため。

イ．太陽が東からのぼってくるため。

ウ．地球温暖化により，地球の平均気温が上がっているため。

エ．黒潮が流れているため。

オ．偏西風《へんせいふう》が吹《ふ》いているため。

7 昔の人は，星は天球にはりついていると考えていました。でも実際は，星によって地球との距離はかなり違《ちが》います。例えば，織姫《おりひめ》として知られること座のベガは地球から26.5光年，彦星《ひこぼし》として知られるわし座のアルタイルは地球から17光年の場所にあります。そして，地球と星との距離が違うと，地球から見える星の明るさも違ってきます。そこで，星から地球へ届《とど》く光について考えてみたいと思います。星の表面から出てきた光は，宇宙のあらゆる方向へ広がっていきます。図は，ある星から出てきた光について示しています。

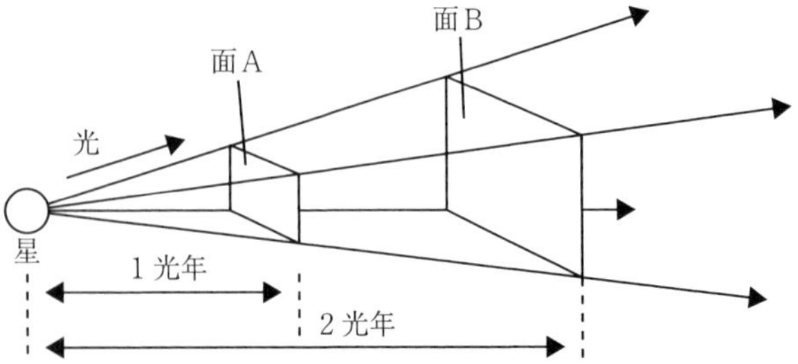

問１　図にあるように，１光年先にある面Ａのたての長さに対して，２光年先にある面Ｂのたての長さは何倍でしょうか。ただし，答えが割り切れないときは，小数第１位を四捨五入して，整数で求めなさい。

問２　面Ａに対して，面Ｂの面積は何倍でしょうか。ただし，答えが割り切れないときは，小数第１位を四捨五入して，整数で求めなさい。

問３　面Ａから星を見たときとくらべて，面Ｂから星を見たときの明るさは何倍でしょうか。ただし，星から出た光は，面Ａを通過して面Ｂに届きます。そのため，面Ａを通る光の量の合計と，面Ｂを通る光の量の合計は同じです。また，答えが割り切れないときは，小数第３位を四捨五入して，第２位まで求めなさい。

星の明るさは，等級の数字が５つ減ると，明るさが100倍に見えます。例えば，１等星の星の明るさは，６等星の星の明るさの100倍に見えます。つぎの問いに答えなさい。

問４　１等星のおとめ座のスピカは，地球から250光年離れた場所にあります。このスピカが地球から2500光年離れた場所にあるとすると，スピカの明るさは，地球から見ると何等星に見えますか。ただし，答えが割り切れないときは，小数第１位を四捨五入して，整数で求めなさい。

問５　地球から見たときの明るさが２等星の星Ｘと，12等星の星Ｙがあります。この２つの星は，地球からの距離が同じとき，地球から見た明るさは同じになります。地球から星Ｘまでの距離は430光年であることがわかっています。このとき，地球から星Ｙまでの距離は何光年ですか。ただし，答えが割り切れないときは，小数第１位を四捨五入して，整数で求めなさい。

問11 ――⑨「私たちは確かに今、過ぎた月日の重さを噛み締めていた」とありますが、この時の「私たち」の気持ちを説明したものとして最もふさわしいものを次の中から選び、記号で答えなさい。

ア 大きくて強い存在だと思っていた両親が子どもだった自分たちと同じように泣いている姿を目にして、二人が年老いてしまったことを実感し、やるせなさを抱いている。

イ 両親だけが泣いている現実から、自分たちがいない間に彼らとミャアとが共に過ごした時の長さを痛感して、ミャアの世話を後回しにしてきたことを悔《く》やんでいる。

ウ 泣いてミャアの死を悲しむ両親の様子を見ていると、ミャアの死を現実として受け入れざるを得ず、大切な家族の一員を失ってしまった深い喪失《そうしつ》感にさいなまれている。

エ 幼かったミャアが年老いて逝ったことを考えると、今は元気でいてくれる両親もまたいつかは自分たちを置いて逝ってしまう運命にあることを感じ、悲嘆《ひたん》にくれている。

問12 ――⑩「だから、心配しないで」とありますが、このように思ったのはなぜですか。70字以内で説明しなさい。

二

次の――線部のカタカナを、漢字に直しなさい。

1 どうしたものかとシアンに暮れた。

2 祖父に手アみのセーターを贈《おく》る。

3 彼はいつも的をイた発言をする。

4 帰り道に百円キンイツの店による。

5 キギョウするための努力を重ねる。

6 その地域はよくコえた土地が多い。

7 ハンキを翻《ひるがえ》す機会をうかがう。

8 その政策は経済回復のカナメだ。

9 後継《こうけい》者争いがサイネンする。

10 並木道にヤエ桜が咲《さ》き誇《ほこ》っている。

ア　ミャアの体調についてもっと早く知らせてくれなかった母に対して怒《いか》りを覚えている様子。

イ　母からの急な連絡《れんらく》にとっさに対応できずどうしたらよいのか戸惑《とまど》っている様子。

ウ　実家から疎遠《そえん》になっていたために突然《とつぜん》の母からの連絡を理解できずにいる様子。

エ　可愛がっていたミャアが亡《な》くなりそうであるという突然の連絡に衝撃《しょうげき》を受けている様子。

問4　――②「最初に泣いたのは弟である」とありますが、この時の弟の気持ちを40字以内で説明しなさい。

問5　――③「でも、ミャアのためにドアはいつも少し開けてるさけ、その間は絶対に大丈夫」とありますが、母がこのように思ったのはなぜですか。その説明として最もふさわしいものを次の中から選び、記号で答えなさい。

ア　息子が自分の部屋に引き籠っていることは心配ではあるが、可愛がっていたミャアとの交流だけは今でも行っているようであり、それをきっかけにいつかは自分の部屋から出てきてくれると確信していたから。

イ　息子が他人に心を閉ざしてしまっていることは心配ではあるが、ミャアを口実としてドアを開けていることから本当は心配してほしがっていることが分かり、いつかは自分から歩み寄ってくると確信していたから。

ウ　息子が自分の世界に閉じこもっていることは心配ではあるが、ミャアの通り道としてドアを開けているのは家族の一員を思ってのことであり、彼《かれ》の心が完全には家族から切《き》り離《はな》されていないと確信していたから。

エ　息子が家族との交流を完全に絶《た》っていることは心配ではあるが、ミャアのためにドアを開けておくという家族内でのルールは続けてくれており、まだ自分たちの言いつけに従うつもりがあると確信していたから。

問6　――④「父は素っ気なく言った」とありますが、ここでは「素っ気ない」態度をとっている父がミャアに深い愛情を抱《いだ》いていることが読みとれる**ひと続きの二文**を探し、最初と最後の3字を抜き出して答えなさい。

問7　――⑤「思わず顔を向けた」とありますが、この時の「私」の気持ちを30字以内で説明しなさい。

問8　――⑥「母は、まるで自分に言い聞かせるように説明した」とありますが、この表現からは母のどのような気持ちが読みとれますか。その説明として最もふさわしいものを次の中から選び、記号で答えなさい。

ア　ミャアが亡くなるという辛《つら》い現実に疲《つか》れ、目を背《そむ》けたいと思う気持ち。

イ　ミャアが亡くなるという思いがけない事実を前にして、呆然《ぼうぜん》とする気持ち。

ウ　ミャアが亡くなることを理屈《りくつ》では分かりながらも、受け入れがたく思う気持ち。

エ　ミャアが亡くなることを娘に話さなければならないことを、耐《た》えがたく思う気持ち。

問9　――⑦「ごめんね、あんまり帰って来られなくて」とありますが、この姉の言葉にはどのような気持ちが込められていると「私」は考えていますか。60字以内で説明しなさい。

問10　――⑧「それくらいの振る舞いができるほどには、もう大人になっていた」とありますが、「それくらいの振る舞い」とは**何のために、どうすること**ですか。60字以内で説明しなさい。

姉が大阪での話を面白《おもしろ》おかしく披露《ひろう》した。弟は出張先の失敗談でみなを笑わせた。私も負けじと、姉や弟に突《つ》っ込みを入れた。それに子供の頃の思い出話も絡《から》まって、両親の表情も次第にほぐれていった。

明るく笑い転げていても、それぞれに厄介《やっかい》なことを抱えているのはわかっている。姉は姑《しゅうとめ》とあまりうまくいってないらしい。家族経営になると、気苦労も多いのだろう。また、冗談《じょうだん》を飛ばしている弟も、すべてが順調というわけではないはずだ。最近、会社は大手に吸収合《がっ》併《ぺい》された。そのせいで微妙《びみょう》な立場に立たされているのは想像がつく。私自身、半年前に結婚《けっこん》を約束した男に去られていた。その痛手はまだ深く残っている。けれども、誰も愚痴《ぐち》めいたことは口にしなかった。⑧それくらいの振《ふ》る舞《ま》いができるほどには、もう大人になっていた。

ミャアが意識を取り戻したのは、食事が終りかけた頃である。

「あ、目を開けたぞ」と、父がいちはやく気付いた。

私たちは慌てて駆《か》け寄《よ》り、ミャアを取り囲んだ。覗き込むと、確かに目が開いていた。

それは、驚《おどろ》くような澄《す》んだ目だった。その目で、ミャアはゆっくりと父を見た。それから母を見た。次に姉を、そして私を、弟を見た。

その目は、どこまでも深い海のようでもあった。その時が来た、と、誰もが思ったはずである。ミャアは残された力を振《ふ》り絞《しぼ》って、私たちに別れを告げているのだ。

最初に泣いたのは父である。肩《かた》を震わせ、私たちにはばかることなく嗚咽《おえつ》した。母もこぼれる涙《なみだ》をぬぐおうともせず、ミャアの名を呼び続けた。

私たちきょうだいは、黙ってふたりを見ていた。

ミャアがこの家に来た日、飼って欲しいと泣きじゃくったのは私たちだった。あの日から二十年。今、泣いているのは父と母だった。胸を締《し》め付《つ》けるのは、ミャアへの悲しみばかりでない。⑨私たちは確かに今、過ぎた月日の重さを嚙み締めていた。ここにきょうだい三人を呼んだのは、ミャアの最後の意思に違《ちが》いないと思えた。

ミャアは逝《い》った。けれども、ミャアの通り道だったあの隙間は、決して閉じたわけではない。いつだって家族と繋《つな》がっている。

⑩だから、心配しないで。

呟いたのは、姉も弟も同じだろう。

いつの間にか、縁側の向こうに雪がちらついていた。ミャアがこの家に来たあの時と同じ、真綿のような雪だった。

（唯川《ゆいかわ》恵《けい》「ミャアの通り道」より）

注1 「舅姑」…結婚相手の両親。

注2 「決まっとるさけな」…「〜さけ」は金沢の方言で、「〜から」を表す。ここでは「決まっているからな」の意。

問１　本文中の(ⓐ)・(ⓑ)・(ⓒ)には体の一部を表す言葉が入ります。最もふさわしいものを次の中からそれぞれ選び、記号で答えなさい。

ア　肩　　イ　腹　　ウ　口　　エ　眉《まゆ》

オ　顔　　カ　足　　キ　手　　ク　臍《ほぞ》

問２　本文中の **X** ・ **Y** に当てはまる言葉の組みあわせとして最もふさわしいものを次の中から選び、記号で答えなさい。

ア　**X**―にぶく　　**Y**―鋭《するど》く

イ　**X**―柔《やわ》らかく　　**Y**―硬《かた》く

ウ　**X**―熱く　　**Y**―冷たく

エ　**X**―優《やさ》しく　　**Y**―うるさく

問３　――①「思わず、スマホを持つ手が冷たくなった」とありますが、この表現からは「私」のどのような様子が読みとれますか。その説明として最もふさわしいものを次の中から選び、記号で答えなさい。

それでもミャアは動かない。久しぶりで会うミャアがあまりに小さくなっていて、弟がためらうように眉根《まゆね》を寄せた。

「ひとり増えたんやし、やっぱり何か作るわ」

と、母は台所に立って行った。父もビールの用意をし始めた。

「廊下《ろうか》に手摺《てす》りが付いてたな」

両親が席をはずしたのを見計らったように、弟が声を潜《ひそ》めて言った。

それは私も気づいていた。玄関に入った途端《とたん》に目が行った。

「廊下だけじゃないよ、階段にもトイレにも付けてある」答えたのは姉である。

「さっき、ちょっと聞いたんだけど、かあさん、去年の暮れに、廊下で転んで捻挫《ねんざ》したんだって。しばらく、松葉づえをついてたみたい」

初めて聞く話だった。

「やだ、何で知らせてくれなかったんだろう。あんた、知ってた？」

「いや、全然」と、弟が首を振る。

「大した怪我じゃなかったから、余計な心配をかけたくなかったんだって。だけど、これから先のことを考えると、やっぱり手摺りを付けた方がいいってことになったらしい」

「そっか……」

思わず息を吐《つ》いた。弟も、どう言えばいいのか言葉が見つからないようだった。しばらく、三人とも黙《だま》っていた。台所から父と母の声が聞こえて来る。栓抜《せんぬ》きはどこだ、食器棚《しょっきだな》の下の引き出し、つまみはないのか、冷蔵庫にチーズがある、そんな日常的なやりとりが流れて来る。

「さっきさぁ」と、弟が呟《つぶや》いた。「部屋に入って、久しぶりに親父《おやじ》を見た時、どきっとしたよ。何か年取ったなあって。やっぱり定年退職したせいもあるのかな」

確かに、父の髪《かみ》はもう三分の二が白髪《しらが》に変わり、表情にも深いシワが目立つようになっていた。母もいつのまにか背中が丸くなり、ミャアと同様、身体が一回り小さくなったように感じる。

「忙しくて、ここんとこずっと帰ってなかったからな」

そうね、と、私も姉もつられたように頷いた。

両親が老いてゆくことに気づかなかったわけじゃない。ただ、頭の中にある両親は、いつまでも昔の姿のままだった。自分より大きくて、怖《こわ》くて、強い存在だった。しかし、それはただそうであって欲《ほ》しいという、娘《むすめ》や息子《むすこ》の勝手な思い込みなのだろう。

玄関で声があった。今度こそ寿司が届いたようである。みな台所の食卓《しょくたく》に移った。寿司桶《すしおけ》を真ん中にして、母の漬《つ》けた漬物《つけもの》や、加賀《かが》セリの卵とじや、こんか鰯《いわし》といった料理が並べられる。ビールが注がれ、食事が始まった。

姉がビールを口にすると、ミャアに目を向けた。

「⑦ごめんね、あんまり帰って来られなくて」

ぽつりと漏らしたその言葉が、ミャアだけに向けられたものではないということは、私も弟もわかっていた。

家を出てからずっと、私たちは「忙しい」を言い訳に、両親のことは二の次にしていた。優先するのは、何よりも自分の予定や都合だった。その間、父と母の傍《そば》に寄《よ》り添《そ》い、ふたりを見つめていたのはミャアだった。胸の奥底《おくそこ》から、後ろめたさに似た痛みが湧《わ》き上がって来た。

どうにも場は沈みがちになった。父は相変わらず無口だし、母もどこか上の空だ。

「賑やかにやろうよ」と、弟が言い出した。

「聞いたことがあるんだ。動物って、最期まで耳が聞こえるらしい。ミャアだって、俺たちの明るい声を聞いた方が安心するだろう」

その通りだと思った。今、私たちがすべきなのは、悲しみを噛《か》み締《し》めることではないはずだ。

「うん、おねえちゃんも元気そう。それにしても、よく時間とれたね」

「かあさんからメール貰《もら》って、みんな放っぽらかして来たわよ。ま、こういうことでもないと思い切りがつかないから。さ、上がって、上がって」

鼻の奥《おく》に、乾燥《かんそう》したイグサに似た匂《にお》いが広がった。家の匂いが懐《なつ》かしい。「ああ、帰って来た」と（ⓒ）から力が抜《ぬ》けてゆく。そんなつもりはなくても、いつもどこかで力んで暮らしている自分に気づく。

茶の間で、ミヤアのそばに座《すわ》っていた母が顔を上げた。

「わざわざ、帰って来んでもよかったのに。仕事、大丈夫なが」

「うん、有給休暇《きゅうか》もたまってたし」

部屋の真ん中に敷《し》かれた毛布の上に、ミヤアは寝かされていた。ピンクと黄色の花柄《はながら》のタオルが掛けられている。私は畳に膝を突《つ》いて、ミヤアの顔を覗《のぞ》き込んだ。

「ただいま、ミヤア」

声を掛けても反応はない。指先でそっとミヤアの額に触《ふ》れてみた。そこを撫《な》でると、いつもうっとりとして、手足をふにゃりとさせたものである。しかし今はぴくりともしない。四年前に見たより、ミヤアはすっかり小さくなっていた。

夕食は寿司《すし》を取ることにした。帰省すると、母は台所に籠りっぱなしになる。有難《ありがた》いもてなしではあるが、今日はそれより、できるだけミヤアのそばにいさせてやりたかった。

「いつ頃から悪くなったの？」

母がミヤアにタオルを掛け直してやっている。

「先月の終わりぐらいかしらね、ごはんも食べなくなって、水も飲まなくなって。どうやら腎機能《じんきのう》が低下してるってことらしいんやけど、ほら、ミヤアはもう人間でいうと百歳くらいやさけね。お医者さんも、結局のところは老衰《ろうすい》でしょうって」

⑥母は、まるで自分に言い聞かせるように説明した。

「そっか、ミヤアはもうそんなにおばあちゃんになったんだ」

「酸素室に入れるといいからって、しばらく病室に預けてたんやけど、お父さんと相談して、やっぱり連れて帰って来たがや。ミヤアだって、知らないところにいるのは不安やろうし、最期《さいご》は私たちで見送ってあげようと思って」

最期という言葉が耳に Y 響《ひび》く。

それが十日ほど前のことだという。医者からは、酸素室を出れば二、三日しか持たないと言われたようだが、ミヤアは頑張《がんば》った。しばらくとても機嫌よく過ごしていたという。それが昨夜、急に容態が悪化したとのことだった。

「でも、すごく穏《おだ》やかな顔をしてる」

「そうね、こうしているとただ眠ってるみたい」

姉も頷《うなず》いている。

しばらくして、玄関戸《げんかんど》が開く音がした。寿司が届いたようだと、姉が立って行った。しかし、賑《にぎ》やかな声と共に茶の間に現れたのは、弟だった。

「あれ、あんたまで来たんか」

母が呆れたように出迎《でむか》える。

「うまい具合に時間が取れたもんでね」

「あんなメールして悪かったね。今日どうなるとか、本当のところはわからんのに」

「いや、俺もちょうど、ミヤアがどうしてるか気になってたんだ。それにしても、まさか姉ちゃんたちも来てるとはなぁ」

弟は私と姉の間に割《わ》り込んで、ミヤアに手を伸《の》ばした。

「ミヤア、俺だよ。ほら、目を覚ませって」

ミヤアは好き勝手に、その夜のねぐらを決めた。一階の父と母の六畳《じょう》の寝室《しんしつ》。二階の姉と私の共同の部屋。隣《となり》の弟の四畳半の洋室。どこを選ぶかは誰にもわからない。人間には決められないし、強制もできない。すべてはミヤアの気分次第《しだい》だった。

やがて年月は過ぎ、私たちきょうだいは少しずつ大人になっていった。

いつの間にか、ミヤアの世話はみんな母に押し付けていた。約束した役割も済《な》し崩《くず》しになった。私たちは、友達との付き合いや部活の練習や、好きな男の子や、進学という、家族以外の世界に関心を深めていた。

同時に思春期特有の蟠《わだかま》りを抱《かか》えてもいた。両親に反抗《はんこう》もしたし、きょうだいで派手に言い争った。互いに無視し合ったこともある。ミヤアはそんな私たちを、時に呆《あき》れたように、時に哀《かな》しげに、濃《こ》く縁《ふち》どられた虹彩《こうさい》でじっと見つめていた。

一時、弟がひどく荒《あ》れた時期がある。中学の二年の頃、サッカー部を怪我《けが》でやめてから、家族の誰とも口をきかなくなった。食事時にも顔を出さず、いつも不機嫌《ふきげん》な顔をして部屋に籠《こも》っていた。

姉も私も、このまま引き籠りになるのではないかと心配したが、母はこう言った。

「③でも、ミヤアのためにドアはいつも少し開けてるさけ、その間は絶対に大丈夫《だいじょうぶ》」

そして、実際、その通りだった。弟は少しずつ頑《かたく》なさを緩《ゆる》めて行った。

金沢駅に到着《とうちゃく》したのは、午後三時を少し回ったところである。

東口には、和楽器の鼓《つづみ》をモチーフに作られた鼓門と、全面ガラス張りのドーム型天井《てんじょう》がある。世界で最も美しい駅のひとつに選ばれた経緯《いきさつ》もあって、ここを見学するために金沢を訪《おとず》れる観光客もいるほどだ。

改札口を出ると、父が立っていた。

「迎《むか》えに来てくれたんだ」

「ああ」

母には東京駅からメールを送っていた。

「わざわざ、ごめんね」

「今日は休みやったさけ」

久しぶりに聞く金沢弁が、耳に［X］届く。父は、こんな喋《しゃべ》り方をしただろうかと、少し不思議な気分になる。

去年、父は定年退職を迎えた。元銀行職員だったこともあって、今は週に三回、知り合いの会社の経理を手伝っていると聞いている。

「ミヤアはどう？」

「まあ、寿命《じゅみょう》やしな」

④父は素っ気なく言った。もともと口数の少ない方である。

「さっき、美幸《みゆき》も帰ってきたんや」

「えっ、おねえちゃんも」

⑤思わず顔を向けた。

「ミヤアにどうしても会っておきたかったんやと」

「ふうん」

私以上に、いつも忙《いそが》しいばかりの姉である。けれども、その気持ちは何となくわかる気がした。

玄関に入ると、すぐに姉が迎えに出て来た。

「久しぶり、元気だった？」

姉が笑う。少し太ったかもしれない。かつては、お洒落《しゃれ》にうるさいことを言っていたが、今ではすっかり嫁いだ先の大阪のおばちゃんスタイルが板についている。

木の根元で、子猫が蹲《うずくま》っていた。縁側から漏《も》れる明かりに照らされた子猫は、弟と私を見上げると、まるで何かを訴《うった》えるかのように必死な形相で鳴いた。小さな背中に雪が積もり、身体が小刻みに震《ふる》えている。思わず抱《だ》き上げていた。

縁側では姉がすでにタオルを手にして待っていた。猫は姉の手に渡《わた》り、身体が拭《ふ》かれると、焦《こ》げ茶《ちゃ》と黒の雉《きじ》模様が浮《う》かんだ。

生まれて二、三か月と思われた。迷ったのか、捨てられたのか。目には目ヤニが溜《た》まり、毛も薄汚《うすよご》れていた。弟が牛乳を持って来ると、子猫はよほど空腹だったらしく、ぴちゃぴちゃと音をたててうまそうに飲んだ。それから顔を上げて、まるでお礼を言うかのようにみゃあと鳴いた。その愛らしい姿に、私たちは瞬《また》く間に魅了《みりょう》された。

「飼いたい」

「飼わせて」

「ね、いいでしょう」

三人とも、すっかりその気になっていた。母は困惑《こんわく》しながら「おとうさんに聞いてみんと」と、答えるばかりだった。

一時間ほどして、父が仕事から帰って来た。その頃には、テレビもそっちのけで私たちは子猫に夢中になっていた。しかし、父は私たちの願いを聞くと、（ⓑ）を顰《ひそ》め「駄目《だめ》だ」と、首を横に振《ふ》った。子猫は満腹したのか安心したのか、座布団《ざぶとん》の上でぐっすり寝《ね》入っている。母も来て、子猫を家族五人でぐるりと取り囲んだ。

「どうせ、おまえたちは面倒《めんどう》をみられんやろう。かあさんに押し付けるに注2決まっとるさけな」

父の意志は固そうだった。

「お願い」

「絶対に面倒をみるから」

「だから、飼わせて」

私たちは食い下がった。それでも父は頑《がん》として受け付けなかった。②最初に泣いたのは弟である。つられるように私も泣いた。姉も泣いた。いつもは喧嘩《けんか》ばかりしているきょうだいが、こんなにも気持ちをひとつにして父に懇願《こんがん》するのは初めてだった。

泣きじゃくる三人の子を前にして、さすがに父も折れざるを得なくなったようである。代わりに条件を出して来た。猫の面倒をみるだけでなく、姉には食器洗いを、私には風呂掃除《ふろそうじ》を、弟には玄関《げんかん》掃除を約束させた。私たちは即座《そくざ》に受け入れた。そんなことでこの子猫が飼えるなら容易《たやす》い仕事だった。

鳴き声から、名はミャアに決まった。

たった一匹《ぴき》の小さな猫である。しかし、その存在が、こんなに家の雰囲気《ふんいき》を変えるとは思ってもみなかった。

猫のおもちゃや爪《つめ》とぎといったペット用品が増えた、というのは確かにある。けれど、それだけではない。人間以外の生き物の息遣《いきづか》いが、箪笥《たんす》の上や、テーブルの下や、部屋の隅《すみ》といった、今まで気にもならなかったここかしこに満ち満ちていて、まるで家そのものが命を得たように脈づいているのだった。

私たちはミャアを可愛《かわい》がった。抱っこしたくて取り合いになった。それで時々喧嘩にもなった。ミャアにとっては迷惑《めいわく》な話だったろう。猫というのは元来、子供が苦手な生き物である。やっと順番が回って来たと、ミャアを膝《ひざ》に乗せても、もう勘弁《かんべん》してとばかりに本棚《ほんだな》の裏に逃《に》げ込《こ》んでしまうこともしばしばだった。

もうひとつ、ミャアを飼い出してから加わった習慣がある。

それは、どんな時も、互《たが》いの部屋のドアや襖《ふすま》を少しだけ開けておく、というものだ。ミャアが好きに出入りできるようにとの配慮《はいりょ》である。冬には隙間風《すきまかぜ》が入り、寒い寒いと文句を言いながらも、決して誰《だれ》も閉め切ろうとはしなかった。

二〇二一年度 城北中学校

【国語】〈第一回試験〉（五〇分）〈満点：一〇〇点〉

注意　解答するときには、句読点や記号も一字と数えます。

一　次の文章を読んで、後の問いに答えなさい。（作問の都合上、本文の一部を変更してあります。）

十四年前、進学のために十八歳《さい》で上京した「私」は、鉄道で故郷金沢《かなざわ》へと戻る最中である。

背もたれに身体を預けて、そう言えば前に帰ったのはいつだったろう、と、ぼんやり思い返した。

確か三年、いや四年前だ。あれは祖母の法事だった。その時もずいぶんと久しぶりの帰省だったが、たった一泊《ぱく》二日という慌《あわ》ただしさで東京に戻《もど》って来た。

実家から足が遠のいているのは、何も帰省に時間がかかるからだけではない。仕事柄《しごとがら》、休日を潰《つぶ》されるのはしょっちゅうだ。お盆《ぼん》やお正月、ゴールデンウィークといった連休も同様である。

たまに休みが取れても、そんな時だからこそ、したいことが山ほどある。偵察《ていさつ》がてら他社が手掛《てが》けるイベントに出掛《でか》けたり、映画の試写会や、新製品の展示会に顔を出すこともある。これも仕事のひとつだ。余裕《よゆう》があれば、買い物にも出掛けたいし、旅行にも行きたい、恋人《こいびと》とデートもしたい、と、とにかく毎日が予定で埋《う》まっていて、ついつい帰省は後回しになってしまうのである。

それは、私だけではなく、三歳上の姉も同じだろう。大阪《おおさか》に嫁《とつ》いだ姉は、注1舅姑《きゅうこ》と共に家族で料理店を経営している。その上、育ち盛りの子供がふたりいる。自分の時間を取ることもままならず、四年前の祖母の法事の時も帰れなかった。また、二歳下の弟は独身だが、メーカーの営業部にいて、それこそ盆暮れなく全国の支社を飛び回っている。きょうだい三人が揃《そろ》って帰省し、家族全員が顔を合わせたのはいつだったろう。もう思い出せない。今の私たちは自分たちの生活で（ⓐ）いっぱいの状態だった。

いつの間にか眠《ねむ》っていたらしい。目を開けると、目の前に海が広がっていた。

日本海である。親不知《おやしらず》と呼ばれるこの辺りは、列車が海岸線をぎりぎりに走る。波のしぶきさえ窓に当たりそうだ。私はガラス窓に顔を押《お》し付けた。生憎《あいにく》、低い雪雲のせいで海は鈍色《にびいろ》に沈《しず》んでいたが、それでも、この景色にはいつも魅《み》せられる。見逃《みのが》すと、損をしたような気分になる。

急な休みを取ってまで帰省を決めたのは、昨夜、母からメールがあったからだ。

『ミャアがそろそろ旅立ちそうです』

①思わず、スマホを持つ手が冷たくなった。

ミャアは実家で飼っている雑種の雌猫《めすねこ》である。

あれはもう二十年も前、ちょうど今頃《いまごろ》の時期だった。外には真綿のような雪が舞《ま》っていた。

私たちきょうだい三人は、夕飯を食べ終え、バラエティ番組を観《み》ていた。父はまだ帰らない。父がいると、この番組は見せてもらえないので、ここぞとばかりテレビの前に陣取《じんど》って笑い転げていた。まだ、家にテレビが一台しかなかった頃である。

庭先で何やら妙《みょう》な声がする、と、言い出したのは弟だ。ちょっと見て来る、と、縁側《えんがわ》の戸を開けて下りて行った。が、すぐに慌てて戻って来て、「子猫《こねこ》がいる」と叫《さけ》んだ。次に飛び出したのは私である。植

2021年度

城北中学校　▶解説と解答

算数　＜第１回試験＞（50分）＜満点：100点＞

解答

1 (1)　2　(2)　135　**2** (1)　分速85m　(2)　4.71cm^2　(3)　72点　(4)　22度　(5)　37.68cm　(6)　①　4個　②　9個　**3** (1)　①　18cm^2　②　36cm^3　(2)　4.5cm^3　(3)　27cm^3　**4** (1)　P　秒速２cm　Q　秒速３cm　(2)　ア　32　イ　12　ウ　8　(3)　２秒後，5.2秒後，10秒後　**5** (1)　10個　(2)　94cm　(3)　４通り　(4)　ア　$\frac{160}{3}$　イ　35　ウ　32　エ　3　オ　4　カ　3

解説

1 **四則計算，逆算**

(1)　$\left\{2\frac{5}{6}-\left(0.15+\frac{13}{20}\right)\div0.4\right\}\times2\frac{2}{5}=\left\{2\frac{5}{6}-\left(\frac{3}{20}+\frac{13}{20}\right)\div\frac{2}{5}\right\}\times\frac{12}{5}=\left(2\frac{5}{6}-\frac{16}{20}\times\frac{5}{2}\right)\times\frac{12}{5}=\left(2\frac{5}{6}-2\right)\times\frac{12}{5}=\frac{5}{6}\times\frac{12}{5}=2$

(2)　$2.7\div\frac{1}{5}\div0.6-54\times0.2=\frac{27}{10}\div\frac{1}{5}\div\frac{3}{5}-54\times\frac{1}{5}=\frac{27}{10}\times\frac{5}{1}\times\frac{5}{3}-\frac{54}{5}=\frac{45}{2}-\frac{54}{5}=\frac{225}{10}-\frac{108}{10}=\frac{117}{10}$ より，$\left(\frac{117}{10}-\square\times\frac{1}{15}\right)\times30=81$，$\frac{117}{10}-\square\times\frac{1}{15}=81\div30=\frac{27}{10}$，$\square\times\frac{1}{15}=\frac{117}{10}-\frac{27}{10}=\frac{90}{10}=9$　よって，$\square=9\div\frac{1}{15}=9\times\frac{15}{1}=135$

2 **旅人算，図形の移動，面積，平均，角度，長さ，数列**

図１

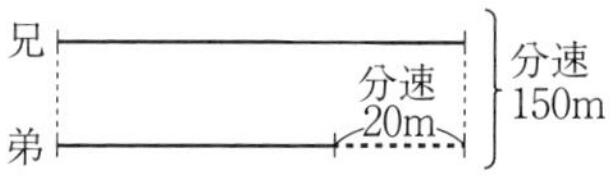

(1)　反対方向に歩くと６分ごとに出会うので，２人合わせて６分間に900m進む。よって，１分間で進む道のりの和，つまり，分速の和は，900÷６＝150(m)である。また，同じ方向に歩くと45分ごとに兄が弟を追いこすから，45分間で兄は弟よりも900m多く進む。よって，１分間で兄は弟よりも，900÷45＝20(m)多く進むので，兄の分速は弟の分速より20m速い。したがって，右上の図１より，兄の速さは分速，(150＋20)÷２＝85(m)と求められる。

図２

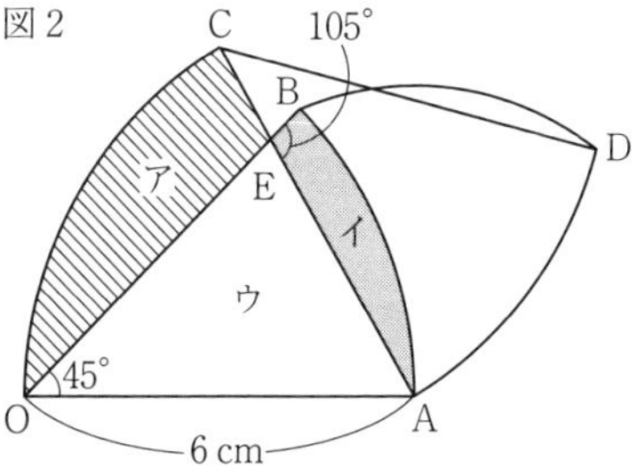

(2)　右の図２で，アの部分とイの部分の面積の差は，アの部分とウの部分(三角形OAE)を合わせたおうぎ形AOCと，イの部分とウの部分を合わせたおうぎ形OABの面積の差と等しくなる。三角形OAEの内角と外角の関係より，角OAEの大きさは，105－45＝60(度)なので，おうぎ形AOCの面積は，$6\times6\times3.14\times\frac{60}{360}=6\times3.14(cm^2)$となる。また，おうぎ形OABの面積は，$6\times6\times3.14\times\frac{45}{360}=4.5\times3.14(cm^2)$だから，おうぎ形AOCとおうぎ形OABの面積の差は，$6\times3.14-4.5\times3.14=(6-4.5)\times3.14=1.5\times3.14=$

4.71(cm^2)と求められ，アの部分とイの部分の面積の差も4.71cm^{2}とわかる。

(3)　受験者数が合格者数の５倍なので，不合格者数と合格者数の比は，（５－１）：１＝４：１となる。右の図３で，かげをつけた部分の面積は，不合格者の合計点と合格者の合計点の和を表し，太線で囲んだ部分の面積は，受験者全体の合計点を表している。これらの面積は等しいので，アとイの部分の面積も等しくなる。アとイの部分の横の長さの比は４：１だから，縦の長さの比は，$\frac{1}{4}:\frac{1}{1}=1:4$とわかり，アの部分の縦の長さは，$24\times\frac{1}{4}=6$(点)，合格者の平均点は，42＋６＋24＝72(点)と求められる。

図３

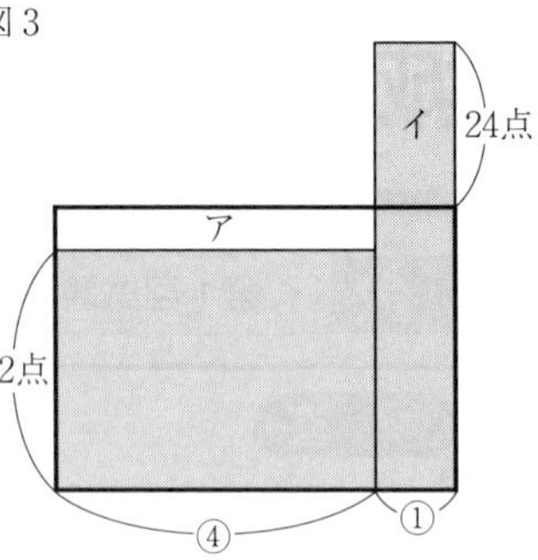

(4)　右の図４で，三角形BCDは二等辺三角形なので，角カと角キの大きさは等しく，平行線のさっ角は等しいから，角カと角クの大きさも等しくなる。よって，角カの大きさを①とすると，角キ，角クの大きさも①となる。また，三角形CADも二等辺三角形なので，角ケの大きさは，角キと角クの大きさの和と等しく，①＋①＝②となる。すると，三角形AEDの内角と外角の関係より，角ケ＋角ク＝②＋①＝③が102度だから，①＝102÷３＝34(度)とわかる。つまり，角カの大きさは34度，角ケの大きさは，34×２＝68(度)である。さらに，平行線のさっ角より，角コの大きさは角ケの大きさと同じ68度で，三角形ACBも二等辺三角形だから，角ア＋角カ＝(180－68)÷２＝56(度)となる。したがって，角アの大きさは，56－34＝22(度)と求められる。

図４

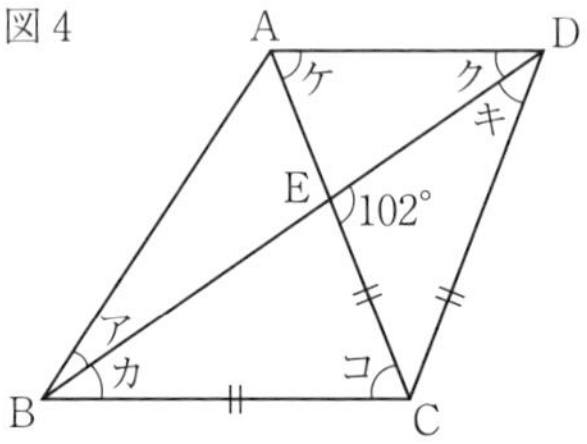

(5)　頂点Ｐが動いた部分は右の図５の太線部分になる。㋐の部分は半径４cmの半円の弧《こ》で，長さは，４×２×3.14÷２＝４×3.14(cm)，㋑の部分は半径３cmの半円の弧で，長さは，３×２×3.14÷２＝３×3.14(cm)，㋒の部分は半径５cmの半円の弧で，長さは，５×２×3.14÷２＝５×3.14(cm)となる。よって，頂点Ｐが動いた長さは，４×3.14＋３×3.14＋５×3.14＝（４＋３＋５）×3.14＝12×3.14＝37.68(cm)と求められる。

図５

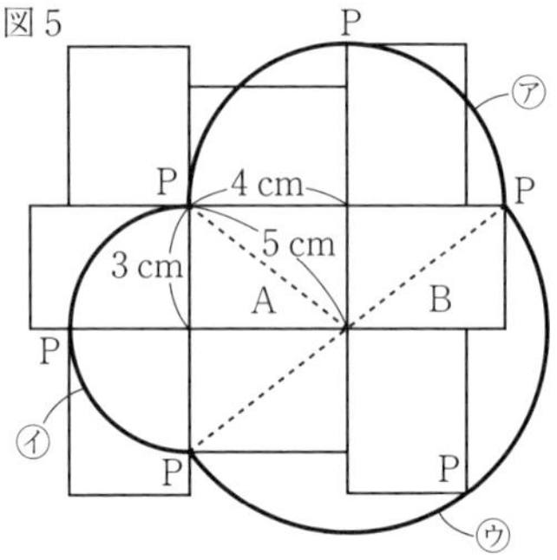

(6)　２人がもらうビー玉の個数の和に注目すると，１日目は２個，２～３日目の２日間は３個，４～６日目の３日間は４個，…のようになっている。よって，１＋２＋３＋…＋10＝（１＋10）×10÷２＝55，１＋２＋３＋…＋11＝55＋11＝66より，56～66日目の11日間は，個数の和が12個だから，70日目は個数の和が13個になる日のうちの，70－66＝４(日目)とわかる。個数の和が13個になる日のうち，１日目は，Ａ君が１個，Ｂ君が，13－１＝12(個)もらい，その後，Ａ君の個数は１日に１個ずつ増え，Ｂ君の個数は１日に１個ずつ減るから，70日目の個数は，Ａ君が，１＋３＝４(個)，Ｂ君が，12－３＝９(個)となる。

3　立体図形―面積，体積

(1)　①　下の図１の三角形MRSで，RSの長さはEHの長さと同じ６cmである。また，点M，R，ＳはそれぞれPQ，EF，HGの真ん中の点なので，三角形MRSは正方形AEHDと平行になる。よって，点ＭからRSに垂直な直線MIを引くと，MIの長さはAEの長さと同じ６cmになるので，三角形MRSの面積は，６×６÷２＝18(cm^2)とわかる。　②　立体アは三角すいＰ－MRSとＱ－MRSに分けられる。三角すいP－MRSとQ－MRSで，底面を三角形MRSとすると，高さはそれぞれPM，QMになり，その長さはどちらも，６÷２＝３(cm)なので，三角すいP－MRS，Q－MRSの体積はどちらも，18×３÷３＝18(cm^3)と求められる。したがって，立体アの体積は，18×２＝36(cm^3)である。

図１

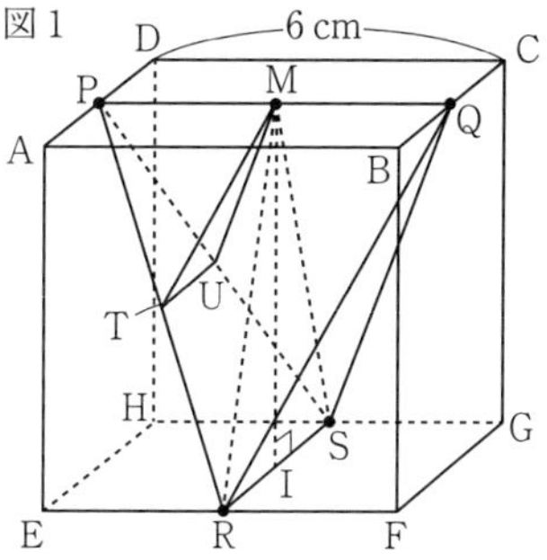

⑵　点M，T，Uはそれぞれ PQ，PR，PSの真ん中の点なので，点Ｐ，M，T，Uを結んでできる立体PMTUと立体アは，相似比が１：２の相似な三角すいとわかる。よって，立体PMTUの体積と立体アの体積の比は，（１×１×１）：（２×２×２）＝１：８だから，立体PMTUの体積は，36×$\frac{1}{8}$＝4.5(cm^3)と求められる。

⑶　右の図２で，PRとMEの交わる点は⑵の点Ｔと同じ点で，PSとMHの交わる点は⑵の点Ｕと同じ点になる。また，QRとMFの交わる点をＶ，QSとMGの交わる点をWとすると，四角すいM－EFGHと立体アの重なっている部分は，図２の太線で囲んだ立体であり，これは立体アから立体PMTUと立体QMWVを除いた立体である。立体QMWVの体積は立体PMTUの体積と等しく，4.5cm^{3}になるから，重なっている部分の体積は，36－4.5×２＝27(cm^3)とわかる。

図２

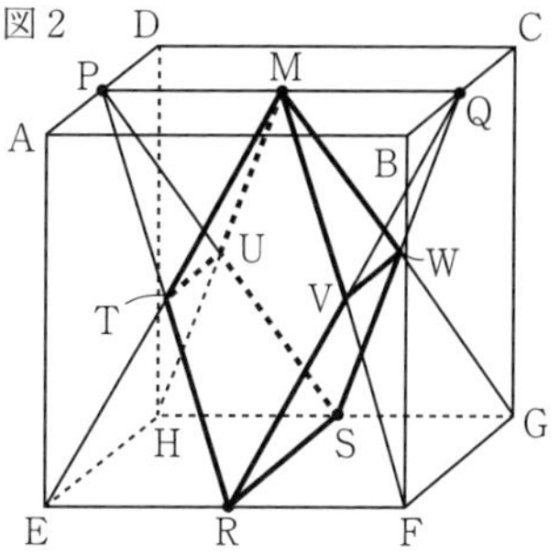

４　平面図形―グラフ，図形上の点の移動

⑴　右の図１のグラフより，３秒後，点Ｐが点Ｄに着くか，点Ｑが点Ｃに着くかのどちらかなので，３秒後からしばらくの間，点Ｐ，Ｑは反対の方向に動く。また，点Ｑの方が点Ｐよりも速いので，点Ｐが右，点Ｑが左に動くとき，AP＋BQの長さは減り，点Ｐが左，点Ｑが右に動くとき，AP＋BQの長さは増える。図１より，３秒後からしばらくの間，図形ABQPの面積は増えているので，この間，AP＋BQの長さは増えていることになる。つまり，３秒後から，点Ｐは左，点Ｑは右に動くので，３秒後に点Ｐが点Ｄに着いたとわかる。よって，点Ｐは３秒間で６cm動くから，速さは秒速，６÷３＝２(cm)である。さらに，３秒後の様子は右の図２のようになり，このときの図形ABQPの面積が30cm^{2}だから，（６＋BQ)×４÷２＝30(cm^2)より，６＋BQ＝30×２÷４＝15，BQ＝15－６＝９(cm)とわかる。したがって，点Ｑは３秒間で９cm動くから，速さは秒速，９÷３＝３(cm)である。

図１

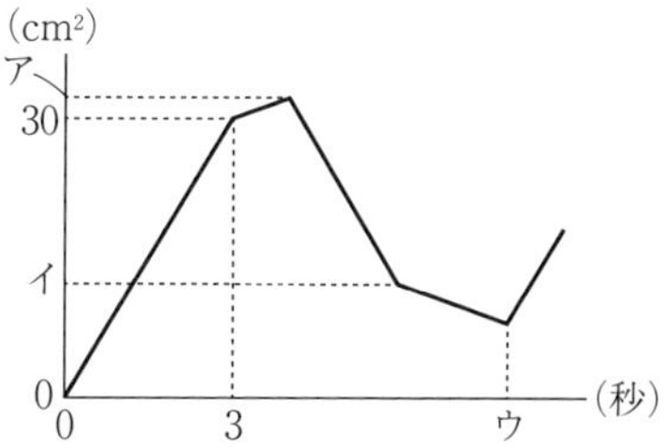

図２

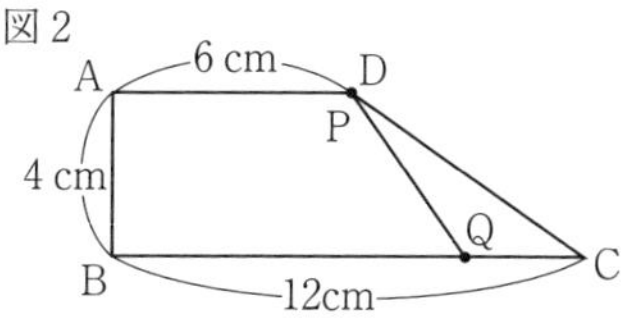

⑵　まず，アは点Ｑが点Ｃに着いたときの図形ABQPの面積を表している。点Ｑが点Ｃに着くのは，図２のときから，(12－９)÷３＝１(秒後)なので，そのときのAPの長さは，６－２×１＝４(cm)となる。よって，（４＋12)×４÷２＝32(cm^2)より，アは32である。次に，イは点Ｐが点Ａに戻《もど》ったときの図形ABQP(三角形ABQ)の面積を表している。点Ｐが点Ａに戻るのは，点Ｑが点Ｃに着いてから，４÷２＝２(秒後)となり，そのときのBQの長さは，12－３×２＝６(cm)だから，６×

4÷2＝12(cm^2)より，イは12である。さらに，ウは点Ｑが点Ｂに戻った時間を表している。点Ｑは，点Ｂに戻るまでに，12×２＝24(cm)動くから，24÷３＝８(秒)より，ウは８となる。

(3)　台形ABCDの面積は，(６＋12)×４÷２＝36(cm^2)だから，図形ABQPと図形PQCDの面積の比が５：４となるとき，図形ABQPの面積は，$36\times\frac{5}{5+4}$＝20(cm^2)となる。まず，出発してから３秒後まで，面積は１秒間に，30÷３＝10(cm^2)増えているので，１回目に20cm^{2}になるのは出発してから，20÷10＝２(秒後)である。次に，(2)より，点Ｑが点Ｃに着くのは出発してから，３＋１＝４(秒後)，点Ｐが点Ａに戻るのは出発してから，４＋２＝６(秒後)であり，この間，２秒間で面積は，32－12＝20(cm^2)減っているので，１秒間に，20÷２＝10(cm^2)減る。よって，２回目に20cm^{2}になるのは，(32－20)÷10＝1.2より，出発してから，４＋1.2＝5.2(秒後)である。また，図形ABQPの面積が20cm^{2}になるのは，(AP＋BQ)×４÷２＝20(cm^2)より，AP＋BQが，20×２÷４＝10(cm)のときである。出発してから８秒後までに，点Ｐは，２×８＝16(cm)動くので，８秒後，右の図３のように，点Ｐは点Ａから，16－６×２＝４(cm)の位置にあり，このとき，AP＋BQ＝４＋０＝４(cm)である。この後，点Ｐが２回目に点Ｄに着くのは図３のときから，(６－４)÷２＝１(秒後)で，そのとき，点Ｑは点Ｂから，３×１＝３(cm)の位置にあるので，AP＋BQ＝６＋３＝９(cm)となる。さらに，２回目に点Ｐが点Ｄに着いた後，点Ｐは左に，点Ｑは右に動くので，AP＋BQは１秒間に，３－２＝１(cm)の割合で増える。よって，２回目に点Ｐが点Ｄに着いてから，(10－９)÷１＝１(秒後)に，AP＋BQが10cmになるので，３回目に面積が20cm^{2}になるのは，出発してから，８＋１＋１＝10(秒後)とわかる。この後，12秒後までは，AP＋BQが10cmとなることはない。以上より，求める時間は２秒後，5.2秒後，10秒後である。

図３

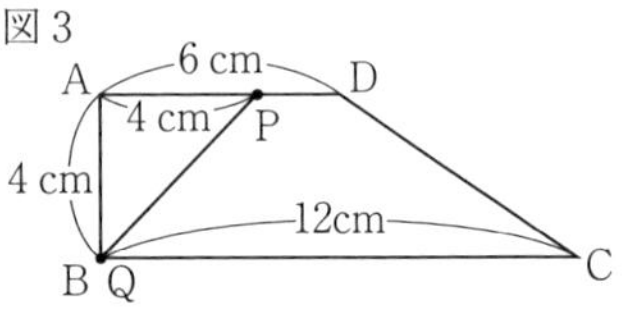

5　平面図形―構成

(1)　１回目に分割すると，62÷27＝２あまり８より，１辺27cmの正方形が２個できて，８cmと27cmの辺をもつ長方形が残る。２回目に分割すると，27÷８＝３あまり３より，１辺８cmの正方形が３個できて，３cmと８cmの辺をもつ長方形が残る。３回目に分割すると，８÷３＝２あまり２より，１辺３cmの正方形が２個できて，２cmと３cmの辺をもつ長方形が残る。４回目に分割すると，３÷２＝１あまり１より，１辺２cmの正方形が１個できて，１cmと２cmの辺をもつ長方形が残る。５回目に分割すると，２÷１＝２より，１辺１cmの正方形が２個できて，長方形は残らない。よって，２＋３＋２＋１＋２＝10(個)の正方形に分割される。

(2)　右の図１のように，最も小さい正方形の１辺の長さを$\boxed{1}$とすると，２番目に小さい正方形の１辺の長さは，$\boxed{1}$×４＝$\boxed{4}$である。すると，３番目に小さい正方形の１辺の長さは，$\boxed{4}$×３＋$\boxed{1}$＝$\boxed{13}$であり，$\boxed{13}$＋$\boxed{4}$＝$\boxed{17}$が34cmに等しくなる。よって，$\boxed{1}$＝34÷17＝２(cm)だから，□にあてはまる数は，34×２＋２×13＝94(cm)とわかる。

図１

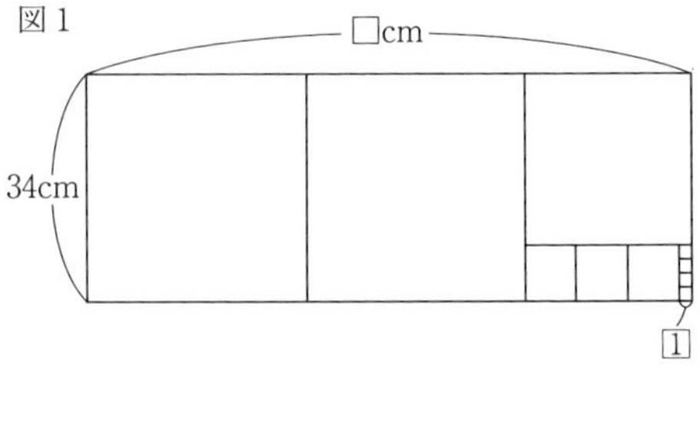

(3)　操作を行って，長方形が４個の正方形に分割されるとき，分割のされ方は下の図２のように４通りある。よって，短い方の辺が20cmの長方形のうち，４個の正方形に分割されるものは４通り

ある。

図２

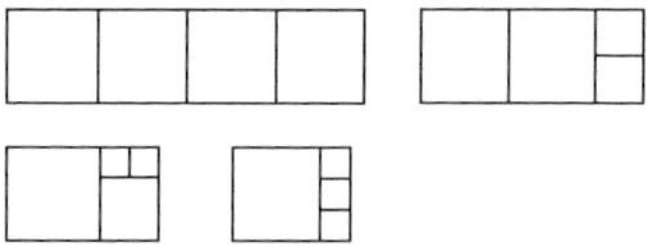

(4)　長い方の辺が100cm，25cmの長方形を除いた，８－２＝６(通り)の長方形は，右下の図３のＡ～Ｆのようになる。Ａ～Ｆそれぞれについて，最も小さい正方形の１辺の長さを[1]とする。Ａでは，正方形は２種類あり，[2]＝20cmだから，[1]＝20÷２＝10(cm)より，長い方の辺の長さは，20×３＋10＝70(cm)である。Ｂでは，正方形は３種類あり，[1]＋[2]＝[3]が20cmとなるから，[1]＝20÷３＝$\frac{20}{3}$(cm)より，長い方の辺の長さは，20×２＋$\frac{20}{3}$×２＝$\frac{160}{3}$(cm)である。Ｃでは，正方形は２種類あり，[3]＝20cmだから，[1]＝20÷３＝$\frac{20}{3}$(cm)より，長い方の辺の長さは，20×２＋$\frac{20}{3}$＝$\frac{140}{3}$(cm)である。Ｄでは，正方形は３種類あり，[1]＋[3]＝[4]が20cmとなるから，[1]＝20÷４＝５(cm)より，長い方の辺の長さは，20＋５×３＝35(cm)である。Ｅでは，正方形は４種類あり，[2]＋[3]＝[5]が20cmとなり，[1]＝20÷５＝４(cm)とわかる。よって，長い方の辺の長さは，20＋４×３＝32(cm)である。Ｆでは，正方形は３種類あり，[1]＋[2]＋[2]＝[5]が20cmとなるから，[1]＝20÷５＝４(cm)より，長い方の辺の長さは，20＋４×２＝28(cm)である。したがって，アは$\frac{160}{3}$，イは35，ウは32，エは３，オは４，カは３とわかる。

図３

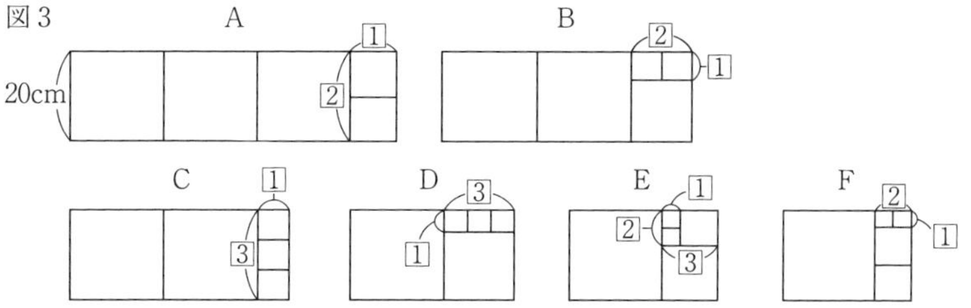

社会 ＜第１回試験＞（40分）＜満点：70点＞

解答

[1] **問１** **あ** 荒(川)　**い** 近郊(農業)　**う** 太平洋　**え** 液状化(現象)　**問２** 埼玉　**問３** イ　**問４** エ　**問５** V　**問６** ウ　**問７** ア　**問８** ア　**問９** エ　**問10** ウ　**問11** イ　**問12** エ　[2] **問１** イ　**問２** ウ　**問３** ウ　**問４** エ　**問５** エ　**問６** イ　**問７** 日本書紀　**問８** イ　**問９** 地頭　**問10** イ　**問11** ウ　**問12** ア　**問13** ア　**問14** ア　**問15** ア　**問16** エ　**問17** ウ　**問18** ア　**問19** エ　**問20** エ　[3] **問１** 社会　**問２** ウ　**問３** エ　**問４** エ　**問５** オ　**問６** イ　**問７** ウ　**問８** ア　**問９** エ　**問10** エ　**問11** ア　**問12** イ

解説

[1] 首都圏《けん》の地形や産業についての問題

問１ **あ**　東京都の板橋区と埼玉県の戸田市は，荒川を挟《はさ》んで向かい合っている。荒川は埼玉県西部の奥秩父《おくちちぶ》を水源とし，埼玉県から東京都にかけて流れ，東京湾に注ぐ。　**い**　近郊農業は大都市周辺で行われる園芸農業のことで，おもに都市向けに新鮮な野菜や果実，花きなどを栽培している。　**う，え**　2011年３月11日，宮城県牡鹿《おしか》半島の東約130kmの海底を震源とするマグニチュード9.0の東北地方太平洋沖地震(東日本大震災)が発生し，関東地方でも大きな被害が出た。特に，東京湾岸の埋《う》め立て地などでは，地震のゆれによって地盤がゆるみ，建物が沈《しず》んだり傾《かたむ》いたりする液状化現象による被害が多かった。

問２　埼玉県は東京都の北部に隣接《りんせつ》する内陸県で，江戸時代までは東京都と神奈川県の一部をふくめ，「武蔵《むさし》国」とよばれていた。

問３　山地を流れてきた川が急に平地へ出る山間部と平野部の境界付近では，土砂を運ぶ流水のはたらきが弱まるため，上流から運ばれてきた粒の大きい土砂が扇形《おうぎがた》に堆積することが多い。この地形を扇状地《せんじょうち》といい，土砂の粒があらく水がしみこみやすいため水利にめぐまれず，桑畑や果樹園に利用されている。なお，アの三角州は川の河口付近に土砂が堆積してできた地形，ウの河岸段丘は川岸に形成された階段状の地形，エの氾濫《はんらん》原は一般に洪水《こうずい》時に川の水が広がる低地部分を指す。

問４　笠野原台地は，鹿児島県南東部の大隅半島に広がるシラスとよばれる火山灰土の台地なので，エが誤っている。

問５　畑の地図記号(∨)は，植物が芽《め》吹《ぶ》いた二葉(双葉)の形を図案化したもので，野菜や牧草などを栽培している土地をあらわしている。

問６　キャベツの生産量は群馬県が全国第１位で18.8％を占《し》めており，以下，愛知・千葉・茨城・鹿児島の各県が続く。よって，ウが正しい。統計資料は『日本国勢図会』2020／21年版による(以下同じ)。

問７　だいこんの生産量は北海道が全国第１位で11.8％を占めており，以下，千葉・青森・鹿児島・神奈川の各県が続く。よって，アが正しい。

問８　野菜などの生鮮食品を消費地まで輸送するさい，保冷トラックなどを用いて途切れることなく低温に保つ物流方式をコールドチェーンという。なお，イのPOSシステムは小売業で商品の販売情報を管理するシステム，ウのライフラインは水道・電気・ガスや交通・通信機関などの生活に欠かせない設備のこと，エのモーダルシフトは貨物や旅客の輸送手段の転換をはかること。

問９　促成栽培はビニールハウスなどの施設を利用して野菜の栽培時期を早める方法である。長野県の野辺山原で行われているのは時期を遅らせて野菜をつくる抑制栽培なので，エが誤っている。

問10　露地栽培はビニールハウスなどの施設を利用せず，屋外の畑で栽培する方法。愛知県の渥美《あつみ》半島ではビニールハウスなどの施設内で，夜間に照明をあてることで菊の開花時期を遅らせる電照菊の栽培が行われている。よって，ウが誤っている。

問11　千葉県の君津市は製鉄業がさかんなので，イが誤っている。なお，千葉県の東京湾に面した海岸部には，君津市や市原市などを中心とする京葉工業地域が形成されている。

問12　内水氾濫は一般に市街地において，排水能力を超《こ》える大雨が原因で発生する。一方，堤防《ていぼう》の決壊や堤防を越《こ》える越水は外水氾濫なので，エが誤っている。

２　各時代の歴史的なことがらについての問題

問１　１の岩宿遺跡(群馬県)は旧石器時代，２の登呂遺跡(静岡県)は弥生時代，３の大森貝塚(東京都)は縄文時代の遺跡である。よって，年代の古い順に１→３→２となる。

問２　１の稲荷山《いなりやま》古墳(埼玉県)は５世紀ごろ，２の箸墓《はしはか》古墳(奈良県)は３世紀ごろ，３の高松塚古墳(奈良県)は７世紀末から８世紀初めに築かれた古墳である。よって，年代の古い順に２→１→３となる。

問３　稲荷山古墳から出土した鉄剣には,「ワカタケル大王」と読み取れる文字が刻まれていた。ワカタケル大王は雄略《ゆうりゃく》天皇のことと推定されており，宋(中国)の歴史書『宋書』倭国伝に記された倭王・武と同一人物とされる。武は日本や朝鮮の支配を認めてもらおうと宋に使いを送り，皇帝から「安東大将軍倭王」の称号を授かった。よって，ウが正しい。

問４　埴輪《はにわ》は古墳時代にさかんにつくられた素焼きの土製品で，古墳の頂上や周囲に置かれた。土留め用とされる円筒埴輪や，人物や船，家などをかたどった形象埴輪がある。よって，エが正しい。

問５　憲法十七条は604年に制定された。班田収授法は６歳以上の男女に口分田を支給する制度のことで，大化の改新(645年)以降の制度である。また，全国にわたる最初の戸籍《こせき》は，天智天皇の時代の670年につくられた庚午年籍《こうごねんじゃく》とされている。よって，エが誤っている。

問６　聖徳太子(厩戸《うまやど》王)は603年に冠位十二階の制を定め，家柄にとらわれず，個人の能力や功績《こうせき》に応じて役人に取りたてようとした。なお，アは646年，ウは７世紀後半～８世紀後半，エは701年。

問７　『日本書紀』は奈良時代の720年に舎人《とねり》親王らの手によって編さんされた歴史書で，神代から持統天皇にいたるまでの天皇を中心とした国家成立史である。712年に編さんされた『古事記』と合わせて「記紀」とよばれる。

問８　守護は鎌倉幕府が国ごとに置いた役職で，御家人の監督・統制や軍事・警察の仕事をおもな任務とした。よって，イが正しい。なお，アは六波羅《ろくはら》探題，ウは国司，エは郡司について述べた文。

問９　地頭は荘園や公領ごとに置かれ，年貢の徴収などをおもな任務とした。

問10　奥州藤原氏は平安時代後半，岩手県南部に位置する平泉を根拠《こんきょ》地として東北地方一帯を支配した豪族で，金や馬，毛皮による経済力を背景とした。よって，イが正しい。

問11　1221年に後鳥羽上皇が起こした承久の乱の後，鎌倉幕府は朝廷の監視や西国の武士の統率を目的として京都に六波羅探題を設置した。これにより，幕府の支配が西日本にもおよぶようになった。よって，ウが正しい。

問12　宣教師追放令は豊臣秀吉が1587年に出したので，アが誤っている。なお，織田信長は全国統一事業の過程において，一向一揆《いっき》などの仏教勢力とたびたび対立し，これをおさえるためにキリスト教を保護した。

問13　鎖国後は，長崎を唯一《ゆいいつ》の貿易港として，キリスト教の布教に関係のないオランダと清(中国)に限り幕府と貿易することを許したが，オランダ人は出島(長崎港内につくられた扇形の埋め立て地)，中国人は長崎郊外の唐人屋敷に居住が制限された。よって，アが誤っている。

問14　鎖国の時代の「四つの口」とは，長崎のほか，朝鮮(李氏朝鮮)に対する対馬《つしま》，琉球(沖縄)に対する薩摩，蝦夷《えぞ》地(北海道)のアイヌに対する松前のことである。よって，アが誤っている。

問15　1894年，朝鮮半島南部で東学党の乱(甲午農民戦争)が起こると，朝鮮政府はこれをしずめるため清に助けを求めた。これにより清が軍隊を送ると，日本もこれに対抗《たいこう》して朝鮮に軍隊を送ったことから，清との間で日清戦争が始まった。

問16　日清戦争の結果，清の弱体化が明らかになり，ヨーロッパ諸国の進出が強まった。よって，エが正しい。なお，アの日英同盟はロシアの脅威《きょうい》に対する同盟(1902年成立)，イは太平洋戦争(1941～45年)，ウは第一次世界大戦(1914～18年)についての説明。

問17　日清戦争前の帝国議会では，政府と民党(民権派の政党)は激しく対立していたが，戦争が始まると，臨時軍事費を全会一致で可決している。よって，ウが正しい。なお，アは太平洋戦争，イは日中戦争(1937～45年)，エは日露戦争(1904～05年)。

問18　日清戦争の講和条約である下関条約(1895年)では，日本は首相の伊藤博文と外務大臣の陸奥宗光が代表として出席した。よって，アが正しい。なお，南京条約はアヘン戦争(1840～42年)の講和条約，小村寿太郎は日露戦争のポーツマス条約における日本の代表。

問19　下関条約では，日本は多額の賠償《ばいしょう》金や台湾・遼東《リャオトン》半島などの領土を得たが，遼東半島はロシア・ドイツ・フランスによる三国干渉《かんしょう》で返還した。よって，エが正しい。なお，アの南樺太(サハリン)はポーツマス条約でロシアから獲得，イの韓国併合《へいごう》は1910年，ウの満州国の建国は1932年。

問20　儒教の序列を重んじる思想は，1890年に発布された教育勅語《ちょくご》にも反映されている。よって，エが正しい。なお，アの儒教は古墳時代に百済《くだら》から伝来，イの題目を唱えるのは日蓮(法華)宗，ウの寛政異学の禁は老中松平定信による寛政の改革。

3　日本の政治と国際社会についての問題

問１　第二次世界大戦後，アメリカ合衆国を中心とする資本主義諸国とソビエト社会主義共和国連邦(ソ連)を中心とする社会主義諸国が激しく対立したが，この対立は直接戦火を交えることがなかったことから，冷戦(冷たい戦争)とよばれた。1989年12月，地中海のマルタ島沖のソ連客船上で行われたアメリカ合衆国のブッシュ大統領とソ連のゴルバチョフ書記長による首脳会談で，冷戦の終結と新時代の到来が宣言された。

問２　1979年，ソ連がアフガニスタンに侵攻《しんこう》を開始すると，アメリカ合衆国をはじめとする資本主義諸国の多くがこれに抗議《こうぎ》し，翌80年に行われたモスクワオリンピックをボイコットした。

問３　１の日中平和友好条約の調印は1978年，２の日韓基本条約の調印は1965年，３の日中共同声明の発表は1972年である。よって，年代の古い順に２→３→１となる。

問４　日本国憲法第12条は，自由及《およ》び権利の保持の責任などを規定した条文で，「この憲法が国民に保障する自由及び権利は，国民の不断の努力によって，これを保持しなければならない」としている。

問５　１の労働組合をつくる権利(団結権)は社会権，２の自分の意見を主張し行動する権利は自由権にふくまれる。よって，オが正しい。

問６　社会保障制度における社会保険は，老後の生活を保障する年金保険やケガや病気のときに適用される医療保険などで，生命保険は民間企業が行うものである。よって，イが誤っている。

問７　内閣総理大臣は，国会議員の中から国会の指名によって選ばれ，天皇が任命する。一方，国務大臣は内閣総理大臣が任命する。よって，ウが正しい。

問８　条約の締結は内閣の仕事で，国会は条約を承認する。よって，アが誤っている。

問９　ア　首長が提出した予算案を地方議会が否決しても，首長は拒否《きょひ》権を発動することができる。　イ　裁判所は国の司法機関であり，地方議会がこれに介入することはできない。　ウ　住民投票の結果は地方議会の議決に反映されるが，法的な拘束《こうそく》力はない。　エ　地方自治について述べた文として正しい。

問10　2020年６月，中国(中華人民共和国)で香港国家安全維持法が制定されたが，これにより「一国二制度」という原則が崩《くず》れ，香港の自治が抑制されることになった。アメリカ合衆国はこれを非難し，米中対立の火種の一つとなっている。

問11　OECD(経済協力開発機構)は，先進国が発展途上国の開発を援助することを目的とする機関で，国際連合の機関ではない。

問12　安全保障理事会は世界の平和と安全を守る国連の中心機関で，アメリカ合衆国，ロシア連邦，イギリス，フランス，中国(中華人民共和国)の５常任理事国と，総会で選出される任期２年の非常任理事国10か国の計15か国で構成される。なお，常任理事国には１か国でも反対すれば議決が成立しないという特別の権限である拒否権が与えられている。

理　科　＜第１回試験＞（40分）＜満点：70点＞

解　答

1 **問１**　6kg　**問２**　ウ　**問３**　3kg　**問４**　3kg　**問５**　毎秒1.5cm　**問６**　6kg　**2** **問１**　毎秒340m　**問２**　6.8秒後　**問３**　9.2秒後　**問４**　2.4秒間　**3** **問１**　上方置換(法)　**問２**　ア　**問３**　ウ，オ　**問４**　①　水蒸気　②　アンモニア　**問５**　イ　**問６**　(1)　0.96L　(2)　2.9g　**問７**　エ，キ　**4** **問１**　ウ　**問２**　(1)　ア　(2)　①　エ　②　ウ　③　エ　**問３**　①　イ　②　ウ　③　ウ　④　イ　**問４**　81％　**5** **問１**　右の図　**問２**　ア　**問３**　イ　**6** **問１**　イ　**問２**　イ　**問３**　オ　**7** **問１**　2倍　**問２**　4倍　**問３**　0.25倍　**問４**　6等星　**問５**　43000光年

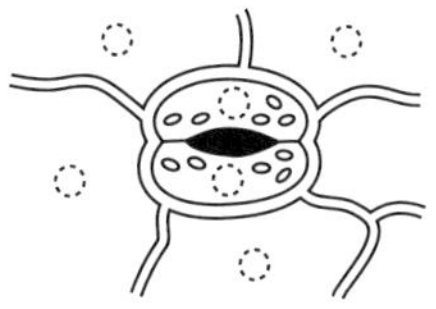

解　説

1　かっ車とりん軸《じく》についての問題

問１　図１のようなりん軸がつり合うとき，(大きい輪にかかる力の大きさ)×(大きい輪の半径)＝(小さい輪にかかる力の大きさ)×(小さい輪の半径)という関係式が成り立つ。おもり②の重さを□kgとすると，□×60＝12×30より，□＝6(kg)となる。

問２，問３　かっ車Aとかっ車Bは動かっ車で，動かっ車の重さを考えない場合，動かっ車はつるしているものを，その重さの半分の力で引き上げることができる。おもりAとおもりBは同じ6kgなので，力Fが，$6\times\frac{1}{2}=3$(kg)になったときに両方のおもりが同時に持ち上がる。

問４　おもりAは，重さ6kgの半分の力で持ち上げることができるので，おもりAが持ち上がったときの力Fは，$6\times\frac{1}{2}=3$(kg)である。またこのとき，12kgのおもりCは床《ゆか》についたまま動かない。

問５　かっ車Aは左右２か所で糸に支えられているため，おもりAはD点で糸を引く速さの半分の速さで上がることになる。D点を毎秒3cmの速さで引き下げたとき，おもりAは毎秒，$3\times\frac{1}{2}=1.5$(cm)の速さで上がる。

問６　おもりCはかっ車の左右にある糸が引く力と床から受けている力で支えられている。おもりCの重さは12kg，糸がおもりを引く力はそれぞれ3kgなので，おもりCが床から受ける力は，$12-3\times2=6$(kg)となる。

2　音の伝わり方についての問題

問１　音がA点からがけまで往復するのに7.2秒かかったことから，このときの音の伝わる速さは，

1224×２÷7.2＝340より，毎秒340mである。

問２　Ａ点でクラクションを鳴らしてから，がけに反射したクラクションの音が，車に乗っている人に初めて聞こえるまでに音と車が進んだ距離《きょり》の合計は，1224×２＝2448(m)である。これより，Ａ点を過ぎてから□秒後に車に乗っている人に初めて音が聞こえたとすると，(340＋20)×□＝2448となり，360×□＝2448，□＝6.8(秒後)となる。

問３　がけに反射したクラクションの音が，車に乗っている人に聞こえなくなるとき，最後の音はＡ点から，20×2.7＝54(m)だけがけに寄った場所で出した音である。最後に音を出してから□秒後に音が聞こえなくなったとすると，(340＋20)×□＝(1224－54)×２より，360×□＝2340，□＝6.5(秒後)なので，これは，Ａ点を通ってから，2.7＋6.5＝9.2(秒後)にあたる。

問４　車に乗っている人は，Ａ点を過ぎてから6.8秒後に初めの音を聞き，最後の音を9.2秒後に聞くので，車に乗っている人にはクラクションの音が，9.2－6.8＝2.4(秒間)聞こえる。

3　アンモニアが発生する実験についての問題

問１　図１は，気体が空気より軽いという性質を利用し，気体を空気と置きかえて集める方法で，上方置換《ちかん》(法)という。

問２　水素は水に溶《と》けにくいので水上置換(法)で集めることが多いが，気体の中で一番軽いので，上方置換(法)でも集めることができる。

問３　ガスバーナーの炎《ほのお》が赤色になっている原因として，空気が不足していることが考えられる。ガスバーナーの空気が不足すると不完全燃焼を起こし，炭素がすすとなって出てきて試験管を黒くよごす。また，不完全燃焼のときは十分に温度が上がらないので，アンモニアが発生する反応が遅《おそ》くなる。

問４　この反応で発生する気体は水蒸気とアンモニアであり，アンモニアだけを集めるためには水蒸気を取り除く必要がある。このことから，ソーダ石灰は水蒸気を吸収するが，アンモニアは吸収しない性質があると考えられる。

問５　気体のアンモニアは水に溶けるとアルカリ性を示すので，図の装置で丸底フラスコの口に，湿《しめ》らせた赤色リトマス紙を近づけたとき，青色に変化すればアンモニアであることが確認できる。なお，丸底フラスコの口に塩酸のついたガラス棒を近づけたとき，白い煙《けむり》のようなものが見えることでもアンモニアを確認することができる。

問６　(1)　0.7ｇの水酸化カルシウムと1.1ｇの塩化アンモニウムがちょうど反応するので，2.2ｇの塩化アンモニウムとちょうど反応する水酸化カルシウムは，$0.7\times\frac{2.2}{1.1}=1.4$(ｇ)である。このとき，発生するアンモニアの体積は，$0.48\times\frac{2.2}{1.1}=0.96$(Ｌ)となる。　(2)　1.4ｇの水酸化カルシウムと2.2ｇの塩化アンモニウムが反応してできる塩化カルシウムは，$1.1\times\frac{2.2}{1.1}=2.2$(ｇ)，反応せずに残る水酸化カルシウムが，2.1－1.4＝0.7(ｇ)なので，試験管内には，2.2＋0.7＝2.9(ｇ)の粉末が残る。

問７　丸底フラスコの口まで水道水を入れ，その水をメスシリンダーに移して体積を測れば，丸底フラスコの内容積がわかる。

4　動物のからだについての問題

問１　ヒトのからだを正面から見たとき，ヒトの肝臓《かんぞう》はからだの左寄りにあり，胃は肝臓に少しかくれるように見えるので，ウが適切である。

問２　フナの血液は，心臓から送り出されたあと，えらで酸素を取り入れ，二酸化炭素を捨てたのち，からだの各部へ送られ，酸素を渡《わた》し，二酸化炭素を受け取って心臓にもどる。よって，フナの血液はアのようにじゅんかんする。また，全身からもどり，心臓を通ってえらに送られる③の血液と①の血液は酸素の少ない静脈血，えらから全身へ送られる②の血液は酸素を多く含《ふく》む動脈血である。

問３　左右の心室はほぼ同時に収縮し，そのときには血液が心室から心房《しんぼう》に逆流しないように，心室と心臓の間の弁①と弁④はイのように閉じている。また，心室と動脈の間の弁②と弁③は，心室が収縮するときはウのように開いていて，血液が血管へ流れ込む。

問４　各部を流れる血液中に含まれる赤血球の量を100とすると，肺から心臓へ入る血液に含まれる赤血球のうち，100×0.96＝96の赤血球が酸素と結びついている。このうち，大動脈に出ていく血液に含まれる赤血球は，$96\times\frac{3}{1+3}=72$となる。また，全身から心臓に入る血液に含まれる赤血球のうち，100×0.36＝36の赤血球が酸素と結びついており，そのうち，大動脈に出ていく赤血球は，$36\times\frac{1}{1+3}=9$である。よって，大動脈を流れる赤血球のうち酸素と結合しているものは，72＋9＝81となり，その割合は，81÷100×100＝81(％)と求められる。

5　ホウセンカの葉と茎のつくりについての問題

問１　気孔《きこう》は，向かい合った三日月型の１対の細胞《さいぼう》(孔辺細胞)がつくる穴で，細胞が形を変えることで開閉される。

問２　ホウセンカは双子葉《そうしよう》植物で，根から吸い上げた水や養分の通り道である道管と，葉でつくられた養分の通り道である師管がたばになった維管束《いかんそく》が輪になって並んでいる。水や養分の通り道は維管束の内側に並んでいるので，アのように内側が赤く染まる。

問３　葉の表側と裏側をおおっている表皮は葉緑体を持たないが，気孔を開閉する細胞には葉緑体が存在する。また，葉脈を除いた葉の内部の細胞は葉緑体を持ち，葉の表側は光合成を効率よく行えるように細胞がつまって並んでおり，裏側では酸素や二酸化炭素の出入りがしやすいようにすき間のあるつくりとなっている。

6　火山灰とハザードマップについての問題

問１　火山灰がたい積して岩石になったものはギョウカイ岩とよばれる。セッカイ岩は，貝やサンゴの死がいなどがたい積してできた岩石なので，イは間違《まちが》いである。火山灰は火山の噴火《ふんか》にともなって噴出したもののうち直径２mm以下のものをいい，流れる水のはたらきを受けていないのでつぶが角ばったものが多い。また，過去には九州で起きた火山の噴火により，北海道まで火山灰が運ばれたことがわかっている。屋根に積もった火山灰が雨などによって水を含むと，建物がつぶれる危険性がある。

問２　ハザードマップとは，過去の災害記録や実地調査などをもとに，危険な場所や避難《ひなん》先の位置・経路など，災害時に必要な情報を住民にわかりやすく地図上に表したもので，必ずしもハザードマップ通りに災害が起きるものではない。

問３　日本の上空では偏西風《へんせいふう》とよばれる強い西風が吹《ふ》いているため，火山灰はその西風に運ばれて火山の東に積もることが多い。

7　星の明るさと星までの距離についての問題

問１　図のように，星と面Ａ，面Ｂがつくる２つの四角すいは相似なので，(面Ａのたての長さ)：

(面Ｂのたての長さ)＝１：２より，２光年先にある面Ｂのたての長さは１光年先にある面Ａのたての長さの２倍となる。

問２　面Ｂのたてと横の長さは，それぞれ面Ａの２倍の長さなので，面Ａに対する面Ｂの面積は，２×２＝４(倍)になる。

問３　面Ｂの面積は面Ａの４倍なので，面Ｂから見た星の明るさは，面Ａから見た明るさの，１÷４＝0.25(倍)である。

問４　距離が，2500÷250＝10(倍)遠くなると，明るさは，１÷(10×10)＝$\frac{1}{100}$(倍)になる。したがって，１等星のスピカの明るさは$\frac{1}{100}$倍となり，６等星に見える。

問５　星Ｘと星Ｙは地球から同じ距離にあるときは，地球から見た明るさは同じになる。しかし，地球からの距離が異なるため，地球から見たときには，12－２＝10(等級)の差がある。これは，星Ｘは星Ｙの，100×100＝10000(倍)明るく見えていることになる。このことから，地球から星Ｙまでの距離は地球から星Ｘまでの距離の100倍であることがわかり，星Ｙまでの距離は，430×100＝43000(光年)と求められる。

国　語　＜第１回試験＞(50分)＜満点：100点＞

解　答

一　**問１**　ⓐ　キ　ⓑ　エ　ⓒ　ア　**問２**　イ　**問３**　エ　**問４**　(例)　子猫を飼いたいと頼み込んでも，父が頑として許してくれなかったことを悲しむ気持ち。　**問５**　ウ　**問６**　最初に～した。　**問７**　(例)　自分より忙しい姉もまた実家に帰ってきたことに驚く気持ち。　**問８**　ウ　**問９**　(例)　忙しさを言い訳に自分の都合を優先し，年老いていく両親やミャアに寄り添ってこなかったことを申し訳なく思う気持ち。　**問10**　(例)　ミャアの死が間近に迫って沈んでいる家族を明るくするために，個人的な悩みは口にせず，楽しそうに会話を盛り上げること。　**問11**　ア　**問12**　(例)　ここ数年家族は疎遠になっていたと思っていたが，ミャアの死をきっかけに，いつでも家族は繋がっているのだと改めて実感することができたから。　**二**　下記を参照のこと。

●漢字の書き取り

二　１　思案　２　編(み)　３　射(た)　４　均一　５　起業　６　肥(えた)　７　反旗　８　要　９　再燃　10　八重

解　説

一　**出典は唯川恵《ゆいかわけい》の『みちづれの猫《ねこ》』所収の「ミャアの通り道」による。**実家の猫ミャアに死期が迫《せま》り，何年ぶりかで次々に駆《か》け付けた「私」たちきょうだいと年老いた両親とで，ミャアを見送る。

問１　ⓐ「手いっぱい」は，よゆうがないようす。　ⓑ「眉《まゆ》を顰《ひそ》める」は，“心配や不快などの気持ちで顔をしかめる”という意味。　ⓒ「肩《かた》から力が抜《ぬ》ける」は，“緊張《きんちょう》が解ける”という意味。

問２　Ｘ　故郷の金沢弁を久しぶりに聞いた印象だから，“おだやかに聞こえた”という意味になる，「耳に柔《やわ》らかく届く」が合う。　Y　ミャアの「最期《さいご》」なので「耳に硬《かた》く響《ひび》く」が合う。「最期」は，死にぎわ。ミャアの死をはっきり突《つ》き付ける言葉に緊張するようすである。

問３　「手が冷たくなった」は，驚《おどろ》きや恐《おそ》れで血の気が失せた状態になったようすを表す。「旅立つ」は，死ぬことを遠回しに表現したもの。ミャアが死にそうだという知らせにショックを受けたと考えられるので，エがよい。

問４　そこまでのいきさつをみる。庭で鳴いていた子猫を保護し，きょうだい三人はすっかり愛らしさに魅了《みりょう》された。だが，帰宅した父に「飼いたい」と頼《たの》んでも，どうせ世話を母に押《お》し付けるようになる，と父は言って，「頑《がん》として受け付けなかった」。だから，弟は悲しくて泣いたのである。

問５　ミャアのためにドアを開けておくとは，「ミャアを飼い出してから加わった習慣」で，「ミャアが好きに出入りできるように」という配慮《はいりょ》から，「どんな時も，互《たが》いの部屋のドアや襖《ふすま》を少しだけ開けておく」ことを意味する。母は，弟が家族の誰《だれ》とも口をきかずに部屋に籠《こも》っていても，家族の一員であるミャアのためのドアを閉じない限り，家族との繋《つな》がりを断とうとしてはいないと感じたのである。ウが，この内容に合う。なお，ウ以外は，ミャアが「家族」であること，「家族」を繋ぐ役割を果たしていることを押さえていない。

問６　文章の最後のほうに，死ぬ直前のミャアが「力を振《ふ》り絞《しぼ》って」目を開き，五人を順に見て「別れ」を告げる場面がある。この時，「最初に泣いたのは父である。肩を震《ふる》わせ，私たちにははばかることなく嗚咽《おえつ》した」とあり，ミャアへの深い愛情が表れている。「はばかる」は，遠慮《えんりょ》すること。「嗚咽」は，声をつまらせて泣くこと。

問７　姉(美幸《みゆき》)も帰ってきたと聞いた「私」の反応である。すぐ後に「私以上に，いつも忙《いそが》しいばかりの姉」とあり，どれほど忙しいかは，「私」が列車内でもの思いにふけっている最初の場面に描かれている。夫の両親とともに料理店をやり，育ち盛《ざか》りの子供がふたりいて，祖母の法事にも帰れなかったほど多忙《たぼう》な姉が帰ってきたことに驚いたのである。

問８　母は「ミャアはもう人間でいうと百歳《ひゃくさい》くらい」で，医者も「老衰《ろうすい》でしょう」と言ったと説明している。ミャアはずいぶん長生きしたのだということ，自然な寿命《じゅみょう》なのだということを「自分に言い聞かせ」，納得《なっとく》しようと努めていると考えられるので，ウがよい。

問９　直後に，その言葉が「ミャアだけに向けられたものではない」とあることに着目する。これを聞いた「私」は，自分たちきょうだいが「忙しい」を言い訳に，「自分の予定や都合」を「優先」して「両親のことは二の次にしていた」こと，老いてゆく両親にミャアが「寄り添《そ》い」見つめてくれていたことを思い，「後ろめたさに似た痛み」を感じている。「ごめんね，あんまり帰って来られなくて」という言葉には，姉もまた自分と同様の気持ちを抱《いだ》いているのだろうと「私」が考えていることが読み取れるので，これをまとめるとよい。

問10　ミャアの死が迫っているなか，「沈《しず》みがち」なみんなに，弟が「賑《にぎ》やかにやろう」，「ミャアだって，俺《おれ》たちの明るい声を聞いた方が安心する」と提案した場面である。弟の言うとおり，きょうだいが「それぞれに厄介《やっかい》なこと」を抱《かか》えていても「誰も愚痴《ぐち》めいたこと」は口にせず，面白《おもしろ》い話を披露《ひろう》したり，失敗談で笑わせたり，突っ込《こ》みを入れたりして，「笑い転げて」みせている。「それくらいの振る舞《ま》い」とは，これらの行動を指すので，死の迫ったミャアを囲んで沈みがちな場を明るくするために，個人的な悩みごとは口にしないで楽しそうに話をすることだといえる。

問11　前の段落に，「過ぎた月日」を感じさせることがらが描かれている。ミャアがこの家に来た日「飼わせて」と泣きじゃくったのは子どもだった「私たち」だが，今，泣いているのは年をとった「父と母」なのである。そういう両親の老いを「噛《か》み締《し》めていた」のだから，アが適する。「噛み締める」は，ものごとの本質や味わいなどを深く考えたり感じたりすること。

問12 「だから」は，前のことがらを理由・原因として，後にその結果をつなげるときに用いる語なので，「心配しないで」いい理由を，前の部分に着目してとらえる。何年もそろって顔を合わせることのなかったきょうだい三人を老いた両親のもとに呼んだのは，「ミャアの最後の意思に違《ちが》いない」と「私」は思っている。ミャアが逝《い》っても，通り道だった「隙間《すきま》」は決して閉じたわけではなく，いつでも「家族と繋がっている」，つまり疎遠《そえん》だったと思っていた家族は，実はいつでも繋がっていると実感できたので，「心配しないで」いいと思ったのである。

二 漢字の書き取り

1 「思案に暮れる」は，考えに迷って決まらないこと。　**2** 音読みは「ヘン」で，「編集」などの熟語がある。　**3** 音読みは「シャ」で，「反射」などの熟語がある。　**4** どれも一様であるようす。　**5** 新しく事業を始めること。　**6** 音読みは「ヒ」で，「肥料」などの熟語がある。訓読みにはほかに「こえ」，「こ(やす)」がある。　**7** 謀反《むほん》を起こして立てる旗。「反旗を翻《ひるがえ》す」で，体制や支配者にそむくこと。　**8** 音読みは「ヨウ」で，「必要」などの熟語がある。訓読みにはほかに「い(る)」がある。　**9** 消えた火がまた燃え出すこと。おとろえていた物事が勢いを盛《も》り返すこと，おさまっていた物事が再び問題になること。　**10** 「八」の音読みは「ハチ」で，「八月」などの熟語がある。「重」の音読みは「ジュウ」「チョウ」で，「重要」「貴重」などの熟語がある。訓読みにはほかに「おも(い)」「かさ(ねる)」などがある。

2021年度　城北中学校

〔電　話〕（03）3956－３１５７
〔所在地〕〒174-8711　東京都板橋区東新町２―28―１
〔交　通〕東武東上線―「上板橋駅」より徒歩８分

【算　数】〈第２回試験〉（50分）〈満点：100点〉

注意　１．円周率が必要な場合には，3.14として計算しなさい。
　　　２．比はもっとも簡単な整数の比で答えなさい。
　　　３．コンパス・定規・分度器を使ってはいけません。

1　次の□にあてはまる数を求めなさい。

(1)　$3-\left\{\left(\frac{5}{6}-0.8\right)\times15+\frac{5}{4}\div0.625\right\}=\square$

(2)　$105\times1.23+6.15\times39+320\times0.17-2\times1.7=\square$

2　次の□にあてはまる数を求めなさい。

(1)　Ａさんは持っていたお金の $\frac{1}{3}$ よりも200円少ない金額で雑誌を買い，さらに1000円で本を買ったところ，残ったお金は最初に持っていた□円の $\frac{2}{5}$ でした。

(2)　下の図は長方形で，角アの大きさと角イの大きさの比は２：５です。このとき，角アの大きさは［①］度，角ウの大きさは［②］度です。

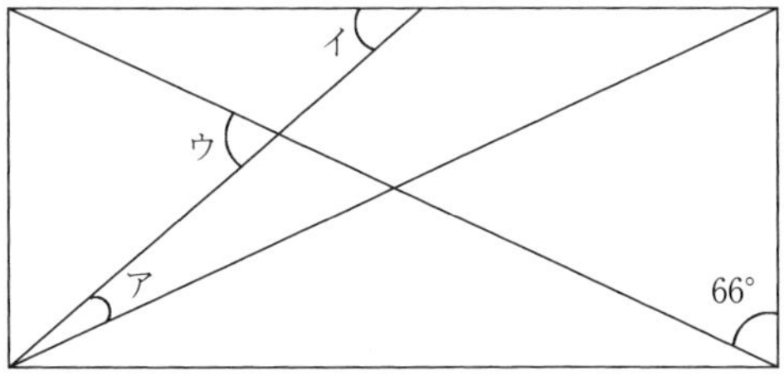

(3)　下のように分数が225個並んでいます。このうち，約分できない分数は全部で□個あります。

$\frac{1}{225}$，$\frac{2}{225}$，$\frac{3}{225}$，$\frac{4}{225}$，$\frac{5}{225}$，……，$\frac{223}{225}$，$\frac{224}{225}$，$\frac{225}{225}$

(4)　重さの異なる５つのおもりがあります。５つのおもりの重さの平均は18gです。５つのおもりから２つを組み合わせて重さをはかると，一番軽い組み合わせが27g，２番目に軽い組み合わせが28g，３番目に軽い組み合わせが30g，一番重い組み合わせが47gでした。一番重いおもりは□gです。

(5)　右の図のように正三角形ABCがあり，点D，E，F，G，H，Ｉはそれぞれの辺を３等分する点です。斜線《しゃせん》部分の面積は正三角形ABCの面積の□倍です。

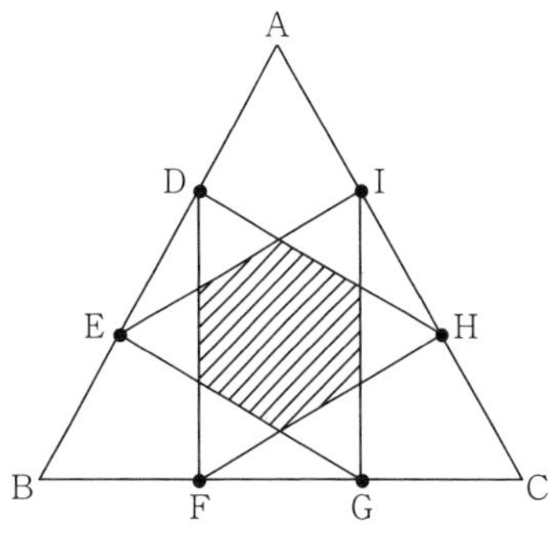

(6)　下の図のように，平らな板に２本のくぎA，Bが３cmの間隔《かく》で打ちつけてあります。いま，針金で作った１辺の長さが６cmの正三角形を，くぎ２本が正三角形の内側にあるように置きます。ここで，正三角形を板から浮《う》かないようにしながら自由に動かします。この正三角形が動くことができる部分の図形を考えたとき，その図形の周の長さは[　　　]cmです。ただし，くぎと針金の太さは考えないものとします。

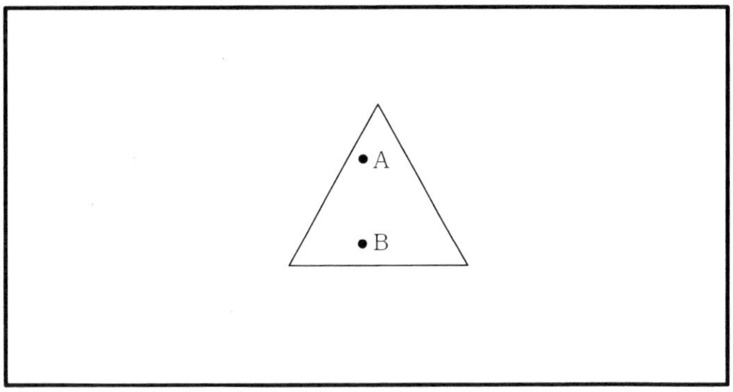

3　１～20の整数の中から，異なる３つの数A，B，Cを選び，それらの数の積$A \times B \times C$を２で割り切れなくなるまで割っていきます。このとき，２で割り切れた回数を【A，B，C】と表し，２で割り切れなくなった数を＜A，B，C＞と表します。

例えば，３つの数５，８，10を選んだとき，

【5，8，10】＝４　　＜5，8，10＞＝25

となります。

次の[ア]～[ク]にあてはまる数を求めなさい。

(1)　３つの数２，12，16を選んだとき，

【2，12，16】＝[ア]　　＜2，12，16＞＝[イ]

となります。

(2)　【A，B，C】＝５で，さらに＜A，B，C＞＝３となるとき，$A \times B \times C$＝[ウ]です。

(3)　＜A，B，C＞＝１となる$A \times B \times C$のうち，最も小さい数は[エ]であり，最も大きい数は[オ]です。

(4)　【A，B，C】が最も大きくなるとき，【A，B，C】＝[カ]であり，このとき，$A \times B \times C$として考えられる数は[キ]個あります。

(5)　【A，B，C】＝８となるとき，３つの数字の選び方は[ク]通りあります。ただし，３つの数A，B，CはAが最も小さい数で，Cが最も大きい数とします。

4 いくつかの三角形の紙といくつかの立体があります。次の問いに答えなさい。

(1) 円すいの側面に１辺の長さが６cmの正三角形の紙をはると，図１のようになりました。点Ｏは底面の円の中心です。図の角アの大きさを求めなさい。

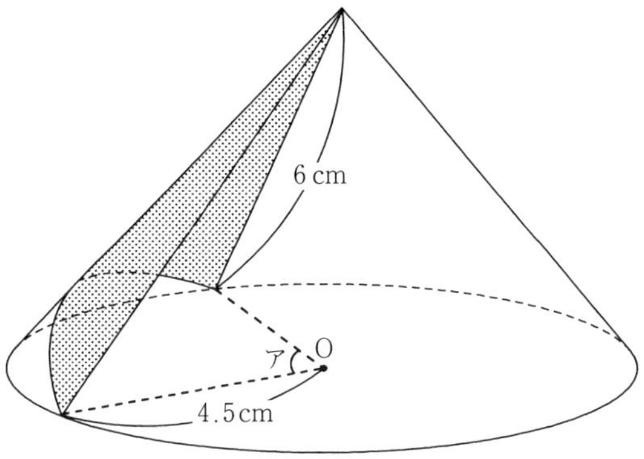

図１

(2) ４つの面がすべて１辺の長さ４cmの正三角形である正三角すいのまわりに三角形の紙をはると，図２のように３つの面にはられました。正三角すいの表面積とはった紙の面積の比を求めなさい。

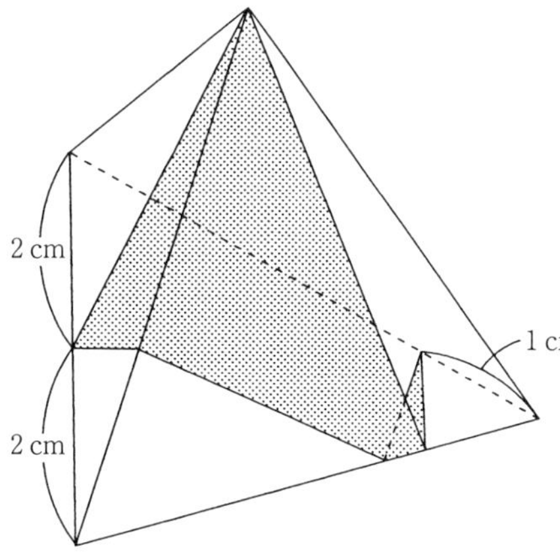

図２

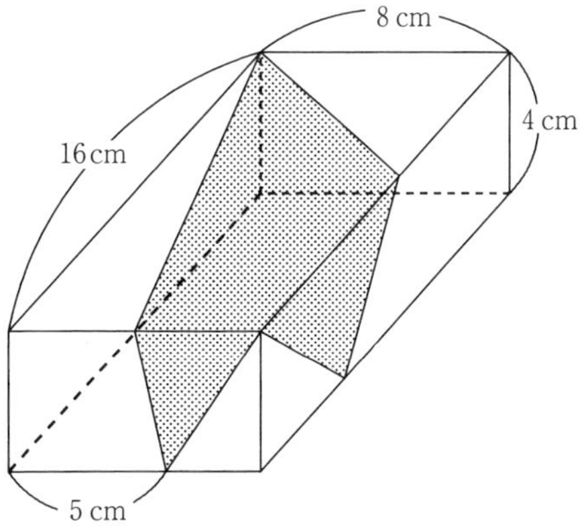

図３

(3) 直方体に三角形の紙をはると，図３のようになりました。はった紙の面積を求めなさい。

5 長針と短針の動く速さを自由に変えることができる特別な時計Ａ(以下，時計Ａと表します)があります。

この時計Ａは針の動く速さが変化しても，長針が１周する間に短針は30°だけ，長針も短針もなめらかに一定の速さで動きます。

実際の時刻	２時０分 ⇨	４時０分
時計Ａ	 図１ ⇨	 図２

時刻２時０分に時計Ａは図１のように長針が12，短針が２を指していました。ここで長針と短針の動く速さを変えました。長針が１周したところで，再び針の動く速さを変えたところ，時刻４時０分に時計Ａは図２のように長針が12，短針が４を指していました。

下のグラフは実際の時刻と時計Ａの長針と短針の作る角度の関係を表しています。ただし，時計の長針と短針の作る角度は0°以上180°以下で考えます。

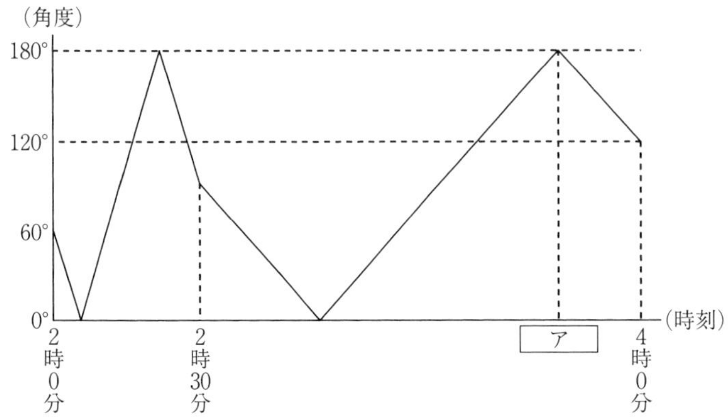

次の問いに答えなさい。

(1) 次の［　］にあてはまる数を答えなさい。

時刻２時０分に針の動く速さを変えた後，長針は１分間に［　①　］度だけ動き，次に速さを変えた後は，長針は１分間に［　②　］度だけ動きました。

(2) グラフの［ア］にあてはまる時刻を求めなさい。

(3) 時刻２時０分から時刻４時０分までの間に，時計Ａの長針と短針の作る角度と普通の時計の長針と短針の作る角度が等しくなる時刻が何回かありました。ただし，２時０分と４時０分は考えないものとします。

① この回数を求めなさい。

② 最後に角度が等しくなった時刻とそのときの角度を求めなさい。

【社　会】〈第２回試験〉（40分）〈満点：70点〉

1　次の文章を読んで，下記の設問に答えなさい。

2020年８月17日に(1)政令指定都市である(2)静岡県(3)浜松市で41.1℃を記録し，2018年７月に埼玉県熊谷市で観測された国内最高気温に並びました。

この原因としては，いくつか理由が考えられます。

夏の日本列島は太平洋高気圧に覆《おお》われます。昨夏はその上で，(4)中国方面から吹き寄せる（ あ ）が日本列島周辺で蛇行《だこう》し北上した結果，本来は(5)インド北部を中心とするチベット高気圧が東側に張り出し，日本列島の上空で高気圧が二層に重なりました。そして，空気が圧縮され，温度が上がったものだと想定されています。

ほかにも温度を押し上げた理由があるのではないかと思った筆者は，同じ地理学研究室出身で浜松市在住の先輩《せんぱい》に尋《たず》ねてみました。すると，右のような図が送られてきました。

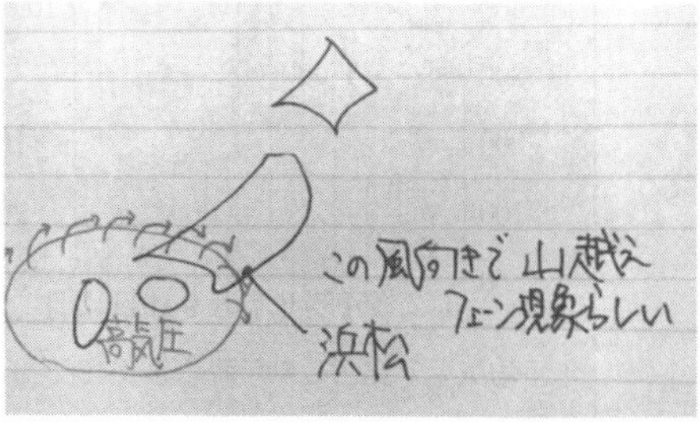

確かにフェーン現象が起こると，（　い　）を押し上げますので，41.1℃という高温の原因の一つになったと考えられます。

そのうえ，（ う ）平野の中心都市である(6)愛知県(7)名古屋市は人口約230万人をかかえるほどに，都市化が進展しており，エアコンや自動車などからの排熱も多く，また，アスファルトやコンクリートに覆われた地域も広く，都市郊外よりも都市中心部の温度が高くなる（ え ）現象が起きています。

図と合わせて考えると，この（ え ）現象で高温となった地域を通過して，浜松市に風が吹いてくるわけです。

つまり，先にあげた二重の高気圧，フェーン現象と（ え ）現象など様々な要因が複雑にからまり合い，風の終着地となる浜松市で高温になったのではないかと考えられます。

問１　下線部(1)について，政令指定都市として**誤っているもの**を，次のア～エから一つ選び，記号で答えなさい。

ア．新潟市　　イ．堺市

ウ．高松市　　エ．熊本市

問２　下線部(2)に関連して，右の円グラフは静岡県で生産が盛んなある農作物の生産量(2019年)を示しています。この農作物を，**地図記号**ではっきりと書きなさい。

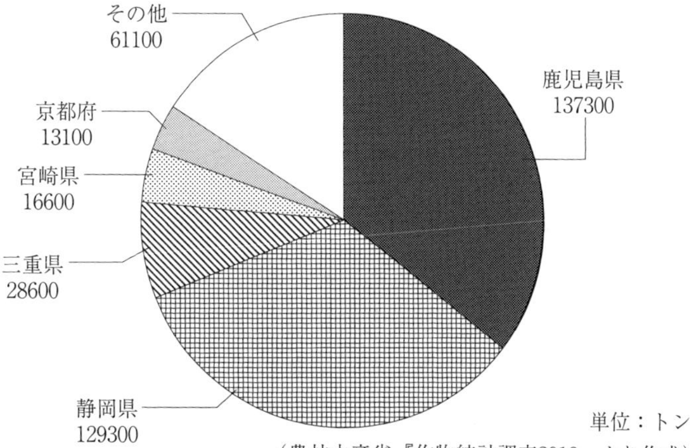

（農林水産省『作物統計調査2019』より作成）

問３　下線部(2)に関連して，静岡県を南北に流れる河川を東から順に並べたものとして正しいものを，次のア～カから一つ選び，記号で答えなさい。

ア．大井川－天竜川－富士川　　イ．大井川－富士川－天竜川

ウ．天竜川－大井川－富士川　　エ．天竜川－富士川－大井川

オ．富士川ー大井川ー天竜川　　カ．富士川ー天竜川ー大井川

問４　下線部(3)について，浜松市を示した雨温図として正しいものを，次のア～エから一つ選び，記号で答えなさい。なお，浜松市以外の雨温図は，東京，大阪市，熊本市のいずれかを示しています。

ア

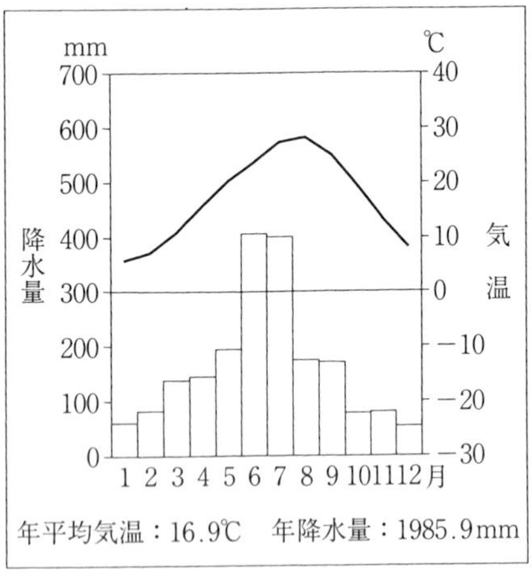

イ

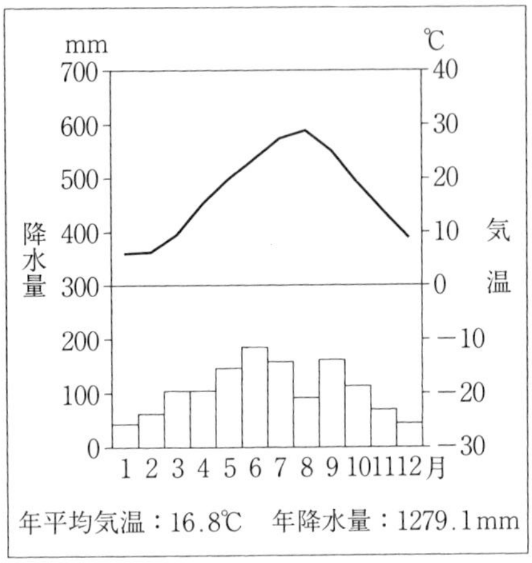

ウ

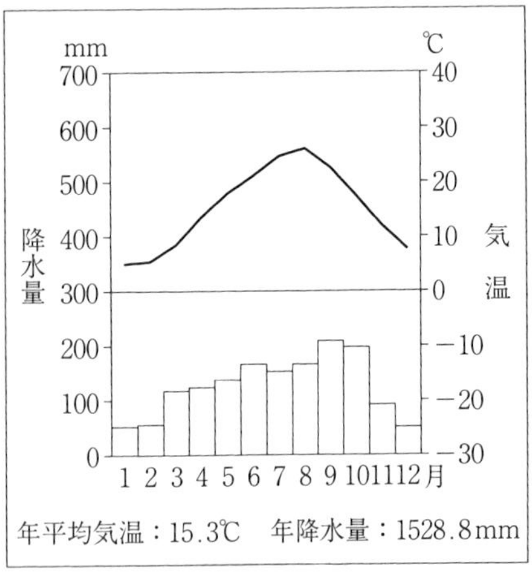

エ

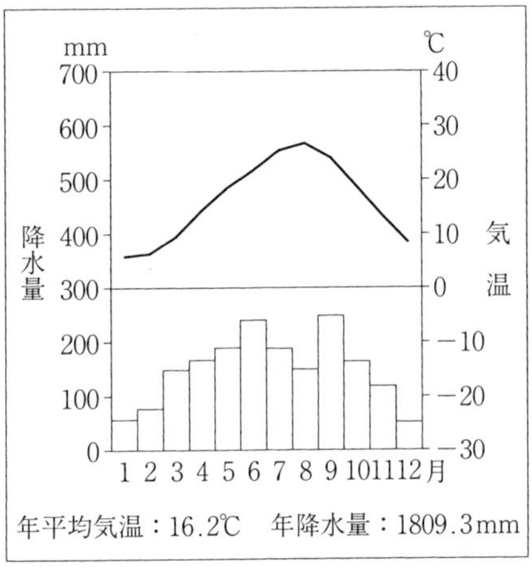

（国立天文台編『理科年表2020』より作成）

問５　下線部(4)について，中国を説明した文として**誤っているもの**を，次のア～エから一つ選び，記号で答えなさい。

ア．「世界の工場」として発展し，世界第２位のGDPをほこっています。

イ．人口増加を抑《おさ》えるため，現在でも一人っ子政策がとられています。

ウ．日本にとって最大の貿易相手国となっています。

エ．米，小麦や多くの野菜類の生産量が世界第１位となっています。

問６　下線部(5)について，インドを説明した文として**誤っているもの**を，次のア～エから一つ選び，記号で答えなさい。

ア．将来的には中国を抜き，世界第１位の人口になると予測されています。

イ．国民の多くがヒンドゥー教徒ですが，仏教が生まれた国でもあります。

ウ．フランス語や数学の教育水準が高く，IT産業が発達しています。

エ．ロシア，ブラジルなどとともに，BRICSの一つに数えられています。

問７　文中の空欄(あ)にあてはまる正しい語句を，次のア～エから一つ選び，記号で答えなさい。

ア．偏《へん》西風　　イ．北西季節風　　ウ．偏東風　　エ．南東季節風

問８　文中の空欄(い)に入る正しい文を，次のア～エから一つ選び，記号で答えなさい。

ア．湿った風が吹き上がり，風上側の温度　　イ．湿った風が吹き下ろし，風下側の温度

ウ．乾いた風が吹き上がり，風上側の温度　　エ．乾いた風が吹き下ろし，風下側の温度

問９　文中の空欄(う)にあてはまる正しい語句を，**漢字２文字**で答えなさい。なお，この平野を流れる主な河川は木曽川，長良川，揖斐《いび》川の木曽三川です。

問10　文中の空欄(え)にあてはまる正しい語句を，**カタカナ５文字以上**で答えなさい。

問11　下線部(6)について，次の愛知県の工業を説明した文章を読み，下の地図を参考にして，空欄(Ａ)～(Ｅ)にあてはまる正しい語句を，それぞれ**漢字２文字**で答えなさい。

愛知県は(　Ａ　)県や岐阜県とともに，中京工業地帯の一角を占め，太平洋ベルトに位置しています。(　Ｂ　)湾岸には，多くの火力発電所や製鉄所が立地しています。内陸部に目を向けると，日本屈指の自動車工業都市である(　Ｃ　)市が名古屋市の南東に位置するほか，名古屋市の東には陶磁器の生産が盛んな(　Ｄ　)市が，名古屋市の北西には毛織物工業で有名な(　Ｅ　)市が，それぞれ位置しています。

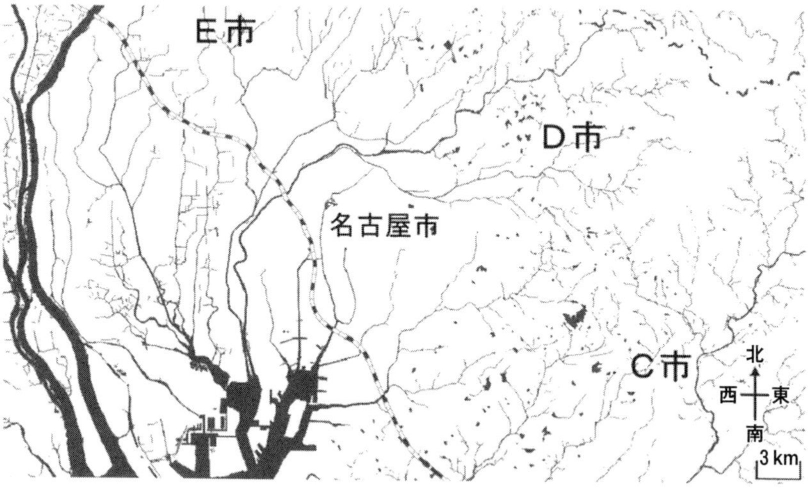

(国土地理院「地理院地図 vector」より作成)

【注】　地図中には新幹線，および水域が表現されています。

問12　下線部(7)に関連して，次の表は日本の人口上位５位までの市を示したものです。表中の空欄(Ｆ)・(Ｇ)の組み合わせとして正しいものを，次のページのア～カから一つ選び，記号で答えなさい。

順位	市名	人口(単位：人)
1	横浜市	3,754,772
2	(　Ｆ　)市	2,730,420
3	名古屋市	2,301,639
4	(　Ｇ　)市	1,959,313
5	福岡市	1,554,229

(総務省『令和２年１月１日　住民基本台帳に基づく人口，人口動態及び世帯数』より作成)

ア．Ｆ－札幌　Ｇ－京都　　イ．Ｆ－札幌　Ｇ－大阪

ウ．Ｆ－京都　Ｇ－札幌　　エ．Ｆ－京都　Ｇ－大阪

オ．Ｆ－大阪　Ｇ－札幌　　カ．Ｆ－大阪　Ｇ－京都

２－１　次の文章【１】～【４】を読んで，下記の設問に答えなさい。

【１】　(1)６世紀半ばに仏教が伝来すると，これを受け入れようとする崇仏《すうぶつ》派と，日本古来の神々への信仰を守ろうとする排仏《はいぶつ》派の間で争いが起こりました。

７世紀始め，聖徳太子は仏教を信仰し，天皇中心の政治体制を作ろうとしました。しかし聖徳太子の死後，蘇我氏が強大化したので，中大兄皇子と中臣鎌足が(2)大化の改新を起こしました。

問１　下線部(1)に関連して述べた文として正しいものを，次のア～エから一つ選び，記号で答えなさい。

ア．聖徳太子が建立した法隆寺は，現存する世界最古の木造建築です。

イ．大山(大仙)陵古墳からは，多くの埴輪とともに，仏像が出土しました。

ウ．崇仏派の物部氏と排仏派の蘇我氏の間で，激しい争いが起こりました。

エ．仏教とともに伝えられた技術を用いて，初めて畿内に前方後円墳が作られました。

問２　下線部(2)に続いて起こった出来事について述べた文として正しいものを，次のア～エから一つ選び，記号で答えなさい。

ア．天智天皇が中央官制の太政官制と，国・郡・里の地方制度を整備しました。

イ．天智天皇が朝鮮に百済救援軍を送って敗れましたが，壬申の乱は平定しました。

ウ．蘇我入鹿暗殺の翌年，大宝律令が発布され，租・庸・調の税制が定められました。

エ．蘇我入鹿暗殺の翌年，改新の詔《みことのり》が発布され公地公民の原則が打ち出されました。

【２】　平安時代半ば，藤原氏が政治の実権を握りました。特に権勢を誇ったのが藤原道長です。道長は(3)自分の娘を天皇の后《きさき》にし，その后に男子が誕生すると天皇に即位させ，天皇の祖父として幼い天皇に代わって政治を行う(　あ　)として実権を握りました。道長は，息子も重要な役職につけて藤原氏の権力を確立しようとしました。特に(4)藤原頼通は(　あ　)になったあと，天皇が成人すると(　い　)となり，権力を振るいました。

問３　下線部(3)に関連して，平清盛は娘の徳子を高倉天皇の后とし，その息子を１歳で天皇にしました。壇ノ浦の戦いで水死したこの天皇の名前を**漢字**で書きなさい。

問４　文中の空欄(あ)(い)にあてはまる語句の組み合わせとして正しいものを，次のア～カから一つ選び，記号で答えなさい。

ア．あ－関白　い－執権　　イ．あ－関白　い－摂政　　ウ．あ－執権　い－関白

エ．あ－摂政　い－執権　　オ．あ－摂政　い－関白　　カ．あ－執権　い－摂政

問５　下線部(4)について述べた文として正しいものを，次のア～エから一つ選び，記号で答えなさい。

ア．日本全国66カ国のうち11カ国の国司を務《つと》め「六分の一殿」と呼ばれました。

イ．当時流行していた浄土信仰の影響を受けて，宇治に平等院鳳凰《ほうおう》堂を建てました。

ウ．大宝律令に続いて養老律令を編纂《へんさん》し，律令制の確立に中心的役割を果たしました。

エ．「この世をば我が世とぞ思う望月の欠けたることもなしと思えば」という和歌を詠《よ》んで，

権力の絶頂にあることを誇示《こじ》しました。

【３】 鎌倉幕府では，源氏が滅亡すると，京都の身分の高い貴族から将軍を迎えました。この将軍は名目上の存在だったので，有力御家人による話し合いによって重要な政治的決定を行うようになっていきました。そこで1225年，北条泰時は(　う　)

その後，1274年に文永の役，1281年に弘安の役と，二度にわたり元の襲来を受けますが，なんとか撃退しました。しかし(5)元寇は御家人の生活に大きな影響を与えました。

1333年に鎌倉幕府が滅亡すると，後醍醐天皇が建武の新政を始めました。しかし(6)建武の新政は時代の変化に対応することができず，武士の間には不満が高まり，やがて南北朝の争乱が始まりました。この争乱は1392年，室町幕府の三代将軍足利義満の時に収まりますが，この争乱の中で，(7)守護は権力を拡大して守護大名に成長していきました。

応仁の乱が起こると，守護大名が京都で争っている間に実力で地方の支配権を奪い取るなどして国内を支配する者が現れました。これを(8)戦国大名と呼びますが，彼らは領国の政治を安定させ，経済を発展させ国を豊かにして，戦国の世を勝ち抜こうとしました。

問６　文中の空欄(う)に入る正しい文を，次のア～エから一つ選び，記号で答えなさい。

ア．北面の武士を設置して，その軍事力を背景に院政を強化しました。

イ．検非違使を設置して他の氏族を排除し，独裁的な権力を握りました。

ウ．京都に六波羅探題を設置して，西日本の御家人を支配下に置きました。

エ．有力御家人の話し合いによって政策の決定や裁判を行う評定衆を設置しました。

問７　下線部(5)に関連して，元寇の影響について述べた文として正しいものを，次のア～エから一つ選び，記号で答えなさい。

ア．非御家人には与えられなかった恩賞が，御家人には十分与えられました。

イ．中国との国交が途絶えたので国風文化が発展し，東大寺南大門が作られました。

ウ．所領を売却した御家人を救うため，幕府が所領を返却させたので，御家人の生活は安定しました。

エ．弘安の役後も幕府は北九州の警備を続けたので，西日本の武士の負担は重く，多くの武士が困窮しました。

問８　下線部(6)に関連して，建武の新政を批判した史料の内容として正しいものを，次のア～エから一つ選び，記号で答えなさい。

ア．近頃都で流行しているものは，夜討ち，強盗，にせの天皇の命令。急使の早馬，たいしたことでもないのに起こる騒ぎなどである。

イ．天下の土民が蜂起《ほうき》して，酒屋や寺院を破壊し，借金の証文を焼き捨てた。日本の国が始まって以来，土民が蜂起したというのは初めてのことだ。

ウ．かまどには火の気もなく，土器には蜘蛛《くも》の巣がはってご飯を炊くことも忘れたようだ。それでも「税を払え」と叫ぶ里長の声が，寝室にまで聞こえてくる。

エ．我々農民は，国司藤原元命《もとなが》の悪政を朝廷に訴えます。元命は定められた量より多くの税をとりたて，朝廷からの命令のうち都合の悪いものは農民に知らせませんでした。

問９　下線部(7)に関連して述べた文として**誤っているもの**を，次のア～エから一つ選び，記号で答えなさい。

ア．室町幕府は御成敗式目を制定して，守護大名を厳しく統制しました。

イ．有力守護大名は，幕府から在京を命じられ，幕府の要職につきました。

ウ．室町幕府の管領や侍所の長官には，特定の守護大名が交替で就任しました。

エ．有力守護大名の権力争いと将軍の跡継ぎ問題がからんで，応仁の乱が起こりました。

問10　下線部(8)について述べた文として正しいものを，次のア～エから一つ選び，記号で答えなさい。

ア．織田信長は，安土城下で座の商人に特権を与えて営業を独占させました。

イ．越前の朝倉氏は，分国法という国内法を作って家臣を厳しく統制しました。

ウ．加賀の一向一揆は，上杉氏を滅ぼして約1世紀にわたり加賀の国を支配しました。

エ．甲斐の武田氏は，信玄堤と呼ばれる強固な堤防を築き，石見《いわみ》銀山を開発しました。

【4】　江戸時代には，新田開発や農業技術の進歩，商品作物の栽培などに伴って農業生産が増大し，農村でも貨幣が使われるようになりました。しかし，武士の収入源は幕府や藩から支給される米だったため，経済の発達に伴って米以外の物価が上がると，(9)武士の生活や藩の財政は苦しくなるという矛盾《むじゅん》を抱えていました。

問11　下線部(9)に関連して，次にあげた幕府が行った様々な改革のうち，①徳川吉宗の改革，②田沼意次の改革，③松平定信の改革として正しいものを，次のア～キからそれぞれ一つずつ選び，記号で答えなさい。

ア．銀の海外流出を防ぐために，長崎での貿易額を制限しました。

イ．財政支出を減らすために，朝鮮通信使の接待を簡素《かんそ》化しました。

ウ．物価をつり上げている原因だと考えて，株仲間の解散を命じました。

エ．飢饉《ききん》に備えるために，青木昆陽《こんよう》に命じてさつまいもの栽培を研究させました。

オ．戦国時代以来の荒々しい気風をただすために，生類《しょうるい》憐《あわれ》みの令を発布しました。

カ．囲い米の制を定めて，大名に対して，飢饉に備えて米を蓄えるよう命じました。

キ．印旛沼の干拓によって農地を増やして年貢増徴《ぞうちょう》を図りましたが，失敗しました。

2－2　次の文章を読んで，下記の設問に答えなさい。

2020年4月から，NHK朝の連続テレビ小説で『エール』が放映されていました。これは，「栄冠は君に輝く」(夏の甲子園の大会歌)，「オリンピックマーチ」(1964年の東京オリンピック開会式の入場行進曲)など，生涯で5000曲以上といわれる名曲を遺《のこ》した作曲家，古関裕而《ゆうじ》(1909～1989年)をモデルとした物語でした。

古関は1909年，福島市の裕福な老舗《しにせ》の呉服店に生まれました。父親が音楽愛好家で，(10)大正時代にはまだ珍しかった蓄音機を所有していたので，古関は幼少期から多くのレコードを聴いて育ち，小学生ですでに同級生に頼まれて作曲をしていたそうです。

古関が生まれた1909年は，（ え ）の輸出量で，日本が中国などを抜いて世界一になった年です。福島市を含む福島県北部の信達《しんたつ》地方は，当時国内有数の（ お ）地帯で，多くの農家が（ え ）の材料となる繭《まゆ》を作っていました。したがって，古関の父親が営んでいた呉服店も（ お ）業から作られた製品を多く扱っていたことでしょう。

1922年，家業を継ぐために福島商業学校(現在の福島商業高校)に進学しましたが，学校ではハーモニカのバンドに入り，クラシック音楽の作曲に没頭しました。卒業後は長男として家業を継ぐことを期待されていましたが，1928年の卒業直前に(11)折からの不況で父親の呉服店が破産したため，川俣銀行（現在の東邦銀行川俣支店）に就職しました。

1930年，東京のレコード会社に勤めますが，生活のためにクラシック音楽を断念して，歌謡《かよう》曲専属の作曲家になりました。この会社で作った曲がヒットして一躍有名になりますが，(12)この頃日本は戦時色が濃くなっており，軍の要請もあって沢山の軍歌も作曲しました。(13)1937年に発表した『露営《ろえい》の歌』は，古関の最初の軍歌ですが，(14)満州旅行中に現地の情景を元に作った曲だそうです。その後も，次々に大流行する軍歌を発表しましたが，晩年，「兵隊さんから『若鷲《わかわし》の歌（海軍兵学校の学生のために作曲した軍歌）を聞いて，出撃します』という手紙をもらったことがあります。自分が作った歌が，若者を死地に追いやったと思うと，非常に複雑な気持ちです」と語っています。また，「1948年の作品『長崎の鐘』は，(15)原爆の犠牲者への鎮《ちん》魂《こん》歌です」とも語っていますが，『長崎の鐘』を作曲した背景には，古関のこのような悔恨《かいこん》の念も影響していたのかも知れません。

問12　下線部(10)の時期に起きた出来事として**誤っているもの**を，次のア～エから一つ選び，記号で答えなさい。

ア．平民宰相《さいしょう》といわれた原敬が，初めての本格的な政党内閣を組織しました。

イ．対華二十一ヵ条の要求に対する反発から，中国で反日運動が起こりました。

ウ．第二次護憲運動の結果成立した加藤高明内閣が，普通選挙法を制定しました。

エ．自由民権運動が高まったので，政府は10年後の国会開設を約束しました。

問13　文中の空欄（え）には，1859年の江戸幕府による横浜開港以来，昭和初期まで半世紀以上にわたって，日本の輸出品目第一位を占めていた製品が入ります。空欄（え）にあてはまる語句として正しいものを，次のア～エから一つ選び，記号で答えなさい。

ア．綿糸　　イ．生糸　　ウ．米　　エ．和紙

問14　文中の空欄（お）には，（え）の生産に欠かせない産業が入ります。空欄（お）にあてはまる語句として正しいものを，次のア～エから一つ選び，記号で答えなさい。

ア．牧羊　　イ．養蚕　　ウ．稲作　　エ．紡績

問15　下線部(11)に関連して，1920年代の日本経済について述べた文として正しいものを，次のア～エから一つ選び，記号で答えなさい。

ア．八幡製鉄所が操業を開始し，重工業の発展が始まりました。

イ．不況のため生活必需品が不足し，配給制が実施されました。

ウ．関東大震災で東京や横浜の工場や商店が被災し，多くの企業が倒産しました。

エ．ヨーロッパ諸国が船舶不足に陥《おちい》ったので，造船業が輸出を伸ばし，船成金が生まれました。

問16　下線部(12)に関連して，1930年代の日本の国民生活について述べた文として正しいものを，次のア～エから一つ選び，記号で答えなさい。

ア．第１回普通選挙が実施され，無産政党が初めて衆議院で議席を獲得しました。

イ．シベリア出兵を契機に米価が高騰し，米騒動が発生して，全国に波及しました。

ウ．国家総動員法が制定され，国民が軍需産業に徴用されるなど，経済統制が強化されました。

エ．大政翼賛会と新聞社が「国民決意の標語」を募集し「欲しがりません勝つまでは」が入選して流行しました。

問17　下線部(13)の年に日本が起こした軍事行動について述べた文として正しいものを，次のア～エから一つ選び，記号で答えなさい。

ア．柳条湖事件を機に満州事変を起こし，中国東北部全土を制圧しました。

イ．中国東北地方の有力者だった張作霖が乗った列車を爆破し，殺害しました。

ウ．盧溝橋事件が発生し，中国の徹底抗戦の方針により日中戦争が長期化しました。

エ．中国で内戦(北伐《ほくばつ》)が起こると，日本人居留民保護を名目に山東《シャントン》出兵を強行しました。

問18　次のア～エの波線部には，下線部(14)に含まれる地域が一つだけあります。その地域を含む文として正しいものを一つ選び，記号で答えなさい。

ア．日清戦争後の下関条約で遼東《リャオトン》半島を獲得しましたが，三国干渉により，清に返還することになりました。

イ．日露戦争後のポーツマス条約で南樺太を獲得し，第二次大戦敗北まで領有しました。

ウ．第一次世界大戦に参戦すると，すぐに山東半島にいたドイツ軍を破りました。

エ．満州事変を起こした日本は，欧米諸国の注意をそらすために，上海で大きな事件を起こしました。

問19　下線部(15)に関連して，原子爆弾の投下について述べた文として**誤っているもの**を，次のア～エから一つ選び，記号で答えなさい。

ア．1945年８月６日に長崎に，９日に広島に原子爆弾が投下されました。

イ．原爆投下とソ連の対日参戦により，日本はポツダム宣言の受諾《じゅだく》を決定しました。

ウ．原爆投下で長崎と広島が壊滅した後も，陸軍大臣は強く戦争継続を主張しました。

エ．長崎と広島の被爆者の中には，現在もなお原爆の後遺症で苦しんでいる人がいます。

3　次の文章【１】【２】を読んで，下記の設問に答えなさい。

【１】　2020年５月には，日本全国に緊急事態宣言が発せられる中，検察庁法の改正案が審議入りしました。しかし，この改正案は国民の間で(1)政権と検察幹部の関係に疑問が抱かれる内容が含まれていたことで，大きな批判を招きました。渦中《かちゅう》にあった当時の(2)東京高等検察庁検事長の辞職もあり，改正案は廃案となりました。(3)行政，司法ならびにマスメディアの関係性が問われる事件となりました。

問１　主に法の制度を整え，国民の権利を守る仕事などを行い，検察庁が「特別の機関」として属している省の名前を**漢字**で答えなさい。

問２　下線部(1)に関連して，日本における司法権・裁判官の独立について述べた文として正しいものを，次のア～エから一つ選び，記号で答えなさい。

ア．職務上の義務に違反した裁判官は，内閣により処分されます。

イ．職務上の義務に違反した疑いのある裁判官を捜査する特別の捜査機関があります。

ウ．最高裁判所の裁判官は，高等裁判所で行われる裁判に助言する義務があります。

エ．心身の故障で職務を果たせないと裁判で決まった場合，裁判官をやめることになります。

問３　下線部(2)に関連して，刑事事件と刑事裁判に関する以下の設問に答えなさい。

［１］　犯罪行為が疑われる場合，警察や検察により身柄が拘束《こうそく》されることがあり，それは基本的人権の一種である人身の自由を制限する行いです。人身の自由について述べた文として**誤っているもの**を，次のア～エから一つ選び，記号で答えなさい。

ア．現行犯を除いて，警察が発する令状がなければ逮捕されることはありません。

イ．逮捕されたとしても，奴隷《どれい》のように拘束されることはありません。

ウ．自分の不利益になる自白のみで，有罪にされることはありません。

エ．犯罪に対する罰の場合を除いて，苦役《くえき》を強いられることはありません。

［2］ 刑事裁判について述べた文として正しいものを，次のア～エから一つ選び，記号で答えなさい。

ア．刑事裁判は，被害を受けた人が直接裁判所に訴えを起こすことにより開かれます。

イ．第一審の判決に不服がある場合，上級の裁判所に控訴することができます。

ウ．犯罪の疑いをかけられた被告人は，起訴された段階で被疑者となります。

エ．裁判員制度は，刑事裁判には取り入れられていません。

問4　下線部(3)に関連して，内閣の仕事として**誤っているもの**を，次のア～エから一つ選び，記号で答えなさい。

ア．最高裁判所長官の任命　　イ．恩赦《おんしゃ》の決定

ウ．政令の制定　　エ．天皇の国事行為の助言と承認

問5　日本の刑事裁判は，有罪判決が下される確率が高いことで知られています。次の資料は，(注1)確定裁判において言い渡されたそれぞれの(注2)量刑の数と無罪の数です。この資料から読み取ることのできる記述として**誤っているもの**を，下のア～エから一つ選び，記号で答えなさい。

年（平成）	総数（件）	有罪					無罪
		死刑	無期懲役	有期懲役	禁固	罰金など	
20年	530,293	10	57	70,830	3,367	455,579	84
23年	432,051	22	46	59,852	3,229	368,446	77
26年	337,794	7	28	52,557	3,124	281,642	116
29年	299,319	2	18	49,167	3,065	246,625	130

（「平成30年度　犯罪白書」より作成）

注1　確定裁判とは，判決への不服の申し立てがされず，判決が定まった裁判のことです。

注2　量刑とは，科される刑罰の重さのことです。

ア．平成29年の有期懲役の数は，平成20年の数と比べて25％以上減少しています。

イ．すべての年において，有罪判決の中で最も下された数の多い量刑は，「罰金など」です。

ウ．死刑，無期懲役，禁固，罰金などの判決の数は，年を経るごとに，すべての量刑で減少しています。

エ．平成29年の裁判の無罪判決の数は，平成20年度と比べて25％以上増加しています。

【2】 近年，環境問題への取り組みが重要になっています。特に(4)地球温暖化は，海水面の上昇や勢力の強い台風・サイクロンなどを引き起こしています。この問題は，一つの国で解決することが難しいので，国際的な連帯が必要ですが，日本は温室効果ガスの削減と安定した(5)エネルギーを得ることを両立させることが課題となっています。

また，昨年の７月には（ あ ）の沖合で日本の貨物船が座礁《ざしょう》し，燃料が流れ出してしまいました。周辺の海域が汚染されてしまったことをうけて，（ あ ）の首相は環境緊急事態宣言を発出しました。海域の汚染をすこしでも小さくするために，日本の誠実で迅速《じんそく》な対応が求められて

います。

問６　文中の空欄(あ)にあてはまる国の名称を，次のア～エから一つ選び，記号で答えなさい。

ア．モザンビーク　　イ．モーリシャス　　ウ．モロッコ　　エ．モーリタニア

問７　下線部(4)に関連して，国連人間環境会議を受けて設立された地球環境問題の解決を目指す，ナイロビに本部を置く国連の機関の名称として正しいものを，次のア～エから一つ選び，記号で答えなさい。

ア．UNEP　　イ．UNDP　　ウ．UNICEF　　エ．UNESCO

問８　下線部(4)に関連して，次の国際的な環境問題への取り組みを述べた文１～３を古い順に並べ替えたものとして正しいものを，下のア～カから一つ選び，記号で答えなさい。

１．気候変動枠組み条約第三回締約国会議(COP３)が京都で開かれ，温室効果ガスの削減目標を定めた京都議定書が結ばれました。

２．「かけがえのない地球」をスローガンに，国連人間環境会議が開かれました。

３．国連環境開発会議(地球サミット)がリオデジャネイロで行われました。

ア．１→２→３　　イ．１→３→２　　ウ．２→１→３

エ．２→３→１　　オ．３→１→２　　カ．３→２→１

問９　下線部(5)に関連して，日本のエネルギー供給に関係する歴史や近年の動向について述べた文として**誤っているもの**を，次のア～エから一つ選び，記号で答えなさい。

ア．1960年代にエネルギー革命が起こり，エネルギー資源の中心が石炭から石油に転換されました。

イ．オイルショックにより，鉄鋼・造船・石油化学産業などの重厚長大型産業から，軽薄短小型のエレクトロニクス産業，通信産業などへ産業構造が転換されました。

ウ．福島第一原子力発電所事故により，政府はこれまで推進してきた原子力政策の見直しを迫られました。

エ．再生可能エネルギーの開発が進み，日本のエネルギー供給の３分の１を占めるようになりました。

問10　下線部(5)に関連して，日本の最大の原油輸入相手国(2019年)として正しいものを，次のア～エから一つ選び，記号で答えなさい。

ア．ロシア　　イ．アラブ首長国連邦　　ウ．サウジアラビア　　エ．カタール

【理　科】〈第２回試験〉（40分）〈満点：70点〉

1　重さが150ｇのビーカーに水300ｇが入っています。ばねばかりと台はかり，いくつかの球を使って浮力《ふりょく》と力の関係を調べました。つぎの問いに答えなさい。ただし，答えが割り切れないときは，小数第１位を四捨五入して，整数で答えなさい。

はじめ，重さ160ｇの球Ａを軽い糸でつるし，ビーカーの水の中に球Ａを完全に沈《しず》めて，ばねばかりでその重さを測ったところ，140ｇでした。

問１　球Ａの体積は何 cm^3 ですか。

つぎに，球Ａの糸に，体積が球Ａの３倍の球Ｂをとりつけて，ビーカーの水の中に沈めたところ，図１のように球Ａ，Ｂとも水に沈みました。球Ａはビーカーの底についていて，糸はぴんと張っていました。この状態でビーカーごと台はかりにのせたところ，640ｇを示しました。

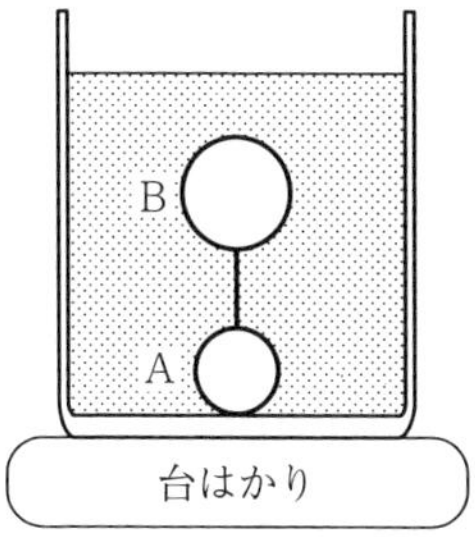

図１

問２　このとき，ＡとＢの間の糸にはたらく力の大きさは，何ｇですか。

問３　問２のとき，球Ａがビーカーの底から受ける力の大きさは，何ｇですか。

さらに，球Ｂに軽い糸をつけて，ばねばかりで引き上げたところ，図２のように球Ａは，ビーカーの底から離《はな》れましたが，球Ａ，Ｂとも水中にありました。

問４　ばねばかりは何ｇを示しますか。

問５　台はかりは何ｇを示しますか。

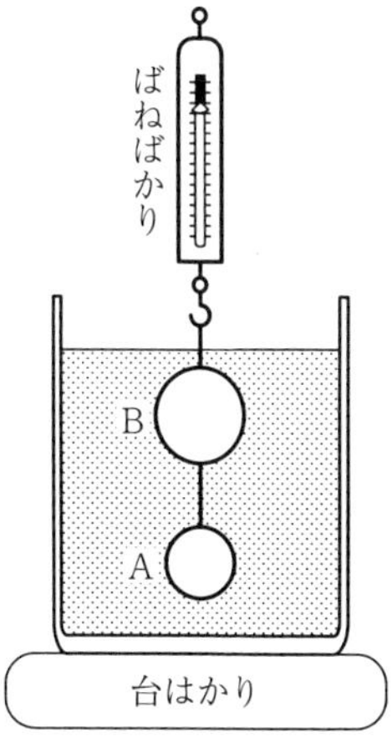

図２

2　普段《ふだん》の生活の中では，光の進む速さ（光速度《こうそくど》といいます。）について，意識する人はほとんどいません。私たちの生活の範囲《はんい》では，どんなに離《はな》れていても光は一瞬《いっしゅん》にして伝わり，その速さが無限大《むげんだい》であるように感じてしまいます。しかし，実際には光速度は有限《ゆうげん》の値《あたい》であることを人類はつきとめました。その中でもフィゾーは，地上の限られた範囲の空間で，方法を工夫することで，はじめて光速度を実験によって測定《そくてい》しました。その方法を簡単《かんたん》に示したものが，右の図です。

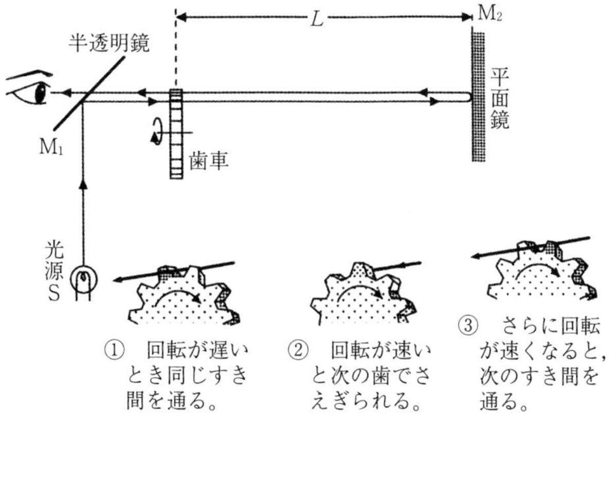

光源《こうげん》Ｓ（光を出すもの）を出た光は，半透明《はんとうめい》鏡 M_1（一部の光は通し，残りを

反射する鏡)で反射された光が，歯車《はぐるま》のすき間を通過し，歯車からL〔km〕離れたところにある平面鏡M_2で反射されて同じ道をもどり，再び歯車に届《とど》きます。

もどってきた光と歯車の関係を示したのが図①～図③です。回転が遅いと光は同じすき間を通ることで，半透明鏡を光が通過して明るく見えます(図①)。

しかし，歯車の回転数《かいてんすう》をだんだん大きくしていくと，あるとき反射された光は，次の歯にさえぎられて見えなくなります(図②)。

さらに，歯車の回転数を大きくしていくと，前のすき間を通った光が，次のすき間を通ることで，光が半透明鏡を通過して再び明るく見えるようになります(図③)。

いま，L＝8.5km，歯車の歯の数が750個であるとき，回転数を大きくしていき，1秒間に12回転させたときに，初めて反射してきた光が見えなくなりました。

この実験を使って，光速度を求めます。つぎの問いに答えなさい。ただし，答えが割り切れないときは，小数第1位を四捨五入して，整数で答えなさい。

問1　つぎの文章の(ア)～(エ)に入る数字を答えなさい。

歯車がちょうど1回転するのにかかる時間は，$\frac{1}{(\text{ア})}$秒になります。光がさえぎられるようになったとき，光が距離Lを往復《おうふく》する間に，歯車のすき間だったところに，次の歯が移動してくることになります。歯車の歯が750個あれば，すき間も750個あることから，この間(図①から図②になる間)に歯車は，$\frac{1}{(\text{イ})}$回転することになります。

この2つの値から，光がLを往復するのにかかる時間は，$\frac{1}{(\text{ウ})}$秒となります。

したがって，光の進む速さは，毎秒(　エ　)kmとなります。

問2　歯車から平面鏡M_2までの距離Lの間を水で満たしました。歯車の回転数を大きくしていくと，反射した光が見えなくなったときの歯車の回転数が，空気だったときより小さくなりました。このことからいえることとして，正しいものを，つぎのア～オから1つ選び，記号で答えなさい。

ア．距離Lを往復するのに時間がかからなくなったことから，光の速さが速くなった。

イ．距離Lを往復するのに時間がかかるようになったことから，光の速さが速くなった。

ウ．距離Lを往復するのに時間がかからなくなったことから，光の速さが遅くなった。

エ．距離Lを往復するのに時間がかかるようになったことから，光の速さが遅くなった。

オ．歯車の回転数は，光の速さと関係ないので，光の速さが変わったかは，わからない。

3　塩化アンモニウムの粉末《ふんまつ》と水酸化カルシウムの粉末を混ぜ合わせて加熱すると，つぎのような反応がおき，アンモニアが発生します。

> 水酸化カルシウム(粉末)＋塩化アンモニウム(粉末)
> →塩化カルシウム(粉末)＋水蒸気《すいじょうき》＋アンモニア

このとき，0.7gの水酸化カルシウムと1.1gの塩化アンモニウムがちょうど反応し，1.1gの塩化カルシウムと0.48Lの水蒸気と0.48Lのアンモニアが発生します。

この反応を利用して，図のような装置を使って，丸底フラスコにアンモニアだけを集める実験をしました。下の問いに答えなさい。

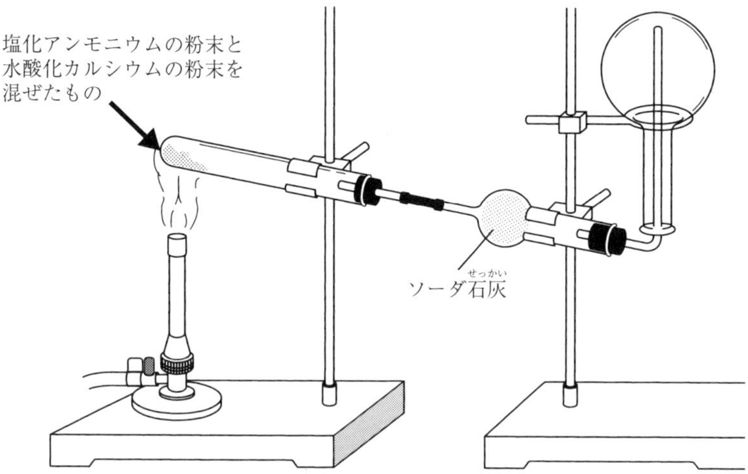

問1　図のように，加熱するときは，試験管の口をやや下向きにしました。つぎの文は，その理由を説明したものです。[①]～[③]にあてはまることばを答えなさい。

図とは逆に傾《かたむ》け，試験管の底を下げて加熱をすると，塩化アンモニウムと水酸化カルシウムの反応によって生じる[　①　]が，試験管の口の部分で冷やされて[　②　]となり，加熱部に流れこみ，[　　③　　]しまうから。

問2　2.2gの塩化アンモニウムに対して，水酸化カルシウムの重さを0g～2.2gまで変化させて実験をしました。

(1)　発生するアンモニアの体積(L)はどのように変化しますか。水酸化カルシウムの重さと発生するアンモニアの体積の関係を表すグラフをかきなさい。ただし，グラフをかくときには，定規《じょうぎ》を使いなさい。

(2)　試験管内に残った固体の重さ(g)はどのように変化しますか。水酸化カルシウムの重さと試験管内に残った固体の重さの関係を表すグラフをかきなさい。ただし，グラフをかくときには，定規《じょうぎ》を使いなさい。

4　アンモニアを集めた丸底フラスコに，次のページの図のような装置をとりつけて，実験をしました。水を入れたスポイトからフラスコ内に水を出すと，ビーカー内のフェノールフタレイン溶液《ようえき》を入れた水が吸い上げられ，ガラス管を伝わり，丸底フラスコ内に噴水《ふんすい》のように放出されました。実験終了後，丸底フラスコ内にたまった吸い上げられた水をメスシリンダーに移して，体積を測ったところ176mLありました。

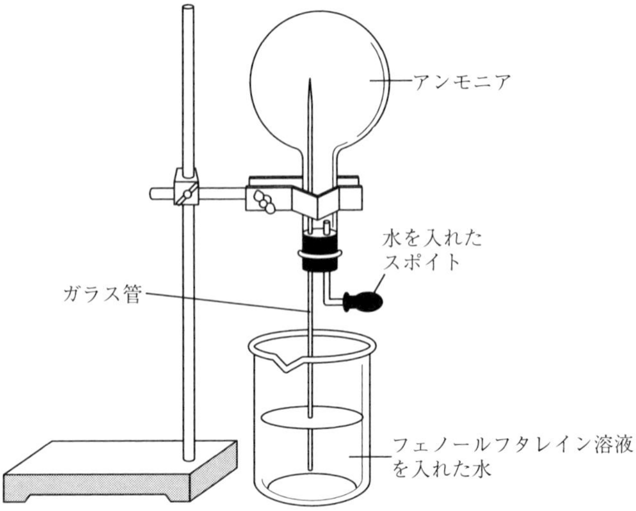

問１　実験終了後，丸底フラスコ内にたまった水溶液の色を，つぎのア～カから１つ選び，記号で答えなさい。

ア．赤色　　イ．青色

ウ．黄色　　エ．緑色

オ．白色　　カ．無色

問２　丸底フラスコ内に，ビーカー内の水が吸い上げられた理由としてあてはまるものを，つぎのア～ケからすべて選び，記号で答えなさい。

ア．アンモニアは空気より軽い気体であるため。

イ．アンモニアは空気より重い気体であるため。

ウ．アンモニアは水に溶けにくい気体であるため。

エ．アンモニアは水に溶けやすい気体であるため。

オ．アンモニアは水に溶けると酸性を示すため。

カ．アンモニアは水に溶けるとアルカリ性を示すため。

キ．アンモニアは刺激臭《しげきしゅう》の気体であるため。

ク．空気に重さがあるため。

ケ．空気中には，二酸化炭素が含まれるため。

問３　下線部について，メスシリンダーに176mLの水が入っているとき，液面の様子はどのようになりますか。176mLと読めるように解答用紙に液面をかきなさい。

問４　アンモニアと同じように，ビーカー内の水溶液を吸い上げることができる気体を，つぎのア～エからすべて選び，記号で答えなさい。

ア．水素　　イ．酸素　　ウ．窒素《ちっそ》　　エ．塩化水素

5　顕微鏡《けんびきょう》について，つぎの問いに答えなさい。

問１　つぎのア～クは顕微鏡の操作についての説明です。顕微鏡の操作として正しいものを，ア～クの中から選び，正しい操作の順で解答用紙の左から記号で答えなさい。ただし，ア～クの中に正しくない操作の説明が１つあります。

ア．対物レンズをとりつける。

イ．ステージにプレパラートをのせ，観察するものが対物レンズの真ん中にくるように調《ちょう》整《せい》する。

ウ．接眼レンズをのぞきながら，対物レンズとプレパラートを離しながらピントを合わせる。

エ．接眼レンズをとりつける。

オ．接眼レンズ，対物レンズが最低倍率になっていることを確認する。

カ．ステージを横から見ながら，対物レンズとプレパラートが接する直前まで近づける。

キ．接眼レンズをのぞきながら，しぼりや反射鏡《はんしゃきょう》を調節して，視野を明るくする。

ク．接眼レンズをのぞきながら，対物レンズとプレパラートが接する直前まで近づける。

問２　顕微鏡の視野《しや》では観察している実物が上下左右逆《さか》さまになって見えています。図１は，顕微鏡で血液の成分を観察したものです。白血球を視野の中央に移動させたいとき，プレパラートをどの方向に動かせばよいですか。正しいものを，つぎのア～エからすべて選び，記号で答えなさい。

ア．左上

イ．左下

ウ．右上

エ．右下

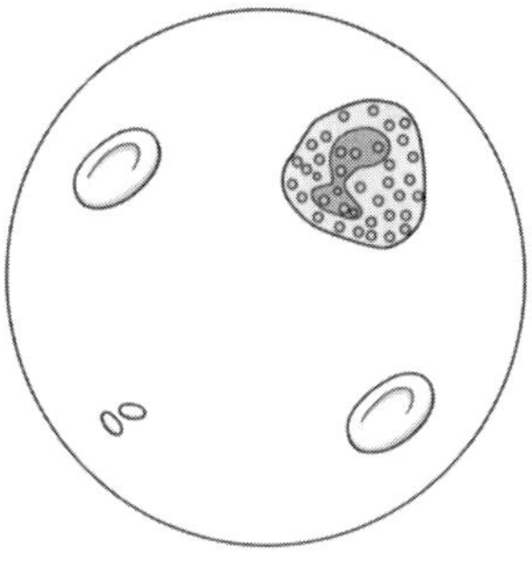

図１

問３　顕微鏡で観察できる面積は，倍率《ばいりつ》の比の２乗(同じ数を２回かけること)に反比例します。例えば，倍率100倍での観察から200倍での観察に変えると，観察できる面積は $\frac{1}{4}$ になります。いま，倍率400倍で，あるプレパラートを観察したとき，視野の中に108個の赤血球が観察できました。このとき，同じ視野のままで倍率を600倍に変えると，視野の中に何個の赤血球が観察できると考えられますか。ただし，答えが割り切れないときは，小数第１位を四捨五入して，整数で答えなさい。なお，赤血球はプレパラートの中に均等《きんとう》に存在しているものとします。

6　動物と植物について，つぎの問いに答えなさい。

問１　動物の体内では，タンパク質を分解するとアンモニアがつくられます。さらに，鳥類ではアンモニアを尿酸《にょうさん》に変えます。アンモニアを尿酸に変えるのはなぜですか。その理由を説明している文の[①]にあてはまる適切なことばを，漢字２文字で答えなさい。

アンモニアは[①]だから。

問２　図１は，ヒトの体内にある血管と器官《きかん》のつながりを表したものです。図１の中の矢印は血液の流れる向きを示しています。静脈のうち，動脈血が流れている血管はどれですか。正しいものをア～クからすべて選び，記号で答えなさい。

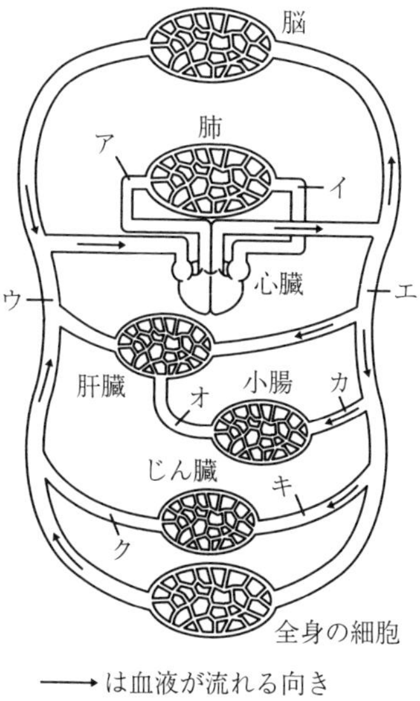

→は血液が流れる向き

図１

問３　図２はインゲンマメの種子の断面図《だんめんず》です。解答らんの図の子葉の部分を黒くぬりつぶしなさい。

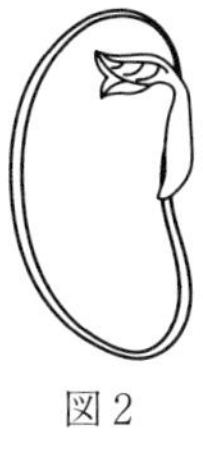

図２

問4　種子が発芽するためには，水・適当な温度・空気(酸素)が必要です。しかし，植物の中には，レタスやタバコのように光が当たらないと発芽しない植物もあります。このような発芽の条件に光を必要とする種子を光発芽種子といいます。

光発芽種子を使って，赤色光と遠赤色光《えんせきしょくこう》という光を表1のように順番に当てました。発芽するかどうかを確かめるために，実験1～実験6を行いました。図3は，実験1～実験6のそれぞれの発芽率をグラフにしたものです。実験結果から考えられることをまとめた下の文の[①]，[②]それぞれにあてはまることばの組み合せとして，正しいものを下の表のア～エから1つ選び，記号で答えなさい。

表1

	1番目	2番目	3番目	4番目	5番目
実験1	○				
実験2	●				
実験3	○	●			
実験4	○	●	○		
実験5	○	●	○	●	
実験6	○	●	○	●	○

○は赤色光を当てたことを表す。
●は遠赤色光を当てたことを表す。

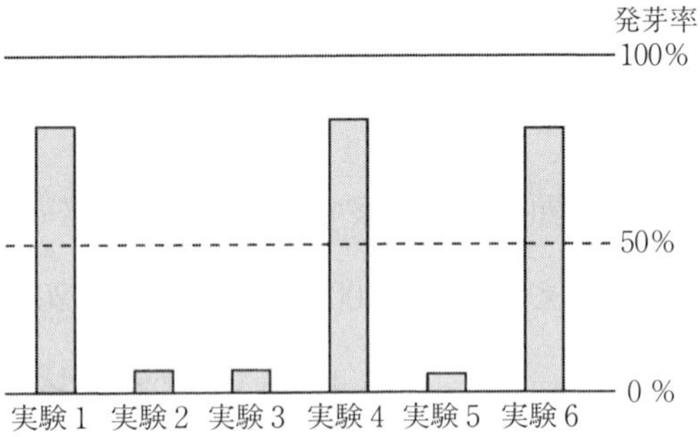

図3

光発芽種子は，[①]によって発芽がしにくくなり，[②]に当たった光によって発芽するかが決まる。

	[①]	[②]
ア	赤色光	最初
イ	赤色光	最後
ウ	遠赤色光	最初
エ	遠赤色光	最後

7　空気は，周りより暖かいと上昇《じょうしょう》し，周りより冷たいと下降します。そして，空気は上昇すると温度が下がります。たとえば，空気の中に雲がないときは，100m上昇すると1℃下がり，空気の中に雲があるときは，100m上昇すると0.5℃下がります。雲は，空気の中の水蒸気《すいじょうき》が水滴《すいてき》に変わったもので，これには飽和《ほうわ》水蒸気量が関係します。表1は，飽和水蒸気量と温度の関係です。

表1　飽和水蒸気量と温度の関係

温度(℃)	5	10	15	20	25	30
1 m^3あたりの飽和水蒸気量(g)	6.8	9.4	13	17	23	30

ある日の温度と高度の関係を調べると，図1のようになりました。

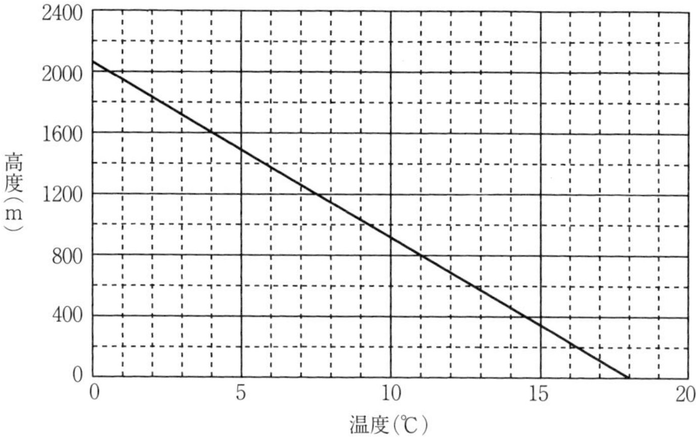

図1　ある日の温度と高度の関係

問1　高度0mで20℃の雲がない空気のかたまりが，1000m上がったとき，この空気は何℃になりますか。ただし，上昇中に雲ができることはありませんでした。答えが割り切れないときは，小数第2位を四捨五入して，小数第1位まで求めなさい。

問2　高度0mで20℃の雲がある空気のかたまりが，1000m上がったとき，この空気は何℃になりますか。ただし，上昇中に雲が消えることはありませんでした。答えが割り切れないときは，小数第2位を四捨五入して，小数第1位まで求めなさい。

問3　この日，問1の空気のかたまりと問2の空気のかたまりが高度1000mまで上昇したとき，それぞれの空気のかたまりは，その後，どうなりますか。正しいものを，つぎのア～エから1つ選び，記号で答えなさい。

ア．問1の空気のかたまりも，問2の空気のかたまりも上昇する。

イ．問1の空気のかたまりは上昇し，問2の空気のかたまりは下降する。

ウ．問1の空気のかたまりは下降し，問2の空気のかたまりは上昇する。

エ．問1の空気のかたまりも，問2の空気のかたまりも下降する。

問4　問1の空気が高度0mにあるとき，その空気の湿度《しつど》は40%でした。このとき，空気1 m^3に含まれている水蒸気の量は何gですか。ただし，答えが割り切れないときは，小数第2位を四捨五入して，小数第1位まで求めなさい。

問5　問4の空気は地上から何mの高度まで上昇させると，雲ができますか。ただし，答えが割り切れないときは，小数第1位を四捨五入して，整数で求めなさい。

問6　問5の空気のかたまりが，さらに500m上昇すると，空気のかたまりの温度は，何℃になりますか。ただし，答えが割り切れないときは，小数第2位を四捨五入して，小数第1位まで求めなさい。

二 次の――線部のカタカナを、漢字に直しなさい。

1 特別なハカらいで見学を許される。

2 子どもにドウワを読み聞かせる。

3 あえてケワしい道を選ぶ。

4 演奏にサンジを贈《おく》る。

5 キヌ織物を献上《けんじょう》する。

6 反対意見をシリゾける。

7 故人が葬《ほうむ》られたボチ。

8 社長に全権をユダねる。

9 知事が都政のカイカクに着手する。

10 暑さはまだジョの口だ。

いる。

問5 ――④「この国で正しいとされるお悔みの言葉など、かけてもらわなくてもいい」とありますが、なぜ平蔵はこのように思ったのですか。50字以内で説明しなさい。

問6 ――⑤「へ、ヘイゾーさん」とありますが、この発言はヨシフのどのような様子を表していますか。30字以内で説明しなさい。

問7 ――⑥「月の船と星の林はそのままにした」とありますが、なぜ平蔵はこのようにしたのですか。それを説明した次の文の□にふさわしい言葉を40字以内で書きなさい。

◇ **「月の船」「星の林」を「船のような月」「林のような星」と言ってしまうと、□と思ったから。**

問8 ――⑦「もう一度言いながら、アレクサンドルは夜空の月を指さしていた」とありますが、このアレクサンドルの様子を見たときの平蔵の気持ちを50字以内で説明しなさい。

問9 ――⑧「平蔵は一言一言を噛み締めるように、ゆっくりと語った」とありますが、ここから読みとれる平蔵の様子はどのようなものですか。その説明としてふさわしいものを次の中から**二つ**選び、記号で答えなさい。

ア 太郎左衛門から与えてもらった自分の生きる目標を改めて確《かく》認《にん》する様子。

イ 異国の人に大切な思い出の内容まで話してしまう自分を不思議に思う様子。

ウ 悲しい過去を思い出すことで涙《なみだ》があふれ出そうになるのをこらえている様子。

エ 自分の話ができるだけ伝わりやすくなるように配慮している様子。

オ 自分の大切な思い出を他人に話すことにためらいを抱《いだ》いている様子。

問10 ――⑨「ありがとうございます、アレクさん」とありますが、なぜ平蔵はアレクサンドルに感謝しているのですか。90字以内で説明しなさい。

問11 この文章に対して、とある中学校の生徒A～Dが述べた次の感想のうち、最もこの文章の主題に近い内容のものを選び、記号で答えなさい。

ア 生徒A この物語を読んで、人は身分や言葉の壁を越えて大切な人と出会い、心を通わせられるんだと思い知らされたよ。そうしてできた貴重なつながりが、人生を歩むうえでの力になるんだね。

イ 生徒B 物語の後半に平蔵が気づいたように、生まれた国によって個人の性格を決めつけてしまうのは間違っているよね。国や言葉の違いはよくない思い込みにつながるから注意が必要だなあ。

ウ 生徒C 平蔵の人生を変えるきっかけが、古い時代の歌だったということが印象的だね。過去を振り返り、自分にとって必要な知恵《ちえ》を引き出すことで、豊かな人生を歩むことができるってことかあ。

エ 生徒D この物語は、自分の生き方を貫《つらぬ》こうとする強い意志の大切さを教えてくれたよ。ひとりでも決してくじけないひたむきさがある人だからこそ、周りの人にあたたかく受け入れられるんだよね。

滝山不動尊にまつられた不動明王のこと。不動明王は手に持った剣と縄《なわ》で、悪やよくないたくらみから人を救い出してくれるとされている仏。

注2 「父ちゃんも士郎も」…平蔵の父親伊佐次と、伊佐次が拾ってきた平蔵の義理の兄弟士郎。伊佐次は貧しい百姓の代表として幕府に逆らう身となったため、幕府から捕らえられたときの巻《ま》き添《ぞ》えにならないよう、平蔵と士郎は二人で伊佐次のもとから逃《に》げた。しかし、逃げる途中《とちゅう》の山道で士郎は遭難《そうなん》してしまい、それ以降行方不明になっている。

注3 「宝泉寺」…船が完成するまで、日本を離《はな》れることができないロシア人たちが生活している寺。

注4 「陳腐な」…ありきたりであること。

注5 「絵草紙」…江戸《えど》時代に作られた、女性や子ども向けの絵入り小説のこと。現在の絵本のようなもの。

問1 ～～～ⓐ・ⓑの本文中での意味として最もふさわしいものを後の中からそれぞれ選び、記号で答えなさい。

ⓐ「たどたどしい」

ア 不安定で理解しにくい
イ 小さくてはっきりしない
ウ 未熟でおぼつかない
エ がさつで落ち着きがない

ⓑ「おもむろに」

ア 勢いをつけて突然に
イ おだやかな様子でゆっくりと
ウ 重々しくもったいぶって
エ 気を遣《つか》いながらおずおずと

問2 ――①「礼の言葉を述べた時、声が震えた。夜空から切り取ったような三日月が、視界の中でかすかにぼやけた」とありますが、それはなぜですか。その説明として最もふさわしいものを次の中から選び、記号で答えなさい。

ア 父親や兄弟を失った悲しみを隠《かく》していたのに、その気持ちに気づかれて動揺《どうよう》しているから。
イ 太郎左衛門の優《やさ》しさに触《ふ》れたことで、父親や兄弟を失った悲しみをこらえきれなくなったから。
ウ 父親も兄弟も失い、太郎左衛門に頼《たよ》って生きるしかない自分のみじめさを噛みしめているから。
エ ずっと孤独《こどく》に生きてきたため、太郎左衛門からかけられた情けをことさら温かく感じたから。

問3 ――②「少しも動かなかった心」とありますが、このときの心情が表れている平蔵の行動を本文中から一文で探し、最初の5字を抜《ぬ》き出して答えなさい。

問4 ――③「今の平蔵の心」とありますが、その内容の説明として最もふさわしいものを次の中から選び、記号で答えなさい。

ア 恩人であり、生きる目標を与えてくれた太郎左衛門が亡くなったことで、生きるための拠《よ》り所《どころ》を失い、悲しみやむなしさを感じている。
イ 平蔵にとって最も大事な人である太郎左衛門が亡くなったため、生きる意味を見失い、誰かにその苦しみを理解してほしいと思っている。
ウ 太郎左衛門以外に信用できる人がいないため、太郎左衛門が亡くなったということを誰とも分かち合えず、悲しみを感じている。
エ 造船の責任者である太郎左衛門が亡くなったことで、自分の理想の船を完成させられなくなることを危《あや》ぶみ、途方《とほう》に暮れて

「ディアナの意味、知ってますか」

「いいえ、知りません」

話がどこへ向かうのか分からぬまま、平蔵は答えた。そういえば、「でぃあな」という言葉がどんな意味なのか、誰も教えてくれなかったし、平蔵自身も知ろうとは思わなかった。

日本の言葉を理解しろ、と相手に求め、ヨシフにいつも当たり前のように通訳させているのに、自分は何一つ、おろしあの国の言葉を理解しようとしてこなかった。己《おのれ》の傲慢《ごうまん》さが思い知らされ、恥《は》ずかしくなる。

もちろん、おろしあの国が幕府に、開国と通商を強引《ごういん》に要求するのは傲慢であった。だが、そのことと、アレクサンドルたちとの関わりは別ものではないのか。おろしあの国が横暴だからといって、彼《かれ》らが皆《みな》、横暴なわけではない。おろしあの国が傲慢な仕打ちをするからといって、日本の民《たみ》が同じことをやり返していいというわけでもない。

アレクサンドルとて、こんなにも難しい昔の歌の言葉を理解しようとしてくれたではないか。自分もまた「でぃあな」の意味を真摯《しんし》に受け止めなければならない。平蔵はそう思い、表情を改めてヨシフに向かった。

「意味を教えていただけますか」

「月の神さまの名前、です」

ヨシフは月を指さしながら言った。

「えっ……？」

思わず驚《おどろ》きの言葉が飛び出してくる。まさに、月の船そのままではないか。

「古い神さまの名前、切支丹《きりしたん》と違う」

切支丹が日本で禁止されていることに配慮《はいりょ》したのか、ヨシフはそう付け加えた。

「神さまには、男と女がいます。日本の神さまもそうですか？」

ヨシフの言葉に、平蔵は何度もうなずいた。

「ディアナ、美しい女の神さま、月の神さまです」

かぐや姫《ひめ》のようなものだろうか。平蔵は月の女神《めがみ》の姿を想像した。

注5 絵草紙で目にするような十二単《じゅうにひとえ》をまとった姿しか想像できなかったが、アレクサンドルやヨシフが思《おも》い描《えが》く姿とは、似ても似つかぬものであろう。

だが、月の女神の名を船につけたおろしあの人の心に、平蔵は思いを馳《は》せた。「月の船」を造りたいと思い続け、船大工になった自分が、月の女神の名を持つ船に乗ってこの国に来た二人と出会った——このことは運命とさえ思える。

「アレクはいつか月の船に乗って、空を漕いでいきたいそうです」

ヨシフの言葉を受け、平蔵はアレクサンドルに目を向けた。月の船を造りたいと思う自分がいて、その船に乗って空を渡りたいと夢見るアレクサンドルがいる。

「⑨<u>ありがとうございます、アレクさん</u>」

平蔵はアレクサンドルに頭を下げた。

その言葉はヨシフを通じて、アレクサンドルに伝えられたが、アレクサンドルは不思議そうな表情を浮かべた。

「なぜ、ありがとう、言われるのか、分からないそうです」

ヨシフが日本の言葉で伝えてくれる。

分からなくていいですと答え、平蔵は笑った。

アレクサンドルとヨシフも朗《ほが》らかに微笑んだ。

十七日の月は柔《やわ》らかな光を地上に降り注ぎながら、ゆっくりと夜空を昇っていった。

（篠《しの》　綾子《あやこ》『天穹《てんきゅう》の船』より）

注1　「滝山不動の不動明王」…静岡県《しずおかけん》の韮山（現在の伊豆《いず》の国市《くにし》）にある、

れの言葉の意味は、ヨシフも知っているはずだ。そして、それが比喩であるということは、前半の説明から察してもらうしかない。

幸い、その意味はヨシフには通じたようであった。納得《なっとく》した様子でうなずいたヨシフは、おろしあの言葉に置き直して、アレクサンドルに伝えてくれた。

「ヘイゾーさん、『アメ』言いましたね。『アメ』分かります。今日の昼、雨降りました。なのに、どうして『海のような空』といいましたか」

ヨシフが問いかけてきた。「アメノウミ」の部分を、「雨の海」と思ったのだろう。そこに突然「空」という言葉が出てきて困惑したものと考えられた。

「『アメ』とは空の古い言い方なんです。今は誰もそういう言い方はしません」

平蔵が説明すると、ヨシフは了解《りょうかい》したようだった。それをアレクサンドルに伝えると、アレクサンドルは注意深い口ぶりで「アメノ……」と口を動かした。が、すぐに詰《つ》まってしまう。

「ヘイゾーさん、もう一度、今の歌、歌ってください」

ヨシフの頼《たの》みに応じて、平蔵はもう一度、歌を口ずさんだ。アレクサンドルとヨシフを見ると、実に真剣《しんけん》な表情をして、一語も聞《き》き漏《も》らすまいとしている。その熱心さと期待に満ちた眼差《まなざ》しにつられるかのように、平蔵は続けて二度、復唱した。

夜空に向かってその歌を歌えば歌うほど、小さく縮こまっていた自分の心が、空のように大きく広がっていく。

「アメノウミ」

平蔵に続いて、アレクサンドルが真剣な面持《おもも》ちで口を開いた。

「そう、そうです。『アメノウミ』です」

嬉しくなって、平蔵は明るい声を出す。「クモノナミタチ」と続くのかと思ったら、

「ツキノフネ」

という言葉が飛び出してきた。すべては覚えきれなかったのだろう。異国の言葉なのだから当たり前だ、と思っていると、

「ツキノフネ」

⑦もう一度言いながら、アレクサンドルは夜空の月を指さしていた。アレクサンドルは「月の船」の意味をしっかり理解した上で、その言葉を発していたのだと分かった。

目が潤《うる》みかけるほどの感動が平蔵の胸に押《お》し寄《よ》せてきた。

「この歌を聞いた時、思いました。人は死んだら、空へ昇るのではないか。その時、死んだ人の心は『月の船』に乗って、空へ運ばれるのではないか。そう思ったのです」

⑧平蔵は一言一言を噛《か》み締《し》めるように、ゆっくりと語った。

「わたしはその時、月の船を造りたいと思った。船大工になろうと決めたのは、その時でした」

どうしてこんなことまで、このおろしあの人たちに話してしまうのか、平蔵は自分でも不思議に思いながらしゃべっていた。

日本人を相手にしゃべったところで、正確に理解してもらえるかどうかは分からない経験であるというのに。

それでも、この二人に伝えたかったのだ。そう平蔵は思った。

ヨシフは平蔵の言葉を、その都度、おろしあの言葉でアレクサンドルに伝えてくれた。

その後、二人は何度か言葉を交わし、ややあってから、ヨシフがⓑおもむろに「ヘイゾーさん」と言い出した。

「わたしたちの沈《しず》んだ船、ディアナといいました。知ってますか」

突然の言葉に戸惑《とまど》いながら、平蔵はうなずいた。

「はい。でぃあな号という名の船だと聞きました」

「ありがとうございます」

うつむいていた顔を思いきり上げて、礼の言葉を述べた時、空に昇り始めた月が目に飛び込んできた。

十七日の月は満月に少し欠けた形をしている。日が暮れてから少し経《た》った後、昇り始める立ち待ちの月だ。

かつて、太郎左衛門と一緒《いっしょ》に月を見た遠い日のことが思い出された。あの日、見たのは三日月だった。そのほっそりとした細い姿は、まさにあの歌の通り、船そのものだと思えたものだ。

「昔、その人と月を見ました」

気づいた時には、口が勝手に動き出していた。

平蔵は東の空から昇り始めたばかりの月に目を向けたまま言った。

「その人と見たのは、もっと細い、こういう形の月でした」

空中に、三日月の形を描《えが》いてみせる。

平蔵が一言しゃべって間を置く度に、ヨシフのおろしあの言葉が控《ひか》えめに続けられる。

「その時、その人から歌を教えてもらいました。こういう歌です」

――天《あめ》の海《うみ》に雲《くも》の波《なみ》立《た》ち月《つき》の船《ふね》　星《ほし》の林《はやし》に漕《こ》ぎ隠《かく》る見《み》ゆ

平蔵がいつもの会話とはまるで違う表情と口調で、歌を口ずさむと、

「⑤へ、へイゾーさん」

ヨシフが困惑《こんわく》した様子で口を挟《はさ》んできた。

「ごめんなさい。うた――は分かります。でも、意味、分からない」

「そうですよね。こちらこそすみません」

おろしあ人の二人には分からないだろうと思いつつ、どうしても、この歌を口ずさんでみたかったのだ。

自分が太郎左衛門から教えてもらい、船大工になろうと心を決めるきっかけになった歌、新しく生き直そうという思いを与《あた》えてくれた歌。

「この歌はこういう意味です。空のような海、いや、海のような空か。いや、ちょっと待ってください」

言いかけた後、慌てて首を横に振《ふ》り、平蔵はヨシフにまだ通訳しないでほしいと告げた。ヨシフは分かったとうなずき、黙《だま》って待っていてくれる。

この歌に、深い意味はない。星空に浮かぶ雲や、その間を渡っていく月の美しさを詠《よ》んだものだ。ただ、言葉や比喩《ひゆ》が類なく美しい。

しかし、それをいざ、異国の人に伝えようと思うと、言葉の壁《かべ》が立ちはだかった。

この歌の美しさを、ありのままに伝えることの、何と難しいことか。「天の海」をうっかり「空のような海」と訳しかけたが、それは違う。この場合、海が比喩であり、実際に存在しているのは空の方だ。ならば「海のような空」と言う方が正しいことになる。

とはいえ、そう言ってしまうと、何とも**注4**陳腐《ちんぷ》な気がして、平蔵は困惑を覚えた。

さらに、その次は「波のような雲がわき立ち」と言えば、まあ通じるとしても、「月の船」を「船のような月」と言って、アレクサンドルやヨシフに理解してもらえるだろうか。

平蔵は夜空の月を再び仰《あお》いだ。どう見ても、十七日の月は船には見えない。

だが、あの晩に見た月は、三日月だったのだ。あの時、自分の目には本当に月が船に見えたのだ、と言えば分かってもらえるか。

十二歳《さい》の時の自分が、何も説明されずにあれほど心を動かされたというのに、その衝撃《しょうげき》や感動を余さず異国の人に伝えることは、どれほど言葉を尽《つ》くしても難しい。

「海のような空に、波のような雲がわき立ち、月の船が星の林を漕いでいく、というような意味です」

⑥月の船と星の林はそのままにした。「月」「船」「星」「林」それぞ

て、「ありがとうございます」と続けて言い、深々と頭を下げた。

先ほど部屋の中で、船大工になれと言われた時には②少しも動かなかった心が、今は激しく揺《ゆ》さぶられていた。

あの時、おざなりに口にした感謝の言葉と、同じ言葉であるというのに、それを発する自分の心はまるで別人のように違《ちが》っていた。

――俺は生まれ変わろう。船大工を目指すんだ。

平蔵はもう一度、夜空の月を見上げた。くっきりと浮かび上がるその月に向かって、平蔵は確かな誓《ちか》いを立てた。

「ヘイゾーさん」

ⓐたどたどしい言葉遣《ことばづか》いの声に呼ばれて、平蔵ははっと我に返った。声のした方へ目をやると、アレクサンドルの姿が見える。その後ろには、こちらへ向かってくるヨシフの姿もあった。

「俺、どうしてここに……」

平蔵は茫然《ぼうぜん》と呟《つぶや》き、周囲を見回した。

「どうしたのですか、ヘイゾーさん」

アレクサンドルに追いついたヨシフが、声をかけてきた。

「いえ、何も……」

言いかけた平蔵は、それを自分で打ち消した。

江川太郎左衛門が亡くなったのだ。平蔵にとっての恩人というだけでなく、おろしあ人たちにとっても無縁《むえん》ではない。建造取締役《とりしまりやく》たる太郎左衛門の死は、今後の仕事ぶりに影響《えいきょう》がないとは言い切れなかった。

太郎左衛門の死を聞いて動転していたのか、造船所を出てからの記《き》憶《おく》がない。それでも、注3宝泉寺への道を知らず知らずたどってしまったことには、理由があるはずだった。

(俺はきっと、太郎左衛門さまの死を誰《だれ》かと分かち合いたかったんだ)

とにかく、自分にとって大事な人が亡くなったと誰かに知ってもらい、心を汲《く》んでもらいたかった。

親方の藤蔵は平蔵の悲しみや寂《さび》しさ、虚《むな》しさを理解してくれる一人に違いなかった。だが、分かち合う相手としては、年齢《ねんれい》や立場も違いすぎる。

では、アレクサンドルやヨシフがふさわしいのかといえば、立場の違いは藤蔵以上だ。そもそも、生まれ育った環境《かんきょう》がまるで異なり、言葉さえしっかり通じ合っているとは言いがたい。

(それでも、俺はアレクさんやヨシフさんに会いたかったのか)

そうだ――と、もう一人の自分が答える。

アレクサンドルやヨシフは、③今の平蔵の心を汲んでくれる数少ない人たちだった。

「大事な人が亡くなったのです」

平蔵は二人を前に告げた。大恩ある人、恩を受けた人――どう言うべきか迷ったが、結局「大事な人」という言葉にした。

ヨシフはアレクサンドルに平蔵の言葉を伝えた。二人はその後、何度か言葉を交《か》わしたが、ややあってからヨシフが遠慮《えんりょ》がちに「ヘイゾーさん」と呼びかけてきた。

「わたしたち、この国のやり方、知りません」

死者を悼《いた》む方法を知らないという意味なのだろう。

「わたしたちのやり方、平蔵さんを慰《なぐさ》められない。どうすればいいか、分かりません。でも、わたしたち、平蔵さんの心、分かります」

懸命《けんめい》に言葉を探し、選びながら伝えてくれるヨシフの心遣いが胸に沁《し》みた。

④この国で正しいとされるお悔《くや》みの言葉など、かけてもらわなくてもいい。今の言葉だけで十分だった。

着ていたが、平蔵は小袖《こそで》のみである。思わず衿《えり》を合わせると、

「寒いか」

と、太郎左衛門が微笑《ほほえ》みながら尋ねた。

「いえ、大丈夫《だいじょうぶ》です」

やせ我慢《がまん》をして、顔を空に向け、そう答えた。その目の中に、ほっそりとした月が飛《と》び込《こ》んできた。そういえば、今日は三日だったと、平蔵は思い出した。

その瞬間《しゅんかん》、どういうわけか、韮山《にらやま》に来てから通い続けた**注1**滝山《たきやま》不動の不動明王の顔が浮《う》かんだ。と思う間もなく、不意に何かが込み上げてきた。

「**注2**父ちゃんも士郎《しろう》も、たぶんもうこの世にはいないんですよね」

これまで自分から太郎左衛門に尋ねたことのない問いかけが、口をついて出た。

「伊佐次《いさじ》は死んだと聞いている」

太郎左衛門が淡々と告げた。

「つかまって磔《はりつけ》にされたわけではない。捕《と》らわれる前に死んだそうだ」

「そう……ですか」

「士郎の行方《ゆくえ》はいまだつかめていない」

すまぬ――と続けられた太郎左衛門の言葉に、いいんですと、平蔵は応じた。

「二人とも天に昇《のぼ》ったのなら、それで……」

そう言って、夜空の三日月をじっと見据《みす》えた。

ややあって、太郎左衛門の動く気配が伝わってきたが、平蔵は動かず、夜空の月を見つめ続けた。すると、何かがふわりと肩《かた》にかけられた。太郎左衛門が羽織を脱《ぬ》いで、着せかけてくれたのだった。

「あ、ありがとう存じます」

①礼の言葉を述べた時、声が震えた。夜空から切り取ったような三日月が、視界の中でかすかにぼやけた。

平蔵は思い出したように月から目をそらし、傍《かたわ》らの太郎左衛門を見つめた。太郎左衛門は月を見ていた。

「月を船にたとえた昔の歌があることを知っているか」

太郎左衛門は月から目をそらさず、突然言い出した。

「いえ、知りません」

平蔵が答えると、太郎左衛門はそのままの姿勢で、一首の歌を口ずさみ始めた。

天《あめ》の海《うみ》に雲《くも》の波立《なみた》ち月《つき》の船《ふね》　星《ほし》の林《はやし》に漕《こ》ぎ隠《かく》る見《み》ゆ

古い歌だというが、意味はそのまま理解できる。天の海、雲の波、月の船、星の林――何というきれいな言葉のたとえ方なのだろうと思った。

これまでそんなふうに思う言葉に出あったことはなかった。

平蔵はこの時、生まれて初めて、心の中のさまざまなものが洗い流されていく心地《ここち》がした。

月の船に乗って、天の海を漕いでいく。ああ、おそらく亡くなった人はそうやってあの世へ渡《わた》っていくのだろうと、素直《すなお》に思えた。

「平蔵、そなたはあの月のような船を造れ」

唐突《とうとつ》に、太郎左衛門は言った。だが、平蔵は唐突だとは思わなかった。自分も今まさに同じことを考えていたからだ。

あの美しい三日月のような船を造りたい、と――。

天の海を漕いでいく船を造りたい、と――。

「一からやり直せ。そなたはここから生き直すのだ」

太郎左衛門の言葉に、平蔵はすぐさま「はい」とうなずいた。そし

二〇二一年度 城北中学校

【国 語】〈第二回試験〉（五〇分）〈満点：一〇〇点〉

注意　解答するときには、句読点や記号も一字と数えます。

一　次の文章を読んで、後の問いに答えなさい。（作問の都合上、本文の一部を変更《へんこう》してあります。）

　時は嘉永《かえい》七（一八五四）年。大地震《だいじしん》によって、日本に滞在《たいざい》していた「おろしあ人（ロシア人）」の船が壊《こわ》れてしまうという事件が起こる。そこで、平蔵《へいぞう》をはじめとする日本の船大工たちは、その代わりとなる船をロシア人の通訳であるヨシフや設計士のアレクサンドルと共に造ることになった。しかしそんなとき、平蔵を子どものころに拾って育てた恩人であり、「おろしあ人」の船を造る責任者でもある江川太郎左衛門《えがわたろうざえもん》が亡くなってしまう。
　次の場面は、江川太郎左衛門が幼き日の平蔵に将来何になりたいかを尋《たず》ねているところである。

「俺《おれ》は――」

　平蔵は顔を上げ、太郎左衛門の目を見つめ返しながら、一気に告げた。

「百姓《ひゃくしょう》と悪党でなければ何でもいいです」

　その時の気持ちとしては、それ以外の答えは出てきようもなかった。何になりたいなどという気持ちはなかった。

　そんな平蔵に対し、太郎左衛門はこの時も「そうか」と短く応じた。

「いいだろう」

　突《つ》き放《はな》されるかと思っていた平蔵には、意外と思える言葉が続いた。

「なるべく、そなたの考えに沿う形で考えてみよう」

　太郎左衛門はそう言って、話を終えた。それがどういう意味か分かったのは、それから半月ほどを経た頃《ころ》だったろうか、十二月に入って間もない日のことであった。

　その日の晩、平蔵は太郎左衛門の部屋へ呼ばれた。

「そなたを船大工の親方に預けることにした」

　突然《とつぜん》、そう告げられた。それが、百姓と悪党でなければ何でもいいと言った平蔵の望みに沿う形で、太郎左衛門が用意してくれた自分の将来なのだと、一瞬遅《いっしゅんおく》れて平蔵は理解した。だが、嬉《うれ》しいとかありがたいとかいった気持ちは、すぐには湧《わ》かなかった。

「ここから山を越《こ》えた海沿いに戸田村《へだむら》という、漁師の多く暮らす村がある。そこには船大工たちの工房《こうぼう》もあるのだが、藤蔵《とうぞう》という親方がわしの知り合いでな。そなたを預かってくれるそうだ。そなたは藤蔵の弟子《でし》となり、船大工となる修業《しゅぎょう》に励《はげ》め」

「はい」

　平蔵は淡々《たんたん》とうなずいた。自分の言い分を聞いてもらえたのだから喜ばしい話なのだが、なかなかそうは思えなかった。太郎左衛門に礼を述べていなかったことに気づき、慌《あわ》てて「ありがとうございます」と頭を下げると、

「少し外へ出ないか」

と、いきなり太郎左衛門が告げた。

　冬の寒い晩のことだ。どんな物好きが外に出るのか、という時節であったが、平蔵に逆らいようはなかった。

　太郎左衛門は障子を開け、さらにその向こうの戸も開けると、履物《はきもの》を履《は》いて庭へ出た。草履《ぞうり》がもう一つ置いてあったので、平蔵はそれを借りて、太郎左衛門の後に続いた。

　外の風に当たった途端《とたん》、全身に震《ふる》えが走った。太郎左衛門は羽織を

2021年度 城北中学校 ▶解説と解答

算数 ＜第２回試験＞（50分）＜満点：100点＞

解答

$\boxed{1}$ (1) $\frac{1}{2}$　(2) 420　$\boxed{2}$ (1) 3000円　(2) ① 16度　② 64度　(3) 120個　(4) 29 g　(5) $\frac{2}{9}$倍　(6) 31.12cm　$\boxed{3}$ (1) ア 7　イ 3　(2) 96　(3) エ 8　オ 512　(4) カ 9　キ 3個　(5) 8通り　$\boxed{4}$ (1) 80度　(2) 32：9　(3) $93\frac{1}{3}\text{cm}^2$　$\boxed{5}$ (1) ① 12度　② 4度　(2) 3時$43\frac{7}{11}$分　(3) ① 4回　② 3時$46\frac{10}{11}$分，168度

解説

$\boxed{1}$ 四則計算，計算のくふう

(1) $3-\left\{\left(\frac{5}{6}-0.8\right)\times15+\frac{5}{4}\div0.625\right\}=3-\left\{\left(\frac{5}{6}-\frac{4}{5}\right)\times15+\frac{5}{4}\div\frac{5}{8}\right\}=3-\left\{\left(\frac{25}{30}-\frac{24}{30}\right)\times15+\frac{5}{4}\times\frac{8}{5}\right\}=3-\left(\frac{1}{30}\times15+2\right)=3-\left(\frac{1}{2}+2\right)=2\frac{2}{2}-2\frac{1}{2}=\frac{1}{2}$

(2) $105\times1.23+6.15\times39+320\times0.17-2\times1.7=105\times1.23+1.23\times5\times39+32\times10\times0.17-2\times1.7=1.23\times105+1.23\times195+32\times1.7-2\times1.7=1.23\times(105+195)+(32-2)\times1.7=1.23\times300+30\times1.7=369+51=420$

$\boxed{2}$ 相当算，角度，分数の性質，平均，消去算，辺の比と面積の比，図形の移動，長さ

(1) 最初に持っていた金額を$\boxed{1}$とすると，右の図1のように表せる。図1より，$\boxed{1}-\boxed{\frac{1}{3}}-\boxed{\frac{2}{5}}=\boxed{\frac{4}{15}}$が，$1000-200=800$(円)にあたるので，$\boxed{1}$にあたる金額，つまり，最初に持っていた金額は，$800\div\frac{4}{15}=3000$(円)と求められる。

図1

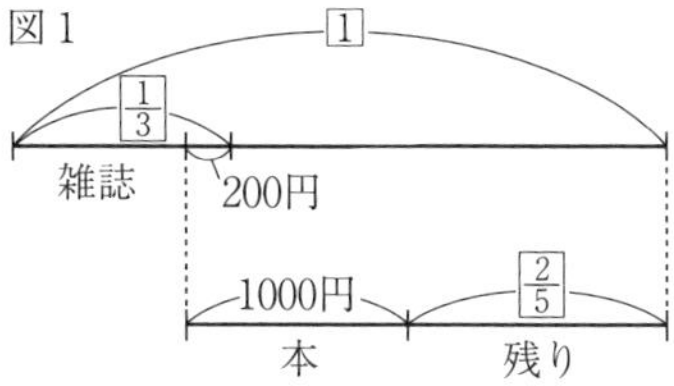

(2) 右下の図2で，四角形ABCDは長方形だから，三角形OCDは二等辺三角形である。すると，角エの大きさは66度なので，角オの大きさは，$90-66=24$(度)となる。また，角アの大きさを$\boxed{2}$，角イの大きさを$\boxed{5}$とすると，三角形EBDの内角と外角の関係より，角オの大きさは，$\boxed{5}-\boxed{2}=\boxed{3}$と表せる。よって，$\boxed{1}=24\div3=8$(度)だから，角アの大きさは，$8\times2=16$(度)と求められる。さらに，角イの大きさは，$8\times5=40$(度)で，三角形AODも二等辺三角形だから，角カの大きさは角オと同じ24度になる。したがって，三角形AEFの内角と外角の関係より，角ウの大きさは，$40+24=64$(度)とわかる。

図2

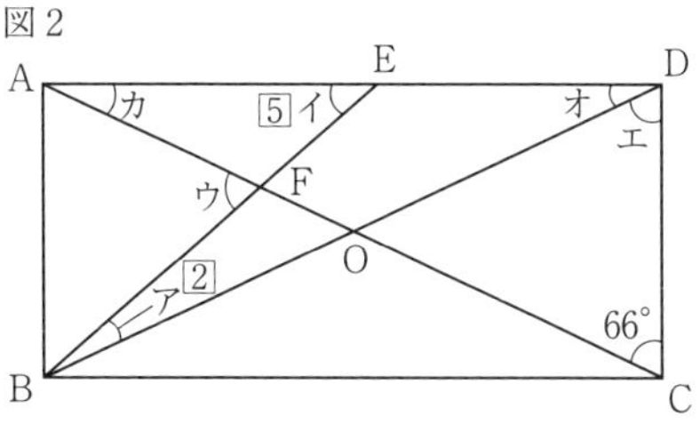

(3) $225=9\times25=3\times3\times5\times5$より，分母が225の分数のうち，約分できないものは，分子が3の倍数でも5の倍数でもない分数である。1から225までの整数のうち，3の倍数は，$225\div3=75$

(個)，５の倍数は，225÷５＝45(個)あり，３と５の公倍数，つまり，３×５＝15の倍数は，225÷15＝15(個)あるから，３または５の倍数は，75＋45－15＝105(個)ある。よって，１から225までの整数のうち，３の倍数でも５の倍数でもない整数は，225－105＝120(個)あるので，約分できない分数は全部で120個ある。

(4) (合計)＝(平均)×(個数)より，５つのおもりの重さの合計は，18×５＝90(g)である。また，５つの重さを軽い順にＡg，Ｂg，Ｃg，Ｄg，Ｅgとすると，２つを組み合わせた重さのうち，１番軽いものは(Ａ＋Ｂ)g，２番目に軽いものは(Ａ＋Ｃ)g，１番重いものは(Ｄ＋Ｅ)gなので，右上の図３のア，イ，ウのように表せる。ア，ウより，Ｃ＝90－(27＋47)＝16(g)だから，イより，Ａ＝28－16＝12(g)，アより，Ｂ＝27－12＝15(g)となる。さらに，２つを組み合わせた重さのうち，３番目に軽いものは(Ａ＋Ｄ)gか(Ｂ＋Ｃ)gのどちらかとなるが，(Ｂ＋Ｃ)gは，15＋16＝31(g)であり，30gではないから，(Ａ＋Ｄ)gが３番目に軽く，30gとわかる。よって，Ｄ＝30－12＝18(g)だから，ウより，Ｅ＝47－18＝29(g)と求められる。

図３

Ａ＋Ｂ＝27(g)…ア
Ａ＋Ｃ＝28(g)…イ
Ｄ＋Ｅ＝47(g)…ウ

(5) 右の図４のように，斜線《しゃせん》部分の六角形の対角線を引くと，○印をつけた三角形はすべて合同な正三角形なので，斜線部分の面積は三角形DFHの面積の，$6 \div 9 = \frac{2}{3}$(倍)である。また，三角形ABCの面積を１とすると，BF：BC＝１：３より，三角形ABFの面積は，$1 \times \frac{1}{3} = \frac{1}{3}$で，DB：AB＝２：３より，三角形DBFの面積は三角形ABFの面積の$\frac{2}{3}$倍だから，$\frac{1}{3} \times \frac{2}{3} = \frac{2}{9}$とわかる。同様に，三角形FCH，三角形HADの面積も$\frac{2}{9}$だから，三角形DFHの面積は，$1 - \frac{2}{9} \times 3 = \frac{1}{3}$となる。よって，斜線部分の面積は，$\frac{1}{3} \times \frac{2}{3} = \frac{2}{9}$となるので，三角形ABCの面積の$\frac{2}{9}$倍である。

図４

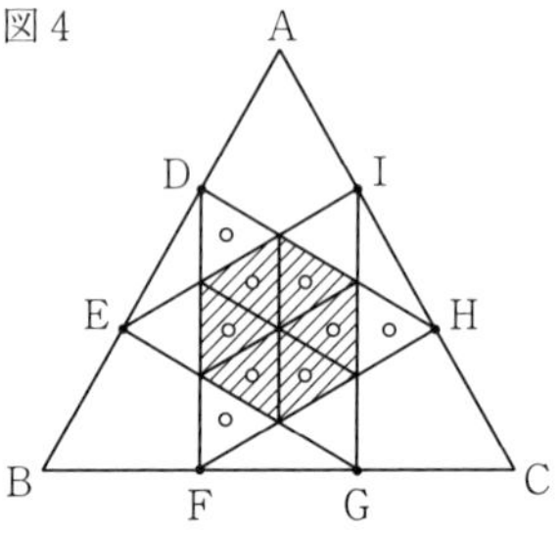

(6) 右の図５で，正三角形の頂点の１つをＡの位置に固定すると，動くことができる部分はおうぎ形ARTとなる。同様に，正三角形の頂点の１つをＢの位置に固定すると，動くことができる部分はおうぎ形BQUになる。また，ＡとＢがどちらも正三角形の辺上にくるようにすると，動くことができる部分は六角形PQRSTUになる。よって，動くことができる部分の図形の周は太線部分となる。ここで，正三角形の１つの角は60度だから，おうぎ形ARTとおうぎ形BQUの中心角はどちらも，60×２＝120(度)である。したがって，弧《こ》RTと弧QUの長さの和は，$6 \times 2 \times 3.14 \times \frac{120}{360} \times 2 = 8 \times 3.14 = 25.12$(cm)で，直線QR，UTの長さはそれぞれ３cmだから，周の長さは，25.12＋３×２＝31.12(cm)と求められる。

図５

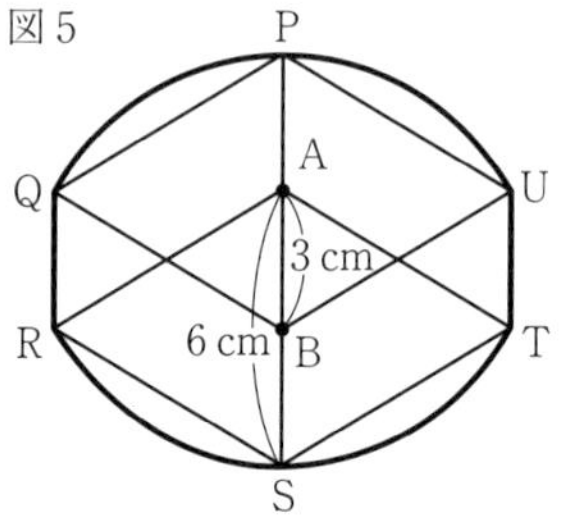

3 整数の性質

(1) 12＝２×２×３，16＝２×２×２×２より，２×12×16は，２を，１＋２＋４＝７(個)と３を１個かけた数になる。よって，２×12×16は，２で７回割り切れて，２で割り切れなくなったときの数は３になるから，【２，12，16】＝７，<２，12，16>＝３である。

(2) 【Ａ，Ｂ，Ｃ】＝５で，<Ａ，Ｂ，Ｃ>＝３のとき，(Ａ×Ｂ×Ｃ)は，２で５回割り切れて，２

で割り切れなくなったときの数は３になるから，$A\times B\times C=2\times2\times2\times2\times2\times3=96$とわかる。

(3)　＜A，B，C＞＝１となる($A\times B\times C$)，つまり，２で割り切れなくなったときの数が１となる($A\times B\times C$)は，２だけの積の形で表せる数である。１～20のうち，２だけの積の形で表せる数は，２，４，８，16だから，＜A，B，C＞＝１となる($A\times B\times C$)のうち，最も小さい数は，$1\times2\times4=8$で，最も大きい数は，$16\times8\times4=512$となる。

(4)　１から20までの２の倍数について，２で割り切れる回数を調べると，右のようになる。よって，($A\times B\times C$)を２で割り切れる回数が最も大きくなるのは，４回割り切れる16と，３回割り切れる８を選び，さらに，２回割り切れる４，12，20のうちの１つを選んだときだから，【A，B，C】$=4+3+2=9$であり，($A\times B\times C$)として考えられる数は，$16\times8\times4$，$16\times8\times12$，$16\times8\times20$の３個ある。

２…１回	４…２回
６…１回	８…３回
10…１回	12…２回
14…１回	16…４回
18…１回	20…２回

(5)　【A，B，C】＝８となるのは，㋐４回割り切れる16を選び，さらに，２回割り切れる４，12，20のうちから２つ選ぶ場合と，㋑４回割り切れる16と３回割り切れる８を選び，さらに，１回割り切れる２，６，10，14，18のうちから１つ選ぶ場合がある。㋐の場合，16以外の２つの数字の選び方は{4，12}，{4，20}，{12，20}の３通りあるから，３つの数字の選び方も３通りある。㋑の場合，16と８以外の１つの数字の選び方が５通りあるから，３つの数字の選び方も５通りある。よって，３つの数字の選び方は全部で，$3+5=8$(通り)ある。

4　立体図形―展開図，角度，辺の比と面積の比，面積

(1)　円すいの側面を展開図に表すと，右の図①のようになる。はった紙は正三角形なので，１つの内角は60度であり，太線部分の弧の長さは，$6\times2\times3.14\times\frac{60}{360}=2\times3.14$(cm)とわかる。よって，問題文中の図１の角アは，半径が4.5cmで，弧の長さが(2×3.14)cmのおうぎ形の中心角だから，角アの大きさをx度とすると，$4.5\times2\times3.14\times\frac{x}{360}=2\times3.14$(cm)と表せる。したがって，$\frac{x}{360}=(2\times3.14)\div(4.5\times2\times3.14)=\frac{2}{9}$より，$x=360\times\frac{2}{9}=80$(度)と求められる。

図①

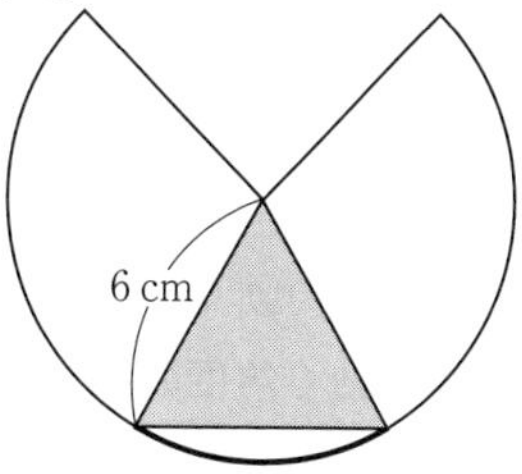

(2)　正三角すいの面を展開図に表すと，右の図②のようになる。図②で，三角形ABCの面積，つまり，正三角すいの表面積を１とすると，AF：AC＝４：(４＋４)＝４：８＝１：２より，三角形ABFの面積は，$1\times\frac{1}{2}=\frac{1}{2}$となる。さらに，AD：AB＝２：８＝１：４より，三角形ADFの面積は，三角形ABFの面積の$\frac{1}{4}$だから，$\frac{1}{2}\times\frac{1}{4}=\frac{1}{8}$とわかる。同様に考えると，BE：BC＝(４－１)：８＝３：８，BD：BA＝(２＋４)：８＝６：８＝３：４より，三角形DBEの面積は，$1\times\frac{3}{8}\times\frac{3}{4}=\frac{9}{32}$，CF：CA＝４：８＝１：２，CE：CB＝(４＋１)：８＝５：８より，三角形CFEの面積は，$1\times\frac{1}{2}\times\frac{5}{8}=\frac{5}{16}$となる。よって，三角形DEFの面積，つまり，はった紙の面積は，$1-\frac{1}{8}-\frac{9}{32}-\frac{5}{16}=\frac{9}{32}$となるから，正三角すいの表面積とはった紙の面積の比は，１：

図②

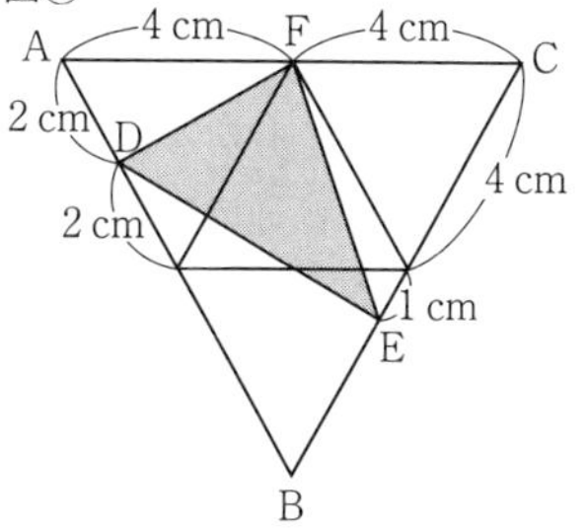

$\frac{9}{32}$＝32：９と求められる。

(3)　三角形の紙をはった面を展開図に表すと，右の図③のようになる。図③で，三角形IJKと三角形ILMは相似だから，IJ：IL＝JK：LMとなり，IJ＝８－５＝３(cm)，IL＝３＋４＝７(cm)なので，IJ：IL＝JK：LM＝３：７である。よって，LM＝$4\times\frac{7}{3}=\frac{28}{3}$(cm)だから，MN＝$16+4-\frac{28}{3}=\frac{32}{3}$(cm)となる。したがって，三角形ILMの面積は，$7\times\frac{28}{3}\div2=\frac{98}{3}=32\frac{2}{3}$(cm^2)，三角形GMNの面積は，$(8+4)\times\frac{32}{3}\div2=64$(cm^2)，三角形GHIの面積は，(16＋４)×５÷２＝50(cm^2)である。長方形GHLNの面積は，(16＋４)×(８＋４)＝240(cm^2)だから，三角形GIMの面積，つまり，はった紙の面積は，$240-32\frac{2}{3}-64-50=93\frac{1}{3}$(cm^2)と求められる。

図③

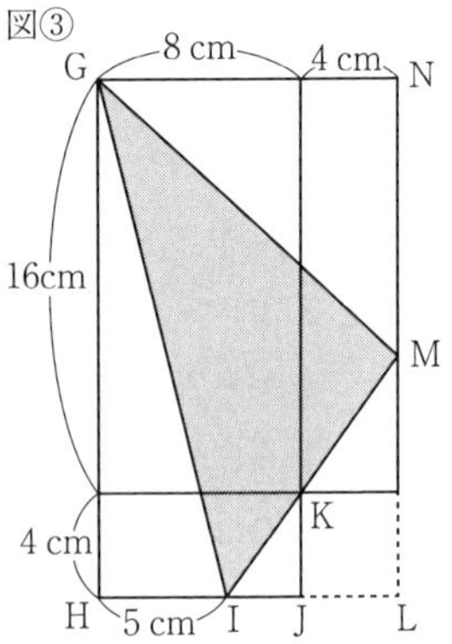

5　グラフ―時計算

(1)　右の図①のグラフで，２時30分に角度の減り方が変わっているので，このときに再び針の動く速さを変えたことがわかる。また，再び速さを変えたのは長針が１周したときだから，２時０分から２時30分までの30分間で，長針は１周，つまり，360度動いたことになる。よって，２時０分に速さを変えた後，長針は１分間に，360÷30＝12(度)だけ動いたとわかる。また，２時30分に再び速さを変えてから４時０分までの90分間で，長針は360度動いたので，再び速さを変えた後，長針は１分間に，360÷90＝４(度)だけ動いたとわかる。

図①

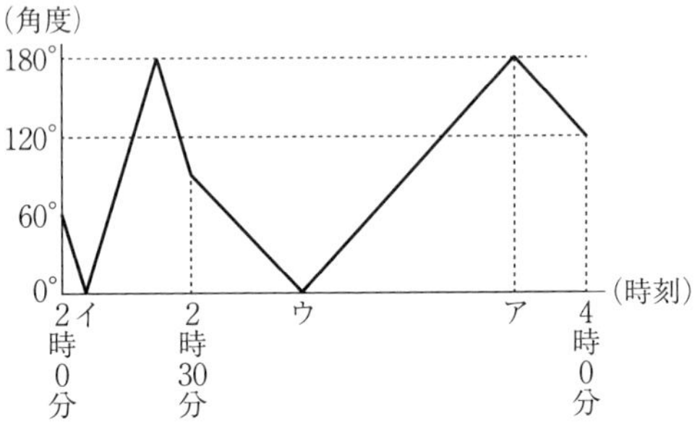

(2)　針の動く速さが変化しても長針が360度動く間に短針は30度だけ動くから，長針と短針が１分間に動く角度の比は，360：30＝12：１である。よって，２時30分から４時０分まで，短針は１分間に，$4\times\frac{1}{12}=\frac{1}{3}$(度)だけ動くので，１分間に長針は短針よりも，$4-\frac{1}{3}=\frac{11}{3}$(度)多く動く。また，２つの針の作る角度がアの時刻に180度になってから，４時０分に120度になるまで，長針は短針よりも，180－120＝60(度)多く進んだので，アの時刻から４時０分までの時間は，$60\div\frac{11}{3}=\frac{180}{11}=16\frac{4}{11}$(分)とわかる。よって，アの時刻は，４時０分－$16\frac{4}{11}$分＝３時$43\frac{7}{11}$分と求められる。

(3)　①　普《ふ》通《つう》の時計の２つの針の作る角度についてのグラフを図①にかきこむと，２つのグラフの交わる点は，角度が等しくなるときを表すから，２つのグラフの交わる点の数を求めればよい。まず，普通の時計では１分間に，長針は，360÷60＝６(度)，短針は，30÷60＝0.5(度)だけ動くので，１分間に長針は短針よりも，６－0.5＝5.5(度)多く動く。よって，２時０分の後，２つの針の作る角度が最初に０度になるのは，２時０分から，$60\div5.5=\frac{120}{11}=10\frac{10}{11}$(分後)の２時$10\frac{10}{11}$分，最初に180度になるのは，２時０分から，$(60+180)\div5.5=\frac{480}{11}=43\frac{7}{11}$(分後)の２時$43\frac{7}{11}$分，２回目に０度になるのは，２時０分から，$(60+360)\div5.5=\frac{840}{11}=76\frac{4}{11}$(分後)の３時$16\frac{4}{11}$分，２回目に180度になるのは，２時０分から，$(60+180+360)\div5.5=\frac{1200}{11}=109\frac{1}{11}$(分後)の３時$49\frac{1}{11}$分となり，４時

0分に角度は120度になる。一方，時計Aでは2時0分から2時30分まで，針は普通の時計よりも速く動くから，普通の時計で最初に0度となる2時$10\frac{10}{11}$分は図1のイの時刻より遅《おそ》くなる。また，図①のウの時刻からアの時刻までの時間は，$180\div\frac{11}{3}=\frac{540}{11}=49\frac{1}{11}$(分)だから，ウの時刻は，3時$43\frac{7}{11}$分$-49\frac{1}{11}$分＝2時$54\frac{6}{11}$分となり，普通の時計で2回目に0度となる3時$16\frac{4}{11}$分はウの時刻より遅いことがわかる。さらに，普通の時計で2回目に180度となる3時$49\frac{1}{11}$分はアの時刻$\left(3時43\frac{7}{11}分\right)$より遅い。よって，図①のグラフに普通の時計についてのグラフをかきこむと，右の図②のようになるから，角度が等しくなる回数は4回となる。

図②

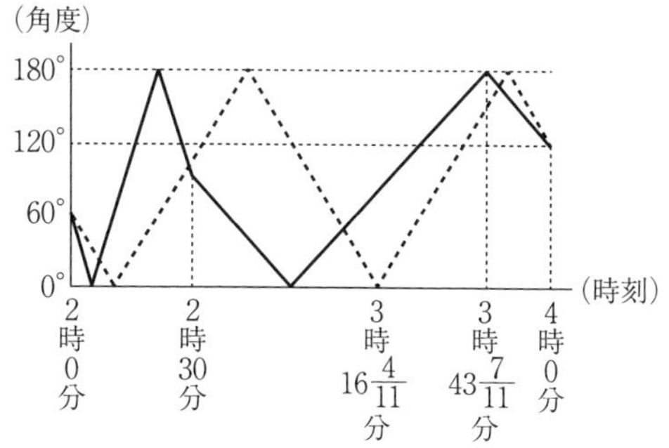

② 図②の3時$43\frac{7}{11}$分で，普通の時計の2つの針が作る角度は，$5.5\times43\frac{7}{11}-90=150$(度)となる。すると，普通の時計と時計Aで，2つの針が作る角度の差は，$180-150=30$(度)とわかる。この後，2つの針が作る角度は，普通の時計では1分間に5.5度増え，時計Aでは1分間に$\frac{11}{3}$度減るから，角度の差は1分間に，$5.5+\frac{11}{3}=\frac{55}{6}$(度)縮まる。よって，最後に角度が等しくなった時刻は，3時$43\frac{7}{11}$分から，$30\div\frac{55}{6}=\frac{36}{11}=3\frac{3}{11}$(分後)なので，3時$43\frac{7}{11}$分$+3\frac{3}{11}$分＝3時$46\frac{10}{11}$分とわかる。また，そのときの角度は，$180-\frac{11}{3}\times\frac{36}{11}=180-12=168$(度)と求められる。

社　会　＜第２回試験＞（40分）＜満点：70点＞

解　答

[1] 問1　ウ　問2　∴　問3　オ　問4　エ　問5　イ　問6　ウ　問7　ア　問8　エ　問9　濃尾　問10　ヒートアイランド　問11　A　三重　B　伊勢　C　豊田　D　瀬戸　E　一宮　問12　オ　[2] 問1　ア　問2　エ　問3　安徳(天皇)　問4　オ　問5　イ　問6　エ　問7　エ　問8　ア　問9　ア　問10　イ　問11　①　エ　②　キ　③　カ　問12　エ　問13　イ　問14　イ　問15　ウ　問16　ウ　問17　ウ　問18　ア　問19　ア　[3] 問1　法務(省)　問2　エ　問3　[1]　ア　[2]　イ　問4　ア　問5　ウ　問6　イ　問7　ア　問8　エ　問9　エ　問10　ウ

解　説

[1] 浜松市の気候を題材にした問題

問1　政令指定都市は内閣の政令で指定される人口50万人以上(実際には一定の条件を満たした人口70万人以上)の都市で，都道府県並みの行財政権を持ち，都道府県を経由しないで国と直接行政上の手続きができる。2021年2月現在，全国に20市あるが，ウの高松市(香川県)は指定されていない。なお，静岡県は県庁所在地の静岡市と人口が県内一である浜松市の2市が指定を受けている。

問2　静岡県は，中南部の牧之原を中心に茶の栽培がさかんなことで知られる。茶畑の地図記号は，茶の種の断面図を図案化した(∴)であらわされる。なお，示された円グラフは生葉の生産量を示したもので鹿児島県が全国第1位となっているが，荒茶(茶葉を保存できる状態まで加工したもの)としての生産量は静岡県が第1位。統計資料は「作物統計調査2019」および『日本国勢図会』2020／21年版による(以下同じ)。

問3　静岡県には，東から順に富士川・大井川・天竜川が流れているので，オが正しい。

問4　まず，大阪市は瀬戸内の気候に属するため，年間降水量が少ないのでイが選べる。つぎに，熊本市は温暖な気候で，梅雨の時期には比較《ひかく》的降水量が多くなることから，アだと判断できる。残った2つはいずれも太平洋側の気候に属しているが，より南に位置する浜松市が年平均気温の高いエとなり，ウが東京の雨温図となる。

問5　中国(中華人民共和国)では，人口増加を抑えるため，1979～2015年に「一人っ子政策」をとっていた。その後，この政策は廃止されたので，イが誤っている。

問6　インドは第二次世界大戦後，イギリスから独立したので，公用語のヒンディー語のほかに，準公用語(公用語の次に用いられる言語)として英語が定められている。

問7　日本列島の上空には，強い西風である偏西風が一年中吹《ふ》いている。よって，アが正しい。

問8　湿った風が山にぶつかって上昇するさいに雨を降らせて水分を失い，山を越《こ》えて下るときに高温で乾燥した風になって風下側に吹き下ろす現象をフェーン現象という。これが起きると風下側の地域では気温が上がる。よって，エが正しい。

問9　濃尾平野は岐阜県南部から愛知県西部にかけて広がる平野で，木曽・長良・揖斐《いび》の「木曽三川」が流れている。濃尾平野南西部は低湿地帯となっており，昔から洪水に悩まされてきたことから，耕地や集落の周囲を堤防で囲む輪中が発達した。

問10　ヒートアイランド現象は，都市部の気温がその周辺地域に比べて高くなる現象で，等温線を結ぶと島状になることから名づけられた。そのおもな原因としては，アスファルト舗装《ほそう》による蓄熱の増加，樹木や草地の減少，高層建築物による風の変化，エアコン・自動車・工場からの排熱《はいねつ》の増加などがあげられる。

問11　**A**，**B**　愛知県・三重県の伊勢湾岸から岐阜県南部にかけて広がる中京工業地帯は，自動車工業を中心とする日本最大の工業地帯となっており，機械工業が工業出荷額の約3分の2を占《し》めている。　**C**　豊田市は，戦前にトヨタ自動車の本社・工場が設立されて以来，世界的な自動車工業都市として発展した。　**D**　瀬戸市は陶磁器《とうじき》の生産がさかんで，生産された焼物は瀬戸物としてよく知られる。　**E**　一宮市は，毛織物の生産がさかんである。

問12　東京特別区(23区)を除き，人口が最大なのは横浜市(神奈川県)で，以下，大阪市・名古屋市(愛知県)・札幌市(北海道)・福岡市が続く。よって，オが正しい。

2　各時代の歴史的なことがらについての問題

問1　法隆寺は聖徳太子が大和《やまと》国(奈良県)の斑鳩《いかるが》に建てた寺である。その一部は現存する世界最古の木造建築物として知られており，ユネスコ(国連教育科学文化機関)の世界文化遺産に登録されている。よって，アが正しい。

問2　645年，中大兄皇子(のちの天智天皇)と中臣鎌足らが蘇我氏を滅ぼし，大化の改新とよばれる一連の政治改革を始めた。この改革では，すべての土地と人民を国家(天皇)のものとする公地公民を原則とした。よって，エが正しい。

問３　平清盛は娘の徳子を高倉天皇の后《きさき》とし，生まれた子をわずか１歳で安徳天皇として即位《そくい》させた。安徳天皇は壇ノ浦《だんのうら》の戦い(1185年)で平氏が滅亡したさい，入水《じゅすい》して亡くなっている。

問４　藤原氏は，天皇が幼いときには摂政《せっしょう》，成人してからは関白として政治を行った。これを摂関政治といい，11世紀前半の藤原道長・頼通父子のころにその全盛期をむかえた。よって，オが正しい。

問５　11世紀の中ごろ，浄土《じょうど》教を深く信仰した藤原頼通は，阿弥陀《あみだ》仏をまつるため京都の宇治に平等院鳳凰《ほうおう》堂を建立した。よって，イが正しい。なお，アは室町時代の守護大名・山名氏，ウは藤原不比等《ふひと》，エは藤原道長について述べた文。

問６　北条泰時《やすとき》は鎌倉幕府の第３代執権《しっけん》で，1225年に評定衆《ひょうじょうしゅう》を設置し，1232年には初の武家法である御成敗式目を制定した。よって，エが正しい。なお，アの北面の武士を設置したのは白河上皇，イの検非違使《けびいし》を設置したのは嵯峨《さが》天皇，ウの六波羅探題を設置したのは第２代執権北条義時である。

問７　鎌倉幕府は２度にわたる元寇《げんこう》(元軍の襲来《しゅうらい》)を退けたものの，新たな領土を得たわけではなく，多大な犠牲を強いられた御家人に満足な恩賞を与えることができなかった。また，３度目の襲来を警戒《けいかい》して警備にあたった御家人の負担はさらに重いものであった。よって，エが正しい。

問８　後醍醐《ごだいご》天皇の建武の新政を批判した史料としてよく知られるのは，アの「二条河原の落書《らくしょ》」である。

問９　御成敗式目は鎌倉幕府が定めたものなので，アが正しくない。なお，問６の解説も参照のこと。

問10　分国法は，戦国時代に各地に割拠《かっきょ》した戦国大名が自分の領国を支配するために制定した法令である。越前(福井県)の朝倉氏の「朝倉敏景十七箇条」も分国法の一つである。よって，イが正しい。なお，アについて，織田信長は座を廃止し，商工業者の自由な営業を認めた(楽市楽座)。ウについて，加賀の一向一揆(1488～1580年)では，守護大名の富樫《とがし》氏を滅ぼして自治を行った。エについて，甲斐《かい》は山梨県の旧国名。石見銀山は現在の島根県にある。

問11　①　徳川吉宗の享保の改革(1716～45年)では，青木昆陽に命じさつまいもの栽培の研究をさせた。　②　田沼意次の政治では，印旛《いんば》沼の干拓事業を行ったが失敗した。　③　松平定信の寛政の改革(1787～93年)では，飢饉《ききん》に備えて囲い米の制を定めた。　なお，アの長崎貿易の制限とイの朝鮮通信使の接待を簡素化したのは新井白石，ウの株仲間の解散を命じたのは水野忠邦の天保の改革(1841～43年)，オの生類憐《あわれ》みの令を発したのは徳川綱吉。

問12　アは1918年，イは1915年，ウは1925年でいずれも大正時代(1912～26年)のできごとであるが，自由民権運動と国会開設を約束した(国会開設の勅諭《ちょくゆ》)のは明治時代のできごとなので，エが正しくない。

問13　幕末から昭和時代初期にかけて，日本の輸出の中心は生糸であった。

問14　生糸は，養蚕によってカイコがつくる繭《まゆ》玉を原料とする。

問15　1923年９月１日，相模《さがみ》湾を震源とするマグニチュード7.9の大地震が起こり，関東地方南部を中心に大災害が発生した。よって，ウが正しい。なお，アの八幡製鉄所の操業は1901年，イの配給制の実施は1938年，エの船成金が生まれたのは第一次世界大戦(1914～18年)のとき。

問16　1937年に日中戦争が始まると，国内の戦時体制を築くため，翌38年に国家総動員法が制定され，経済統制が強化された。よって，ウが正しい。なお，アの満25歳以上の男子による普通選挙の実施は1928年，イの米騒動は1918年，エの大政翼賛会の成立は1940年。

問17　日中戦争(1937～45年)は，盧溝橋《ろこうきょう》事件をきっかけに始まった。よって，ウが正しい。なお，アの柳条《りゅうじょう》湖《こ》事件は1931年，イの張作霖《ちょうさくりん》爆殺事件は1928年，エの山東出兵は1927年。

問18　満州は中国東北部で，遼東《リャオトン》半島もふくまれる。よって，アが正しい。なお，イの南樺太はロシア領，ウの山東半島は黄海をはさんで朝鮮半島と向かい合う地域，エの上海は長江(揚子江)の河口に位置する。

問19　人類史上初の原子爆弾はアメリカ軍によって1945年８月６日に広島に投下され，３日後の９日には長崎にも投下された。よって，アが正しくない。

3　日本の司法制度と地球環境についての問題

問１　法務省は法の整備や人権を守る仕事を行う国の行政機関で，国籍《こくせき》や戸籍を管理する法務局や，罪を犯した疑いのある人を調べたり起訴するかどうかを決めたりする検察庁などが属している。

問２　裁判官は憲法により身分が保障されているが，心身の故障で職務をはたせないと判断されたときは，辞めなければならない。よって，エが正しい。なお，アとイについて，裁判官を辞めさせるかどうかの弾劾《だんがい》については国会が行う。ウについて，上級裁判所が下級裁判所の裁判に介入することはできない。

問３　［１］　逮捕《たいほ》や捜査などの令状を発行するのは裁判所なので，アが誤っている。　［２］　裁判で判決に不服がある場合，上級の裁判所に裁判のやり直しを求めることができる。よって，イが正しい。なお，アについて，刑事事件で裁判所に起訴するのは検察。ウについて，犯罪の疑いをかけられた人は被疑者となり，起訴された段階で(刑事)被告人とよばれる。エについて，重大な刑事事件においてのみ，裁判員制度が導入されている。

問４　最高裁判所長官は内閣が指名し，天皇が任命する。よって，アが誤っている。

問５　資料の表において，死刑の件数は平成20年から平成23年にかけて２倍以上に増加している。よって，ウが誤っている。

問６　2020年７月25日，南半球にあるモーリシャス沖で日本企業の大型貨物船が座礁《ざしょう》し，大量の重油が海に流出した。その結果，マングローブやサンゴ礁，そこを住処《すみか》としている生物などに深刻な影響を与えた。モーリシャスはアフリカのマダガスカルの東方，インド洋上に位置する島国である。なお，アのモザンビークはアフリカ大陸の南東部，ウのモロッコとエのモーリタニアはアフリカ大陸の北西部に位置する。

問７　UNEP(国連環境計画)は地球の環境保全のためにさまざまな活動を行う機関で，本部はケニアの首都ナイロビに置かれている。なお，イのUNDPは国連開発計画，ウのUNICEF(ユニセフ)は国連児童基金，エのUNESCO(ユネスコ)は国連教育科学文化機関の略称。

問８　１の地球温暖化防止京都会議は1997年，２の国連人間環境会議は1972年，３の国連環境開発会議(地球サミット)は1992年である。よって，年代の古い順は２→３→１となる。

問９　日本において，再生可能エネルギー(水力を除く)の供給割合はわずか5.2％にしか過ぎない。よって，エが誤っている。

問10　日本は消費する石油のほとんどを輸入にたよっており，このうち輸入先は西アジア諸国(中東地域)が大部分を占め，なかでもサウジアラビアからの原油の輸入量が35.8％と最も多い。以下，アラブ首長国連邦・カタール・クウェート・ロシア連邦となっている。

理　科　＜第２回試験＞（40分）＜満点：70点＞

解　答

1 問１　20cm^3　問２　30ｇ　問３　110ｇ　問４　110ｇ　問５　530ｇ　2 問１　ア　12　イ　1500　ウ　18000　エ　306000　問２　エ　3 問１　①　水蒸気　②　水(液体)　③　(例)　試験管が割れて　問２　(1)　解説の図Ⅰを参照のこと。(2)　解説の図Ⅱを参照のこと。　4 問１　ア　問２　エ，ク　問３　右の図ｉ　問４　エ　5 問１　エ→ア→オ→キ→イ→カ→ウ　問２　ウ　問３　48個　6 問１　有毒(有害)　問２　イ　問３　右の図ii　問４　エ　7 問１　10℃　問２　15℃　問３　ア　問４　6.8ｇ　問５　1500m　問６　2.5℃

図ｉ

図ii

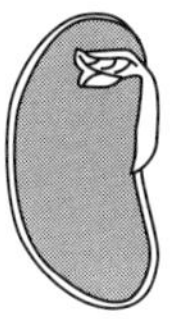

解　説

1 浮力《ふりょく》と力についての問題

問１　水の中の物体は，物体が押《お》しのけた水の重さに等しい浮力を受ける。160ｇの球Ａを水中に沈《しず》めたとき，ばねばかりが140ｇを示したので，球Ａにはたらく上向きの浮力の大きさは，160－140＝20(ｇ)と求められる。よって，球Ａの体積は，水の重さが１cm^{3}あたり１ｇなので，20÷１＝20(cm^3)とわかる。

問２　球Ａと球Ｂの重さの和は，640－(150＋300)＝190(ｇ)なので，球Ｂの重さは，190－160＝30(ｇ)である。また，球Ｂの体積は球Ａの体積の３倍の，20×３＝60(cm^3)であるため，水中では60×１＝60(ｇ)の浮力を受ける。よって，球Ｂには，下向きに球Ｂの重さと同じ30ｇの力，上向きに60gの浮力がはたらき，さらに，糸が引く力が下向きにはたらいている。よって，糸にはたらく力は，60－30＝30(ｇ)となる。

問３　球Ａにはたらく力は，下向きに球Ａの重さと同じ160ｇの力，上向きに20ｇの浮力，上向きに30ｇの糸が引く力がはたらき，さらに，ビーカーの底から受ける力が上向きにはたらいている。よって，球Ａがビーカーの底から受ける力は，160－(20＋30)＝110(ｇ)と求められる。

問４　球Ａと球Ｂの重さの合計は190ｇ，球Ａと球Ｂが受ける浮力の合計は，20＋60＝80(ｇ)なので，ばねばかりが水中の球Ａと球Ｂを上向きに引く力は，190－80＝110(ｇ)となる。よって，ばねばかりは110ｇを示す。

問５　ビーカー，水，球Ａ，球Ｂの重さの合計は640ｇである。ばねばかりで球Ａと球Ｂを上向きに110ｇで引いているので，台はかりの示す値は，640－110＝530(ｇ)となる。

2 光の進む速さについての問題

問１　**ア**　歯車は１秒間に12回転するので，１回転するのにかかる時間は１÷12＝$\frac{1}{12}$(秒)になる。　**イ**　歯車は歯の数が750個なので，すき間の数も750個あり，図①のすき間から図②の歯に移る間に歯車は，１÷(750×２)＝$\frac{1}{1500}$(回転)していることになる。　**ウ**　光が歯車から平面鏡までを往復するのにかかる時間は，$\frac{1}{12}$秒の$\frac{1}{1500}$となるので，$\frac{1}{12}\times\frac{1}{1500}=\frac{1}{18000}$(秒)と求められる。　**エ**　光は，$\frac{1}{18000}$秒で，$8.5\times2=17$(km)進むので，その速さは，秒速，$17\div\frac{1}{18000}=306000$(km)である。

問２　回転数が小さくなったということは，光が同じ距離《きょり》Lを往復するのにかかる時間が長くなったということなので，光の速さは遅《おそ》くなったといえる。

３　アンモニアの発生についての問題

問１　加熱したときに試験管内に水蒸気が発生するような実験では，試験管の口を下げる必要がある。試験管の底を下げて加熱すると，塩化アンモニウムと水酸化カルシウムの反応によって生じる水蒸気が試験管の口で冷やされて水(液体)となって加熱部に流れこみ，試験管が割れてしまうおそれがある。

問２　⑴　2.2 gの塩化アンモニウムと過不足なく反応する水酸化カルシウムの重さは，$0.7\times\frac{2.2}{1.1}=1.4$(g)で，このとき発生するアンモニアは，$0.48\times\frac{2.2}{1.1}=0.96$(L)である。よって，グラフは下の図Ⅰのように，水酸化カルシウムの重さが０gから1.4 gまでは発生するアンモニアの体積が規則正しく増え，水酸化カルシウムの重さが1.4 gから2.2 gの間は塩化アンモニウムがすべて反応して残っていないので，発生するアンモニアの体積は0.96 Lで一定となる。　⑵　水酸化カルシウムを加えないときは，2.2 gの塩化アンモニウムが残っている。また，1.1 gの塩化アンモニウムが反応すると1.1 gの塩化カルシウムが生じるので，加える水酸化カルシウムが０gから1.4 gまでの間は，残った固体の重さが変化しない。1.4 gから2.2 gまでは，加えた水酸化カルシウムの重さが1.4 gをこえた分だけ，残った固体の重さが増えていく。このようすをグラフに表すと，下の図Ⅱのようになる。

図Ⅰ

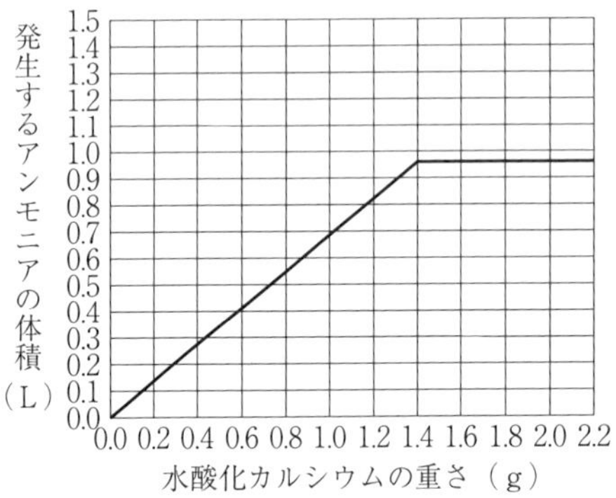

図Ⅱ

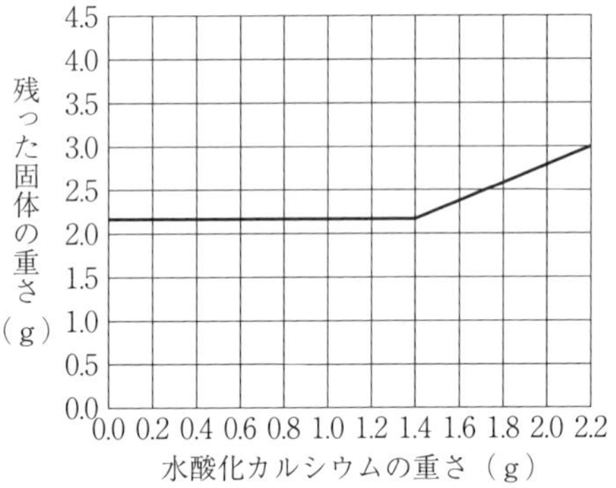

４　アンモニアの実験についての問題

問１　フェノールフタレイン溶液《ようえき》は，酸性と中性の水溶液に加えたときは無色で，アルカリ性の水溶液に加えたときは赤色に変化する。アンモニアの水溶液はアルカリ性であるから，フラスコ内にたまった水溶液は赤色になる。

問２　空気には重さがあり，ビーカーに入っているフェノールフタレイン溶液を入れた水の表面には押す力(空気の圧力)がはたらいている。また，アンモニアは非常に水に溶《と》けやすい気体で，アンモニアの入ったフラスコに少量の水を入れると，アンモニアが水に溶けてフラスコ内の気圧が下がる。このとき，フラスコ内の気圧より，フラスコ外の空気の圧力の方が強くなるため，丸底フラスコ内に水が吸い上げられる。

問３　解答用紙のメスシリンダーは１目盛りが２mLである。メスシリンダーは液面のへこんだ部分を真横から見て目盛りを読み取るので，液面のへこんだ部分が176mLの線と重なるように液面をかく。

問４　塩化水素は非常に水に溶けやすいので，アンモニアと同じようにビーカー内の水溶液を吸い上げることができる。

5　顕微鏡《けんびきょう》についての問題

問１　顕微鏡は，直射日光の当たらない明るい場所で，水平でしっかりとした台に置く。はじめに，接眼レンズ，対物レンズをこの順に取りつける。このとき，レンズの倍率が最も低くなるようにする。そして，接眼レンズをのぞきながら反射鏡を動かし，しぼりを調節し視野が明るくなるようにする。次に，プレパラートをステージに置き，観察するものが対物レンズの真ん中にくるように調整してとめ金で固定し，横から見ながら調節ねじを回して，対物レンズとプレパラートをできるだけ近づける。その後，レンズをのぞきながら，対物レンズとプレパラートを遠ざけるようにしてピントを合わせる。

問２　白血球は図１の右上に見えている。顕微鏡の像は上下左右が逆さまに見えているので，見たいものが視野の右上に見えているときは，プレパラートを右上に動かす。

問３　倍率を，$600\div400=\frac{3}{2}$(倍)にすると，観察できる面積は，$1\div\left(\frac{3}{2}\times\frac{3}{2}\right)=\frac{4}{9}$(倍)になる。よって，視野の中に観察できる赤血球の数は，$108\times\frac{4}{9}=48$(個)となる。

6　血液の循環《じゅんかん》，種子の発芽についての問題

問１　タンパク質が分解されたときなどに発生するアンモニアは，鳥類やほ乳類などの動物にとって体内にあると有毒な物質である。

問２　動脈血は酸素を多く含《ふく》む血液であり，肺から心臓へもどる血液が流れる肺静脈や，心臓からからだの各部へ向かう血液が流れる大動脈などの動脈(肺動脈を除く)に流れている。

問３　インゲンマメは発芽のための養分を子葉にたくわえている無はい乳種子である。

問４　実験１～実験６の結果で，発芽の条件に光を必要とする光発芽種子は，最後に赤色光に当てた場合には多くが発芽しており，最後に遠赤色光に当てた場合には発芽していない。これより，光発芽種子は遠赤色光によって発芽しにくくなり，最後に当たった光によって発芽するかが決まるといえる。

7　雲のでき方と飽和《ほうわ》水蒸気量についての問題

問１　空気の中に雲がないとき，空気は100m上昇《じょうしょう》するごとに温度が１℃下がると述べられている。高度０mで20℃の雲のない空気は，1000m上昇すると温度が，$1\times\frac{1000}{100}=10$(℃)下がり，空気の温度は，$20-10=10$(℃)になる。

問２　空気の中に雲があるときは，空気が100m上昇するごとに温度が0.5℃下がるため，高度０mで20℃の雲がある空気は，1000m上昇すると温度が，$0.5\times\frac{1000}{100}=5$(℃)下がる。よって，空気の温度は，$20-5=15$(℃)になると求められる。

問３　この日の高度1000mの温度は約9.2℃である。高度1000mでの問１の空気のかたまりの温度

は10℃，問２の空気のかたまりの温度は15℃で，どちらの空気のかたまりも周りの空気より暖かいので上昇する。

問４　20℃での空気１m^{3}当たりの飽和水蒸気量は17ｇなので，湿度《しつど》が40％のときに空気１m^{3}に含まれている水蒸気の量は，$17\times\frac{40}{100}=6.8$(ｇ)である。

問５　空気１m^{3}に6.8ｇの水蒸気を含んでいる場合，空気１m^{3}あたりの飽和水蒸気量が6.8ｇ以下になると雲ができる。したがって，表１より，温度が５℃以下になると雲ができることがわかる。空気の中に雲がないときは，空気が100m上昇するごとに温度が１℃下がるので，20℃の空気の温度が５℃になって雲ができるのは，問４の空気を，100×(20－５)＝1500(m)まで上昇させたときである。

問６　雲ができてからは，100m上昇するごとに温度が0.5℃下がるので，問５の空気のかたまりが500m上昇すると，その温度は，$0.5\times\frac{500}{100}=2.5$(℃)下がり，５－2.5＝2.5(℃)になる。

国　語　＜第２回試験＞（50分）＜満点：100点＞

解　答

□一 **問１**　ⓐ　ウ　ⓑ　イ　**問２**　イ　**問３**　平蔵は淡々　**問４**　ア　**問５**　(例)　自分の悲しみを理解していると懸命に伝えてくれるヨシフの言葉だけで十分ありがたいと思ったから。　**問６**　(例)　平蔵が口ずさんだ歌の意味がわからず，戸惑っている様子。　**問７**　(例)　言葉や比喩の美しさが失われ，異国の人に自分が歌から受けた感動を伝えられなくなる　**問８**　(例)　平蔵の言葉が通じないアレクサンドルが，「月の船」という言葉の意味を理解したことに強く感動する気持ち。　**問９**　ア，エ　**問10**　(例)　太郎左衛門を亡くして月の船を造るという目標にむなしさを覚えていたが，アレクサンドルが月の船に乗って空を漕いでいきたいと言ってくれたことで，改めて目標に向かって進もうと思えたから。　**問11**　ア　□二 下記を参照のこと。

●漢字の書き取り

□二 1　許(らい)　2　童話　3　険(しい)　4　賛(讃)辞　5　絹　6　退(斥)(ける)　7　墓地　8　委(ねる)　9　改革　10　序

解　説

□一 **出典は篠綾子《しのあやこ》の『天穹《てんきゅう》の船』による。**恩人の太郎左衛門《たろうざえもん》から平蔵《へいぞう》が船大工への道を示してもらった様子，成長して「おろしあ人」の船を造ることになった平蔵が，太郎左衛門の死に動揺《どうよう》し，アレクサンドルとヨシフに話を聞いてもらう様子が描《えが》かれている。

問１　ⓐ　「たどたどしい」の類義語には，「つたない」「心もとない」「ぎこちない」などがある。

ⓑ　「おもむろに」の類義語には，「やおら」などがある。

問２　「声が震《ふる》え」，視界が「ぼやけた」とあるので，ぼう線①は涙《なみだ》ぐんでいる様子である。太郎左衛門が，平蔵の父(伊佐次《いさじ》)は死んだらしいことと兄弟(士郎《しろう》)は行方《ゆくえ》不明であることを伝えた場面で，続いて「すまぬ」と言った太郎左衛門に，平蔵は初め「いいんです」と応じた。しかし，寒さに震える平蔵に太郎左衛門が羽織《はおり》を着せかけてくれたので，そのいたわりに父と兄弟を失った悲しみがこみあげてきたものと考えられるので，イがよい。

問３　「船大工になれ」と言われたときの場面をふり返る。太郎左衛門に「船大工の親方に預ける」と告げられたとき，平蔵は「一瞬《いっしゅん》遅《おく》れて」理解したが，「嬉《うれ》しいとかありがたいとかいった気持ちは，すぐには湧《わ》かなかった」とある。その後くわしく説明され，「船大工となる修業《しゅぎょう》に励《はげ》め」と言われたが，返事をしたものの「平蔵は淡々《たんたん》とうなずいた」とあるので，この行動から「心」が「少しも動かなかった」ことがわかる。

問４　後半の大段落では，成長して船大工となった平蔵が「おろしあ人」の船を造る仕事をしている。「今の平蔵の心」については，ぼう線③の少し前に「太郎左衛門の死を聞いて動転していたのか，造船所を出てからの記憶《きおく》がない」とある。平蔵は，「恩人」である太郎左衛門の「死を誰《だれ》かと分かち合いたかった」，「誰かに知ってもらい，心を汲《く》んでもらいたかった」，「悲しみや寂《さび》しさ，虚《むな》しさを理解して」ほしくて，無意識に「アレクさんやヨシフさん」たちがいる宝泉寺に来ていたのだから，アがよい。

問５　続いて「今の言葉だけで十分」とある。「今の言葉」とは，平蔵にとって「大事な人」が亡《な》くなったと知り，「わたしたちのやり方，平蔵さんを慰《なぐさ》められない～わたしたち，平蔵さんの心，分かります」と言ってくれたヨシフの言葉を指す。そこには「懸命《けんめい》に言葉を探し，選びながら伝えてくれるヨシフの心遣《こころづか》い」があふれており，型通りのお悔《くや》みの言葉より「胸に沁《し》みた」のである。

問６　前後から状況《じょうきょう》をおさえる。「天《あめ》の海に～漕《こ》ぎ隠《かく》る見ゆ」という歌を平蔵が口ずさむと，ヨシフが「困惑《こんわく》した様子」で平蔵に「意味，分からない」と言っている。

問７　平蔵はヨシフに歌の意味を説明しかけたが，「この歌に，深い意味はない～ただ，言葉や比《ひ》喩《ゆ》が類なく美しい」と思っている。それを「異国の人」に伝えようとすると，「言葉の壁《かべ》」が立ちはだかり，歌の美しさをそのまま伝えることが難しい。「天の海」を「海のような空」と言ってみてとまどいを感じたので，「月の船と星の林」は言いかえてしまうと，この歌を初めて聞いたときの「衝撃《しょうげき》や感動」を「異国の人に伝える」のは難しいと考えたのである。

問８　アレクサンドルとヨシフにとっては「異国の言葉」なのに，平蔵が復唱した歌を二人とも「実に真剣《しんけん》な表情」で聞いてくれている。そのようななか，「ツキノフネ」と言いながら「夜空の月」を指さすアレクサンドルを見た平蔵は，「月の船」の意味を「理解」してくれたのだと察し，「目が潤《うる》みかけるほどの感動」を覚えたのである。

問９　前後の部分に注目して，平蔵が話している内容と気持ちを読み取る。平蔵は，太郎左衛門から「この歌」を聞いたとき，「死んだ人の心は『月の船』に乗って，空へ運ばれるのではないか」と思い，「月の船」を造るために「船大工になろうと決めた」と話している。これは，日本人相手でも正確に理解してもらえるかどうか分からない「経験」だが，この「おろしあ」の二人には伝えたかったのだと気づいた。「一言一言を噛《か》み締《し》めるようにゆっくりと語った」のは，異国の二人に分かってもらおうとしているからであり，また，船大工になると決めたときの初心を改めて確認《かくにん》しているからだといえるので，アとエが合う。

問10　これまでの平蔵と二人の会話をふり返って考える。平蔵がヨシフとアレクサンドルのいる宝泉寺に来たのは，太郎左衛門の死に直面し，「悲しみや寂しさ，虚しさ」を分かち合う人を無意識に求めたからである。そして，問９でみたように，太郎左衛門との思い出を二人に話すうち，平蔵は「月の船を造りたい」と思って船大工を志した，初心に立ち返っている。また，ヨシフを通して，彼《かれ》らの船の名前は「でぃあな」という月の女神の名前だったこと，アレクサンドルがいつか「月の船」に乗って「空を漕いでいきたい」と思ったことを伝えてくれたおかげで，平蔵はこの出会いを「運命」だとさえ感じ，虚しさからぬけ出せた。つまり，平蔵の「ありがとうございます」には，太郎左衛門の死に動揺し，悲しく虚しい思いにとらわれていた平蔵が，アレクサンドルと「月の船」の話ができたおかげで，初心を取り戻《もど》せたという感謝の気持ちがこめられているといえる。

問11　アが，今まで見てきた内容と合う。なお，イは，アレクサンドルたちも平蔵も，国や言葉の違《ちが》いをこえて相手の話を真剣に理解しようとしているので誤り。ウは，平蔵は歌から「知恵《ちえ》」を引き出したわけではなく，美しい表現に感動している。エは，平蔵は太郎左衛門の死を聞いて動揺し，初心を貫《つらぬ》く気力を失い虚しさを感じていたので合わない。

二　漢字の書き取り

1　音読みは「ケイ」で，「計算」などの熟語がある。　**2**　子どものための物語。　**3**　音読みは「ケン」で，「危険」などの熟語がある。　**4**　ほめたたえる言葉。　**5**　音読みは「ケン」で，「絹布」などの熟語がある。　**6**　音読みは「タイ」で，「退院」などの熟語がある。

7　死者を葬《ほうむ》って墓を建てる場所。　**8**　音読みは「イ」で，「委員」などの熟語がある。

9　制度などを改めてよりよくすること。　**10**　「序の口」は，ものごとが始まったばかりのところ。

当社発行物の無断使用は固くお断りいたします。御使用の前はまずご相談ください。

当社発行物には500点余の首都圏中・高過去問をはじめ、6点の学校案内、そのほかいくつかの情報誌などがございます。その多くが年度版で、限られたスタッフが来るべき受験シーズン前に余裕を持って受験生へ届けられるよう、日夜作業にあたり出版を重ねております。

最近、通塾生ご父母や塾内部からの告発によって、いくつかの塾が許諾なしに当社過去問を複写（コピー）し生徒に配布、授業等にも使用していることが発覚し、その一部が紛争、係争に至っております。過去問には原著作者や管理団体、代行出版等のほか、当社に著作権がございます。当社としましては、著作権侵害の発覚に対しては著作権を有するこれらの著作権関係者にその事実を開示して、マスコミにリリースする場合や法的な措置を取る場合がございます。その事例としましては、毎年当社過去問の発行を待って自由にシステム化使用していたＡ塾、個別教室でコピーを生徒に解かせ指導していたＢ塾、冊子化していたＣ社、生徒の希望によって書籍の過去問代わりにコピーを配布していたＤ塾などがあります。

当社発行物の全部もしくは一部を無断使用することは固くお断りいたします。

当社コンテンツの中にはリーズナブルな設定で紙面の利用を許諾している塾もたくさんございますので、ご希望の方は、お気軽にご相談くださいますようお願いします。同時に、当社発行物を無断で使用している会社などにつきましての情報もお寄せいただければ幸いです。

株式会社 声の教育社

2025年度用
中学スーパー過去問

■編集人 声の教育社・編集部
■発行所 株式会社 声の教育社
〒162-0814 東京都新宿区新小川町8-15
☎03-5261-5061(代) FAX03-5261-5062
https://www.koenokyoikusha.co.jp

※本書の内容についての一切の責任は当社にあります。内容・解説・解答・その他は当社ホームページよりお問い合わせ下さい。

ストリーミング配信による入試問題の解説動画

2025年度用web過去問　ラインナップ

■ 男子・女子・共学（全動画）見放題
36,080円（税込）

■ 男子・共学 見放題
29,480円（税込）

■ 女子・共学 見放題
28,490円（税込）

● 中学受験「声教web過去問（過去問プラス・過去問ライブ）」（算数・社会・理科・国語）

3〜5年間 **24校**

過去問プラス

麻布中学校
桜蔭中学校
開成中学校
慶應義塾中等部
渋谷教育学園渋谷中学校
女子学院中学校
筑波大学附属駒場中学校
豊島岡女子学園中学校
広尾学園中学校
三田国際学園中学校
早稲田中学校
浅野中学校
慶應義塾普通部
聖光学院中学校
市川中学校
渋谷教育学園幕張中学校
栄東中学校

過去問ライブ

栄光学園中学校
サレジオ学院中学校
中央大学附属横浜中学校
桐蔭学園中等教育学校
東京都市大学付属中学校
フェリス女学院中学校
法政大学第二中学校

● 中学受験「オンライン過去問塾」（算数・社会・理科）

3〜5年間 **50校以上**

東京
青山学院中等部
麻布中学校
跡見学園中学校
江戸川女子中学校
桜蔭中学校
鷗友学園女子中学校
大妻中学校
海城中学校
開成中学校
開智日本橋中学校
吉祥女子中学校
共立女子中学校

東京
国学院大学久我山中学校
渋谷教育学園渋谷中学校
城北中学校
女子学院中学校
巣鴨中学校
桐朋中学校
豊島岡女子学園中学校
日本大学第三中学校
雙葉中学校
本郷中学校
三輪田学園中学校
武蔵中学校

東京
明治大学付属明治中学校
早稲田中学校
都立中高一貫校 共同作成問題
都立大泉高校附属中学校
都立白鷗高校附属中学校
都立両国高校附属中学校

神奈川
神奈川大学附属中学校
桐光学園中学校
県立相模原・平塚中等教育学校
市立南高校附属中学校

千葉
市川中学校
国府台女子学院中学部

千葉
芝浦工業大学柏中学校
渋谷教育学園幕張中学校
昭和学院秀英中学校
専修大学松戸中学校
東邦大学付属東邦中学校
千葉日本大学第一中学校
東海大学付属浦安中等部
麗澤中学校
県立千葉・東葛飾中学校
市立稲毛国際中等教育学校

埼玉
浦和明の星女子中学校
開智中学校

埼玉
栄東中学校
淑徳与野中学校
西武学園文理中学校
獨協埼玉中学校
立教新座中学校

茨城
江戸川学園取手中学校
土浦日本大学中等教育学校
茗渓学園中学校

web過去問 Q&A

過去問が動画化！
声の教育社の編集者や中高受験のプロ講師など、
過去問を知りつくしたスタッフが動画で解説します。

Q **どこで購入できますか？**
A 声の教育社のHPでお買い求めいただけます。

Q **受講にあたり、テキストは必要ですか？**
A 基本的には過去問題集がお手元にあることを前提としたコンテンツとなっております。

Q **全問解説ですか？**
A 「オンライン過去問塾」シリーズは基本的に全問解説ですが、国語の解説はございません。「声教web過去問」シリーズは合格のカギとなる問題をピックアップして解説するもので、全問解説ではございません。なお、「声教web過去問」と「オンライン過去問塾」のいずれでも取り上げられている学校がありますが、授業は別の講師によるもので、同一のコンテンツではございません。

Q **動画はいつまで視聴できますか？**
A ご購入年度２月末までご視聴いただけます。
複数年視聴するためには年度が変わるたびに購入が必要となります。

よくある解答用紙のご質問

01

実物のサイズにできない

拡大率にしたがってコピーすると，「解答欄」が実物大になります。配点などを含むため，用紙は実物よりも大きくなることがあります。

02

A3用紙に収まらない

拡大率164％以上の解答用紙は実物のサイズ（「出題傾向＆対策」をご覧ください）が大きいために，Ａ３に収まらない場合があります。

03

拡大率が書かれていない

複数ページにわたる解答用紙は，いずれかのページに拡大率を記載しています。どこにも表記がない場合は，正確な拡大率が不明です。

04

１ページに２つある

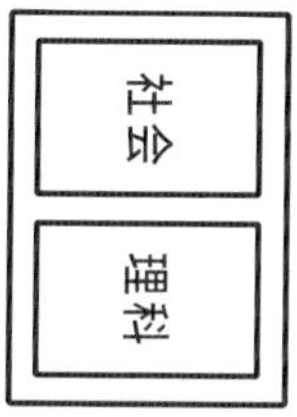

１ページに２つ解答用紙が掲載されている場合は，正確な拡大率が不明です。ほかの試験回の同じ教科をご参考になさってください。

城北中学校

【別冊】入試問題解答用紙編

解答用紙は本体からていねいに抜きとり、別冊としてご使用ください。

※　実際の解答欄の大きさで練習するには、指定の倍率で拡大コピーしてください。なお、ページの上下に小社作成の見出しや配点を記載しているため、コピー後の用紙サイズが実物の解答用紙と異なる場合があります。

●入試結果表

年　度	回	項　目	国　語	算　数	社　会	理　科	4科合計	合格者
2024	第１回	配点(満点)	100	100	70	70	340	最高点
		合格者平均点	53	74	49	53	229	273
		受験者平均点	46	60	44	47	197	最低点
		キミの得点						213
	第２回	配点(満点)	100	100	70	70	340	最高点
		合格者平均点	63	73	50	49	235	290
		受験者平均点	56	63	45	42	206	最低点
		キミの得点						206
2023	第１回	配点(満点)	100	100	70	70	340	最高点
		合格者平均点	62	69	52	53	236	273
		受験者平均点	56	56	48	47	207	最低点
		キミの得点						224
	第２回	配点(満点)	100	100	70	70	340	最高点
		合格者平均点	64	73	55	52	244	302
		受験者平均点	56	61	50	44	211	最低点
		キミの得点						219
2022	第１回	配点(満点)	100	100	70	70	340	最高点
		合格者平均点	52	71	56	47	226	266
		受験者平均点	47	59	51	39	196	最低点
		キミの得点						208
	第２回	配点(満点)	100	100	70	70	340	最高点
		合格者平均点	49	65	54	42	210	279
		受験者平均点	42	52	50	35	179	最低点
		キミの得点						179
2021	第１回	配点(満点)	100	100	70	70	340	最高点
		合格者平均点	63	60	51	39	213	265
		受験者平均点	57	48	45	30	180	最低点
		キミの得点						198
	第２回	配点(満点)	100	100	70	70	340	最高点
		合格者平均点	60	56	51	43	210	281
		受験者平均点	53	46	46	35	180	最低点
		キミの得点						180

※　表中のデータは学校公表のものです。ただし、４科合計は各教科の平均点を合計したものなので、目安としてご覧ください。

声の教育社

２０２４年度　城北中学校

算数解答用紙　第１回

番号		氏名		評点	/100

1

(1)	(2)

2

(1)	(2)	(3)
度	%	通り

(4)	(5)
cm²	台

3

(1)	(2)	(3)
時　分	分速　m	m

(4)
分速　m

4

(1)	(2)	(3)
cm²	cm	：

5

(1)

(2)

	図 1	図 2	図 3
3 行目の左から 2 番目	3	99	ア
6 行目の左から 3 番目	イ	ウ	エ
99 行目の左から 99 番目	99	2	オ

カ

（注）この解答用紙は実物を縮小してあります。169％拡大コピーをすると、ほぼ実物大の解答欄になります。

〔算　数〕100点(学校配点)

1　各７点×２　2　(1)，(2)　各７点×２　(3)～(5)　各６点×３　3　各５点×４　4　各６点×３　5　(1)　６点　(2)　ア～オ　各１点×５　カ　５点

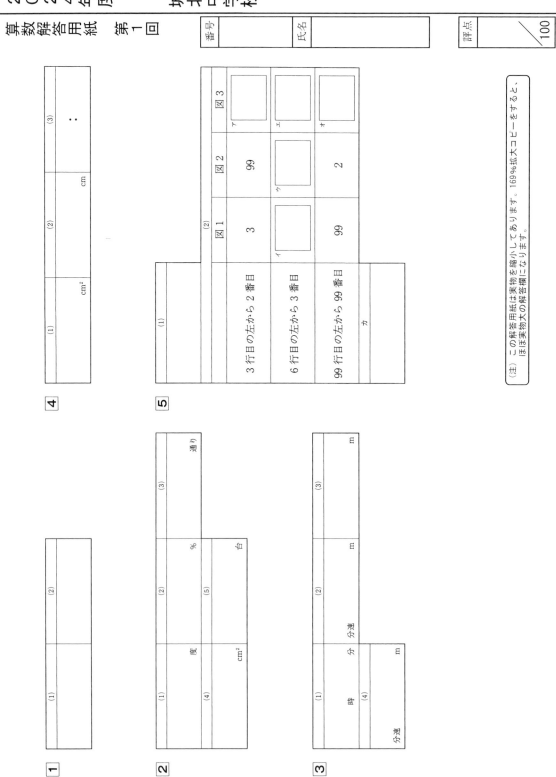

２０２４年度　城北中学校

社会解答用紙　第１回

番号		氏名		評点	／70

1

問１(あ)	問１(い)	問１(え)	問１(お)
川	川	市	県

問１(か)	問２(う)	問３	問４	問５
川	海抜　　地帯			

問６	問７	問８	問９	問10	問11
					県

2

問１	問２	問３	問４	問５	問６	問７	問８	問９	問10

問11	問12	問13	問14	問15［１］

問15［２］	問16	問17	問18

問19-F	問19-G	問20	問21

3

問１(あ)	問１(い)	問２［１］	問２［２］	問３

問４［１］(う)	問４［１］(え)	問４［１］(お)	問４［２］	問４［３］	問５
	戦争	第　　世界			

問６	問７［１］	問７［２］	問７［３］
	権		

（注）この解答用紙は実物を縮小してあります。Ｂ５→Ａ３(163%)に拡大コピーすると、ほぼ実物大の解答欄になります。

〔社　会〕70点(学校配点)

1　問１　各１点×５　問２～問11　各２点×10　2　問１～問10　各１点×10　問11　２点　問12～問14　各１点×３　問15　［1］　１点　［2］　２点　問16～問21　各１点×７　3　問１　各１点×２　問２［1］　１点　［2］　２点　問３　２点　問４　［1］,［2］　各１点×４　［3］　２点　問５，問６　各２点×２　問７　各１点×３

２０２４年度　城北中学校

理科解答用紙　第１回

番号		氏名		評点	／70

1

問1	問2	問3	問4	
			①	②
m				

2

問1		問2	
①	②	(1)	(2)

問3

3

問1	問2	問3	問4
	℃		

4

問1	問2	問3	
		②	③

問4	問5

5

問1		問2	
①	②	(1)	(2)
			mL

問3			
(1)			(2)
③	④	⑤	

6

問1	問2	問3	
		気団	気団

問4	問5	問6

（注）この解答用紙は実物を縮小してあります。Ｂ５→Ａ３(163%)に拡大コピーすると、ほぼ実物大の解答欄になります。

〔理　科〕70点(学校配点)

1～4　各２点×20＜1の問３，4の問２は完答＞　5　問１　各２点×２　問２　(1)　２点＜完答＞　(2)　３点　問３　(1)　各１点×３　(2)　３点＜完答＞　6　問１～問４　各２点×５＜問１は完答＞　問５　３点＜完答＞　問６　２点

２０２４年度　城北中学校

国語解答用紙　第一回

番号		氏名		評点	/100

一

問1 ⓐ ⓑ ⓒ　問2

問3

問4　問5

問6

問7

問8

問9

問10

問11

二

1　2 (く)　3　4

5　6 (い)　7　8

9 (い)　10

（注）この解答用紙は実物を縮小してあります。Ｂ５→Ａ３(163%)に拡大コピーすると、ほぼ実物大の解答欄になります。

〔国　語〕100点(学校配点)

一　問1　各2点×3　問2　5点　問3　8点　問4　5点　問5　6点　問6　12点　問7　6点　問8　10点　問9　6点　問10　14点　問11　12点　二　各1点×10

２０２４年度　城北中学校

算数解答用紙　第２回

番号		氏名		評点	/100

1
(1)
(2)

2
(1) 個
(2) g
(3) ① 通り　② 通り
(4) 度
(5) cm

3
(1) 秒速 m
(2) m
(3) ア　イ
(4) 秒

4
(1) ア　イ
(2) ウ　エ　オ　カ

5
(1) cm
(2) cm^2
(3) cm^2

（注）この解答用紙は実物を縮小してあります。169％拡大コピーをすると、ほぼ実物大の解答欄になります。

〔算　数〕100点（学校配点）

1　各６点×２　2　(1)，(2)　各５点×２　(3)　①　３点　②　２点　(4)，(5)　各５点×２　3　(1)，(2)　各６点×２　(3)　各３点×２　(4)　６点　4　各４点×６　5　各５点×３

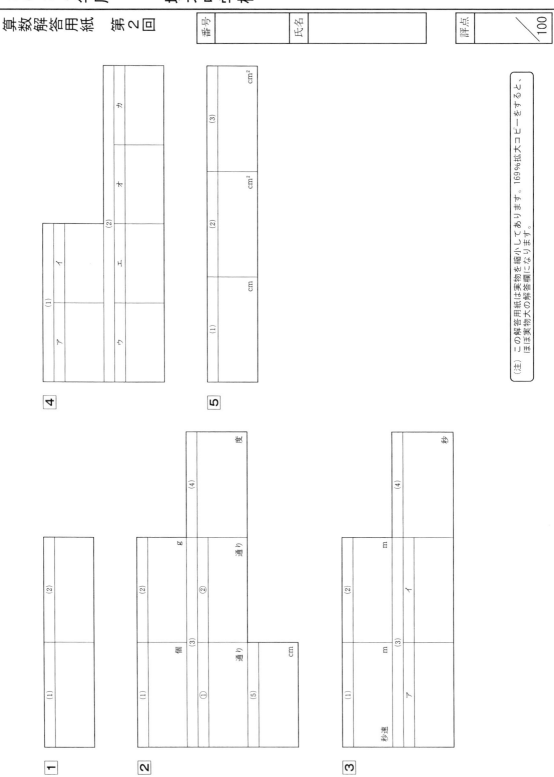

2024年度　城北中学校

社会解答用紙　第2回

番号		氏名	

評点	／70

1

問1(あ)	問2(い)	問3(う)	問4	問5	問6
駅	駅	川			

問7	問8	問9	問10	問11	問12	問13	問14	問15
							県	

2

問1	問2	問3	問4	問5	問6	問7	問8	問9
						国		

問10	問11	問12	問13

問14	問15(お)	問15(か)	問16	問17	問18	問19	問20	問21

3

問1(あ)	問1(い)	問2[1]	問2[2]		問3(お)	問3(か)	問4
			(う)	(え)			
						制	

問5[1]	問5[2]	問6	問7	問8-A	問8-B
(き)					

（注）この解答用紙は実物を縮小してあります。Ｂ５→Ａ３(163%)に拡大コピーすると、ほぼ実物大の解答欄になります。

〔社　会〕70点(学校配点)

1　問1～問4　各1点×4　問5　2点　問6　1点　問7～問15　各2点×9　2　問1～問3　各1点×3　問4　2点　問5～問17　各1点×14　問18　2点　問19, 問20　各1点×2　問21　2点　3　問1　各1点×2　問2　[1]　2点　[2]　各1点×2　問3　各2点×2　問4　1点　問5　[1]　1点　[2]　2点　問6, 問7　各2点×2　問8　各1点×2

２０２４年度　城北中学校

理科解答用紙　第２回

番号		氏名		評点	／70

1

問1			
A	B	C	D
問2		問3	問4
①	②		

2

問1	問2	問3		
		(1)	(2)	(3)
極				

3

問1	問3	問4
①	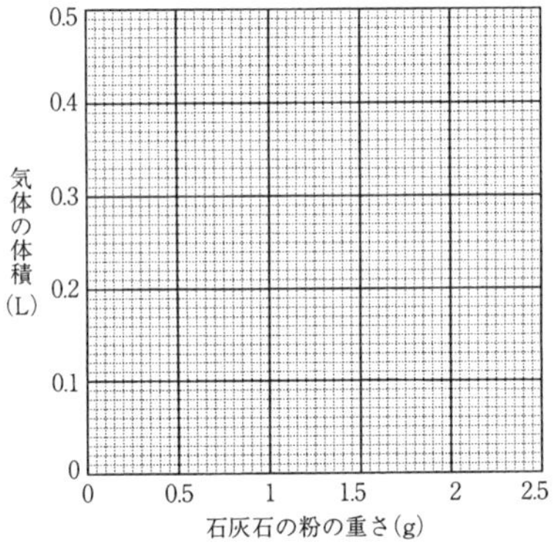	L
②		問5
		L
③		問6
		g
問2		
%		

4

問1		問2	
①	②	(1)	(2)

問3			
(1)			(2)
枠A	枠B	枠C	
g	g	g	

5

問1	問2	問3	問4
問5	問6	問7	

（注）この解答用紙は実物を縮小してあります。Ｂ５→Ａ３（163％）に拡大コピーすると、ほぼ実物大の解答欄になります。

〔理　科〕70点（学校配点）

1　問１，問２　各１点×６　問３，問４　各２点×２＜各々完答＞　2　各２点×５　3　問１，問２　各２点×４　問３～問６　各３点×４　4　問１　各２点×２　問２　(1)　２点　(2)　３点＜完答＞　問３　(1)　各１点×３　(2)　３点＜完答＞　5　問１～問６　各２点×６　問７　３点

２０２４年度　城北中学校

国語解答用紙　第二回

番号		氏名		評点	/100

一

問1　ⓐ　ⓑ

問2

問3

問4

問5

問6

問7

問8

問9

問10

問11

二

1　2　3　4（いて）

5　6　7　8（める）

9　10

（注）この解答用紙は実物を縮小してあります。B５→A３（163%）に拡大コピーすると、ほぼ実物大の解答欄になります。

〔国　語〕100点（学校配点）

一　問1　各3点×2　問2　8点　問3　6点　問4　8点　問5　6点　問6　12点　問7　6点　問8　12点　問9，問10　各6点×2　問11　14点　二　各1点×10

２０２３年度　城北中学校

算数解答用紙　第１回

番号		氏名		評点	／100

（注）この解答用紙は実物を縮小してあります。169%拡大コピーをすると、ほぼ実物大の解答欄になります。

1

(1)	(2)

2

(1)	(2)	(3)
g	度	cm

(4)	(5) ①	(5) ②
カ所	：	倍

3

(1)	(2)	(3)
時　分	時　分	時　分

4

(1)	(2)	(3)
cm^3	cm	cm^3

5

(1)	(2)
個	個

(3) ①	(3) ②
個	個

〔算　数〕100点(学校配点)

1　各７点×２　2　(1)　７点　(2)，(3)　各６点×２　(4)　７点　(5)　各３点×２　3，4　各６点×６　5　(1)，(2)　各６点×２　(3)　各３点×２

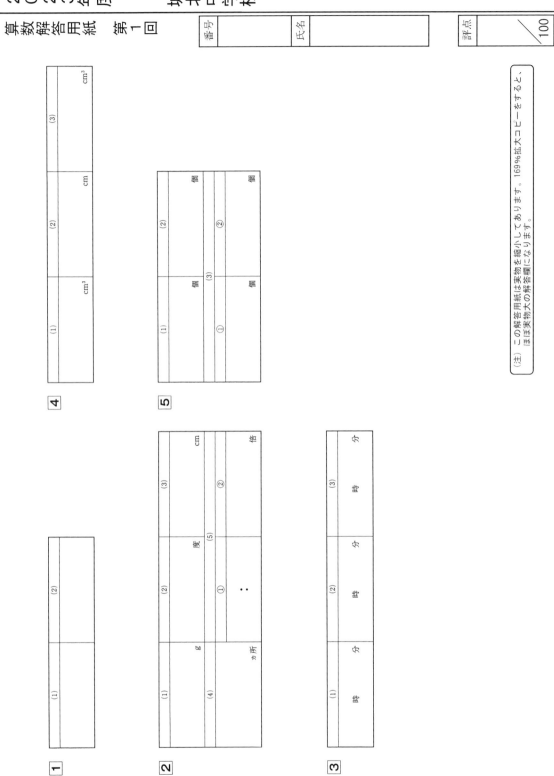

２０２３年度　城北中学校

社会解答用紙　第１回

番号		氏名		評点	／70

1

問1	問2	問3	問4	問5	問6	問7	問8

問9	問10	問11	問12	問13	問14	問15	問16

問17	問18	問19

2

問1	問2	問3	問4	問5	問6

問7	問8	問9	問10	問11	問12	問13	問14

問15	問16	問17	問18	問19	問20

3

問1	問2	問3	問4	問5	問6	問7	問8	問9	問10

問11	問12	問13	問14	問15

問16

（注）この解答用紙は実物を縮小してあります。Ｂ５→Ａ３（163%）に拡大コピーすると、ほぼ実物大の解答欄になります。

〔社　会〕70点(学校配点)

1 問1　2点　問2　1点　問3　2点　問4～問12　各1点×9　問13　2点　問14, 問15　各1点×2　問16　2点　問17　1点　問18, 問19　各2点×2　**2** 問1　2点　問2　1点　問3　2点　問4～問6　各1点×3　問7　2点　問8～問13　各1点×6　問14　2点　問15　1点　問16　2点　問17～問20　各1点×4　**3** 問1～問3　各1点×3　問4　2点　問5～問11　各1点×7　問12　2点　問13　1点　問14　2点　問15　1点　問16　2点

２０２３年度　　城北中学校

理科解答用紙　第１回

番号		氏名		評点	／70

1

問1			問2	
①	②	③	X	Y
			cm	cm
問3	問4	問5		
g	g	cm		

2

問1	問2

問3	
(1)	(2)

問4			問5	
①	②	③	(1)	(2)
			g	L

3

問1	問2

問3

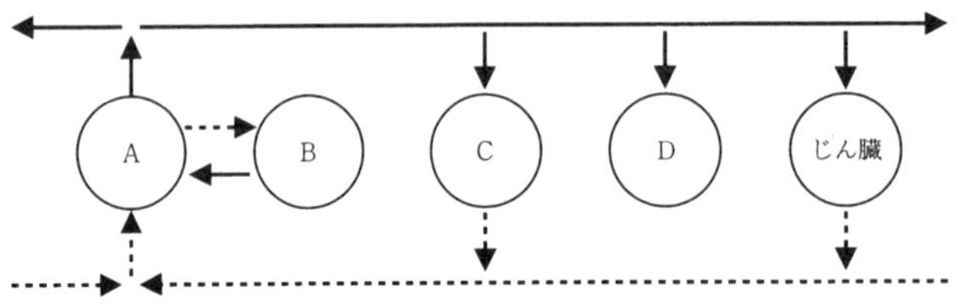

問4	問5

4

問1	問2	問3	問4	問5	問6
度	度				

（注）この解答用紙は実物を縮小してあります。Ｂ５→Ａ３（163％）に拡大コピーすると，ほぼ実物大の解答欄になります。

〔理　科〕70点（学校配点）

1　問１　各２点×３　問２，問３　各３点×３　問４　２点　問５　３点　2　問１　２点　問２～問５　各３点×６<問２，問３の(2)，問４は完答>　3　各３点×５　4　問１～問３　各２点×３　問４～問６　各３点×３

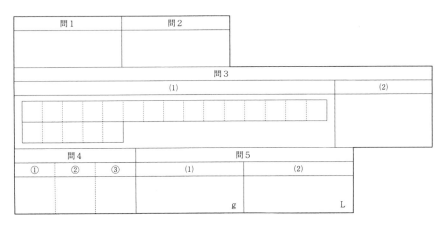

二〇二三年度　城北中学校

国語解答用紙　第一回

番号　　氏名　　評点 /100

一

問1　i　ii

問2

問3

問4

問5

問6

問7

問8

問9

問10

問11

二

1

2

3

4

5

6

7

8　（した）

9　（く）

10　（てて）

（注）この解答用紙は実物を縮小してあります。B5→A3（163%）に拡大コピーすると、ほぼ実物大の解答欄になります。

〔国　語〕100点(学校配点)

一　問1　各2点×2　問2　5点　問3　14点　問4　12点　問5　6点　問6　5点　問7　10点　問8,問9　各6点×2　問10　16点　問11　6点　二　各1点×10

２０２３年度　城北中学校

算数解答用紙　第２回

番号		氏名		評点	/100

1 (1) (2)

2 (1) 本 (2) cm^2 (3) ： (4) 枚 (5) 度

3 (1) 個 (2) ① 第　グループ ② 番目 (3) 個 (4) 個

4 (1) (2) 毎分　m (3) (4) m

5 (1) cm (2) cm (3) cm

(注) この解答用紙は実物を縮小してあります。167%拡大コピーをすると、ほぼ実物大の解答欄になります。

〔算　数〕100点(学校配点)

1, 2　各６点×７　3, 4　各５点×８＜3の(2)は完答＞　5　各６点×３

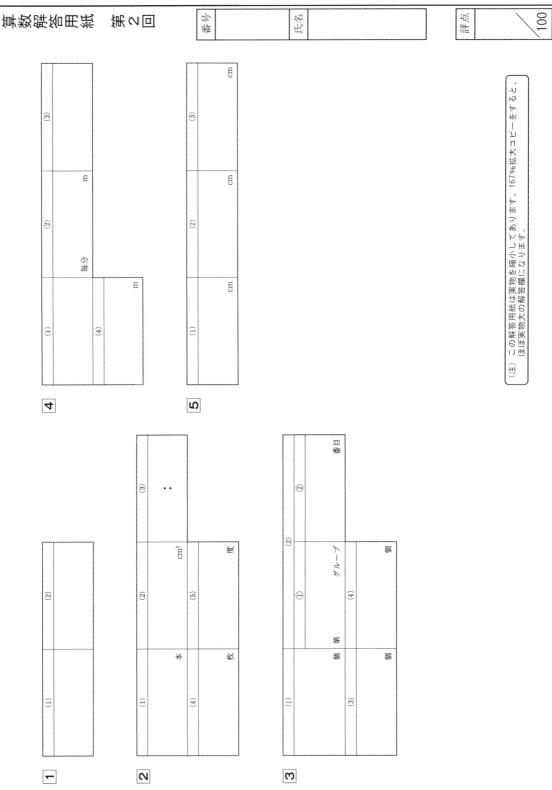

２０２３年度　城北中学校

社会解答用紙　第２回

番号		氏名	

評点	／70

1

問1	問2	問3	問4	問5	問6	問7	問8	問9	問10
									民族

問11	問12	問13	問14

問15	問16	問17	問18	問19	問20

2

問1	問2	問3	問4	問5	問6

問7	問8	問9	問10	問11	問12	問13	問14

問15	問16	問17	問18	問19	問20

3

問1	問2	問3	問4		問5	問6
			(あ)	(い)		
						→　→　→

問7	問8	問9			問10	問11	
		［1］	［2］	［3］		［1］	［2］

問12	問13	問14

（注）この解答用紙は実物を縮小してあります。Ｂ５→Ａ３（163%）に拡大コピーすると、ほぼ実物大の解答欄になります。

〔社　会〕70点（学校配点）

1 問1～問3　各1点×3　問4　2点　問5～問9　各1点×5　問10　2点　問11　1点　問12　2点　問13　1点　問14　2点　問15　1点　問16　2点　問17～問20　各1点×4　2 問1　1点　問2　2点　問3～問5　各1点×3　問6，問7　各2点×2　問8～問10　各1点×3　問11　2点　問12～問14　各1点×3　問15　2点　問16～問20　各1点×5　3 問1～問5　各1点×6　問6　2点＜完答＞　問7～問9　各1点×5　問10　2点　問11～問14　各1点×5

２０２３年度　城北中学校

理科解答用紙　第２回

番号		氏名	

評点	／70

1

問１	問２	問３	問４

2

問１	問２	問３	問４

3

問１	問２		問３	問４
	(1)	(2)		
			mL	mL

問５		問６	
(1)	(2)	(1)	(2)
mL	mL		

4

問１	問２	問３

問４

	空気	水	適温	光	肥料	結果
実験１	○	○	○	○	○	○
実験２	×	×	×	×	×	×
実験３	×	○	○	○	○	×
実験４						
実験５						
実験６						
実験７						
実験８						
実験９						
実験10						
実験11						

問５

	空気	水	適温	光	肥料	結果
確認実験						

5

問１	問２	問３	問４	問５	問６	問７
				km	km	

（注）この解答用紙は実物を縮小してあります。Ｂ５→Ａ３（163%）に拡大コピーすると、ほぼ実物大の解答欄になります。

〔理　科〕70点（学校配点）

1　問１　２点＜完答＞　問２　３点＜完答＞　問３　２点＜完答＞　問４　３点　2　問１　２点＜完答＞　問２　３点＜完答＞　問３　２点＜完答＞　問４　３点　3　問１，問２　各２点×３＜問１は完答，問２は各々完答＞　問３，問４　各３点×２　問５，問６　各２点×４＜問６は各々完答＞　4　問１，問２　各３点×２　問３　１点　問４　５点　問５　３点　5　問１～問５　各２点×５　問６　３点　問７　２点

二〇二三年度　城北中学校

国語解答用紙　第二回

番号		氏名		評点	/100

一

問1 (A)　(B)　(C)

問2　問3　問4

問5

問6

問7

問8　問9 X　Y

問10

問11 (1)

(2)

二

1　2　3　4

5　6　7　8

9　(び)　10

(注) この解答用紙は実物を縮小してあります。Ｂ５→Ａ３(163%)に拡大コピーすると、ほぼ実物大の解答欄になります。

〔国　語〕100点(学校配点)

一 問1　各3点×3　問2～問4　各5点×3　問5，問6　各10点×2　問7　11点　問8　5点　問9　各2点×2　問10　13点　問11　(1)　5点　(2)　8点　二　各1点×10

２０２２年度　城北中学校

算数解答用紙　第１回

番号 | 氏名 | 評点 /100

1
(1)
(2)

2
(1) ページ
(2) 人
(3) 度
(4) cm²
(5)

3
(1) 毎分 m
(2) ア 分　イ 分　ウ m
(3) 毎分 m

4
(1) m²
(2) m²
(3) m²

5
(1) 通り
(2) ア 通り　イ 通り　ウ 通り　エ 通り
(3) 通り

（注）この解答用紙は実物を縮小してあります。169％拡大コピーをすると、ほぼ実物大の解答欄になります。

〔算　数〕100点(学校配点)

1　各7点×2　2　各6点×5　3　(1)　6点　(2)　各2点×3　(3)　6点　4　各6点×3　5　(1)　6点　(2)　各2点×4　(3)　6点

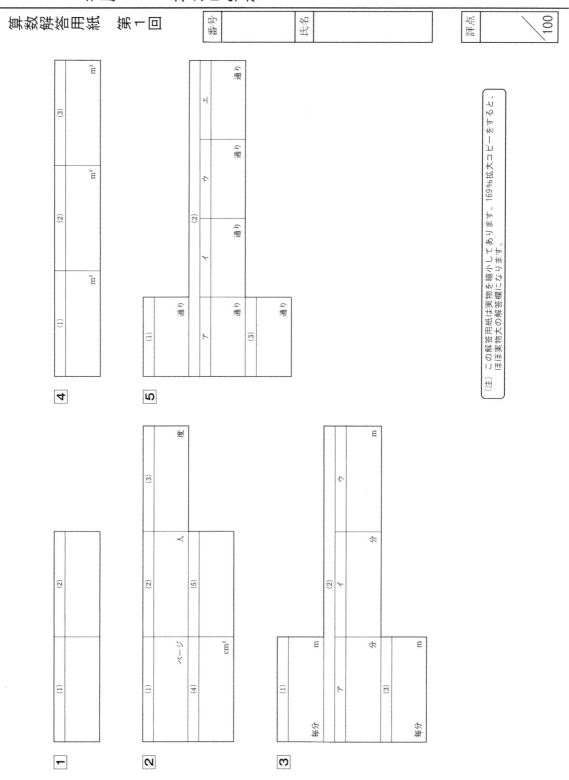

２０２２年度　城北中学校

社会解答用紙　第１回

番号		氏名	

評点	／70

1

問1	問2	問3	問4	問5	問6	問7	問8	問9
								台地

問10	問11	問12	問13	問14
			政策	県

問15	問16	問17
栽培		

2

問1	問2	問3	問4	問5	問6	問7	問8	問9

問10	問11	問12	問13	問14	問15	問16	問17	問18

問19	
［1］	［2］

3

問1-(あ)	問1-(い)	問2		問3	問4
			日間		

問5	問6	問7	問8

問9	問10	問11

（注）この解答用紙は実物を縮小してあります。Ｂ５→Ａ３（163%）に拡大コピーすると、ほぼ実物大の解答欄になります。

〔社　会〕70点(学校配点)

1 問1，問2　各1点×2　問3，問4　各2点×2　問5～問8　各1点×4　問9，問10　各2点×2　問11　1点　問12～問15　各2点×4　問16，問17　各1点×2　2 問1～問5　各1点×5　問6　2点　問7～問11　各1点×5　問12　2点　問13　1点　問14　2点　問15～問18　各1点×4　問19　各2点×2　3 問1，問2　各2点×4　問3～問6　各1点×4　問7，問8　各2点×2　問9，問10　各1点×2　問11　2点

２０２２年度　　城北中学校

理科解答用紙　第１回

番号		氏名		評点	／70

1

問1	問2	問3	問4	問5
		g	g	g

問6	問7
cm（縮む・のびる）	

問8

2

問1	問2
	g

問3	
(1)	(2)

問4	問5	問6
		g

3

問1		問2
②	③	(1)

問2
(2)

問3	
(1)	(2)

4

問1		
①	②	③

問2

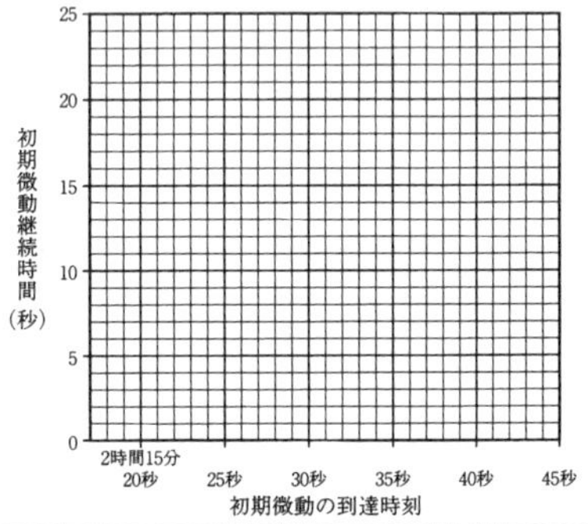

問3

問4			
a	b	c	d

（注）この解答用紙は実物を縮小してあります。Ｂ５→Ａ３（163％）に拡大コピーすると、ほぼ実物大の解答欄になります。

〔理　科〕70点（学校配点）

1　問１～問４　各２点×4＜問１，問２は完答＞　問５～問８　各３点×4　2　問１，問２　各３点×2　問３　(1)　２点　(2)　３点　問４～問６　各３点×3　3　問１　各２点×2　問２　各３点×2＜(1)は完答＞　問３　(1)　２点＜完答＞　(2)　３点＜完答＞　4　問１　各２点×3　問２　３点　問３　２点　問４　各１点×4

二〇二三年度　城北中学校

国語解答用紙　第一回

番号　　氏名　　評点 ／100

一

問1　A　B

問2

問3

問4　X　Y

問5

問6

問7

問8

問9

問10

問11

問12

二

1　2　3　4

5　6　7　8

9　10 (う)

（注）この解答用紙は実物を縮小してあります。Ｂ５→Ａ３（163％）に拡大コピーすると、ほぼ実物大の解答欄になります。

〔国　語〕100点(学校配点)

一　問１　各３点×２　問２，問３　各５点×２　問４　Ｘ　５点　Ｙ　３点　問５，問６　各５点×２　問７　12点　問８　８点　問９　12点　問10　３点　問11　16点　問12　５点　二　各１点×10

２０２２年度　城北中学校

算数解答用紙　第２回

番号		氏名	

評点	/100

（注）この解答用紙は実物を縮小してあります。167%拡大コピーをすると、ほぼ実物大の解答欄になります。

1
- (1)
- (2)

2
- (1)　　日
- (2)　　度
- (3)　　通り
- (4)　　枚以上
- (5)　　cm^2

3
- (1)　　km
- (2)　　倍
- (3)　　km
- (4)　　分後

4
- (1) ①
- (1) ②
- (2)　　個
- (3)　　個

5
- (1) ①　　個
- (1) ②　　個
- (1) ③　　個
- (2)　　個

〔算　数〕100点(学校配点)

1, 2　各６点×７　3　各５点×４　4　(1)　各４点×２　(2), (3)　各５点×２　5　各５点×４

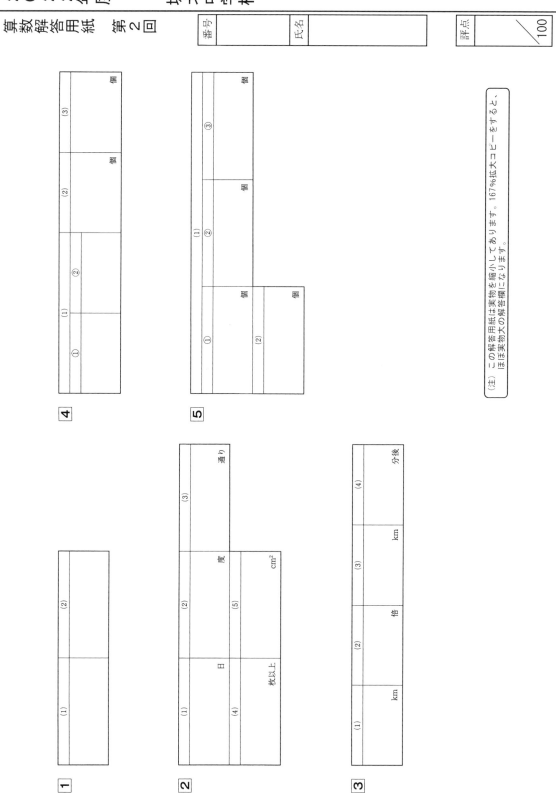

２０２２年度　城北中学校

社会解答用紙　第２回

番号		氏名		評点	／70

1－1

問1	問2	問3	問4	問5	問6	問7	問8
							省

問9	問10	問11

1－2

問12	問13	問14	問15	問16	問17	問18
		県				

2

問1	問2	問3	問4	問5	問6	問7	問8

問9	問10	問11	問12	問13	問14	問15	問16

問17	問18	問19	問20

3

問1－(あ)	問1－(い)	問2－i(う)	問2－i(え)	問2－ii	問3

問4－(3)	問4－(4)	問5	問6－i
裁判	裁判		制

問6－ii	問7

（注）この解答用紙は実物を縮小してあります。B５→A３(163%)に拡大コピーすると、ほぼ実物大の解答欄になります。

〔社　会〕70点(学校配点)

1 問1，問2　各1点×2　問3　2点　問4～問7　各1点×4　問8　2点　問9　1点　問10～問12　各2点×3　問13　1点　問14　2点　問15～問17　各1点×3　問18　2点　**2** 問1～問4　各1点×4　問5　2点　問6　1点　問7　2点　問8～問15　各1点×8　問16　2点　問17　1点　問18，問19　各2点×2　問20　1点　**3** 問1　各2点×2　問2　i　各2点×2　ii　1点　問3　1点　問4　各2点×2　問5　1点　問6　各2点×2　問7　1点

２０２２年度　城北中学校

理科解答用紙　第２回

番号		氏名	

評点	／70

1

問1	問2	問3
	g	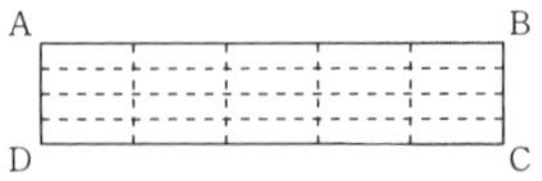

問4	問5

2

問1	問2	問3
通り	通り	通り

3

問1	問2	問3	問4

4

問1	問2	問4
mL	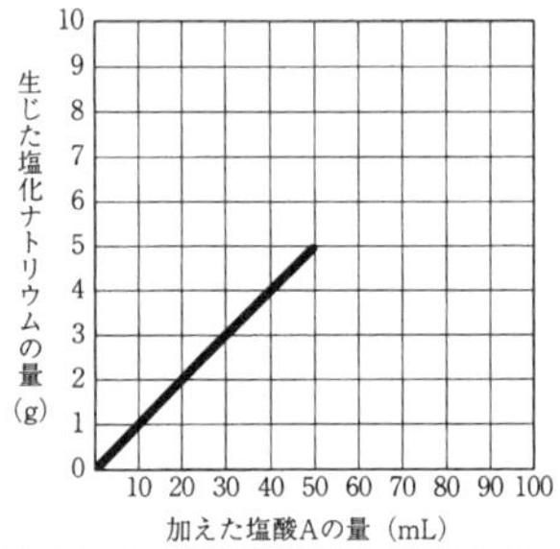	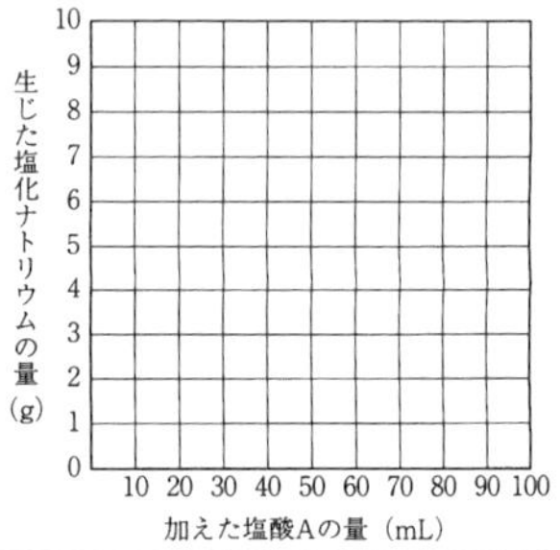
問3		

5

問1		問2			
(1)	(2)	(1)	(2)		
			①	②	③

6

問1		問2		問3
(1)	(2)	(1)	(2)	
℃	%	℃	m	℃

問4	
(1)	(2)
℃	%

（注）この解答用紙は実物を縮小してあります。Ｂ５→Ａ３(163%)に拡大コピーすると、ほぼ実物大の解答欄になります。

〔理　科〕70点(学校配点)

1　問１　２点＜完答＞　問２　３点　問３～問５　各２点×３　2　各３点×３　3　各２点×４　4　各３点×４＜問３は完答＞　5　問１　各２点×２　問２　(1)　３点＜完答＞　(2)　①　３点　②　２点　③　３点　6　問１～問３　各２点×５　問４　(1)　２点　(2)　３点

二〇二三年度　城北中学校

国語解答用紙　第二回

番号		氏名		評点	/100

一

問1

問2

問3

問4

問5　問6　問7

問8

問9

問10　問11

問12

二

1　2　3　4

5　6　7　8 (ち)

9　10

（注）この解答用紙は実物を縮小してあります。Ｂ５→Ａ３（163％）に拡大コピーすると、ほぼ実物大の解答欄になります。

〔国　語〕100点(学校配点)

一　問1　4点　問2　10点　問3　5点　問4　10点　問5〜問7　各5点×3　問8　12点　問9　10点　問10，問11　各5点×2　問12　14点　二　各1点×10

２０２１年度　城北中学校

算数解答用紙　第１回

番号		氏名		評点	/100

1

(1)	(2)

2

(1)	(2)	(3)
分速　　m	cm²	点

(4)	(5)
度	cm

(6) ①	(6) ②
個	個

3

(1) ①	(1) ②
cm²	cm³

(2)	(3)
cm³	cm³

4

(1) P	(1) Q
秒速　　cm	秒速　　cm

(2) ア	(2) イ	(2) ウ

(3)
秒後

5

(1)	(2)	(3)
個	cm	通り

(4)

長い方の辺の長さ(cm)	100	70	ア	$\frac{140}{3}$	イ	ウ	28	25
正方形の種類の数	1	2	エ	2	3	オ	カ	2

（注）この解答用紙は実物を縮小してあります。175％拡大コピーをすると、ほぼ実物大の解答欄になります。

〔算　数〕100点(学校配点)

1 各５点×２　**2** (1)～(5)　各６点×５　(6)　各３点×２　**3** (1)　各３点×２　(2)，(3)　各６点×２　**4** (1)　各３点×２　(2)　各２点×３　(3)　６点<完答>　**5** (1)～(3)　各４点×３　(4)　各１点×６

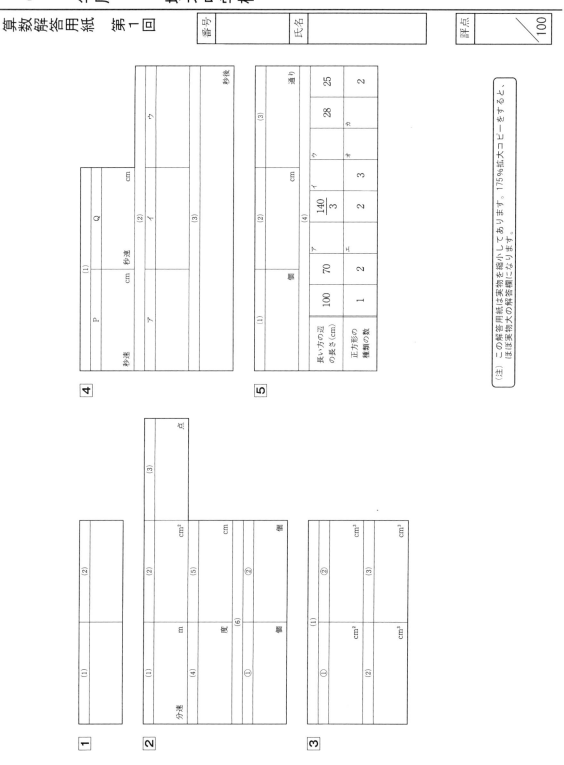

2021年度　　城北中学校

社会解答用紙　第1回

番号		氏名		評点	／70

1

問1（あ）	問1（い）	問1（う）	問1（え）
川	農業		現象

問2	問3	問4	問5	問6	問7	問8

問9	問10	問11	問12

2－1

問1	問2	問3	問4

2－2

問5	問6	問7

問8	問9	問10	問11	問12	問13	問14

問15	問16	問17	問18	問19	問20

3

問1	問2	問3	問4	問5	問6

問7	問8	問9	問10	問11	問12

（注）この解答用紙は実物を縮小してあります。Ｂ５→Ａ３（163％）に拡大コピーすると、ほぼ実物大の解答欄になります。

〔社　会〕70点(学校配点)

1　問1　各1点×4　問2～問4　各2点×3　問5　1点　問6～問12　各2点×7　2　問1～問7　各1点×7　問8　2点　問9～問12　各1点×4　問13　2点　問14, 問15　各1点×2　問16, 問17　各2点×2　問18, 問19　各1点×2　問20　2点　3　問1　1点　問2～問7　各2点×6　問8　1点　問9　2点　問10　1点　問11　2点　問12　1点

2021年度　城北中学校

理科解答用紙　第1回

番号		氏名		評点	／70

1

問1	問2	問3	問4	問5	問6
kg		kg	kg	毎秒　cm	kg

2

問1	問2	問3	問4
毎秒　m	秒後	秒後	秒間

3

問1	問2	問3	問4	
			①	②

問5	問6		問7
	(1)	(2)	
	L	g	

4

問1	問2				問3				問4
	(1)	(2)			①	②	③	④	
		①	②	③					
									%

5

問1	問2	問3
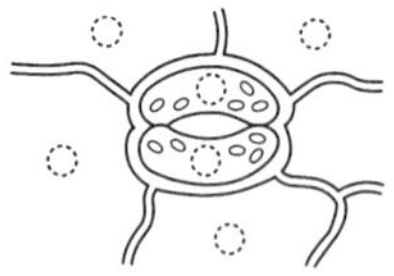		

6

問1	問2	問3

7

問1	問2	問3	問4
倍	倍	倍	等星

問5
光年

（注）この解答用紙は実物を縮小してあります。167%拡大コピーをすると、ほぼ実物大の解答欄になります。

〔理　科〕70点(学校配点)

1　問1　2点　問2・問3　2点＜完答＞　問4～問6　各2点×3　2　問1，問2　各2点×2　問3，問4　各3点×2　3　問1～問3　各2点×3＜問3は完答＞　問4　3点＜完答＞　問5　2点＜完答＞　問6，問7　各3点×3＜問7は完答＞　4　問1　1点　問2　(1)　1点　(2)　2点＜完答＞　問3　2点＜完答＞　問4　3点　5，6　各2点×6　7　問1，問2　各1点×2　問3，問4　各2点×2　問5　3点

二〇二二年度　城北中学校

国語解答用紙　第一回

番号　　氏名　　評点　／100

一
問1　ⓐ　ⓑ　ⓒ　問2　問3
問4
問5　問6　〜
問7
問8
問9
問10
問11
問12

二
1　2（み）　3（た）　4
5　6（えた）　7　8
9　10

（注）この解答用紙は実物を縮小してあります。B5→A3（163%）に拡大コピーすると、ほぼ実物大の解答欄になります。

〔国　語〕100点(学校配点)

一　問1　各1点×3　問2　3点　問3　5点　問4　10点　問5　6点　問6　5点　問7　9点　問8　5点　問9，問10　各12点×2　問11　6点　問12　14点　二　各1点×10

２０２１年度　城北中学校

算数解答用紙　第２回

番号　　氏名　　評点　／100

1
(1)
(2)

2
(1) 円
(2) ① 度　② 度
(3) 個
(4) g
(5) 倍
(6) cm

3
(1) ア　イ
(2) ウ
(3) エ　オ
(4) カ　キ 個
(5) ク 通り

4
(1) 度
(2) ：
(3) cm^2

5
(1) ① 度　② 度
(2) 時 分
(3) ① 回　② 時 分　度

（注）この解答用紙は実物を縮小してあります。175%拡大コピーをすると、ほぼ実物大の解答欄になります。

〔算　数〕100点(学校配点)

1　各7点×2　2　(1)　5点　(2)　各3点×2　(3)〜(6)　各5点×4　3　(1)　各2点×2　(2)　4点　(3)，(4)　各2点×4　(5)　4点　4　各6点×3　5　(1)　各3点×2　(2)　5点　(3)　各2点×3

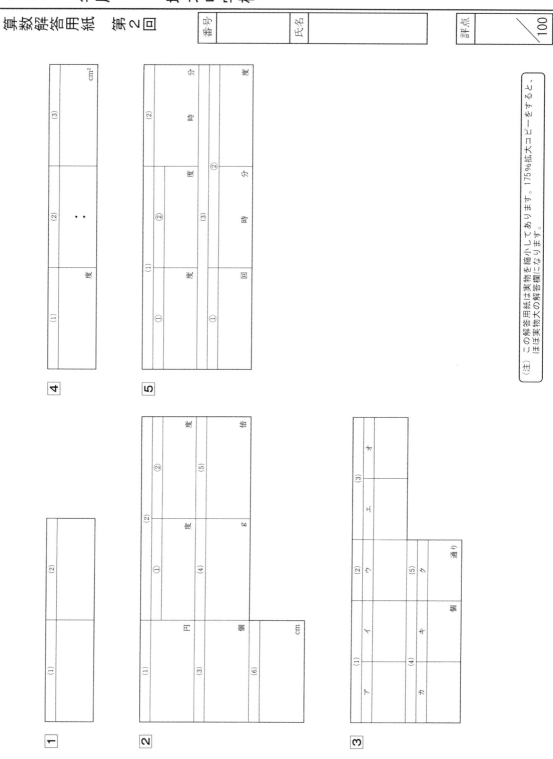

２０２１年度　　城北中学校

社会解答用紙　第２回

番号		氏名	

評点	／70

1

問1	問2	問3	問4	問5	問6	問7	問8	問9

問10	問11（A）	問11（B）

問11（C）	問11（D）	問11（E）	問12

2－1

問1	問2	問3	問4	問5	問6	問7
		天皇				

問8	問9	問10	問11		
			①	②	③

2－2

問12	問13	問14	問15	問16	問17	問18	問19

3

問1	問2	問3		問4
		［1］	［2］	
省				

問5	問6	問7	問8	問9	問10

〔社　会〕70点（学校配点）

1　問1　2点　問2，問3　各1点×2　問4～問10　各2点×7　問11　各1点×5　問12　2点　2　問1～問13　各1点×15　問14～問16　各2点×3　問17　1点　問18　2点　問19　1点　3　問1　1点　問2，問3　各2点×3　問4　1点　問5～問10　各2点×6

２０２１年度　　城北中学校

理科解答用紙　第２回

番号		氏名	

評点	／70

1

問1	問2	問3	問4	問5
cm³	g	g	g	g

2

問1				問2
（ア）	（イ）	（ウ）	（エ）	

3

問1		
①	②	③

問2

(1)

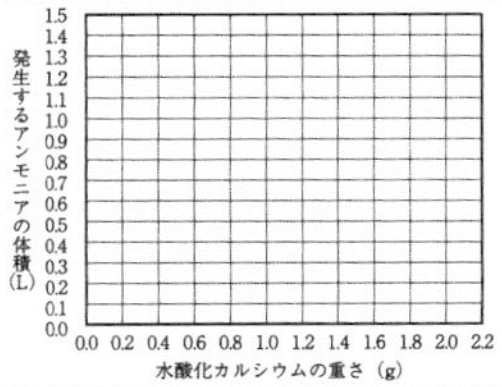

(2)

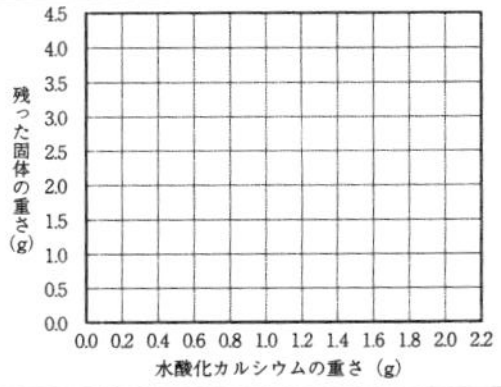

4

問1	問2	問3	問4

問3

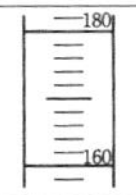

5

問1	問2	問3
→　→　→　→　→　→		個

6

問1	問2	問3	問4

問3

7

問1	問2	問3	問4	問5	問6
℃	℃		g	m	℃

〔理　科〕70点（学校配点）

1，2　各2点×10　3　問1　①・②　3点＜完答＞　③　3点　問2　各3点×2　4　各2点×4＜問2，問4は完答＞　5　問1，問2　各2点×2＜各々完答＞　問3　3点　6　各2点×4＜問2は完答＞　7　問1～問3　各2点×3　問4～問6　各3点×3

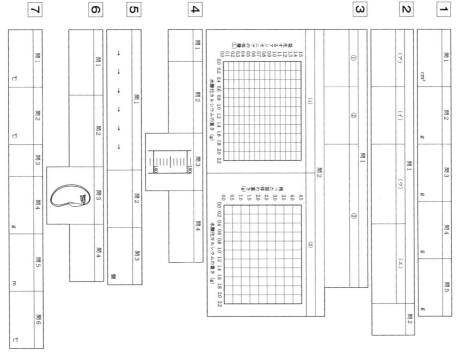

二〇二二年度　城北中学校

国語解答用紙　第二回

番号		氏名		評点	/100

一　問1 ⓐ　ⓑ　問2　問3

問4

問5

問6

問7

問8

問9

問10

問11

二

1 (らい)　2　3 (しい)　4

5　6 (ける)　7　8 (ねる)

9　10

(注) この解答用紙は実物を縮小してあります。B5→A3(163%)に拡大コピーすると、ほぼ実物大の解答欄になります。

〔国　語〕100点(学校配点)

一　問1　各3点×2　問2　5点　問3　6点　問4　5点　問5　12点　問6　8点　問7　10点　問8　12点　問9　6点<完答>　問10　14点　問11　6点　二　各1点×10

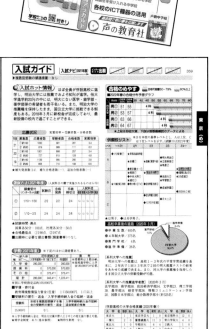

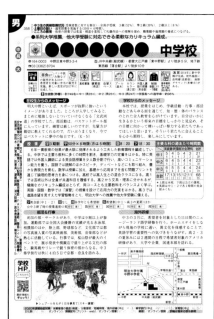